Jan Friedrich Beckmann
Rechtsgrundlagen der beruflichen Weiterbildung von Arbeitnehmern

FORUM ARBEITS- UND SOZIALRECHT

herausgegeben von
Prof. Dr. Richard Giesen, Prof. Dr. Matthias Jacobs,
Prof. Dr. Dr. h.c. Horst Konzen und Prof. Dr. Meinhard Heinze †

Band 37

Jan Friedrich Beckmann

Rechtsgrundlagen der beruflichen Weiterbildung von Arbeitnehmern

Centaurus Verlag & Media UG

Zum Autor:
Jan Friedrich Beckmann studierte Jura in Freiburg i. Br., Grenoble und Münster. Er war wissenschaftlicher Mitarbeiter bei Prof. Dr. Martin Henssler am Institut für Arbeits- und Wirtschaftsrecht der Universität zu Köln. Seit Februar 2012 ist er als Rechtsanwalt tätig.

Bibliografische Informationen der Deutschen Nationalbibliothek
Die Deutsche Nationalbibliothek verzeichnet diese Publikation in der Deutschen Nationalbibliografie; detaillierte bibliografische Daten sind im Internet über http://dnb.d-nb.de abrufbar.
Zugl.: Köln, Univ., 2012

Gedruckt auf säurefreiem und chlorfrei gebleichtem Papier.

ISBN 978-3-86226-151-2   ISBN 978-3-86226-857-3 (eBook)
DOI 10.1007/978-3-86226-857-3

ISSN 0936-028X

Alle Rechte, insbesondere das Recht der Vervielfältigung und Verbreitung sowie der Übersetzung, vorbehalten. Kein Teil des Werkes darf in irgendeiner Form (durch Fotokopie, Mikrofilm oder ein anderes Verfahren) ohne schriftliche Genehmigung des Verlages reproduziert oder unter Verwendung elektronischer Systeme verarbeitet, vervielfältigt oder verbreitet werden.

© *CENTAURUS Verlag & Media KG, Freiburg 2012*
www.centaurus-verlag.de

Satz: Vorlage des Autors
Umschlaggestaltung: Jasmin Morgenthaler, Visuelle Kommunikation

Meinen Eltern

Danksagung

Bei der Arbeit an dieser Dissertationsschrift haben mir zahlreiche Personen mit Rat und Tat zur Seite gestanden. Ohne ihre Unterstützung wäre ein Abschluß nicht denkbar gewesen. In der Hoffnung, niemanden zu übergehen, möchte ich einigen von ihnen hier besonderen Dank aussprechen.

Der erste Dank gilt meinem verehrten Doktorvater, Herrn Professor Dr. Martin Henssler. Er hat nicht nur die Wahl des Themas angeregt, sondern durch sein nicht nachlassendes Interesse, seine ständige Gesprächsbereitschaft und nicht zuletzt durch die Ausübung des bisweilen erforderlichen sanften Drucks maßgeblich zur Fertigstellung der Arbeit beigetragen. Darüber hinaus hat er mir ermöglicht, durch eine promotionsbegleitende Tätigkeit als wissenschaftlicher Mitarbeiter an dem von ihm geleiteten Institut für Arbeits- und Wirtschaftsrecht an der Universität zu Köln lehrreiche Einblicke in die wissenschaftliche Arbeit zu gewinnen. Mit den zweieinhalb Jahren am „AWR" verbinde ich neben diesen fachlichen Eindrücken viele schöne Erinnerungen, vor allem aber verdanke ich dieser Zeit einige wertvolle Freundschaften.

Herrn Professor Dr. Ulrich Preis danke ich für die Erstellung des Zweitgutachtens.

Herrn Patrick Remy, Maître de conférences an der Université Paris 1 Panthéon-Sorbonne, schulde ich Dank für seine Hinweise und Hilfestellungen bei der Beschäftigung mit dem französischen Arbeitsrecht.

Für die freundliche Aufnahme in die von ihm betreute Schriftenreihe „Forum Arbeits- und Sozialrecht" bedanke ich mich bei Herrn Professor Dr. Matthias Jacobs.

Meine Freunde Dr. Christian Deckenbrock, Dr. Martin Fröhlich und Golo Wiemer haben mir in vielfältiger Weise Hilfe angeboten und geleistet. Sie zählen darüber hinaus zu denjenigen, die mit ihrer Unternehmungslust immer wieder für die nötige Abwechslung gesorgt haben. Dafür danke ich Euch sehr!

Der innigste Dank gilt schließlich meiner Familie, insbesondere meinen Eltern Antje und Paul-Werner Beckmann. Die bedingungslose Unterstützung und Förderung, die sie meinen drei Geschwistern und mir in jeder Lebenslage zukommen lassen, waren stets und sind mein großer Rückhalt. Ihnen ist diese Arbeit in Liebe und Dankbarkeit gewidmet.

Lübbecke, im Mai 2012
Jan Friedrich Beckmann

Gliederung

§ 1 Einleitung 1
    A. Allgemeine Vorbemerkung 1
    B. Problemaufriß 3

§ 2 Begriff der Weiterbildung 5
    A. Deutscher Bildungsrat 5
    B. Kultusministerkonferenz 6
    C. Begriffsbestimmungen in der Literatur 7
    D. Gesetzliche Weiterbildungsbegriffe 8
        I. Berufsbildungsgesetz 9
        II. Sozialgesetzbuch III 11
        III. Betriebsverfassungsgesetz 11
        IV. Arbeitnehmerweiterbildungsgesetze der Länder 13
    H. Bewertung/Eigener Weiterbildungsbegriff 15
        I. Inhaltlich: Das Berufsbild als begrenzender Faktor 16
        II. Eingrenzung durch Form oder Trägerschaft der Weiterbildung 18
        III. Betrieblichkeit als untersuchungsbegrenzendes Merkmal? 19
        IV. Ergebnis 20

§ 3 Bestandsaufnahme der Regelungen mit Weiterbildungsbezug 21
    A. Völkerrechtliche Regelungen 21
        I. Universelles Völkervertragsrecht 22
            1. Allgemeine Erklärung der Menschenrechte 22
            2. Übereinkommen der Internationalen Arbeitsorganisation 23
            3. Internationaler Pakt über wirtschaftliche, soziale und kulturelle Rechte 24
            4. Erstes Zusatzprotokoll zur Konvention zum Schutze der Menschenrechte und Grundfreiheiten 26
        II. Regionales Völkervertragsrecht: Europäische Sozialcharta 26

III. Zwischenergebnis 28

B. Regelungen des Europäischen Unionsrechts 28

   I. Primäres Unionsrecht 30

      1. Präambel AEUV 31

      2. Artikel 6 S. 1 lit. e) AEUV 31

      3. Art. 9 AEUV 32

      4. Art. 165, 166 AEUV 32

         a) Art. 165 AEUV 33

         b) Art. 166 AEUV 35

      5. Weitere (Vertrags-)Bestimmungen mit Bildungsbezug 37

         a) Beschäftigungspolitik, Art. 145 ff. AEUV 38

         b) Sozialpolitik, Art. 151 ff. AEUV 39

         c) Europäischer Sozialfonds, Art. 162 ff. AEUV 41

         d) Gemeinschaftscharta der sozialen Grundrechte der Arbeitnehmer 42

         e) Charta der Grundrechte der Europäischen Union 43

      6. Zusammenfassende Betrachtung der primärrechtlichen Regelungen 44

   II. Sekundäres Unionsrecht 45

      1. Verordnung (EWG) Nr. 1612/68 des Rates 47

      2. Richtlinie 76/207/EWG des Rates 47

      3. Empfehlung 93/404/EWG des Rates 48

      4. Beschluß Nr. 1720/2006/EG des Europäischen Parlaments und des Rates („Lebenslanges Lernen") 49

      5. Sonstige Rechtsakte 50

C. Verfassungsrecht 51

   I. Kompetenzverteilung 52

      1. Konkurrierende Gesetzgebungszuständigkeit des Bundes aus Art. 74 Nr. 11 GG 53

      2. Konkurrierende Gesetzgebungszuständigkeit des Bundes aus Art. 74 Nr. 12 GG 54

      3. Verwaltungsvereinbarungen nach Art. 91 b Abs. 2 GG 55

4. Ergebnis zu den Gesetzgebungskompetenzen ... 55

5. Exkurs: Instrument der Finanzhilfen gemäß Art. 104 b GG ... 56

II. Grundgesetzliche Regelungen mit Weiterbildungsbezug ... 57

    1. Grundrechte und Privatrecht ... 57

    2. Berufliche Weiterbildung und Grundgesetz ... 60

        a) Art. 12 GG – Berufsfreiheit ... 61

            aa) Berufsfreiheit i.e.S. und berufliche Weiterbildung ... 61

            bb) Ausbildungsfreiheit und berufliche Weiterbildung ... 63

            cc) Wirkungsdimensionen des Art. 12 Abs. 1 GG ... 64

                aaa) Klassische Funktion: Abwehrrecht ... 65

                bbb) Leistungs- und Schutzpflichten ... 66

                    (1) Grundrechtskonforme Auslegung ... 67

                    (2) Schutz durch Teilhabe ... 68

                    (3) Verpflichtung zum Erlaß von Regelungen? ... 69

                        (3a) Stellungnahmen in der Literatur ... 71

                        (3b) Bewertung/Eigene Stellungnahme ... 72

            dd) Zusammenfassung: berufliche Weiterbildung und Berufsfreiheit ... 76

        b) Weiterbildung und allgemeines Persönlichkeitsrecht ... 76

            aa) Stellungnahmen in der Literatur ... 78

            bb) Eigene Bewertung ... 79

        c) Weiterbildung und allgemeine Handlungsfreiheit ... 82

        d) Weiterbildung und allgemeiner Gleichheitssatz ... 82

        e) Art. 1 und 2 GG – Parallele zum allgemeinen Beschäftigungsanspruch? ... 84

        f) Sozialstaatsprinzip, Art. 20 Abs. 1 GG ... 85

    3. Ergebnis zu den grundgesetzlichen Regelungen ... 87

D. Einfachgesetzliche Bestimmungen auf Bundesebene ... 87

    I. Vorbemerkung ... 88

        1. Vorschriften zu den Betriebsbeauftragten ... 88

a) Arbeitssicherheitsgesetz (ASiG) 88

    aa) Die Fortbildung der Betriebsärzte, § 2 Abs. 3 ASiG 89

        aaa) Begriff der Fortbildung 89

        bbb) Erforderlichkeit 90

        ccc) Berücksichtigung der betrieblichen Belange 91

        ddd) Freistellung, § 2 Abs. 3 S. 2, 4 ASiG 91

        eee) Zeitlicher Umfang 92

        fff) Fortzahlung der Vergütung 92

        ggg) Kosten der Fortbildung 93

        hhh) Durchsetzung 94

        iii) Bewertung 94

    bb) Die Fortbildung der Fachkräfte für Arbeitssicherheit, § 5 Abs. 3 ASiG 95

b) Die Fortbildung des Beauftragten für Datenschutz, § 4f Abs. 3 S. 7, Abs. 5 S. 1 BDSG 96

    aa) Stellung und erforderliche Fachkunde des Datenschutzbeauftragten 97

    bb) Die Pflicht zur Ermöglichung der Teilnahme an Fort- und Weiterbildungsveranstaltungen gemäß § 4f Abs. 3 S. 7 BDSG 98

    cc) Bewertung 100

c) Die Weiterbildung des Immissionsschutzbeauftragten, §§ 53 ff BImSchG 100

    aa) Die erforderliche Fachkunde, § 55 Abs. 2 S. 1 BImSchG 102

    bb) Unterstützungspflicht, § 55 Abs. 4 BImSchG 102

        aaa) Art der Fortbildung 103

        bbb) Inhalt der Fortbildung 103

        ccc) Zeitlicher Umfang und Häufigkeit der Fortbildungsmaßnahmen 104

        ddd) Kosten der Fortbildung und Entgeltfortzahlung 104

        eee) Durchsetzung der Unterstützungspflicht 105

        fff) Bewertung 106

d) Die Fortbildung nach § 23 SGB VII 107

    aa) Personenkreis 107

bb) Begriff der Fortbildung 108

cc) Kosten der Fortbildung, Abs. 2 109

dd) Entgeltfortzahlung, Abs. 3 110

ee) Anspruch auf Fortbildung? 110

ff) Bewertung 111

e) Weitere Betriebsbeauftragte 111

f) Zusammenfassende Betrachtung der Vorschriften zu den Betriebsbeauftragten ... 112

2. Vorschriften des Betriebsverfassungsgesetzes 113

a) Die Rechte des Betriebsrats aus den §§ 90, 92, 92a BetrVG 114

b) Die Vorschriften zur Berufsbildung, §§ 96-98 BetrVG 115

aa) Vorbemerkung zum betriebsverfassungsrechtliche Berufsbildungsbegriff 116

bb) Der Regelungsgehalt des § 96 BetrVG 116

cc) Der Regelungsgehalt des § 97 BetrVG 118

aaa) Das Beratungsrecht aus § 97 Abs. 1 BetrVG 118

bbb) Das Mitbestimmungsrecht aus § 97 Abs. 2 BetrVG 119

(1) Voraussetzungen des Mitbestimmungsrechts 119

(1a) Tätigkeitsändernde Maßnahmen 119

(1b) Qualifikationsdefizit 121

(1c) Zumutbarkeit der Bildungsmaßnahme 121

(1d) Erfordernis eines kollektiven Tatbestands? 122

(2) Inhalt des Mitbestimmungsrechts 123

(3) Kostenlast und zeitliche Lage 124

(4) Individualanspruch des Arbeitnehmers? 125

(5) Zusammenfassung zum Mitbestimmungsrecht nach § 97 Abs. 2 BetrVG 125

dd) Der Regelungsgehalt des § 98 BetrVG 126

c) Die Unterrichtungspflicht gemäß § 81 Abs. 1, 2 BetrVG 128

aa) Bedeutung für den Untersuchungsgegenstand 129

XIII

bb) Die „Entweder/oder"-Ansicht 129

    aaa) Rechtsprechung des BAG 129

    bbb) Die Ansicht Eichs 131

    ccc) Die Ansicht Oetkers 132

cc) Gegenansichten 133

    aaa) Die Ansicht Alexanders 133

    bbb) Die Ansicht Hamms 134

    ccc) Die Ansicht Gilbergs 135

    ddd) Die Ansicht Frackes 135

dd) Stellungnahme 136

    aaa) Praktische Erwägungen 136

    bbb) Systematische Erwägungen 137

    ccc) Teleologische Erwägungen 138

    ddd) Zwischenergebnis 140

ee) Präzisierung des Begriffs der „Unterrichtung" i.S.d. § 81 Abs.1, 2 BetrVG .. 140

    aaa) Vorüberlegungen 141

    bbb) Anforderungen an den Leistungsstand des Arbeitnehmers 142

    ccc) Form der Unterrichtung 143

    ddd) Inhalt der Unterrichtung 144

        (1) Verwendungsbreite 144

        (2) „Beschleunigungsfunktion" 145

        (3) Arbeitsnotwendige Informationen 146

    eee) Zusammenfassung 147

ff) Anspruch auf Unterrichtung? 147

gg) Kollision von § 81 Abs. 1, 2 BetrVG mit §§ 96 ff. BetrVG 150

hh) Ergebnis zur Unterrichtungspflicht gemäß § 81 Abs. 1, 2 BetrVG 151

d) Die Erörterungspflicht gemäß § 81 Abs. 4 S. 2 BetrVG 152

e) Die Pflicht zur Förderung der freien Entfaltung der Persönlichkeit gemäß § 75 Abs. 2 S. 1 BetrVG 153

    aa) Herrschende Auffassung: reine Amtspflichten 154

    bb) Abweichende Auffassung: Individualanspruch des Arbeitnehmers 154

    cc) Stellungnahme 155

f) Zusammenfassung zu den Vorschriften des Betriebsverfassungsgesetzes 156

3\. Vorschriften des Sozialversicherungsrechts 157

    a) Das Recht auf Förderung der beruflichen Weiterbildung aus § 3 Abs. 2 Nr. 2 SGB I 157

    b) Der Regelungsgehalt des § 2 SGB III 158

        aa) Rechtliche Qualität der Pflicht des Arbeitgebers aus § 2 Abs. 2 SGB III 159

        bb) Rechtliche Qualität der Plicht des Arbeitnehmers aus § 2 Abs. 4 SGB III 161

        cc) Ergebnis zum Regelungsgehalt des § 2 SGB III 162

4\. Gleichbehandlungs-, Bevorzugungs-, Förderungsgebote 163

    a) §§ 10, 19 TzBfG 163

    b) § 15 Abs. 1 AGG i.V.m. §§ 7 Abs. 1, 1. Hs., 2 Abs. 1 Nr. 3 AGG 164

    c) § 81 Abs. 4 S. 1 Nr. 2, 3 SGB IX 165

5\. § 1 Abs. 2 S. 3 KSchG 167

    a) Rechtscharakter: gesetzliche Obliegenheit des Arbeitgebers 167

    b) Die Voraussetzungen der Fortbildungsobliegenheit 168

        aa) Begriff der Fortbildung 168

        bb) Die Zumutbarkeit der Fortbildung 170

            aaa) Bezugsperson der Zumutbarkeit 170

            bbb) Inhaltliche Präzisierung des Begriffs der Zumutbarkeit 171

        cc) Die Zustimmung des Arbeitnehmers 173

        dd) Bestehen einer Weiterbeschäftigungsmöglichkeit nach Fortbildung 173

            aaa) Art/Qualität der Weiterbeschäftigungsmöglichkeit 174

            bbb) Maßgeblicher Zeitpunkt 175

        ee) Differenzierung nach Kündigungsgrund? 176

ff) Widerspruch des Betriebsrats erforderlich? 178

gg) Kostentragung, Entgeltfortzahlung 179

hh) Auswahlentscheidung bei mehreren Arbeitnehmern 180

c) Ergebnis zu § 1 Abs. 2 S. 3 KSchG 182

II. Ergebnis zu den einfachgesetzlichen Vorschriften auf Bundesebene 183

E. Landesrechtliche Bestimmungen 183

I. Verfassungen der Länder 183

1. Verpflichtungen zur Förderung der Erwachsenenbildung bzw. der Weiterbildung ... 184

2. Recht auf Bildung 185

3. Sonderfall: Verfassung des Landes Brandenburg 186

a) Recht auf Freistellung zur beruflichen Weiterbildung 186

b) Recht auf berufliche Weiterbildung 187

4. Zusammenfassende Betrachtung der landesverfassungsrechtlichen Regelungen 188

II. Einfaches Landesrecht 189

1. Voraussetzungen der landesgesetzlichen Ansprüche 190

a) Begriff der Weiterbildung 190

aa) berufliche Weiterbildung 190

bb) politische Weiterbildung 190

cc) allgemeine Weiterbildung 192

dd) kulturelle Weiterbildung 192

b) Anspruchsberechtigte 193

c) Anforderungen an die Weiterbildungsveranstaltung 193

aa) Anerkennung 193

bb) Allgemeinzugänglichkeit 195

cc) Dauer 196

d) Mitteilung/Vorlage von Nachweisen durch den Arbeitnehmer 198

e) Freistellungserklärung durch den Arbeitgeber 198

aa) kein Recht zur Selbstbeurlaubung 198

bb) „Gleichwohl-Teilnahme", § 5 Abs. 4 AWbG NRW 201
f) kein Ausschluß 201
g) Mitbestimmung des Betriebsrats 202
2. Inhalt des Anspruchs des Arbeitnehmers 203
   a) Anspruch auf Freistellung von der Arbeitspflicht 203
   b) Nebenpflichten des Arbeitnehmers 204
3. Durchsetzung des Anspruchs 206
4. Die Verfassungsmäßigkeit der Bildungsfreistellungsgesetze 206
   a) Die Entscheidung des BVerfG 207
      aa) Zur Gesetzgebungskompetenz der Länder 207
      bb) Zur Vereinbarkeit mit Art. 12 Abs. 1 GG 208
      cc) Zur Vereinbarkeit mit dem Gleichheitssatz, Art. 3 Abs. 1 GG 210
   b) Kritik 210
      aa) Erfaßt die Sachkompetenz auch die Auferlegung der Entgeltfortzahlungspflicht? 211
      bb) Entgeltfortzahlungspflicht als Sonderabgabe? 215
   c) Anforderungen an die verfassungsrechtliche Zulässigkeit von Sonderabgaben 218
      aa) Gruppenhomogenität der Abgabepflichtigen 218
      bb) Spezifische Beziehung und besondere Gruppenverantwortung 220
         aaa) Sachnähe und Gruppenverantwortung aufgrund des Gegenstands der Weiterbildung? 221
         bbb) Sachnähe und Gruppenverantwortung aus dem Gesichtspunkt der Ingerenz? 223
         ccc) Sachnähe und Gruppenverantwortung aufgrund der Fürsorgepflicht des Arbeitgebers? 226
         ddd) Zwischenergebnis 229
      cc) Gruppennützige Verwendung des Aufkommens der Sonderabgabe 230
      dd) Zwischenergebnis 232
   d) Vereinbarkeit mit Art. 12 Abs. 1 GG 233

XVII

aa) Die Freistellungsverpflichtung 235
   aaa) Sachgerechte und vernünftige Erwägungen des Gemeinwohls 235
   bbb) Geeignetheit 236
   ccc) Erforderlichkeit 237
   ddd) Angemessenheit/Zumutbarkeit 239
bb) Die Entgeltfortzahlungspflicht 240
   aaa) Sachgerechte und vernünftige Erwägungen des Gemeinwohls 240
   bbb) Geeignetheit 240
   ccc) Erforderlichkeit 241
cc) Zwischenergebnis 243
e) Ergebnis zur Prüfung der Verfassungsmäßigkeit der Bildungsfreistellungsgesetze 243

§ 4 Berufliche Fortbildung und Arbeitsvertrag 245
A. Lernpflicht des Arbeitnehmers? 245
  I. Ansätze in der Rechtsprechung 246
    1. Arbeitsgericht Bonn 246
    2. Weitere Entscheidungen 247
  II. Ansätze in der Literatur 249
    1. Übereinstimmung in der Annahme einer Lernpflicht 249
    2. Teilweise unterschiedliche rechtliche Einordnung der Lernpflicht 250
  III. Eigene Stellungnahme 251
    1. Grundlage der Lernpflicht 252
    2. Rechtliche Einordnung der Lernpflicht 253
    3. Grenzen der Lernpflicht 254
  IV. Ergebnis zu den arbeitsvertraglichen Pflichten des Arbeitnehmers 256
B. Pflicht des Arbeitgebers zur beruflichen Fortbildung der Arbeitnehmer? 256
  I. Nebenpflichten des Arbeitgebers 257
  II. Ansätze in der Literatur 259
    1. Allgemeine Beschäftigungspflicht als Ansatz 260

2. Fürsorgepflicht als Ansatz ... 260
   a) Sandmann/Schmitt-Rolfes und Reichold ... 260
   b) Fracke ... 262
   c) Differenzierter Ansatz: Käufer ... 263
III. Ansätze in der Rechtsprechung ... 265
IV. Eigene Stellungnahme ... 266
   1. Fortbildungspflicht i.S. einer einklagbaren, positiven Handlungspflicht ... 267
   2. Pflicht zur Ermöglichung von Fortbildungsmaßnahmen ... 268
      a) Pflicht dem Grunde nach ... 269
      b) Inhalt und Grenzen der Pflichten des Arbeitgebers ... 270
         aa) Pflichten aufgrund des Inhalts einer Schulung bzw. des Inhalts des Arbeitsvertrags ... 270
         bb) Pflichten bei vom Arbeitgeber geforderter Weiterbildung ... 271
         cc) Freistellungspflicht ... 271
V. Ergebnis zu den arbeitsvertraglichen Pflichten des Arbeitgebers ... 273

§ 5 Berufliche Weiterbildung im französischen Recht ... 275
A. Einleitung ... 275
   I. Allgemeines ... 275
   II. Begriffliches ... 275
B. Überblick ... 276
C. Das Recht der beruflichen Weiterbildung im Code du travail ... 279
   I. Regelungsort ... 279
   II. Regelungsgegenstand ... 279
   III. Allgemeines zu Rechten und Pflichten ... 280
      1. Unmittelbare Individualrechte des Arbeitnehmers ... 280
      2. Ergänzung durch Pflichten des Arbeitgebers nach Art. L. 6321-1 Code du travail ... 280
      3. Ergänzung durch Obliegenheit des Arbeitgebers aus Art. L. 1233-4 Code du travail 283
      4. Zwischenbetrachtung ... 284

5. Pflicht des Arbeitnehmers 284

IV. Gesetzlich vorgesehene Weiterbildungsmaßnahmen 285

V. Einrichtungen/Anbieter der Weiterbildung.. 288

   1. Tätigkeitserklärung/Registrierung 288

   2. „Le bilan pédagogique et financier" 289

VI. Kosten der beruflichen Weiterbildung.. 290

   1. Leistungen der Regionen und des Staates, Finanzierungspflicht der Arbeitgeber 290

   2. Paritätische Sammlung und Verwaltung der Mittel 292

VII. Die gesetzlich vorgegebenen Rahmen der Weiterbildungsmaßnahmen ... 293

   1. Der „plan de formation"... 293

      a) Inhalt des betrieblichen Bildungsplans 294

      b) Ausarbeitung des Bildungsplans/Rolle des „comité d'entreprise".... 294

      c) Durchführung des betrieblichen Bildungsplans 296

      d) Folgen der Durchführung des Bildungsplans............................... 299

   2. Der „congé individuel de formation" (CIF)...................................... 299

      a) Zweck des CIF.. 300

      b) Voraussetzungen der Inanspruchnahme 300

      c) Durchführung des individuellen Bildungsurlaubs......................... 301

         aa) Gesuch des Arbeitnehmers... 301

         bb) Erklärung des Arbeitgebers 302

         cc) Pflichten des Arbeitnehmers bei Inanspruchnahme des CIF 304

      d) Dauer des Bildungsurlaubs.. 304

      e) Finanzierung des CIF und Zahlung des Arbeitslohns 305

      f) Auswirkungen auf den Arbeitsvertrag... 306

      g) Ergänzung: Weiterbildung außerhalb der Arbeitszeit.................... 307

   3. „Droit individuel à la formation" (DIF).. 308

      a) Anwendungsbereich und Umfang des DIF.................................. 309

      b) Wahrnehmung und Inhalt des DIF 310

aa) Initiative des Arbeitnehmers, Einverständniserklärung des Arbeitgebers 310

bb) Gegenstand der Weiterbildungsmaßnahme 310

cc) Folgen eines fehlenden Einvernehmens 311

dd) Zeitpunkt der Durchführung 312

c) Unterstützung/Vergütung des Arbeitnehmers, Finanzierung des DIF, sozialer Schutz 312

d) Die „Übertragung" des individuellen Bildungsrechts 313

e) Folgen der Weiterbildung im Rahmen des DIF 315

4. Die „périodes de professionnalisation" 315

a) Persönlicher Anwendungsbereich 316

b) Gegenstand der „périodes de professionnalisation" 317

c) Durchführung der „périodes de professionnalisation" 318

aa) Allgemeines 318

bb) Tutorat 319

d) Vergütung/Unterstützung, sozialer Schutz 320

e) Folgen der Weiterbildung im Rahmen einer „période de professionnalisation" ... 320

5. „Bilan d'étape professionnel" und „passeport orientation et formation" 321

D. Ergebnis 322

I. Zusammenfassende Betrachtung 322

II. Folgerungen für das deutsche Recht 326

§ 6 Schlußbetrachtung 329

A. Zusammenfassung der bisherigen Ergebnisse in zehn Thesen 329

B. Zusammenfassende Bewertung der Regelungen mit Weiterbildungsbezug 332

C. Rechtspolitischer Lösungsvorschlag 334

I. Ausgangsüberlegungen 334

II. Gesetzentwurf 336

Literaturverzeichnis **339**

§ 1 Einleitung

A. Allgemeine Vorbemerkung

Die berufliche Weiterbildung bleibt, seit sie Mitte der achtziger Jahre verstärkt in das Blickfeld gerückt ist,¹ weiterhin Gegenstand umfassender gesellschafts- und arbeitsmarktpolitischer Diskussionen sowie zahlreicher Abhandlungen und empirischer Erhebungen. Die Gründe dafür liegen auf der Hand: In dem Maße, in dem die technische Entwicklung voranschreitet, sinkt auch die sog. Halbwertszeit des einmal angeeigneten Wissens bzw. bereits erlernter Fertigkeiten.² Neue Technologien, die Entwicklung zur Wissensgesellschaft, die Erschließung internationaler Märkte und die aus der demographischen Entwicklung folgende längere Lebensarbeitszeit machen es in vielen Arbeits- und Wirtschaftsbereichen erforderlich, sich in immer kürzeren Abständen auf neue Inhalte, Arbeitsformen und Organisationsstrukturen einstellen zu können. Vielfach führen die genannten Entwicklungen zu erheblichen Umstrukturierungen der Qualifikations- und Anforderungsprofile. Zunehmend erweist sich dabei auch vernetztes und fachübergreifendes Denken als unabkömmlich.

Vor diesem Hintergrund kann auf einem einmal erworbenen Ausbildungsstand nicht verharrt werden. Vielmehr bedarf nicht nur der Arbeitnehmer einer ständigen Fortentwicklung seiner Fähigkeiten und Kenntnisse im Sinne eines „lebenslangen Lernens"³. Was Hänschen nicht gelernt hat, muß Hans sich später aneignen, will er nicht hinter den sich verändernden Anforderungen zurückbleiben und damit nicht nur einen beruflichen Aufstieg, sondern womöglich sogar seine Beschäftigungsfähigkeit und damit seinen Arbeitsplatz gefährden.⁴ Nach dem Bundesverfassungsgericht stellt das „lebenslange Lernen" eine Voraussetzung individueller Selbstbehauptung und gesellschaftlicher Anpassungsfähigkeit dar und hilft dem Einzelnen, die Folgen des beschleunigten technischen und sozialen Wandels beruflich und

---

1 *Bahnmüller/Bispinck/Schmidt*, Betriebliche Weiterbildung und Tarifvertrag, S. 11.
2 Vgl. *R. Heidemann*, AiB 2008, S. 123.
3 Neben vielen anderen beruft sich auch die Europäische Kommission in ihrem Grünbuch „Ein modernes Arbeitsrecht für die Herausforderungen des 21. Jahrhunderts" (abrufbar unter http://eur-lex.europa.eu/LexUriServ/site/de/com/2006/com2006_0708de01.pdf; zuletzt abgerufen am 20.08.2010) auf dieses Erfordernis als Teilmaßnahme im Rahmen des „Flexicurity"-Konzepts. Vgl. auch *Bundesministerium für Bildung und Forschung*, Berichtssystem Weiterbildung IX, S. IV.
4 BAG v. 5.11.1985 – 1 ABR 49/83 = AP Nr. 2 zu § 98 BetrVG 1972.

sozial besser zu bewältigen.⁵ Auch der Arbeitgeber hat ein Interesse an einer „Modernisierung des Humankapitals"⁶, also daran, daß seine Mitarbeiter in bezug auf ihren Aufgabenbereich mit neuen Entwicklungen und Anforderungen Schritt halten, da in vielen Bereichen die Qualifikation der Mitarbeiter zu einem wichtigen Wettbewerbsfaktor geworden ist.⁷ Eine vorausschauende Weiterbildung der eigenen Arbeitnehmer erhält und stärkt somit die Wettbewerbsfähigkeit und Innovationskraft eines Unternehmens.⁸ Zu guter Letzt profitieren auch die Gesamtwirtschaft und schließlich der Steuerzahler, wenn der einzelne Arbeitgeber seine Leistungsfähigkeit erhält oder steigert und somit nicht auf die Unterstützung der sog. Solidargemeinschaft zurückgreifen muß. Dementsprechend wird der beruflichen Weiterbildung allgemein eine kontinuierlich zunehmende Bedeutung zugesprochen.⁹ Auch im Koalitionsvertrag zwischen CDU, CSU und SPD vom 11.11.2005 findet sich dementsprechend eine mit „Lebenslanges Lernen" überschriebene Vereinbarung über die Förderung von Weiterbildung. ¹⁰ Gleiches gilt für den Koalitionsvertrag von CDU, CSU und FDP für die 17. Legislaturperiode, dessen zweites Kapitel mit der Überschrift „Bildungsrepublik Deutschland" einen Abschnitt über „Lebensbegleitendes Lernen" (1.9) enthält.¹¹ Darin wird insbesondere das Ziel betont, kleine und mittelständische Unternehmen in die Lage zu versetzen, die Weiterbildung ihrer Mitarbeiter auszubauen.

Bisweilen wird jedoch die tatsächliche Durchführung bzw. Inanspruchnahme von Qualifizierungsangeboten noch immer als „große Schwachstelle" ¹² Deutschlands beklagt. Um diesbezüglich ein Umdenken zu erreichen, wurden zahlreiche Initiativen ins Leben gerufen, die sich die Schaffung positiver Anreize für eine Verbesserung der Weiterbildungsbeteiligung zum Ziel gesetzt und dazu entsprechende Konzepte entwickelt haben. Neben der „Strategie für Lebenslanges Lernen in der Bundesrepublik Deutschland" der Bund-Länder-Kommission für Bildungsplanung und

---

5 BVerfG v. 15.12.1987 – 1 BvR 563, 582/85, 974/861 und 1 BvL 3/86 = AP Nr. 62 zu Art. 12 GG = BVerfGE 77, S. 308.
6 *Bahnmüller/Bispinck/Schmidt*, Betriebliche Weiterbildung und Tarifvertrag, S. 16.
7 *Bahnmüller/Bispinck/Schmidt*, Betriebliche Weiterbildung und Tarifvertrag, S. 17.
8 BverfG v. 15.12.1987 – 1 BvR 563, 582/85, 974/861 und 1 BvL 3/86 = AP Nr. 62 zu Art. 12 GG = BVerfGE 77, S. 308.; *Gudelius*, AuA 2001, S. 340.
9 Vgl. *Gilberg*, Die Mitwirkung des Betriebsrats bei der Berufsbildung, S. 26.
10 Unter Gliederungspunkt B.I.3.5. Der Koalitionsvertrag ist abrufbar unter http://www.cducsu.de/upload/koavertrag0509.pdf – zuletzt abgerufen am 20.08.2010.
11 Abrufbar unter http://www.cdu.de/doc/pdfc/091026-koalitionsvertrag-cducsu-fdp.pdf - zuletzt abgerufen am 20.08.2010.
12 Bundesbildungsministerin *Dr. Annette Schavan* (CDU) in: *Gillmann*, Handelsblatt vom 19.12.2007, S. 6.

Forschungsförderung aus dem Jahre 2004[13] zählen dazu in jüngster Zeit insbesondere die im Frühjahr 2008 veröffentlichten Empfehlungen des „Innovationskreises Weiterbildung" (IKWB), der von Bundesministerin *Dr. Annette Schavan* auf der Grundlage des Koalitionsvertrages ins Leben gerufen wurde.[14]

Trotz der beklagten Unzulänglichkeiten bei der Wahrnehmung vorhandener Bildungsangebote wird aber im Alltag des deutschen Berufs- und Wirtschaftslebens ein nicht unerheblicher Aufwand betrieben. Nach einer Erhebung des Instituts der Deutschen Wirtschaft Köln (der ein weit gefaßter Weiterbildungsbegriff zugrundeliegt) betreiben 84 % der deutschen Unternehmen Weiterbildung und haben dafür im Jahr 2004 ca. 26,8 Milliarden Euro aufgewandt, was einem Betrag von durchschnittlich ungefähr 1.072 Euro je Mitarbeiter entspricht.[15] Laut einer vom Bundesministerium für Bildung und Forschung herausgegebenen Studie ging im Untersuchungszeitraum 2003 die Teilnahme an beruflicher Weiterbildung im Vergleich zum Jahr 2000 zwar etwas zurück, gleichwohl lag die Teilnehmerquote noch immer bei 26 % bzw. bei rund 13 Millionen Teilnehmern.[16]

B. Problemaufriß

Ausgehend von dieser Bestandsaufnahme ist es um so erstaunlicher, daß die Rechtswissenschaft sich der Frage, inwiefern der Arbeitnehmer zur beruflichen Fortbildung bzw. der Arbeitgeber zur Durchführung von Maßnahmen der beruflichen Weiterbildung verpflichtet ist, bisher nur in einem sehr zurückhaltenden Maße angenommen hat.[17] Die meisten Beiträge behandeln nur Teilaspekte des Rechts der Weiterbildung, vor allem die Frage der Reichweite der Beteiligungsrechte des Betriebsrates nach den §§ 96 ff. BetrVG.[18] Soweit eine weiter angelegte Auseinandersetzung stattfindet, wird die Problematik jedenfalls überwiegend in das Arbeitsver-

---

13 *Bund-Länder-Kommission für Bildungsplanung und Forschungsförderung*, Strategie für Lebenslanges Lernen in der Bundesrepublik Deutschland (als PDF-Datei abrufbar unter http://www.blk-bonn.de/papers/heft115.pdf – zuletzt abgerufen am 20.08.2010).
14 Im Netz abrufbar unter http://www.bmbf.de/pub/empfehlungen_innovationskreis_weiterbildung.pdf – zuletzt abgerufen am 20.08.2010.
15 *Werner*, IW-Trends 1/2006, S. 9 ff.
16 *Bundesministerium für Bildung und Forschung*, Berichtssystem Weiterbildung IX, S. 38 (Eine aktuellere Studie des BMBF ist noch nicht verfügbar.); *Käufer*, Weiterbildung im Arbeitsverhältnis, S. 45 ff., weist aber darauf hin, daß trotz eines „Booms" in vielen Bereichen kaum auf bestehende Weiterbildungsmöglichkeiten zurückgegriffen werde.
17 Diese „Abstinenz" haben schon *Käufer*, Weiterbildung im Arbeitsverhältnis, S. 48, und *Sandmann/Schmitt-Rolfes*, ZfA 2002, S. 295, unterstrichen, die neben *Fracke*, Die betriebliche Weiterbildung, zu den wenigen zählen, die sich vertieft mit der Problematik auseinandergesetzt haben.
18 S. v.a. *Hammer*, Berufsbildung und Betriebsverfassung; *Oetker*, Berufsbildungsmaßnahmen.

tragsrecht eingeordnet.[19] Auch Rechtsprechung findet sich fast nur zum Themenbereich der Rückzahlung von Fortbildungskosten oder aber im Zusammenhang mit den Weiterbildungsgesetzen der Länder.[20] Dies mag damit zusammenhängen, daß eine einheitliche Regelung der beruflichen Weiterbildung auf Bundesebene nicht existiert[21] und insbesondere von seiten der Wirtschaft aus Sorge vor Flexibilitäts- und Effizienzverlusten auch gar nicht gewünscht wird,[22] steht aber in einem auffälligen Mißverhältnis zu der angesprochenen tatsächlichen Bedeutung dieser Materie im Alltag des deutschen Berufs- und Wirtschaftslebens.

Gegenstand der Arbeit ist vor dem Hintergrund der Bedeutung, die der (beruflichen) Weiterbildung der Arbeitnehmer zukommt, eine Untersuchung derjenigen Normen (mit möglichem Geltungsanspruch für die deutsche Rechtsordnung), die konkrete Aussagen zu dieser Thematik enthalten. Es soll geprüft werden, wie diese Bestimmungen im einzelnen ausgestaltet sind und (ggf.) welche tatsächliche Wirkung sie entfalten. Dabei wird insbesondere der Frage nachgegangen, ob und ggf. in welchem Umfang die Parteien des Arbeitsverhältnisses Rechte und Verpflichtungen im Hinblick auf eine Weiterbildung des Arbeitnehmers haben.[23] Darüber hinaus wird auf die Handlungsmöglichkeiten des Gesetzgebers eingegangen.

Neben der Betrachtung der Rechtslage in der Bundesrepublik Deutschland wird ein kurzer Blick auf entsprechende Regelungen im französischen Recht geworfen, um im Anschluß zu fragen, ob sich aus dieser Gegenüberstellung Denkanstöße für eine mögliche Fortentwicklung des deutschen Rechts ergeben.

---

19 Vgl. *Sandmann/Schmitt-Rolfes*, ZfA 2002, S. 296.
20 Als Ausnahme sei das Urteil des Arbeitsgerichtes Bonn vom 4.7.1990 – 4 Ca 751/90 = NJW 1990, S. 2168, genannt.
21 Vgl. *Birk*, FS Gnade, S. 311. Das Fehlen einer abschließenden bundesgesetzlichen Regelung hat schon 1987 das BVerfG festgestellt, s. BVerfG v. 15.12.1987 – 1 BvR 563, 582/85, 974/861 und 1 BvL 3/86 = AP Nr. 62 zu Art. 12 GG = BVerfGE 77, S. 308.
22 Eine Regulierung lehnte bislang insbesondere die BDA ab.
23 Ähnlich verfahren auch *Käufer*, Weiterbildung im Arbeitsverhältnis, und *Fracke*, Die betriebliche Weiterbildung.

§ 2 Begriff der Weiterbildung

Um sich dem Gegenstand der Untersuchung nähern zu können, ist eine exakte Erfassung des Begriffs der Weiterbildung erforderlich. In allgemeiner Form wird die berufliche Weiterbildung neben der schulischen Ausbildung, der Berufsausbildung und dem Hochschulbereich als vierter Sektor des Bildungswesens bezeichnet.[24] Genauso jedoch, wie es keine einheitliche Regelung der beruflichen Weiterbildung auf Bundesebene gibt, existiert auch keine allgemeingültige Definition ihres Begriffs. Das Fehlen einer solchen einheitlichen juristischen Definition mag dabei auch darauf zurückzuführen sein, daß schon kein fester soziologischer Begriff der Berufsbildung besteht[25] und Weiterbildung zudem Gegenstand zahlreicher weiterer Wissenschaftsdisziplinen ist, die jeweils ein eigenes Begriffsverständnis pflegen. In den verschiedenen Rechtsbereichen, die sich mit beruflicher Weiterbildung befassen, finden sich so auch jeweils unterschiedliche Interpretationen. Ähnlich verhält es sich bei den statistischen Darstellungen, denen ebenfalls eine jeweils unterschiedliche begriffliche Eingrenzung zugrundeliegt. Die große Heterogenität der Themen und der unterschiedlichen Formen der Weiterbildung sowie die vielen verschiedenen Funktionen und Ziele, die mit ihr verfolgt werden, führen somit in der Gesamtschau zu einer definitorischen Unklarheit.

Bevor versucht wird, eine eigenständige Bestimmung des Begriffs der Weiterbildung vorzunehmen, soll zunächst ein Blick auf bereits bestehende Definitionen geworfen und geprüft werden, ob sie für den Gegenstand dieser Untersuchung eine brauchbare Grundlage darstellen können.

A. Deutscher Bildungsrat

Eine auf einem sehr weit gefaßten Verständnis beruhende Definition wurde von der Bildungskommission des Deutschen Bildungsrates im „Strukturplan für das Bildungswesen" erarbeitet. Weiterbildung wird definiert als *„Fortsetzung oder Wiederaufnahme organisierten Lernens nach Abschluß einer unterschiedlich ausgedehnten ersten Bildungsphase (...). Das Ende der ersten Bildungsphase und damit der Beginn möglicher Weiterbildung ist in der Regel durch den Eintritt in die volle*

---

24 *Bahnmüller/Bispinck/Schmidt*, Betriebliche Weiterbildung und Tarifvertrag, S. 11.
25 Vgl. *Hammer*, ZTR 1996, S. 246.

Erwerbstätigkeit gekennzeichnet (...). Die Grenzen zwischen erster Bildungsphase und Weiterbildung bleiben fließend (...). Das kurzfristige Anlernen oder Einarbeiten am Arbeitsplatz gehört nicht in den Rahmen der Weiterbildung."[26] Auf der Grundlage dieses weiten Verständnisses wird inhaltlich zwischen der nicht vorrangig beruflich orientierten „Erwachsenenbildung", die die Erweiterung der Grundbildung und die politische Bildung umfaßt, und der beruflichen Weiterbildung, zu der sowohl Fortbildung als auch Umschulung gezählt werden, unterschieden.[27]

Die Definition des Deutschen Bildungsrates wurde von anderen Stellen und bildungspolitischen Gremien besonders häufig aufgegriffen und wird auch im Kontext statistischer Erhebungen, darunter die im Auftrag des Bundesministeriums für Bildung und Forschung herausgegebene Untersuchung „Berichtssystem Weiterbildung",[28] verwendet. Letztere differenziert dabei ebenfalls zwischen der allgemeinen, der politischen und der beruflichen Weiterbildung.[29]

B. Kultusministerkonferenz

Das Sekretariat der Ständigen Konferenz der Deutschen Kultusminister hat, ausgehend von dem Befund, daß neben der klassischen Form der Weiterbildung in Form von Lehrgängen und Kursen sog. informelle Arten des Lernens im Erwachsenenalter an Bedeutung gewonnen haben, die Begriffsbestimmung des Deutschen Bildungsrates entsprechend erweitert und folgende Definition entwickelt: *„Weiterbildung ist die Fortsetzung oder Wiederaufnahme organisierten Lernens nach Abschluß einer unterschiedlich ausgedehnten ersten Bildungsphase und in der Regel nach Aufnahme einer Erwerbs- oder Familientätigkeit. Weiterbildung in diesem Sinne liegt auch vor, wenn die Einzelnen ihr Lernen selbst steuern. Weiterbildung umfaßt die allgemeine, politische, kulturelle und wissenschaftliche Weiterbildung. Weiterbildung kann in Präsenzform, in der Form der Fernlehre, des computergestützten Lernens, des selbst gesteuerten Lernens oder in kombinierten Formen stattfinden."*[30] Von dieser Definition werden mit Ausnahme des Lernens „en passant", d.h. des Kenntniserwerbs als Nebeneffekt anderer Betätigungen, alle intenti-

---

26 *Deutscher Bildungsrat*, Strukturplan für das Bildungswesen, S. 197.
27 *Deutscher Bildungsrat*, Strukturplan für das Bildungswesen, S. 51, 53.
28 Vgl. *Bundesministerium für Bildung und Forschung*, Berichtssystem Weiterbildung IX, S. 12.
29 *Bundesministerium für Bildung und Forschung*, a.a.O.
30 *Sekretariat der Ständigen Konferenz der Deutschen Kultusminister* (Hrsg.), Vierte Empfehlung der Kultusministerkonferenz zur Weiterbildung, S. 4 – http://www.kmk.org/fileadmin/veroeffentlichungen_beschluesse/2001/2001_02_01-4-Empfehlung-Weiterbildung.pdf (zuletzt abgerufen am 15.08.2010).

onalen Bildungsprozesse erfaßt.³¹ Dieses äußerst weite Begriffsverständnis folgt aus der Zweckrichtung, die die Weiterbildung im Sinne der Kultusministerkonferenz verfolgt: Sie soll einer möglichst großen Zahl von Menschen die Möglichkeit bieten, sich die für die freie Entfaltung der Persönlichkeit, die Mitgestaltung der Gesellschaft und die für ihre berufliche und soziale Entwicklung erforderlichen Kenntnisse, Fähigkeiten und Fertigkeiten anzueignen.³²

C. Begriffsbestimmungen in der Literatur

Innerhalb der in der Literatur vertretenen Positionen lehnt sich auch *Käufer* an die Begriffsbildung des Deutschen Bildungsrates an und versteht unter Weiterbildung eine arbeitnehmerseitige Anpassung an technische und wissenschaftliche Entwicklungen am Arbeitsplatz, die einerseits in Form einer Erhaltung des bereits bestehenden Kenntnis- und Fähigkeitsstandards, andererseits auch durch eine Erweiterung ebendieses Standards im Hinblick auf tätigkeitsspezifische Veränderungen erfolgen könne. Aufgrund des erforderlichen Bezuges zum Arbeitsverhältnis seien nur berufliche Inhalte erfaßt, nicht aber allgemeinpolitische oder sonstige Themen.³³ Der Zweck der Weiterbildung bestehe in der Befähigung zur effektiven Ausfüllung des Arbeitsplatzes und zur arbeitsplatzbezogenen Aufgabenerfüllung. Gleichwohl könne sie auch für eine bisher nicht ausgeübte Tätigkeit qualifizieren oder dem beruflichen Aufstieg dienen. Da *Käufer* Weiterbildung in einem möglichst weiten Umfang verstehen will, erstreckt sich ihre Begriffsbildung sowohl auf formalisierte Weiterbildungsangebote in Gestalt von Lehrgängen und Schulungen als auch auf die sogenannte „weiche" Weiterbildung, darunter unter anderem die Wissensvermittlung durch Kollegen („informelles Lernen") und das Lesen von Fachliteratur.³⁴ Eine Beschränkung auf bestimmte Formen der Weiterbildung findet somit nicht statt.

Fracke legt ihrer Arbeit ebenfalls die Definition des Deutschen Bildungsrates zugrunde und verweist darauf, daß dessen nur sehr allgemeine Abgrenzung erlaube, alle bestehenden Versuche einer Begriffsbestimmung zu vereinigen. Eine diffe-

---

31 *Bundesministerium für Bildung und Forschung*, Berichtssystem Weiterbildung IX, S. 12; vgl. zum „funktionalen Lernen" auch *Fracke*, Die betriebliche Weiterbildung, S. 30.
32 *Sekretariat der Ständigen Konferenz der Deutschen Kultusminister* (Hrsg.), Vierte Empfehlung der Kultusministerkonferenz zur Weiterbildung, S. 5 – http://www.kmk.org/fileadmin/veroeffentlichungen_beschluesse/2001/2001_02_01-4-Empfehlung-Weiterbildung.pdf (zuletzt abgerufen am 15.08.2010).
33 *Käufer*, Weiterbildung im Arbeitsverhältnis, S. 29.
34 *Käufer*, Weiterbildung im Arbeitsverhältnis, S. 30.

renziertere Einordnung könne in einem nächsten Schritt mittels einer Untersuchung der Inhalte und Ziele der Weiterbildung, des Trägers der Weiterbildungsmaßnahme und des Umfanges der den Arbeitgeber treffenden Pflichten erreicht werden.[35] Ausgehend vom Gegenstand ihrer Arbeit, der Frage nach der Verantwortung des Arbeitgebers für die Weiterbildung des Arbeitnehmers,[36] dient ihr zudem der Begriff der „Betrieblichkeit" als Eingrenzungsmerkmal.[37] Maßgeblich sei aber nicht die (herrschende) juristische Definition i.S.d. §§ 96 ff. BetrVG,[38] sondern ein primär ideelles Verständnis der Betriebsbezogenheit.[39] Dabei könne man sich an der Bestimmung des mit Wirkung vom 01.01.2003 aufgehobenen § 95 Abs. 2 SGB III orientieren. Demnach müsse an einer Maßnahme, damit sie als betrieblich angesehen werden könne, ein objektiv oder subjektiv deutliches Interesse des Arbeitgebers (gerichtet auf die Vermittlung neuer Kenntnisse) bestehen. Dieses Interesse sei anhand von – überwiegend materiellen – Indizien zu ermitteln.[40] Inhaltlich umfaßt der von Fracke verwendete Weiterbildungsbegriff sowohl allgemeine als auch politische und berufliche Themen.[41]

Kritik am Ansatz des Deutschen Bildungsrates übt dagegen *Kemp*, der ihm begriffliche und inhaltliche Ungenauigkeiten vorwirft.[42] Er empfiehlt, anstelle dieser seiner Auffassung nach zu engen Definition als Weiterbildung jeden *„Bildungsvorgang anzusehen, der geeignet ist, eine hinreichend vorhandene Vorbildung zu vertiefen, zu erweitern oder zu ergänzen".*[43] Keiner Bedeutung komme dabei der Frage zu, ob der Weiterbildungsvorgang in organisierter oder in autodidaktischer Form erfolge. Unerheblich sei des weiteren, ob die erforderliche Vorbildung auf einem Lernprozeß im Sinne einer Ausbildung (mit einem Bildungsabschluß) oder auf entsprechender Lebens- bzw. Berufserfahrung beruhe.

D. Gesetzliche Weiterbildungsbegriffe

Einleitend wurde darauf hingewiesen, daß die gesetzlichen Regelungen, die sich inhaltlich mit der beruflichen Weiterbildung befassen, auf teilweise abweichenden

---

35 *Fracke*, Die betriebliche Weiterbildung, S. 30.
36 *Fracke*, Die betriebliche Weiterbildung, S. 26.
37 *Fracke*, Die betriebliche Weiterbildung, S. 30 ff.
38 *Fracke*, Die betriebliche Weiterbildung, S. 33.
39 *Fracke*, Die betriebliche Weiterbildung, S. 34.
40 *Fracke*, Die betriebliche Weiterbildung, S. 35.
41 *Fracke*, Die betriebliche Weiterbildung, S. 39.
42 *Kemp*, Weiterbildung (Begriff), S. 392 f.
43 *Kemp*, Weiterbildung (Begriff), S. 393.

Vorstellungen über die Reichweite des Begriffs der Weiterbildung aufbauen. Zur Veranschaulichung wird beispielhaft das jeweilige Verständnis des Berufsbildungsgesetzes (BBiG), des Sozialgesetzbuches (SGB) III, des Betriebsverfassungsgesetzes (BetrVG) und der Weiterbildungsgesetze der Länder umrissen.

I. Berufsbildungsgesetz

In § 1 Abs. 1 des Berufsbildungesetzes (BBiG) vom 23.03.2005 wird die Berufsbildung als Oberbegriff definiert, der die in den Absätzen 2 bis 5 näher erläuterten Elemente der Berufsausbildungsvorbereitung, der Berufsausbildung, der beruflichen Fortbildung und der beruflichen Umschulung umfaßt. Die durch das sog. Hartz IV-Gesetz vom 23.12.2002[44] eingeführte Berufsausbildungsvorbereitung soll lernbeeinträchtigten oder sozial benachteiligten Personen, deren Entwicklungsstand eine erfolgreiche Ausbildung in einem anerkannten Ausbildungsberuf oder eine gleichwertige Berufsausbildung nicht erwarten läßt (§ 68 Abs. 1 BBiG), die Möglichkeit eröffnen, schrittweise die Voraussetzungen hierfür zu schaffen.[45] Demgegenüber ist unter der Berufsausbildung (§ 1 Abs. 3 BBiG) die Erstausbildung zu verstehen, die sich in der Regel an die Vollzeitschulpflicht anschließt,[46] während nach § 1 Abs. 5 BBiG eine Umschulung (die nicht zwingend eine vorherige Ausbildung i.S.v. § 1 Abs. 3 BBiG erfordert[47]) zu einer anderen beruflichen Tätigkeit befähigen soll.

Von besonderem Interesse für den Untersuchungsgegenstand ist die berufliche Fortbildung, die in § 1 Abs. 4 BBiG über ihren Zweck, die berufliche Handlungsfähigkeit zu erhalten und anzupassen oder zu erweitern und beruflich aufzusteigen, definiert ist. Ausgehend von dieser Definition lassen sich die Alternativen der Anpassungsfortbildung und der Aufstiegsfortbildung unterscheiden.[48] Begrifflich setzt eine Fortbildung entweder eine abgeschlossene Berufsausbildung, eine langjährige berufliche Tätigkeit oder beides voraus.[49] Die Abgrenzung zur Umschulung nach § 1 Abs. 5 BBiG erfolgt nach der Rechtsprechung des Bundessozialgerichts[50] anhand der Fragestellung, ob die in dem bisherigen Beruf erlernten Kenntnisse und

---

44 BGBl. I S. 4633.
45 HWK/*C. S. Hergenröder*, § 1 BBiG RdNr. 2; Wohlgemuth/*Wohlgemuth*, BBiG, § 1 RdNr. 9.
46 Wohlgemuth/*Wohlgemuth*, BBiG, § 1 RdNr. 3.
47 Wohlgemuth/*Wohlgemuth*, BBiG, § 1 RdNr. 8.
48 *Leinemann/Taubert*, BBiG, § 1 RdNr. 33; *Sandmann/Schmitt-Rolfes*, ZfA 2002, S. 297.
49 Braun/Mühlhausen/Munk/Stück/*Stück*, BBiG, § 1 RdNr. 29; *Leinemann/Taubert*, BBiG, § 1 RdNr. 29.
50 Vgl. nur BSG v. 29.4.1976 – 12/7 RAr 103/74 = ZfSH/SGB 1977, S. 273 (noch zum AFG).

Fertigkeiten in den angestrebten Beruf mit übernommen werden (dann Fortbildung) oder ob ihnen keine oder nur eine geringe Relevanz für die andere berufliche Tätigkeit zukommt, so daß im Ergebnis ein anderer Beruf mit neuem Inhalt erlernt wird (dann Umschulung).[51] Die Fortbildung im Sinne des BBiG bezieht sich demnach nur auf das bestehende Arbeitsverhältnis.[52] Abgesehen von § 1 Abs. 4 BBiG enthält das Gesetz keine weiteren Zielvorstellungen betreffend die Fortbildung. Des weiteren beinhaltet es weder arbeits- noch ordnungsrechtliche Regelungen, sondern beschränkt sich in §§ 53 ff. BBiG auf die rahmenrechtliche Vorgabe eines Prüfungswesens.[53]

Der Begriff der Fortbildung in § 1 Abs. 4 BBiG beruht auf dem Grundgedanken, daß berufliche Bildung ein lebenslanger Prozeß ist, in dem – auf der Grundlage der beruflichen Erstausbildung – eine ständige Anpassung der vorhandenen Kenntnisse an die technische Entwicklung und andere Änderungen der Arbeitsumwelt erfolgt.[54] Im Unterschied zu den Bildungsurlaubsgesetzen der Länder, die in erster Linie der Persönlichkeitsentwicklung der Arbeitnehmer dienen,[55] ist die im BBiG geregelte Berufsbildung vorrangig beruflich orientiert und auf das Erlernen konkreter berufsbezogener Fähigkeiten gerichtet.[56] Der Gesetzeszweck des BBiG liegt in der bundeseinheitlichen Standardisierung bestimmter Ausbildungsberufe.[57] Die Begriffsbestimmung des § 1 Abs. 1 BBiG gilt daher nur für die Berufsbildung i.S.d. BBiG und nicht auch für andere Normierungen.[58] Dies spricht allerdings nicht dagegen, ihre inhaltlichen Wertungen auch für andere Bereiche und rechtliche Fragestellungen heranzuziehen.[59]

---

51 Braun/Mühlhausen/Munk/Stück/*Stück*, BBiG, § 1 RdNr. 34; vgl. auch *Leinemann/Taubert*, BBiG, § 1 RdNr. 62.
52 *Sandmann/Schmitt-Rolfes*, ZfA 2002, S. 297.
53 BVerfG v. 15.12.1987 – 1 BvR 563, 582/85, 974/861 und 1 BvL 3/86 = AP Nr. 62 zu Art. 12 GG = BVerfGE 77, S. 308.
54 ErfK/*Schlachter*, § 1 BBiG RdNr. 5; *Leinemann/Taubert*, BBiG, § 1 RdNr. 34.
55 Vgl. dazu unten § 2 D.IV.
56 BverfG v. 15.12.1987 – 1 BvR 563, 582/85, 974/861 und 1 BvL 3/86 = AP Nr. 62 zu Art. 12 GG = BVerfGE 77, S. 308.
57 BT-Drucks. V/4260, S. 2; *Oetker*, Berufsbildungsmaßnahmen, S. 78.
58 *Oetker*, Berufsbildungsmaßnahmen, S. 78; Richardi/*Thüsing*, BetrVG, § 96 RdNr. 6; *Gilberg*, Die Mitwirkung des Betriebsrats bei der Berufsbildung, S. 144.
59 So werden zur Definition der Berufsbildung i.S.d. BetrVG die Begrifflichkeiten des BBiG herangezogen. Vgl. dazu unten § 2 D.III.

II. Sozialgesetzbuch III

Das Sozialgesetzbuch (SGB) III dient, wie sein Untertitel klarstellt, der Arbeitsförderung, wozu nach § 1 Abs. 2 Nr. 3 SGB III auch die Förderung der individuellen Beschäftigungsfähigkeit durch Erhalt und Ausbau von Kenntnissen, Fertigkeiten sowie Fähigkeiten zu zählen ist. Die §§ 77-87 SGB III, die inhaltlich der Förderung der beruflichen Weiterbildung gewidmet sind, enthalten jedoch keine Definition ihres Gegenstands. Anhaltspunkte für das zugrundeliegende Verständnis lassen sich jedoch dem Gesetz selbst entnehmen. Zum einen ist die Weiterbildung auch im SGB III von der beruflichen (Erst-) Ausbildung abzugrenzen, die berufliche Kenntnisse erst vermitteln soll und der in den §§ 59-76 SGB III ein eigener Abschnitt gewidmet ist. Zum anderen präzisiert § 85 Abs. 3 S. 1 Nr. 1-3 SGB III, der Anforderungen hinsichtlich der Förderungsfähigkeit von Maßnahmen aufstellt, die inhaltliche Bandbreite dessen, was unter „beruflicher Weiterbildung" im Sinne der § 77 ff. SGB III zu verstehen ist. Danach muß sie das Ziel verfolgen, berufliche Kenntnisse, Fertigkeiten und Fähigkeiten zu erhalten, zu erweitern, der technischen Entwicklung anzupassen oder einen beruflichen Aufstieg zu ermöglichen (Nr. 1), einen beruflichen Abschluss zu vermitteln (Nr. 2) oder zu einer anderen beruflichen Tätigkeit zu befähigen (Nr. 3). Erforderlich ist zudem nach § 85 Abs. 4 Nr. 2 SGB III die Vermittlung berufsbezogener Inhalte, so daß überwiegend allgemeinbildende Maßnahmen ausscheiden.[60]

Die „berufliche Weiterbildung" i.S.d. SGB III ist demnach als weit gefaßter Oberbegriff zu verstehen, der, wenn man die Terminologie des BBiG zugrundelegt,[61] sowohl die berufliche Fortbildung als auch die berufliche Umschulung umschließt.[62]

III. Betriebsverfassungsgesetz

Das Betriebsverfassungsgesetz (BetrVG) befaßt sich in den §§ 92, 96 ff. mit der Berufsbildung, für die bestimmte Beteiligungsrechte des Betriebsrates normiert werden. Das Gesetz stellt jedoch nicht ausdrücklich klar, was es unter Berufsbildung versteht. Die Rechtsprechung und der überwiegende Teil der Literatur stimmen darin überein, daß es zwar keinen abschließenden juristisch-technischen Beg-

---

60 Niesel/Brand/*Stratmann*, SGB III, § 85 RdNr. 25; vgl. auch Lohre/Mayer/Stevens-Bartol/*von Seggern*, Arbeitsförderungsrecht, § 87 RdNr. 2.
61 § 60 Abs. 1 SGB III nimmt das BBiG direkt in Bezug.
62 Spellbrink/Eicher/*Niewald*, Kasseler Handbuch des Arbeitsförderungsrechts, § 4 RdNr. 121.

riff der Berufsbildung gebe, gehen aber davon aus, daß nur ein weites Verständnis dem Zweck der gesetzlichen Regelungen im BetrVG gerecht werde.[63] Das Erfordernis einer solchen Auslegung, die im Zweifel zur Bejahung einer Berufsbildungsmaßnahme führt,[64] folge daraus, daß die Teilnahme an betrieblichen Schulungsmaßnahmen häufig darüber entscheide, ob der Arbeitnehmer seinen Arbeitsplatz behalten oder an einem beruflichen Aufstieg teilnehmen könne. Auch sei die Bedeutung für das soziale Schicksal des Arbeitnehmers zu berücksichtigen.[65]

Unter Zugrundelegung dieser Prämissen umfaßt der betriebsverfassungsrechtliche Berufsbildungsbegriff zumindest alle Maßnahmen der Berufsbildung i.S.d. § 1 Abs. 1 BBiG, also der Berufsausbildungsvorbereitung, der Berufsausbildung, der Berufsfortbildung und der beruflichen Umschulung, bleibt aber gegenüber tatsächlichen Entwicklungen offen und ist dem allgemeinen Sprachgebrauch entsprechend auszulegen.[66] In Anbetracht des weiten Verständnisses sind auch die sozialrechtlichen Begriffsbestimmungen enthalten.[67] Zu der beruflichen Bildung i.S.d. BetrVG sind insbesondere solche Maßnahmen zu zählen, die den Arbeitnehmern gezielt bzw. in systematischer, lehrplanartiger Weise diejenigen Kenntnisse und Fähigkeiten erst verschaffen sollen, die der Ausfüllung ihres Arbeitsplatzes und ihrer beruflichen Tätigkeit dienen, oder die es ermöglichen, die beruflichen Kenntnisse und Fähigkeiten zu erhalten.[68] Dazu ist die Vermittlung von neuen Inhalten, Fähigkeiten und Fertigkeiten erforderlich, die für das berufliche Fortkommen der Arbeitnehmer von Bedeutung sind, indem sie seinen Wert auf dem Arbeitsmarkt erhöhen.[69] [70]

---

63 BAG v. 31.1.1969 – 1 ABR 18/68 = AP Nr. 1 zu § 56 BetrVG Berufsausbildung; BAG v. 5.11.1985 – 1 ABR 49/83 = AP Nr. 2 zu § 98 BetrVG 1972; Richardi/*Thüsing*, BetrVG, § 96 RdNr. 7; *Alexander*, NZA 1992, S. 1060 f.: *Hammer*, ArbuR 1984, S. 215.
64 *Hammer*, ZTR 1996, S. 249.
65 BAG v. 28.1.1991 – 1 ABR 49/90 = AP Nr. 7 zu § 98 BetrVG 1972; BAG v. 5.11.1985 – 1 ABR 49/83 = AP Nr. 2 zu § 98 BetrVG 1972; BAG v. 31.1.1969 – 1 ABR 18/68 = AP Nr. 1 zu § 56 BetrVG Berufsausbildung.
66 BAG v. 31.1.1969 – 1 ABR 18/68 = AP Nr. 1 zu § 56 BetrVG Berufsausbildung; BAG v. 23.4.1991 – 1 ABR 49/90 = AP Nr. 7 zu § 98 BetrVG 1972; Richardi/*Thüsing*, BetrVG, § 96 RdNr. 8.
67 *Oetker*, Berufsbildungsmaßnahmen, S. 83 f.; *Hammer*, Berufsbildung und Betriebsverfassung, S. 44 f.
68 BAG v. 31.1.1969 – 1 ABR 18/68 = AP Nr. 1 zu § 56 BetrVG Berufsausbildung; BAG v. 5.11.1985 – 1 ABR 49/83 = AP Nr. 2 zu § 98 BetrVG 1972; BAG v. 4.12.1990 – 1 ABR 10/90 = AP Nr. 1 zu § 97 BetrVG 1972; BAG v. 23.4.1991 – 1 ABR 49/90 = AP Nr. 7 zu § 98 BetrVG 1972; BAG v. 28.1.1992 – 1 ABR 41/91 = AP Nr. 1 zu § 96 BetrVG 1972; *Alexander*, NZA 1992, S. 1061.
69 MünchArbR/*Matthes*, § 262 RdNr. 12; GK-*Raab*, BetrVG, § 96 RdNr. 15.
70 Vgl. zur Abgrenzung gegenüber der „*Unterrichtung*" i.S.d. § 81 BetrVG unten § 3 D.I.2.c.

IV. Arbeitnehmerweiterbildungsgesetze der Länder

Die in einem Großteil der Bundesländer bestehenden[71] Weiterbildungsgesetze beruhen auf der Prämisse, daß die Arbeitnehmerweiterbildung im Unterschied zur Berufsbildung im Sinne des BBiG nicht primär beruflich orientiert sei. Die überbetrieblich ausgerichtete Arbeitnehmerweiterbildung strebe vielmehr die Verklammerung von beruflicher und politischer Weiterbildung an und diene in erster Linie der Persönlichkeitsentwicklung des Arbeitnehmers und weniger dem Erlernen konkret berufsbezogener Fertigkeiten und Kenntnisse.[72] Inhaltlich werden demzufolge die berufliche und die politische Weiterbildung erfaßt, teilweise erstreckt sich der Anspruch aber auch auf allgemeine (so z.B. für Schleswig-Holstein § 3 Abs. 3 Schleswig-Holsteinisches Bildungsfreistellungsgesetz (SchlH BFQG)) oder sogar kulturelle Weiterbildungsangebote (§ 2 Abs. 3 S. 1 Brandenburgisches Weiterbildungsgesetz (BbgWBG)). Unter Weiterbildung wird zumeist in Anlehnung an die Definition des Deutschen Bildungsrates die Fortsetzung oder Wiederaufnahme organisierten Lernens außerhalb der Bildungsgänge der allgemeinbildenden Schulen und der beruflichen Erstausbildung verstanden,[73] die auch durch neue Formen des Lernens, insbesondere auch selbstgesteuertes Lernen mit Mitteln der Informations- und Kommunikationstechnik, erfolgen kann.[74]

Die für die vorliegende Untersuchung interessierende berufliche Weiterbildung wird in den Landesgesetzen von Nordrhein-Westfalen (§ 1 Abs. 3 Arbeitnehmerweiterbildungsgesetz (AWbG) NRW), Hessen (§ 1 Abs. 4 BildUrlG Hessen), Berlin (§ 1 Abs. 4 BildUrlG Berlin), Brandenburg (§ 2 Abs. 2, 3 BbgWBG), Schleswig-Holstein (§ 3 Abs. 5 SchlH BFQG), Hamburg (§ 1 Abs. 3 BildUrlG HH) und des Saarlandes (§ 1 Abs. 2 Saarländisches Bildungsfreistellungsgesetz (SBFG)) näher umschrieben. Dabei wird überwiegend auf ihren Zweck abgestellt, der Erhaltung, Erweiterung und Anpassung der beruflichen Kenntnisse und Fertigkeiten zu dienen bzw. die berufliche Handlungskompetenz zu fördern, vorhandene Arbeitsplätze zu sichern, die Arbeitslosigkeit abzubauen und den beruflichen Wiedereinstieg zu ermöglichen.[75] Neben dem beruflichen Aufstieg soll teilweise auch der Übergang in eine andere berufliche Tätigkeit gefördert werden.[76] Darüber hinaus

---

71 Vgl. dazu unten § 3 E.II.
72 BVerfG, BVerfG v. 15.12.1987 – 1 BvR 563, 582/85, 974/861 und 1 BvL 3/86 = AP Nr. 62 zu Art. 12 GG = BVerfGE 77, S. 308, unter Berufung auf *Kemp*, Weiterbildung (Begriff), S. 391.
73 § 2 Abs. 2 S. 1 SchlH BFQG, § 1 Abs. 1 S. 2 BbgWBG.
74 Vgl. § 1 Abs. 2 S. 2 Saarländisches Weiterbildungsförderungsgesetz (SWFG).
75 § 1 Abs. 3 S. 1 AWbG NRW; § 1 Abs. 4 BildUrlG Hessen; § 1 Abs. 4 BildUrlG Berlin; § 1 Abs. 2 S. 2 SBFG; § 2 Abs. 2 S. 1 BbgWBG; § 3 Abs. 5 S. 1, 2 SchlH BFQG; § 1 Abs. 3 BildUrlG HH.
76 § 1 Abs. 2 S. 2 SBFG; § 3 Abs. 5 S. 1 SchlH BFQG.

soll die berufliche Weiterbildung nach manchen Landesgesetzen aber auch die berufliche Mobilität des Arbeitnehmers verbessern[77] und ihm die Kenntnis gesellschaftlicher und betrieblicher Zusammenhänge vermitteln.[78] Nach dem Arbeitnehmerweiterbildungsgesetz NRW ist die Weiterbildung nicht auf den ausgeübten Beruf beschränkt (§ 1 Abs. 1 S. 2 AWbG NRW). Es konkretisiert den Gegenstand der beruflichen Weiterbildung dahingehend, daß auch Bildungsinhalte eingeschlossen werden, die nicht in unmittelbarem Zusammenhang mit der ausgeübten beruflichen Fähigkeit stehen, sofern sie in der beruflichen Tätigkeit zumindest zu einem mittelbar wirkenden Vorteil des Arbeitgebers verwendet werden können (§ 1 Abs. 1 S. 3 AWbG NRW).

Nach der Rechtsprechung des BAG dienen solche Veranstaltungen der beruflichen Weiterbildung, die Kenntnisse für den konkret ausgeübten Beruf oder jedenfalls Kenntnisse vermitteln, die im erlernten oder ausgeübten Beruf verwendet werden können.[79] Die durch die Bildungsveranstaltung erworbenen Kenntnisse und Fähigkeiten müssen vom Arbeitnehmer auch im bestehenden Arbeitsverhältnis genutzt werden und so dem Arbeitgeber ein Mindestmaß an greifbaren Vorteilen verschaffen können.[80] Nach dem weiten Verständnis des Gerichts, das insofern einen lediglich mittelbar wirkenden Vorteil ausreichen läßt, erfüllen auch ein Erfahrungsgewinn im Umgang mit Menschen und der Erwerb von Eigeninitiative und Verantwortungsbereitschaft die genannten Voraussetzungen.[81] Für die Beurteilung der Berufsbezogenheit einer Bildungsveranstaltung ist auf die gegenwärtige und künftige Verwendbarkeit der vermittelten Kenntnisse abzustellen. Bei dieser Prognose ist der Zeitpunkt ausschlaggebend, in dem der Arbeitgeber über die Freistellung zu entscheiden hat. Dabei sind auch Sachverhalte aus der Vergangenheit einzubeziehen, wenn aus ihnen Rückschlüsse für den künftigen Einsatz gezogen werden können. Die voraussichtliche Verwendbarkeit der Kenntnisse genügt. Das Aneignen von Vorratswissen ohne absehbare konkrete Verwendbarkeit im Arbeitsverhältnis (z.B. sog. Schlüsselqualifikationen) stellt jedenfalls keine berufliche Weiterbildung dar.[82]

Soweit die Landesgesetze unter beruflicher Weiterbildung auch die Verbesserung der beruflichen Mobilität verstehen (z.B. § 1 Abs. 3 S. 1 AWbG NRW, § 1

---

77 § 1 Abs. 3 S. 1 AWbG NRW; § 1 Abs. 3 BildUrlG HH.
78 § 1 Abs. 4 BildUrlG Berlin; § 1 Abs. 4 BildUrlG Hessen.
79 BAG v. 18.11.2008 – 9 AZR 815/07, n.v.; v. 15.03.2005 – 9 AZR 104/04 = NZA 2006, S. 496 (497); v. 21.09.1993 – 9 AZR 258/91 = AP Nr. 68 zu § 611 BGB Dienstordnungs-Angestellte.
80 BAG v. 18.05.1999 – 9 AZR 381/98 = NZA 2000, S. 98 (99).
81 BAG v. 15.06.1993 – 9 AZR 261/90 = NZA 1994, S. 692 (693); v. 17.02.1998 – 9 AZR 100/97 = NZA 1999, S. 87.
82 BAG v. 21.10.1997 – 9 AZR 510/96 = NZA 1998, S. 758.

Abs. 3 BildUrlG HH), sind nach dem BAG im Hinblick auf die Verwendbarkeit zu erwerbender Kenntnisse im bestehenden Arbeitsverhältnis zusätzlich auch diejenigen Arbeitsmöglichkeiten einzubeziehen, die für den Arbeitnehmer aufgrund seiner beruflichen Qualifikation unter Berücksichtigung etwaiger Zusatzqualifikationen in Betracht kommen.[83] Die Reichweite der „Mobilität" beschränkt sich aber auf künftige Arbeitsmöglichkeiten in anderen Betrieben des Unternehmens und Konzerns. Unter die berufliche Weiterbildung i.S.d. Landesgesetze fällt danach nicht die Vermittlung von Inhalten, die ausschließlich im Interesse eines anderen Arbeitgebers liegt und einen Stellenwechsel vorbereiten soll.[84]

Auch wenn die landesgesetzlichen Regelungen insgesamt eher einem großzügigen Verständnis der Weiterbildung folgen und damit umfangreiche Ansprüche der Arbeitnehmer begründen, so lassen sich den Definitionen der *beruflichen* Weiterbildung und ihren Konkretisierungen im Hinblick auf einen eigenständigen Weiterbildungsbegriff jedenfalls aufschlußreiche Anhaltspunkte entnehmen, inwiefern eine Begriffsbegrenzung durch eine Verankerung im konkreten Arbeitsverhältnis erreicht werden kann[85].

H. Bewertung/Eigener Weiterbildungsbegriff

Die aufgezählten Definitionen ergeben ein sehr heterogenes Gesamtbild. Dies läßt sich vor allem darauf zurückführen, daß die Bestimmung ihrer jeweiligen (inhaltlichen) Reichweite auf der Grundlage des betroffenen Regelungsbereiches und mit Rücksicht auf dessen Regelungsziel erfolgt, also einer starken Zweckbindung unterliegt. Darüber hinaus verstärkt die uneinheitliche Verwendung der Bezeichnungen „Fortbildung", „Weiterbildung" und „Qualifizierung"[86] (bei häufig vorhandenen inhaltlichen Schnittmengen) den Eindruck, daß auch insofern schon keine gemeinsame begriffliche Grundlage vorausgesetzt werden kann.

Gleichwohl bauen alle Begriffsbestimmungen auf einem gemeinsamen Grundtatbestand auf: Es geht um eine Erhaltung, Erweiterung und Entwicklung der

---

83 BAG v. 17.02.1998 – 9 AZR 100/97 = NZA 1999, S. 87 (88).
84 BAG v. 18.05.1999 – 9 AZR 381/98 = NZA 2000, S. 98 (98 f.); vgl. dazu auch *Hopfner/Auktor*, NZA-RR 2002, S. 116.
85 Das BAG betont, die konkrete Verwendbarkeit im konkret ausgeübten Beruf sei nicht Voraussetzung der Anerkennung einer Veranstaltung als berufliche Weiterbildungsmaßnahme, stellt aber – wie dargestellt – auf eine wenigstens mittelbare oder zukünftige Verwendbarkeit in der Berufssparte des Arbeitnehmers ab. Vgl. dazu *Hopfner*, NZA 2001, S. 9.
86 Dazu *Bahnmüller/Bispinck/Schmidt*, Betriebliche Weiterbildung und Tarifvertrag, S. 14 f.

Kenntnisse und Handlungskompetenzen des Arbeitnehmers. Ausgehend von diesem Verständnis wird dann je nach dem Kontext, in dessen Rahmen die definitorische Annäherung zu erfolgen hat, eine unterschiedlich weite oder enge Eingrenzung vorgenommen.

Die vorliegende Arbeit ist nicht der Zweckvorgabe eines bestimmten Regelungsbereiches oder einzelner Normen unterworfen, so daß insofern auch keine Bindung an die aufgezählten Definitionsansätze besteht und grundsätzlich ein weites Begriffsverständnis zugrundegelegt werden kann. Der Versuch einer selbständigen Begriffsbestimmung verfolgt daher ausschließlich das Ziel, anhand einer ersten Eingrenzung den Untersuchungsgegenstand greifbarer zu machen. Er soll dagegen nicht die Antwort auf die Frage vorwegnehmen, welche Pflichten den Arbeitgeber bzw. den Arbeitnehmer im Hinblick auf die berufliche Weiterbildung treffen. Es geht allein um eine Schärfung der Konturen der zugrundeliegenden Begrifflichkeiten. Für deren sinnvolle Erfassung kann der Gegenstand der Untersuchung auch hier wichtige Vorgaben bzw. Anhaltspunkte liefern. Das geschilderte Grundverständnis der beruflichen Weiterbildung soll dabei als Ausgangspunkt dienen. Die Arbeit geht der Fragestellung nach, inwiefern im Kontext eines Arbeitsverhältnisses Ansprüche auf und Pflichten zur Weiterbildung bestehen. Dieser Ansatz begründet eine inhaltliche Nähe zu den Weiterbildungsgesetzen der Länder, allerdings nur soweit sie sich gerade der beruflichen Weiterbildung der Arbeitnehmer widmen. Daher ist bei der Begriffsbildung insofern ein engerer Maßstab anzulegen, als es hier primär um das Erlernen konkret berufsbezogener Fertigkeiten und Kenntnisse geht. Eine etwaige Persönlichkeitsentwicklung kann dagegen nicht als Leitlinie für die Inhaltsbestimmung dienen, sondern kommt lediglich als ein Nebenprodukt in Betracht.

I. Inhaltlich: Das Berufsbild als begrenzender Faktor

Aus dem Vorgesagten folgt, daß es für die Beantwortung der Frage, was überhaupt unter beruflicher Weiterbildung zu verstehen ist, nicht auf das konkrete Arbeitsverhältnis und die nach dem Arbeitsvertrag geschuldeten Aufgaben des Arbeitnehmers ankommt. Stattdessen ist das Berufsbild entscheidend, dem sich die vom Arbeitnehmer zu erbringende Arbeitsleistung zuordnen läßt. Die Bezugnahme auf das Berufsbild gibt eine erste Einschränkung inhaltlicher Art vor: Allgemeine, politische oder kulturelle Bildungsinhalte werden nicht erfaßt. Der Weiterbildungsbegriff ist auf die berufliche Weiterbildung begrenzt. Die auf das einschlägige Berufsbild bezogenen Kenntnisse und Fähigkeiten des Arbeitnehmers sollen zum einen erhalten, zum anderen an den fortwährenden technischen Wandel und die sich daraus ergebenden Änderungen, die sich im Hinblick auf die Erfüllung der arbeitsvertraglichen Pflichten und die Ausfüllung des Arbeitsplatzes ergeben, angepaßt werden. Eine durch eine vorhergehende Ausbildung und/oder durch eine längere Berufserfahrung erworbene hinreichende Vorbildung wird dabei vorausgesetzt. Alle Maßnahmen, die dem vorgenannten Ziel dienen, zählen zur beruflichen Weiterbildung eines Arbeitnehmers. In Anlehnung an die Eingrenzungen, die im Rahmen der Weiterbildungsgesetze der Länder getroffen werden, ist eine Bildungsmaßnahme daher dann als beruflich zu bezeichnen, wenn „ein objektiv nachvollziehbarer oder fördernder Bezug zum ausgeübten Beruf" besteht und das erlernte Wissen zumindest zukünftig im Beruf verwendet werden kann.[87] Diese Voraussetzungen können auch bei fachübergreifenden Inhalten wie z.b. Mitarbeiterführung und Rhetorikschulungen erfüllt sein.[88] Die berufliche Weiterbildung ist dabei nicht auf eine „Aufrechterhaltungs- und Anpassungsfunktion" beschränkt, sondern erfaßt auch Bildungsinhalte, die über das Anforderungsprofil des konkreten Arbeitsplatzes des Arbeitnehmers hinausgehen und ihm einen beruflichen Aufstieg ermöglichen. Auch diese „Aufstiegsfunktion" ist indes im Kontext des Berufsbildes zu sehen, das sich unter anderem (aber nicht ausschließlich)[89] aus den im Arbeitsvertrag bestimmten Aufgabenprofil ergibt. Die Weiterbildung bezweckt nicht die Befähigung zur Bekleidung eines völlig neuen Berufes. Sie muß daher von der Umschulung unterschieden werden. Zur Abgrenzung kann wie im Rahmen des BBiG darauf abgestellt werden, ob die in dem bisherigen Beruf erlernten Kenntnisse und Fertigkeiten in die angestrebte Tätigkeit mit übernommen werden können.[90] Nur wenn dies der Fall ist, handelt es sich um eine Fort- bzw. Weiterbildung. Inhaltlich lehnt sich der hier verwendete Weiterbildungsbegriff somit an die Anpassungs- und Aufstiegsfortbildung i.S.d. § 1 Abs. 4 BBiG an.

---

87 Vgl. § 2 D.IV.
88 *Goos*, ZfA 1991, S. 63.
89 So kann der Arbeitsvertrag die Aufgaben eines Tischlers auf die handwerkliche Herstellung der in dem betreffenden Unternehmen fabrizierten Holzstühle beschränken. Zum Berufsbild eines Tischlers gehört u.a. aber auch die Herstellung anderer Möbel, bspw. von Holzschränken. Ein Lehrgang zur Vermittlung der neuesten Methoden zur Herstellung von Schränken stellt für den Tsichler somit eine Maßnahme der beruflichen Weiterbildung dar. Eine von dieser begrifflichen Einordnung zu trennende Frage ist, ob im Hinblick auf solche Weiterbildungsinhalte arbeitsvertragliche Pflichten bestehen.
90 Vgl. oben § 2 D.I.

II. Eingrenzung durch Form oder Trägerschaft der Weiterbildung

Weiterbildung weist nicht nur eine große inhaltliche Bandbreite auf, sondern ist auch in den unterschiedlichsten Formen und Trägerschaften denkbar. Die „klassische", formalisierte Weiterbildung erfolgt durch betriebliche und außerbetriebliche Lehrgänge, Kurse und Schulungen (mit oder ohne Zertifikate(n)),[91] in neuerer Zeit aber auch durch den Besuch von Informationsveranstaltungen wie Fachmessen oder Kongressen.[92] Daneben kann eine Erhaltung, Anpassung oder Erweiterung der Kenntnisse und Fähigkeiten auch durch nicht formalisierte, sog. „weiche" Weiterbildung erreicht werden. Diese gering organisierten bzw. systematisierten Lernmethoden haben in den letzten Jahren in der bildungspolitischen Diskussion mehr Aufmerksamkeit erhalten[93] und treten in vielfältigen Erscheinungsformen auf. Neben dem Lernen in der unmittelbaren Arbeitssituation, z.B. durch Einweisung und Einarbeitung durch Vorgesetzte oder Kollegen,[94] spielt dabei insbesondere auch das „selbstgesteuerte Lernen", das u.a. in der Lektüre von Fachliteratur, mediengestützter Kenntniserweiterung und Fernlehrgängen bestehen kann, eine wichtige Rolle.[95] Insgesamt läßt sich eine Neigung zu arbeitsplatznahen Weiterbildungsformen in den Betrieben beobachten.[96]

Eine Beschränkung des Begriffs der Weiterbildung auf bestimmte Arten oder bestimmte Träger ist im Rahmen dieser Untersuchung nicht erforderlich. Stattdessen wird grundsätzlich jede Form der gezielten Vermittlung von Kenntnissen und Fertigkeiten erfaßt. Damit wird zum einen den angesprochenen vielfältigen Ausgestaltungsmöglichkeiten des Weiterbildungsvorgangs Rechnung getragen, zum anderen aber auch etwaigen neuen Entwicklungen Raum gelassen. Das Kriterium der Zielgerichtetheit grenzt die Weiterbildung jedoch vom bloßen „Lernen en passant"[97] bzw. vom „funktionalen Lernen"[98] ab, bei dem der Lernerfolg nicht den Zweck einer Maßnahme darstellt, sondern vielmehr beiläufig und ungeplant als

---

91 Vgl. *Gilberg*, Die Mitwirkung des Betriebsrats bei der Berufsbildung, S. 206.
92 *Weiß*, Kosten und Strukturen betrieblicher Weiterbildung, S. 17 f.
93 *Bundesministerium für Bildung und Forschung*, Berichtssystem Weiterbildung IX, S. I, IV, 188; *Werner*, IW-Trends 1/2006, S. 3 ff.; s. auch *Bahnmüller/Bispinck/Schmidt*, Betriebliche Weiterbildung und Tarifvertrag, S. 14.
94 Vgl. *Weiß*, Kosten und Strukturen betrieblicher Weiterbildung, S. 16.
95 Neudeutsch werden diese „weichen" Qualifizierungsformen auch als Personalentwicklung „on the job" bzw. „near the job" bezeichnet. S. dazu *Breisig*, Personalentwicklung, S. 86 ff.; *Gilberg*, Die Mitwirkung des Betriebsrats bei der Berufsbildung, S. 200 ff.
96 *W. Heidemann*, AiB 2008, S. 121; *Werner*, IW-Trends 1/2006, S. 3.
97 *Bundesministerium für Bildung und Forschung*, Berichtssystem Weiterbildung IX, S. 187.
98 *Weiß*, Kosten und Strukturen betrieblicher Weiterbildung, S. 15; *Fracke*, Die betriebliche Weiterbildung, S. 30.

Nebeneffekt aus anderen Tätigkeiten des Arbeitnehmers resultiert. Zum funktionalen Lernen zählt auch das kurzfristige Anlernen oder Einarbeiten am Arbeitsplatz, das lediglich auf die Anwendung bereits vorhandener Fähigkeiten in einer konkreten Situation abzielt, bei dem aber keine neuen Kenntnisse gewonnen bzw. vermittelt werden. Da Gegenstand der Arbeit die Frage nach konkreten Rechten und Pflichten im Rahmen des Arbeitsverhältnisses ist, scheidet ein Lernprozeß, der überwiegend zufällig und spontan erfolgt, als handhabbarer Erfassungsgegenstand aus. Der hier verwendete Weiterbildungsbegriff erfaßt somit das funktionale Lernen nicht, sondern setzt eine bewußte, absichtsvoll geplante Vermittlung von Lerninhalten voraus. Überschneidungen sind allerdings durchaus denkbar, so daß eine Abgrenzung im Einzelfall schwierig sein kann.[99]

III. Betrieblichkeit als untersuchungsbegrenzendes Merkmal?

Möglicherweise lassen sich in Anlehnung an *Fracke*[100] weitere definitorische Klarstellungen über das Kriterium der „Betrieblichkeit" erreichen, mittels dessen sie eine Begrenzung auf die Weiterbildung erreichen will, bei der dem Arbeitgeber einzelne Aufgaben zukommen können.[101] Jedoch liefern weder die von ihr verworfenen Definitionen der Betrieblichkeit i.S.d. §§ 96 ff. BetrVG (ein funktionaler Ansatz einerseits, ein wirtschaftliches Verständnis andererseits) noch das von ihr selbständig entwickelte, von den §§ 96 ff. BetrVG losgelöste ideelle Verständnis Maßstäbe, die – im Rahmen dieser Untersuchung wohlgemerkt – zu einer weitergehenden Eingrenzung führten.

Die funktionale Betrachtungsweise definiert eine Bildungsmaßnahme i.S.d. §§ 96 ff. BetrVG als betrieblich, wenn sie vom Arbeitgeber getragen oder veranstaltet und für die Arbeitnehmer seines Unternehmens durchgeführt wird, während der wirtschaftliche Ansatz auf die materielle Beteiligung des Arbeitgebers abstellt.[102] Beide Definitionen zielen, da im Kontext der §§ 96 ff. BetrVG entwickelt, auf eine Bestimmung der Reichweite der dort normierten Mitbestimmungsrechte ab, verfolgen mithin eine andere Stoßrichtung. Zutreffend stellt demzufolge auch *Fracke* fest, daß eine Begriffsbestimmung mittels der Fragestellung, inwieweit ein Arbeitgeber sich an einer Qualifizierungsmaßnahme organisatorisch oder materiell betei-

---

99 So auch *Fracke*, Die betriebliche Weiterbildung, S. 30. Vgl. zu dieser Problematik die Abgrenzung zwischen § 81 Abs. 1, 2 BetrVG von §§ 96 ff. BetrVG; unten § 3 D.I.2.c.
100 Vgl. oben § 2 C.
101 *Fracke*, Die betriebliche Weiterbildung, S. 30.
102 *Fracke*, Die betriebliche Weiterbildung, S. 32 f.

ligt, zu einem Zirkelschluß führte, wenn man erst untersuchen will, ob er zu einer Durchführung von Weiterbildungsmaßnahmen verpflichtet ist.[103] Ihr eigener Ansatz, der auf ein durch Indizien zu bestimmendes objektiv oder subjektiv deutliches Interesse des Arbeitgebers an der Vermittlung neuer Kenntnisse abstellt, läßt sich im Kern auf eine Bewertung von Weiterbildungs*inhalten* anhand der Maßstäbe der Nützlichkeit, des Bezugs zu der beruflichen Tätigkeit bzw. der beruflichen Verwertbarkeit zurückführen.[104] Aus diesen Parametern ergeben sich keine Klarstellungen, die sich für die hier vorzunehmende Begriffsbestimmung fruchtbar machen ließen. Denn die von *Fracke* aufgeworfenen Fragestellungen betreffen weniger definitorische Aspekte (im dieser Untersuchung zugrundegelegten Verständnis) als vielmehr die Frage, welche Arten der beruflichen Weiterbildung sich möglicherweise dem arbeitsvertraglichen Pflichtenkatalog zuordnen lassen. Auf sie wird daher an anderer Stelle noch zurückzukommen sein.[105] Zur Eingrenzung des Weiterbildungsbegriffs wird auf das Kriterium der „Betrieblichkeit" im beschriebenen Sinne aber nicht zurückgegriffen.

IV. Ergebnis

Unter Weiterbildung im Sinne dieser Untersuchung ist demnach jede Maßnahme – unabhängig von ihrer Form – zu verstehen, die die Erhaltung, Erweiterung und Entwicklung der durch eine vorhergehende Ausbildung und/oder durch eine längere Berufserfahrung erworbenen berufsbezogenen Kenntnisse und Fertigkeiten des Arbeitnehmers bezweckt. Den äußeren Rahmen des Weiterbildungsbegriffs bildet das Berufsbild, dem sich die vom Arbeitnehmer nach dem jeweiligen Arbeitsvertrag geschuldete Tätigkeit zuordnen läßt. Im Rahmen der Begriffsbestimmung sind weitergehende Einschränkungen nicht notwendig. Sie sind stattdessen im Zusammenhang mit der Frage zu erörtern, wie groß die Reichweite etwaiger sich aus dem Arbeitsverhältnis ergebender Pflichten ist.

---

103 *Fracke*, Die betriebliche Weiterbildung, S. 33.
104 Vgl. *Fracke*, Die betriebliche Weiterbildung, S. 34 f.
105 Vgl. unten § 4.

§ 3 Bestandsaufnahme der Regelungen mit Weiterbildungsbezug

Unter Berücksichtigung ihrer Rangfolge wird im folgenden eine Untersuchung derjenigen Regelungen vorgenommen, die einen konkreten Bezug zur beruflichen Weiterbildung von Arbeitnehmern aufweisen. Dabei soll insbesondere der Frage nachgegangen werden, ob sich aus ihnen Ansprüche auf Weiterbildung ableiten lassen und, falls dies bejaht werden kann, an welche Voraussetzungen ein etwaiger Anspruch geknüpft ist.

A. Völkerrechtliche Regelungen

Sowohl die Bedeutung als auch der Umfang völkerrechtlicher Regelungen im Bereich des Arbeitsrechts, die ausschließlich in völkerrechtlichen Verträgen fixiert sind, haben in der jüngeren Vergangenheit stark zugenommen.[106]

Vor dem Hintergrund der die Untersuchung bestimmenden Frage muß bei der Betrachtung dieser Regelwerke beachtet werden, daß völkerrechtliche Verträge grundsätzlich nur Rechte und Pflichten im Verhältnis der Vertragsparteien, also der Völkerrechtssubjekte, begründen, während die Festlegung von Rechtsansprüchen für einzelne Bürger (wie z.B. Arbeitnehmer, Arbeitgeber) eine Ausnahme darstellt, die nur bei entsprechend klarem Inhalt im Vertragstext als vereinbart gilt.[107] Voraussetzung für eine innerstaatliche Anwendbarkeit der Normen ist neben der Ratifikation, mit der die Parteien das Vertragswerk für sich für völkerrechtlich verbindlich erklären, die Anordnung innerstaatlicher Geltung. Diese Transformation in das innerstaatliche Recht erfolgt in der Bundesrepublik Deutschland durch ein Vertragsgesetz i.S.v. Art. 59 Abs. 2 S. 1 GG. Mit der Übernahme der Regelungen aus dem völkerrechtlichen Vertrag in die nationale Rechtsordnung (i.d.R. im Range eines einfachen Gesetzes[108]) ist aber noch keine Aussage über ihre Adressaten sowie darüber verbunden, welche Wirkungen sie gegenüber bestimmten Rechtsträgern entfalten und ob sie subjektive Rechte Einzelner begründen.[109] Vielmehr hängt es

---

106 MünchArbR/*Birk*, 2. Aufl. 2000, § 17 RdNr. 1 f.
107 BVerfG v. 13.01.1976 – 1 BvR 631/69 und 24/70 = BVerfGE 41, S. 126 (169); BGH v. 24.05.1955 – I ZR 164/53 = BGHZ 17, S. 309 (313 f.); *Leinemann/Schütz*, ZfA 1994, S. 6 f.
108 *Echterhölter*, RdA 1980, S. 244.
109 *Leinemann/Schütz*, ZfA 1994, S. 10.

vom Inhalt des Vertrages und seiner Formulierung, mithin von der Auslegung des Vertragstextes ab, ob die völkerrechtlichen Normen unmittelbar anwendbar sind („self-executing") oder ob es dazu noch weiterer konkretisierender Akte des innerstaatlichen Rechts, z.B. in Form eines Gesetzes, bedarf.[110] Eine unmittelbare privatrechtliche Wirkung können die in einem Abkommen enthaltenen Vorschriften dann ausüben, wenn Inhalt, Zweck und Fassung der einzelnen Vorschrift mit voller Klarheit die Annahme zulassen, daß eine solche Wirkung gewollt ist.[111] Eine unmittelbare Anwendbarkeit kommt dagegen nicht in Betracht, wenn die Auslegung ergibt, daß nur eine Verpflichtung der vertragsschließenden Staaten, z.B. zur Anpassung ihrer Rechtsordnung, begründet werden sollte.[112] Eine Festlegung von Rechtsansprüchen für Einzelne stellt in völkerrechtlichen Verträgen eine Ausnahme dar. In diesem Zusammenhang muß zwischen der Begründung subjektiver Rechte privater Einzelner auf völkerrechtlicher und auf der Ebene des innerstaatlichen Rechts unterschieden werden.[113] Regelmäßig werden dem nationalen Gesetzgeber die Konkretisierung einer völkerrechtlichen Norm und die Entscheidung über die Art ihrer innerstaatlichen Durchführung belassen.[114]

I. Universelles Völkervertragsrecht

1. Allgemeine Erklärung der Menschenrechte

Die am 10. Dezember 1948 von der Generalversammlung der Vereinten Nationen verabschiedete Allgemeine Erklärung der Menschenrechte (AEMR) gewährt in ihrem Artikel 26 mit einem Recht auf Bildung für jedermann ein soziales Menschenrecht. Bildung soll nach dieser Norm zumindest im Elementarbereich verpflichtend und unentgeltlich, weiterführende Bildungseinrichungen sollen allgemein verfügbar sein. Nach umstrittener Ansicht erstreckt sich das Recht auf Bildung auch auf die Weiterbildung.[115] Die AEMR begründet jedoch schon keine völkerrechtliche

---

110 MünchArbR/*Birk*, 2. Aufl. 2000, § 17 RdNr. 3.
111 BGH v. 24.05.1955 – I ZR 164/53 = BGHZ 17, S. 309 (313); BVerfG v. 09.12.1970 – 1 BvL 7/66 = BVerfGE 29, S. 348 (360); BVerfG v. 07.07.1975 – 1 BvR 274, 209/72, 195, 194, 184/73 und 247/72 = BVerfGE 40, S. 141 (164 f.).
112 Vgl. *Leinemann/Schütz*, ZfA 1994, S. 7.
113 *Echterhölter*, RdA 1980, S. 244 m.w.N.
114 *Koller*, Die unmittelbare Anwendbarkeit völkerrechtlicher Verträge, S. 107.
115 HzA/*Bengelsdorf*, Gruppe 9 Teilbereich 1 RdNr. 23; *Karpen*, Rechtsfragen des lebenslangen Lernens, S. 52.

Verbindlichkeit für die Mitgliedstaaten der VN.[116] Es handelt sich bei der Erklärung um eine Resolution der Generalversammlung, der von der VN-Charta lediglich Erörterungs- und Empfehlungskompetenzen übertragen werden (vgl. Art. 10, 11, 13, 14 VN-Charta), was nach Art. 13 Abs. 1 lit. b) VN-Charta ausdrücklich auch für den Bereich der Menschenrechte und Grundfreiheiten gilt.[117] Dagegen verfügt sie nicht über eine Normsetzungskompetenz.[118] Für das einzelne (innerstaatliche) Rechtssubjekt ergeben sich aus der Deklaration daher keine unmittelbaren Rechte und Pflichten.[119] Abgesehen von der moralischen und politischen Vorbildfunktion richtet sich Art. 26 AEMR gemäß Art. 13 Abs. 1 VN-Charta als Empfehlung und Auftrag an die Mitgliedstaaten und ihre Organe.[120] Als Interpretationshilfe der Charta der VN entfaltet sie zumindest mittelbare rechtliche Wirkungen.[121]

2. Übereinkommen der Internationalen Arbeitsorganisation

Der Internationalen Arbeitsorganisation (IAO), die als Sonderorganisation der Vereinten Nationen für den Bereich des Arbeits- und Sozialrechts zuständig ist,[122] wird eine überragende Bedeutung für die Entwicklung des internationalen Arbeitsrechts zugeschrieben.[123] Zwei Übereinkommen[124] der IAO befassen sich mit dem Thema der Berufsbildung.[125]

Das 1976 in Kraft getretene Übereinkommen Nr. 140 („Übereinkommen über den bezahlten Bildungsurlaub") verweist in seiner Einleitung auf Artikel 26 der Allgemeinen Erklärung der Menschenrechte und stützt sich auf den Grundgedanken, daß die durch die wissenschaftliche und technische Entwicklung bedingte

---

116 *Stern*, Staatsrecht III/1, S. 256; *Verdross*, Völkerrecht, S. 565; MünchArbR/*Birk*, 2. Aufl. 2000, § 17 RdNr. 10.
117 *Kempfler*, JA 2004, S. 581.
118 *Stern*, Das Staatsrecht der Bundesrepublik Deutschland, Bd. III/1, S. 256; *Verdross*, Völkerrecht, S. 565.
119 Vgl. BVerfG v. 17.12.1975 – 1 BvR 548/68 (unter B.3. der Gründe), BVerfGE 41, S. 88 (106); *Verdross*, Völkerrecht, S. 564.
120 *Karpen*, Rechtsfragen des lebenslangen Lernens, S. 52 f.
121 *Stern*, Das Staatsrecht der Bundesrepublik Deutschland, Bd. III/1, S. 257; *Kempfler*, JA 2004, S. 581.
122 MünchArbR/*Birk*, 2. Aufl. 2000, § 17 RdNr. 7; *Lörcher*, ArbuR 91, S. 98.
123 MünchArbR/*Birk*, 2. Aufl. 2000, § 17 RdNr. 29.
124 Auch wenn die Übereinkommen der IAO beträchtliche Unterschiede gegenüber den sonstigen zwischenstaatlichen Verträgen aufweisen, sind sie mit der wohl herrschenden Meinung grundsätzlich nach den für völkerrechtliche Verträge geltenden Grundsätzen zu behandeln. Vgl. dazu *Fried*, Rechtsvereinheitlichung im Internationalen Arbeitsrecht, S. 48 ff.; *Schregle*, RdA 1956, S. 100; MünchArbR/*Birk*, 2. Aufl. 2000, § 17 RdNr. 49.
125 Jeweils abrufbar unter http://www.ilo.org/ilolex/german/docs/convdisp1.htm (zuletzt abgerufen am 20.08.2010).

Notwendigkeit einer fortdauernden Bildung und Berufsbildung Vorkehrungen für einen Bildungsurlaub erfordere. Demgemäß verpflichtet es in Art. 2 lit. a) seine Mitglieder, zum Zwecke der *„Berufsbildung auf allen Stufen"* die Gewährung von bezahltem Bildungsurlaub zu fördern. Nach Art. 3 lit. a) hat die Politik der Mitglieder einen Beitrag zu leisten *„zur Aneignung, Vervollkommnung und Anpassung beruflicher und tätigkeitsbezogener Befähigungen sowie zur Förderung und Sicherung der Beschäftigung angesichts der wissenschaftlichen und technischen Entwicklung sowie der wirtschaftlichen und strukturellen Veränderungen"* und soll sich um eine *„Bildung und Berufsbildung, die dem Arbeitnehmer hilft, sich den zeitbedingten Erfordernissen anzupassen"* (lit. d)), bemühen.

Das Übereinkommen Nr. 142, in Kraft getreten 1977, widmet sich der Erschließung des Arbeitskräftepotentials durch Berufsberatung und Berufsbildung. Zu diesem Zwecke sollen die Mitglieder *„offene, anpassungsfähige und einander ergänzende Systeme des allgemeinen und berufsbildenden Unterrichts, der Bildungs- und Berufsberatung und der Berufsbildung"* entwickeln (Art. 2). Art. 4 richtet zudem die Forderung an die Mitglieder, ihre Berufsbildungssysteme auszubauen, anzupassen und aufeinander abzustimmen.

Beide Übereinkommen wurden von der Bundesrepublik Deutschland ratifiziert.[126] Unmittelbares staatliches Recht und damit etwaige subjektive Rechte und Pflichten einzelner Rechtssubjekte sind dadurch aber nicht entstanden.[127] Schon der Wortlaut der Übereinkommen ist insoweit eindeutig, da erkennbar allein die vertragschließenden Staaten verpflichtet werden sollten, auf die Erreichung der aufgezählten Ziele hinzuarbeiten. Die Voraussetzungen, die ein Gesetz nach innerstaatlichem Recht haben muß, um berechtigen oder verpflichten zu können,[128] sind mithin nicht erfüllt. Es werden lediglich völkerrechtliche Staatenverpflichtungen begründet. Die Übereinkommen können jedoch im innerstaatlichen Recht als Auslegungshilfe Berücksichtigung finden.[129]

3. Internationaler Pakt über wirtschaftliche, soziale und kulturelle Rechte

Der internationale Pakt über wirtschaftliche, soziale und kulturelle Rechte (IPwskR), der wie der Parallelpakt über bürgerliche und politische Rechte auf die Allgemeine Erklärung der Menschenrechte zurückgeht,[130] wurde am 19.12.1966 von der Gene-

---

126 BGBl. II 1976, S. 1526; BGBl. II 1980, S. 1370.
127 Vgl. zum Abkommen Nr. 140 BT-Drucks. 10/1745, S. 25 (26).
128 Vgl. oben § 3 A. Vgl.. auch *Echterhölter*, RdA 1980, S. 244.
129 *Echterhölter*, RdA 1980, S. 245.
130 *Echterhölter*, BB 1973, S. 1595. Siehe zur Vorgeschichte auch *Zuleeg*, RdA 1974, S. 321 f.

ralversammlung der Vereinten Nationen verabschiedet. Nachdem 35 Staaten ihren Beitritt erklärt hatten – die Bundesrepublik Deutschland hat den Pakt am 9.10.1968 unterzeichnet –, erlangte er gemäß seinem Art. 27 Abs. 1 im Jahr 1976 völkerrechtliche Verbindlichkeit. In Art. 13 Abs. 1 des Paktes wird von den Vertragsparteien ein Recht auf Bildung für jedermann anerkannt, des weiteren werden bildungspolitische Ziele definiert („*auf die volle Entfaltung der menschlichen Persönlichkeit (...) gerichtet*"; „*Sie* (die Vertragsstaaten, d. Verf.) *stimmen ferner überein, daß die Bildung es jedermann ermöglichen muss, eine nützliche Rolle in einer freien Gesellschaft zu spielen (...)*"). Nach einer Ansicht bewirkt das Zusammenspiel mit dem in Art. 6 gewährten Recht auf Arbeit, daß auch das nicht ausdrücklich genannte Recht auf berufliche Weiterbildung gewährleistet ist.[131] Art. 13 Abs. 2 legt fest, mit welchen Mitteln das Recht auf Bildung zu verwirklichen ist.

Die Bundesrepublik Deutschland hat zwar durch Gesetz vom 23.11.1973 den innerstaatlichen Anwendungsbefehl erteilt[132] und den Pakt somit in den Rang eines formellen Bundesgesetzes erhoben, jedoch lassen sich aus ihm keine einklagbaren Rechtsansprüche des Einzelnen ableiten.[133] Auch aus der Formulierung in der Präambel, der Einzelne habe Pflichten gegenüber seinen Mitmenschen und der Gemeinschaft, der er angehöre, und sei gehalten, für die in dem Pakt genannten Rechte einzutreten, kann aufgrund des Charakters der Präambel als feierliches Bekenntnis und mangels besonderer Anhaltspunkte für eine darüber hinausgehende Bedeutung nicht auf eine Drittwirkung der Regelungen des Paktes geschlossen werden.[134] Demzufolge räumt Art. 13 IPwskR dem Arbeitnehmer gegen den Arbeitgeber keinen Anspruch auf Bildungsurlaub ein.[135] Nach dem Wortlaut der Konvention werden vielmehr allein die Vertragsstaaten verpflichtet, durch die zuständigen Träger der öffentlichen Gewalt für eine Verwirklichung der vereinbarten Regelungen zu sorgen.[136] Zudem fehlt es den einzelnen Bestimmungen zumeist an einer hinreichenden Bestimmtheit oder der Festlegung konkreter Rechtsfolgen, die Voraussetzung für eine unmittelbare Anwendbarkeit wären.[137] Einfluß entfaltet der Pakt über wirtschaftliche, soziale und kulturelle Rechte daher nur insofern, als die in ihm

---

131 *Lichtenberg*, ZSR 1986, S. 707; *Mauer*, Rechtliche Apekte der Bildungsfreistellung, S. 30; aA HzA/*Bengelsdorf*, Gruppe 9 Teilbereich 1 RdNr. 25.
132 BGBl. II 1973, S. 1569.
133 Denkschrift der Bundesregierung zum Internationalen Pakt über wirtschaftliche, soziale und kulturelle Rechte vom 19. Dezember 1966, BT-Drucks. 7/658, S. 16; MünchArbR/*Birk*, 2. Aufl. 2000, § 17 RdNr. 16; *Echterhölter*, BB 1973, S. 1595 f.; *Zuleeg*, RdA 1974, S. 324.
134 *Zuleeg*, RdA 1974, S. 326.
135 *Zuleeg*, RdA 1974, S. 331.
136 MünchArbR/*Birk*, 2. Aufl. 2000, § 17 RdNr. 16; *Echterhölter*, BB 1973, S. 1596; *ders.*, RdA 1980, S. 245.
137 *Zuleeg*, RdA 1974, S. 324; *Echterhölter*, RdA 1980, S. 245.

enthaltenen Regelungen bei der Auslegung von Generalklauseln herangezogen werden können.[138]

4. Erstes Zusatzprotokoll zur Konvention zum Schutze der Menschenrechte und Grundfreiheiten

In Art. 2 des 1. Zusatzprotokolls zur Konvention zum Schutze der Menschenrechte und Grundfreiheiten vom 20.03.1952 (ZP-EMRK) haben die Vertragsstaaten – darunter auch die Bundesrepublik Deutschland – vereinbart: *„Das Recht auf Bildung darf niemandem verwehrt werden."*. Dieses „Recht auf Bildung" ist weit zu verstehen[139] und umfaßt auch das Recht auf Weiterbildung.[140] Mit Gesetz vom 20.12.1956 wurde das Zusatzprotokoll vom bundesdeutschen Gesetzgeber ratifiziert.[141] Jedoch entfaltet Art. 2 ZP-EMRK keine unmittelbare Wirkung im Verhältnis der einzelnen innerstaatlichen Rechtssubjekte zueinander.[142] Art. 2 ZP-EMRK ist wie die Regelungen des IPwskR zu unbestimmt formuliert, so daß sich die in diesem Übereinkommen festgehaltenen Rechte nur als bloße politische Zielvorstellungen auffassen lassen, die die Wahl der zu ergreifenden Maßnahmen in das Ermessen der Vertragstaaten stellen.[143] Die Wirkung dieser Vorschrift entspricht daher der des Art. 13 IPwskR.[144]

II. Regionales Völkervertragsrecht: Europäische Sozialcharta

Die Europäische Sozialcharta (ESC), vom Europarat initiiert und 1961 von einer Mehrheit seiner Mitglieder unterzeichnet, wurde von der Bundesrepublik Deutschland mit Gesetz vom 19.09.1964 ratifiziert[145] und trat am 25.02.1965 in Kraft.[146] Mit diesem regionalen völkerrechtlichen Vertrag, der als Ergänzung der Europäischen Konvention zum Schutze der Menschenrechte und Grundfreiheiten (EMRK) vom

---

138 *Echterhöfer*, RdA 1980, S. 245; ders., BArbBl. 1973, S. 499.
139 *Spielbüchler*, EuGRZ 1985, S. 439.
140 HzA/*Bengelsdorf*, Gruppe 9 Teilbereich 1 RdNr. 26; *Mauer*, Rechtliche Apekte der Bildungsfreistellung, S. 30.
141 BGBl. II 1956, S. 1879.
142 HzA/*Bengelsdorf*, Gruppe 9 Teilbereich 1 RdNr. 26.
143 *Mauer*, Rechtliche Apekte der Bildungsfreistellung, S. 31.
144 HzA/*Bengelsdorf*, Gruppe 9 Teilbereich 1 RdNr. 26.
145 BGBl. II 1964, S. 1261.
146 BGBl. II 1965, S. 1122. Eine revidierte Version der ESC ist am 01.07.1999 in Kraft getreten, wurde von der BRD aber bisher lediglich unterzeichnet, jedoch noch nicht ratifiziert, so daß Deutschland weiter an die ursprüngliche Fassung gebunden bleibt. Vgl. dazu MünchArbR/*Oetker*, § 10 RdNr. 5.

04.11.1950 gedacht ist,[147] soll eine große Zahl sozialer Grundrechte garantiert werden. Unter den in Teil I der Charta aufgezählten, sehr allgemein gehaltenen Grundsätzen wird in Nr. 10 ein *„Recht auf geeignete Möglichkeiten der beruflichen Bildung"* als Ziel der Politik der Vertragsstaaten genannt. Teil II Art. 10 Nr. 3 enthält eine Verpflichtung der Vertragsstaaten, *„geeignete und leicht zugängliche Ausbildungsmöglichkeiten für erwachsene Arbeitnehmer"* (lit. a) sowie *„besondere Möglichkeiten für die berufliche Umschulung erwachsener Arbeitnehmer, die durch den technischen Fortschritt oder neue Entwicklungen auf dem Arbeitsmarkt erforderlich wird"*, (lit. b) sicherzustellen oder zu fördern, soweit dies zur Gewährleistung der wirksamen Ausübung des Rechtes auf berufliche Ausbildung nötig ist.

Nicht eindeutig ist, ob von diesem Recht auf Ausbildung auch die berufliche Fortbildung im Sinne der hier verwendeten Definition erfaßt wird. Dagegen spricht der Wortlaut des Teil II Art. 10 Nr. 3 lit. b), nach dem nur Möglichkeiten zur „Umschulung"[148] gefördert werden sollen. Die Verknüpfung dieser Förderungspflicht mit der Bedingung, daß eine Umschulung durch technischen Fortschritt oder neue Entwicklungen erforderlich werden müsse, ließe allerdings auch Raum für die Interpretation, daß dieser Begriff nicht zwangsläufig entsprechend dem dieser Untersuchung zugrundegelegten Verständnis der Umschulung verwendet wird. Demnach könnte die Regelung auch so aufgefaßt werden, daß das Recht auf Ausbildung die berufliche Weiterbildung im Sinne einer Anpassung der Handlungskompetenzen an veränderte Anforderungsprofile einschließt. Im Hinblick auf die Frage möglicher unmittelbarer Auswirkungen der ESC auf das Arbeitsverhältnis kann dieses Problem indes dahinstehen. Abgesehen davon, daß die Auffassung vertreten wird, größtenteils seien in Deutschland die in Teil I der Charta enthaltenen Grundsätze schon verwirklicht und die in Teil II genannten Verpflichtungen bereits erfüllt,[149] geht die wohl herrschende Meinung davon aus, daß es sich bei der ESC um einen völkerrechtlichen Vertrag handele, der – von Ausnahmen abgesehen – keine unmittelbaren Rechte einzelner Bürger begründe. Er beinhalte lediglich rechtspolitische Zielsetzungen, deren Umsetzung in einklagbares nationales Recht sich die Vertragsparteien ausdrücklich vorbehalten hätten.[150] Auch wenn einige Formulierungen in der ESC subjektive Rechte zu begründen scheinen, spricht insbesondere die im Anhang zu Teil III getroffene Klarstellung, es bestehe Einverständnis darüber, daß die

---

147 *Heyde*, ArbuR 1962, S. 70; MünchArbR/*Birk*, 2. Aufl. 2000, § 17 RdNr. 92.
148 In den nach Teil V Art. 38 ESC verbindlichen englisch- und französischsprachigen Fassungen werden die Begriffe *„re-training"* bzw. *„rééducation"* verwandt.
149 *Knopp*. RdA 1965, S. 5; *Heyde*, ArbuR 1962, S. 71.
150 BVerwG v. 18.12.1992 – 7 C 12/92, AP Nr. 1 zu Art. 6 Europäische Sozialcharta; BVerwG v. 30.11.1982 – 1 C 25/78 = NJW 1983, 532; BVerwG v. 26.03.1982 – 1 C 29/81 = NJW 1982, S. 1958; MünchArbR/*Birk*, 2. Aufl. 2000, § 17 RdNr. 98; *Konzen*, JZ 1986, S. 162.

Charta rechtliche Verpflichtungen internationalen Charakters enthalte, deren Durchführung ausschließlich der in ihrem Teil IV vorgesehenen Überwachung unterliege, für die überwiegende Auffassung und damit gegen einen „selbstvollziehenden" („self executing") Charakter des Vertrags.[151] Aus der ESC können somit keine unmittelbaren subjektiven Rechte hergeleitet werden, jedoch sind die in ihr begründeten Verpflichtungen der Vertragsstaaten bei der Anwendung innerstaatlicher Bestimmungen als Auslegungshilfe zu berücksichtigen.[152]

III. Zwischenergebnis

Die aufgezählten universellen und regionalen völkerrechtlichen Verträge enthalten allesamt Regelungen, die sich mit dem Recht des einzelnen auf Bildung bzw. auf Weiterbildung befassen. Sie verdeutlichen, daß diesem Themenbereich auf völkerrechtlicher Ebene ein nicht unerheblicher Stellenwert beigemessen wird. Gleichwohl werden keine einklagbaren Ansprüche auf Weiterbildung im Verhältnis von Arbeitgeber und Arbeitnehmer zueinander begründet, da jeweils kein unmittelbar anwendbares staatliches Recht entstanden ist. Die Normen sind größtenteils rein programmatischer Natur und richten sich an die Vertragsstaaten bzw. an die Verfassungsorgane derselben. Im innerstaatlichen Recht beschränkt sich ihre Wirkung daher auf eine Ergänzungsfunktion bei der Auslegung bereits bestehender Vorschriften.

B. Regelungen des Europäischen Unionsrechts

In der Europäischen Union, die als eine reine Wirtschaftsgemeinschaft gegründet wurde, spielten arbeitsrechtliche Regelungen zunächst lediglich insofern eine Rolle, als sie der wirtschaftlichen Integration der Mitgliedstaaten dienten. Die arbeits- und sozialpolitische Integration wurde als eine zwangsläufige Folge der wirtschaftlichen Entwicklung verstanden, weshalb ein gezieltes Tätigwerden der Union in diesen Bereichen für nicht erforderlich erachtet wurde.[153] Im Laufe der Zeit hat sich diese Haltung jedoch geändert. Seit Beginn der 1970er Jahre mißt die Union Maßnahmen im Arbeits- und Sozialrecht eine größere Bedeutung bei und strebt auf die-

---

151 *Konzen*, JZ 1986, S. 162.
152 BVerwG v. 30.11.1982 – 1 C 25/78 = NJW 1983, 532; *Brox/Rüthers/Henssler*, Arbeitsrecht, RdNr. 97.
153 *Heinze*, ZfA 1992, S. 332.

sem Gebiet eine zunehmende Vereinheitlichung an.[154] Dieser Entwicklung zu einer Sozialunion entsprechend, ist im Bereich des Arbeits- und Sozialrechts eine stetige Zuständigkeitsverlagerung von den Mitgliedstaaten hin zur Europäischen Union zu beobachten.[155] Diese Kompetenzmehrung beruht zum einen auf neu geschaffenen ausdrücklichen Kompetenztiteln, wie insbesondere den durch den Vertrag von Amsterdam am 02.10.1997 in den EG-Vertrag eingeführten Art. 136 bis Art. 145 EG (jetzt Art. 151 bis Art. 161 AEUV), stützt sich zum anderen aber auch auf eine teilweise sehr großzügige Auslegung der eigenen Zuständigkeit durch die Organe.[156] Gleichwohl verbleibt nach der Konzeption des AEUV (vgl. Art 153 als zentrale Kompetenznorm) die primäre Zuständigkeit für das Arbeits-, Arbeitsförderungs- und Sozialrecht – auch im Hinblick auf die Harmonisierung – bei den Mitgliedstaaten, wohingegen die Aufgabe der Union grundsätzlich auf eine Unterstützung und Ergänzung der mitgliedstaatlichen Maßnahmen beschränkt ist.[157] Entsprechend gilt dies auch für den Bereich der Bildungspolitik, wo ein fortwährendes Bemühen der Mitgliedstaaten festzustellen ist, ihre vorrangige Verantwortlichkeit gegen kompetenzwidrig generierte Einflußnahme zu schützen.[158]

Das Europäische Unionsrecht unterteilt sich in das sog. primäre und das sog. sekundäre Unionsrecht.[159] Im folgenden sollen diese beiden Rechtsquellen vor allem im Hinblick auf die Ausgangsfragestellung untersucht werden, d.h. 1. inwiefern sie sich zur Thematik der Weiterbildung äußern und 2. ob sie diesbezüglich trotz der oben genannten grundsätzlichen Kompetenzverteilung Rechte und Pflichten für die Arbeitsvertragsparteien zu begründen vermögen. Daneben soll aber auch umrissen werden, über welche Handlungsmöglichkeiten die Union auf dem Gebiet der beruflichen Weiterbildung der Arbeitnehmer verfügt und welche Maßnahmen sie bereits ergriffen hat.

---

154 *Krimphove*, Europäisches Arbeitsrecht, RdNr. 27; Henssler/Braun/*Henssler*, Arbeitsrecht der Europäischen Union, RdNr. 2; *Brox/Rüthers/Henssler*, Arbeitsrecht, RdNr. 100.
155 Henssler/Braun/*Henssler*, Arbeitsrecht der Europäischen Union, RdNr. 2. Zur Entwicklung des Europäischen Arbeitsrechts s. insb. Hanau/Steinmeyer/Wank/*Steinmeyer*, § 11.
156 Vgl. dazu statt vieler die von *Preis* geübte Kritik an der Mangold-Entscheidung in NZA 2006, 401 (410).
157 Calliess/Ruffert/*Krebber*, EUV/AEUV, Art. 137 RdNr. 3, 5; *Bayreuther*, NZA 2007, 371 (372); Hanau/Steinmeyer/Wank/*Steinmeyer*, § 12 RdNr. 7.
158 Vgl. Calliess/Ruffert/*Ruffert*, EUV/AEUV, Art. 165 AEUV RdNr. 2.
159 Dazu *Streinz*, Europarecht, RdNr. 2 ff.

I. Primäres Unionsrecht

Zu den Rechtsquellen des primären Unionsrechts zählen in erster Linie der Vertrag über die Europäische Union und der Vertrag über die Arbeitsweise der Europäischen Union. Dazu kommt das ungeschriebene primäre Unionsrecht in Gestalt von Unionsgewohnheitsrecht und allgemeinen Rechtsgrundsätzen, die den Rechtsordnungen der Mitgliedstaaten gemeinsam sind.[160] Im Unterschied zum gewöhnlichen Völkerrecht weist das Europäische Unionsrecht als eine Rechtsmasse eigener Art, die oft als „supranational" umschrieben wird,[161] insofern Besonderheiten auf, als das primäre Unionsrecht nicht nur die Vertragsparteien bindet, sondern zudem unmittelbare Rechte und Pflichten für Dritte (natürliche und juristische Personen) zu schaffen geeignet ist. Nach der Rechtsprechung des EuGH sind solche Normen des primären Unionsrechts für ihre Adressaten einschließlich Individuen unmittelbar anwendbar, die zum einen „rechtlich vollkommen" und unbedingt sind, d.h. die den Mitgliedstaaten i.S. eines klaren und uneingeschränkten Ge- oder Verbotes eine Handlungs- bzw. Unterlassungspflicht auferlegen, und die zum anderen keiner weiteren Umsetzung bedürfen und den Mitgliedstaaten keinen Ermessensspielraum lassen.[162] Zu dem in diesem Sinne unmittelbar anwendbaren Primärrecht zählen insbesondere die im AEUV normierten vier Grundfreiheiten,[163] aber auch zahlreiche andere Vorschriften werden vom EuGH und von der Lehre als „rechtlich vollkommen" und unbedingt eingestuft.[164] In der Rechtssache „*Angonese*"[165] hat der EuGH sogar eine unmittelbare Drittwirkung der Arbeitnehmerfreizügigkeit gemäß Art. 39 EGV (jetzt Art. 45 AEUV), die er bisher schon für den durch kollektive Regelungen geprägten privatrechtlichen Bereich vertreten hat,[166] auch für andere Formen privatautonomen Handelns – also im Horizontalbereich – bejaht. Diese Rechtsprechung ist aber, da sie einen zu weitgehenden Eingriff in das Kompetenzgefüge zwischen EU und Mitgliedstaaten einerseits sowie zwischen Legislative und Judikative

---

160 *Herdegen*, Europarecht, § 8 RdNr. 5, 15 ff.; *Oppermann/Classen/Nettesheim*, Europarecht, § 9 RdNr. 22, 26 ff.
161 EuGH v. 15.07.1964 – Rs. 6/64 (Costa ./. E.N.E.L.) = NJW 1964, S. 2371; *Herdegen*, Europarecht, § 6 RdNr. 9; *Oppermann/Classen/Nettesheim*, Europarecht, § 9 RdNr. 12.
162 St. Rspr. seit EuGH v. 05.02.1963 – Rs. 26/62 (van Gend & Loos) = NJW 1963, S. 974; s. auch *Herdegen*, Europarecht, § 8 RdNr. 13; *Streinz*, Europarecht, RdNr. 448.
163 EuGH v. 22.03.1977 – Rs. 74/76 (Ianelli & Volpi/Meroni); v. 08.04.1976 – Rs. 48/75 (Royer); v. 21.06.1974 – Rs. 2/74 (Reyners); v. 03.12.1974 – Rs. 33/74 (van Binsbergen); *Herdegen*, Europarecht, § 8 RdNr. 14; *Streinz*, Europarecht, RdNr. 848.
164 Vgl. dazu *Schweitzer/Hummer*, Europarecht, RdNr. 846.
165 EuGH v. 6.6.2000 – Rs. 281/98 (Angonese) = NZA-RR 2001, S. 20.
166 Vgl. nur EuGH v. 12.12.1974 – Rs. 36/74 (Walrave) = NJW 1975, S. 1093; v. 15.12.1995 – Rs. 415/93 (Bosman) = NZA 1996, S. 191; v. 13.12.1984 – Rs. 251/83 (Haug-Adrion), juris.

andererseits darstellt, abzulehnen[167] und kann demnach nicht auf andere Bestimmungen des Primärrechts übertragen werden.

Soweit ersichtlich, enthält das ungeschriebene Primärrecht keine Bestimmungen, die inhaltlich die berufliche Weiterbildung betreffen. Im Rahmen des geschriebenen Primärrechts befassen sich dagegen insbesondere die Präambel des AEUV, Art. 6 S. 1 lit. e) AEUV sowie die Art. 165, 166 AEUV (früher Art. 149, 150 EGV) mit dieser Thematik.

1. Präambel AEUV

Schon in der Präambel des AEUV wird eine Aussage zur Weiterbildung getroffen, indem die Vertragsparteien im durch den Amsterdamer Vertrag neu eingefügten[168] Absatz 9 ihre Entschlossenheit zum Ausdruck bringen, *„durch umfassenden Zugang zur Bildung und durch ständige Weiterbildung auf einen möglichst hohen Wissensstand ihrer Völker hinzuwirken"*. Der Präambel kommt als Bestandteil des Vertrages rechtliche Bedeutung zu.[169] Da sie jedoch keine genauer bestimmten Vertragspflichten formuliert, lassen sich aus ihr auch keine konkreten Rechtsfolgen herleiten.[170] Unmittelbare Auswirkungen auf das Arbeitsverhältnis entstehen demnach nicht. Die in der Präambel aufgezählten Ziele, Motive und Grundsätze der Gründung der Europäischen Wirtschaftsgemeinschaft entfalten jedoch insofern eine bedeutsame Wirkung, als sie vom EuGH zur Auslegung der Vorschriften des AEUV herangezogen werden.[171]

2. Artikel 6 S. 1 lit. e) AEUV

Art. 6 S. 1 lit. e) AEUV benennt die berufliche Bildung, die nach Art. 166 Abs. 2 AEUV auch die berufliche Weiterbildung umfaßt, als Gegenstand von Maßnahmen nach Art. 2 Abs. 5 AEUV und damit als Tätigkeitsbereich der EU. Diese Vorschrift stellt jedoch weder eine Kompetenznorm dar[172] noch ist sie aus sich heraus unmittelbar anwendbar. Sie vermittelt dem Bürger also auch keine Rechte.[173] Nach der in

---

167 Vgl. dazu *Streinz/Leible*, EuZW 2000, S. 464 f., und *Michaelis*, NJW 2001, S. 1842.
168 BGBl. II 1998, S. 387 (395).
169 Vgl. Geiger/Erasmus-Khan/Kotzur/*Kotzur*, EUV/AEUV, Präambel AEUV RdNr. 1.
170 Geiger/Erasmus-Khan/Kotzur/*Kotzur*, EUV/AEUV, Präambel AEUV RdNr. 1.
171 EuGH v. 05.02.1963 – Rs. 26/62 (van Gend & Loos) = NJW 1963, S. 974; v. 08.04.1976 – Rs. 43/75 (Defrenne II); v. 26.06.1980 – Rs. 136/79 (National Panasonic) = NJW 1981, S. 513; vgl. auch Geiger/Erasmus-Khan/Kotzur/*Kotzur*, EUV/AEUV, Präambel AEUV RdNr. 1; Streinz/*Streinz*, EUV/EGV, Präambel EGV RdNr. 12.
172 Geiger/Erasmus-Khan/Kotzur/*Kotzur*, EUV/AEUV, Art. 6 AEUV RdNr. 1, Art. 5 AEUV RdNr. 1.
173 Insofern kann nichts anderes gelten als zu der ähnlichen Regelung in Art. 3 Abs. 1 lit. q) EGV.

ihr zum Ausdruck kommenden Kompetenzverteilung hat sich die Union auf eine „Unterstützung", eine „Koordinierung" oder eine „Ergänzung" zu beschränken; auf dem Feld der beruflichen (Weiter-) Bildung sind Unionsmaßnahmen also nach wie vor lediglich zur Stärkung der Zusammenarbeit zwischen den Mitgliedstaaten oder zur Unterstützung oder Ergänzung ihres Handelns erlaubt.[174] Art. 6 S. 1 lit. e) AEUV kann daher lediglich als Auslegungs- und Anwendungsmaßstab für andere Vorschriften und bei der Beurteilung der Rechtmäßigkeit des Handelns der Organe herangezogen werden.

3. Art. 9 AEUV

Nach Art. 9 AEUV wirkt die Union bei allen Maßnahmen auf ein hohes Niveau u.a. der allgemeinen und beruflichen Bildung hin. Diese sog. „Querschnittsklausel" steht neben den in den Art. 151 ff. AEUV geregelten Kompetenzen, ohne jedoch eine eigenständige Rechtsgrundlage zu bilden. Stattdessen kommt sie erst bei der Konkretisierung und Durchführung auf originäre Kompetenztitel gestützter Maßnahmen zum Tragen. Art 9 AEUV hat einen *„integrativ-horizontalen Anspruch"*, gewährt aber keine subjektiven Rechtspositionen.[175]

4. Art. 165, 166 AEUV

Die zentralen Normen des AEUV im Bereich der Bildung sind die Art. 165, 166 (Ex-Art. 149, 150 EGV; im Jahre 1992 durch den Maastrichter Vertrag als Art. 126, 127 EGV eingeführt), die unter der Überschrift „Allgemeine und berufliche Bildung, Jugend und Sport" als Titel XII des Vertrags geführt werden. Der Handlungsspielraum der Union beschränkt sich aber nicht auf die in diesem Abschnitt aufgezählten Kompetenzen. Die Bildungspolitik weist Schnittmengen mit zahlreichen anderen Politikbereichen und insbesondere auch den Grundfreiheiten auf, so daß auf andere Ermächtigungsgrundlagen zurückzuführende Maßnahmen neben solchen, die auf den eigentlichen Titel Bildung gestützt werden, eine nicht unbedeutende Rolle spielen.[176] Darauf wird noch ausführlicher einzugehen sein.

---

174 BVerfG v. 12.10.1993 – 2 BvR 2134/92 und 2 BvR 2159/92 = NJW 1993, S. 3047 (zu Art. 3 Abs. 1 lit. q) EGV).
175 Geiger/Erasmus-Khan/Kotzur/*Kotzur*, EUV/AEUV, Art. 9 AEUV RdNr. 1 f.
176 Calliess/Ruffert/*Ruffert*, EUV/AEUV, Art. 165 AEUV RdNr. 2.

a) Art. 165 AEUV

In Art. 165 AEUV (Ex-Art. 149 EGV) wird die Union ermächtigt, durch Fördermaßnahmen und Empfehlungen (Abs. 4) *„zur Entwicklung einer qualitativ hoch stehenden Bildung"* beizutragen. Umstritten ist die inhaltliche Abgrenzung dieser Norm zu Art. 166 AEUV im Hinblick auf die Frage, ob Art. 165 AEUV nur den allgemeinen Bildungsbereich umfaßt oder auch die berufliche Bildung und, damit verbunden, ob das Hochschulwesen in den Regelungsbereich der beruflichen Bildung nach Art. 166 AEUV einzubeziehen ist. Diesbezüglich ist darauf hinzuweisen, daß die Auslegung der Begrifflichkeiten autonom unionsrechtlich ohne Rückgriff auf Interpretationen innerhalb der nationalen Rechtsordnungen erfolgen muß.[177] Auf dieser Grundlage geht eine Auffassung davon aus, daß die beiden Vorschriften im Rahmen einer mehr oder weniger klaren Abgrenzung gleichrangig nebeneinander stehen, so daß Art. 165 AEUV nur für die allgemeine Bildung, Art. 166 AEUV hingegen für die berufliche Bildung gelte.[178] Eine zweite Meinungsgruppe versteht demgegenüber Art. 165 AEUV als *lex generalis*, die den gesamten Bildungssektor erfasse, während Art. 166 AEUV als Sonderregelung für den engeren Bereich der beruflichen Bildung Anwendung finde.[179] Zwischen diesen Positionen stellt sich eine vermittelnde Ansicht auf den Standpunkt, Art. 165 AEUV sei gleichzeitig eine bildungsrechtliche Generalklausel und eine spezifische Handlungsermächtigung auf dem Gebiet der allgemeinen Bildung.[180] Die Zuordnung einer bildungspolitischen Maßnahme erfordere auf dieser Grundlage stets eine Einzelfallbetrachtung.[181]

Eine am Wortlaut orientierte Auslegung führt zu keiner eindeutigen Klärung der Streitfrage. Zwar differenzieren zum einen sowohl Art. 6 S. 1 lit. 2) AEUV als auch die Überschrift des Titels XII zwischen allgemeiner und beruflicher Bildung. Zum anderen übernimmt auch Art. 166 AEUV diese Unterscheidung und spricht ausschließlich von der beruflichen Bildung, so daß zunächst viel für eine klare Abgrenzung der Anwendungsbereiche der Art. 165 und 166 AEUV spricht. Allerdings wird in Art. 165 AEUV diese Trennung nicht aufgegriffen, der Begriff „Bildung" vielmehr ohne jeden Zusatz verwandt. Dem Wortlaut läßt sich somit kein zweifels-

---

177 *Mächtle*, Bildungsspezifische Implikationen, S. 68 m.w.N.
178 Calliess/Ruffert/*Ruffert*, EUV/AEUV, Art. 165 AEUV RdNr. 11.
179 *Feuchthofen/Brackmann*, RdJB 1992, S. 471 f.; Geiger/Erasmus-Khan/Kotzur/*Kotzur*, EUV/AEUV, Art. 166 AEUV RdNr. 3.
180 Grabitz/Hilf/*Blanke*, EUV/AEUV, Art. 165, 166 AEUV RdNr. 62; *Seidel/Beck*, Jura 1997, S. 396 f.; *Mächtle*, Bildungsspezifische Implikationen, S. 70 ff.; in diese Richtung auch *Staudenmayer*, BayVBl. 1995, S. 325 f.
181 Grabitz/Hilf/*Blanke*, EUV/AEUV, Art. 165, 166 AEUV RdNr. 62; von der Groeben/Schwarze /*Classen*, EUV/EGV, Art. 150 EGV RdNr. 3.

freies Ergebnis entnehmen. Auch das Argument, auf die Rechtsprechung des EuGH aus der Zeit vor dem Vertrag von Maastricht, der ein weites Verständnis des Begriffs der Bildung zugrundelag, könne nicht mehr zurückgegriffen werden, da es heute nicht mehr um die Reichweite einer Vorschrift, sondern um die Abgrenzung zweier Kompetenznormen gehe,[182] spricht nicht zwingend für eine klare Trennbarkeit der Normen.[183] Insgesamt erscheint daher die vermittelnde, auf den Einzelfall abstellende Ansicht vorzugswürdig.

Für die Frage, ob und ggf. inwieweit sich aus Art. 165 AEUV unmittelbare Wirkungen für das Arbeitsverhältnis ergeben können, braucht der Streit um den inhaltlichen Umfang dieser Vorschrift jedoch nicht entschieden zu werden. Bereits aus Art. 2 Abs. 5 i.V.m. Art. 6 AEUV ergibt sich, daß im Bildungsbereich Zuständigkeiten der Union nicht an die Stelle mitgliedstaatlicher Zuständigkeiten treten können.[184] Art. 165 Abs. 4 AEUV normiert für die Union zudem ein ausdrückliches Harmonisierungsverbot, das in materiellem Sinne zu verstehen ist, so daß ihm auch eine mittelbare Harmonisierung, etwa durch Schaffung finanzieller Anreize, unterfällt.[185] Das Harmonisierungsverbot hängt zudem nicht davon ab, ob bereits mitgliedstaatliche Vorschriften existieren.[186] Die der Union übertragenen Aufgaben beschränken sich auf die Förderung der Zusammenarbeit zwischen den Mitgliedstaaten sowie auf eine Ergänzung und Unterstützung der einzelstaatlichen Tätigkeit (Abs. 1). Als Handlungsformen, die der Union dafür zur Verfügung stehen, benennt Absatz 4 *„Fördermaßnahmen"* (1. Spiegelstrich) und *„Empfehlungen"* (2. Spiegelstrich). Mit der Bezeichnung *„Empfehlung"* wird auf Art. 288 AEUV Bezug genommen, dessen Abs. 5 klarstellt, daß diesem Rechtsakt keine Verbindlichkeit zukommt. Der Begriff der *„Fördermaßnahme",* der sich auch in Art. 167 und Art. 168 AEUV findet, wird im Vertrag nicht näher präzisiert. Nach dem Europäischen Rat bezeichnet er Unionsmaßnahmen zur Stärkung der Zusammenarbeit zwischen den Mitgliedstaaten oder zur Unterstützung oder Ergänzung ihres Handelns, z.B. in Gestalt finanzieller Anreize.[187] Diese Definition greift lediglich die schon in Art. 165 Abs. 1 AEUV enthaltene Formulierung auf und vermittelt daher keine neuen Erkenntnisse. Richtigerweise ist davon auszugehen, daß Art. 165 AEUV ein Wahlrecht jedenfalls hinsichtlich der Rechtsformen des Art. 288 AEUV

---

182 Calliess/Ruffert/*Ruffert*, EUV/AEUV, Art. 165 AEUV RdNr. 12.
183 So auch von der Groeben/Schwarze/*Classen*, EUV/EGV, Art. 150 EGV RdNr. 3.
184 Geiger/Erasmus-Khan/Kotzur/*Kotzur*, EUV/AEUV, Art. 165 AEUV RdNr. 6.
185 Calliess/Ruffert/*Ruffert*, EUV/AEUV, Art. 165 AEUV RdNr. 22; a.A. Grabitz/Hilf/*Blanke*, EUV/AEUV, Art. 165, 166 AEUV RdNr. 112.
186 Calliess/Ruffert/*Ruffert*, EUV/AEUV, Art. 165 AEUV RdNr. 22; Grabitz/Hilf/*Blanke*, EUV/AEUV, Art. 165, 166 AEUV RdNr. 110.
187 Vgl. von der Groeben/Schwarze/*Classen*, EUV/EGV, Art. 149 EGV RdNr. 25.

eröffnet.[188] In der Praxis hatte sich bei der Verabschiedung von Fördermaßnahmen bislang das Instrument des „Beschlusses" als auf den nicht abschließenden Ex-Art. 249 EGV gestützte Rechtsform eigener Art durchgesetzt.[189] Aufgrund des ausdrücklichen Verbotes einer Harmonisierung der Rechts- und Verwaltungsvorschriften (Abs. 4, 1. Spiegelstrich) sind die rechtlichen Wirkungen einer Fördermaßnahme aber begrenzt. Der (in entsprechender Formulierung auch in Art. 166 AEUV enthaltene) Vorbehalt der Beachtung der Verantwortung der Mitgliedstaaten und die Einschränkung, daß die Union nur „*erforderlichenfalls*" tätig werden dürfe (Abs. 1), stellen eine spezielle Ausprägung des in Art. 5 Abs. 1. S. 2, Abs. 2 EUV verankerten Subsidiaritätsprinzips dar und setzen einer Tätigkeit der Union zusätzliche Schranken.[190] Inhaltliche Vorgaben gegenüber den Mitgliedstaaten scheiden, soweit sie nicht nur reine Verfahrensfragen betreffen bzw. Voraussetzung zur Gewährung von Leistungen sind, ebenso aus wie Verpflichtungen gegenüber Einzelpersonen.[191] Art. 165 AEUV ist nicht unmittelbar anwendbar.

Aus Art. 165 AEUV ergeben sich somit keine unmittelbaren Rechte und Pflichten für die Arbeitsvertragsparteien. Auf die Fördermaßnahmen der Union sind aber immerhin ein so anerkanntes (in seiner bildungspolitischen Wirksamkeit aber umstrittenes) Programm wie „Sokrates", das sich sowohl der allgemeinen als auch der beruflichen Bildung widmet (im Rahmen der Unterprogramme „Erasmus", „Comenius", „Lingua", „Grundtvig" und „Minerva"), sowie dessen Nachfolgeprogramm „Lebenslanges Lernen (LLP)"[192] zurückzuführen.[193]

b) Art. 166 AEUV

Die speziellste Vorschrift des primären Unionsrechts auf dem Gebiet der beruflichen Bildung ist Art. 166 AEUV (Ex-Art. 150 EGV). Nach dessen Abs. 1 führt die Union „*eine Politik der beruflichen Bildung, welche die Maßnahmen der Mitglied-*

---

188 *Mächtle*, Bildungsspezifische Implikationen, S. 77 f.
189 Grabitz/Hilf/*Blanke*, EUV/AEUV, Art. 165, 166 AEUV RdNr. 100; von der Groeben/Schwarze/*Classen*, EUV/EGV, Art. 149 EGV RdNr. 27. In Art. 288 AEUV ist der Rechtsakt des „Beschlusses" an die Stelle der bisherigen „Entscheidung" getreten und ist nach Abs. 4 in allen seinen Teilen verbindlich. Vgl. dazu Geiger/Erasmus-Khan/Kotzur/*Kotzur*, EUV/AEUV, Art. 288 AEUV RdNr. 2.
190 *Staudenmayer*, BayVBl. 1995, S. 330.
191 Calliess/Ruffert/*Ruffert*, EUV/AEUV, Art. 165 AEUV RdNr. 24; von der Groeben/Schwarze/*Classen*, EUV/EGV, Art. 149 EGV RdNr. 25; *Dittmann/Fehrenbacher*, RdJB 1992, S. 484; wohl auch *Seidel/Beck*, Jura 1997, S. 396; anscheinend weiter *Staudenmayer*, BayVBl. 1995, S. 327 f.
192 Dazu näher unter § 3 B.II.4.
193 Zu den Aktionsprogrammen ausf. Grabitz/Hilf/*Blanke*, EUV/AEUV, Art. 165, 166 AEUV RdNr. 120 ff.; vgl. auch Calliess/Ruffert/*Ruffert*, EUV/AEUV, Art. 165 AEUV RdNr. 26 ff.; *Seidel/Beck*, Jura 1997, S. 400.

staaten unter strikter Beachtung der Verantwortung der Mitgliedstaaten für Inhalt und Gestaltung der beruflichen Bildung unterstützt und ergänzt". Als Ziele dieser Politik nennt Abs. 2 u.a. die *„Erleichterung der Anpassung an die industriellen Wandlungsprozesse, insbesondere durch berufliche Bildung und Umschulung"* (1. Spiegelstrich) und die *„Verbesserung der beruflichen Erstausbildung und Weiterbildung zur Erleichterung der beruflichen Eingliederung und Wiedereingliederung in den Arbeitsmarkt"* (2. Spiegelstrich). Der Wortlaut zeigt, daß der Begriff der beruflichen Bildung auch die berufliche Weiterbildung einschließt. Schon nach der Rechtsprechung des EuGH zu Art. 128 a.F. EWG-Vertrag, an die auch zur Bestimmung der inhaltlichen Reichweite des Art. 166 AEUV angeknüpft werden kann,[194] gehörte zur beruflichen Bildung neben der Ausbildung auch die Fortbildung.[195] Zudem werden nicht nur diejenigen Maßnahmen erfaßt, die für das Ergreifen eines Berufes zwingend erforderliche Fähigkeiten vermitteln, sondern auch solche, die Fertigkeiten zum Gegenstand haben, deren Erwerb zwar nicht rechtlich vorgeschrieben ist, deren man zur Berufsausübung aber gleichwohl bedarf.[196] Der in Art. 166 AEUV verwendete Begriff der beruflichen Bildung ist nunmehr in einem umfassenden Sinne zu verstehen.[197]

Das Handlungsinstrumentarium der Union im Bereich des Art. 166 AEUV wird im Verhältnis zu Art. 165 AEUV zwar geringfügig erweitert – Abs. 1 spricht von einer gemeinschaftlichen *„Politik der beruflichen Bildung"* – ,[198] jedoch unterliegen auch die *„Maßnahmen"* und *„Empfehlungen"*, die nach Abs. 4 zur Erreichung der in Abs. 2 abschließend[199] aufgezählten Ziele ergriffen bzw. ausgesprochen werden können, einem umfassenden Harmonisierungsverbot. Ebenso wie der Begriff der *„Fördermaßnahme"* des Art. 165 AEUV wird das Instrument der *„Maßnahme"* im EG-Vertrag nicht definiert. Über diesen Begriff werden grundsätzlich alle Handlungsformen, insbesondere die des Art. 288 AEUV, eröffnet.[200] In der Praxis kommen insbesondere unterstützende und ergänzende Programme (vor den durch den Vertrag von Lissabon bewirkten Änderungen vor allem in Gestalt von „Beschlüs-

---

194 So zum begrifflich mit Art. 166 AEUV übereinstimmenden Ex-Art. 149 EGV von der Groeben/Schwarze/*Classen*, EUV/EGV, Art. 150 EGV RdNr. 2.
195 EuGH v. 11.06.1991 – verb. Rs. 51/89, 90/89 und 94/89 (Comett II).
196 EuGH v. 02.02.1988 – Rs. 24/86 (Blaizot) = NJW 1989, S. 3088.
197 von der Groeben/Schwarze/*Classen*, EUV/EGV, Art. 150 EGV RdNr. 2.
198 Calliess/Ruffert/*Ruffert*, EUV/AEUV, Art. 166 AEUV RdNr. 1, 8; von der Groeben/Schwarze /*Classen*, EUV/EGV, Art. 150 EGV RdNr. 4; *Dittmann/Fehrenbacher*, RdJB 1992, S. 484.
199 Calliess/Ruffert/*Ruffert*, EUV/AEUV, Art. 166 AEUV RdNr. 4; Grabitz/Hilf/*Blanke*, EUV/AEUV, Art. 165, 166 AEUV RdNr. 17; vgl. auch Geiger/Erasmus-Khan/Kotzur/*Kotzur*, EUV/AEUV, Art. 166 AEUV RdNr. 7. Zweifelnd *Feuchthofen/Brackmann*, RdJB 1992, S. 475.
200 *Mächtle*, Bildungsspezifische Implikationen, S. 76.

sen") in Betracht.[201] Nur in diesem Zusammenhang können – wie bei Art. 165 AEUV – rechtsverbindliche Akte erlassen werden.[202] Eine unmittelbare Anwendbarkeit des Art. 166 AEUV, aus der sich Rechte und Pflichten Einzelner ergeben könnten, scheidet aufgrund des insoweit klaren Wortlauts offensichtlich aus.

Da eine trennscharfe Abgrenzung zwischen Art. 165 und Art. 166 AEUV in der Praxis kaum durchführbar ist, wurden in der Vergangenheit viele Programme, die sowohl die allgemeine als auch die berufliche Bildung betreffen, auf beide Vorschriften gestützt.[203] Dies betrifft insbesondere das Dachprogramm „Lebenslanges Lernen (LLP)".[204]

5. Weitere (Vertrags-)Bestimmungen mit Bildungsbezug

Wie bereits angedeutet, enthält der AEUV neben den ausdrücklich auf diese Materie ausgerichteten Art. 165, 166 noch weitere Bestimmungen, deren Anwendungsbereiche aufgrund des Sachzusammenhangs zumindest mittelbare Berührungspunkte mit der Bildungspolitik und damit auch mit der beruflichen Weiterbildung aufweisen.[205]

Bildungsaktivitäten der Union können sich daher auch nach den Grundsätzen der „implied powers"-Lehre ergeben.[206] Nach dieser Rechtsfigur bestehen dann ungeschriebene Regelungskompetenzen der Union, wenn anderenfalls die ausdrücklich gegebenen Unionskompetenzen *„sinnlos wären oder nicht in vernünftiger und zweckmäßiger Weise zur Anwendung gelangen könnten",*[207] wenn sie also zur Erfüllung der Union gestellten Aufgaben erforderlich sind. Zu den in diesem Zusammenhang für die berufliche Weiterbildung relevanten Vorschriften zählt zum einen das Diskriminierungsverbot des Art. 18 AEUV.[208] Des weiteren beeinflussen insbesondere die Grundfreiheiten – namentlich die Arbeitnehmerfreizügigkeit sowie die Niederlassungs- und die Dienstleistungsfreiheit – solche mit der Bildung zusammenhängenden Fragen, die zu ihrer Verwirklichung erforderlich sind.[209] In

---

201 von der Groeben/Schwarze/*Classen*, EUV/EGV, Art. 150 EGV RdNr. 12.
202 Grabitz/Hilf/*Blanke*, EUV/AEUV, Art. 165, 166 AEUV RdNr. 100.
203 Geiger/Erasmus-Khan/Kotzur/*Kotzur*, EUV/AEUV, Art. 166 AEUV RdNr. 3.
204 Dazu näher unter § 3 B.II.4.
205 Dazu auch Geiger/Erasmus-Khan/Kotzur/*Kotzur*, EUV/AEUV, Art. 166 AEUV RdNr. 2.
206 *Dittmann/Fehrenbacher*, RdJB 1992, S. 486; zur „implied powers"-Lehre vgl. auch EuGH v. 29.11.1956 – Rs. 8/55 sowie *Oppermann/Classen/Nettesheim*, Europarecht, § 11 RdNr. 11.
207 EuGH v. 29.11.1956 – Rs. 8/55 (st. Rspr.).
208 Vgl. *Staudenmayer*, WissR 27 (1994), S. 250 ff.; ausf. *Fechner*, RdJB 2002, S. 339. Zur Wirkung des Diskriminierungsverbots im Bereich der beruflichen Bildung vgl. Geiger/Erasmus-Khan/Kotzur/*Kotzur*, EUV/AEUV, Art. 166 AEUV RdNr. 11.
209 Vgl. *Staudenmayer*, WissR 27 (1994), S. 264 ff.; zur Freizügigkeit s. EuGH v. 13.92.1985 – Rs. 293/83 (Gravier) = NJW 1985, S. 2085.

diesem Sinne ermächtigt z.B. Art. 53 AEUV ausdrücklich zum Erlaß von Richtlinien zur gegenseitigen Anerkennung von Befähigungsnachweisen, ohne die die Personenverkehrsfreiheiten im Binnenmarkt defizitär blieben.[210] Aus den (unmittelbar anwendbaren) Grundfreiheiten und den sie konkretisierenden sekundärrechtlichen Bestimmungen können sich dann Rechte und Pflichten für die Betroffenen ergeben, ohne daß die Schranken der Art. 165, 166 AEUV anwendbar wären.[211]

Unabhängig von den Grundsätzen der „implied powers"-Lehre finden sich ausdrückliche Aussagen zur Bildung in den Vorschriften des AEUV zur Beschäftigungs- (Art. 145 ff.) und zur Sozialpolitik (Art. 151 ff.), in den Regelungen zum Europäischen Sozialfonds (Art. 162 ff. AEUV) sowie in der Gemeinschaftscharta der sozialen Grundrechte der Arbeitnehmer.

a) Beschäftigungspolitik, Art. 145 ff. AEUV

Nach Art. 145 AEUV, der unter Bezugnahme auf Art. 3 AEUV die Ziele der Beschäftigungspolitik der Union definiert, sollen die Mitgliedstaaten und die Union auf eine *„koordinierte Beschäftigungsstrategie"* hinarbeiten, die *„insbesondere auf die Förderung der Qualifizierung, Ausbildung und Anpassungsfähigkeit der Arbeitnehmer"* auszurichten ist. Inhaltlich umfaßt die Beschäftigungspolitik demnach neben der Aus- auch die Weiterbildung der Arbeitnehmer.[212] Die „Anpassungsfähigkeit" der Arbeitnehmer, ein beschäftigungspolitischer Schlüsselbegriff, bezeichnet die Fähigkeit der Arbeitnehmer, sich veränderten Rahmenbedingungen anpassen zu können. Zu der – auch in § 2 Abs. 1 Nr. 1 und Abs. 2 S. 2 SGB III zum Ausdruck gebrachten[213] – besonderen Verantwortung der Arbeitgeber und Arbeitnehmer auf diesem Gebiet gehört insbesondere eine fortlaufende Qualifizierung des Arbeitnehmers.[214]

Die Kompetenzen, die der Union im Bereich der Beschäftigungspolitik verliehen werden, gehen jedoch über die in den Art. 165, 166 AEUV begründeten nicht hinaus.[215] Art. 146 Abs. 1 und Art. 147 Abs. 1 AEUV verdeutlichen, daß die Zuständigkeiten bei den Mitgliedstaaten verbleiben, während der Handlungsspielraum der Union grundsätzlich auf fördernde, unterstützende und ergänzende Maßnahmen beschränkt ist. Lediglich Art. 148 AEUV verleiht der Union in Gestalt einer „Leit-

---

210 Geiger/Erasmus-Khan/Kotzur/*Kotzur*, EUV/AEUV, Art. 53 AEUV RdNr. 1.
211 Calliess/Ruffert/*Ruffert*, EUV/AEUV, Art. 165 AEUV RdNr. 6.
212 MünchArbR/*Birk*, 2. Aufl. 2000, § 19 RdNr. 74.
213 Dazu näher unter § 3 D.I.3.b.
214 Schwarze/*Kreßel*, EU-Kommentar, § 125 EGV RdNr. 27.
215 Calliess/Ruffert/*Ruffert*, EUV/AEUV, Art. 165 AEUV RdNr. 8.

linienkompetenz"[216] gewisse inhaltliche Zuständigkeiten, die eine bloße koordinierende Abstimmung übersteigen.[217] Die im Rahmen des Verfahrens des Art. 148 Abs. 2 AEUV ergangenen Leitlinien sind von den Mitgliedstaaten jedoch nur zu berücksichtigen, nicht aber zwingend umzusetzen, so daß ihnen letztlich keine rechtliche Verbindlichkeit zukommt.[218] Rechte und Pflichten Einzelner, insbesondere der Arbeitsvertragsparteien, können durch die Art. 145 ff. AEUV daher nicht begründet werden.

Auf der Grundlage der Vorschriften zur Beschäftigungspolitik hat der Europäische Rat 1997 eine – im Jahr 2002 überarbeitete – Europäische Beschäftigungsstrategie (EBS) entwickelt, in der der Union das Ziel gesetzt wurde, die Bedingungen u.a. für Vollbeschäftigung herzustellen. Besonderes Augenmerk wird dabei auf die „Anpassungsfähigkeit" der Arbeitnehmer gerichtet.[219]

b) Sozialpolitik, Art. 151 ff. AEUV

Berührungspunkte mit der Thematik der beruflichen Bildung weisen auch die Vorschriften zur Sozialpolitik in den Art. 151 ff. AEUV (Ex-Art. 136 ff. EGV) auf.

Nach Art. 151 AEUV, der eine Auflistung der Ziele der Sozialpolitik und einiger allgemeiner Grundsätze, die bei ihrer Verwirklichung durch die Mitgliedstaaten und die Union zu beachten sind, enthält, verfolgen die Union und die Mitgliedstaaten unter Berufung auf die sozialen Grundrechte, wie sie in der Europäischen Sozialcharta und der Gemeinschaftscharta der sozialen Grundrechte der Arbeitnehmer von 1989[220] zum Ausdruck kommen, unter anderem die Ziele einer Förderung der Beschäftigung und einer Entwicklung des Arbeitskräftepotentials im Hinblick auf ein dauerhaft hohes Beschäftigungsniveau. Art. 151 AEUV hat nur programmatischen Charakter; die Vorschrift ist nicht unmittelbar anwendbar und begründet keine Kompetenzen.[221]

---

216 Hanau/Steinmeyer/Wank/*Steinmeyer*, § 12 RdNr. 143.
217 Calliess/Ruffert/*Krebber*, EUV/AEUV, Art. 148 AEUV RdNr. 1; MünchArbR/*Birk*, 2. Aufl. 2000, § 19 RdNr. 76.
218 Calliess/Ruffert/*Krebber*, EUV/AEUV, Art. 148 AEUV RdNr. 6; Hanau/Steinmeyer/Wank /*Steinmeyer*, § 12 RdNr. 143. Geiger/Erasmus-Khan/Kotzur/*Kotzur*, EUV/AEUV, Art. 148 AEUV RdNr. 2 schreibt den Leitlinien einen *„empfehlenden Charakter"* zu. Von der Groeben/Schwarze/ *Hemmann*, EUV/EGV, Art. 128 EGV RdNr. 17 geht von einer Berücksichtigungspflicht aus, die sich bei inhaltlich sehr konkreten Leitlinien einer Befolgungspflicht annähern kann.
219 Vgl. Geiger/Erasmus-Khan/Kotzur/*Kotzur*, EUV/AEUV, Art. 145 AEUV RdNr. 4.
220 Die Gemeinschaftscharta der sozialen Grundrechte der Arbeitnehmer (1989 in Straßburg beschlossen) ist kein verbindlicher Rechtsakt, sondern begründet lediglich politische Verpflichtungen der Unterzeichner; von der Groeben/Schwarze/*Langer*, Art. 136 EGV RdNr. 7.
221 *Steinmeyer*, RdA 2001, S. 12; Geiger/Erasmus-Khan/Kotzur/*Kotzur*, EUV/AEUV, Art. 151 AEUV RdNr. 11 f.

Als zentrale Kompetenzvorschrift des Kapitels nennt Art. 153 AEUV die Bereiche, in denen die Union tätig werden kann. Das der Union zur Verfügung stehende Handlungsinstrumentarium ergibt sich aus dessen Abs. 2 lit a): Danach können unter Ausschluss jeglicher Harmonisierung Maßnahmen zur Förderung der Zusammenarbeit zwischen den Mitgliedstaaten durch Initiativen ergriffen werden. Im wesentlichen kommt hier ein Informationsaustausch in Betracht.[222] Abs. 2 lit. b) erlaubt hingegen eine Festlegung von Mindestvorschriften[223] durch Richtlinien. Eine Harmonisierung ist allerdings auch hier nur zu dem Zweck zulässig, die unterstützende und ergänzende Tätigkeit der Union nach Abs. 1 zu fördern, so daß im Ergebnis die Tiefe einer möglichen Vereinheitlichung begrenzt ist.[224]

Zu den Bereichen, die einem Tätigwerden der Union offenstehen, zählt gemäß Art. 153 Abs. 1 lit. h) AEUV die *„berufliche Eingliederung der aus dem Arbeitsmarkt ausgegrenzten Personen, unbeschadet des Artikels 166"*. Als Instrument zur Erfüllung dieser Aufgabe ist grundsätzlich auch die berufliche Weiterbildung denkbar.[225] Der unklare Verweis auf Art. 166 AEUV macht es jedoch in Anbetracht der unterschiedlichen Reichweite der Unionskompetenzen in Art. 153 und in Art. 166 AEUV erforderlich, die Anwendungsbereiche beider Normen aufeinander abzustimmen. Vor diesem Hintergrund besteht Uneinigkeit darüber, ob das Harmonisierungsverbot des Art. 166 Abs. 4 AEUV greift, soweit die berufliche Bildung der Eingliederung i.S.v. Art. 153 Abs. 1 lit. h) AEUV dient. Berücksichtigt man, daß die entsprechende Textstelle in der englischen Fassung des Vertrags *„without prejudice to Art. 166"*, in der französischen *„sans préjudice de l'article 166"*[226] lautet, so spricht die grammatikalische Auslegung dafür, das Harmonisierungsverbot des Art. 166 Abs. 4 AEUV insoweit auch auf ein auf Art. 153 Abs. 1 lit. h) AEUV gestütztes Tätigwerden der Union zu erstrecken, als Maßnahmen der beruflichen (Weiter-) Bildung betroffen sind.[227] Im Ergebnis unterliegt die Union bei Maßnahmen der beruflichen Weiterbildung auf der Grundlage des Art. 153 AEUV daher den gleichen Beschränkungen wie im Rahmen des Art. 166 AEUV. Etwaige unmittelbare Wirkungen der Sozialvorschriften der Art. 151 ff. AEUV für die Parteien

---

222 Calliess/Ruffert/*Krebber*, EUV/AEUV, Art. 153 AEUV RdNr. 37.
223 Die Reichweite dieses Begriffes bestimmt sich nach dem EuGH anhand der Regelung des Art. 137 Abs. 4 UAbs. 2 EGV (jetzt Art. 153 Abs. 4 UAbs. 2 AEUV); vgl. dazu Calliess/Ruffert /*Krebber*, EUV/AEUV, Art. 153 AEUV RdNr. 30.
224 Calliess/Ruffert/*Krebber*, EUV/AEUV, Art. 151 AEUV RdNr. 25, Art. 153 AEUV RdNr. 6; *Buchner*, RdA 1993, S. 195 f.; von der Groeben/Schwarze/*Högl*, EUV/EGV, Art. 137 EGV RdNr. 6; Geiger/Erasmus-Khan/Kotzur/*Kotzur*, EUV/AEUV, Art. 153 AEUV RdNr. 2.
225 HzA/*Bengelsdorf*, Gruppe 9 Teilbereich 1 RdNr. 37.
226 Beide Passagen könnte man in etwa mit „ohne Schaden/ Beeinträchtigung für" übersetzen.
227 Hanau/Steinmeyer/Wank/*Steinmeyer*, § 12 RdNr. 56; *Steinmeyer*, RdA 2001, S. 15; *Buchner*, RdA 1993, S. 196; a.A. Calliess/Ruffert/*Krebber*, EUV/AEUV, Art. 137 AEUV RdNr. 27.

des Arbeitsverhältnisses kommen nicht in Betracht. Auch Richtlinien (Art. 288 Abs. 3 AEUV) – die auf Art. 153 Abs. 2 lit. b) AEUV gestützt werden können – gewähren den Bürgern grundsätzlich keine unmittelbaren Rechtspositionen.[228] Dessen ungeachtet kann Art. 153 Abs. 1 lit. h) AEUV aber als zusätzlicher Beleg dafür herangezogen werden, inwiefern der beruflichen Weiterbildung Bedeutung bei der Entwicklung einer Sozialunion beigemessen wird.

c) Europäischer Sozialfonds, Art. 162 ff. AEUV

Die in Art. 162 ff. AEUV (Ex-Art. 146 ff. EGV) enthaltenen Regelungen über den Europäischen Sozialfonds, der unter den Strukturfonds der Union (Art. 175 Abs. 1 S. 3 AEUV) das wichtigste Instrument zur Bekämpfung von Arbeitslosigkeit und zur Unterstützung von Berufsausbildungs- und Berufsförderungsmaßnahmen darstellt,[229] widmen sich ebenfalls der beruflichen Weiterbildung. Nach Art. 162 AEUV zählt zu den Zielsetzungen des Sozialfonds, *„die Anpassung (der Arbeitskräfte) an die industriellen Wandlungsprozesse und an Veränderungen der Produktionssysteme insbesondere durch berufliche Bildung und Umschulung zu erleichtern"*, um deren Beschäftigungsmöglichkeiten zu verbessern und einen Beitrag zur Hebung der Lebenshaltung zu leisten. Der Begriff der beruflichen Bildung ist hier in einem umfassenden Sinne zu verstehen und schließt alle Maßnahmen zur Vermittlung von Kenntnissen und Fähigkeiten ein, die zur Ausübung einer oder mehrerer Berufstätigkeiten erforderlich sind. Neben der Erstausbildung zählen dazu die Weiterbildung (einschließlich aufgrund technologischen Fortschritts erforderlicher Maßnahmen des Qualifikationserhalts, d.h. Anpassungsfortbildung) und die Umschulung.[230] Art. 162 AEUV begründet aber außer der Befugnis zur Errichtung des Fonds, der lediglich ein Finanzierungsinstrument der Union im Rahmen der Beschäftigungs- und Arbeitsmarktpolitik darstellt,[231] keine weitergehenden Kompetenzen der Union i.S.v. Art. 5 Abs. 2 EUV. Um überhaupt Fondsmittel einsetzen zu können, ist ein entsprechender Kompetenztitel, wie ihn bspw. Art. 175 Abs. 1 S. 3 AEUV enthält, erforderlich.[232] Der Wortlaut der Art. 162 ff. AEUV liefert zudem keine Anhaltspunkte für die Begründung von Rechtspositionen der Unionsbürger.

---

228 von der Groeben/Schwarze/*Högl*, EUV/EGV, Art. 137 EGV RdNr. 51.
229 Hanau/Steinmeyer/Wank/*Steinmeyer*, § 8 RdNr. 425; vgl. auch Geiger/Erasmus-Khan/Kotzur/*Kotzur*, EUV/AEUV, Art. 162 AEUV RdNr. 4.
230 Vgl. von der Groeben/Schwarze/*Högl*, EUV/EGV, Art. 146 EGV RdNr. 11, der allerdings zwischen Weiterbildung und qualifikationserhaltenden Maßnahmen zu unterscheiden scheint.
231 Calliess/Ruffert/*Puttler*, EUV/AEUV, Art. 162 AEUV RdNr. 1 f.; Geiger/Erasmus-Khan/Kotzur/*Kotzur*, EUV/AEUV, Art. 162 AEUV RdNr. 2.
232 Calliess/Ruffert/*Puttler*, EUV/AEUV, Art. 162 AEUV RdNr. 2.

Mangels einer unmittelbaren Anwendbarkeit der in den Art. 162 ff. AEUV enthaltenen Bestimmungen entstehen durch die Vorschriften über den Europäischen Sozialfonds daher keine unmittelbaren Rechte und Pflichten der Bürger und somit auch keine direkten Wirkungen für die Parteien eines Arbeitsverhältnisses.

d) Gemeinschaftscharta der sozialen Grundrechte der Arbeitnehmer

Die von elf Staats- und Regierungschefs (ohne das Vereinigte Königreich) 1989 angenommene Gemeinschaftscharta der sozialen Grundrechte der Arbeitnehmer soll nach ihrer Präambel die Fortschritte festschreiben, die im sozialen Bereich durch das Vorgehen der Mitgliedstaaten, der Sozialpartner und der Union bereits erreicht wurden. Ausgehend von der Annahme, daß im Zuge der Verwirklichung des europäischen Binnenmarkts den sozialen Fragen die gleiche Bedeutung wie der wirtschaftlichen Dimension beizumessen sei, nennt sie als primäres wirtschaftliches und soziales Ziel die Förderung der Beschäftigung und die Bekämpfung der Arbeitslosigkeit. Der erste Titel der Charta enthält eine Auflistung der sozialen Grundpositionen („Soziale Grundrechte") der Arbeitnehmer, darunter als Nr. 15 Abs. 2 die Bestimmung, daß u.a. *„die (...) Unternehmen (...) in ihrem jeweiligen Zuständigkeitsbereich die Voraussetzungen für eine Fort- und Weiterbildung schaffen (...), die es jedem ermöglichen, sich insbesondere durch einen Bildungsurlaub umzuschulen, sich weiterzubilden und vor allem im Zuge der technischen Entwicklungen neue Kenntnisse zu erwerben".* Auffällig ist, daß sich diese Vorschrift nicht – wie sonst im Unionsrecht üblich – ausschließlich an die Mitgliedstaaten oder die Sozialpartner richtet, sondern direkt an die Unternehmer adressiert ist. Einklagbare subjektive Rechte werden den Arbeitnehmern durch Nr. 15 Abs. 2 aber dennoch nicht eingeräumt.[233] Bei der Gemeinschaftscharta handelt es sich lediglich um eine politische Willensbekundung, die zwar zu einer Selbstbindung der Signatarstaaten führt, der aber keine rechtliche Verbindlichkeit zukommt.[234] Sie begründet keine neuen Kompetenzen der Union, sondern läßt die im EU-Vertrag festgelegte Zuständigkeitsverteilung unberührt.[235] Dementsprechend wird in Titel II Nr. 27 der Charta betont, daß für die Gewährleistung der sozialen Grundrechte und für die Durchführung der für den reibungslosen Ablauf des Binnenmarktgeschehens notwendigen Sozialmaßnahmen die Mitgliedstaaten entsprechend den einzelstaatlichen Gepflogenheiten zuständig sind. Rechtliche Wirkung entfaltet die Gemein-

---

233 MünchArbR/*Birk*, 2. Aufl. 2000, § 18 RdNr. 81; *Hummel*, ArbuR 1997, S. 159.
234 Hanau/Steinmeyer/Wank/*Steinmeyer*, § 11 RdNr. 59; Hanau/Steinmeyer/Wank/*Wank* § 13 RdNr. 96, § 16 RdNr. 15; *Streinz*, Europarecht, RdNr. 1120.
235 *Hummel*, ArbuR 1997, S. 159.

schaftscharta jedoch auf indirektem Wege. So hat die Kommission bereits im November 1989 ein Aktionsprogramm zur Anwendung der Gemeinschaftscharta verabschiedet, das – unter Berücksichtigung des Subsidiaritätsprinzips[236] – den Erlaß verbindlicher Rechtsakte vorsah und in der Folge auch zu gesetzgeberischen Maßnahmen geführt hat.[237] Darüber hinaus beziehen sich zum einen sowohl die Präambel der Charta der Grundrechte der Europäischen Union von 2000 als auch Art. 151 Abs. 1 AEUV ausdrücklich auf die Gemeinschaftscharta, zum anderen sind ihre Bestimmungen bei der Auslegung und Anwendung des Unionsrechts (insbesondere der sozialpolitisch relevanten Vorschriften) zu berücksichtigen.[238] Schließlich können sich der EuGH in seiner Rechtsprechung sowie Rat und Kommission beim Erlaß von Empfehlungen i.S.v. Art. 288 AEUV auf den in der Charta zum Ausdruck kommenden sozialen Grundkonsens fast aller Mitgliedstaaten stützen.[239]

e) Charta der Grundrechte der Europäischen Union

Auf dem EU-Gipfel von Nizza vom 7. bis 09.12.2000 haben der Rat der Europäischen Union sowie die Präsidenten des Europäischen Parlaments und der Europäischen Kommission die Charta der Grundrechte der Europäischen Union, die von einer Arbeitsgruppe unter dem Vorsitz des ehemaligen deutschen Bundespräsidenten *Roman Herzog* entworfen wurde, feierlich verkündet.[240] In ihrem Kapitel II mit dem Titel „Freiheiten" wird unter Art. 14 Abs. 1 jeder Person ein Recht auf Bildung und auf Zugang zur beruflichen Aus- und Weiterbildung eingeräumt. Bis zum Inkrafttreten des „Vertrags von Lissabon"[241] fehlte es der Charta an rechtlicher Verbindlichkeit, die nur durch das in Art. 48 EUV vorgesehene Verfahren herbeigeführt werden konnte.[242] Dessen ungeachtet konnte die Charta mittelbaren rechtlichen Einfluß entfalten, z.B. indem sie in der Rechtsprechung der Gemeinschaftsgerichtsbarkeit als Inspirationsquelle und Bestätigung herangezogen wurde.[243] Sie hatte zudem erhebliche Bedeutung für die Auslegung der von der Union erlassenen Rechtsakte.[244]

---

236 Dazu noch unter § 3 B.II.
237 Vgl. dazu Hanau/Steinmeyer/Wank/*Steinmeyer*, § 11 RdNr. 61 f.
238 *Heinze*, ZfA 1992, S. 336; Streinz, Europarecht, RdNr. 1120; *Hummel*, ArbuR 1997, S. 159.
239 *Krimphove*, Europäisches Arbeitsrecht, RdNr. 47.
240 ABl. 2000 C 264/1.
241 Vgl. dazu *Weber*, EuZW 2008, S. 7.
242 EuG v. 15.01.2003 – verb. Rs. T-377/00, T-379/00, T-380/00, T-260/01 und T-272/01 (RdNr. 122) = ABl. 2003 C 70/21; *Calliess*, EuZW 2001, S. 267 f.
243 So im Urteil des EuG, a.a.O.; vgl. auch Grabitz/Hilf/*Blanke*, EUV/AEUV, Art. 165, 166 AEUV RdNr. 7.
244 MünchArbR/*Oetker*, § 10 RdNr. 14.

Art. 1 Nr. 6 Abs. 1 S. 1 des Vertrages von Lissabon enthält nunmehr eine Erweiterung des Art. 6 EUV dahingehend, daß in dessen Abs. 1 S. 1 die Charta der Grundrechte der Europäischen Union in der Fassung vom 12.12.2007 als rechtlich verbindlich anerkannt und als den Verträgen rechtlich gleichwertig eingeordnet wird. Nach Art. 6 Abs. 1 S. 2 EUV n.f. haben Charta und Gründungsverträge den gleichen Rang. Bei der Charta handelt es sich also nunmehr um Primärrecht.[245] Damit wird auch der bereits erwähnte Art. 14 Abs. 1 der Charta zu einer echten Rechtsquelle des Unionsrechts.[246] Der mit dem europaweiten Inkrafttreten des Verfassungsvertrages verbundene Eintritt einer rechtlichen Verbindlichkeit der Charta führt somit zu der Begründung subjektiver Rechte für die Bürger, darunter eines solchen auf Zugang zur beruflichen Weiterbildung. Im Verhältnis der Parteien des Arbeitsverhältnisses untereinander bedeutet dies jedoch nicht, daß Arbeitnehmer oder Arbeitgeber zur Gewährung bzw. zur Betreibung von Weiterbildung verpflichtet wären, da nach Art. 1 Nr. 6 Abs. 1 S. 3 des Vertrages von Lissabon die in der Charta enthaltenen Rechte, Freiheiten und Grundsätze nach den Bestimmungen des Kapitels VII der Charta ausgelegt werden. Somit muß auch Art. 51 Abs. 1 der Charta herangezogen werden, nach dem sich der Anwendungsbereich der Charta auf die Organe und Einrichtungen der Union unter Einhaltung des Subsidiaritätsprinzips sowie auf die Mitgliedstaaten, soweit diese Unionsrecht durchführen, beschränkt. Für die Unionsbürger entsteht somit keine unmittelbare Bindung auf horizontaler Ebene,[247] so daß auch keine unmittelbaren Auswirkungen auf das Arbeitsverhältnis entstehen.

6. Zusammenfassende Betrachtung der primärrechtlichen Regelungen

Das primäre Unionsrecht enthält eine Vielzahl von Bestimmungen, die sich mit der Thematik der beruflichen Weiterbildung befassen. Vor allem die im EG-Vertrag verankerten Vorschriften verdeutlichen aber, daß die Verantwortung für die Bildungspolitik grundsätzlich im Zuständigkeitsbereich der Mitgliedstaaten verbleibt. Besonders augenfällig tritt dies in Art. 166 AEUV zutage, der die Unionsorgane zu einer „*strikten Beachtung der Verantwortung der Mitgliedstaaten für Inhalt und Gestaltung der beruflichen Bildung*" verpflichtet. Rechte und Pflichten Einzelner lassen sich aus den primärrechtlichen Regelungen mangels unmittelbarer Anwendbarkeit nicht ableiten. Zudem ist dem der Union zur Verfügung stehenden Handlungsinstrumentarium durch die Harmonisierungsverbote eine enge Grenze gezo-

---

245 Streinz, Europarecht, RdNr. 732.
246 *Pache/Rösch*, NVwZ 2008, S. 474; *Hatje/Kindt*. NJW 2008, S. 1766.
247 Vgl. MünchArbR/*Oetker*, § 10 RdNr. 14.

gen, die lediglich solche Maßnahmen gestattet, die die Tätigkeit der Mitgliedstaaten flankieren. Der Erlaß einer unionsrechtlichen Regelung zur Freistellung von Arbeitnehmern zu Zwecken der beruflichen Weiterbildung kommt aus diesem Grund nicht in Betracht. Die rechtlichen Wirkungen der primärrechtlichen Normen zur beruflichen Weiterbildung sind nach alledem nur eingeschränkter Art. Bedeutung entfalten sie vor allem insofern, als sie als Auslegungshilfe heranzuziehen sind.

Auch wenn die Unionsorgane insgesamt nur geringe Einwirkungsmöglichkeiten auf die berufliche Bildung in den Mitgliedstaaten haben, so belegt doch die Verankerung der beruflichen Bildungspolitik im Katalog der Aufgaben der Union, daß auf europäischer Ebene ein gesteigertes Bewußtsein für die Bedeutung der beruflichen Weiterbildung für die Vollendung der sozialpolitischen Zielsetzungen der EU vorhanden ist. Der Union ist zwar eine Harmonisierung untersagt, gleichwohl kann sie aber, wenn sie ihre im Bereich der Koordinierung, Ergänzung und Unterstützung verbleibenden Handlungsspielräume ausreizt, als wichtiger Impulsgeber für die Mitgliedstaaten mittelbaren Einfluß auf deren Bildungspolitik nehmen. Dies könnte letztere zu einer stärkeren Befassung mit dieser Thematik veranlassen – auch unter rechtlichen Gesichtspunkten. In der Bundesrepublik Deutschland läßt sich in jüngerer Zeit in der Tat eine Bereitschaft erkennen, den zahlreichen, aber unverbindlichen politischen Verlautbarungen zur Bedeutung der beruflichen Weiterbildung nun auch legislative Maßnahmen folgen zu lassen. So hat zum einen die Bundesbildungsministerin *Annette Schavan* einen Gesetzentwurf angekündigt, der die Förderung von Weiterbildung mit Prämien und Krediten zum Gegenstand haben soll.[248] Zum anderen enthält der „Diskussionsentwurf eines Arbeitsvertragsgesetzes" (ArbVG) von *Henssler/Preis* mit seinem § 72 eine Regelung, die sich ausdrücklich mit der Weiterbildung im Rahmen des Arbeitsverhältnisses befaßt.[249]

II. Sekundäres Unionsrecht

Als sekundäres Unionsrecht bezeichnet man die Rechtsakte der Unionsorgane, die diese auf der Grundlage der Verträge oder einer Ermächtigung durch einen anderen Rechtsakt erlassen.[250] Ob und in welchem Umfang ein Tätigwerden der Unionsorgane in Betracht kommt, bestimmt sich nach dem in Art. 5 Abs. 1 EUV verankerten sog. Prinzip der begrenzten Einzelermächtigung. Danach besteht eine Zuständigkeit der Union zur Rechtsetzung nur in den Fällen, in denen ihr in den Verträgen

---
248 Vgl. *Gillmann*, Handelsblatt v. 08.04.2008, S. 5.
249 NZA-Beilage 1/2007.
250 *Herdegen*, Europarecht, § 8 RdNr. 34.

eine ausdrückliche oder im Wege der Auslegung ermittelbare Kompetenz zugewiesen wird.[251] Daneben können sich zum einen auf der Grundlage der „implied powers"-Lehre ungeschriebene Unionskompetenzen ergeben, zum anderen wird der Grundsatz der begrenzten Einzelermächtigung durch die Kompetenzergänzungsklausel des Art. 352 AEUV (Ex-Art. 308 EGV) erheblich gelockert. Auf der Grundlage dieser Vorschrift kann die Union die geeigneten Vorschriften erlassen, wenn ihr Tätigwerden erforderlich erscheint, um im Rahmen des Gemeinsamen Marktes eines ihrer Ziele zu verwirklichen, im Vertrag die dafür erforderlichen Befugnisse jedoch nicht vorgesehen sind. Eine Einschränkung für das Handeln der Union ergibt sich aus dem Subsidiaritätsprinzip gemäß Art. 5 Abs. 1 S. 2, Abs. 2 EUV, das eine Tätigkeit nur zuläßt, *„sofern und soweit die Ziele der in Betracht gezogenen Maßnahmen von den Mitgliedstaaten weder auf zentraler noch auf regionaler oder lokaler Ebene ausreichend verwirklicht werden können, sondern vielmehr wegen ihres Umfangs oder ihrer Wirkungen auf Unionsebene besser zu verwirklichen sind".*[252] Das den Unionsorganen bei der Sekundärrechtsetzung zur Verfügung stehende Handlungsinstrumentarium wird im Katalog des Art. 288 AEUV aufgezählt und näher umschrieben. Während Verordnungen, Richtlinien und Beschlüsse rechtlich verbindlich sind, bleiben die Wirkungen von Empfehlungen und Stellungnahmen auf den politischen Bereich beschränkt.

Aufgrund des dargestellten Verbotes der Harmonisierung der nationalen Rechts- und Verwaltungsvorschriften und der damit verbundenen Tatsache, daß die Kompetenzen im Bereich der beruflichen (Weiter-) Bildung grundsätzlich bei den Mitgliedstaaten belassen werden, der Union dagegen nur ein unterstützendes und ergänzendes Tätigwerden gestattet wird, sind die den Unionsorganen eingeräumten Handlungsspielräume sehr begrenzt. Das ihnen im AEUV ausdrücklich eingeräumte Instrumentarium bleibt – wie ausgeführt – auf *„Fördermaßnahmen"* und *„Empfehlungen"* (Art. 165 Abs. 4 AEUV), *„Maßnahmen"* (Art. 166 Abs. 4, Art. 153 Abs. 2 lit. a) AEUV) sowie die Einführung von Mindestvorschriften durch *„Richtlinien"* (Art. 153 Abs. 2 lit. b) AEUV) beschränkt. Vor diesem Hintergrund sind die von der Union bisher erlassenen sekundärrechtlichen Regelungen und Maßnahmen größtenteils ohne weitreichende rechtliche Bedeutung. Insbesondere werden keine einklagbaren Rechtspositionen für die Unionsbürger geschaffen oder sonstige unmittelbare Auswirkungen auf das Arbeitsverhältnis erzeugt. Stattdessen spielt sich das Handeln der Unionsorgane größtenteils im rechtlich unverbindlichen Bereich (Empfehlungen, Stellungnahmen, politische Arbeitsprogramme) ab.

---

251 *Oppermann/Classen/Nettesheim*, Europarecht, § 11 RdNr. 3 ff.
252 Vgl. ausf. *Oppermann/Classen/Nettesheim*, Europarecht, § 11 RdNr. 23 ff.

Soweit ersichtlich, befaßt sich das Sekundärrecht jedenfalls nicht mit der Frage, ob und inwiefern im Arbeitsverhältnis Rechte auf und Pflichten zur Weiterbildung bestehen. Da der Union aber eine kontinuierliche Befassung mit der Thematik der beruflichen (Weiter-) Bildung nicht abgesprochen werden kann und die wenn auch nur politische Bedeutung ihres Tätigwerdens nicht zu unterschätzen ist, soll über ihre wichtigsten diesbezüglichen Maßnahmen (neben den bereits genannten Bildungsprogrammen) gleichwohl ein – kurzer – Überblick gegeben werden.

1. Verordnung (EWG) Nr. 1612/68 des Rates

Die Verordnung (VO) 1612/68 des Rates vom 15.10.1968[253] über die Freizügigkeit der Arbeitnehmer innerhalb der Union wurde auf der Grundlage des Art. 40 EGV (jetzt Art. 46 AEUV) erlassen und dient somit der Herstellung der durch Art. 39 EGV (jetzt Art. 45 AEUV) gewährleisteten Freizügigkeit der Arbeitnehmer. In ihrem Art. 7 trifft sie Aussagen mit Bezug zur Weiterbildung. Art. 7 Abs. 3 der VO bestimmt, daß ein Arbeitnehmer, der einem anderen Mitgliedstaat der EU entstammt, mit dem gleichen Recht und unter den gleichen Bedingungen wie die inländischen Arbeitnehmer den Besuch von Berufsschulen und Umschulungszentren beanspruchen kann. Inhaltlich handelt es sich also um ein Diskriminierungsverbot. Die Begriffe „Berufsschule" und „Umschulungszentrum" sind nicht deckungsgleich mit den entsprechenden, im deutschen Recht verwendeten Bezeichnungen, sondern sind im Einklang mit der dritten Begründungserwägung der VO (Mobilität der Arbeitskräfte als Mittel zur Verbesserung der Lebens- und Arbeitsbedingungen und zu sozialem Aufstieg) weit auszulegen. Sie erstrecken sich auf sämtliche Bildungsgänge, die für die berufliche und soziale Stellung des Arbeitnehmers relevant sind.[254] Auf der Grundlage des weiten Verständnisses zählen dazu auch Maßnahmen der beruflichen Weiterbildung in einem Arbeitsverhältnis.[255]

2. Richtlinie 76/207/EWG des Rates

Die Richtlinie (RL) 76/207/EWG des Rates vom 9. Februar 1976 dient der Durchsetzung des unionsrechtlichen Grundsatzes der Gleichbehandlung von Männern und Frauen hinsichtlich des Zugangs zur Beschäftigung, zur Berufsbildung und zum beruflichen Aufstieg sowie in bezug auf die Arbeitsbedingungen. Sie errichtet also ebenfalls ein Diskriminierungsverbot. Im Hinblick auf den gleichberechtigten

---
253 ABl. L 257/2.
254 *Avenarius*, NVwZ 1988, S. 390.
255 HzA/*Bengelsdorf*, Gruppe 9 Teilbereich 1 RdNr. 47.

Zugang zur beruflichen Weiterbildung bestimmt Art. 4 der RL, daß die Mitgliedstaaten die erforderlichen Maßnahmen zu ergreifen haben, um zu gewährleisten,

> *„a) daß die mit dem Grundsatz der Gleichbehandlung unvereinbaren Rechts- und Verwaltungsvorschriften beseitigt werden;*
> *b) daß die mit dem Grundsatz der Gleichbehandlung unvereinbaren Bestimmungen in Tarifverträgen oder Einzelarbeitsverträgen, in Betriebsordnungen sowie in den Statuten der freien Berufe nichtig sind, für nichtig erklärt oder geändert werden können;*
> *c) daß Berufsberatung, Berufsbildung, berufliche Weiterbildung und Umschulung – vorbehaltlich in der in einigen Mitgliedstaaten bestimmten privaten Bildungseinrichtungen gewährten Autonomie – auf allen Stufen zu gleichen Bedingungen ohne Diskriminierung auf Grund des Geschlechts zugänglich sind."*

Die Richtline wurde durch die Vorschriften der §§ 611 a, 611 b, 612 Abs. 3 und 612 a BGB in das deutsche Recht umgesetzt. Die §§ 611 a, 611 b, 612 Abs. 3 BGB wurden durch Gesetz vom 14.08.2006 mit Wirkung zum 18.08.2006 aufgehoben.[256] Ihr Regelungsgehalt ist nun im Allgemeinen Gleichbehandlungsgesetz (AGG) enthalten (vgl. insbes. §§ 1, 7, 11 AGG).

3. Empfehlung 93/404/EWG des Rates

Mit der Empfehlung 93/404/EWG des Rates vom 30.06.1993[257] wird den Mitgliedstaaten nahegelegt, ihre Berufspolitik darauf auszurichten, daß jedem Arbeitnehmer während seines ganzen Lebens ein diskriminierungsfreier Zugang zur beruflichen Weiterbildung ermöglicht wird (I). Zu diesem Zweck soll insbesondere in den Unternehmen das Bewußtsein für den Zusammenhang zwischen den Qualifikationen der Arbeitnehmer und der Wettbewerbsfähigkeit der Unternehmen geweckt und sollen diese ermutigt werden, angemessene Ausbildungspläne und -programme zu entwickeln und ihre Führungskräfte entsprechend zu motivieren und zu unterrichten (II.3). Die Mitgliedstaaten sind aufgefordert, die Unternehmen dabei durch Anreize und technische Hilfen unterstützen (II.4). Des weiteren wird den Arbeitgebern empfohlen, die Arbeitnehmer so frühzeitig wie möglich über Möglichkeiten der beruflichen Weiterbildung in Kenntnis zu setzen (II.6). Die Verantwortung für die berufliche Weiterbildung wird in dieser Empfehlung hauptsächlich bei den Unter-

---

256 BGBl. I S. 1897.
257 ABl. L 181/37.

nehmen bzw. bei den Arbeitgebern verortet. Nach Art. 288 Abs. 5 AEUV kommt ihr jedoch keine rechtliche Verbindlichkeit zu.

4. Beschluß Nr. 1720/2006/EG des Europäischen Parlaments und des Rates („Lebenslanges Lernen")

Mit dem Beschluß Nr. 1720/2006/EG des Europäischen Parlaments und des Rates vom 15.11.2006[258] – gestützt insbesondere auf Art. 149 Abs. 4 und Art. 150 Abs. 4 EGV (jetzt Art. 165 Abs. 4, 166 Abs. 4 AEUV) – ist als Ergebnis fast vier Jahrzehnte währender bildungspolitischer Aktivitäten der Gemeinschaft bzw. der Union in Gestalt des Förderprogramms „Lebenslanges Lernen (LLP)" erstmals ein übergreifender Rahmen für die unionsinternen sektoralen Bildungsprogramme geschaffen worden.[259] Es soll ein Programm für Maßnahmen der Union im Bereich des lebenslangen Lernens festgelegt werden (Art. 1 Abs. 1 des Beschlusses), mit dem u.a. ein Beitrag zur Entwicklung eines hochwertigen lebenslangen Lernens geleistet (Art. 1 Abs. 3 lit. a)), die Zusammenarbeit bei der Qualitätssicherung in allen Bereichen der allgemeinen und beruflichen Bildung gefördert (Art. 1 Abs. 3 lit. j)) sowie die Qualität der allgemeinen und beruflichen Bildung gesichert (Art. 1 Abs. 3 lit. k) werden soll. Gemäß Art. 1 Abs. 4 dient das Programm der Unterstützung und Ergänzung von Maßnahmen der Mitgliedstaaten unter strikter Beachtung ihrer Verantwortung für die Inhalte und Systeme der allgemeinen und beruflichen Bildung. Der Begriff „Berufsbildung" im Sinne des Beschlusses umfaßt nach dessen Art. 2 Nr. 12 neben der Erstausbildung jede Form der beruflichen Weiterbildung. Art. 2 Nr. 29 legt zudem fest, daß der Oberbegriff des „lebenslangen Lernens" alle Formen der allgemeinen, beruflichen und der nicht formalen Bildung bezeichnet, also in einem weitestgehenden Sinne zu verstehen ist.

Das Programm stützt sich im wesentlichen auf eine finanzielle Teilförderung von Projekten durch die Union. Für die angesetzte Laufzeit von 2007 bis 2013 werden knapp 7 Milliarden Euro zur Verfügung gestellt.[260] Zur Erreichung der genannten Ziele werden die vier bildungspolitischen Einzelprogramme „Comenius" (für die Vorschul- und Schulbildung), „Erasmus" (für die allgemeine Hochschulbildung und die berufliche Bildung auf tertiärer Ebene), „Leonardo da Vinci" (für alle anderen Bereiche der Berufsbildung sowie der Weiterbildung) und „Grundtvig" (für die Erwachsenenbildung) durch ein Querschnittsprogramm, das die Zusammenarbeit bei bereichsübergreifenden Maßnahmen fördern soll (Art. 32 Abs. 1

---

258 ABl. L 327/45.
259 Vgl. Schwarze/*Simm*, EU-Kommentar, Art. 150 RdNr. 26.
260 Schwarze/*Simm*, EU-Kommentar, Art. 150 RdNr. 26.

lit. a)), sowie durch das Programm „Jean Monnet", das u.a. Betriebskostenzuschüsse für europäische Einrichtungen oder Vereinigungen im Bereich der allgemeinen und beruflichen Bildung fördern soll, ergänzt. Das Programm „Sokrates", das früher die selbständigen Programme „Erasmus", „Lingua" und „Comenius" umfaßte, wird damit abgelöst.[261]

Das Aktionsprogramm „Leonardo da Vinci"[262] zur Durchführung einer Berufsbildungspolitik der Europäischen Union ist das wichtigste und bekannteste politische Programm im Bereich der beruflichen (Weiter-) Bildung. Das aktuelle „Leonardo"-Programm hat die Vorläuferprogramme „Comett", „Eurtecnet", „Force" und „Petra" abgelöst und bezweckt, durch eine verstärkte grenzüberschreitende Zusammenarbeit der Mitgliedstaaten und unter Wahrung des Subsidiaritätsprinzips mehrere Hauptziele zu erreichen. Zu diesen Zielen zählt die Verbesserung der Qualität der beruflichen Weiterbildung und des lebensbegleitenden Erwerbs von Fähigkeiten und Kompetenzen (Art. 2 Abs. 1 lit. b) des Beschlusses des Rates).

5. Sonstige Rechtsakte

Neben die genannten treten zahlreiche weitere Rechtsakte, (finanzrelevante) politische Aktionsprogramme sowie Grün- und Weißbücher[263] der Gemeinschaft bzw. der Union, die sich zumindest am Rande mit der beruflichen Weiterbildung befassen. Zu nennen ist zum einen der Beschluß 63/266 EWG des Rates vom 02.04.1963 über die Aufstellung allgemeiner Grundsätze für die Durchführung einer gemeinsamen Politik der Berufsausbildung[264], der unter anderem das Ziel verfolgt, die berufliche Fortbildung und Umschulung während der verschiedenen Abschnitte des Erwerbslebens sowie Maßnahmen für den beruflichen Aufstieg zu fördern, um eine stetige Anpassung der beruflichen Fähigkeiten der Arbeitskräfte an den jeweiligen Stand der Entwicklung von Wirtschaft und technischen Produktionsbedingungen zu erreichen (Zweiter Grundsatz, F), G)).

Durch Ratsverordnung vom 10. Februar 1975, gestützt auf Art. Art. 308 EGV (jetzt Art. 352 AEUV), wurde das Zentrum für die Förderung der Berufsbildung mit Sitz in Thessaloniki errichtet, das die Kommission beratend unterstützt.[265] Im

---

261 Geiger/Erasmus-Khan/Kotzur/*Kotzur*, EUV/AEUV, Art. 165 AEUV RdNr. 20.
262 Erste Phase: ABl. 1994 L 340/8; zweite Phase: ABl. 1999 L 146/33. Vgl. dazu ausf. Grabitz/Hilf/*Blanke*, EUV/AEUV, Art. 165, 166 AEUV RdNr. 120 ff.
263 Z.B. das „Grünbuch über die europäische Sozialpolitik – Weichenstellung für die Europäische Union" und das Weißbuch „Wachstum, Wettbewerbsfähigkeit, Beschäftigung – Herausforderungen der Gegenwart und Wege ins 21. Jahrhundert" , beide von 1993.
264 ABl. 1963, S.1338.
265 VO (EWG) Nr. 337/75, ABl. 1975 L 39/1 und VO (EG) Nr. 1131/94, ABl. 1994 L 127/1.

Jahr 1990 wurde zudem die Europäische Stiftung für Berufsbildung mit Sitz in Turin gegründet.[266] Sie dient der Unterstützung der Partnerländer bei der Modernisierung ihrer Bildungs- und Berufsbildungssysteme durch die Vermittlung von Fachkenntnissen sowie durch eine Zusammenarbeit im Rahmen verschiedener Kooperationsprogramme.

Die Entschließung des Rates über die berufliche Weiterbildung vom 05.06.1989[267] trägt den Mitgliedstaaten die Umsetzung von Maßnahmen auf, die allen Arbeitnehmern und Arbeitslosen Zugang zur beruflichen Weiterbildung verschaffen sollen.

Die gleiche Stoßrichtung verfolgt die Entschließung des Rates vom 03.06.2002[268], mit der die Mitgliedstaaten ersucht werden, den effektiven Zugang Erwachsener – sowohl der Beschäftigten als auch der Arbeitsuchenden – zur beruflichen Weiterbildung zu fördern und dazu in Abstimmung mit den Sozialpartnern geeignete Rahmenbedingungen zu schaffen.

Das „Detaillierte Arbeitsprogramm zur Umsetzung der Ziele der Systeme der allgemeinen und beruflichen Bildung in Europa" des Rates und der Kommission vom 14.02.2002 beinhaltet die Zielsetzung, im Einklang mit den Art. 149, 150 EGV (jetzt Art. 165, 166 AEUV) durch eine verstärkte Zusammenarbeit auf politischer Ebene mittels der Methode der offenen Koordinierung[269] bis zum Jahre 2010 drei Kernvorgaben (die in 13 Teilziele zerfallen) zu erreichen: Erhöhung der Qualität und Wirksamkeit der Systeme der allgemeinen und beruflichen Bildung in der EU, leichterer Zugang zur allgemeinen und beruflichen Bildung für alle, Öffnung der Systeme der allgemeinen und beruflichen Bildung gegenüber der Welt.

C. Verfassungsrecht

Auch dem deutschen Verfassungsrecht lassen sich möglicherweise Vorgaben zur Thematik der beruflichen Weiterbildung entnehmen. Geprüft wird im Hinblick auf einen möglichen eigenen Vorschlag zur Änderung der Rechtslage zunächst, wie in diesem Bereich die Gesetzgebungskompetenzen verteilt sind bzw. welche Handlungsmöglichkeiten im Bereich der beruflichen Weiterbildung eröffnet sind. Im Anschluß wird das Grundgesetz daraufhin untersucht, inwiefern es sich zur berufli-

---

266 VO (EG) Nr. 1360/90, ABl. 1990 L 131/1; geändert durch VO (EG) Nr. 2063/94, ABl. 1994 L 216/9.
267 ABl. C 148/1.
268 ABl. C 162/1.
269 Zu diesem Begriff *Blanke*, NZA 2006, S. 1309 f.

chen Weiterbildung äußert, insbesondere ob aus ihm ggf. ein verfassungsunmittelbarer Anspruch auf Weiterbildung abgeleitet werden kann.

I. Kompetenzverteilung

Die grundsätzliche Verteilung der Gesetzgebungszuständigkeiten richtet sich nach Art. 70 Abs. 1 GG, der sich der allgemeinen Kompetenzabgrenzungsregelung des Art. 30 GG (die auch in Art. 83 GG anklingt) anschließt. Danach haben, soweit nicht das Grundgesetz dem Bund ausdrücklich Kompetenzen zuweist, die Länder das Recht der Gesetzgebung. Es besteht also ein Regel-Ausnahme-Verhältnis zugunsten der Länder.[270] Nach Art. 72 Abs. 2 GG wird zur Abgrenzung zwischen der ausschließlichen Gesetzgebungszuständigkeit des Bundes (Art. 71 GG) und der konkurrierenden Gesetzgebungszuständigkeit (Art. 72 GG) unterschieden. Nach der Legaldefinition des Art. 71 GG haben im Bereich der ausschließlichen Gesetzgebung des Bundes *„die Länder die Befugnis zur Gesetzgebung nur, wenn und soweit sie hierzu in einem Bundesgesetze ausdrücklich ermächtigt werden"*. Die ausschließliche Gesetzgebung erfaßt zum einen die Materien, die in den Art. 73 und 105 Abs. 1 GG aufgezählt werden, zum anderen aber auch diejenigen, die nach zahlreichen über das Grundgesetz verteilten Bestimmungen *„durch Bundesgesetz"* näher zu regeln sind.[271] Die konkurrierende Gesetzgebung, die in Art. 72 legaldefiniert wird und deren Gegenstände in den Art. 74, 74a und 105 Abs. 2 GG enthalten sind, ist nach dem Subsidiaritätsgedanken konzipiert: Grundsätzlich ist der Bund zuständig, solange und soweit er aber von seiner Befugnis keinen Gebrauch macht, dürfen die Länder gesetzgebend tätig werden. Auf den in Art. 72 Abs. 2 GG genannten Gebieten hat der Bund einschränkend aber nur dann das Gesetzgebungsrecht, *„wenn und soweit die Herstellung gleichwertiger Lebensverhältnisse im Bundesgebiet oder die Wahrung der Rechts- oder Wirtschaftseinheit im gesamtstaatlichen Interesse eine bundesgesetzliche Regelung erforderlich macht"*.

Der Katalog des Art. 73 Abs. 1 GG enthält keinen Kompetenztitel, der eine ausschließliche Zuständigkeit des Bundes im Bereich der (beruflichen) Weiterbildung begründen könnte. Eine Gesetzgebungszuständigkeit kommt daher allein als konkurrierende Kompetenz i.S.v. Art. 74 GG in Betracht. Thematisch könnten diesbezüglich die Nr. 11 und 12 des Art. 74 GG einschlägig sein.

---

270 *Maurer*, Staatsrecht I, § 17 RdNr. 24.
271 *Maurer*, Staatsrecht I, § 17 RdNr. 29.

1. Konkurrierende Gesetzgebungszuständigkeit des Bundes aus Art. 74 Nr. 11 GG

Nach Art. 74 Nr. 11 GG, der der Erforderlichkeitsklausel des Art. 72 Abs. 2 GG unterliegt, erstreckt sich die konkurrierende Gesetzgebung auf das „Recht der Wirtschaft". Der generalklauselartige Zuschnitt dieses Begriffes, der nach dem BVerfG[272] im weiten Sinne zu verstehen ist, eröffnet dem Bund eine umfassende Gesetzgebungskompetenz.[273] Zum „Recht der Wirtschaft" gehören nicht nur diejenigen Vorschriften, die sich in irgendeiner Form auf die Erzeugung, Herstellung und Verteilung von Gütern des wirtschaftlichen Bedarfs beziehen, sondern auch alle anderen das wirtschaftliche Leben und die wirtschaftliche Betätigung als solche regelnden Normen. Dazu zählen Gesetze mit wirtschaftsregulierendem oder wirtschaftslenkendem Inhalt.[274] Die Zuständigkeit des Bundes erstreckt sich auch darauf, Berufe „in der Wirtschaft" rechtlich zu ordnen und ihre Berufsbilder rechtlich zu fixieren. Der Gesetzgeber kann in diesem Rahmen sowohl den Inhalt der beruflichen Tätigkeit als auch die Voraussetzungen für die Berufsausübung normieren.[275] Die Gesetzgebungskompetenz umfaßt zudem Fragen der einschlägigen (betrieblichen, überbetrieblichen und außerschulischen) Berufsausbildung, die traditionell und strukturell von den in der Wirtschaft tätigen Arbeitgebern wahrzunehmen ist.[276] Die berufliche Weiterbildung läßt sich begrifflich dem „Recht der Wirtschaft" zuordnen.[277] Dementsprechend wurde auch das BBiG vom 14.08.1969, das sich in § 1 Abs. 4 mit der beruflichen Fortbildung befaßt und in den §§ 53 ff. einen vornehmlich auf die Prüfungsanforderungen und das Prüfungsverfahren zugeschnittenen berufsordnenden Regelungsrahmen enthält, ausdrücklich auf der Grundlage des Art. 74 Nr. 11 GG erlassen.[278] Angesichts der begrifflichen Weite der Kompetenzzuweisung, die aus Art. 74 Nr. 11 GG eine Art Auffangtatbestand macht, tritt sie – unabhängig von der wirtschaftlichen Bedeutung des erfaßten Normbereichs – hinter jede kompetentielle Spezialregelung innerhalb und außer-

---

272 St. Rspr.; vgl. nur BVerfG v. 30.05.1956 – 1 BvF 3/53 = BVerfGE 5, S. 25 (28 f.) = NJW 1956, S. 1025; v. 12.12.1984 – 1 BvR 1249/83, 1 BvR 1745/83, 1 BvR 1746/83, 1 BvR 1752/83, 1 BvR 1753/83, 1 BvR 1757/83, 1 BvR 1769/83, 1 BvR 1719/83, 1 BvR 1720/83 = BVerfGE 68, S. 319 (330) = NJW 1985, S. 2185.
273 Schmidt-Bleibtreu/Hofmann/Hopfauf/*Sannwald*, GG, Art. 74 RdNr. 103; ktitisch dazu von Mangoldt/Klein/Starck/*Oeter*, GG II, Art. 74 RdNr. 84 ff.
274 BVerfG v. 11.07.2006 – 1 BvL 4/00 = NJW 2007, S. 51; v. 12.12.1984 – 1 BvR 1249/83, 1 BvR 1745/83, 1 BvR 1746/83, 1 BvR 1752/83, 1 BvR 1753/83, 1 BvR 1757/83, 1 BvR 1769/83, 1 BvR 1719/83, 1 BvR 1720/83 = BVerfGE 68, S. 319 (330) = NJW 1985, S. 2185.
275 BVerfG v. 25.09.1969 – 2 BvR 128/66 = BVerfGE 26, S. 246.
276 BverwG v. 12.07.1956 – I C 107.53; BVerfG v. 10.12.1980 – 2 BvF 3/77 = AP Nr 1 zu Art 105 GG = NJW 1981, S. 329.
277 Vgl. HzA/*Bengelsdorf*, Gruppe 9 Teilbereich 1 RdNr. 66.
278 BVerwG v. 28.01.1974 – VII B 14.73.

halb des Katalogs von Art. 74 GG zurück.[279] Die jeweils einschlägigen Spezialregelungen genießen dabei nicht nur Anwendungsvorrang, sondern können in dem von ihnen erfaßten Bereich einen Rückgriff auf Art. 74 Nr. 11 GG vollständig ausschließen.[280]

2. Konkurrierende Gesetzgebungszuständigkeit des Bundes aus Art. 74 Nr. 12 GG

Art. 74 Nr. 12 GG, der nicht von der Erforderlichkeitsklausel des Art. 72 Abs. 2 GG erfaßt wird, verleiht dem Bund die konkurrierende Gesetzgebungskompetenz für das Arbeitsrecht und das Sozialversicherungsrecht. Die Zuständigkeit für das Arbeitsrecht erstreckt sich nach dem Wortlaut auf die Regelungsbereiche der Betriebsverfassung, des Arbeitsschutzes und der Arbeitsvermittlung. Das Arbeitsrecht stellt als Sonderrecht der Arbeitnehmer ein eigenständiges Rechtsgebiet neben dem bürgerlichen Recht dar. Dem Kompetenztitel der Nr. 12 unterfallen alle Regelungen, die sich auf die Rechtsbeziehungen zwischen Arbeitgebern und Arbeitnehmern beziehen, so daß der gesamte Bereich des individuellen und kollektiven Arbeitsrechts erfaßt wird.[281] Die Gesetzgebungskompetenz des Bundes besteht somit zumindest für die arbeitsrechtlichen Bestimmungen der Arbeitnehmerweiterbildung, z.B. solche, die Fragen der Freistellung und der Entgeltfortzahlungspflicht behandeln.[282] Das Recht der Arbeitnehmerweiterbildung ist vom Bundesgesetzgeber bislang nicht abschließend geregelt worden,[283] so daß die Länder sich beim Erlaß ihrer Bildungsurlaubsgesetze[284] auf Art. 74 Nr. 12 GG stützen konnten.

Nach Art. 74 Nr. 12 GG erstreckt sich die konkurrierende Gesetzgebungszuständigkeit des Bundes auch auf den Bereich der *„Arbeitsvermittlung"*. Darunter versteht man jede Tätigkeit, die auf die Zusammenführung von Arbeitsuchenden mit Arbeitgebern zur Begründung von Arbeitsverhältnissen gerichtet ist.[285] Begreift

---

279 von Mangoldt/Klein/Starck/*Oeter*, GG II, Art. 74 RdNr. 96.
280 von Mangoldt/Klein/Starck/*Oeter*, a.a.O.; BVerwG v. 23.07.2003 – 4 BN 40/03 = NVwZ 2003, S. 1518.
281 von Mangoldt/Klein/Starck/*Oeter*, GG II, Art. 74 RdNr. 101; Schmidt-Bleibtreu/Hofmann/Hopfauf/*Sannwald*, GG, Art. 74 RdNr. 135 ff.
282 BVerfG v. 15.12.1987 – 1 BvR 563, 582/85, 974/861 und 1 BvL 3/86 = AP Nr. 62 zu Art. 12 GG = BVerfGE 77, S. 308 (329 f.); v. 11.02.1992 – 1 BvR 890/84 und 74/87 = AP Nr 1 zu § 1 SonderUrlG Hessen = BVerfGE 85, S. 226 (233); Schmidt-Bleibtreu/Hofmann/Hopfauf/*Sannwald*, GG, Art. 74 RdNr. 137; *Mauer*, Rechtliche Aspekte der Bildungsfreistellung, S. 52; vgl. auch *Behmenburg*, Kompetenzverteilung bei der Berufsausbildung, S. 149 f.
283 BVerfG v. 15.12.1987 – 1 BvR 563, 582/85, 974/861 und 1 BvL 3/86 = AP Nr. 62 zu Art. 12 GG = BVerfGE 77, S. 308 (329 f.).
284 Dazu noch unten § 3 E.II.
285 Schmidt-Bleibtreu/Hofmann/Hopfauf/*Sannwald*, GG, Art. 74 RdNr. 145. Vgl. auch die Legaldefinition in § 13 Abs. 1 des mittlerweile in das SGB III eingegliederten Arbeitsförderungsgesetzes.

man die berufliche Weiterbildung als Maßnahme in diesem Sinne, besteht auch insofern eine konkurrierende Gesetzgebungskompetenz des Bundes.[286] Diese findet allerdings, da ein Arbeitsverhältnis ja erst begründet werden soll, dann ihre Grenze, wenn ein solches schon besteht, so daß der Bereich der beruflichen Weiterbildung im Rahmen eines Arbeitsverhältnisses allein vom Titel „Arbeitsrecht" erfaßt wird.

3. Verwaltungsvereinbarungen nach Art. 91 b Abs. 2 GG

Art. 91 b Abs. 2 GG bildet die Grundlage für eine *gemeinsame* Feststellung der Leistungsfähigkeit des Bildungswesens im internationalen Vergleich sowie für diesbezügliche Berichte und Stellungnahmen. Diese im Zuge der Föderalismusreform mit Wirkung zum 01.09.2006 eingeführte Vorschrift hat die in Art. 91 b S. 1 GG a.F. enthaltene Gemeinschaftsaufgabe der gesamtstaatlichen Bildungsplanung, auf deren Grundlage die Bund-Länder-Kommission für Bildungsplanung und Forschungsförderung errichtet wurde, ersetzt. Das Zusammenwirken von Bund und Ländern erfolgt auf der Grundlage von Verwaltungsvereinbarungen.[287] Für Folgerungen aus der Zusammenarbeit sind allein die Länder zuständig, soweit nicht der Bund – wie bei der außerschulischen Weiterbildung – konkrete Zuständigkeiten hat.[288] Im Jahre 2006 hat die Bund-Länder-Kommission, die zum 31.12.2007 ihre Tätigkeit eingestellt hat, ein Verwaltungsabkommen auf der Grundlage des Art. 91 b Abs. 2 GG erarbeitet (Abkommen zur Gemeinschaftsaufgabe im Bereich Bildung), das auf die Stärkung der Qualität des deutschen Bildungswesens abzielt. Zu diesem Zweck regelt es das Zusammenwirken des Bundes und der Länder bei der Feststellung der Leistungsfähigkeit des Bildungswesens im internationalen Vergleich und diesbezüglichen Berichten und Empfehlungen.

4. Ergebnis zu den Gesetzgebungskompetenzen

Für den Bereich der beruflichen Weiterbildung im Rahmen eines bestehenden Arbeitsverhältnisses hat der Bund auf der Grundlage des Art. 74 Nr. 12 GG („*Arbeitsrecht*") die konkurrierende Gesetzgebungszuständigkeit, ohne an die Erforderlichkeitsklausel des Art. 72 Abs. 2 GG gebunden zu sein. Der Kompetenztitel des Art. 74 Nr. 11 GG wird insofern verdrängt. Der Bund hat von seinen gesetzgeberischen Möglichkeiten auf diesem Feld aber bisher nur sehr zurückhaltenden Gebrauch gemacht, so daß die Feststellung des BVerfG vom 15.12.1987, der Bun-

---

286 HzA/*Bengelsdorf*, Gruppe 9 Teilbereich 1 RdNr. 68.
287 Schmidt-Bleibtreu/Hofmann/Hopfauf/*Henneke*, Art. 91 b GG RdNr. 3.
288 Schmidt-Bleibtreu/Hofmann/Hopfauf/*Henneke*, Art. 91 b GG RdNr. 16.

desgesetzgeber habe das Recht der Arbeitnehmerweiterbildung nicht abschließend geregelt,[289] weiterhin Gültigkeit beanspruchen kann. Die Tatsache, daß der Großteil der Landesgesetzgeber auf der Grundlage dieses Befundes bereits legislativ tätig geworden ist und Arbeitnehmerweiterbildungsgesetze erlassen hat, hindert den Bund jedoch nicht daran, ein Bundesgesetz zur beruflichen Weiterbildung von Arbeitnehmern zu schaffen. Denn sobald letzterer von seiner Gesetzgebungszuständigkeit in diesem Bereich Gebrauch macht und erschöpfende und abschließende Vorschriften erläßt, tritt die Sperr- bzw. Verdrängungswirkung des Art. 72 Abs. 1 GG ein und entzieht dem Landesgesetz die kompetentielle Grundlage. Das Landesgesetz wird mit diesem Zeitpunkt nichtig.[290] Der Weg für eine Regelung der Arbeitnehmerweiterbildung auf Bundesebene – wie sie sie zum Beispiel in § 72 des Diskussionsentwurfs eines Arbeitsvertragsgesetzes von 2007 getroffen wird – ist somit weiterhin frei.

5. Exkurs: Instrument der Finanzhilfen gemäß Art. 104 b GG

Das Grundgesetz eröffnet dem Bund in Art. 104 b Abs. 1 GG die Möglichkeit, in den Bereichen, in denen er Gesetzgebungsbefugnisse hat, den Ländern Finanzhilfen für besonders bedeutsame Investitionen der Länder und der Gemeinden (Gemeindeverbände) zu gewähren – also auch im Bereich der (außerschulischen) beruflichen Weiterbildung.[291] Da Finanzhilfen an die Länder aus dem Bundeshaushalt die Ausnahme bleiben sollen, unterliegt die Finanzhilfekompetenz aber den eng auszulegenden Voraussetzungen des Art. 104 b Abs. 1 Nr. 1-3 GG, so daß Investitionen nur bei Sachgebieten von besonderer gesamtstaatlicher Bedeutung in Betracht kommen.[292] Zudem sind die Mittel nach Art. 104 b Abs. S. 2 GG nur befristet zu gewähren und hinsichtlich ihrer Verwendung einer regelmäßigen Prüfung zu unterziehen. Auch wenn vor dem Hintergrund der engen Voraussetzungen ein verstärkter Einsatz des Instruments der Finanzhilfen auf dem Feld der beruflichen Weiterbildung nicht zu erwarten ist, gibt Art. 104 b Abs. 1 GG dem Bund ein nicht

---

289 BVerfG v. 15.12.1987 – 1 BvR 563, 582/85, 974/861 und 1 BvL 3/86 = AP Nr. 62 zu Art. 12 GG = BVerfGE 77, S. 308 (329 f.).
290 von Mangoldt/Klein/Starck/*Oeter*, GG II, Art. 72 RdNr. 87; *Jarass*, NVwZ 1996, S. 1043 f.; Dreier/*Stettner*, GG II, Supplementum 2007, Art. 72 RdNr. 45. Der Grund für die Aufhebung der Landesgesetze wird teilweise auch in Art 31 GG gesehen; vgl. BVerwG v. 27.11.1992 – 8 C 9/91 = NVwZ 1993, S. 1197 (1197 f.); v. 27.10.1983 – 3 C 64.82 = BVerwGE 68, S. 143 (146 f.); *Erichsen*, Jura 1993, S. 385 (386).
291 Vgl. dazu *Wollenschläger*, RdJB 2007, S. 19; Schmidt-Bleibtreu/Hofmann/Hopfauf/*Henneke*, Art. 104 b GG RdNr. 11.
292 BVerfG v. 04.03.1975 – 2 BvF 1/72 = BVerfGE 39, S. 96 (114); Schmidt-Bleibtreu/Hofmann/Hopfauf/*Henneke*, Art. 104 b GG RdNr. 3, 6.

unbedeutendes Mittel der Einflußnahme auf die Aufgabenerfüllung der Länder an die Hand.

II. Grundgesetzliche Regelungen mit Weiterbildungsbezug

Im folgenden Abschnitt soll das deutsche Grundgesetz daraufhin untersucht werden, ob und inwieweit es sich zur beruflichen Weiterbildung von Arbeitnehmern äußert. Da Ausgangspunkt der Untersuchungen die der Arbeit zugrundeliegende Frage nach möglichen Weiterbildungspflichten und Weiterbildungsansprüchen im Arbeitsverhältnis ist, muß aber zunächst geklärt werden, in welcher Art und Weise die in der Hauptsache zu überprüfenden Grundrechte auf die Beziehungen von Rechtssubjekten des Privatrechts einwirken können, mithin das Problem der „Drittwirkung"[293] der Grundrechte erörtert werden.

1. Grundrechte und Privatrecht

In der Tradition eines bürgerlich-liberalen Staatsverständnisses sind die Grundrechte des Grundgesetzes in erster Linie als Abwehrrechte gegenüber dem Staat konzipiert, die die Freiheitssphäre des einzelnen vor Eingriffen durch die öffentliche Gewalt schützen sollen.[294] Nach § 1 Abs. 3 GG binden sie Gesetzgebung, vollziehende Gewalt und Rechtsprechung als unmittelbar geltendes Recht. Eine unmittelbare Bindung der Bürger und der inländischen juristischen Personen wird demgegenüber nur durch das Grundrecht der Koalitionsfreiheit in Art. 9 Abs. 3 S. 2 GG angeordnet. Bei den sonstigen Grundrechten fehlt eine derartige ausdrückliche Festlegung einer horizontalen Wirkung zwischen Privaten.

Obwohl das Grundgesetz demnach eine recht eindeutige Aussage über den Kreis der Grundrechtsverpflichteten trifft, wurde vor allem in den 50er und 60er Jahren die unmittelbare Anwendbarkeit der Grundrechte zumindest für das Arbeitsverhältnis, teilweise aber auch für den gesamten Privatrechtsverkehr in Erwägung gezogen und ausführlich diskutiert. Die von *Nipperdey* begründete Lehre von der „unmittelbaren Drittwirkung" erweiterte den Adressatenkreis auch auf die Subjekte des Privatrechts, die zwar nicht durch alle, aber durch eine bestimmte Zahl von

---

293 Auch wenn *Stern*, Staatsrecht III/1, § 76 I 2, S. 1513 f., den Begriff „Drittwirkung" ablehnt, da er die Thematik nicht hinreichend genau abbilde, so hat er – vermittelt durch die Lehren von der unmittelbaren bzw. mittelbaren Drittwirkung – dennoch Einzug in das juristische Vokabular gefunden und kann daher zumindest zur plakativen Bezeichnung der Problemstellung herangezogen werden.
294 ErfK/*Dieterich*, Einl. GG, RdNr. 25, 33.

Grundrechten unmittelbar verpflichtet und im Verhältnis untereinander gebunden werden. Sie beruht auf dem Grundgedanken, daß einigen Grundrechten die Funktion von Ordnungssätzen oder Grundsatznormen für die gesamte Rechtsordnung zukommt und folgert daraus, daß der Privatrechtsverkehr unmittelbar und nicht erst aufgrund von Gesetzen, die der Gesetzgeber in Ausführung der Grundsatznorm erläßt, gebunden ist.[295] Diesem Ansatz, dem das Verdienst zugesprochen wird, die Grundrechte aus der Begrenzung auf das unmittelbare Staat-Bürger-Verhältnis herausgelöst zu haben,[296] folgte zunächst auch das BAG.[297] Die Lehre von der unmittelbaren Drittwirkung stieß aber auf vielfältigen Widerspruch, der u.a. damit begründet wurde, daß sich auf Privatrechtsebene stets zwei Grundrechtsträger gegenüberstünden[298] bzw. daß zwischen Privatrechtssubjekten grundsätzlich nicht das gleiche Machtgefälle bestehe wie im Verhältnis des Staates zu seinen Bürgern.[299] Die insbesondere auf *Dürig* zurückzuführende, nunmehr herrschende Theorie der „mittelbaren Drittwirkung" betont demgegenüber die Eigenständigkeit des Privatrechts und verweist darauf, daß sich aus der Entscheidung des Grundgesetzes für ein gegen den Staat gerichtetes allgemeines Freiheitsrecht (Art. 2 Abs. 1 GG) begrifflich auch die gegen den Staat gerichtete Freiheit ergebe, *„von ihm ungehindert in der unter gleichgeordneten Privaten bestehenden Verkehrs- und Tauschgerechtigkeit des Zivilrechts von Grundrechtssätzen, die für staatliches Handeln unabdingbar sind, abweichen zu können".*[300] Die Grundrechte seien – so das BVerfG, das sich dieser Auffassung angeschlossen hat – zwar in erster Linie Abwehrrechte des Bürgers gegen den Staat. Gleichwohl verkörpere sich in ihnen aber auch eine objektive Wertordnung, die als verfassungsrechtliche Grundentscheidung für alle Bereiche des Rechts gelte. Im bürgerlichen Recht entfalteten die Grundrechte (bzw. ihr Rechtsgehalt) ihre Wirkung auf die Rechtsbeziehungen der Privatrechtssubjekte mittelbar durch die privatrechtlichen Vorschriften, vor allem durch die wertausfüllungsfähigen und -bedürftigen Generalklauseln.[301] Auch das BAG hat im Anschluß an die Rechtsprechung des BVerfG die Lehre von der „unmittelbaren Drittwir-

---

295 *Enneccerus/Nipperdey*, Allgemeiner Teil des Bürgerlichen Rechts, Erster Halbband, S. 93; *Nipperdey*, Grundrechte und Privatrecht, S. 15.
296 ErfK/*Dieterich*, Einl. GG RdNr. 18; MünchArbR/*Richardi*, § 12 RdNr. 8.
297 BAG v. 15.01.1955 – 1 AZR 305/54 = AP Nr. 3 zu Art 3 GG; v. 10.11.1955 – 2 AZR 591/54 = AP Nr. 2 zu § 611 BGB Beschäftigungspflicht; v. 10.05.1957 – 1 AZR 249/57 = AP Nr. 1 zu Art. 6 Abs. 1 GG Ehe und Familie; v. 29.06.1962 – 1 AZR 343/61 = AP Nr. 25 zu Art. 12 GG.
298 Vgl. Maunz/*Dürig*/Scholz, GG, Art. 3 Abs. 1 RdNr. 505.
299 *Canaris*, AcP 184 (1984), S. 205 ff.
300 *Dürig*, FS Nawiasky, 1956, S. 158 f.
301 BVerfG v. 15.01.1951 – 1 BvR 400/51 = BVerfGE 7, S. 198 (205 f.); BVerfGE 81, S. 242 (254 ff.); BVerfGE 89, S. 214 (229 ff.); *Dürig*, FS Nawiasky, 1956, S. 176.

kung" verworfen und berücksichtigt die Grundrechte (abgesehen von Art. 9 Abs. 3 S. 2 GG) nunmehr nur noch auf Grundlage ihrer Ausstrahlungswirkung.[302]
Für eine nur mittelbare Wirkung spricht insbesondere der eindeutige Wortlaut des Grundgesetzes. Wenn Art. 1 Abs. 3 GG bestimmt, daß die Grundrechte Gesetzgebung, vollziehende Gewalt und Rechtsprechung als unmittelbar geltendes Recht binden, so läßt sich daraus der Umkehrschluß ziehen, daß Privatpersonen gerade nicht umfassend gebunden sind.[303]

Die Rechtsprechung hat aus dem objektiv-rechtlichen Gehalt der Grundrechte zahlreiche subjektive Rechtspositionen hergeleitet. So wurden zum einen Verfahrens-, Teilhabe- und Leistungsrechte näher bestimmt, zum anderen Maßstäbe für die Gestaltung staatlicher Einrichtungen und Verfahren entwickelt.[304] Im „Numerusclausus"-Urteil wurde sogar die Möglichkeit eines einklagbaren Individualanspruchs des Staatsbürgers auf Schaffung von Studienplätzen in Erwägung gezogen.[305] Von wesentlicher Bedeutung für das Verhalten der Subjekte des Privatrechts untereinander ist die aus dem Charakter der Grundrechte als Grundsatznormen hergeleitete Schutzfunktion.[306] Die Grundrechtsgewährung muß nach dem BVerfG in einem umfassenden Sinne verstanden werden und kann nicht allein durch die Abwehrfunktion geleistet werden.[307] Vielmehr gebietet die Schutzfunktion dem Staat auch, sich schützend und fördernd vor die in den Grundrechten gewährleisteten Rechte und Rechtsgüter zu stellen.[308] Diese werden nicht nur vom Staat, sondern auch von anderen Grundrechtsträgern bedroht, so daß die Schutzverpflichtung zusätzlich gegenüber drohenden Beeinträchtigungen durch Privatrechtssubjekte besteht.[309] Der Rechtsgüterschutz ist absolut und wirkt auch in den Privatrechtsbeziehungen.[310] Das Schutzgebot richtet sich aber nur an den Staat, dagegen nicht an die Privatrechtssubjekte, für die keine unmittelbaren Verpflichtungen begründet werden.[311] Die Verwirklichung der Schutzfunktion ist im wesentlichen Aufgabe des

---

302 BAG v. 27.02.1985 – GS 1/84 = AP Nr. 14 zu § 611 BGB Beschäftigungspflicht; v. 27.05.1986 – 1 ABR 48/84 = AP Nr. 15 zu § 87 BetrVG 1972 Überwachung; v. 27.09.1994 – GS 1/89 (A) = AP Nr. 103 zu § 611 BGB Haftung des Arbeitnehmers.
303 So auch *Erichsen*, Jura 1996, S. 530.
304 Vgl. ErfK/*Dieterich*, Einl. GG RdNr. 37 m.w.N.
305 BVerfG v. 18.07.1972 – 1 BvL 32/70 und 25/71 = BVerfGE 33, 303 (333).
306 Grundlegend *Canaris*, AcP 184 (1984), S. 225 ff.
307 BVerfG v. 15.01.1951 – 1 BvR 400/51 = BVerfGE 7, S. 198 (204 f.).
308 BVerfG v. 25.02.1975 – 1 BvF 1, 2, 3, 4, 5, 6/74 = BVerfGE 39, S. 1 (41 f.); v. 20.12.1979 – 1 BvR 385/77 = BVerfGE 53, S. 30 (57); v. 14.01.1981 – 1 BvR 612/72 = BVerfGE 56, S. 54 (73).
309 *Canaris*, AcP 184 (1984), S. 226.
310 *Stern*, Staatsrecht III/1, § 76 IV 5, S. 1575 f.
311 *Canaris*, AcP 184 (1984), S. 226; vgl. auch *Stern*, Staatsrecht III/1, § 76 III 3, S. 1556.

einfachen (Privat- bzw. Arbeits-) Rechts; der Gesetzgeber oder an seiner Stelle der Richter muß den Grundrechtsgefährdungen, die durch die Zulassung der Privatautonomie entstehen, mit der Schaffung ausreichender Schutzbestimmungen begegnen.[312] Wie die staatlichen Schutzpflichten konkret zu verwirklichen sind, kann nicht generell umschrieben werden. Die Ermittlung der Schutzgebote der Grundrechtsnormen ist eine vielschichtige Interpretationsaufgabe, die bei den einzelnen Grundrechten und für bestimmte Gefährdungslagen durchaus unterschiedlich ausfallen kann.[313] Der Staat ist daher grundsätzlich frei in der Wahl der Mittel. Nur wenn ein effektiver Schutz auf andere Weise nicht zu erreichen ist, kann sich in besonders gelagerten Fällen die Wahlfreiheit auf ein bestimmtes Mittel – bspw. den Erlaß von Regelungen – verengen.[314]

Im folgenden Abschnitt werden einzelne Grundrechte/Verfassungsbestimmungen zum einen daraufhin untersucht, inwiefern sie Aussagen zur beruflichen Weiterbildung enthalten.

Aufgrund der Überlegenheit des Arbeitgebers spielt die Frage der Grundrechtswirkung im Privatverkehr bei der Beurteilung der gegenseitigen Beziehungen der Arbeitsvertragsparteien eine besonders bedeutsame Rolle, vor allem im Hinblick auf eine mögliche Beschränkung der Privatautonomie.[315] Es soll daher zum anderen vor dem Hintergrund der Theorie der mittelbaren Drittwirkung und der Schutzpflichtenlehre der Frage nachgegangen werden, ob und ggf. in welchem Umfang sich diesen Bestimmungen verfassungsrechtliche Wertentscheidungen entnehmen lassen, die auch auf das Privatrecht, insbesondere das Arbeitsrecht, ausstrahlen können.

2. Berufliche Weiterbildung und Grundgesetz

Das deutsche Grundgesetz enthält kein Grundrecht, das – wie manche völkerrechtliche Bestimmungen – ausdrücklich ein Recht auf Bildung oder ein Recht auf Weiterbildung gewährt. Gleichwohl berührt der Schutzbereich einiger Grundrechte thematisch auch Fragen der (beruflichen) Weiterbildung.

---

312 *Canaris*, AcP 184 (1984), S. 227.
313 *Stern*, Staatsrecht III/1, § 76 IV 5, S. 1576; ErfK/*Dieterich*, Einl. GG RdNr. 38.
314 BVerfG v. 16.10.1977 – 1 BvQ 5/77 = BVerfGE 46, S. 160 (Schleyer).
315 MünchArbR/*Richardi*, § 12 RdNr. 35.

a) Art. 12 GG – Berufsfreiheit

Als der zentralen Grundsatznorm für das Arbeits- und Wirtschaftsleben kommt Art. 12 GG im Arbeitsrecht eine überragende Bedeutung zu. Die Norm gilt daher als „Grundrecht der Arbeit"[316] und steht in engem Zusammenhang mit der Persönlichkeit des Menschen.[317] Die im Wortlaut vorgesehene Trennung der Begriffe „Berufsausübung" und „Berufswahl" ist indes kaum durchführbar; mit der Berufswahl beginnt die Berufsausübung, und in der Ausübung des Berufes wird seine Wahl immer wieder aufs Neue bestätigt.[318] Art. 12 GG enthält daher ein einheitliches Grundrecht der Berufsfreiheit. Die beiden Begriffe erfassen den einheitlichen Komplex der beruflichen Betätigung lediglich aus verschiedenen Blickwinkeln.[319] Inhaltlich lassen sich in Art. 12 GG zwei Teilbereiche unterscheiden: zum einen die Berufsfreiheit i.e.S., die die freie Wahl des Berufs (und auch des Arbeitsplatzes) sowie dessen Ausübung betrifft, zum anderen die berufliche Ausbildung.[320]

aa) Berufsfreiheit i.e.S. und berufliche Weiterbildung

Im Hinblick auf den Teilbereich der Berufsfreiheit i.e.S. konkretisiert Art. 12 Abs. 1 GG das Grundrecht auf freie Entfaltung der Persönlichkeit im Bereich der individuellen Leistung und Existenzerhaltung und zielt auf eine möglichst unreglementierte berufliche Betätigung ab. Es schützt die menschliche Persönlichkeit, die nach der Ordnung des Grundgesetzes als der oberste Rechtswert anzusehen ist, in einem für ihre Selbstbestimmung in der arbeitsteiligen Industriegesellschaft besonders wichtigen Bereich.[321] Gewährleistet wird *„die Freiheit des Bürgers, jede Tätigkeit, für die er sich geeignet glaubt, als Beruf zu ergreifen, d.h. zur Grundlage seiner Lebensführung zu machen und damit seinen Beitrag zur gesellschaftlichen Gesamtleistung selbst zu bestimmen".*[322] Als Beruf bezeichnet man jede Tätigkeit, die auf Dauer angelegt ist und in ideeller wie in materieller Hinsicht der Schaffung und Aufrechterhaltung einer Lebensgrundlage dient.[323] Sie muß nachhaltig sein, wofür auch eine kürzere Dauer genügt, solange die Beschäftigung sich nicht in einem

---

316 HWK/*C.W. Hergenröder*, Art. 12 GG RdNr. 1.
317 BVerfG v. 11.06.1958 – 1 BvR 596/56 = BVerfGE 7, S. 377 (397).
318 *Pieroth/Schlink*, Staatsrecht II, RdNr. 877.
319 So das grundlegende Apothekenurteil, BVerfG v. 11.06.1958 – 1 BvR 596/56 = BVerfGE 7, S. 377 (401).
320 Jarass/Pieroth/*Jarass*, GG, Art. 12 RdNr. 1.
321 BVerfG v. 27.01.1976 – 2 BvR 941/75 = BVerfGE 41, S. 246 (263 f.).
322 BVerfG v. 16.03.1971 – 1 BvR 52, 665, 667, 754/66 = BVerfGE 30, S. 292 (334); v. 05.05.1987 – 1 BvR 981/81 = BVerfGE 75, S. 284 (292).
323 BVerfG v. 17.02.1998 – 1 BvF 1/91 = BVerfGE 97, S. 228 (252).

einmaligen Erwerbsakt erschöpft.[324] Ob die Tätigkeit selbständig oder unselbständig ausgeübt wird, ist für die Beurteilung dagegen ohne Belang.[325] Der Begriff des Berufs ist weit auszulegen und erfaßt grundsätzlich jede sinnvolle, erlaubte Tätigkeit,[326] so daß auch Aushilfs- und Erprobungstätigkeiten sowie Zweit- und Nebenberufe geschützt werden.[327] Als Arbeitsplatz bezeichnet man die konkrete Betätigungsmöglichkeit, die es erlaubt, berufliche Arbeit zu verrichten.[328] Der Begriff des Arbeitsplatzes ist nicht in erster Linie räumlich zu verstehen; bei der Wahl des Arbeitsplatzes geht es vielmehr um die Entscheidung für eine konkrete Betätigungsmöglichkeit oder ein bestimmtes Beschäftigungsverhältnis.[329] Von der Berufsfreiheit i.e.S. werden die Auswahl und die Ausübung von erwerbsbezogenen Tätigkeiten in allen denkbaren Formen geschützt.[330] Zur Berufswahl zählt die Entscheidung, überhaupt einen Beruf zu ergreifen oder aber darauf zu verzichten[331] sowie die Wahl eines bestimmten Berufs. Auch der Entschluß, den Beruf zu wechseln[332] oder aber die berufliche Betätigung vollständig aufzugeben, gehört dazu.[333] Mit der Berufsausübung wird die gesamte berufliche Tätigkeit von der Berufsaufnahme bis zur Berufsbeendigung geschützt, insbesondere Form, Mittel, Umfang und Inhalt der Betätigung.[334]

Die berufliche Weiterbildung im Rahmen eines bestehenden Arbeitsverhältnisses steht in unlösbarem Zusammenhang mit einem Beruf i.S. der obigen Definition. Da sie zwischen der Aufnahme einer beruflichen Tätigkeit und deren Beendigung vollzogen wird, fällt sie in den vom Schutzbereich der Berufsfreiheit i.e.S. umfaßten zeitlichen Rahmen. Klärungsbedürftig ist daher allein, ob sie sich auch inhaltlich dem durch die Berufsfreiheit i.e.S. geschützten Sachbereich zuordnen läßt.

---

324 BVerfG v. 17.02.1998 – 1 BvF 1/91 = BVerfGE 97, S. 228 (253); Jarass/Pieroth/*Jarass*, GG, Art. 12 RdNr. 5.
325 BVerfG v. 11.06.1958 – 1 BvR 596/56 = BVerfGE 7, S. 377 (398 f.); *Papier*, RdA 2000, S. 1.
326 BVerfG v. 21.02.1962 – 1 BvR 198/57 = BVerfGE 14, S. 19 (22); v. 28.11.1984 – 1 BvL 13/81 = BVerfGE 68, S. 272 (281).
327 ErfK/*Dieterich*, Art. 12 GG RdNr. 6; HWK/*C. W. Hergenröder*, Art. 12 GG RdNr. 10. Nach der Rspr. werden Nebentätigkeiten nur von Art. 2 I GG erfaßt; vgl. BVerfG v. 12.04.1972 – 2 BvR 704/70 = BVerfGE 33, S. 44 (48); BVerwG v. 26.06.1980 – BVerwG 2 C 37.78 = BVerwGE 60, S. 254 (255 f.).
328 ErfK/*Dieterich*, Art. 12 GG RdNr. 7.
329 BVerfG v. 24.04.1991 – 1 BvR 1341/90 = BVerfGE 84, S. 133 (146).
330 *Stein*, AR-Blattei SD 830, RdNr. 508.
331 BVerfG v. 21.10.1981 – 1 BvR 52/81 = BVerfGE 58, S. 358 (364); v. 14.10.1984 – 1 BvR 14, 1642/82 = BVerfGE 68, S. 256 (267).
332 BVerfG v. 08.02.1977 – 1 BvF 1/76, 1 BvL 7, 8/75, 1 BvR 239/75, 92, 103-114, 115, 140-143, 187/76 = BVerfGE 43, S. 291 (363).
333 BVerfG v. 10.03.1992 – 1 BvR 454, 470, 602, 616, 905, 939-955, 957-963, 1128, 1315-1318, 1453/91 = BVerfGE 85, S. 360 (373).
334 Maunz/Dürig/*Scholz*, Art. 12 RdNr. 287; HWK/*C. W. Hergenröder*, Art. 12 GG RdNr. 14.

Dafür spricht sicherlich, daß berufliche Weiterbildung in den Berufsfeldern, die den Auswirkungen eines raschen technischen Wandels und den aus dem wissenschaftlichen Fortschritt folgenden Sachzwängen am stärksten ausgesetzt sind, zur unerläßlichen Voraussetzung einer effektiven Ausübung des Berufes und der Ausfüllung des Arbeitsplatzes wird. Ohne eine fortlaufende Anpassung der Kenntnisse und Fähigkeiten kann gerade in hochtechnisierten Berufen den Anforderungen, die durch das Berufsbild gestellt werden, nicht mehr genügt werden, so daß zumindest dort die Weiterbildung fest zum beruflichen Alltag und damit zur beruflichen Betätigung gehört. Die Weiterbildung berührt aber auch die Berufswahl, da nur durch eine berufliche Weiterentwicklung sichergestellt werden kann, daß auch in der Zukunft eine echte Freiheit der Wahl (bspw. in Form eines Berufswechsels) erhalten bleibt. Eine wirksame Gewährleistung der Berufsfreiheit i.e.S. ist in zahlreichen Betätigungsbereichen nach alledem nur dann möglich, wenn sich der grundrechtliche Schutz auch auf die durch den zeitlichen Wandel erforderlich gewordenen Anpassungen erstreckt. Die berufliche Weiterbildung im Rahmen eines bestehenden Arbeitsverhältnisses unterfällt daher dem Schutzbereich der durch Art. 12 Abs. 1 GG gewährleisteten Berufsfreiheit i.e.S.

bb) Ausbildungsfreiheit und berufliche Weiterbildung

Neben der Berufsfreiheit i.e.S. schützt Art. 12 Abs. 1 GG auch die Ausbildungsfreiheit. Über den Wortlaut der Norm hinaus erstreckt sich der Schutz nicht nur auf die freie Wahl der Ausbildungsstätte, sondern auf die gesamte Freiheit der berufsbezogenen Ausbildung.[335] Nach dem BVerfG wird allgemein ein *„Abwehrrecht gegen Freiheitsbeschränkungen im Ausbildungswesen"* verbürgt.[336] Die Berufsfreiheit erfaßt aber nur die berufsbezogenen Ausbildungsstätten, d.h. solche Einrichtungen, die Kenntnisse und Fähigkeiten für einen oder mehrere Berufe vermitteln und damit über das Angebot der allgemeinen Bildung hinausgehen (z.B. Hochschulen, Fachhochschulen, staatliche Vorbereitungsdienste, betriebliche und überbetriebliche Ausbildungslehrgänge, Lehrstellen, Einrichtungen des Zweiten Bildungsweges).[337] Als Ausbildungsstätten in diesem Sinne sind jedenfalls solche Einrichtungen anzusehen, die ein Bewerber durchlaufen haben muß, um nach Ablegung einer Prüfung den gewählten Beruf ergreifen zu können.[338] Eine Ausbildungsstätte liegt aber auch dann vor, wenn eine bestandene Abschlußprüfung für das Ergreifen

---

335 Jarass/Pieroth/*Jarass*, GG, Art. 12 RdNr. 93.
336 BVerfG v. 18.07.1972 – 1 BvL 32/70 und 25/71 = BVerfGE 33, 303 (329).
337 HWK/*C. W. Hergenröder*, Art. 12 GG RdNr. 83.
338 Vgl. BVerwG v. 06.02.1975 – BVerwG II C 68.73 = BVerwGE 47, S. 330 (332 f.).

des angestrebten Berufs nicht rechtlich notwendig, sondern lediglich förderlich ist.[339] Die nicht berufsbezogene Ausbildung wird nur von Art. 2 Abs. 1 GG erfaßt.[340] Geschützte Tätigkeiten sind der Eintritt in eine berufsbezogene Ausbildungsstätte sowie die in diesem Rahmen notwendig werdenden Tätigkeiten wie die Teilnahme am Unterricht oder an Prüfungen.[341]

Nach dem Wortlaut der Norm, die nur von der „Ausbildung" spricht, ist die berufliche Weiterbildung im Rahmen eines bestehenden Arbeitsverhältnisses nicht erfaßt. Nach Auffassung *Richters* wird die freie Wahl der Einrichtungen der beruflichen Weiterbildung gleichwohl über das Recht auf freie Wahl der Ausbildungsstätte gewährleistet.[342] Dagegen läßt sich einwenden, daß zwar auch die berufliche Weiterbildung auf das Ziel einer berufsbezogenen Qualifikation gerichtet ist, sie jedoch zwangsläufig voraussetzt, daß der Eintritt in einen Beruf schon stattgefunden hat. Die berufliche Weiterbildung baut auf einem schon vorhandenen Grundstock von berufsbezogenen Fertigkeiten und Kenntnissen auf, der regelmäßig durch eine vorhergehende Ausbildung erworben wurde. Der Begriff der Ausbildung i.S.d. Art. 12 Abs. 1 GG ist nach dem dargestellten Verständnis zwar ein weiter, jedoch spricht dieses Stufenverhältnis dagegen, die Weiterbildung als von der Gewährleistung der Ausbildungsfreiheit umfaßt anzusehen. Auch im einfachen Recht wird explizit zwischen Ausbildung und Weiterbildung unterschieden, so zum einen in §§ 59 ff. und 77 ff. SGB, zum anderen in § 1 Abs. 3 und Abs. 4 BBiG. Während die Berufsausbildung nach der letztgenannten Vorschrift erst dem Erwerb der für eine berufliche Tätigkeit erforderlichen Fähigkeiten dient, soll die Weiterbildung die berufliche Handlungsfähigkeit erhalten oder erweitern. Diese Trennung der Begrifflichkeiten scheint auch der Auffassung des BVerfG zu entsprechen, das die Ausbildung als „Vorstufe einer Berufsaufnahme" ansieht, auch wenn beide einem einheitlichen Lebensvorgang zuzuordnen seien.[343] Nach alledem fällt die berufliche Weiterbildung in einem bestehenden Arbeitsverhältnis nicht unter die Gewährleistung der Ausbildungsfreiheit gemäß Art. 12 Abs. 1 GG.

cc) Wirkungsdimensionen des Art. 12 Abs. 1 GG

Mit der Feststellung, daß die berufliche Weiterbildung im Rahmen eines Arbeitsverhältnisses dem Schutzbereich der Berufsfreiheit i.e.S. unterfällt, ist noch keine

---

339 von Mangoldt/Klein/Starck/*Manssen*, GG I, Art. 12 RdNr. 61.
340 Jarass/Pieroth/*Jarass*, GG, Art. 12 RdNr. 93.
341 Jarass/Pieroth/*Jarass*, GG, Art. 12 RdNr. 95.
342 *Richter*, Recht der Weiterbildung, S. 49.
343 BVerfG v. 18.07.1972 – 1 BvL 32/70 und 25/71 = BVerfGE 33, 303 (329 f.).

Aussage darüber getroffen, auf welche Art und Weise sich die Gewährleistung der Weiterbildung verwirklicht. Dies ist vielmehr eine Frage der Wirkungsdimensionen des Art. 12 Abs. 1 GG bzw. der dieser Norm eigenen Grundrechtsfunktionen.

Ein „Grundrecht auf berufliche Weiterbildung", das dem Einzelnen gegenüber dem Staat einen Anspruch auf Organisation und Finanzierung von Weiterbildungsangeboten einräumte, begründet Art. 12 Abs. 1 GG nicht.[344] Zu unterscheiden sind zum einen das Abwehrrecht und zum anderen die staatliche Schutzpflicht als gegenläufige Funktionen des Freiheitsgrundrechts.[345] Die als subjektives Recht konzipierte Abwehrfunktion dient der Abschirmung eines Bereichs privater Selbstbestimmung gegenüber ungerechtfertigten staatlichen Eingriffen, gewährleistet also nach der Terminologie *Jellineks*[346] einen „status negativus".[347] Das Abwehrrecht bildet zugleich den Maßstab für die anderen, modernen Grundrechtsfunktionen.[348] Daneben werden den Freiheitsgrundrechten vielfach positive Handlungspflichten des Grundrechtsadressaten entnommen. Im Ergebnis werden – zumeist unter Berufung auf die objektiven Grundrechtsgehalte – Leistungspflichten abgeleitet, die als Schutzpflichten bezeichnet werden, sich aber nicht in dem Teilbereich des Schutzes gegenüber Dritten erschöpfen.[349] Die Schutzpflicht ist also zunächst eine objektivrechtliche Staatsaufgabe, aus der subjektive Rechte des Einzelnen erwachsen.[350] In diesem Sinne hat die von moderneren Grundrechtstheorien betonte objektivrechtliche Dimension[351] dazu geführt, die im Grundrecht formulierten Rechte des „status negativus" um Rechte des „status positivus" zu ergänzen. Sie erwies sich gleichsam als „Geburtshelferin neuer subjektiver Rechte".[352]

aaa) Klassische Funktion: Abwehrrecht

Das staatsgerichtete Abwehrrecht kann als die klassische Grundrechtsfunktion bezeichnet werden.[353] Als Abwehrrecht schützt Art. 12 Abs. 1 GG den Grundrechtsträger vor ungerechtfertigten Beeinträchtigungen durch die drei Staatsgewalten. In

---

344 HzA/*Bengelsdorf*, Gruppe 9 Teilbereich 1 RdNr. 75; *Richter*, Recht der Weiterbildung, S. 45.
345 *Isensee*, HStR V, 2. Aufl. 2000, § 111 RdNr. 1.
346 *Jellinek*, System der subjektiven öffentlichen Rechte, S. 94 ff.
347 *Isensee*, HStR V, 2. Aufl. 2000, § 111 RdNr. 2, 8; *Pieroth/Schlink*, Staatsrecht II, RdNr. 76.
348 *Isensee*, HStR V, 2. Aufl. 2000, § 111 RdNr. 21.
349 Jarass/Pieroth/*Jarass*, GG, Vorb. Vor Art. 1 RdNr. 6.
350 *Isensee*, HStR V, 2. Aufl. 2000, § 111 RdNr. 3, 8.
351 Zur Begründung der Schutzpflicht greift das BVerfG zwar nicht auf die in den Grundrechten enthaltene „objektive Wertordnung" zurück, erwähnt aber den „objektiv-rechtlichen Gehalt" der Schutzpflicht; vgl. *Isensee*, HStR V, 2. Aufl. 2000, § 111 RdNr. 80 unter Hinweis auf BVerfG v. 14.01.1981 – 1 BvR 612/72 = BVerfGE 56, S. 54 (73).
352 *Pieroth/Schlink*, Staatsrecht II, RdNr. 94, 99.
353 *Isensee*, HStR V, 2. Aufl. 2000, § 111 RdNr. 21.

Betracht kommen in diesem Zusammenhang insbesondere Regelungen, die sich unmittelbar auf einen, mehrere oder alle Berufe beziehen[354] und die verbindliche Vorgaben für das „Ob" und „Wie" einer bestimmten beruflichen Tätigkeit enthalten.[355] Beziehen sich die Maßnahmen nicht unmittelbar auf die Berufstätigkeit selbst, stellen sie dann einen Grundrechtseingriff dar, wenn sie die Rahmenbedingungen der Berufsausübung verändern und infolge ihrer Gestaltung in einem so engen Zusammenhang mit der Ausübung des Berufs stehen, daß sie objektiv eine berufsregelnde Tendenz haben.[356] Eine berufsregelnde Tendenz haben regelmäßig die zwingenden Vorschriften und Grundsätze des Arbeitsrechts.[357] Nach diesen Maßgaben kann der Grundrechtsträger sein Abwehrrecht aus Art. 12 Abs. 1 GG daher solchen (arbeitsrechtlichen) Regelungen oder sonstigen Maßnahmen entgegenhalten, die ungerechtfertigt in die im Rahmen der Berufsfreiheit i.e.S. gewährleistete Freiheit der beruflichen Weiterbildung eingreifen. Rechtfertigungsbedürftige Eingriffe stellten in diesem Zusammenhang beispielsweise Vorschriften dar, die einen Genehmigungsvorbehalt oder Altersgrenzen für die berufliche Weiterbildung einführten.[358] Aufgrund ihrer Staatsgerichtetheit entfaltet die Abwehrfunktion aber keine unmittelbaren Rechtswirkungen für das Verhältnis zwischen Privaten.

bbb) Leistungs- und Schutzpflichten

Insbesondere das BVerfG zeichnet dafür verantwortlich, daß die rechtlichen Wirkungen der Grundrechte zugunsten des jeweiligen Schutzgutes erheblich erweitert wurden. Der Annahme, daß die (Freiheits-) Grundrechte nicht allein subjektive Abwehrrechte des Einzelnen enthalten, sondern ihnen zugleich objektiv-rechtliche Wertentscheidungen der Verfassung entnommen werden können, *„die für alle Bereiche der Rechtsordnung gelten und Richtlinien für Gesetzgebung, Verwaltung und Rechtsprechung geben"*,[359] folgte der Schluß, daß sich diesen Wertentscheidungsgehalten bzw. Schutzpflichten zusätzliche Grundrechtsfunktionen entnehmen lassen, die auch vom Grundrechtsträger geltend gemacht werden können.[360] Das BVerfG hat im Verlaufe seiner Rechtsprechung die Grundrechte objektiv-rechtlich

---

354 BVerfG v. 13.07.2004 – 1 BvR 1298/94, 1 BvR 1299/94, 1 BvR 1332/95, 1 BvR 613/97 = BVerfGE 111, S. 191 (213).
355 Jarass/Pieroth/*Jarass*, GG, Art. 12 RdNr. 14.
356 BVerfG v. 17.02.1998 – 1 BvF 1/91 = BVerfGE 97, S. 228 (254); v. 13.07.2004 – 1 BvR 1298/94, 1 BvR 1299/94, 1 BvR 1332/95, 1 BvR 613/97 = BVerfGE 111, S. 191 (213).
357 *Stein*, AR-Blattei SD 830, RdNr. 524.
358 Vgl. Jarass/Pieroth/*Jarass*, GG, Art. 12 RdNr. 14.
359 BVerfG v. 15.01.1958 – 1 BvR 400/51 = BVerfGE 7, S. 198 (205); v. 08.08.1978 – 2 BvL 8/77 = BVerfGE 49, S. 89 (141 f.).
360 Vgl. Jarass/Pieroth/*Jarass*, GG, Vorb. Vor Art. 1 RdNr. 3.

nicht nur zur Auslegung und Anwendung des einfachen Rechts herangezogen, sondern auch auf dessen Gestaltung bezogen.³⁶¹ Die Funktion der Grundrechte als Schutzpflichten des Staates und Schutzrechte des Bürgers hat dabei die dogmatisch früher aktualisierten zusätzlichen Grundrechtsfunktionen immer mehr in sich aufgenommen.³⁶² Innerhalb der Leistungs- und Schutzfunktion der Freiheitsgrundrechte lassen sich daher verschiedene Teilbereiche unterscheiden: das Gebot der grundrechtskonformen Auslegung, der Schutz durch Teilhabe und der Schutz der Grundrechtsausübung durch den Erlaß von Regelungen.³⁶³

(1) Grundrechtskonforme Auslegung

Als ein Unterfall der Schutzfunktion³⁶⁴ verpflichtet das Gebot der grundrechtskonformen Auslegung Rechtsprechung und Verwaltung dazu, das einfache Recht im Hinblick auf betroffene Grundrechte schützend, schonend und fördernd, mit den Worten des BVerfG *„im Geiste"* des in den Grundrechten zum Ausdruck kommenden Wertsystems auszulegen und anzuwenden.³⁶⁵ Läßt sich eine Vorschrift auf verschiedene Weisen anwenden oder auslegen, so muß aufgrund der in Art. 1 Abs. 3 GG vorgeschriebenen Bindung an die Grundrechte die Entscheidung mit Rücksicht auf diese getroffen werden.³⁶⁶ Fehlt eine gesetzliche Regelung gänzlich oder erweist sich eine vorhandene Norm als lückenhaft, so ist ein Ausfüllen dieses „Freiraumes" mit aus den Grundrechten gewonnenen Maßstäben erforderlich.³⁶⁷

Im Hinblick auf Art. 12 Abs. 1 GG bedeutet dies, daß die einfachgesetzliche Normen – insbesondere die ausfüllungsbedürftigen und -fähigen – dergestalt angewendet werden müssen, daß eine größtmögliche Verwirklichung der im Rahmen der Berufsfreiheit i.e.S. geschützten Freiheit der beruflichen Weiterbildung gewährleistet bleibt. Daneben bezieht auch die Ermittlung des Inhalts der vertraglichen Nebenpflichten von Arbeitgeber und Arbeitnehmer ihre Maßstäbe u.a. aus den Wertentscheidungen der Verfassung.³⁶⁸ Über die grundrechtskonforme Auslegung und Anwendung kann somit die Freiheit der beruflichen Weiterbildung auf

---

361 Vgl. *Pieroth/Schlink*, Staatsrecht II, RdNr. 99.
362 *Pieroth/Schlink*, Staatsrecht II, RdNr. 100.
363 Jarass/Pieroth/*Jarass*, GG, Vorb. Vor Art. 1 RdNr. 7 f.; *Pieroth/Schlink*, Staatsrecht II, RdNr. 101 ff.
364 *Jarass*, AöR 120 (1995), S. 352 f.
365 BVerfG v. 15.01.1958 – 1 BvR 400/51 = BVerfGE 7, S. 198 (205); *Pieroth/Schlink*, Staatsrecht II, RdNr. 101; vgl. auch MüKo-BGB/*Armbrüster*, § 134 RdNr. 34.
366 *Pieroth/Schlink*, Staatsrecht II, RdNr. 101.
367 Vgl. BVerfG v. 13.01.1982 – 1 BvR 848, 1047/80 u.a. = BVerfGE 59, S. 231 (267).
368 Vgl. MünchArbR/*Blomeyer*, 2. Aufl. 2000, § 95 RdNr. 10.

die einfach-rechtlichen Beziehungen zwischen Privaten, also auch der Arbeitsvertragsparteien, ausstrahlen und dort Rechtswirkungen entfalten.

(2) Schutz durch Teilhabe

Grundrechtsschutz kann auch durch Teilhabe gewährt werden, wenn der Staat Leistungen anbietet, die den Grundrechtsgebrauch erleichtern oder erst ermöglichen.[369] Im diesbezüglich grundlegenden ersten „Numerus Clausus"-Urteil hat das BVerfG aus dem Charakter der Grundrechte als Elemente einer objektiven Wertordnung gefolgert, daß im Verhältnis zwischen Bürger und Staat neben das ursprüngliche Postulat der Freiheitssicherung umso mehr die komplementäre Forderung nach grundrechtlicher Verbürgung der Teilhabe an staatlichen Leistungen trete, je stärker sich der moderne Staat der sozialen Sicherung der Bürger zuwende. Insbesondere dort, wo er ein faktisches und nicht beliebig aufgebares Monopol besitze und wo die Beteiligung an staatlichen Leistungen zugleich Voraussetzung für die Verwirklichung von Grundrechten sei, müsse ein Recht des Staatsbürgers auf gleiche Teilhabe gewährleistet werden.[370] Das Recht auf Zugang zu staatlichen Einrichtungen erstreckt sich dabei zunächst nur auf vorhandene Angebote („derivatives Teilhaberecht"[371]). In der ersten „Numerus Clausus"-Entscheidung zieht das BVerfG aber auch das Bestehen eines objektiven sozialstaatlichen Verfassungsauftrags zur Bereitstellung ausreichender Ausbildungskapazitäten in Erwägung, aus dem sich ein Individualanspruch des Bürgers auf Verschaffung der realen Voraussetzung der Freiheitsverwirklichung herleiten ließe („originäres soziales Teilhaberecht"[372]). Das Gericht läßt diese Frage letzten Endes unbeantwortet, stellt mögliche originäre Teilhaberechte aber von vornherein unter den „*Vorbehalt des Möglichen im Sinne dessen, was der Einzelne vernünftigerweise von der Gesellschaft beanspruchen kann*"; verfassungsrechtliche Konsequenzen kämen erst bei einer evidenten Verletzung des Verfassungsauftrages in Betracht.[373] Wann eine solche evidente Verletzung vorliegt, wird aber nicht näher konkretisiert. Jedenfalls reduziert sich das soziale Teilhabe- bzw. Zugangsrecht dann, wenn kein staatliches Monopol besteht,

---

369 *Pieroth/Schlink*, Staatsrecht II, RdNr. 104.
370 BVerfG v. 18.07.1972 – 1 BvL 32/70 und 25/71 = BVerfGE 33, 303 (330 ff.). Im konkreten Fall leitet das BVerfG ein Recht auf Zulassung zum Hochschulstudium aus Art. 12 Abs. 1 GG i.V.m. Art 3 Abs. 1 GG i.
371 *Murswiek*, HStR V, 2. Aufl. 2000, § 112 RdNr. 68 ff.
372 *Murswiek*, HStR V, 2. Aufl. 2000, § 112 RdNr. 86 ff.
373 BVerfG v. 18.07.1972 – 1 BvL 32/70 und 25/71 = BVerfGE 33, 303 (333 f.).

sondern vergleichbare private Einrichtung existieren, zum bloßen Recht auf gleichen Zugang zu den vorhanden Einrichtungen.[374]

Weiterbildungslehrgänge werden zu großen Teilen von Privaten angeboten, so daß ein originäres Teilhaberecht auf Schaffung von (staatlichen) Weiterbildungskapazitäten von vornherein ausscheidet. Dort, wo der Staat Weiterbildungseinrichtungen unterhält, kommt dagegen ein auf Art. 3 Abs. 1 GG gestütztes Recht auf gleichen Zugang in Betracht. Teilhabe- und Zugangsrechte richten sich aber immer nur an den Staat. Auf den Bereich der privatwirtschaftlichen Weiterbildung können sie nicht übertragen werden. Verpflichtungen von Privaten können allein durch Gesetz begründet werden.[375] Etwas anderes könnte nur für den wohl rein theoretischen Fall gelten, daß ein privater Anbieter ein faktisches Weiterbildungsmonopol besitzt.[376] Auch in bezug auf das Arbeitsverhältnis werden keine Aussagen getroffen oder Rechtswirkungen erzeugt. Der Arbeitnehmer kann sich in seinem Vertragsverhältnis zum Arbeitgeber nicht auf ein aus Art. 12 Abs. 1 GG abzuleitendes Zugangs- oder Teilhaberecht hinsichtlich etwaiger Weiterbildungseinrichtungen bzw. -maßnahmen des Arbeitgebers berufen. Der Arbeitgeber ist jedoch bei allen seinen Maßnahmen und Entscheidungen – also auch bei der Frage, wem er Zugang zu vorhandenen Weiterbildungsmöglichkeiten gewährt – an den arbeitsrechtlichen Gleichbehandlungsgrundsatz gebunden, der eine unsachliche Benachteiligung einzelner oder mehrerer Arbeitnehmer verbietet.[377]

(3) Verpflichtung zum Erlaß von Regelungen?

Eine weitere Ausprägung der Schutzfunktion liegt in der Forderung, *„das Privatrecht so zu gestalten, daß die in den Grundrechten verkörperte objektive Ordnung gewahrt wird"*. Wo es im Privatrechtsverkehr an einem Kräftegleichgewicht fehlt, müssen staatliche Regelungen ausgleichend eingreifen, um den Grundrechtsschutz zu sichern.[378] Zwar hat im Bereich des Zivilrechts der Staat grundsätzlich die Regelungen zu akzeptieren, die im Rahmen der auf dem Prinzip der Selbstbestimmung beruhenden Privatautonomie – einem Strukturelement der freiheitlichen Gesellschaftsordnung – getroffen werden. Dies setzt aber voraus, daß die Bedingungen

---

374 Maunz/Dürig/*Scholz*, GG, Art. 12 RdNr. 72.
375 Maunz/Dürig/*Scholz*, GG, Art. 12 RdNr. 75; HzA/*Bengelsdorf*, Gruppe 9 Teilbereich 1 RdNr. 76.
376 *Richter*, Recht der Weiterbildung, S. 49; HzA/*Bengelsdorf*, Gruppe 9 Teilbereich 1 RdNr. 76.
377 HzA/*Bengelsdorf*, Gruppe 9 Teilbereich 1 RdNr. 76; Brox/Rüthers/Henssler, Arbeitsrecht, RdNr. 322 ff.
378 BVerfG v. 07.02.1990 – 1 BvR 26/84 = BVerfGE 81, S. 242 (254 f); v. 15.07.1998 – 1 BvR 1554/89, 963, 964/94 = BVerfGE 98, S. 365 (395).

freier Selbstbestimmung auch tatsächlich gegeben sind und nicht einer Vertragspartei ein solches Übergewicht zukommt, daß für die andere Vertragspartei die prinzipielle Selbstbestimmung in faktische Fremdbestimmung umschlägt.[379] Der Staat ist zum schützenden Eingreifen verpflichtet, wenn grundrechtlich gewährleistete Freiheiten in signifikanter Weise durch Dritte gefährdet werden.[380] Die Schutzpflicht enthält den Auftrag an die Legislative, diejenigen Normen bereitzustellen, die zur Sicherung der Grundrechte gegen private Übergriffe geeignet und ausreichend sind.[381] Die grundrechtlich geschützten Rechtsgüter der Teilnehmer am Privatrechtsverkehr sind einander i.s. praktischer Konkordanz so zuzuordnen, daß ihnen allen in der gebotenen, die Freiheit prinzipiell bewahrenden Weise Rechnung getragen wird.[382] Dem einzelnen Grundrechtsträger erwächst aus der grundrechtlichen Gewährleistung ein Recht auf solche staatliche Maßnahmen, die zum Schutz seines grundrechtlich gesicherten Freiheitsraums unerläßlich sind.[383] Dem Gesetzgeber steht dabei aber ein besonders weiter Beurteilungs- und Gestaltungsraum zur Verfügung.[384] Das Grundgesetz gibt nur den Rahmen, nicht aber die Lösung vor.[385] Ob, wann und mit welchem Inhalt eine rechtliche Ausgestaltung von Verfassungs wegen geboten ist, hängt zum einen von der Art, der Nähe und dem Ausmaß möglicher Gefahren, zum anderen von der Art und dem Rang des verfassungsrechtlich geschützten Rechtsguts sowie von den schon vorhandenen Regelungen ab.[386] Bei bestehendem Regelungsbedarf wird für ausreichend erachtet, daß überhaupt Schutzvorkehrungen getroffen wurden, diese nicht gänzlich ungeeignet und unzulänglich sind und ein angemessener Ausgleich der betroffenen Grundrechtspositionen erkennbar ist.[387] Die staatliche Pflicht zum Grundrechtsschutz ist dann verletzt, wenn das verfassungsrechtlich gebotene Schutzminimum unterschritten ist, wenn also eine gesetzliche Bestimmung den gebotenen Schutz nicht ausreichend zu

---

379 BVerfG v. 07.02.1990 – 1 BvR 26/84 = BVerfGE 81, S. 242 (254 f.); *Dieterich*, RdA 1995, S. 130.
380 *Dieterich*, a.a.O.
381 *Isensee*, HStR V, 2. Aufl. 2000, § 111 RdNr. 153.
382 *Klein*, DVBl. 1994, S. 492.
383 BVerfG v. 29.05.1973 – 1 BvR 424/71 = AP Nr. 1 zu Art. 5 Abs. 3 GG Wissenschaftsfreiheit Nr. 1.
384 BVerfG v. 07.02.1990 – 1 BvR 26/84 = BVerfGE 81, S. 242 (255); *Pieroth/Schlink*, Staatsrecht II, RdNr. 113.
385 BVerfG v. 10.01.1995 – 1 BvF 1/90, 1 BvR 342, 348/90 = BVerfGE 92, S. 26 (46).
386 BVerfG v. 08.08.1978 – 2 BvL 8/77 = BVerfGE 49, S. 89 (142); v. 14.01.1981 – 1 BvR 612/72 = BVerfGE 56, S. 54 (78).
387 BVerfG v. 27.01.1998 – 1 BvL 15/87 = BVerfGE 97, S. 169 (176 f.); BVerfG v. 10.01.1995 – 1 BvF 1/90, 1 BvR 342, 348/90 = BVerfGE 92, S. 26 (46).

gewährleisten vermag oder eine konkurrierende Grundrechtsposition unverhältnismäßig einschränkt.[388]

(3a) Stellungnahmen in der Literatur

Die Stellungnahmen, die in der Literatur zu möglichen staatlichen Handlungspflichten zum Schutz der Freiheit der beruflichen Weiterbildung abgegeben werden, fallen uneinheitlich aus.

Nach Auffassung *Bengelsdorfs* besteht zwar kein Verfassungsauftrag zur Schaffung eines Anspruchs auf berufliche Weiterbildung, gleichwohl sei der Staat aber verpflichtet, *„durch Regelung, Organisation und Finanzierung ein berufliches Aus- und Weiterbildungssystem zu schaffen und zu unterhalten, das die Wahrnehmung des Grundrechts aus Art. 12 GG durch die Bürger gestattet".*[389]

Richter schließt von der Pflicht des Staates zur Gewährleistung der tatsächlichen Voraussetzungen für die Wahrnehmung der Berufsfreiheit auf einen Verfassungsauftrag an den Gesetzgeber zur Förderung der beruflichen Bildung[390] *„dem Grunde nach",* d.h. ohne Festlegung auf eine bestimmte Art oder eine bestimmte Ausgestaltung.[391] Im Rahmen einer sozialstaatlichen Auslegung sei der Freiheit der Berufswahl aus Art. 12 Abs. 1 GG eine Verpflichtung des Staates zu entnehmen, (hier deckt sich der Wortlaut mit den Ausführungen von *Bengelsdorf*) *„durch Regelung, Organisation und Finanzierung ein berufliches Aus- und Weiterbildungssystem zu schaffen und zu unterhalten, das die Wahrnehmung des Grundrechts aus Art. 12 GG durch die Bürger gestattet, ihnen jedoch nicht ein subjektives öffentliches Recht auf bestimmte staatliche oder private Leistungen i.S. eines Anspruchs einräumt".* Der Staat sei zwar verfassungsrechtlich nicht verpflichtet, jedermann eine berufliche Weiterbildung zu garantieren. Neben einem „Minimumgrundrecht", einem Zugangsrecht und einem Partizipationsgrundrecht werde aber ein ausschließlich objektives „Entfaltungsrecht" gewährleistet, das den Staat verpflichte,

---

388 BVerfG v. 07.02.1990 – 1 BvR 26/84 = BVerfGE 81, S. 242 (254 f.); *Canaris,* AcP 184 (1984), S. 228.
389 HzA/*Bengelsdorf,* Gruppe 9 Teilbereich 1 RdNr. 75.
390 Gagel/*Richter,* AFG, Vor § 33 RdNr. 91 ff., spricht zunächst nur allgemein von „Bildung" und von einem „Ausbildungssystem", sieht den Gesetzgeber aber auch zum Schutz vor beruflicher Dequalifizierung verpflichtet (RdNr. 95). Der Zusammenhang mit § 33 AFG, der im Rahmen des Gesamtkontextes der Bildungsförderung zwischen Aus- und Fortbildung sowie Umschulung unterscheidet, und die Tatasache, daß Richter an anderer Stelle (*ders.,* Recht der Weiterbildung, S. 46 ff.) ausdrücklich von einem „Aus- und Weiterbildungssystem" spricht, legen den Schluß nahe, daß sich seine Ausführungen nicht nur auf die Aus-, sondern auch auf die berufliche Fort- bzw. Weiterbildung beziehen sollen.
391 Gagel/*Richter,* AFG, Vor § 33 RdNr. 94.

bestimmte Weiterbildungsangebote zu schaffen, wenn und soweit private Weiterbildungsangebote lückenhaft seien. Aus den Grundrechten ergebe sich jedoch lediglich ein grober rechtlicher Maßstab zur Beurteilung des Weiterbildungsangebotes.[392] Seiner verfassungsrechtlichen Verpflichtung zur Förderung der beruflichen Bildung dem Grunde nach ist der Gesetzgeber nach Ansicht *Richters* durch die Schaffung des BBiG und des (inzwischen außer Kraft gesetzten) AFG[393] nachgekommen.[394]

Fracke, die die Thematik zum einen im Hinblick auf einen möglichen Verfassungsauftrag zur Weiterbildung, zum anderen im Zusammenhang mit staatlichen Schutzpflichten erörtert, schließt sich den Folgerungen *Richters* an. Aus dem objektiven Gehalt des Art. 12 Abs. 1 GG ergebe sich ein an den Gesetzgeber gerichteter Verfassungsauftrag zur Gewährleistung eines Weiterbildungssystems dem Grunde nach.[395] Daneben gebiete die staatliche Schutzpflicht die Ermöglichung der Durchführung, Organisation und Förderung der Weiterbildung.[396] Wie *Richter* kommt *Fracke* zu dem Ergebnis, daß aufgrund der Existenz der Vorschriften des BBiG und der §§ 81 ff. SGB III dieser Pflicht Genüge getan sei.[397] Subjektive Ansprüche des Bürgers gegen den Staat bestehen ihrer Auffassung nach nicht.[398]

Mauer geht der speziellen Fragestellung nach, ob dem Grundgesetz eine Verpflichtung des Gesetzgebers zur Regelung der Bildungsfreistellung entnommen werden kann, stützt sich dabei aber nicht auf mögliche Schutzpflichten des Staates. Zwar sieht sie in Art. 12 Abs. 1 GG Elemente eines Rechts auf Bildung enthalten, eine Verpflichtung des Gesetzgebers zum Erlaß von Freistellungsregelungen zur Teilnahme an Veranstaltungen der beruflichen Weiterbildung könne daraus aber nicht hergeleitet werden.[399]

(3b) Bewertung/Eigene Stellungnahme

Einzig *Fracke* argumentiert zur Begründung einer gesetzgeberischen Verpflichtung mit dem aus dem objektiv-rechtlichen Gehalt der Grundrechte rührenden Schutzgebot. Die Verpflichtung des Gesetzgebers, die Durchführung von Weiterbildung

---

392 *Richter*, Recht der Weiterbildung, S. 46 ff.
393 Durch das Arbeitsförderungs-Reformgesetz (AFRG) wurde das Arbeitsförderungsrecht zum 1. Januar 1998 als Drittes Buch (SGB III) in das Sozialgesetzbuch eingeordnet.
394 Gagel/*Richter*, AFG, Vor § 33 RdNr. 95.
395 *Fracke*, Die betriebliche Weiterbildung, S. 77 ff.
396 *Fracke*, Die betriebliche Weiterbildung, S. 81.
397 *Fracke*, Die betriebliche Weiterbildung, S.79, 81.
398 *Fracke*, Die betriebliche Weiterbildung, S. 81.
399 *Mauer*, Rechtliche Aspekte der Bildungsfreistellung, S. 58 f.

durch Verfahrens- und Organisationsvorschriften anzuregen, entstehe dann, wenn aus dem Umstand, daß nur wenig oder gar keine Weiterbildung durchgeführt würde, eine generelle Dequalifizierung drohe.[400] Ob die Schutzpflichten auf diesen Sonderfall beschränkt bleiben sollen oder generell daraus folgen, daß der Gesetzgeber die Sicherung des objektiv-rechtlichen Gehalts der Grundrechte gewährleisten muß, wird nicht ganz deutlich. Auch bei der Frage nach einem möglichen, an den Gesetzgeber gerichteten Verfassungsauftrag stützt sich Fracke auf die *„elementare Bedeutung der gesetzlichen Regelung für die Wirksamkeit der Gewährleistung"* der in vielen Bereichen für die Berufsausübung unerläßlichen Weiterbildung.[401] *Richter* argumentiert zur Begründung einer Verpflichtung des Gesetzgebers mit einem Verfassungsauftrag zur Förderung der Berufsfreiheit, die die Förderung der beruflichen Qualifizierung und den Schutz vor Dequalifizierung einschließe.[402] Der Hinweis auf den Schutz vor Dequalifizierung kann möglicherweise als Bezugnahme auf eine staatliche Schutzpflicht ausgelegt werden.

Verfassungsaufträge bzw. Schutzpflichten,[403] die ein Tätigwerden des Gesetzgebers erforderlich machen, sollen sich aus Grundrechten grundsätzlich nur dann ableiten lassen, wenn entweder der Schutz besonders fundamentaler, den Persönlichkeitskern berührender Freiheiten in Rede steht, oder wenn das Grundrecht zu seiner Wirksamkeit auf gesetzliche Regelungen, insbesondere über Organisation und Verfahren, angewiesen ist.[404]

Bei der beruflichen Weiterbildung handelt es sich nicht um eine den Persönlichkeitskern berührende Freiheit.[405] Zudem kann im Hinblick auf die berufliche Weiterbildung wohl kaum von einem derart gestörten Kräftegleichgewicht der Parteien des Arbeitsverhältnisses ausgegangen werden, daß die grundrechtlich gewährleistete Freiheit der beruflichen Weiterbildung als „in signifikanter Weise" beeinträchtigt beurteilt werden muß. Dagegen spricht, daß auch der Arbeitgeber ein Interesse dar-

---

400 *Fracke*, Die betriebliche Weiterbildung, S. 80 f.
401 *Fracke*, Die betriebliche Weiterbildung, S. 78 f.
402 Gagel/*Richter*, AFG, Vor § 33 RdNr. 94 f.
403 Sowohl *Kriele* als auch *Fracke* trennen begrifflich zwischen Verfassungsaufträgen an den Gesetzgeber und Verpflichtungen desselben zum Erlaß von Regelungen aufgrund grundrechtlicher Schutzpflichten. Inhaltlich wird diese Unterscheidung jedoch nicht durchgehalten, vielmehr werden ähnliche bis deckungsgleiche Voraussetzungen geprüft. So zitiert z.B. *Kriele* im Zusammenhang mit einem möglichen Verfassungsauftrag das BVerfG, das jedoch von einer „Schutzverpflichtung" spricht (RdNr. 58). Auch *Fracke* stützt sich in der Herleitung eines Verfassungsauftrages und in der Erörterung möglicher Schutzpflichten jeweils auf dieselben Ausführungen *Richters* (Recht der Weiterbildung, S. 77 ff., S. 79 ff.). Es ist daher davon auszugehen, daß zwischen Verfassungsaufträgen und zur Gesetzgebung verpflichtenden Schutzgeboten kein inhaltlicher Unterschied besteht.
404 Vgl. *Kriele*, HStR V, 2. Aufl. 2000, § 110, RdNr. 55.
405 Vgl. dazu unten § 3 C.II.2.b.

an haben muß, durch eine Fortbildung seiner Arbeitnehmer die Wettbewerbsfähigkeit und Innovationskraft seines Unternehmens zu fördern. Zwar gilt Ähnliches auch für die berufliche Ausbildung, jedoch besteht dort die Besonderheit, daß diese durch den Erwerb eines (staatlich geregelten) Abschlußnachweises erst den Eintritt in den Arbeitsmarkt ermöglichen soll. Der Schutzbedarf ist demnach höher als bei der beruflichen Weiterbildung im Rahmen eines bestehenden Arbeitsverhältnisses, die zudem in den meisten Fällen nicht an bestimmte Formen oder Abschlüsse gebunden ist, sondern oftmals durch „weiche" Formen betrieben werden kann und betrieben wird. Das Phänomen, daß Arbeitgeber oftmals nicht zu einer bezahlten Freistellung bereit sind, kann nicht zur Annahme einer erheblichen Störung der Kräfteparität führen, da Weiterbildungsunwilligkeit auch bei Arbeitnehmern anzutreffen ist (und sogar einen Kündigungsgrund darstellen kann[406]). Eine Fremdbestimmung, die einen Eingriff in die Privatautonomie rechtfertigte, liegt demnach nicht vor.

Dogmatische Voraussetzung für ein Aufleben der Schutzpflicht des Staates (in Gestalt des Gesetzgebers) ist nach *Isensee* ein rechtswidriger Eingriff bzw. die Gefahr eines rechtswidrigen Eingriffes eines Privaten in ein grundrechtliches Schutzgut.[407] Auch wenn die Leitentscheidungen des BVerfG zu den Schutzpflichten in der Hauptsache das Recht auf Leben und körperliche Unversehrtheit zum Gegenstand hatten,[408] kommt als Objekt der Schutzpflicht jedes Schutzgut eines Freiheitsgrundrechts in Betracht,[409] also auch die im Rahmen der Berufsfreiheit nach Art. 12 Abs. 1 GG gewährleistete Freiheit der beruflichen Weiterbildung. Maßstab für die Frage der Rechtswidrigkeit des (drohenden) Eingriffs Privater ist die Verfassung, insbesondere das Gewaltverbot und das „Neminem laedere"-Gebot. Der Schutz des Staates durch gesetzgeberische Maßnahmen wird da erforderlich, wo sich ein privater Eingriff als unvereinbar mit den allgemeinen Bedingungen von Freiheit und Gleichheit erweist.[410] Auch wenn tatbestandlich neben einer aktuellen Verletzung eines Schutzguts auch ein rational vorhersehbares Risiko ausreichen soll und lediglich bloße Belästigungen ausscheiden,[411] kann unter diesen Voraussetzungen keine gesetzgeberische Pflicht zum Tätigwerden – bspw. durch Erlaß von Freistellungsregelungen – angenommen werden. Im Zusammenhang mit den grundrechtlichen

---

406 Vgl. ArbG Bonn v. 4.7.1990 – 4 Ca 751/90 = NJW 1991, S. 2168.
407 *Isensee*, HStR V, 2. Aufl. 2000, § 111 RdNr. 88 f., 93 ff.
408 BVerfG v. 25.02.1975 – 1 BvF 1, 2, 3, 4, 5, 6/74 = BVerfGE 39, S. 1.
409 *Isensee*, HStR V, 2. Aufl. 2000, § 111 RdNr. 86, 93.
410 *Isensee*, HStR V, 2. Aufl. 2000, § 111 RdNr. 100 ff. (102, 105).
411 *Isensee*, HStR V, 2. Aufl. 2000, § 111 RdNr. 106 f.

Schutzpflichten gilt das Subsidiaritätsprinzip, so daß vom Grundrechtsträger im Rahmen des Zumutbaren grundsätzlich eigene Abhilfe verlangt werden kann.[412] Die bloße Möglichkeit, daß aufgrund der im Rahmen der Privatrechtsbeziehungen stets hinzunehmenden Einschränkungen ein grundrechtliches Schutzgut nicht in jedem Fall vollumfänglich verwirklicht werden kann, begründet nicht automatisch eine gesetzgeberische Verpflichtung zum Tätigwerden zulasten der ebenfalls grundrechtlich verbürgten[413] Privatautonomie. Alles andere führte zu einer Überdehnung der Freiheitsrechte und wäre schon aufgrund der Unbestimmtheit der Rechtsfigur der Schutzpflichten in Tatbestand und Rechtsfolgen bedenklich.[414] Eine Verpflichtung des Gesetzgebers zum Tätigwerden kommt daher erst dann in Betracht, wenn privatrechtliche Konfliktsituationen derart ungleich sind, daß die Möglichkeit der Verwirklichung grundrechtlich geschützter Interessen für eine Partei ernsthaft beeinträchtigt wird.[415] Davon kann im Hinblick auf die berufliche Weiterbildung im Rahmen eines Arbeitsverhältnisses keine Rede sein. Eine gesetzgeberische Pflicht zur Schaffung eines Anspruchs des Arbeitnehmers auf Freistellung zum Zwecke der Teilnahme an Weiterbildungsveranstaltungen besteht somit nicht.

Weniger streng sind jedoch die Voraussetzungen, die zur Begründung einer Pflicht des Gesetzgebers zum Erlaß von Organisations- und Verfahrensregeln erfüllt sein müssen, da durch solche Vorschriften die Privatautonomie nicht in gleichem Maße beeinträchtigt wird wie z.B. durch Freistellungsregelungen oder gesetzlich verankerte Weiterbildungspflichten. Hier ist nicht erforderlich, daß eine den Persönlichkeitskern berührende Freiheit oder ein für die Demokratie fundamentales Grundrecht betroffen sind; vielmehr wird allein das Ziel verfolgt, den Grundrechten zu einer Wirksamkeit zu verhelfen, die sie ohne Organisations- und Verfahrensvorschriften nicht erreichen könnten.[416] Auf der Grundlage dieser Prämisse hat das BVerfG bereits für zahlreiche Grundrechte eine Pflicht zum Erlaß von Verfahrens- und Organisationsregelungen angenommen,[417] so im Zusammenhang mit Art. 12 Abs. 1 GG für die ZVS und für das Verfahren der Amtsenthebung bei einem Notar.[418] Auch wenn die berufliche Weiterbildung vermehrt in „weicheren" Formen durchgeführt wird, kann nicht bezweifelt werden, daß Organisations-

---

412 *Isensee*, HStR V, 2. Aufl. 2000, § 111 RdNr. 90.
413 Vgl. Maunz/Dürig/*Di Fabio*, GG, Art. 2 RdNr. 19.
414 Vgl. die ähnliche Argumentation *Murswieks* zur Problematik der originären sozialen Teilhaberechte in HStR V, 2. Aufl. 2000, § 112 RdNr. 93, 97.
415 Vgl. auch *Pieroth/Schlink*, Staatsrecht II, RdNr. 114.
416 *Kriele*, HStR V, 2. Aufl. 2000, § 110 RdNr. 60.
417 Vgl. die Aufzählung in Fn. 90 bei *Kriele*, HStR V, 2. Aufl. 2000, § 110, RdNr. 60.
418 BVerfG v. 09.04.1975 – 1 BvR 344/74 u.a. = BVerfGE 39, S. 276; v. 06.07.1977 – 1 BvR 3/77 = BVerfGE 45, S. 422.

und Verfahrensvorschriften – wie die Regelungen im BBiG und im SGB III belegen – für ihre Durchführung und damit für die Wahrnehmung des Freiheitsrechts förderlich sind. Aus dem objektiv-rechtlichen Gehalt der Berufsfreiheit kann somit eine auf der Schutzfunktion des Grundrechts beruhende Verpflichtung des Gesetzgebers entnommen werden, der beruflichen Weiterbildung durch den Erlaß von Organisations- und Verfahrensvorschriften zur Wirksamkeit zu verhelfen. *Fracke* und *Richter* ist insofern zuzustimmen, als sie diese Verpflichtung aufgrund des Bestehens entsprechender Regelungen im BBiG (insbes. §§ 53 ff.) und im SGB III (insbes. §§ 77 ff.) für erfüllt ansehen.

dd) Zusammenfassung: berufliche Weiterbildung und Berufsfreiheit

Die berufliche Weiterbildung fällt nicht unter die Ausbildungsfreiheit gemäß Art. 12 Abs. 1 GG, wird jedoch vom Schutzbereich der durch dieselbe Norm gewährleisteten Berufsfreiheit i.e.S. umfaßt. Neben der klassischen Abwehrfunktion gewährleisten die aus der Schutzfunktion abgeleitete Pflicht zur grundrechtskonformen Auslegung des einfachen Rechts sowie Teilhabe- und Zugangsrechte an bzw. zu staatlichen Weiterbildungsangeboten und –einrichtungen die Verwirklichung des Freiheitsgrundrechts. Die Teilhabe- und Zugangsrechte gelten aber nicht gegenüber privaten Weiterbildungsanbietern. Die staatliche Schutzpflicht begründet schließlich (lediglich) eine Verpflichtung des Gesetzgebers, im Bereich der beruflichen Weiterbildung durch den Erlaß von Organisations- und Verfahrensvorschriften tätig zu werden. Diese Verpflichtung hat der Gesetzgeber durch Erlaß ausreichender Vorschriften in BBiG und SGB III erfüllt.

b) Weiterbildung und allgemeines Persönlichkeitsrecht

Das in Art. 2 Abs. 1 i.V.m. Art. 1 Abs. 1 GG verbürgte allgemeine Persönlichkeitsrecht ergänzt als unbenanntes, eigenständiges Freiheitsrecht die speziellen, „benannten" Freiheitsrechte, die ebenfalls konstituierende Elemente der Persönlichkeit schützen. Es ist insoweit ein Auffanggrundrecht, das der Gewährleistung der engeren persönlichen Lebenssphäre und der Erhaltung ihrer Grundbedingungen, namentlich auch im Hinblick auf moderne Entwicklungen und die mit ihnen verbundenen Gefährdungen der menschlichen Persönlichkeit, dient.[419] In Hinblick auf diese möglichen neuen Gefährdungen sichert es die Effektivität eines dynamisch anzu-

---

[419] BVerfG v. 03.06.1980 – 1 BvR 185/77 = BVerfGE 54, S. 148 (153); Sachs/*Murswiek*, GG, Art. 2 RdNr. 66.

passenden Grundrechtsschutzes.[420] Als Recht der Respektierung eines *„abgeschirmten Bereichs freier Entfaltung"*[421] unterscheidet es sich von dem aktiven Moment der Entfaltung, der allgemeinen Handlungsfreiheit.[422] Der Umfang des Tatbestandes des allgemeinen Persönlichkeitsrechts wurde durch die Rechtsprechung noch nicht abschließend umschrieben, gleichwohl ist dieses Grundrecht im Unterschied zur allgemeinen Handlungsfreiheit tatbestandlich materiell bestimmt und enger umrissen.[423]

Geschützt sind Verhaltensweisen, die einen besonderen Zusammenhang mit der in Art. 1 Abs. 1 GG geschützten Würde des Menschen aufweisen und daher eines stärkeren Schutzes bedürfen als die sonstigen, von Art. 2 Abs. 1 GG erfaßten Verhaltensweisen.[424] Das allgemeine Persönlichkeitsrecht verbürgt die Integrität der menschlichen Person in geistig-seelischer Beziehung.[425] Es gewährleistet das „Person-Sein", indem es jedem einzelnen einen autonomen Bereich privater Lebensgestaltung, in dem er seine Individualität entwickeln und wahren kann, sichert.[426] Im Hinblick auf den Schutzbereich lassen sich insbesondere in der Rechtsprechung verschiedene Fallgruppen bzw. Teilgehalte ausmachen, die grob mit Schlagwörtern wie „Schutz der Privatsphäre", „Selbstdarstellung des Einzelnen in der Öffentlichkeit", „Recht auf informationelle Selbstbestimmung", „sozialer Geltungsanspruch" und „Kenntnis der eigenen Abstammung" umschrieben werden können.[427]

Da die Arbeitsleistung nicht nur als Wirtschaftsgut, sondern auch als Ausdruck der Persönlichkeit des Arbeitnehmers verstanden wird, hat das allgemeine Persönlichkeitsrecht für das Arbeitsrecht eine konstitutive Bedeutung.[428] Auf der Grundlage eines Austauschvertrags, der nicht lediglich einzelne bestimmte Leistungen betrifft, sondern für seinen Geltungsbereich die ganze Person des Arbeitnehmers erfaßt, gestaltet das Arbeitsverhältnis wesentlich dessen Leben und bestimmt seine

---

420 BVerfG v. 03.06.1980 – 1 BvR 185/77 = BVerfGE 54, S. 148 (153); v. 15.12.1983 – 1 BvR 209, 269, 362, 420, 440, 484/83 = BVerfGE 65, S. 1 (41); Maunz/Dürig/*Di Fabio*, GG, Art. 2 RdNr. 127.
421 *Degenhart*, JuS 1992, S. 361.
422 BVerfG v. 03.06.1980 – 1 BvR 185/77 = BVerfGE 54, S. 148 (153); *Jarass*, NJW 1989, S. 858; *Schmitt Glaeser*, HStR VI, 2. Aufl. 2001, § 129 RdNr. 19; vgl. auch *Horn*, HStR VII, § 149 RdNr. 26 ff.
423 Sachs/*Murswiek*, GG, Art. 2 RdNr. 61.
424 *Jarass*, NJW 1989, S. 857; vgl. auch BVerfG v. 03.06.1980 – 1 BvR 185/77 = BVerfGE 54, S. 148 (153); Maunz/Dürig/*Di Fabio*, GG, Art. 2 RdNr. 130.
425 BVerfG v. 15.01.1970 – 1 BvR 293/62 = BVerfGE 27, S. 326 (351).
426 BVerfG v. 31.01.1989 – 1 BvL 17/87 = BVerfGE 79, S. 256 (268); *Jarass*, NJW 1989, S. 859; *Schmitt Glaeser*, HStR VI, 2. Aufl. 2001, § 129 RdNr. 19.
427 Sachs/*Murswiek*, GG, Art. 2 RdNr. 68 ff.; *Degenhart*, JuS 1992, S. 363 ff.; *Jarass*, NJW 1989, S. 858 f.; vgl. auch Dreier/*Dreier*, GG I, Art. 2 I RdNr. 70 ff.
428 *Badura*, FS Karl Molitor, 1988, S. 12.

Persönlichkeit.[429] Nach *Badura* ist die Arbeit ein *„unentrinnbarer Schauplatz menschlicher Selbstverwirklichung"*.[430] Dieser Grundgedanke schlägt sich auch im einfachen Recht nieder: § 75 Abs. 2 BetrVG verpflichtet die Betriebspartner, die freie Entfaltung der Persönlichkeit der Arbeitnehmer zu schützen und zu fördern. Vor diesem Hintergrund könnte auch die berufliche Weiterbildung, die dem Arbeitnehmer eine effektive Ausfüllung seines Arbeitsplatzes und eine wirkungsvolle Erbringung der geschuldeten Arbeitsleistung ermöglicht, vom Schutzbereich des allgemeinen Persönlichkeitsrechts erfaßt sein.

aa) Stellungnahmen in der Literatur

In der Literatur sind es namentlich die Beiträge von *Fracke*, *Thees* und *Hallenberger*, in denen eine Gewährleistung der (beruflichen) Weiterbildung über das allgemeine Persönlichkeitsrecht gemäß Art. 2 Abs. 1 i.V.m. Art. 1 Abs. 1 GG in Erwägung gezogen und letzten Endes auch bejaht wird.

Nach der Auffassung von *Thees* umfaßt das Arbeitnehmerpersönlichkeitsrecht (als Oberbegriff für die Gesamtheit der rechtlich geschützten Interessen des Arbeitnehmers im Arbeitsverhältnis) die Ziele des Schutzes und der Entfaltung der Persönlichkeit.[431] Den Arbeitgeber treffe die Pflicht zur aktiven Förderung der Persönlichkeitsentfaltung, die der Arbeitnehmer nach seiner Wahl gestalten könne, beispielsweise durch berufliche Weiterbildung.[432]

*Hallenberger*s Untersuchung widmet sich der Pflicht des Arbeitnehmers zur Förderung der freien Entfaltung der Persönlichkeit in § 75 Abs. 2 BetrVG und geht dabei von der Grundannahme aus, daß der in dieser Norm verwendete Begriff der Persönlichkeitsentfaltung nicht anders verstanden werden könne als in Art. 2 Abs. 1 GG.[433] Zur freien Entfaltung der Persönlichkeit gehöre auch die Möglichkeit, berufliche Fähigkeiten zu vervollkommnen und weiterzuentwickeln. Berufliche Weiterbildung sei zudem Voraussetzung für die Schaffung persönlichkeitsgerechter Arbeitsplätze. Die Pflicht des Arbeitgebers aus § 75 Abs. 2 BetrVG umfasse daher grundsätzlich auch die Pflicht zur Förderung der beruflichen Bildung der Arbeitnehmer.[434]

---

429 BAG v. 10.11.1955 – 2 AZR 591/54 = AP Nr. 2 zu § 611 BGB Beschäftigungspflicht; LAG Hamm v. 20.03.1970 – 6 Sa 16/70 = DB 1970, S. 1034.
430 *Badura*, FS Karl Molitor, 1988, S. 13.
431 *Thees*, Arbeitnehmer-Persönlichkeitsrecht, S. 54.
432 *Thees*, Arbeitnehmer-Persönlichkeitsrecht, S. 55.
433 *Hallenberger*, Förderung der freien Entfaltung der Persönlichkeit, S. 45.
434 *Hallenberger*, Förderung der freien Entfaltung der Persönlichkeit, S. 153.

Fracke untersucht verschiedene Teilbereiche des allgemeinen Persönlichkeitsrechts im Hinblick auf die Frage, ob die (berufliche) Weiterbildung sachlich von ihnen erfaßt wird. Unter Berufung auf *Zöllner*[435] bejaht sie dies im Hinblick auf den Teilbereich des Rechts auf menschenwürdige Arbeitsplatzgestaltung, das auch die Entfaltung der Arbeitnehmerpersönlichkeit und die Würde des Menschen im Rahmen seiner Tätigkeit schütze. Der weit zu ziehende Schutzbereich erstrecke sich auch auf die Kreativität des Arbeitnehmers, so daß am Arbeitsplatz die Möglichkeit zur Weiterbildung bestehen müsse. Nach Auffassung von *Fracke* könne den Gesetzgeber vor diesem Hintergrund die Verpflichtung treffen, Regelungen zur Gewährleistung einer menschengerechten Arbeitsplatzgestaltung zu erlassen. Der Gesetzgeber habe dem insbesondere mit den §§ 81 f., 84, 90 f. BetrVG Rechnung getragen.[436] Des weiteren sieht sie die Weiterbildung als vom Teilbereich des Rechts auf Selbstentfaltung durch tatsächliche Beschäftigung im Arbeitsverhältnis gewährleistet an. Betriebliche Weiterbildung könne verhindern, daß fehlende Kenntnisse von neuen Anforderungen zur Unmöglichkeit der Beschäftigung und somit gegebenenfalls zur Kündigung führten.[437] Zu guter Letzt unterzieht *Fracke* den Teilbereich des „Erhalts des materialisierten Status' des Arbeitnehmers" einer Überprüfung dahingehend, ob der Schutz des allgemeinen Persönlichkeitsrechts auch einen Schutz des Arbeitnehmers vor Verlust desjenigen Kenntnis- und Fertigkeitsstandes, den er bei Eintritt in das Arbeitsverhältnis hatte, beinhalte. Dies lehnt sie allerdings als zu weitgehend ab.[438]

bb) Eigene Bewertung

Sähe man die berufliche Weiterbildung als vom Schutzbereich des allgemeinen Persönlichkeitsrechts aus Art. 2 Abs. 1 i.V.m. Art. 1 Abs. 1 GG erfaßt an, stellte sich vor dem Hintergrund der Tatsache, daß sie nach hier vertretener Auffassung bereits von Art. 12 Abs. 1 GG geschützt wird, gleich die weitere Frage nach dem Verhältnis des allgemeinen Persönlichkeitsrechts zu anderen, benannten Freiheitsgrundrechten. Dies berücksichtigt auch *Fracke*, indem sie hervorhebt, daß das allgemeine Persönlichkeitsrecht nicht als Auffanggrundrecht zu verstehen sei und somit im Hinblick auf die Weiterbildung nicht hinter der Berufsfreiheit zurücktrete.[439] Allerdings bezieht sich ihre Feststellung, daß die Weiterbildung von den Teil-

---

435 *Zöllner*, RdA 1973, S. 213 f.
436 *Fracke*, Die betriebliche Weiterbildung, S. 83 ff.
437 *Fracke*, Die betriebliche Weiterbildung, S. 86 f.
438 *Fracke*, Die betriebliche Weiterbildung, S. 87 f.
439 *Fracke*, Die betriebliche Weiterbildung, S. 84.

bereichen des Rechts auf menschenwürdige Arbeitsplatzgestaltung und des Rechts auf Selbstentfaltung geschützt werde, ausdrücklich auf jede Form der Weiterbildung, also auch die allgemeine und die politische.[440]

Gegen eine Erstreckung des Gewährleistungsumfanges des Grundrechts auf die *berufliche* Weiterbildung sprechen aber mehrere Erwägungen. So läßt insbesondere der Blick auf die Fallgruppen, in deren Zusammenhang das allgemeine Persönlichkeitsrecht entwickelt wurde und im Verlaufe der Rechtsprechung und der wissenschaftlichen Diskussion seine Ausprägungen gefunden hat, eine Einbeziehung zweifelhaft erscheinen. Das allgemeine Persönlichkeitsrecht wurde ursprünglich vom Bundesverfassungsgericht als unbenanntes Freiheitsrecht entwickelt, um dem Menschen einen Rückzugsraum i.S. eines „unantastbaren Bereich(s) privater Lebensgestaltung" zu gewähren und Eingriffe in die geistig-seelische Integrität in gleicher Weise wie solche in die körperliche Unversehrtheit zu unterbinden bzw. an rechtliche Schranken zu binden.[441] Es geht also primär um die Abgrenzung eines autarken Lebensbereichs und den Schutz vor Einsicht- oder Kenntnisnahme durch Dritte.[442] Daneben soll der Einzelne selbst über das Ob und Wie seiner Darstellung in der Öffentlichkeit entscheiden können, so daß der Schutzbereich des allgemeinen Persönlichkeitsrechts auch ein Recht am eigenen Wort und ein Recht am eigenen Bild einschließt.[443] Ebenfalls geschützt werden Name und Ehre des Menschen, das Recht auf informationelle Selbstbestimmung und die Grundbedingungen für die Persönlichkeitsentfaltung (z.B. Anspruch auf Resozialisierung, Kenntnis der eigenen Abstammung).[444] Allen diesen Ausprägungen des allgemeinen Persönlichkeitsrechts ist der enge Bezug zur durch Art. 1 Abs. 1 GG als *„oberster Verfassungswert"*[445] und *„tragendes Konstitutionsprinzip"*[446] verbürgten Würde des Menschen gemein. Zwar kann nicht bestritten werden, daß auch die Bildung im allgemeinen und die berufliche Weiterbildung im besonderen zur Persönlichkeitsentfaltung des Einzelnen und damit auch zum Schutz und zur Förderung seiner Würde zumindest in einem weit verstandenen Sinne beizutragen geeignet sind. Dieser Gedanke läßt sich aber auf die gesamte Berufsausübung übertragen,[447] ohne daß diese per se dem Schutzbereich des Art. 2 Abs. 1 i.V.m. Art. 1 Abs. 1 GG zuzurechnen wäre. Einen

---

440 *Fracke*, Die betriebliche Weiterbildung, S. 88 f.
441 Vgl. BVerfG v. 15.01.1970 – 1 BvR 293/62 = BVerfGE 27, S. 326 (350 f.).
442 Dreier/*Dreier*, GG I, Art. 2 I RdNr. 70.
443 BVerfG v. 05.06.1973 – 1 BvR 536/72 = BVerfGE 35, S. 202 (220).
444 Vgl. die Aufzählung bei Dreier/*Dreier*, GG I, Art. 2 I RdNr. 75 ff. mit den entsprechenden Rechtsprechungsnachweisen.
445 BVerfG v. 03.03.2004 – 1 BvR 2378/98, 1 BvR 1084/99 = BVerfGE 109, S. 279 (311).
446 BVerfG v. 14.10.1992 – 2 BvE 14/90 = BVerfGE 87, S. 209 (228).
447 Vgl. BVerfG v. 11.06.1958 – 1 BvR 596/56 = BVerfGE 7, S. 377 (397).

„Menschenwürdegehalt" weisen zudem viele Grundrechte auf.[448] Es ist aber im jeweiligen Einzelfall die Frage zu stellen, ob eine mögliche Überschneidung der Grundrechte auch den in Rede stehenden Sachverhalt betrifft.[449]

Vom allgemeinen Persönlichkeitsrecht sollen nur solche Verhaltensweisen geschützt werden, die den bereits erwähnten engen Konnex mit der Menschenwürde des Art. 1 Abs. 1 GG aufweisen. Um eine interpretativen Überdehnung des Gewährleistungsbereichs des Art. 2 Abs. 1 i.V.m. Art. 1 Abs. 1 GG, die den Schutz des Persönlichkeitsrechts „zu kleiner Münze verkommen"[450] ließe, zu verhindern, ist diesem Erfordernis mit Ernsthaftigkeit Rechnung zu tragen. Die den Persönlichkeitsschutz fordernde Prägung des Art. 2 Abs. 1 GG durch Art. 1 Abs. 1 GG, der für sich allein nur einen Elementarschutz vermittelt,[451] führt dazu, daß das für den Menschenwürdesatz geltende Erfordernis restriktiver Deutung[452] auch für das allgemeine Persönlichkeitsrecht Geltung beansprucht. In diesem Sinne schützt das allgemeine Persönlichkeitsrecht nur vor solchen Eingriffen, die die engere Persönlichkeitssphäre zu beeinträchtigen geeignet sind.[453]

Die berufliche Weiterbildung läßt sich keiner der eingangs aufgezählten typischen Fallgruppen zuordnen. Dies gilt auch für den zumindest begrifflich in Betracht kommenden Teilbereich der „Grundbedingungen für die Persönlichkeitsentfaltung". Der besondere Bezug zur Menschenwürde, der allein eine Einbeziehung rechtfertigen könnte, fehlt der beruflichen Weiterbildung. Daran ändert auch der Zusammenhang mit dem in einer modernen Industrie- und Dienstleistungsgesellschaft für die Persönlichkeit des Menschen bedeutsamen Arbeitsverhältnis nichts. Zwar könnte man in Erwägung ziehen, aus der Tatsache, daß die Rechtsprechung den überwiegend anerkannten allgemeinen Beschäftigungsanspruchs des Arbeitnehmers unter anderem aus den Art. 1 und 2 GG herleitet,[454] den Schluß zu ziehen, daß auch die berufliche Weiterbildung, die unter Umständen eine Beschäftigungsfähigkeit des Arbeitnehmers erst ermöglicht, vom allgemeinen Persönlichkeitsrecht gewährleistet sein müsse. Allerdings ist auch die tatsächliche Beschäftigung des Arbeitnehmers weniger dem engeren Bereich des Schutzes seiner ihm als menschlichem Wesen zukommenden Würde (i.S. eines unantastbaren sozialen Wert- und

---

448 Vgl. zum Asylrecht BVerfG v. 14.05.1996 – 2 BvR 1938/93, 2 BvR 2315/93 = BVerfGE 94, S. 49 (103 f.). Siehe auch *Pieroth/Schlink*, Staatsrecht II, RdNr. 320; *Stern*, JuS 1985, S. 336 f.
449 Vgl. Dreier/*Dreier*, GG I, Art. 2 I RdNr. 94.
450 So die bekannte Warnung von *Dürig*. Vgl. auch *Thüsing*, NJW 2003, S. 3248.
451 von Mangoldt/Klein/Starck/*Starck*, GG I, Art. 1 RdNr. 15; Jarass/Pieroth/*Jarass*, GG, Art. 1 RdNr. 7.
452 Maunz/Dürig/*Herdegen*, GG, Art. 1 RdNr. 44.
453 Schmidt-Bleibtreu/Hofmann/Hopfauf/*Hofmann*, GG, Art. 1 RdNr. 59.
454 Siehe nur BAG v. 10.11.1955 – 2 AZR 591/54 = AP Nr. 2 zu § 611 BGB Beschäftigungsanspruch; LAG Hamm v. 20.03.1970 – 6 Sa 16/70.

Achtungsanspruches, der es verbietet, den Menschen zum bloßen Objekt zu machen oder ihn einer Behandlung auszusetzen, die seine Subjektqualität grundsätzlich in Frage stellt[455]) als vielmehr dem weiteren Bereich der Entfaltung und Verwirklichung seiner Persönlichkeit zuzuordnen.[456] In diesem Sinne räumt auch das Weiterbildungsgesetz (WbG) NRW[457] in seinem § 1 Abs. 1 jedermann ein Recht auf Erwerb derjenigen Kenntnisse und Qualifikationen ein, die zur freien Berufswahl und *„zur freien Entfaltung der Persönlichkeit"* erforderlich sind.[458] Nach alledem wird die berufliche Weiterbildung vom Schutzbereich des allgemeinen Persönlichkeitsrechts gemäß Art. 2 Abs. 1 i.V.m. Art. 1 Abs. 1 GG nicht erfaßt. Sie zählt vielmehr zu den dynamischen, aktiven Elementen der Persönlichkeitsverwirklichung[459], die von der allgemeinen Handlungsfreiheit des Art. 2 Abs. 1 GG gewährleistet werden.

c) Weiterbildung und allgemeine Handlungsfreiheit

Die in Art. 2 Abs. 1 GG verbürgte allgemeine Handlungsfreiheit schützt nicht einen bestimmten, abgegrenzten Lebensbereich, sondern jegliches menschliche Verhalten. Als Auffanggrundrecht bzw. Generalklausel gewinnt sie nur Bedeutung, soweit nicht bereits der Schutzbereich eines speziellen Grundrechts einschlägig ist.[460] Die berufliche Weiterbildung wird von Art. 12 Abs. 1 GG erfaßt, so daß die allgemeine Handlungsfreiheit, auch wenn die berufliche Weiterbildung dem Schutzbereich des Art. 2 Abs. 1 GG problemlos zugeordnet werden kann, aus Subsidiaritätsgründen zurücktritt.

d) Weiterbildung und allgemeiner Gleichheitssatz

Der allgemeine Gleichheitssatz des Art. 3 Abs. 1 GG enthält ein Grundrecht und damit ein subjektives Recht des Einzelnen. Gleichzeitig bildet er einen in allen Be-

---

455 So zu Art. 1 Abs. 1 GG BVerfG v. 14.10.1992 – 2 BvE 14/90 = BVerfGE 87, S. 209 (228).
456 Die Begründung des Beschäftigungsanspruchs mit dem Persönlichkeitsrecht des Arbeitnehmers ganz ablehnend *Pallasch*, Der Beschäftigungsanspruch des Arbeitnehmers, S. 64 ff. sowie *Brors*, Die Abschaffung der Fürsorgepflicht, S. 218 ff.
457 Erstes Gesetz zur Förderung und Ordnung der Weiterbildung in Nordrhein-Westfalen (Weiterbildungsgesetz – WbG) v. 14.04.2001, GV. NW. S. 390.
458 Nach dem BVerfG dient die (überbetriebliche) Weiterbildung der *„Persönlichkeitsentwicklung"* des Arbeitnehmers; BVerfG v. 15.12.1987 – 1 BvR 563, 582/85, 974/86 und 1 BvL 3/86 = BVerfGE 77, S. 308.
459 Angedeutet wohl auch bei *Käufer*, Weiterbildung im Arbeitsverhältnis, S. 208. Vgl. allgemein zum aktiven Element der Persönlichkeitsentfaltung *Schmitt Glaeser*, HStR VI, 2. Aufl. 2001, § 129 RdNr. 19.
460 Jarass/Pieroth/*Jarass*, GG, Art. 2 RdNr. 2; *Pieroth/Schlink*, Staatsrecht II, RdNr. 387.

reichen geltenden Verfassungsgrundsatz.[461] Die Vorschrift dient insbesondere dem Zweck, bei rechtlichen oder tatsächlichen Maßnahmen die Gleichbehandlung von Personen in vergleichbaren Sachverhalten sicherzustellen.[462] Sie verlangt allgemein die Rechtsanwendungsgleichheit und, wie sich aus dem Zusammenhang mit Art. 1 Abs. 3 GG ergibt, die Rechtsetzungsgleichheit.[463] Bietet der Staat daher Einrichtungen oder Maßnahmen der Weiterbildung an, so folgt aus Art. 3 Abs.1 GG für den Einzelnen ein Recht auf gleichen Zugang oder, falls die Maßnahmen in finanzieller Förderung bestehen, ein Recht auf Gleichbehandlung bei dieser Förderung.

Der Gleichheitsatz des Art. 3 Abs. 1 GG wird vom Sozialstaatsprinzip aus Art. 20 Abs. 1 GG angereichert und kann von diesem in seiner Anwendung beeinflußt werden.[464] Das Bundesverfassungsgericht hat im ersten „Numerus Clausus"-Urteil aus einer Gesamtschau der Grundrechte aus Art. 12 Abs. 1 und Art. 3 Abs. 1 GG und dem Sozialstaatsprinzip ein Teilhaberecht hergeleitet, das einen Anspruch auf Zugang zu staatlichen *Aus*bildungseinrichtungen gewährt, insbesondere in Bereichen, in denen der Staat ein rechtliches oder faktisches *Aus*bildungsmonopol innehat und wo die Beteiligung an staatlichen Leistungen zugleich notwendige Voraussetzung für die Verwirklichung von Grundrechten ist.[465] Ebenso soll Art. 2 Abs. 1 GG i.V.m. Art. 3 Abs. 1GG und dem Sozialstaatsprinzip Kindern ein Recht auf gleiche Chance zur Persönlichkeitsentfaltung im öffentlichen Bildungswesen einräumen.[466] Der im „Numerus Clausus"-Urteil zum Ausdruck gekommene Gedanke läßt sich grundsätzlich auch auf staatliche Einrichtungen der beruflichen *Weiter*bildung übertragen, wobei – wie bereits erwähnt wurde – ein staatliches Monopol in Anbetracht der tatsächlichen Beschaffenheit der vielfältigen Weiterbildungsangebote, die schwerpunktmäßig von privater Seite ausgehen, wohl eine theoretische Figur bleiben wird.

In der Literatur werden verschiedentlich aus der Feststellung, zum egalitären Kern des Gleichheitssatzes gehöre ein dem Bereich der sozialkulturellen Daseinsvorsorge zuzurechnendes Basisrecht auf Bildung und Ausbildung, das eine Rechtsgleichheit der Start- und Förderungschancen fordere,[467] parallele Folgerungen auch für den Bereich der beruflichen Weiterbildung in Erwägung gezogen. Zu überlegen

---

461 BVerfG v. 23.01.1957 – 2 BvE 2/56 = BVerfGE 6, S. 84 (91); v. 13.11.1974 – 1 BvL 27/73; *P. Kirchhof*, HStR V, 2. Aufl. 2000, § 125 RdNr. 4.
462 Jarass/Pieroth/*Jarass*, GG, Art. 3 RdNr. 1.
463 *P. Kirchhof*, HStR V, 2. Aufl. 2000, § 125 RdNr. 4; *Pieroth/Schlink*, Staatsrecht II, RdNr. 460.
464 Jarass/Pieroth/*Jarass*, GG, Art. 3 RdNr. 1, Art. 20 RdNr. 123.
465 BVerfG v. 18.07.1972 – 1 BvL 32/70 und 25/71 = BVerfGE 33, S. 303 (331 f.); vgl. dazu bereits oben § C.II.2.a.cc.bbb.2.
466 *Glotz/Faber*, HdbVerfR, § 28 RdNr. 11.
467 Maunz/Dürig/*Dürig/Scholz*, GG, Art. 3 RdNr. 91.

sei, ob nicht auch im Hinblick auf berufliche Aufstiegschancen bzw. für die Möglichkeit, seine beruflichen Fertigkeiten und Kenntnisse neuen Anforderungen anzupassen, der Staat zur Schaffung von Möglichkeiten zur Förderung von Personen verpflichtet sei, die einen Bildungsrückstand aufweisen und sich insofern nicht in einer chancengleichen Ausgangsposition befinden. Da die vom Gleichheitssatz gewährleistete Gleichheit der beruflichen Aufstiegschancen neben einer Förderung der zur Selbstverwirklichung und Selbstbestimmung erforderlichen Fähigkeiten das Vorhandensein eines angemessenen Zeitbudgets sowie finanzielle Sicherheit während der Dauer der Weiterbildung voraussetze, könne den Gesetzgeber möglicherweise die Pflicht treffen, entsprechende Freistellungsregelungen zu schaffen. Im Endeffekt werden solche Schlußfolgerungen aber als unzutreffend verworfen.[468] Diesem Ergebnis ist zuzustimmen. Gegen die Annahme einer Verpflichtung der Legislative spricht zum einen, daß solche originären Teilhaberechte schon im Zusammenhang mit Art. 12 Abs. 1 GG mit treffenden Argumenten abgelehnt wurden.[469] Des weiteren geht es der Verfassung, soweit aus dem Gleichheitssatz ein Basisrecht auf Bildung und Ausbildung abgeleitet wird, primär um die Bildung von Kindern und Jugendlichen als Voraussetzung für deren Persönlichkeitsentfaltung.[470] Im Hinblick auf Berufstätige trifft den Staat bzw. den Gesetzgeber aber keine (soziale) Verantwortung, die mit derjenigen für die Bildung von Kindern und Jugendlichen vergleichbar wäre.[471]

Der allgemeine Gleichheitssatz des Art. 3 Abs. 1 schützt demnach vor Ungleichbehandlungen bei der Teilhabe an staatlichen Einrichtungen und Maßnahmen der beruflichen Weiterbildung. Aus Art. 3 Abs. 1 GG kann aber keine Verpflichtung des Gesetzgebers hergeleitet werden, zur Schaffung von gleichen Start- und Förderungschancen bei der Weiterbildung tätig zu werden.

e) Art. 1 und 2 GG – Parallele zum allgemeinen Beschäftigungsanspruch?

Das Bundesarbeitsgericht hat in der grundlegenden Entscheidung vom 10.11.1955 einen allgemeinen Beschäftigungsanspruch des Arbeitnehmers (und eine korrespondierende Beschäftigungspflicht des Arbeitgebers) bejaht und sich dabei auch unmittelbar auf Art 1 und 2 GG und den darin garantierten Persönlichkeitsschutz

---

468 *Fracke*, Die betriebliche Weiterbildung, S. 89 f.; *Mauer*, Rechtliche Aspekte der Bildungsfreistellung, S. 59.
469 Vgl. oben § 3 C.II.2.a.cc.bbb.3.
470 Maunz/Dürig/*Dürig/Scholz*, GG, Art. 3 RdNr. 92.
471 So auch *Fracke*, Die betriebliche Weiterbildung, S. 90.

gestützt.[472] Da eine Beschäftigungsfähigkeit des Arbeitnehmers gegebenenfalls eine Anpassung oder Erweiterung der Kenntnisse und Fertigkeiten voraussetzt, könnte man in Betracht ziehen, einen Anspruch auf bzw. eine Pflicht zur beruflichen Weiterbildung auf eine ähnliche Rechtsgrundlage zu stellen. Allerdings können aus der Verfassung keine positiven Handlungspflichten für den Arbeitgeber oder den Arbeitnehmer abgeleitet werden.[473] Dies hat auch der Große Senat des BAG betont, allerdings bezogen auf die Weiterbeschäftigung im gekündigten Arbeitsverhältnis. Der Beschäftigungsanspruch sei hiernach aus §§ 611, 613 i.V.m. § 242 BGB abzuleiten, wobei die Generalklausel des § 242 BGB durch die Wertentscheidung des Art. 1 und 2 GG ausgefüllt werde.[474] Rechtstechnisch ist die Beschäftigungspflicht des Arbeitgebers als (rechtsfortbildende) Konkretisierung entweder seiner Haupt-[475] oder der Nebenpflichten[476] aus dem Arbeitsvertrag einzuordnen. Unabhängig davon, für welche der beiden Alternativen man eintritt, liegt der dogmatische Ausgangspunkt für die Beschäftigungspflicht also auf der Ebene des Arbeitsvertrages,[477] so daß jedenfalls eine Herleitung eines Weiterbildungsanspruchs unmittelbar aus den Art. 1 und 2 GG ausscheidet.

f) Sozialstaatsprinzip, Art. 20 Abs. 1 GG

In der in Art. 20 Abs. 1 GG enthaltenen Formulierung, die Bundesrepublik Deutschland sei ein *„sozialer"* Bundesstaat, ist eine Staatszielbestimmung verankert.[478] Grundgegenstand dieses sozialen Staatsziels sind die aus dem Solidaritätsgedanken abzuleitenden Forderungen der sozialen Sicherheit und des sozialen Ausgleichs.[479] Das Sozialstaatsprinzip verpflichtet den Staat, für eine gerechte Sozialordnung zu sorgen, gebietet aufgrund seiner begrifflichen Weite und Unbestimmtheit aber grundsätzlich nicht, soziale Leistungen in einem bestimmten Umfang zu gewähren.[480] Ebensowenig wie aus den übrigen Staatszielbestimmungen ergeben sich aber auch aus dem Sozialstaatsprinzip (allein) regelmäßig keine subjektiven Rechte, d.h.

---

472 BAG v. 10.11.1955 – 2 AZR 591/54 = AP Nr. 2 zu § 611 BGB Beschäftigungsanspruch; vgl. auch LAG Hamm v. 20.03.1970 – 6 Sa 16/70 = DB 1970, S. 1034.
473 MünchArbR/*Blomeyer*, 2. Aufl. 2000, § 95 RdNr. 9; *Lepke*, DB 1971, S. 478.
474 BAG v. 27.02.1985 – GS 1/84 = AP Nr. 14 zu § 611 BGB Beschäftigungspflicht; die Begründung des Großen Senats ablehnend Staudinger/*Richardi*, BGB, § 611 RdNr. 908.
475 ErfK/*Preis*, § 611 RdNr. 564.
476 MünchArbR/*Reichold*, § 84 RdNr. 7 f.; MüKo-BGB/*Müller-Glöge*, § 611 RdNr. 973.
477 Vgl. dazu unten § 4 B.I.
478 von Mangoldt/Klein/Starck/*Sommermann*, GG II, Art. 20 RdNr. 98.
479 von Mangoldt/Klein/Starck/*Sommermann*, GG II, Art. 20 RdNr. 104.
480 BVerfG v. 08.06.2004 – 2 BvL 5/00 = BVerfGE 110, S. 412 (445).

keine einklagbaren Ansprüche Einzelner.[481] Dies gilt auch für einen Anspruch auf bestimmte soziale Regelungen.[482] Wesentliche Bedeutung kommt dem Sozialstaatsprinzip aber insoweit zu, als es zur Konkretisierung und Anwendung anderer Verfassungsbestimmungen und insbesondere der Grundrechte heranzuziehen ist.[483] Allerdings führt auch dies zumeist nicht dazu, daß den Grundrechten Leistungsansprüche entnommen werden könnten.[484] Doch sind Ausnahmen möglich. Insbesondere kann das Sozialstaatsprinzip i.V.m. Art. 3 Abs. 1 GG zur Korrektur bestehender Leistungssysteme führen.[485] Im bereits mehrfach erwähnten „Numerus Clausus"-Urteil hat das Bundesverfassungsgericht aus Art. 12 Abs. 1 und Art. 3 Abs. 1 GG und dem Sozialstaatsprinzip ein Teilhaberecht für den Einzelnen im Hinblick auf staatliche Ausbildungseinrichtungen abgeleitet.[486]

In objektiver Hinsicht enthält das Sozialstaatsprinzip u.a. den Auftrag, die Möglichkeit der Bildung sicherzustellen.[487] Dieser Auftrag ist auch in Art. 26 AEMR enthalten. Schon bei dieser Bestimmung ist umstritten, ob sie sich auch auf die Weiterbildung erstreckt.[488] Auch wenn dem Gesetzgeber grds. die Konkretisierung des Sozialstaatsprinzips als bindende Aufgabe übertragen ist,[489] steht im dabei ein weiter Handlungsspielraum zur Verfügung.[490] Konkrete Verpflichtungen des Gesetzgebers lassen sich aus dem Sozialstaatsprinzip nicht herleiten.[491] Selbst für den Fall, daß man die (berufliche) Weiterbildung vom objektiven Auftrag zur Sicherstellung der Möglichkeit zur Bildung mitumfaßt ansieht, wird man wohl – ähnlich wie im Zusammenhang mit der Berufsfreiheit gemäß Art. 12 Abs. 1 GG – davon ausgehen müssen, daß der Gesetzgeber seinen Pflichten durch die Bereitstellung der bereits genannten Organisations- und Verfahrensvorschriften nachgekommen ist.[492]

---

481 BVerfG v. 03.12.1969 – 1 BvR 624/56 = BVerfGE 27, S. 253 (283); von Mangoldt/Klein/Starck/*Sommermann*, GG II, Art. 20 RdNr. 103; Jarass/Pieroth/*Jarass*, GG, Art. 20 RdNr. 113.
482 BSG v. 18.05.1983 – 6 RKa 22/80 = SGb 84, S. 426 (430).
483 BVerfG v. 19.12.1951 – 1 BvR 220/51 = BVerfGE 1, S. 97 (105); *Bieback*, Jura 1987, S. 234 ff.; Jarass/Pieroth/*Jarass*, GG, Art. 20 RdNr. 121 ff.
484 BVerfG v. 29.05.1990 – 1 BvL 20/84, 1 BvL 26/84, 1 BvL 4/86 = BVerfGE 82, S. 60 (80).
485 *Bieback*, Jura 1987, S. 236 f.
486 BVerfG v. 18.07.1972 – 1 BvL 32/70 und 25/71 = BVerfGE 33, S. 303 (331 f.).
487 Jarass/Pieroth/*Jarass*, GG, Art. 20 RdNr. 118.
488 Vgl. oben § 3 A.I.
489 BVerfG v. 03.04.1979 – 1 BvL 30/76 = BVerfGE 51, S. 115 (125); v. 22.10.1985 – 1 BvL 2/82 = BVerfGE 71, S. 66 (80).
490 BVerfG v. 08.10.1985 – 1 BvL 17, 19/83 = BVerfGE 70, S. 278 (288).
491 BVerfG v. 29.05.1990 – 1 BvL 20, 26, 184 und 4/86 = BVerfGE 82, S. 60 (80).
492 Vgl. dazu oben § 3 C.II.2.a.cc.bbb.3.3b.

Nach alledem ergeben sich für die berufliche Weiterbildung aus dem Sozialstaatsprinzip allein keine Erkenntnisse, die nicht schon im Zusammenhang mit den bereits angesprochenen Verfassungsbestimmungen berücksichtigt worden wären.

3. Ergebnis zu den grundgesetzlichen Regelungen

Die berufliche Weiterbildung wird vom Schutzbereich der durch Art. 12 Abs. 1 GG gewährleisteten Berufsfreiheit i.e.S. sowie vom Schutzbereich des (subsidiär zur Anwendung kommenden) Grundrechts der allgemeinen Handlungsfreiheit gemäß Art. 2 Abs. 1 GG umfaßt. Sie wird dagegen nicht vom Allgemeinen Persönlichkeitsrecht, Art. 2 Abs. 1 i.V.m. Art. 1 Abs. 1 GG, geschützt. Neben der klassischen Abwehrfunktion verwirklicht sich die Grundrechtsgewährleistung im Rahmen des Art. 12 Abs. 1 GG über eine aus der Schutzfunktion abgeleitete Pflicht zur grundrechtskonformen Auslegung des einfachen Rechts sowie über Teilhabe- und Zugangsrechte an bzw. zu staatlichen Weiterbildungsangeboten und -einrichtungen. Daneben begründet die staatliche Schutzpflicht eine Verpflichtung des Gesetzgebers, im Bereich der beruflichen Weiterbildung durch den Erlaß von Organisations- und Verfahrensvorschriften tätig zu werden, die im Hinblick auf entsprechende Regelungen im BBiG und im SGB III als erfüllt angesehen werden kann. Der allgemeine Gleichheitssatz des Art. 3 Abs. 1 schützt vor Ungleichbehandlungen bei der Teilhabe an staatlichen Einrichtungen und Maßnahmen der beruflichen Weiterbildung. Aus dem Sozialstaatsprinzip des Art. 20 Abs. 1 GG allein ergeben sich im Zusammenhang mit der beruflichen Weiterbildung keine konkreten Rechtswirkungen. Will man aus Art. 20 Abs. 1 GG eine Pflicht des Staates zur Sicherstellung auch der Möglichkeit der Weiterbildung herleiten, so ist eine etwaige gesetzgeberische Verpflichtung wie im Rahmen des Art. 12 Abs. 1 GG jedenfalls als erfüllt anzusehen.

D. Einfachgesetzliche Bestimmungen auf Bundesebene

Auf der Ebene des einfachen Rechts, insbesondere im Betriebsverfassungsgesetz (BetrVG), bestehen zahlreiche Regelungen, die einen thematischen Bezug zur beruflichen Weiterbildung von Arbeitnehmern aufweisen. Im einfachen Bundesrecht gibt es allerdings – anders als auf der Ebene des Landesrechts – keine Norm, die Arbeitnehmern einen allgemeinen Anspruch auf Weiterbildungsmaßnahmen oder auf Freistellung zum Zwecke der Weiterbildung einräumt. Soweit Rechte und

Pflichten begründet werden, richten sich diese jeweils nur an einen abgegrenzten Adressatenkreis.

Die gesetzlichen Bestimmungen mit Weiterbildungsbezug sollen im folgenden auf ihren Regelungsgehalt untersucht werden. Besonderes Augenmerk wird dabei (wie schon bisher) auf die Frage gerichtet, ob und ggf. inwieweit sie Rechte und Pflichten im Zusammenhang mit der beruflichen Fortbildung enthalten. Dabei soll zunächst das einfache Bundesrecht einer Überprüfung unterzogen werden, bevor auf die Weiterbildungsgesetze der Länder eingegangen wird.

I. Vorbemerkung

Bestimmungen des einfachen Bundesrechts, die sich inhaltlich mit der beruflichen Weiterbildung von Arbeitnehmern auseinandersetzen, finden sich in unterschiedlichen Zusammenhängen. Die erste Einheit bilden die Regelungen für die verschiedenen Arten der Betriebsbeauftragten. Zu einer weiteren größeren Gruppe lassen sich die Bestimmungen des Betriebsverfassungsgesetzes zusammenfassen, die die Mitwirkungs- und Mitbestimmungsrechte des Betriebsrates sowie die Mitspracherechte der Arbeitnehmer eines Betriebes zum Gegenstand haben. Neben diesen beiden Gruppen finden sich Vorschriften insbesondere in den Sozialgesetzbüchern I und III, im Kündigungsschutzgesetz (KSchG) und im Teilzeit- und Befristungsgesetz (TzBfG).

1. Vorschriften zu den Betriebsbeauftragten

Zu einer Gruppe von Regelwerken, die Normen zur beruflichen Weiterbildung von Arbeitnehmern enthalten, lassen sich die Vorschriften zu den sogenannten Betriebsbeauftragten zusammenfassen. Beispielhaft sollen das Arbeitssicherheitsgesetz, das Bundesdatenschutzgesetz, das Bundes-Immissionsschutzgesetz und das SGB VII beleuchtet werden.

a) Arbeitssicherheitsgesetz (ASiG)

Das Arbeitssicherheitsgesetz (ASiG) verpflichtet den Arbeitgeber, Betriebsärzte und Fachkräfte für Arbeitssicherheit zu bestellen, die ihn beim Arbeitsschutz und bei der Unfallverhütung unterstützen (§ 1 Abs. 1 S. 1 f. ASiG). Im Zusammenspiel mit anderen Schutzvorschriften soll das Gesetz die Arbeitssicherheit und den Arbeitsschutz in den Betrieben und Dienststellen der Wirtschaft und der öffentlichen

Verwaltung gewährleisten,[493] indem es dem Arbeitgeber und den betrieblichen Führungskräften fachkundige Berater zur Seite stellt.[494] Den bestellten Betriebsärzten und Fachkräften für Arbeitssicherheit kommt dabei die Aufgabe zu, den Unternehmer bzw. Dienststellenleiter und die mit der Verantwortung für die Arbeitssicherheit betrauten Personen zu beraten und zu unterstützen (vgl. §§ 3 Abs. 1, 6 ASiG). Sie tragen jedoch keine unmittelbare Verantwortung für das Unfallgeschehen im Betrieb.[495] Um sicherzustellen, daß die von den Betriebsärzten und Fachkräften geforderte Fachkunde (vgl. §§ 4, 7 ASiG) an die Entwicklung des Arbeitsschutzes und die technischen, organisatorischen und personellen Rahmenbedingungen angepaßt wird, verpflichten § 2 Abs. 3 und § 5 Abs. 3 ASiG den Arbeitgeber zur Ermöglichung einer entsprechenden Fortbildung.[496]

aa) Die Fortbildung der Betriebsärzte, § 2 Abs. 3 ASiG

Nach § 2 Abs. 3 ASiG hat der Arbeitgeber den Betriebsärzten *„die zur Erfüllung ihrer Aufgaben erforderliche Fortbildung unter Berücksichtigung der betrieblichen Belange zu ermöglichen"*. Nach dem eindeutigen Wortlaut trifft nur den Arbeitgeber eine Verpflichtung, wohingegen für die Betriebsärzte durch das ASiG keine eigenständige Fortbildungsverpflichtung geschaffen wird.[497] Eine solche ergibt sich für den Betriebsarzt allerdings aus berufsrechtlichen Vorschriften.[498] Beispielsweise schreibt § 4 Abs. 1 der Ärzte-Berufsordnung des Landes Bremen den aktiven Berufsträgern vor, sich in dem Umfang beruflich weiterzubilden, *„wie es zur Erhaltung und Entwicklung der zu ihrer Berufsausübung erforderlichen Fachkenntnisse notwendig ist"*. Nach Abs. 2 derselben Norm müssen sie dies auf Verlangen gegenüber der Ärztekammer durch ein Zertifikat nachweisen.

aaa) Begriff der Fortbildung

Das ASiG enthält keine konkreten Ausführungen zu der Frage, was unter dem Begriff der „Fortbildung" zu verstehen ist. Anhaltspunkte für eine Konkretisierung lassen sich aber im Rahmen der systematischen Auslegung unter Berücksichtigung des Inhalts anderer Normen ermitteln. So bestimmt § 4 ASiG, daß nur solche ap-

---

493 *Aufhauser/Brunhöber/Igl*, ASiG, Einführung RdNr. 1.
494 HzA/*Bengelsdorf*, Gruppe 9 Teilbereich 1 RdNr. 118.
495 *Aufhauser/Brunhöber/Igl*, ASiG, Einführung RdNr. 29.
496 *Pieper*, Arbeitsschutzrecht, ASiG RdNr. 57.
497 *Anzinger/Bieneck*, ASiG, § 2 RdNr. 69.
498 Vgl. dazu auch *Anzinger/Bieneck*, ASiG, § 2 RdNr. 70; *Giese/Ibels/Rehkopf*, ASiG, § 2 RdNr. 14; *Kliesch/Nöthlichs/Wagner*, ASiG, S. 148.

probierten Ärzte zum Betriebsarzt bestellt werden dürfen, die die zur Erfüllung der ihnen gemäß § 3 ASiG übertragenen Aufgaben erforderliche Sachkunde besitzen. Eine Fortbildung kann demnach nur als ergänzende Qualifikation für solche Kräfte verstanden werden, die bereits über (im Rahmen ihrer Ausbildung erlangte) Kenntnisse und Fähigkeiten arbeitsmedizinischer bzw. sicherheitstechnischer Art verfügen.[499] Dieses Ergebnis steht im Einklang mit dem ärztlichen Berufsrecht, das die Qualifizierung in die Stufen der Aus-, Weiter- und Fortbildung unterteilt. Während der Begriff der Weiterbildung den Erwerb der Fähigkeiten für bestimmte, festgelegte ärztliche Tätigkeiten nach Abschluß der Berufsausbildung beschreibt, geht es bei der Fortbildung um den Erhalt und die Entwicklung der zur Berufsausübung notwendigen Fachkenntnisse,[500] also um berufliche Weiter- bzw. Fortbildung im Sinne des dieser Arbeit zugrundegelegten Verständnisses.

bbb) Erforderlichkeit

Der Arbeitgeber ist nach § 2 Abs. 3 S. 1 ASiG nur zur Ermöglichung der Fortbildung verpflichtet, die als für die Bewältigung der dem Betriebsarzt übertragenen Aufgaben „*erforderlich*" einzustufen ist. Das Kriterium der Erforderlichkeit beschränkt die Inanspruchnahme des Arbeitgebers auf die für die Sicherstellung des Arbeitsschutzes in seinem konkreten Betrieb notwendigen Qualifizierungsmaßnahmen. Es zieht somit eine Trennlinie gegenüber der darüber hinausgehenden allgemeinen ärztlichen Fortbildung des Betriebsarztes, für die dieser allein die Verantwortung trägt.[501] An das Merkmal der Erforderlichkeit sind strenge Maßstäbe anzulegen.[502] Ob eine Fortbildung als erforderlich gelten kann, ist objektiv unter Berücksichtigung des jeweiligen Betriebs bzw. der jeweiligen Dienststelle zu ermitteln.[503] Nicht maßgeblich sind rein persönliche, nicht durch die Aufgabenstellung bedingte Überlegungen und Wünsche des Betriebsarztes.[504] Die Fortbildung muß danach zumindest zweckmäßig für die Arbeit der Ärzte im Betrieb bzw. in der Dienststelle sein. Inhaltlich liegt daher vor allem eine Weiterbildung auf dem Gebiet der Arbeitsmedizin nahe. Soweit sie sich als für die Erfüllung der in § 3 ASiG genannten Aufgaben notwendig erweisen, kommen aber auch Fortbildungsveran-

---

499 MünchArbR/*Kohte*, § 292 RdNr. 58 f.; *Anzinger/Bieneck*, ASiG, § 2 RdNr. 71.
500 Dazu näher *Anzinger/Bieneck*, ASiG, § 2 RdNr. 72 f.
501 *Anzinger/Bieneck*, ASiG, § 2 RdNr. 74 ff.; vgl. auch *Giese/Ibels/Rehkopf*, ASiG, § 2 RdNr. 10.
502 *Schiefer*, Schulung und Weiterbildung im Arbeits- und Dienstverhältnis, RdNr. 181.
503 *Spinnarke/Schork*, Arbeitssicherheitsrecht, § 2 ASiG RdNr. 27; *Aufhauser/Brunhöber/Igl*, ASiG, § 2 RdNr. 6; *Giese/Ibels/Rehkopf*, ASiG, § 2 RdNr. 13.
504 *Giese/Ibels/Rehkopf*, ASiG, § 2 RdNr. 13.

staltungen in anderen Bereichen des Arbeits- und Unfallschutzes in Betracht.[505] Bei Einhaltung dieser inhaltlichen Vorgaben ist es unerheblich, wer Veranstalter der Fortbildungsmaßnahmen ist.[506]

ccc) Berücksichtigung der betrieblichen Belange

§ 2 Abs. 1 S. 1 ASiG verpflichtet den Arbeitgeber zur Ermöglichung der Fortbildung der Betriebsärzte „*unter Berücksichtigung der betrieblichen Belange*". Es ist grundsätzlich die Fortbildungsart zu wählen, die die betrieblichen Interessen nicht wesentlich beeinträchtigt.[507] Mit diesem Tatbestandsmerkmal ist allerdings keine weitere Einschränkung der inhaltlichen Reichweite der Pflicht des Arbeitgebers verbunden. Stattdessen zielt es auf ein zeitliches Moment ab: Zeitpunkt, Dauer und Häufigkeit der Fortbildungsmaßnahmen müssen im Hinblick auf die Notwendigkeit derselben mit den betrieblichen Interessen abgewogen werden. Letztere müssen es zumutbar erscheinen lassen, daß die Teilnahme an der konkreten Veranstaltung zum vorgesehenen Zeitpunkt erfolgt.[508] Den betrieblichen Belangen ist beispielsweise dann ein Vorrang einzuräumen, wenn die Anwesenheit des Betriebsarztes im Betrieb im Zeitpunkt der ins Auge gefaßten Weiterbildungsveranstaltung unabdingbar ist oder der zeitliche Umfang der Fortbildung eine unangemessen lange Abwesenheit zur Folge hätte.[509] Regelmäßig führt die Berücksichtigung der betrieblichen Belange aber nicht zu einer dauerhaften Verhinderung der Teilnahme an einer als erforderlich anerkannten Weiterbildung, sondern lediglich zu einer zeitlichen Verschiebung.[510]

ddd) Freistellung, § 2 Abs. 3 S. 2, 4 ASiG

Liegen die Voraussetzungen des § 2 Abs. 3 S. 1 ASiG vor, handelt es sich also um eine erforderliche, die betrieblichen Belange berücksichtigende Fortbildung, ist der Betriebsarzt, so er Arbeitnehmer ist, für die Dauer der Maßnahme von der Arbeit freizustellen (§ 2 Abs. 3 S. 2 ASiG). Bei fehlender Arbeitnehmereigenschaft ist er von der Erfüllung der ihm übertragenen Aufgaben freizustellen (§ 2 Abs. 3 S. 4

---

505 *Aufhauser/Brunhöber/Igl*, ASiG, § 2 RdNr. 6.
506 HzA/*Bengelsdorf*, Gruppe 9 Teilbereich 1 RdNr. 123.
507 *Schiefer*, Schulung und Weiterbildung im Arbeits- und Dienstverhältnis, RdNr. 181; vgl. auch HzA/*Bengelsdorf*, Gruppe 9 Teilbereich 1 RdNr. 125.
508 *Giese/Ibels/Rehkopf*, ASiG, § 2 RdNr. 13; *Anzinger/Bieneck*, ASiG, § 2 RdNr. 77.
509 *Schiefer*, Schulung und Weiterbildung im Arbeits- und Dienstverhältnis, RdNr. 182 f.; HzA/ *Bengelsdorf*, Gruppe 9 Teilbereich 1 RdNr. 124; vgl. auch *Anzinger/Bieneck*, ASiG, § 2 RdNr. 78.
510 *Giese/Ibels/Rehkopf*, ASiG, § 2 RdNr. 13; *Anzinger/Bieneck*, ASiG, § 2 RdNr. 77.

ASiG). Der Betriebsarzt – gleichgültig ob in einem Beschäftigungsverhältnis oder freiberuflich tätig – hat gegen den Arbeitgeber einen entsprechenden gesetzlichen Anspruch.[511] Keinesfalls darf er aber einseitig von der Arbeit bzw. der Erfüllung der ihm übertragenen Aufgaben fernbleiben; es bedarf in jedem Falle eines Freistellungsaktes durch den Arbeitgeber.[512]

eee) Zeitlicher Umfang

Was den zeitlichen Umfang der Fortbildungsmaßnahme betrifft, so finden sich weder im Gesetz noch in Richtlinien oder allgemeingültigen Grundsätzen verbindliche Aussagen oder Anhaltspunkte. Die Beurteilung der zulässigen Dauer hängt daher vom konkreten Einzelfall ab, wobei auch hier das Kriterium der Erforderlichkeit und die betrieblichen Belange zu berücksichtigen sind. Im Regelfall kann dem Arzt die Beurteilung der Frage überlassen werden, welcher zeitliche Umfang notwendig ist, um die im Betrieb gestellten Aufgaben erfüllen zu können. Den als Arbeitnehmer beschäftigten Betriebsarzt trifft dabei die Verpflichtung, dem Arbeitgeber die Erforderlichkeit konkret darzulegen.[513]

fff) Fortzahlung der Vergütung

Wird der Betriebsarzt für die Zeit einer Fortbildungsmaßnahme von der Arbeit freigestellt, so verpflichtet § 2 Abs. 3 S. 2 ASiG den Arbeitgeber zur Fortzahlung der Arbeitsvergütung. Dies gilt jedoch, wie sich aus dem Fehlen einer entsprechenden Formulierung in § 2 Abs. 3 S. 4 ASiG ergibt, nur für den Fall, daß der Betriebsarzt als Arbeitnehmer eingestellt ist. Der Arbeitnehmer-Betriebsarzt ist so zu stellen, wie er bei erbrachter Arbeitsleistung stünde, so daß das Entgelt in vollem Umfang zu entrichten ist und Bezüge weitergewährt werden müssen.[514] Dies betrifft allerdings nicht solche Bezüge, die zur Abgeltung von Auslagen gezahlt werden, die während der Teilnahme an einer Fortbildungsveranstaltung nicht anfallen.[515]

---

511 *Anzinger/Bieneck*, ASiG, § 2 RdNr. 79; *Pieper*, Arbeitsschutzrecht, ASiG RdNr. 60; vgl. auch *Aufhauser/Brunhöber/Igl*, ASiG, § 2 RdNr. 6.
512 *Giese/Ibels/Rehkopf*, ASiG, § 2 RdNr. 14; HzA/*Bengelsdorf*, Gruppe 9 Teilbereich 1 RdNr. 126.
513 *Kliesch/Nöthlichs/Wagner*, ASiG, S. 149; *Schiefer*, Schulung und Weiterbildung im Arbeits- und Dienstverhältnis, RdNr. 184.
514 *Anzinger/Bieneck*, ASiG, § 2 RdNr. 80; *Aufhauser/Brunhöber/Igl*, ASiG, § 2 RdNr. 7.
515 *Schiefer*, Schulung und Weiterbildung im Arbeits- und Dienstverhältnis, RdNr. 184.

ggg) Kosten der Fortbildung

Nach § 2 Abs. 3 S. 3 ASiG trägt der Arbeitgeber die Kosten der Fortbildung. Die systematische Auslegung – S. 3 folgt unmittelbar auf den Satz, der die Fortzahlung der Vergütung für die als Arbeitnehmer eingestellten Betriebsärzte regelt – ergibt, daß nur in einem abhängigen Beschäftigungsverhältnis befindliche, nicht aber freiberuflich tätige oder von einem überbetrieblichen Dienst gestellte Betriebsärzte das Recht haben, vom Arbeitgeber Kostenerstattung zu verlangen.[516] Für letztere bleibt die Möglichkeit einer entsprechenden vertraglichen Regelung.[517]

Der Arbeitgeber muß die notwendigen Kosten übernehmen, die unmittelbar durch die Wahrnehmung der Fortbildungsveranstaltung anfallen. Dazu zählen zum einen die Reisekosten, d.h. die Kosten der An- und Abreise, der Unterbringung und der Verpflegung am Veranstaltungsort. Des weiteren muß er die vom Träger der Veranstaltung erhobenen Teilnahmegebühren sowie gegebenenfalls anfallende Anschaffungskosten für die notwendige arbeitsmedizinische Literatur tragen.[518] Den als Arbeitnehmer tätigen Betriebsarzt trifft die arbeitsvertragliche Nebenpflicht, die für den Arbeitgeber mit der Fortbildung verbundenen Kosten so gering wie möglich zu halten. Unter mehreren Weiterbildungsangeboten ist daher dasjenige auszuwählen, das zweckmäßig und zudem kostengünstig ist.[519]

Betreut ein Betriebsarzt als Arbeitnehmer mehrere Betriebe, so findet unter der Voraussetzung, daß die Fortbildung allen Betrieben zugute kommt, eine Aufteilung der Kosten unter den einzelnen Arbeitgebern statt. Der jeweils zu übernehmende Anteil richtet sich nach dem Umfang der Tätigkeit in den einzelnen Betrieben.[520]

Die Kostentragungspflicht des Arbeitgebers entfällt, wenn es sich um eine Fortbildung der Träger der gesetzlichen Unfallversicherung handelt, deren Kosten gemäß § 23 Abs. 2 S. 1 SGB VII von den Berufsgenossenschaften übernommen werden müssen.[521]

---

516 MünchArbR/*Kohte*, § 292 RdNr. 59; *Kliesch/Nöthlichs/Wagner*, ASiG, S. 149; *Schiefer*, Schulung und Weiterbildung im Arbeits- und Dienstverhältnis, RdNr. 185; *Spinnarke/Schork*, Arbeitssicherheitsrecht, § 2 ASiG RdNr. 27; *Anzinger/Bieneck*, ASiG, § 2 RdNr. 84; a.A. *Aufhauser/Brunhöber/Igl*, ASiG, § 2 RdNr. 8.
517 *Spinnarke/Schork*; *Anzinger/Bieneck*; jeweils a.a.O.
518 *Kliesch/Nöthlichs/Wagner*, ASiG, S. 149; *Anzinger/Bieneck*, ASiG, § 2 RdNr. 81; *Giese/Ibels/Rehkopf*, ASiG, § 2 RdNr. 12; *Aufhauser/Brunhöber/Igl*, ASiG, § 2 RdNr. 8.
519 *Anzinger/Bieneck*, ASiG, § 2 RdNr. 82; *Schiefer*, Schulung und Weiterbildung im Arbeits- und Dienstverhältnis, RdNr. 186.
520 *Schiefer*, Schulung und Weiterbildung im Arbeits- und Dienstverhältnis, RdNr. 187; *Aufhauser/Brunhöber/Igl*, ASiG, § 2 RdNr. 8.
521 MünchArbR/*Kohte*, § 292 RdNr. 59 (Fn. 106: „*lex specialis*"); *Pieper*, Arbeitsschutzrecht, ASiG RdNr. 60; *Spinnarke/Schork*, Arbeitssicherheitsrecht, § 2 ASiG RdNr. 28.

hhh) Durchsetzung

Aus der in § 2 Abs. 3 ASiG begründeten Pflicht des Arbeitgebers folgt ein entsprechender Anspruch des Arbeitnehmer-Betriebsarztes. Wenn der Arbeitgeber trotz des Vorliegens der Voraussetzungen eine Weiterbildung des Betriebsarztes nicht ermöglicht, kann die zuständige Behörde nach § 12 Abs. 1 ASiG Anordnungen gegen den Arbeitgeber erlassen. Daneben steht es dem Betriebsarzt frei, seinen Anspruch im Klagewege vor dem Arbeitsgericht geltend zu machen.[522]

iii) Bewertung

§ 2 Abs. 3 ASiG verpflichtet den Arbeitgeber zur Ermöglichung der Fortbildung der von ihm bestellten Betriebsärzte, die für die Dauer der Maßnahme freizustellen sind. Sofern der Arzt im Rahmen eines Arbeitsverhältnisses tätig ist, muß der Arbeitgeber darüber hinaus auch dessen Lohn fortzahlen und die Kosten der Fortbildung übernehmen. Die Vorschrift enthält konkrete Vorgaben, anhand derer sich der zulässige Inhalt und Umfang der Weiterbildungsmaßnahmen bestimmen läßt. Als Grenze dient dabei zum einen der Maßstab der „Erforderlichkeit", so daß eine Beschränkung auf solche Fortbildungsveranstaltungen erfolgen muß, die sich im Hinblick auf die vom Betriebsarzt zu verrichtende Arbeit als zumindest nützlich erweisen. Des weiteren sind auch die „betrieblichen Belange" zu berücksichtigen, was im Regelfall nur zu einer Verschiebung, im Einzelfall allerdings auch dazu führen kann, daß auf eine erforderliche Fortbildung verzichtet werden muß.[523] Der Arbeitgeber wird durch diese Regelungen vor einer zu weitgehenden Inanspruchnahme bewahrt.

Die genannten Einschränkungen sind Folge der der Norm zugrundeliegenden Interessenverteilung. Wenn der Arbeitgeber verpflichtet wird, den als Arbeitnehmer beschäftigten Arzt unter Fortzahlung seiner Bezüge freizustellen und zudem die durch die Fortbildung anfallenden Kosten zu tragen, so soll sich diese Verpflichtung nur auf solche Fortbildungen erstrecken, die dem Betrieb des Arbeitgebers auch einen (wirtschaftlichen) Nutzen bringen. Die Regelung erweist sich insofern als Ausgleich zwischen dem Interesse des Arbeitgebers, für die auch aus seiner Sicht vorteilhafte Qualifizierung seiner Arbeitnehmer nicht zu sehr in Anspruch genommen zu werden, und dem Interesse der Arbeitnehmer, ihre Fertigkeiten und Kenntnisse an den neuesten Stand anpassen zu können, ohne sich zu hohen wirtschaftlichen Lasten ausgesetzt zu sehen. Daher erscheint es auch vertretbar, bei der

---

522 *Giese/Ibels/Rehkopf*, ASiG, § 2 RdNr. 14; *Kliesch/Nöthlichs/Wagner*, ASiG, S. 149.
523 *Anzinger/Bieneck*, ASiG, § 2 RdNr. 78.

Beurteilung der Erforderlichkeit und der Berücksichtigung der betrieblichen Belange hinsichtlich einer Fortbildung, die von einem freiberuflich tätigen Betriebsarzt betrieben wird, einen großzügigeren Maßstab anzulegen. Schließlich trägt dieser die Kosten der Maßnahme und muß auch seinen Verdienstausfall selbständig kompensieren, wohingegen sich die Pflicht des Arbeitgebers auf die Ermöglichung der Weiterbildung und die vorübergehende Freistellung des Arztes beschränkt. In diesen Fällen wird man daher die „Erforderlichkeit" auch dann bejahen können, wenn neben im engeren Sinne für die Aufgabenerfüllung notwendigen Inhalten auch solche vermittelt werden, die sich mehr mit der allgemeinen medizinischen Entwicklung befassen.

bb) Die Fortbildung der Fachkräfte für Arbeitssicherheit, § 5 Abs. 3 ASiG

Nach § 5 Abs. 1 ASiG hat der Arbeitgeber Fachkräfte für Arbeitssicherheit – nach dem Gesetzeswortlaut erfaßt dieser Oberbegriff Sicherheitsingenieure, -techniker und -meister – zu bestellen und ihnen, soweit sich dies im Hinblick auf die in den Nr. 1 bis 4 aufgezählten Aspekte erforderlich erweist, die in § 6 ASiG genannten Aufgaben zu übertragen. § 7 Abs. 1 S. 2, 3 ASiG bestimmt, daß nur solche Personen als Fachkräfte für Arbeitssicherheit eingestellt werden dürfen, die bereits über die sicherheitstechnische Fachkunde verfügen, die zur Erfüllung der übertragenen Aufgaben notwendig ist. In Ergänzung dieser Vorschriften verpflichtet § 5 Abs. 3 ASiG den Arbeitgeber, der Fachkraft erforderlichenfalls und unter Berücksichtigung der betrieblichen Belange eine Fortbildung zu ermöglichen. Wie für die Betriebsärzte wird auch für die Fachkräfte durch das ASiG keine eigenständige Fortbildungsverpflichtung begründet. Das Gesetz geht vielmehr davon aus, daß die Sicherheitsfachkraft persönlich für die eigene Fortbildung verantwortlich ist. Daher besteht umgekehrt auch keine Pflicht des Arbeitgebers, aktiv auf eine Weiterbildung der Fachkräfte hinzuwirken.[524] Im Unterschied zu den Betriebsärzten ergibt sich für die Fachkräfte allerdings auch keine aus berufsrechtlichen Vorschriften folgende Fortbildungsverpflichtung.[525] Dem Gesetz liegt jedoch der Gedanke zugrunde, daß die grundsätzlich freie Entscheidung der Sicherheitsfachkraft über ihre eigene Weiterbildung durch die Zwänge, die sich aus dem umfassenden Aufgabenkatalog (vgl. § 6 ASiG) ergeben, erheblich eingeschränkt wird. Nur eine regelmäßige Anpassung der Kenntnisse und Fertigkeiten an die rechtliche, technische und wissenschaftliche Entwicklung befähigt zur sachgerechten Erfüllung der Aufgaben. Daneben geht das Gesetz davon aus, daß der Arbeitgeber, der ein Eigeninte-

---

524 *Kliesch/Nöthlichs/Wagner*, ASiG, S. 274; *Anzinger/Bieneck*, ASiG, § 5 RdNr. 57.
525 Vgl. *Käufer*, Weiterbildung im Arbeitsverhältnis, S. 84.

resse an der Qualifizierung seiner Arbeitnehmer haben sollte, die Qualität des Arbeitsschutzes in seinem Betrieb fortlaufend überprüft und ihm daher auch die Fortbildung seiner sicherheitstechnischen Berater angelegen ist.[526]

Die Vorschrift des § 5 Abs. 3 ASiG entspricht, von der Bezeichnung der Anspruchsberechtigten abgesehen, wörtlich der Regelung des § 2 Abs. 3 ASiG. Es kann daher, sowohl hinsichtlich Tatbestand und Rechtsfolge als auch in bezug auf die eigene Bewertung der Norm, auf die Ausführungen zur Fortbildung der Betriebsärzte verwiesen werden.

b) Die Fortbildung des Beauftragten für Datenschutz, § 4f Abs. 3 S. 7, Abs. 5 S. 1 BDSG

Strukturelle Ähnlichkeiten zum ASiG weist teilweise das Bundesdatenschutzgesetz (BDSG) auf,[527] das ebenfalls unter bestimmten Voraussetzungen einem eingegrenzten Kreis von Arbeitnehmern die Möglichkeit regelmäßiger beruflicher Fortbildung eröffnet.

Nach § 1 BDSG verfolgt das Gesetz den Zweck, den Einzelnen vor Beeinträchtigungen seines Persönlichkeitsrechts zu schützen, die durch die Erhebung, Verarbeitung und Nutzung seiner personenbezogenen Daten durch die in Abs. 2 genannten und in § 2 näher definierten öffentlichen und nicht-öffentlichen Stellen verursacht werden können. Schutzgegenstand ist demnach das „Persönlichkeitsrecht". Auch wenn der Gesetzgeber nicht den vom Bundesverfassungsgericht geprägten und von der überwiegenden Zahl der Landesdatenschutzgesetze übernommenen Begriff des „Rechts auf informationelle Selbstbestimmung" verwendet, ergibt sich daraus in materieller Hinsicht kein Unterschied. Bei der Auslegung des Gesetzes ist die Interpretation, die das allgemeine Persönlichkeitsrecht aus Art. 2 Abs. 1 i.V.m. Art. 1 Abs. 1 GG durch die Rechtsprechung des Bundesverfassungsgerichts – insbesondere durch das Volkszählungsurteil[528] – erfahren hat, zu berücksichtigen.[529] Inhaltlich ist somit der Schutz des in Art. 2 Abs. 1 i.V.m. Art. 1 Abs. 1 und Art. 14 GG verbürgten „Grundrechts auf Datenschutz"[530], das auch von Art. 8 Abs. 1 der Charta der Grundrechte der Europäischen Union gewährleistet wird, gemeint.[531] Nach seiner Konzeption ist das Bundesdatenschutzgesetz auf eine präventive Si-

---

526 *Anzinger/Bieneck*, ASiG, § 5 RdNr. 58 f.
527 *Bergmann/Möhrle/Herb*, Datenschutzrecht, § 4f BDSG RdNr. 12.
528 BVerfG v. 15.12.1983 – 1 BvR 209/83 u.a. = BVerfGE 65, S. 1 = NJW 1984, S. 419.
529 *Bergmann/Möhrle/Herb*, Datenschutzrecht, § 1 BDSG RdNr. 7; *Gola/Schumerus*, BDSG, § 1 RdNr. 6; a.A. *Simitis*, DuD 200, S. 719.
530 BVerfG v. 27.06.1991 – 2 BvR 1493/89 = BVerfGE 84, S. 239 = NJW 1991, S. 2129.
531 *Bergmann/Möhrle/Herb*, Datenschutzrecht, § 1 BDSG RdNr. 7.

cherung des Datenschutzes ausgelegt („Vorfeldrecht").[532] Als Mittel zur Erreichung des Gesetzeszwecks schreibt das BDSG in § 4f sowohl für öffentliche Stellen als auch, ab einer bestimmten Größe (§ 4f Abs. 1 S. 4 BDSG), für Unternehmen der freien Wirtschaft die Bestellung eines internen oder externen Datenschutzbeauftragten zwingend vor.

aa) Stellung und erforderliche Fachkunde des Datenschutzbeauftragten

Die Aufgaben des Datenschutzbeauftragten können, dies stellt § 4f Abs. 2 S. 3 klar, sowohl einem Beschäftigten des Unternehmens bzw. der Dienststelle („interner Datenschutzbeauftragter") als auch einer Person außerhalb der verantwortlichen Stelle („externer Datenschutzbeauftragter") übertragen werden.[533] Zwischen der Bestellung als einer Übertragung eines öffentlich-rechtlich begründeten Amtes einerseits und dem Beschäftigungsverhältnis andererseits ist streng zu unterscheiden.[534] Bei den internen Datenschutzbeauftragten einer öffentlichen Stelle handelt es sich um Beamte oder Angestellte des öffentlichen Dienstes, bei denen einer nichtöffentlichen Stelle in der Regel um Arbeitnehmer des betroffenen Unternehmens.[535] Als externer Datenschutzbeauftragter kommt bei nicht-öffentlichen Stellen auch ein Außenstehender in Betracht, der sich hauptberuflich mit dem Datenschutz befaßt und u.U. mehrere Unternehmen betreut.[536]

Aufgrund der vielen Einzelregelungen des Gesetzes besteht ein relativ bestimmtes Berufsbild des Datenschutzbeauftragten.[537] Zum Beauftragten für den Datenschutz darf gemäß § 4f Abs. 2 S. 1 BDSG nur bestellt werden, wer die zur Erfüllung seiner Aufgaben erforderliche Fachkunde und Zuverlässigkeit besitzt. Daraus folgt, daß es sich um eine natürliche Person handeln muß.[538] Die Aufgaben des Beauftragten ergeben sich aus § 4g BDSG; sie sind allgemein auf die Überwachung der Einhaltung des BDSG und anderer Vorschriften über den Datenschutz gerichtet (§ 4g Abs. 1 S. 1 BDSG). Das Maß der erforderlichen Fachkunde richtet sich gemäß § 4f Abs. 2 S. 2 BDSG nach den konkreten Bedürfnissen der verantwortlichen Stelle unter Berücksichtigung des Umfangs und der Schutzbedürftigkeit der Daten-

---

532 *Gola/Schumerus*, BDSG, § 1 RdNr. 6; *Bull*, NJW 2006, S. 1623.
533 *Gola/Schumerus*, BDSG, § 4f RdNr. 17.
534 *Bergmann/Möhrle/Herb*, Datenschutzrecht, § 4f BDSG RdNr. 59; *Ehmann/von Sponeck*, Der Datenschutzbeauftragte im Unternehmen, S. 38 f.
535 *Bergmann/Möhrle/Herb*, Datenschutzrecht, § 4f BDSG RdNr. 60; *Schlemann*, Recht des betrieblichen Datenschutzbeauftragten, S. 227 ff.
536 *Gola/Schumerus*, BDSG, § 4f RdNr. 18.
537 LG Ulm v. 31.10.1990 – 5 T 153/90 = CR 1991, S. 103 m. Anm. *Ehmann*.
538 *Bergmann/Möhrle/Herb*, Datenschutzrecht, § 4f BDSG RdNr. 92; *Gola/Schumerus*, BDSG, § 4f RdNr. 19.

verarbeitung.[539] An die Fachkunde des Datenschutzbeauftragten sind, da er einen wichtigen Auftrag für die Wahrung der Belange der Gesellschaft erfüllt, hohe Anforderungen zu stellen. Daher zählen zur notwendigen Fachkunde gute Kenntnisse der den Datenschutz betreffenden Rechtsvorschriften, Kenntnisse hinsichtlich Arbeitsweise und Organisation der Behörde oder des Unternehmens sowie Kenntnisse auf dem Gebiet der elektronischen bzw. automatisierten Datenverarbeitung. Zusätzlich werden ein betriebswirtschaftliches Grundwissen, didaktische Fähigkeiten sowie psychologisches Einfühlungsvermögen und Organisationstalent verlangt.[540] Schließlich beinhalten die an den Datenschutzbeauftragten gestellten Anforderungen auch dessen Fähigkeit und Bereitschaft, seinen Kenntnisstand durch Fortbildung an die neuesten technischen Entwicklungen anzupassen.[541] Die Notwendigkeit einer kontinuierlichen Weiterbildung ergibt sich aus der Tatsache, daß der Datenschutz durch eine starke Dynamik im rechtlichen und technischen Bereich geprägt ist.[542]

bb) Die Pflicht zur Ermöglichung der Teilnahme an Fort- und Weiterbildungsveranstaltungen gemäß § 4f Abs. 3 S. 7 BDSG

Der mit Wirkung vom 01.09.2009[543] neu eingefügte § 4f Abs. 3 S. 7 BDSG verpflichtet die verantwortliche (öffentliche oder nicht-öffentliche) Stelle nunmehr ausdrücklich, dem Datenschutzbeauftragten zur Erhaltung der zur Erfüllung seiner Aufgaben erforderlichen Sachkunde die Teilnahme an Fort- oder Weiterbildungsmaßnahmen zu ermöglichen und deren Kosten zu übernehmen.

Bis zur Gesetzesänderung wurde diese Verpflichtung bereits aus der nach wie vor in § 4f Abs. 5 S. 1 BDSG enthaltenen Unterstützungspflicht hergeleitet. Die Verpflichtung zur personellen und sachlichen Ausstattung wurde dahingehend aufgefaßt, daß sie auch die Ermöglichung der eigenen Fortbildung des Datenschutzbeauftragten einschließt, indem ihm die notwendige Fachliteratur zugänglich gemacht und ihm Gelegenheit gegeben wird, während der Arbeitszeit und in einem Umfang, der über das für den normalen Arbeitnehmer übliche Maß hinausgeht, Fortbil-

---

539 *Bergmann/Möhrle/Herb*, Datenschutzrecht, § 4f BDSG RdNr. 90a.
540 LG Ulm v. 31.10.1990 – 5 T 153/90 = CR 1991, S. 103 m. Anm. *Ehmann*; *Schaffland/Wiltfang*, BDSG, § 4f RdNr. 21 f.; *Bergmann/Möhrle/Herb*, Datenschutzrecht, § 4f BDSG RdNr. 95; *Simitis*, NJW 1998, S. 2396; *Schlemann*, Recht des betrieblichen Datenschutzbeauftragten, S. 189 ff.; *Tinnefeld*, CR 1991, S. 30 f.
541 *Bergmann/Möhrle/Herb*, Datenschutzrecht, § 4f BDSG RdNr. 96; vgl. auch Ehmann/*Wächter*, Der Datenschutzbeauftragte im Unternehmen, S. 105.
542 *Gola/Klug*, NJW 2007, S. 120.
543 Gesetz v. 14.08.2009; BGBl. I S. 2814.

dungs- und Informationsveranstaltungen zu besuchen (Seminare, Fachtagungen, Messen).[544] Die zur alten Rechtslage entwickelten Ansichten können auch bei der Auslegung der eine ausdrückliche Fortbildungsverpflichtung vorschreibenden Neufassung des Gesetzestextes herangezogen werden.

Die aus § 4f Abs. 3 S. 7 BDSG folgende Pflicht bedeutet zunächst, daß die verantwortliche Stelle/der Arbeitgeber die für die Weiterbildung nötige Zeit gewähren muß, deren Umfang sich am Kriterium der Erforderlichkeit zu orientieren hat.[545] Gesetzlich klargestellt wurde, daß die verantwortliche Stelle die durch die Weiterbildung verursachten Kosten zu tragen hat (§ 4f Abs. 3 S. 7 BDSG). Ob sie darüber hinaus auch verpflichtet ist, dem als Arbeitnehmer beschäftigten Datenschutzbeauftragten für die Dauer der Fortbildung seinen Arbeitslohn fortzuzahlen, ist im Unterschied zu den vergleichbaren Regelungen im ASiG dem Wortlaut des § 4f BDSG nicht zu entnehmen. In systematischer Hinsicht könnte dies den Schluß nahelegen, daß der Arbeitgeber diese Kosten nicht tragen muß. Gegen die Annahme einer Entgeltfortzahlungspflicht könnte zudem sprechen, daß der Gesetzgeber diese Frage ohne weiteres hätte regeln können. Allerdings enthält sich die Gesetzesbegründung in dieser Hinsicht jeder Äußerung,[546] so daß zumindest nicht davon ausgegangen werden kann, der Gesetzgeber habe eine Entgeltfortzahlungspflicht bewußt aussparen wollen. Der Zweck der Unterstützungspflicht des § 4f Abs. 5 S. 1 BDSG, dem Datenschutzbeauftragten ein auch im Interesse des Unternehmens bzw. der Dienststelle liegendes, wirksames und effektives Tätigwerden zu ermöglichen, spricht jedoch dafür, daß bei Arbeitnehmern bei Besuch einer Fortbildungsveranstaltung auch das Entgelt fortzuzahlen ist.[547] Den Vorschriften über die Bestellung eines Datenschutzbeauftragten liegt die gleiche Interessenlage zugrunde wie den Normen des ASiG, die den Arbeitgeber verpflichten, Betriebsärzte und Fachkräfte für Arbeitssicherheit zu bestellen und ihnen die zur Aufgabeerfüllung erforderliche Fortbildung zu ermöglichen. Dies rechtfertigt es, dem Arbeitgeber auch die gleichen finanziellen Lasten aufzuerlegen. Zwar trifft die Norm dazu keine ausdrückliche Aussage, jedoch erlaubt der weit gefaßte Wortlaut (*„unterstützen"*, *„Mittel zur Verfügung zu stellen"*) problemlos einen solchen Schluß.

Die Verpflichtung zur Ermöglichung einer Fortbildung besteht nur hinsichtlich eines internen Datenschutzbeauftragten, wohingegen der externe Beauftrage selbst

---

544 *Gola/Schumerus*, BDSG, § 4f RdNr. 54; *Schlemann*, Recht des betrieblichen Datenschutzbeauftragten, S. 171; *Bergmann/Möhrle/Herb*, Datenschutzrecht, § 4f BDSG RdNr. 166; *Schaffland/Wiltfang*, Bundesdatenschutzgesetz, § 4f RdNr. 68.
545 Vgl. *Däubler*, Gläserne Belegschaften?, RdNr. 607.
546 Vgl. BT-Drucks. 16/12011, S. 25.
547 *Käufer*, Weiterbildung im Arbeitsverhältnis, S. 72.

für die Anpassung seiner Kenntnisse an den neusten Entwicklungsstand verantwortlich ist.[548] Ob die Unterstützung im Einzelfall erforderlich für die Aufgabenerfüllung ist, obliegt primär der Beurteilung des Arbeitgebers bzw. der zuständigen Stelle. Die Entscheidung ist jedoch in vollem Umfang gerichtlich überprüfbar.[549]

cc) Bewertung

Aus § 4f Abs. 3 S. 7 BDSG ergibt sich die Pflicht der öffentlichen und nichtöffentlichen Stellen, dem von ihnen bestellten internen Datenschutzbeauftragten die Teilnahme an Fort- und Weiterbildungen zur Erhaltung der für die Erfüllung seiner Aufgaben erforderlichen Sachkunde zu ermöglichen. Neben der Gewährung der notwendigen Zeit müssen auch die Kosten der Weiterbildung übernommen und – dies ergibt sich aus einem weiten Verständnis des § 4f Abs. 5 S. 1 BDSG – für die Dauer der Qualifikationsmaßnahme der Lohn eines als Arbeitnehmer beschäftigten Datenschutzbeauftragten fortgezahlt werden. Diese Lastenverteilung entspricht derjenigen, die auch in § 2 Abs. 3 und § 5 Abs. 3 ASiG gesetzlichen Niederschlag gefunden hat.[550] Sie beruht auf dem Gedanken, daß derjenige, dem die Anpassung und Erweiterung der Kenntnisse und Fertigkeiten wirtschaftlich zugute kommt, auch die dafür anfallenden Kosten tragen soll. Als Korrektiv dient wiederum das Kriterium der Erforderlichkeit, das eine zu weitgehende Inanspruchnahme, beispielsweise für Inhalte, die lediglich für den Beauftragten, nicht aber für den Arbeitgeber/Dienstherrn von Nutzen sind, verhindert. Der geschilderten Interessenverteilung entspricht es auch, daß der externe (und daher nicht als Arbeitnehmer eingestellte), „hauptberufliche" Datenschutzbeauftragte in eigener Verantwortung für seine Weiterbildung sorgen muß.

c) Die Weiterbildung des Immissionsschutzbeauftragten, §§ 53 ff BImSchG

In die Kette der weiterbildungsrelevanten Regelungen zu den Betriebsbeauftragten reihen sich auch die §§ 53 ff. BImSchG ein, die nach Wortlaut und Struktur erhebliche Ähnlichkeiten mit den vergleichbaren Normen des ASiG und des BDSG aufweisen. Nach § 53 Abs. 1 S. 1 BImSchG hat ein Betreiber genehmigungsbedürftiger Anlagen unter bestimmten Voraussetzungen mindestens einen Betriebsbeauf-

---

548 *Schlemann*, Recht des betrieblichen Datenschutzbeauftragten, S. 172; *Schaffland/Wiltfang*, Bundesdatenschutzgesetz, § 4f RdNr. 68; *Bergmann/Möhrle/Herb*, § 4f BDSG RdNr. 166.
549 *Schlemann*, Recht des betrieblichen Datenschutzbeauftragten, S. 171 f.
550 Vgl. dazu § 3 D.I.1.a..aa.iii.

tragten für Immissionsschutz (Immissionsschutzbeauftragter)[551] zu bestellen, der die Aufgabe hat, in für den Immissionsschutz bedeutsamen Angelegenheiten beratend tätig zu werden (§ 54 Abs. 1 S. 1 BImSchG). Die Pflicht zur Bestellung eines Betriebsbeauftragten für Immissionsschutz kann auf zwei verschiedenen rechtlichen Grundlagen beruhen. Zum einen kann nach § 55 Abs. 1 S. 2 BImSchG durch Rechtsverordnung des Bundesministeriums für Umwelt, Naturschutz und Reaktorsicherheit bestimmt werden, für welche genehmigungsbedürftigen Anlagen ein Immissionsschutzbeauftragter erforderlich ist. Von dieser Rechtsverordnungsermächtigung, aber auch von den in § 55 Abs.1, 2 und § 58c Abs.1 BImSchG enthaltenen, wurde durch Erlaß der „Verordnung über Immissionsschutz- und Störfallbeauftragte" (5. BImSchV) Gebrauch gemacht. Aus § 1 Abs. 1 der 5. BImSchV[552] ergibt sich die Pflicht zur Bestellung eines Betriebsangehörigen zum Immissionsschutzbeauftragten, so daß dieser spätestens zum Zeitpunkt des Bestellungsaktes Arbeitnehmer des Anlagenbetreibers und in die Betriebsorganisation für die genehmigungsbedürftige Anlage eingegliedert sein muß.[553] Zum anderen kann gemäß § 53 Abs. 2 BImSchG die zuständige Behörde für die nicht in § 1 der 5. BImSchV genannten Anlagen im Einzelfall anordnen, daß ein Immissionsschutzbeauftragter zu bestellen ist. Die Anordnung kann alle mit der Bestellung in Zusammenhang stehenden Fragen regeln und insbesondere in Anlehnung an § 1 Abs. 1 der 5. BImSchV die Betriebszugehörigkeit des Beauftragten vorschreiben.[554]

Die Bestellung setzt gemäß § 55 Abs. 2 S. 1 BImSchG des weiteren voraus, daß der Immissionsschutzbeauftragte die für die Erfüllung seiner Aufgabe erforderliche Fachkunde besitzt. Den Betreiber der Anlage trifft die Pflicht, den Beauftragten zu unterstützen, was insbesondere auch einschließt, ihm die Teilnahme an Schulungen zu ermöglichen, § 55 Abs. 4 BImSchG.

---

551 Die Ausführungen zur Weiterbildung des Immissionsschutzbeauftragten beziehen sich inhaltlich auch auf den/ die nach § 58a Abs. 1 S. 1 BImSchG zu bestellenden Störfallbeauftragten. Gemäß § 58c Abs. 1, 1. HS BImSchG gelten die in den §§ 55 bis 57 BImSchG genannten Pflichten des Betreibers für den Störfallbeauftragten entsprechend. Gleiches gilt nach § 58c Abs. 1, 2. HS BImSchG für die 5. BImSchV, deren Titel bereits ihren doppelten Anwendungsbereich klarstellt.
552 Die Rechtmäßigkeit der Norm bejahend OVG Münster v. 14.11.2000 – 21 A 2891/99 = NVwZ-RR 2001, S. 725; verneinend *Kotulla*, GewArch 1994, S. 179.
553 Landmann/Rohmer/*Hansmann*, Umweltrecht, § 1 5. BImschV RdNr. 11; *Jarass*, BImSchG, § 53 RdNr. 13; *Stich*, GewArch 1976, S. 151; a.A. Koch/Scheuing/Pache/*Böhm*, GK-BImSchG, § 53 RdNr. 16 f.
554 *Jarass*, BImSchG, § 53 RdNr. 17; Landmann/Rohmer/*Hansmann*, Umweltrecht, § 53 BImSchG RdNr. 18; a.A. Koch/Scheuing/Pache/*Böhm*, GK-BImSchG, § 53 RdNr. 20.

aa) Die erforderliche Fachkunde, § 55 Abs. 2 S. 1 BImSchG

Die zum Immissionsschutzbeauftragten bestellte Person muß die Fachkunde besitzen, die sie im Hinblick auf die konkret zu betreuende Anlage zur Erfüllung ihrer Aufgaben befähigt.[555] Ihre Aufgaben sind in § 54 BImSchG aufgezählt. Danach erweist sich zum einen die Fähigkeit als notwendig, die technische Verfahrensweise und die entstehenden Stoffe zu beurteilen, Mängel festzustellen und die von der Anlage ausgehenden Emissionen und Immissionen zu messen. Aus Anhang II.A. zur 5. BImSchV ergibt sich des weiteren, daß der Immissionsschutzbeauftragte in der Lage sein muß, eine im Hinblick auf Belange des Immissionsschutzes fundierte Stellungnahme zu Entscheidungen über die Einführung von Verfahren und Erzeugnissen und zu sonstigen Investitionsentscheidungen abzugeben.[556] Die an die Fachkunde zu stellenden Aufgaben haben darüber hinaus in den §§ 7, 8 der insoweit auf der Ermächtigung des §§ 55 Abs. 2 S. 3, 58c Abs. 1 BImSchG beruhenden 5. BImSchV eine als Mindestanforderung zu verstehende Konkretisierung erfahren.[557] Grundsätzlich wird – kumulativ – der Abschluß eines fachlich einschlägigen Hochschulstudiums, der Besuch anerkannter Lehrgänge sowie eine zweijährige praktische Erfahrung verlangt (§ 7 5. BImSchV). Von diesen Regelanforderungen kann gemäß § 8 5. BImSchV mit Zustimmung der Behörde abgewichen werden. Diese für den Einzelfall eröffneten Ausnahmetatbestände verfolgen den Zweck, durch eine in bestimmten Grenzen verlaufende Flexibilität bei der Beurteilung der an die Fachkunde zu stellenden Anforderungen den Besonderheiten einzelner Betriebe gerecht werden zu können.[558]

bb) Unterstützungspflicht, § 55 Abs. 4 BImSchG

§ 55 Abs. 4 BImSchG verpflichtet den Arbeitgeber zur Unterstützung der Betriebsbeauftragten. Schon nach dem Wortlaut der Norm umfaßt diese Pflicht auch die Ermöglichung der Teilnahme an Schulungen, die aber wie alle Unterstützungsmaßnahmen unter dem Vorbehalt der Erforderlichkeit für die Erfüllung der zugewiesenen Aufgaben steht. Der Begriff der „Schulung" ist im Sinne einer fachbezogenen Fortbildung des Immissionsschutzbeauftragten zu verstehen.[559] Die diesbe-

---

555 *Jarass*, BImSchG, § 55 RdNr. 11 ff.; Landmann/Rohmer/*Hansmann*, Umweltrecht, § 55 BImSchG RdNr. 3.
556 Vgl. auch Landmann/Rohmer/*Hansmann*, Umweltrecht, § 55 BImSchG RdNr. 3.
557 *Jarass*, BImSchG, § 55 RdNr. 10; Landmann/Rohmer/*Hansmann*, Umweltrecht, § 55 BImSchG RdNr. 4; Koch/Scheuing/Pache/*Böhm*, GK-BImSchG, § 55 Rdnr. 29.
558 Landmann/Rohmer/*Hansmann*, Umweltrecht, § 8 5. BImSchV RdNr. 1.
559 Vgl. *Jarass*, BImSchG, § 55 RdNr. 22.

zügliche Unterstützungspflicht des Anlagenbetreibers erfährt durch § 9 der 5. BImSchV eine Konkretisierung, die die Angleichung des Kenntnisstandes des Beauftragten an die fortschreitenden Entwicklungen in Technik, Wissenschaft und Recht sicherstellen soll.[560] Nach § 9 Abs. 1 S. 1 der 5. BImSchV hat der Betreiber dafür Sorge zu tragen, daß der Immissionsschutzbeauftragte regelmäßig, mindestens aber alle zwei Jahre, an Fortbildungsmaßnahmen teilnimmt. Er muß ihm die Teilnahme also nicht nur ermöglichen, sondern ihn auch zur Teilnahme anhalten, sollte der Beauftragte keine eigene Weiterbildungsbereitschaft zeigen. Bei betriebsangehörigen, will sagen: als Arbeitnehmer beschäftigten, Immissionsschutzbeauftragten kann die Durchsetzung mittels des Weisungsrechts erfolgen. Der Anlagebetreiber kann den Beauftragten aber auch von seinen Funktionen abberufen und ist dazu gemäß § 55 Abs. 2 S. 1 BImSchG sogar verpflichtet, wenn die erforderliche Fachkunde nicht mehr gewährleistet ist.[561]

aaa) Art der Fortbildung

Hinsichtlich der Art der Fortbildung schreibt § 9 Abs. 1 S. 2 der 5. BImSchV vor, daß die Teilnahme an staatlich anerkannten Lehrgängen im Sinne des § 7 Nr. 2 der 5. BImSchV erforderlich ist. Daneben ist eine Vielzahl von weiteren Fortbildungsmaßnahmen denkbar. In Betracht kommen neben innerbetrieblichen und außerbetrieblichen, nicht notwendig staatlich anerkannten Weiterbildungslehrgängen unterschiedlicher Träger auch Vorträge oder Einweisungen durch Sachkundige sowie die Teilnahme an praktischen Übungen.[562]

bbb) Inhalt der Fortbildung

Inhaltlich muß die Fortbildungsmaßnahme im Grundsatz die Bereiche abdecken, die in Anhang II zur 5. BImSchV aufgezählt sind. Welche der genannten Inhalte tatsächlich Gegenstand der Weiterbildungsmaßnahme sein müssen, hängt von mehreren Faktoren ab. Bedeutung kommt dabei vor allem der Frage zu, welche Anforderungen sich aus der Beschaffenheit des konkreten Betriebs bzw. der zu betreuenden Anlage ergeben.[563] Daneben können sich aber auch aus der Person des Immissi-

---

560 *Kotulla*, GewArch 1994, S. 184; Landmann/Rohmer/*Hansmann*, Umweltrecht, § 9 5. BImSchV RdNr. 1.
561 *Kotulla*, GewArch 1994, S. 185; Landmann/Rohmer/*Hansmann*, Umweltrecht, § 9 5. BImSchV RdNr. 7.
562 Landmann/Rohmer/*Hansmann*, Umweltrecht, § 9 5. BImSchV RdNr. 3, 5.
563 *Kotulla*, GewArch 1994, S. 185; Landmann/Rohmer/*Hansmann*, Umweltrecht, § 9 5. BImSchV RdNr. 4.

onsschutzbeauftragten selbst, namentlich im Hinblick auf seinen aktuellen Kenntnisstand in für ihn relevanten Bereichen, inhaltliche Vorgaben ergeben.[564] Insgesamt können also keine in die Einzelheiten gehenden Maßstäbe aufgestellt werden; vielmehr kommt es auf eine Bewertung des jeweiligen Einzelfalles an.

ccc) Zeitlicher Umfang und Häufigkeit der Fortbildungsmaßnahmen

Im Hinblick auf die Häufigkeit der vom Immissionsschutzbeauftragten zu betreibenden Fortbildung schreibt § 9 Abs. 1 S. 1 der 5. BImSchV vor, daß wenigstens alle zwei Jahre eine Teilnahme an Weiterbildungsmaßnahmen erforderlich ist. Wie häufig und in welchem Umfang diese dann tatsächlich in Anspruch genommen werden (müssen), hängt wiederum von den Notwendigkeiten des konkreten Einzelfalles ab. Entscheidend ist, daß eine Anpassung der Kenntnisse und Fähigkeiten an die neuesten Entwicklungen in Technik, Wissenschaft und Recht in einer Art und Weise gewährleistet wird, die den Betriebsbeauftragten zur wirksamen Erfüllung seiner Aufgaben befähigt. Zur Sicherung eines einheitlichen Standards wird jedoch zu fordern sein, daß eine Teilnahme an den Lehrgängen im Sinne des § 7 Nr. 2 der 5. BImSchV in einem Mindestrhythmus von zwei bis fünf Jahren erfolgt.[565]

ddd) Kosten der Fortbildung und Entgeltfortzahlung

Die Pflicht des Arbeitgebers zur Unterstützung des Betriebsbeauftragten erstreckt sich auch auf die Übernahme der durch eine Fortbildungsmaßnahme verursachten Kosten,[566] d.h. Teilnahmegebühren, Materialaufwand, ggf. Kosten für Unterkunft und Verpflegung.[567] Dies gilt auch für die Kosten der vom Beauftragten selbst initiierten Maßnahmen.[568] Zusätzlich kann der Arbeitnehmer vom Arbeitgeber während der Dauer der Weiterbildungsveranstaltung Fortzahlung seines Arbeitslohnes verlangen.[569] Die aus der Unterstützungspflicht folgende Verpflichtung zur Übernahme der Kosten und zur Entgeltfortzahlung besteht solange und in dem Umfang, als sich

---

564 Landmann/Rohmer/*Hansmann*, Umweltrecht, § 9 5. BImSchV RdNr. 4.
565 Landmann/Rohmer/*Hansmann*, Umweltrecht, § 9 5. BImSchV RdNr. 5 f. *Kotulla*, GewArch 1994, S. 184, steht demgegenüber auf dem Standpunkt, daß eine überbetriebliche Fortbildungsmaßnahme im Sinne des § 7 Nr. 2 der 5. BImSchV mindestens alle zwei Jahre unerläßlich ist.
566 *Jarass*, BImSchG, § 55 RdNr. 22; Landmann/Rohmer/*Hansmann*, Umweltrecht, § 55 BImSchG RdNr. 58; Koch/Scheuing/Pache/*Böhm*, GK-BImSchG, § 55 Rdnr. 52; *Kaster*, GewArch 1998, S. 137.
567 *Käufer*, Weiterbildung im Arbeitsverhältnis, S. 76.
568 Landmann/Rohmer/*Hansmann*, Umweltrecht, § 55 BImSchG RdNr. 58.
569 *Becker/Kniep*, NZA 1999, S. 244.

die Fortbildung als erforderlich für die Erfüllung der dem Betriebsbeauftragten übertragenen Aufgaben erweist.[570]

eee) Durchsetzung der Unterstützungspflicht

Die aus den § 55 Abs. 4 BImSchG und der Konkretisierung in § 9 der 5. BImSchV folgenden Pflichten bestehen nicht gegenüber dem Betriebsbeauftragten, sondern es handelt sich um öffentlich-rechtliche Pflichten des Anlagenbetreibers gegenüber der Allgemeinheit.[571] Kommt er ihnen nicht nach, kann die zuständige Behörde sie im Einzelfall feststellen und zur Durchsetzung gegebenenfalls auf Verwaltungszwang zurückgreifen. Der Verstoß gegen die in § 55 BImSchG verankerten Pflichten ist aber weder bußgeld- noch strafbewehrt.[572] Nach § 9 Abs. 2 S. 2 der 5. BImSchV muß der Anlagenbetreiber der zuständigen Behörde auf Verlangen die Teilnahme des Beauftragten an im Betrieb durchgeführten Fortbildungsmaßnahmen oder an Lehrgängen nachweisen. Die Behörde kann dadurch sicherstellen, daß der Pflicht des § 9 Abs. 1 der 5. BImSchV nachgekommen wird. Für den Nachweis ist regelmäßig Schriftform erforderlich. Er muß neben einer Teilnahmebestätigung und der Angabe des Datums und der Dauer der durchgeführten Veranstaltung auch eine Darstellung der durch sie vermittelten fachlichen Inhalte enthalten.[573]

Umstritten ist, ob der Immissionsschutzbeauftragte ein eigenes, subjektives Recht auf Unterstützung durch den Arbeitgeber hat, das er erforderlichenfalls gerichtlich einklagen kann.[574] In engem Zusammenhang mit diesem Problem steht die Frage, ob öffentlich-rechtliche Normen zugleich privatrechtliche Pflichten begründen.[575] Zunächst muß unterschieden werden zwischen dem Grundverhältnis zwischen dem Anlagenbetreiber und dem Beauftragten (das im Falle eines Betriebsinternen ein Arbeitsverhältnis ist) auf der einen und den öffentlich-rechtlichen Pflichten des Betreibers auf der anderen Seite. Der Arbeitsvertrag ist grundsätzlich rechtlich unabhängig vom Amt des Betriebsbeauftragten.[576] Rechte des Immissionsschutzbeauf-

---
570 Vgl. auch *Käufer*, Weiterbildung im Arbeitsverhältnis, S. 76.
571 *Jarass*, BImSchG, § 55 RdNr. 23; Landmann/Rohmer/*Hansmann*, Umweltrecht, § 55 BImSchG RdNr. 54; Koch/Scheuing/Pache/*Böhm*, GK-BImSchG, § 55 Rdnr. 54; *Szelinski*, WiVerw 1980, S. 281.
572 *Jarass*, BImSchG, § 55 RdNr. 23; Landmann/Rohmer/*Hansmann*, Umweltrecht, § 55 BImSchG RdNr. 64.
573 *Kotulla*, GewArch 1994, S. 185.
574 Dafür: *Tettinger*, DVBl. 1976, S. 758; wohl auch Koch/Scheuing/Pache/*Böhm*, GK-BImSchG, § 55 Rdnr. 56; dagegen: Landmann/Rohmer/*Hansmann*, Umweltrecht, § 55 BImSchG RdNr. 55; *Jarass*, BImSchG, § 55 RdNr. 24; *Szelinski*, WiVerw 1980, S. 282; wohl auch *Speiser*, BB 1975, S. 1327.
575 Landmann/Rohmer/*Hansmann*, Umweltrecht, § 55 BImSchG RdNr. 55.
576 *Ehrich*, Amt, Anstellung und Mitbestimmung bei betrieblich Beauftragten, S. 287.

tragten können sich daher prinzipiell nur aus einem der Bestellung zugrundeliegenden Vertrag ergeben,[577] so daß dieser im Idealfall Regelungen über die Reichweite der Unterstützungspflichten enthalten sollte.[578] Allerdings gehen auch diejenigen, die ein einklagbares, subjektives Recht des Betriebsbeauftragten ablehnen, davon aus, daß die Unterstützung des Immissionsschutzbeauftragten im Sinne des § 55 Abs. 4 BImSchG im Zweifel zu den vertraglich geschuldeten Leistungen des Anlagenbetreibers zählt.[579] In der Praxis werden daher die unterschiedlichen Auffassungen regelmäßig zu übereinstimmenden Ergebnissen gelangen.

fff) Bewertung

Die durch den Anlagenbetreiber zu gewährleistende Fortbildung des Immissionsschutzbeauftragten rundet das Bild der rechtlichen Vorgaben zur Weiterbildung der Betriebsbeauftragten ab. In Parallele zu den Regelungen betreffend die Betriebsärzte, die Fachkräfte für Arbeitssicherheit und die Beauftragten für Datenschutz wird dem Arbeitgeber bzw. dem Besteller die grundsätzliche Verantwortung für die Anpassung der Kenntnisse und Fähigkeiten der genannten Personen an neuere Entwicklungen zugewiesen. Gleichzeitig werden sehr konkrete Vorgaben für Art, Inhalt und Umfang der Fortbildung gemacht. Die Reichweite der Verpflichtung, die auch die Tragung der durch die Qualifikationsmaßnahme anfallenden Kosten und die Fortzahlung des Lohnes seiner Arbeitnehmer umfaßt, wird durch die Bindung an das Kriterium der Erforderlichkeit für die konkret übertragenen Aufgaben begrenzt. So wird eine zu weitgehende Inanspruchnahme verhindert, gleichzeitig aber auch die Koppelung der Fortbildung an das Unternehmen/den Betrieb und die dort zu verrichtenden Aufgaben verdeutlicht. Für eine Weiterbildung, die nur oder in größerem Umfang privaten Interessen des Arbeitnehmers dient oder ihm das Rüstzeug für einen Wechsel zu einem anderen Arbeitgeber vermitteln sollen, bleibt somit auf der Grundlage des BImSchG (und auch des ASiG und des BDSG) kein Raum.

Der Charakter der Unterstützungspflicht als öffentlich-rechtliche Verpflichtung des Anlagenbetreibers, deren Erfüllung auf Anforderung nachgewiesen werden muß, zwingt diesen dazu, sich regelmäßig einen Überblick über die Leistungsfähigkeit des Betriebsbeauftragten (seines Arbeitnehmers) zu verschaffen. Gleichzeitig können die Kostentragungs- und die Entgeltfortzahlungspflicht auch einen för-

---

577 *Jarass*, BImSchG, § 55 RdNr. 24; vgl. auch Landmann/Rohmer/*Hansmann*, Umweltrecht, § 55 BImSchG RdNr. 55.
578 *Szelinski*, WiVerw 1980, S. 282.
579 *Jarass*, BImSchG, § 55 RdNr. 24; Landmann/Rohmer/*Hansmann*, Umweltrecht, § 55 BImSchG RdNr. 55.

dernden Anreiz auf die Weiterbildungsbereitschaft des Immissionsschutzbeauftragten bewirken, dem selber daran gelegen sein muß, im Interesse des Unternehmens/ des Betriebes seine Aufgaben sachgerecht erfüllen zu können. Insgesamt ist daher von einem positiven Effekt der § 55 Abs. 4 BImSchG, § 9 Abs. 1 der 5. BImSchV auf die tatsächliche Durchführung von Fortbildungsmaßnahmen auszugehen.

d) Die Fortbildung nach § 23 SGB VII

§ 23 Abs. 1 S. 1 SGB VII verpflichtet die Unfallversicherungsträger, für die Aus- und Fortbildung derjenigen Personen in den Unternehmen Sorge zu tragen, die mit der Durchführung von Präventivmaßnahmen auf dem Gebiet des Gesundheitsschutzes betraut sind. Die Vorschrift dient der Steigerung der Wirksamkeit der von den dazu beauftragten Personen durchgeführten Maßnahmen des betrieblichen Arbeitsschutzes.[580]

aa) Personenkreis

Als Zielgruppe der vom Unfallversicherungsträger zu besorgenden Aus- und Fortbildung benennt das Gesetz in § 23 Abs. 1 S. 1 SGB VII diejenigen Personen, die im Betrieb mit der Durchführung der Maßnahmen zur Verhütung von Arbeitsunfällen, Berufskrankheiten und arbeitsbedingten Gesundheitsgefahren sowie mit der ersten Hilfe betraut sind. Dazu zählen der Unternehmer (vgl. § 21 SGB VII) und ggf. sein Stellvertreter, Aufsichtspersonen mit Pflichtenübertragung (§ 9 Abs. 2 S. 1 Nr. 2 OWiG), Sicherheitsbeauftragte (§ 22 SGB VII), Betriebsärzte (§ 2 ASiG), Sicherheitsingenieure und andere Fachkräfte für Arbeitssicherheit (§ 5 ASiG), Betriebsräte (§§ 87 Abs. 1 Nr. 7, 88 Nr. 1, 89 BetrVG; §§ 9, 11 ASiG), Personalräte (§ 81 BPersVG), Ersthelfer und Betriebssanitäter sowie alle leitenden Personen wie bspw. Abteilungsleiter oder Meister, die Aufsichtsfunktionen oder besondere Aufgaben auf dem Gebiet des Arbeitsschutzes wahrnehmen.[581] Die Verpflichtung der Unfallversicherungsträger hat in bezug auf diesen weit gezogenen Personenkreis zwingenden Charakter.[582]

Anders verhält es sich gemäß § 23 Abs. 1 S. 2 SGB VII im Hinblick auf Betriebsärzte und Fachkräfte für Arbeitssicherheit, die nicht dem Unternehmen angehören. Die Durchführung von Maßnahmen der Aus- und Fortbildung liegt hier im

---

580 Lauterbach/*Rentrop*, SGB VII, § 23 RdNr. 5.
581 Lauterbach/*Rentrop*, SGB VII, § 23 RdNr. 6; Kater/Leube/*Leube*, SGB VII, § 23 RdNr. 3; KassKomm-*Ricke*, § 23 SGB VII RdNr. 2; *Schmitt*, SGB VII, § 23 RdNr. 4.
582 Kater/Leube/*Leube*, SGB VII, § 23 RdNr. 3.

Ermessen der Unfallversicherungsträger. Die genannten Personen sind von der Pflicht des Unfallversicherungsträgers nach S. 1 ausgenommen, da die Verantwortung für den Erhalt und die Anpassung der zu Erfüllung der übernommenen Aufgaben notwendigen Kenntnisse primär die freiberuflich Tätigen selbst bzw. – bei überbetrieblichen Diensten – den Träger des Dienstes trifft.[583]

Der in § 23 Abs. 1 S. 1 SGB VII festgelegte Personenkreis erfährt in S. 3 eine Erweiterung, indem die Unfallversicherungsträger dazu verpflichtet werden, Unternehmer und Versicherte zur Teilnahme an Aus- und Fortbildungslehrgängen anzuhalten. Das geforderte „Anhalten" beschränkt sich nicht auf eine bloße Einladung zu Schulungsmaßnahmen, sondern verlangt vom Unfallversicherungsträger, die genannten Personen nachhaltig zu motivieren und sie auf die rechtlichen und tatsächlichen Folgen mangelnder Qualifikation hinzuweisen. Dem Unternehmer muß des weiteren verdeutlicht werden, daß er den Beschäftigten die Teilnahme zu ermöglichen hat.[584]

bb) Begriff der Fortbildung

Das Gesetz unterscheidet im Hinblick darauf, ob die betreffende Person bereits mit der Durchführung von Maßnahmen der Prävention betraut ist oder nicht, zwischen Fort- und Ausbildung. Die Bedeutung dieser beiden Begriffe ist vor dem Hintergrund des Regelungszwecks der Vorschrift zu ermitteln, die aufgezählten Personen in die Lage zu versetzen, komplexe Situationen bei der Erfüllung ihrer Aufgaben bewältigen zu können. Danach handelt es sich bei der „Ausbildung" im Sinne der Norm nicht um eine berufliche Ausbildung, sondern um die erstmalige Vermittlung besonderer Kenntnisse auf dem Gebiet des Arbeitsschutzes und der Prävention. Der Begriff der „Fortbildung" bezeichnet darüber hinaus alle Maßnahmen, die der Erhaltung, Erweiterung oder der Anpassung der Kenntnisse und Fähigkeiten an die fortschreitende technische Entwicklung dienen.[585]

Inhaltlich wird die Pflicht zur Fortbildung durch das Kriterium der „Erforderlichkeit" begrenzt, das eine Verzahnung der Qualifikationsmaßnahmen mit dem Normzweck sicherstellt. Erforderlich sind demnach solche Fortbildungen, die den Teilnehmern diejenigen Kenntnisse vermitteln, die sie zur sachgerechten Wahrnehmung ihrer Aufgaben auf dem Gebiet der Prävention benötigen. Entscheidende

---

583 Kater/Leube/*Leube*, SGB VII, § 23 RdNr. 4; KassKomm-*Ricke*, § 23 SGB VII RdNr. 2.
584 *Schmitt*, SGB VII, § 23 RdNr. 5; Kater/Leube/*Leube*, SGB VII, § 23 RdNr. 5; Lauterbach/*Rentrop*, SGB VII, § 23 RdNr. 34.
585 Lauterbach/*Rentrop*, SGB VII, § 23 RdNr. 9.

Bedeutung für die Beurteilung kommt dabei neben der spezifischen Vorbildung der Teilnehmer auch den Besonderheiten des betroffenen Unternehmens zu.[586]

Was die Art der Fortbildungsmaßnahmen betrifft, so verfügen die Unfallversicherungsträger über einen Ermessensspielraum (vgl. auch § 14 SBG VII: *„mit allen geeigneten Mitteln"*). Vor allem Schulungen einschließlich Wiederholungs- und Erweiterungslehrgängen stehen dabei als geeignete Mittel im Vordergrund.[587]

cc) Kosten der Fortbildung, Abs. 2

Die Kostentragung wird durch § 23 Abs. 2 SGB VII geregelt. Nach dessen S. 1 ist der Unfallversicherungsträger verpflichtet, die durch ihre Aus- und Fortbildungsmaßnahmen unmittelbar anfallenden Kosten sowie die erforderlichen Fahr-, Verpflegungs- und Unterbringungskosten zu tragen. Das Possessivpronomen *„ihre"* stellt klar, daß nur die Kosten für solche Lehrgänge übernommen werden müssen, die die Unfallversicherungsträger selbst durchführen oder die in ihrem Auftrag von Dritten veranstaltet werden. Letztere Auslegung wird in systematischer Hinsicht durch S. 2 bestätigt, der eine Durchführung durch Dritte voraussetzt.[588] Daneben führt der weit zu verstehende Begriff der „Unmittelbarkeit" zu einer Beschränkung auf die Ausgaben, die sich aus der Bildungsmaßnahme als solcher ergeben. Darunter fallen beispielsweise die Aufwendungen für Räume, Lehrmittel und Dozenten.[589] Sofern die tatsächlichen Kosten höher ausfallen als erforderlich, werden sie nicht erstattet.[590]

Die Kosten für die Fortbildung der Betriebsärzte und Fachkräfte für Arbeitssicherheit trägt, sofern die genannten Personen Beschäftigte seines Unternehmens sind, der Arbeitgeber (§§ 2 Abs. 3 S. 3, 5 Abs. 3 S. 3 ASiG). Handelt es sich jedoch um Weiterbildungsveranstaltungen der Unfallversicherungsträger, so müssen diese auch die Kosten übernehmen. § 23 Abs. 2 SGB VII stellt eine Spezialvorschrift gegenüber den allgemeinen Regelungen des ASiG dar.[591]

Bei von dazu beauftragten Dritten durchgeführten Fortbildungsmaßnahmen für Ersthelfer werden dem Unfallversicherungsträger gemäß § 23 Abs. 2 S. 2 SGB VII

---

586 *Schmitt*, SGB VII, § 23 RdNr. 3; Lauterbach/*Rentrop*, SGB VII, § 23 RdNr. 10; Kater/Leube/*Leube*, SGB VII, § 23 RdNr. 3.
587 *Schmitt*, SGB VII, § 23 RdNr. 3; Lauterbach/*Rentrop*, SGB VII, § 23 RdNr. 9, 11; KassKomm-*Ricke*, § 23 SGB VII RdNr. 3.
588 Kater/Leube/*Leube*, SGB VII, § 23 RdNr. 6.
589 KassKomm-*Ricke*, § 23 SGB VII RdNr. 4; Kater/Leube/*Leube*, SGB VII, § 23 RdNr. 7; Lauterbach/*Rentrop*, SGB VII, § 23 RdNr. 42.
590 *Schmitt*, SGB VII, § 23 RdNr. 7.
591 Kater/Leube/*Leube*, SGB VII, § 23 RdNr. 8.

nur die Lehrgangskosten auferlegt. Die Einschränkung trägt dem Umstand Rechnung, daß diese Maßnahmen in aller Regel im Unternehmen selbst oder jedenfalls in unmittelbarer Nähe durchgeführt werden können, so daß es zumutbar erscheint, den Unternehmer die neben den Lehrgangsgebühren entstehenden, zumeist sehr geringen Kosten tragen zu lassen.[592] Sie gilt allerdings nur für Fortbildungen von Ersthelfern im Sinne des Abs. 1 S. 1, d.h. solcher Personen, die entweder tatsächlich mit der Ersten Hilfe im Unternehmen betraut oder aber konkret dafür vorgesehen sind.[593]

dd) Entgeltfortzahlung, Abs. 3

Ein Arbeitnehmer hat gemäß § 23 Abs. 3 SGB VII gegen den Unternehmer einen Anspruch auf Fortzahlung des Arbeitsentgelts für die Arbeitszeit, die wegen der Teilnahme an einem Lehrgang ausgefallen ist. Er ist nach dem sog. Entgeltausfallprinzip so zu stellen, als hätte er seine Arbeit verrichtet, so daß auch Schmutz- und Erschwerniszulagen fortzuzahlen und sonst angefallene Überstunden sowie Nachtarbeit, die im Falle der Anwesenheit verrichtet worden wäre, zu vergüten sind.[594] Da sich die Vorschrift auf die „wegen" der Teilnahme (nicht: „während" dieser) ausgefallene Arbeitszeit bezieht, schließt sie auch die Reisezeit mit ein. Kein Anspruch besteht nach dem eindeutigen Wortlaut für außerhalb der Arbeitszeiten liegende Lehrgangszeiten.[595] Ein Entgeltanspruch kann sich in diesem Fall aber aus entsprechenden Vereinbarungen im Arbeitsvertrag ergeben.[596]

ee) Anspruch auf Fortbildung?

Das Gesetz schweigt zu der Frage, ob der Pflicht der Unfallversicherungsträger zur Sicherstellung der Fortbildung auch ein entsprechendes subjektives Recht der mit der Durchführung von Präventivmaßnahmen auf dem Gebiet des Gesundheitsschutzes betrauten Personen gegenübersteht. Die Tatsache, daß § 23 SGB VII hierzu keine Aussage trifft, könnte für sich genommen schon gegen die Annahme eines solchen Anspruchs sprechen. Daneben liefert auch die notwendige Unterscheidung

---

592 Vgl. auch KassKomm-*Ricke*, § 23 SGB VII RdNr. 4; *Schmitt*, SGB VII, § 23 RdNr. 8; vgl. zu Erste-Hilfe-Fortbildungen im Betrieb auch *Reuchlein*, BG 2003, S. 604.
593 *Schmitt*, SGB VII, § 23 RdNr. 8.
594 Lauterbach/*Rentrop*, SGB VII, § 23 RdNr. 49; Kater/Leube/*Leube*, SGB VII, § 23 RdNr. 10; *Schmitt*, SGB VII, § 23 RdNr. 9.
595 KassKomm-*Ricke*, § 23 SGB VII RdNr. 5; Lauterbach/*Rentrop*, SGB VII, § 23 RdNr. 49 („*in der Regel*").
596 KassKomm-*Ricke*, § 23 SGB VII RdNr. 5.

zwischen dem einer Bestellung eines Betriebsbeauftragten bzw. der Aufgabenübertragung an andere Personen zugrundeliegenden Vertragsverhältnis mit dem Unternehmer auf der einen Seite und den Pflichten der Unfallversicherungsträger auf der anderen Seite Argumente. Da sich Rechte der in Frage kommenden Personen grundsätzlich nur aus dem Vertrag mit dem Unternehmer bzw. Arbeitgeber ergeben können, kann sich ein Individualanspruch folglich nicht gegen die Unfallversicherungsträger richten. Die in § 23 Abs. 1 S. 1 SGB VII genannten Personen besitzen somit gegenüber den Unfallversicherungsträgern kein subjektives, gegebenenfalls gerichtlich einklagbares Recht auf Fortbildung.

ff) Bewertung

Die in den Unternehmen mit Maßnahmen zur Verhütung von Arbeitsunfällen, Berufskrankheiten und arbeitsbedingten Gesundheitsgefahren sowie mit der Ersten Hilfe betrauten Personen nehmen eine Aufgabe wahr, die im Interesse der Allgemeinheit liegt und erhöhte Anforderungen an die Qualifikation des verantwortlichen Personenkreises stellt. Das Gesetz entlastet im Hinblick auf die Sicherstellung der für die Aufgabenerfüllung notwendigen Kenntnisse und Fähigkeiten die Unternehmer bzw. Arbeitgeber und überträgt die primäre Verantwortung den Unfallversicherungsträgern. Diese trifft zum einen die Pflicht, für die notwendigen Fortbildungsmaßnahmen zu sorgen, zum anderen haben sie grundsätzlich auch die durch ihre Maßnahmen verursachten Kosten – Unterkunft und Verpflegung der Teilnehmer eingeschlossen – zu tragen. Der Unternehmer als Arbeitgeber ist demgegenüber lediglich zur Fortzahlung des Arbeitsentgelts seiner Arbeitnehmer verpflichtet.

Durch diese Verteilung der Lasten und Pflichten wird sowohl für den Arbeitgeber/Unternehmer als auch für den Arbeitnehmer verdeutlicht, daß die Weiterbildung kein finanzielles oder berufliches Risiko oder Verlustgeschäft darstellt. Auch wenn den mit den Präventivmaßnahmen betrauten Personen kein subjektives Recht eingeräumt wird, so schafft die gesetzliche Regelung jedenfalls einen Anreiz, verstärkt Fortbildungsangebote in einem Bereich wahrzunehmen, der durch die Entwicklungsgeschwindigkeit in Technik und Wissenschaft fortschreitenden Veränderungen unterworfen ist.

e) Weitere Betriebsbeauftragte

Neben den bereits exemplarisch genannten existiert noch eine Vielzahl von weiteren Betriebsbeauftragten. Die Vorschriften, die die Rechtsstellung dieser Amtsträger ausgestalten, sind den erörterten zumindest ähnlich, so daß sich aus ihnen im

Hinblick auf die (berufliche) Fortbildung keine grundlegend verschiedenen Erkenntnisse gewinnen lassen. Beispielhaft sei daher nur hingewiesen auf § 55 Abs. 3 Kreislaufwirtschafts- und Abfallgesetz (KrW-/AbfG), der für das Verhältnis zwischen dem Abfallbeauftragten und dem zur Bestellung Verpflichteten die entsprechende Anwendung der §§ 55 bis 58 BImSchG anordnet, und § 19 Abs. 1 S. 2 der Gentechnik-Sicherheitsverordnung (GenTSV), der dem Betreiber einer gentechnischen Anlage die Pflicht auferlegt, dem Beauftragten für die Biologische Sicherheit die zur Erfüllung seiner Aufgaben erforderliche Fortbildung unter Berücksichtigung der betrieblichen Belange auf seine Kosten zu ermöglichen.

f) Zusammenfassende Betrachtung der Vorschriften zu den Betriebsbeauftragten

Die Einhaltung von gesetzlichen Schutzvorschriften wird in vielen risikoträchtigen Bereichen nicht allein durch staatliche Überwachungsmaßnahmen, sondern vielfach durch eine vom Gesetzgeber aufgestellte Pflicht zur Bestellung von Betriebsbeauftragten sicherzustellen versucht. Die Betriebsbeauftragten nehmen ein Amt wahr, das neben den Interessen der Arbeitnehmer (und Arbeitgeber) zumeist auch denen der Allgemeinheit dient.[597] Eine sachgerechte Wahrnehmung der ihnen übertragenen Aufgaben ist allerdings nur dann möglich, wenn die Kenntnisse und Fähigkeiten der Betriebsbeauftragten sich auf dem jeweils neuesten Stand der technischen, rechtlichen und wissenschaftlichen Entwicklungen befinden. Sie bedürfen daher einer regelmäßigen Fortbildung. Obwohl es kein einheitliches Rechtsinstitut des „Betriebsbeauftragten" gibt, sondern die einschlägigen Vorschriften über zahlreiche Gesetze verstreut sind,[598] lassen sich den dargestellten Normen, die detaillierte Aussagen in bezug auf die Weiterbildung enthalten, gemeinsame Strukturen entnehmen.

In allen behandelten Gesetzen wird dem Unternehmer bzw. Arbeitgeber, im Falle des SGB VII dem Unfallversicherungsträger, die primäre Verantwortung für die Weiterbildung der Aufgabenträger zugewiesen. Während diese Zuweisung teilweise nur dazu verpflichtet, eine Fortbildung zu ermöglichen, besteht in anderen Bereichen eine konkrete Verpflichtung zur Sicherstellung derselben. Im BImSchG und im SGB VII wird sogar gefordert, zur Weiterbildung „anzuhalten". Überwiegend wird die Inanspruchnahme des Arbeitgebers inhaltlich und zeitlich durch das an das konkrete Unternehmen gebundene Kriterium der Erforderlichkeit eingegrenzt, so daß nur die Fortbildungsmaßnahmen erfaßt werden, die im Hinblick auf den Aufgabenkatalog des Beauftragten einen konkreten Nutzen für das Unterneh-

---

597 *Ehrich*, AR-Blattei SD 475, RdNr. 1.
598 *Ehrich*, DB 1993, S. 1779; *ders.*, AR-Blattei SD 475, RdNr. 2.

men aufweisen können. Erweist sich eine Qualifikationsmaßnahme unter diesen Vorzeichen als erforderlich, so hat der Arbeitgeber/Unternehmer auch die unmittelbar durch diese verursachten Kosten (Lehrgangsgebühren, Materialien, Dozenten, Reise, Unterkunft, Verpflegung) zu übernehmen. Den in seinem Unternehmen als Arbeitnehmer beschäftigten Betriebsbeauftragten muß er zudem für die aufgrund der Weiterbildung ausfallende Arbeitszeit das Arbeitsentgelt fortzahlen. Die für die Fortbildung aufgewendete Zeit wird also wie Arbeitszeit behandelt. Keine einheitliche Regelung erfährt hingegen die Frage, ob dem Arbeitnehmer/Funktionsträger ein einklagbares subjektives Recht auf Weiterbildung zusteht.

Bei der Beurteilung der Verteilung der Rechte und Pflichten im Zusammenhang mit der Weiterbildung der Funktionsträger ist in Erinnerung zu rufen, daß diese eine besonders verantwortungsvolle Aufgabe im Betrieb wahrnehmen, die zumindest auch im Interesse der übrigen Arbeitnehmer und des Arbeitgebers liegt. Aus diesem Grund besteht auch ein gesteigertes Bedürfnis der Sicherstellung der notwendigen Fachkunde durch regelmäßige Fortbildung. Aus der Sicht des Arbeitnehmers/Funktionsträger erweisen sich die Regelungen zur Weiterbildung als sehr reizvoll. Er kann seine beruflichen Fähigkeiten auf den für die Aufgabenerfüllung notwendigen neuesten Entwicklungsstand anpassen, ohne finanzielle Einbußen hinnehmen zu müssen. An einer beständigen Fortentwicklung der Qualifikation seiner Mitarbeiter sollte aber auch der Arbeitgeber – nicht nur im Hinblick auf die besonderen Aufgaben der Funktionsträger – ein Interesse haben. Die Begrenzung seiner Freistellungs- und Kostentragungspflichten auf die für sein Unternehmen notwendigen Maßnahmen schützt ihn vor einer ausufernden und für ihn nicht unmittelbar nutzbringenden Belastung, wie sie beispielsweise Schulungen mit rein privaten oder politischen Fortbildungsinhalten darstellen. Sofern die Unfallversicherungsträger Lehrgänge o.ä. für die Funktionsträger durchführen, haben sie (abgesehen von der Fortzahlung des Arbeitsentgelts) auch die entstehenden Kosten zu übernehmen, so daß es insoweit zu einer Entlastung der Arbeitgeber/Unternehmer kommen kann. Insgesamt führen die Fortbildungsregelungen im Bereich der Betriebsbeauftragten zu einer angemessenen Austarierung der zu berücksichtigenden Interessen.

2. Vorschriften des Betriebsverfassungsgesetzes

Innerhalb des Betriebsverfassungsgesetzes (BetrVG) enthalten gleich mehrere Vorschriften zumindest mittelbare Aussagen zur beruflichen Weiterbildung. Die §§ 90, 92 und 92a BetrVG begründen Unterrichtungs-, Beratungs- und Vorschlagsrechte des Betriebsrates, die sich inhaltlich auch auf die berufliche Weiterbildung der Arbeitnehmer erstrecken können. Daneben ist mit den §§ 96-98 BetrVG gleich ein ganzer Unterabschnitt der „Berufsbildung" gewidmet. Schließlich kann sich möglicherweise aus § 81 Abs. 1, 2 BetrVG ein Anspruch des Arbeitnehmers auf berufliche Fortbildung ergeben.

a) Die Rechte des Betriebsrats aus den §§ 90, 92, 92a BetrVG

Die §§ 90, 92 und 92a BetrVG enthalten einzelne Rechte des Betriebsrates, die auch für die berufliche Weiterbildung der Arbeitnehmer Bedeutung entfalten können. Je nachdem, inwieweit aus den Rechten des Betriebsrates eine Bindung des Arbeitgebers folgt bzw. dem Betriebsrat ein echtes Mitbestimmungsrecht im Bereich der beruflichen Qualifikation zusteht, könnte dies in der Konsequenz Verpflichtungen des Arbeitgebers im Hinblick auf die Fortbildung der abhängig Beschäftigten nach sich ziehen.

§ 90 Abs. 2 S. 1 BetrVG verpflichtet den Arbeitgeber, die Auswirkungen der in Abs. 1 Nr. 1-4 genannten Maßnahmen auf die an die Arbeitnehmer gestellten Anforderungen (dazu zählt auch die Qualifikation des Arbeitnehmers[599]) mit dem Betriebsrat zu beraten. Dem Betriebsrat steht zwar insoweit ein Anspruch gegen den Arbeitgeber zu, er hat jedoch kein Initiativrecht, das ihn zu einer eigenständigen Planung der in Abs. 1 aufgezählten Gegenstände berechtigte und eine erzwingbare Erörterung derselben durch den Arbeitgeber ermöglichte.[600] Zudem bleibt der Arbeitgeber auch nach einer Erörterung in seinen Entscheidungen frei.[601]

Daneben gewährt § 92 Abs. 1 S. 1 BetrVG dem Betriebsrat gegenüber dem Arbeitgeber einen Unterrichtungsanspruch im Hinblick auf die Personalplanung, die auch Maßnahmen der Berufsbildung und damit der beruflichen Fortbildung umfassen kann. Für die Personalplanung selbst bleibt jedoch der Unternehmer bzw. der Arbeitgeber allein verantwortlich, ohne daß sie vom Betriebsrat erzwungen werden könnte. Dieser hat kein Mitbestimmungsrecht, sondern lediglich Unterrichtungsrechte in dem Umfang, in dem der Arbeitgeber tatsächlich Personalplanung durchführt.[602] Gleiches gilt für die Beratungspflicht aus § 92 Abs. 1 S. 2 BetrVG. Als eine „erforderliche Maßnahme" im Sinne dieser Vorschrift kann auch eine notwendige Weiterbildung von Arbeitnehmern beraten werden. Jedoch kann keine Einigung über die in der Vorschrift genannten Punkte erzwungen werden. Die Mitbestim-

---

599 Fitting, BetrVG, § 90 RdNr. 37; GK-*Weber*, BetrVG, § 90 RdNr. 30.
600 LAG Düsseldorf, Kamm. Köln, v. 03.07.1981 – 13 TaBV 20/81 = DB 1981, S. 1676; GK-*Weber*, BetrVG, § 90 RdNr. 23; Fitting, BetrVG, § 90 RdNr. 17.
601 GK-*Weber*, BetrVG, § 90 RdNr. 32; H/S/W/G/N/R-*Rose*, BetrVG, § 90 RdNr. 65.
602 HWK/*Ricken*, BetrVG, § 92 RdNr. 10; Fitting, BetrVG, § 92 RdNr. 21; ErfK/*Kania*, BetrVG, § 92 RdNr. 6.

mung des Betriebsrates setzt erst bei der Durchführung konkreter Berufsbildungsmaßnahmen i.S.d. § 96 Abs. 1 BetrVG ein.[603] Auch die nach § 92 Abs. 2 BetrVG vom Betriebsrat unterbreiteten Vorschläge zu Ein- und Durchführung einer Personalplanung beeinträchtigen den Arbeitgeber in seiner Entscheidungsfreiheit nicht.[604]

Nach § 92a Abs. 1 S. 1 BetrVG kann der Betriebsrat dem Arbeitgeber Vorschläge zur Sicherung und Förderung der Beschäftigung machen, die nach Abs. 1 S. 2 der Norm insbesondere auch die Qualifizierung der Arbeitnehmer zum Gegenstand haben können. Der Betriebsrat besitzt aber kein Initiativrecht im engeren Sinne, so daß der Arbeitgeber frei darüber entscheiden kann, ob er auf die Vorschläge eingeht und sie ggf. verwirklicht.[605] Aus § 92a Abs. 2 S. 1 BetrVG folgt lediglich eine Pflicht des Arbeitgebers, mit dem Betriebsrat in einen Dialog über dessen Vorschläge einzutreten. Die Vorschrift begründet auch keine unmittelbaren Rechtswirkungen für das Verhältnis zwischen dem Arbeitgeber und dem Arbeitnehmer, sondern allein Rechte und Pflichten im Verhältnis zwischen Arbeitgeber und Betriebsrat. Daher lassen sich aus ihr auch keine Beschränkungen des Kündigungsrechts ableiten. Insbesondere beurteilt sich die Möglichkeit einer Weiterbeschäftigung des Arbeitnehmers nach zumutbaren Umschulungs- oder Fortbildungsmaßnahmen i.S.d. § 1 Abs. 2 S. 3 KSchG[606] unabhängig von vorangegangenen Vorschlägen des Betriebsrates zur Weiterbildung der Arbeitnehmer.[607]

Aus den Regelungen der §§ 90, 92 und 92a BetrVG können nach alledem keine Verpflichtungen des Arbeitgebers im Hinblick auf die berufliche Weiterbildung der Arbeitnehmer abgeleitet werden.

b) Die Vorschriften zur Berufsbildung, §§ 96-98 BetrVG

Dem Thema der Berufsbildung ist mit den §§ 96-98 BetrVG ein ganzer Unterabschnitt gewidmet, der die diesbezüglichen Beteiligungsrechte des Betriebsrates behandelt. Ein – mittelbarer – Anspruch des Arbeitnehmers auf berufliche Weiterbildung kann aber wiederum nur dann bestehen, wenn der Betriebsrat die Durchführung von Bildungsmaßnahmen (das „Ob") erzwingen kann.

---

603 GK-*Raab*, BetrVG, § 92 RdNr. 34; vgl. auch HWK/*Ricken*, BetrVG, § 92 RdNr. 17.
604 Richardi/*Thüsing*, BetrVG, § 92 RdNr. 42; H/S/W/G/N/R-*Rose*, BetrVG, § 92 RdNr. 95; MünchArbR/*Matthes*, § 256 RdNr. 22.
605 GK-*Raab*, BetrVG, § 92a RdNr. 14; Fitting, BetrVG, § 92a RdNr. 6.
606 Vgl. ausf. dazu unten § 3 D.I.5.
607 GK-*Raab*, BetrVG, § 92a RdNr. 39 f.; H/S/W/G/N/R-*Rose*, BetrVG, § 92a RdNr. 33 f.; vgl. auch *Bauer*, NZA 2001, S. 379.

aa) Vorbemerkung zum betriebsverfassungsrechtliche Berufsbildungsbegriff

Der Begriff der Berufsbildung i.S.d. BetrVG[608] umfaßt die berufliche Fortbildung zumindest in ihrem durch § 1 Abs. 1, 4 BetrVG vorgegebenen Verständnis. Insoweit deckt er sich mit dem hier vertretenen, weiten Begriff der beruflichen Weiterbildung. Sofern also die Untersuchung der §§ 96-98 BetrVG zu dem Ergebnis kommt, der Arbeitgeber werde im Hinblick auf die Einführung von Maßnahmen der beruflichen Weiterbildung in seiner Entscheidungsfreiheit eingeschränkt, gilt dies auch im Hinblick auf das dieser Arbeit zugrundegelegte Begriffsverständnis.

bb) Der Regelungsgehalt des § 96 BetrVG

§ 96 Abs. 1 S. 1 BetrVG verpflichtet Arbeitgeber und Betriebsrat, im Rahmen der betrieblichen Personalplanung die Berufsbildung der Arbeitnehmer, und damit auch deren berufliche Weiterbildung, zu fördern. Dieser Norm kommt, wie der Wortlaut bereits nahelegt, lediglich die Funktion eines Programmsatzes zu. Planung und Konzeption möglicher Bildungsmaßnahmen beläßt die Vorschrift im alleinigen Zuständigkeitsbereich des Arbeitgebers. Aus der Förderungspflicht läßt sich daher weder ein Anspruch des einzelnen Arbeitnehmers noch ein echtes Mitbestimmungsrecht des Betriebsrates ableiten.[609]

Nach § 96 Abs. 1 S. 2 BetrVG kann der Betriebsrat vom Arbeitgeber verlangen, den Berufsbildungsbedarf zu ermitteln und mit ihm Fragen der Berufsbildung der Arbeitnehmer des Betriebs zu beraten. Abs. 1 S. 3 der Vorschrift berechtigt den Betriebsrat zudem, diesbezüglich eigene Vorschläge zu machen. Aus § 96 Abs. 1 S. 2 BetrVG resultiert zwar ein durchsetzbarer Anspruch des Betriebsrats auf Ermittlung des Berufsbildungsbedarfs sowie auf Beratung von Fragen der Berufsbildung gegen den Arbeitgeber.[610] Jedoch schränken das Beratungs- und das Vorschlagsrecht die grundsätzliche Freiheit des Arbeitgebers, im Hinblick auf die Einführung von Maßnahmen der Berufsbildung selbständig zu entscheiden und nach eigenen Vorstellungen zu verfahren, nicht ein.[611]

---

608 Vgl. dazu oben § 2 D.III.
609 Wlotzke/Preis/Kreft/*Preis*, BetrVG, § 96 RdNr. 7; ErfK/*Kania*, BetrVG, § 96 RdNr. 10; MünchArbR/*Matthes*, § 262 RdNr. 4; H/S/W/G/N/R-*Worzalla*, BetrVG, § 96 RdNr. 12 f.; Richardi/*Thüsing*, BetrVG, § 96 RdNr. 16; GK-*Raab*, BetrVG, § 96 RdNr. 22.
610 GK-*Raab*, BetrVG, § 96 RdNr. 36.
611 Wlotzke/Preis/Kreft/*Preis*, BetrVG, § 96 RdNr. 9; Richardi/*Thüsing*, BetrVG, § 96 RdNr. 20; vgl. auch GK-*Raab*, BetrvG, § 96 RdNr. 33.

Gleiches gilt für § 96 Abs. 2 S. 1 BetrVG, nach dem die Betriebspartner darauf zu achten haben, daß unter Berücksichtigung der betrieblichen Notwendigkeiten den Arbeitnehmern die Teilnahme an betrieblichen und außerbetrieblichen Maßnahmen der Berufsbildung ermöglicht wird. Betrieblich ist eine Berufsbildungsmaßnahme, wenn der Arbeitgeber Träger oder Veranstalter der Maßnahme ist und sie für seine Arbeitnehmer durchführt. Von entscheidender Bedeutung für die Einstufung einer Maßnahme als betrieblich ist die Frage, ob der Arbeitgeber auf Inhalt und Organisation rechtlich einen beherrschenden Einfluß hat.[612] Auch diese Norm hat lediglich den Charakter eines Programmsatzes, ohne einen erzwingbaren Anspruch einzelner Arbeitnehmer auf Teilnahme und Freistellung sowie Kostenübernahme zu begründen.[613]

Neyses vertritt die Auffassung, aus § 96 Abs. 1 S. 1 und § 96 Abs. 2 S. 1 BetrVG könne eine im Rahmen der Personalplanung zu berücksichtigende Pflicht zur Durchführung bzw. Beibehaltung betrieblicher Berufsbildungsmaßnahmen folgen, sofern der Arbeitsmarkt nicht die erforderliche Zahl gelernter Arbeitskräfte hergebe.[614] Ähnlich, aber ohne nähere Begründung meint *Hamm*, aus der allgemeinen Förderungspflicht des § 96 könne sich im Einzelfall eine Pflicht zur Einrichtung von Berufsbildungsmaßnahmen ergeben, die auch Konsequenzen für die ansonsten allein vom Arbeitgeber festzulegende Teilnehmerzahl haben könne.[615] Diesen Ansätzen tritt *Gilberg* mit überzeugenden Argumenten entgegen. Seiner Meinung nach ergebe sich aus Wortlaut und Systematik der den Regelungsgegenstand „Berufsbildung" behandelnden §§ 96-98 BetrVG eine deutliche Entscheidung dafür, das „Ob" der Berufsbildung grundsätzlich mitbestimmungsfrei zu belassen. Während die §§ 96, 97 BetrVG nur Beratungs- und Vorschlagsrechte enthielten, führe § 98 BetrVG im Hinblick auf das „Wie" der Berufsbildungsmaßnahmen ausdrücklich Mitbestimmungsrechte des Betriebsrats auf. Hätte die Einführung von Maßnahmen der Berufsbildung der Mitbestimmung unterliegen sollen, so hätte eine dem § 98 Abs. 1 BetrVG entsprechende Formulierung gewählt werden können.[616] Der Entgegnung *Gilbergs* ist mit einer Ergänzung beizupflichten, die als Bestäti-

---

612 BAG v. 04.12.1990 – 1 ABR 10/90 = AP Nr. 1 zu § 97 BetrVG 1972; v. 12.11.1991 – 1 ABR 21/91 = AP Nr. 8 zu § 98 BetrVG 1972; v. 24.08.2004 – 1 ABR 28/03 = AP Nr. 12 zu § 98 BetrVG 1972.
613 Wlotzke/Preis/Kreft/*Preis*, BetrVG, § 96 RdNr. 11; GK-*Raab*, BetrVG, § 96 RdNr. 34; Richardi/*Thüsing*, BetrVG, § 96 RdNr. 26; Däubler/Kittner/Klebe/Wedde-*Buschmann*, BetrVG, § 96 RdNr. 28.
614 *Neyses*, BlStSozArbR 1977, S. 322.
615 *Hamm*, ArbuR 1992, S. 328.
616 *Gilberg*, Die Mitwirkung des Betriebsrats bei der Berufsbildung, S. 222.

gung seiner Auffassung dienen kann. Durch das Betriebsverfassungs-Reformgesetz von 2001[617] wurde in § 97 Abs. 2 BetrVG ein Mitbestimmungsrecht des Betriebsrats auch bei der Einführung von Maßnahmen der betrieblichen Berufsbildung eingefügt. Hätte der Gesetzgeber, dem die Diskussion um die Wirkung des § 96 BetrVG bekannt war, auch in dieser Norm einen erhöhten Einfluß des Betriebsrats oder Individualrechte des Arbeitnehmers verankern wollen, hätte er dies in ähnlich deutlicher Form tun können wie in § 97 Abs. 2 BetrVG. Da § 96 BetrVG in dieser Hinsicht aber unverändert geblieben ist, kann nicht davon ausgegangen werden, daß die Entscheidungsfreiheit des Arbeitgebers über die Einführung von Maßnahmen der Berufsbildung durch diese Vorschrift eingeschränkt werden soll.

§ 96 BetrVG beläßt demnach die Entscheidung über die Einführung von Berufsbildungsmaßnahmen im alleinigen Zuständigkeitsbereich des Arbeitgebers. Weder hat der Betriebsrat ein Mitbestimmungsrecht noch folgt aus der Norm ein einklagbarer Anspruch des Arbeitnehmers auf berufliche Weiterbildung.

cc) Der Regelungsgehalt des § 97 BetrVG

aaa) Das Beratungsrecht aus § 97 Abs. 1 BetrVG

Durch § 97 Abs. 1 BetrVG werden die allgemeinen Mitwirkungsrechte des Betriebsrats gemäß § 96 BetrVG um eine Beratungspflicht des Arbeitgebers ergänzt, die sich auf *„die Errichtung und Ausstattung betrieblicher Einrichtungen zur Berufsbildung, die Einführung betrieblicher Berufsbildungsmaßnahmen und die Teilnahme an außerbetrieblichen Berufsbildungsmaßnahmen"* bezieht. Wie der Wortlaut nahelegt, wird der Arbeitgeber jedoch durch die Beratungspflicht bzw. das Ergebnis möglicher Beratungen in seiner freien Entscheidung darüber, ob er überhaupt derartige Maßnahmen ergreifen oder die Kosten übernehmen will, nicht eingeschränkt.[618] Auch eine bindende Entscheidung der Einigungsstelle kann, da insoweit § 76 Abs. 6 BetrVG gilt, nicht gegen den Willen des Arbeitgebers herbeigeführt werden.[619] Somit kommen auch keine (mittelbaren) Ansprüche der Arbeitnehmer aus § 97 Abs. 1 BetrVG in Betracht.

---

617 Vgl. dazu BT-Drucks. 14/6352, S. 6 ff. sowie *Reichold*, NZA 2001, S. 857.
618 Wlotzke/Preis/Kreft/*Preis*, BetrVG, § 97 RdNr. 1; HWK/*Ricken*, BetrVG, § 97 RdNr. 2 f.; ErfK/*Kania*, BetrVG, § 97 RdNr. 1; Fitting, BetrVG, § 97 RdNr. 4.
619 GK-*Raab*, BetrVG, § 97 RdNr. 5; H/S/W/G/N/R-*Worzalla*, BetrVG, § 97 RdNr. 2.

bbb) Das Mitbestimmungsrecht aus § 97 Abs. 2 BetrVG

§ 97 Abs. 2 S. 1 BetrVG begründet für den Betriebsrat bei Veränderungen im Betrieb unter bestimmten Umständen ein Mitbestimmungsrecht einschließlich eines Initiativrechts[620] hinsichtlich der Einführung von Maßnahmen der betrieblichen Berufsbildung, die gemäß Abs. 2 S. 2, 3 durch den Spruch der Einigungsstelle erzwungen werden können. Die Bestimmung in Abs. 2 ergänzt die Regelungen der § 1 Abs. 2 S. 3 KSchG, §§ 81 Abs. 1, 102 Abs. 3 Nr. 4 BetrVG[621] und dient dem Zweck, durch betriebliche Qualifizierungsmaßnahmen das Risiko des Arbeitsplatzverlustes zu verringern und damit zur präventiven Beschäftigungssicherung beizutragen.[622] Durch den erzwingbaren Einfluß des Betriebsrats auf das „Ob" der betrieblichen Berufsbildung kann für den Arbeitnehmer zumindest ein durch die betriebliche Interessenvertretung vermittelter Anspruch auf berufliche Weiterbildung entstehen. Voraussetzungen und Rechtsfolgen des Mitbestimmungsrechts sollen daher näher beleuchtet werden.

(1) Voraussetzungen des Mitbestimmungsrechts

Das Mitbestimmungsrecht nach § 97 Abs. 2 S. 1 BetrVG setzt voraus, daß der Arbeitgeber Maßnahmen geplant oder durchgeführt hat, die dazu führen, daß zum einen die Tätigkeit der betroffenen Arbeitnehmer eine Änderung erfährt, zum anderen ihre beruflichen Kenntnisse und Fähigkeiten zur Erfüllung ihrer Aufgaben nicht mehr ausreichen.

(1a) Tätigkeitsändernde Maßnahmen

Unter einer Maßnahme im Sinne der Vorschrift sind alle betrieblichen Umstrukturierungen zu verstehen, sofern im Rahmen ihrer Planung abzusehen ist oder deren tatsächliche Durchführung bewirkt, daß die Tätigkeit der Arbeitnehmer sich ändert.[623] Da die im Regierungsentwurf noch vorgesehene Beschränkung auf die enumerativen Sachverhalte „*technische Anlagen, Arbeitsverfahren, Arbeitsabläufe oder Arbeitsplätze*"[624] keine Aufnahme in die Endfassung des Gesetzes gefunden hat, ist der Begriff der Maßnahme weit auszulegen und erfaßt grundsätzlich jedes

---

620 *Franzen*, NZA 2001, S. 865; GK-*Raab*, BetrVG, § 97 RdNr. 11; HWK/*Ricken*, BetrVG, § 97 RdNr. 6; Fitting, BetrVG, § 97 RdNr. 20.
621 ErfK/*Kania*, BetrVG, § 97 RdNr. 6.
622 BT-Drucks. 14/5741, S. 50; Fitting, BetrVG, § 97 RdNr. 10; Wlotzke/Preis/Kreft/*Preis*, BetrVG, § 97 RdNr. 8.
623 Vgl. Wlotzke/Preis/Kreft/*Preis*, BetrVG, § 97 RdNr. 9.
624 BT-Drucks. 14/5741, S. 15.

gestaltende Tätigwerden des Arbeitgebers, durch das eine Diskrepanz zwischen den beruflichen Anforderungen und dem Ausbildungsstand der Arbeitnehmer entsteht oder zu entstehen droht.[625] Soweit aus der Tatsache, daß das Gesetz die Präsensform „*ändert*" anstelle der noch im Regierungsentwurf vorgesehenen Futurform „*ändern wird*" verwendet, der Schluß gezogen wird, ein Mitbestimmungsrecht bestehe im Planungsstadium nur, wenn bereits die Planung eine tatsächliche Änderung der Tätigkeit bewirke,[626] wird dies dem präventiven Charakter des Mitbestimmungsrechts nicht gerecht. In Ergänzung zu § 102 Abs. 3 Nr. 4 BetrVG soll durch § 97 Abs. 2 BetrVG gerade frühzeitig eine Weiterbildung der Arbeitnehmer durchgesetzt werden können, um eine durch Qualifikationsverlust verursachte Kündigung zu vermeiden.[627] Abgesehen davon, daß der Wortlaut diese Einschränkung ohnehin nicht zwingend fordert, würde sie im Hinblick auf den Gesetzeszweck auch zu einer weitgehenden Entwertung der Möglichkeiten des Betriebsrates im Planungsstadium führen. Daher muß es für das Initiativrecht ausreichen, wenn sich aufgrund der Planungen mit hinreichender Sicherheit vorhersagen läßt, daß es zu einer Änderung der Tätigkeit kommen wird. Für diese Auslegung spricht auch der Vergleich mit der Regelung des § 81 Abs. 4 S. 2 BetrVG, der verlangt, daß eine Änderung der Tätigkeit feststehen müsse.[628] Der Arbeitgeber muß zudem entschlossen sein, die ins Auge gefaßten Maßnahmen durchzuführen.[629] Ob eine Maßnahme zu einer Änderung führt, ist im Rahmen einer funktionalen Betrachtungsweise über einen Vergleich der bisherigen mit den zukünftigen Arbeitsaufgaben zu beurteilen. Die Veränderung darf sich dabei nicht auf eine rein äußerliche Modifikation der Arbeitsvorgänge beschränken, sondern muß in nachhaltiger Weise[630] den Inhalt der Tätigkeit betreffen.[631]

---

625 LAG Hamm v. 08.11.2002 – 10 (13) TaBV 59/02 = NZA-RR 2003, S. 543; Richardi/*Thüsing*, BetrVG, § 97 RdNr. 10; GK-*Raab*, BetrVG, § 97 RdNr. 15; Wlotzke/Preis/Kreft/*Preis*, BetrVG, § 97 RdNr. 9.
626 So *Franzen*, NZA 2001, S. 866.
627 BT-Drucks. 14/5741, S. 49 f.
628 Richardi/*Thüsing*, BetrVG, § 97 RdNr. 15; im Ergebnis auch GK-*Raab*, BetrVG, § 97 RdNr. 16; *Löwisch*, BB 2001, S. 1795; Fitting, BetrVG, § 97 RdNr. 19; i.E. auch *Rieble*, NZA Sonderheft 2001, S. 54.
629 HWK/*Ricken*, BetrVG, § 97 RdNr. 6.
630 Vgl. dazu auch den Gesetzentwurf der Bundesregierung, BR-Drucks. 140/01, S. 114.
631 GK-*Raab*, BetrVG, § 97 RdNr. 18 f.; Wlotzke/Preis/Kreft/*Preis*, BetrVG, § 97 RdNr. 12; Fitting, BetrVG, § 97 RdNr. 14.

(1b) Qualifikationsdefizit

Als weitere Voraussetzung ist erforderlich, daß infolge der Änderung der Tätigkeit die für den Arbeitnehmer zur Erfüllung seiner Arbeitsaufgabe erforderlichen beruflichen Kenntnisse und Fähigkeiten nicht mehr ausreichen. Dieses Qualifikationsdefizit muß aber gerade durch die Maßnahme des Arbeitgebers hervorgerufen worden sein. Kein Mitbestimmungsrecht besteht daher, wenn Gründe aus der Sphäre des Arbeitnehmers (z.B. ein von der Änderung unbeeinflußter Leistungsabfall) zu dem Auseinanderfallen von Leistungsstand und Anforderungen geführt haben. Aus dem Gegenstand des Mitbestimmungsrechts ergibt sich des weiteren, daß die durch die Tätigkeitsänderung entstandenen Defizite durch Maßnahmen der betrieblichen Berufsbildung ausgeglichen werden können müssen.[632] § 97 Abs. 2 BetrVG ist daher nicht einschlägig, wenn das Qualifikationsdefizit auch durch andere Maßnahmen, beispielsweise mittels einer Unterrichtung über die neuen Aufgaben i.S.d. § 81 Abs. 1 BetrVG, behoben werden kann.[633] Kein Mitbestimmungsrecht besteht ferner, wenn die Kluft zwischen dem Leistungsvermögen des Arbeitnehmers und den geänderten Anforderungen sich als so groß erweist, daß sie im Hinblick auf die zu veranschlagende zeitliche Dauer und/oder die zu vermittelnden Inhalte nur durch außerbetriebliche Bildungsmaßnahmen beseitigt werden können.[634] Um ein Ausufern des Mitbestimmungsrechts zu verhindern, wird als Mindestanforderung vorausgesetzt werden müssen, daß das Qualifikationsdefizit des Arbeitnehmers in einer der Vorschrift des § 99 Abs. 2 Nr. 3 BetrVG vergleichbaren Intensität die Besorgnis begründet, daß den betroffenen Arbeitnehmern gekündigt werden kann.[635]

(1c) Zumutbarkeit der Bildungsmaßnahme

Vom überwiegenden Teil der Literatur wird gefordert, daß in § 97 Abs. 2 BetrVG der Begriff der „Zumutbarkeit" hineingelesen werden müsse. Ein Mitbestimmungsrecht des Betriebsrats komme daher nur dann in Betracht, wenn sich die in Aussicht genommene Bildungsmaßnahme nach einer Abwägung der technischen und wirtschaftlichen Möglichkeiten des Arbeitgebers mit dem Qualifikationsbedarf des

---

632 GK-*Raab*, BetrVG, § 97 RdNr. 20, 21; Wlotzke/Preis/Kreft/*Preis*, BetrVG, § 97 RdNr. 12; Fitting, BetrVG, § 97 RdNr. 15; *Franzen*, NZA 2001, S. 867.
633 LAG Hamm v. 08.11.2002 – 10 (13) TaBV 59/02 = NZA-RR 2003, S. 543; GK-*Raab*, BetrVG, § 97 RdNr. 21; *Franzen*, NZA 2001, S. 867; Wlotzke/Preis/Kreft/*Preis*, BetrVG, § 97 RdNr. 12.
634 Fitting, BetrVG, § 97 RdNr. 15.
635 *Rieble*, NZA Sonderheft 2001, S. 54.

Arbeitnehmers noch mit dem Verhältnismäßigkeitsgrundsatz vereinbaren lasse.[636] Für diese Auffassung spricht der Zusammenhang des § 97 Abs. 2 BetrVG mit der Vorschrift des § 102 Abs. 3 Nr. 4 BetrVG. Nach der letztgenannten Norm kann der Betriebsrat einer ordentlichen Kündigung widersprechen, wenn die Weiterbeschäftigung des Arbeitnehmers nach zumutbaren Umschulungs- oder Fortbildungsmaßnahmen möglich ist. Nach der Gesetzesbegründung dient das Mitbestimmungsrecht als präventive Maßnahme der Ergänzung des Widerspruchsrechts des Betriebsrats.[637] Es liegt daher nahe, den für das Widerspruchsrecht und auch im Rahmen des § 1 Abs. 2 S. 3 KSchG geltenden Maßstab der Zumutbarkeit auch auf § 97 Abs. 2 BetrVG zu übertragen.[638] Bei der Beurteilung der Zumutbarkeit ist wie im Bereich des § 102 Abs. 3 Nr. 4 BetrVG u.a. zu berücksichtigen, welchen Belastungen der Betrieb durch die Bildungsmaßnahmen ausgesetzt wird, ob und inwiefern der Arbeitgeber das Qualifikationsdefizit zu verantworten hat sowie die Tatsache, daß die Maßnahme nur den Erhalt des Arbeitsplatzes, nicht aber einen beruflichen Aufstieg des Arbeitnehmers bezweckt.[639]

(1d) Erfordernis eines kollektiven Tatbestands?

Umstritten ist, ob für das Entstehen des Mitbestimmungsrechts das Vorliegen eines kollektiven Tatbestands erforderlich ist. Die Befürworter des Erfordernisses eines kollektiven Tatbestands rechtfertigen ihre Position u.a. über einen Vergleich mit der Mitbestimmung in sozialen Angelegenheiten gemäß § 87 BetrVG, die ebenfalls einen kollektiven Bezug voraussetze und der Mitbestimmung im Bereich der betrieblichen Bildung strukturell verwandt sei. Letztere habe im BetrVG 1952 selbst noch zu den sozialen Angelegenheiten gezählt (§ 56 lit. d); dieser Zusammenhang habe durch die Verlagerung in die personellen Angelegenheiten aber nicht aufgelöst werden sollen.[640] Gegen diese – in ihrer Begründung nicht zwingende – Auffassung wendet sich *Preis*, der auf die funktionale Verknüpfung des § 97 Abs. 2 BetrVG mit der Vorschrift des § 102 Abs. 3 Nr. 4 BetrVG hinweist. Da letztere Norm das individuelle Fortbildungsbedürfnis der Arbeitnehmer schütze, spreche

---

636 Richardi/*Thüsing*, BetrVG, § 97 RdNr. 12; *Franzen*, NZA 2001, S. 867; Fitting, BetrVG, § 97 RdNr. 25; HWK/*Ricken*, BetrVG, § 97 RdNr. 10; ErfK/*Kania*, BetrVG, § 97 RdNr. 6; H/S/W/G/N/R-*Worzalla*, BetrVG, § 97 RdNr. 18; a.A. GK-*Raab*, BetrVG, § 97 RdNr. 21.
637 BT-Drucks. 14/5741, S. 50.
638 Vgl. auch *Hanau*, RdA 2001, S. 72.
639 Fitting, BetrVG, § 97 RdNr. 25; vgl. zum letztgenannten Punkt auch HWK/*Ricken*, BetrVG, § 97 RdNr. 10.
640 *Franzen*, NZA 2001, S. 867 ff.; *Fracke*, Die betriebliche Weiterbildung, S. 103 f.; im Ergebnis gleichfalls für das Erfordernis eines kollektiven Bezugs H/S/W/G/N/R-*Worzalla*, BetrVG, § 97 RdNr. 14; *Reichold*, NZA 2001, S. 864.

viel dafür, auch bei der Regelung, die nach dem Willen des Gesetzgebers als *„präventives Pendant"* wirken solle, einen lediglich individuellen Bezug für ein Mitbestimmungsrecht des Betriebsrats genügen zu lassen.[641]

Der Wortlaut, der auf eine Mehrzahl von Arbeitnehmern abstellt, scheint zwar für das Erfordernis eines kollektiven Bezugs zu streiten, läßt aber ebenfalls keinen zwingenden Schluß zu. Überzeugend sind dagegen die Argumente, die von *Rieble* ins Feld geführt werden. Es sei nicht Aufgabe des Betriebsrats, im Rahmen eines Mitbestimmungsverfahrens das Bildungsbedürfnis eines einzelnen Arbeitnehmers zu unterstützen. Wie im Schuldrecht gelte auch im Arbeitsrecht der allgemeine Grundsatz, daß jeder Schuldner für die eigene Leistungsfähigkeit selbst verantwortlich sei. Dieser Wertung entspreche die Regelung des § 75 Abs. 2 S. 2 BetrVG, der eine Förderung der *„Selbständigkeit und Eigeninitiative der Arbeitnehmer"* fordert, so daß individuelle Weiterbildungsbedürfnisse dem Individualrecht aus § 81 Abs. 4 BetrVG zuzuordnen seien.[642] Für das Entstehen des Mitbestimmungsrechts gemäß § 97 Abs. 2 BetrVG ist daher das Vorliegen eines kollektiven Tatbestandes erforderlich.

(2) Inhalt des Mitbestimmungsrechts

Liegen die Voraussetzungen des Mitbestimmungsrechtes vor, kann der Betriebsrat vom Arbeitgeber die Einführung betrieblicher Berufsbildungsmaßnahmen verlangen. Dies kann beispielsweise betriebsinterne Kurse oder Schulungen einschließen. Eine Qualifizierung der in Betracht kommenden Arbeitnehmer durch externe, d.h. außerbetriebliche Weiterbildungsveranstaltungen kann dagegen nicht gefordert werden, wie sich aus dem Umkehrschluß aus § 98 Abs. 3 BetrVG ergibt. Gleiches gilt für die Gründung betrieblicher Einrichtungen zur Berufsbildung; hier besteht nur ein Beratungsrecht nach § 97 Abs. 1 BetrVG.[643] Eine auf außerbetriebliche Weiterbildung der Arbeitnehmer gerichtete Vereinbarung zwischen dem Betriebsrat und dem Arbeitgeber bleibt aber gleichwohl möglich.[644] Die Rechte des Betriebsrats hinsichtlich der Durchführung der Berufsbildungsmaßnahmen richten sich allein nach § 98 BetrVG.[645]

---

641 Wlotzke/Preis/Kreft/*Preis*, BetrVG, § 97 RdNr. 10; im Ergebnis ebenso Fitting, BetrVG, § 97 RdNr. 16; GK-*Raab*, BetrVG, § 97 RdNr. 20.
642 *Rieble*, NZA Sonderheft 2001, S. 52 f.
643 H/S/W/G/N/R-*Worzalla*, BetrVG, § 97 RdNr. 22; Fitting, BetrVG, § 97 RdNr. 24; *Reichold*, NZA 2001, S. 864; *Rieble*, NZA Sonderheft 2001, S. 54.
644 H/S/W/G/N/R-*Worzalla*, BetrVG, § 97 RdNr. 22; im Hinblick auf § 77 Abs. 3 BetrVG einschränkend *Rieble*, NZA Sonderheft 2001, S. 54.
645 *Franzen*, NZA 2001, S. 868.

(3) Kostenlast und zeitliche Lage

Auch wenn § 97 Abs. 2 BetrVG keine ausdrückliche Regelung der Kostentragung enthält, ist weitgehend anerkannt, daß der Arbeitgeber die Kosten, die durch die Ein- und Durchführung einer Berufsbildungsveranstaltung entstehen, zu tragen hat. Dies folgt bereits daraus, daß er, da es sich um Maßnahmen der betrieblichen Berufsbildung handelt, als Träger oder Veranstalter einen rechtlich beherrschenden Einfluß ausübt.[646] Zudem können auch die Kosten einer Umschulung oder Fortbildung des Arbeitnehmers zur Weiterbeschäftigung auf einem freien Arbeitsplatz (vgl. § 1 Abs. 2 S. 3 KSchG) nicht auf den Arbeitnehmer abgewälzt werden. Gleiches muß dann folgerichtig auch für den präventiven Kündigungsschutz des § 97 Abs. 2 BetrVG gelten.[647] Die vom Arbeitgeber zu tragenden Kosten der Maßnahme können beispielsweise die Bereitstellung der Schulungsräume und der erforderlichen Sachmittel sowie die Vergütung der Ausbilder betreffen.[648]

Umstritten ist, ob die Zeit der Teilnahme an Qualifizierungsmaßnahmen vom Arbeitgeber zu vergüten ist. Damit hängt die weitere Frage zusammen, ob die Maßnahme während der Arbeitszeit stattzufinden hat, die Arbeitnehmer also für die Dauer der Weiterbildung unter Fortzahlung des Entgelts von der Arbeit freizustellen sind. Aus der Vorschrift selbst lassen sich keine Anhaltspunkte für entsprechende Verpflichtungen entnehmen. Gegen die Annahme einer Pflicht zur bezahlten Freistellung läßt sich zudem einwenden, daß die Vergütungspflicht das vertragliche Austauschverhältnis zwischen Arbeitgeber und Arbeitnehmer betrifft, das dem Mitbestimmungsrecht des Betriebsrats nicht unterliegt.[649] Des weiteren verweist die Gesetzesbegründung ausdrücklich auf § 2 SGB III und die dort erwähnte Verantwortung von Arbeitgebern und Arbeitnehmern, die berufliche Leistungsfähigkeit zu fördern und den sich ändernden Anforderungen anzupassen.[650] Eine einseitige Verlagerung auf den Arbeitgeber läßt sich mit diesem Rechtsgedanken aber nicht vereinbaren.[651] Es spricht demnach viel dafür, die Lasten so zu verteilen, wie *Rieble* es vorschlägt: Während der Arbeitgeber die Kosten der Maßnahme trägt, kann vom Arbeitnehmer verlangt werden, ein eigenes Zeitopfer zu erbringen. Dies führte auch zu einer Steigerung des Eigeninteresses des Arbeitnehmers.[652] Die Bil-

---

646 GK-*Raab*, BetrVG, § 97 RdNr. 23; Fitting, BetrVG, § 97 RdNr. 30; i.E. auch Wlotzke/Preis/Kreft/*Preis*, BetrVG, § 97 RdNr. 14; *Franzen*, NZA 2001, S. 869.
647 *Rieble*, NZA Sonderheft 2001, S. 55.
648 GK-*Raab*, BetrVG, § 97 RdNr. 23.
649 GK-*Raab*, BetrVG, § 97 RdNr. 23; *Rieble*, NZA Sonderheft 2001, S. 55.
650 BT-Drucks. 14/5741, S. 50.
651 Richardi/*Thüsing*, BetrVG, § 97 RdNr. 14.
652 *Rieble*, NZA Sonderheft 2001, S. 55.

dungsmaßnahmen können daher sowohl außer- als auch innerhalb der Arbeitszeit stattfinden. Unabhängig davon, ob die Maßnahme während oder außerhalb der Arbeitszeit stattfindet, ist der Arbeitgeber jedenfalls nicht zur Fortzahlung des Entgelts verpflichtet.[653]

(4) Individualanspruch des Arbeitnehmers?

Aus dem Wortlaut und der systematischen Stellung der Norm (Fünfter Abschnitt des mit „Mitwirkung und Mitbestimmung der Arbeitnehmer" betitelten Vierten Teils des BetrVG) ergibt sich, daß der einzelne Arbeitnehmer aus § 97 Abs. 2 BetrVG keine individuellen Ansprüche herleiten kann. Insbesondere verleiht der – ggf. vom Betriebsrat erzwungene – Beschluß über die Einführung von Maßnahmen der betrieblichen Berufsbildung dem Arbeitnehmer kein Recht, die Durchführung (bestimmter) Qualifizierungsmaßnahmen bzw. die eigene Teilnahme an solchen Veranstaltungen zu fordern. Auf der anderen Seite kann aber auch der Arbeitnehmer nicht gegen seinen Willen verpflichtet werden, an einer Bildungsmaßnahme teilzunehmen.[654] Insgesamt kann der Betriebsrat den Arbeitgeber daher über § 97 Abs. 2 BetrVG lediglich verpflichten, den Arbeitnehmern ein Bildungsangebot zu unterbreiten, das von diesen aber – wiederum in Übereinstimmung mit der Wertung des § 75 Abs. 2 S. 2 BetrVG – nicht zwingend wahrgenommen werden muß.[655]

(5) Zusammenfassung zum Mitbestimmungsrecht nach § 97 Abs. 2 BetrVG

Hat der Arbeitgeber Maßnahmen geplant oder durchgeführt, die eine solche Änderung der Tätigkeit der betroffenen Arbeitnehmer bewirken, daß diese im Hinblick auf die Erfüllung ihrer Arbeitsaufgabe nicht mehr über die erforderliche Qualifikation verfügen, so hat der Betriebsrat im Hinblick auf die Einführung von Maßnahmen der betrieblichen Berufsbildung (und damit auch der Weiterbildung) ein Mitbestimmungsrecht aus § 97 Abs. 2 BetrVG. Ob der Arbeitgeber die das Mitbestimmungsrecht auslösenden Maßnahmen ergreift, bleibt dagegen ganz seiner Entscheidung überlassen. Dem Arbeitnehmer erwachsen aus § 97 Abs. 2 BetrVG keine individuellen Ansprüche auf Einführung oder Teilnahme an einer (bestimmten) Fortbildungsveranstaltung. Gleichzeitig kann er aber auch nicht verpflichtet wer-

---

653 So im Ergebnis auch *Franzen*, NZA 2001, S. 869; differenzierend H/S/W/G/N/R-*Worzalla*, BetrVG, § 97 RdNr. 26 ff.; a.A. Fitting, BetrVG, § 97 RdNr. 31; Däubler/Kittner/Klebe/Wedde-*Buschmann*, BetrVG, § 97 RdNr. 24.
654 Wlotzke/Preis/Kreft/*Preis*, BetrVG, § 97 RdNr. 8; H/S/W/G/N/R-*Worzalla*, BetrVG, § 97 RdNr. 25; *Franzen*, NZA 2001, S. 868; *Rieble*, NZA Sonderheft 2001, S. 54.
655 *Rieble*, NZA Sonderheft 2001, S. 54.

den, an einer solchen teilzunehmen, auch wenn er dies regelmäßig tun wird, um einer Kündigung vorzubeugen. Aufgrund der Möglichkeit des Betriebsrates, unter bestimmten Voraussetzungen eine Weiterbildungsmaßnahme zu erzwingen, kann man insgesamt lediglich von einem „mittelbaren Anspruch" des Arbeitnehmers auf berufliche Weiterbildung aus § 97 Abs. 2 BetrVG sprechen.

dd) Der Regelungsgehalt des § 98 BetrVG

§ 98 BetrVG verleiht dem Betriebsrat ein Mitbestimmungsrecht bei der Durchführung (dem „Wie") von Maßnahmen der betrieblichen Berufsbildung. Dies kann beispielsweise die zu vermittelnden Inhalte, die zeitliche Dauer und Lage einer Bildungsveranstaltung oder die Methoden der Wissensvermittlung betreffen.[656] Hinsichtlich der Entscheidung über die Einführung solcher Maßnahmen („Ob") wird der Arbeitgeber aber durch diese Vorschrift nach allgemeiner Ansicht nicht in seiner Entscheidungsfreiheit eingeschränkt. Der Betriebsrat hat insoweit lediglich die in § 97 BetrVG normierten Rechte.[657]

Eine spezielle Ausprägung[658] des in § 98 Abs. 1 BetrVG verankerten Mitbestimmungstatbestands findet sich in § 98 Abs. 3 BetrVG, der ein Mitbestimmungsrecht des Betriebsrats im Hinblick auf die Auswahl der Arbeitnehmer für die Teilnahme an betrieblichen oder außerbetrieblichen Berufsbildungsmaßnahmen vorsieht. Dieses Mitbestimmungsrecht verfolgt den Zweck, die Beachtung des Gleichbehandlungsgrundsatzes bei Leistungen des Arbeitgebers für die Berufsbildung durchzusetzen[659] und läßt sich in zwei Intensitätsstufen gliedern. Es berechtigt den Betriebsrat zunächst dann zu Vorschlägen für die Teilnahme von Arbeitnehmern oder Gruppen von Arbeitnehmern des Betriebs an Berufsbildungsmaßnahmen, wenn der Arbeitgeber betriebliche Maßnahmen der Berufsbildung durchführt. Bei außerbetrieblichen Maßnahmen unterliegt das Mitbestimmungsrecht noch zwei weiteren Voraussetzungen: Der Arbeitgeber muß die Arbeitnehmer für diese Veranstaltungen freistellen und die entstehenden Kosten ganz oder teilweise tragen. Das als Initiativrecht gestaltete Mitbestimmungsrecht aus § 98 Abs. 3 BetrVG erstreckt

---

656 Beispiele von Wlotzke/Preis/Kreft/*Preis*, BetrVG, § 98 RdNr. 5.
657 BAG v. 28.04.2004 – 1 ABR/28/03 = AP Nr. 12 zu § 98 BetrVG 1972; v. 08.12.1987 – 1 ABR 32/86 = AP Nr. 4 zu § 98 BetrVG 1972; LAG Köln v. 11.04.2003 – 4 TaBV 89/02 = NZA-RR 2004, S. 360; Richardi/*Thüsing*, BetrVG, § 98 RdNr. 8; GK-Raab, BetrVG, § 98 RdNr. 10; Fitting, BetrVG, § 98 RdNr. 2; H/S/W/G/N/R-*Worzalla*, BetrVG, § 98 RdNr. 10; MünchArbR/*Matthes*, § 262 RdNr. 19 f.; Däubler/Kittner/Klebe/Wedde-*Buschmann*, BetrVG, § 98 RdNr. 1; HWK/*Ricken*, § 98 RdNr. 5.
658 Richardi/*Thüsing*, BetrVG, § 98 RdNr. 2.
659 Richardi/*Thüsing*, BetrVG, § 98 RdNr. 55; H/S/W/G/N/R-*Worzalla*, BetrVG, § 98 RdNr. 60.

sich aber nicht auf die Zahl, sondern lediglich auf die Auswahl der teilnehmenden Arbeitnehmer.⁶⁶⁰ Da im Falle des § 97 Abs. 2 BetrVG der Kreis der in Betracht kommenden Teilnehmer durch die tatbestandlichen Anforderungen bestimmt wird, findet § 98 Abs. 3 BetrVG dort keine Anwendung. Etwas anderes gilt nur, wenn der Arbeitgeber eine nach § 97 Abs. 2 BetrVG veranlaßte Veranstaltung durchführt und den Teilnehmerkreis im nachhinein auf solche Arbeitnehmer ausdehnen will, die nicht die Voraussetzungen der Norm erfüllen.⁶⁶¹ Der Anwendungsbereich des § 98 Abs. 3 BetrVG ist darüber hinaus nicht eröffnet, soweit Gesetze der Länder den Arbeitgeber zur Freistellung bestimmter Arbeitnehmer zum Zwecke des Besuchs von Bildungsveranstaltungen verpflichten, da in diesem Fall ein individueller Anspruch in Rede steht und der über § 98 Abs. 3 BetrVG verfolgte Zweck der betrieblichen Verteilungsgerechtigkeit nicht berührt wird.⁶⁶²

Bedeutung für den einzelnen Arbeitnehmer kann das Mitbestimmungsrecht des § 98 Abs. 3 BetrVG erlangen, wenn entweder die Betriebspartner eine Einigung über die Teilnehmer erzielt haben oder aber eine solche durch einen Spruch der Einigungsstelle ersetzt wurde (vgl. dazu Abs. 4). Der einzelne Arbeitnehmer hat dann einen unmittelbaren, individuellen und vor dem Arbeitsgericht durchsetzbaren arbeitsvertraglichen Anspruch gegen den Arbeitgeber auf eine der Einigung oder dem Spruch entsprechende Teilnahme bzw. Freistellung unter Übernahme der Kosten. Diese Rechtsposition des Arbeitnehmers erfährt aber eine entscheidende Schwächung dadurch, daß der Arbeitgeber nach der Einigung bzw. dem Einigungsstellenspruch nicht verpflichtet ist, die ins Auge gefaßte Maßnahme auch tatsächlich durchzuführen. Lediglich wenn er sich zur Einführung von Berufsbildungsveranstaltungen entschließt, muß er bei der Durchführung die Ansprüche der Arbeitnehmer beachten.⁶⁶³ Da die Entscheidung über das „Ob" der Maßnahme grds. allein vom Arbeitgeber getroffen wird, hängt die Entstehung und Verwirklichung etwaiger Rechte der Arbeitnehmer letztlich allein von seinem Willen ab.

---

660 BAG v. 08.12.1987 – 1 ABR 32/86 = AP Nr. 4 zu § 98 BetrVG 1972; Richardi/*Thüsing*, BetrVG, § 98 RdNr. 58.
661 H/S/W/G/N/R-*Worzalla*, BetrVG, § 98 RdNr. 61; Wlotzke/Preis/Kreft/*Preis*, BetrVG, § 98 RdNr. 15.
662 Däubler/Kittner/Klebe/Wedde-*Buschmann*, BetrVG, § 98 RdNr. 26; H/S/W/G/N/R-*Worzalla*, BetrVG, § 98 RdNr. 69; Fitting, BetrVG, § 98 RdNr. 36; MünchArbR/*Matthes*, § 262 RdNr. 27.
663 Richardi/*Thüsing*, BetrVG, § 98 RdNr. 64; Wlotzke/Preis/Kreft/*Preis*, BetrVG, § 98 RdNr. 15; Fitting, BetrVG, § 98 RdNr. 34; Löwisch/*Kaiser*, BetrVG, § 98 RdNr. 16; a.A. H/S/W/G/N/R-*Worzalla*, BetrVG, § 98 RdNr. 67.

c) Die Unterrichtungspflicht gemäß § 81 Abs. 1, 2 BetrVG

Die Unterrichtungspflicht des Arbeitgebers ist systematisch im Zweiten Abschnitt des Vierten Teils des BetrVG angesiedelt, der Mitwirkungs- und Beschwerderechte des Arbeitnehmers regelt. Die §§ 81 bis 84 BetrVG enthalten individuelle Rechte des einzelnen Arbeitnehmers, die rechtstechnisch dem Arbeitsvertragsrecht zuzuordnen sind. Weitgehend ergeben sich die Einzelrechte bereits aus der arbeitsvertraglichen Treue- und Fürsorgepflicht des Arbeitgebers; die Regelungen können daher als gesetzliche Konkretisierung derselben angesehen werden.[664] Daher bestehen sie auch in betriebsratlosen Betrieben.[665] Die Individualrechte stehen in engem Zusammenhang mit dem schon in § 75 Abs. 2 BetrVG angesprochenen Schutz der Würde, der Persönlichkeit und der Persönlichkeitsentfaltung des Arbeitnehmers.[666]

§ 81 BetrVG verpflichtet den Arbeitgeber zu einer umfassenden Unterrichtung des Arbeitnehmers. Nach Abs. 1 S. 1 betrifft dies zum einen Aufgabe und Verantwortung des Arbeitnehmers, die Art seiner Tätigkeit und ihre Einordnung in den Arbeitsablauf des Betriebs. Zum anderen hat er nach Abs. 1 S. 2 den Arbeitnehmer über Unfall- und Gesundheitsgefahren und damit in Zusammenhang stehende Maßnahmen zu belehren.[667] Schließlich erstreckt sich die Unterrichtungspflicht gemäß Abs. 2 auch auf Veränderungen im Arbeitsbereich. Sie dient wie die gesamte Norm dem Zweck, die Einarbeitung des Arbeitnehmers und seine Eingliederung in die Belegschaft zu fördern, seine Persönlichkeitsrechte zu schützen sowie seinen Verbleib im Unternehmen zu sichern. Die Stellung des einzelnen Arbeitnehmers soll verbessert werden.[668] Die Unterrichtung, die im Falle des Abs. 1 vor oder zu Beginn einer erstmaligen Beschäftigung,[669] im Falle des Abs. 2 vor Verwirklichung der Veränderungen[670] zu erfolgen hat, darf sich daher nicht in allgemeinen und pauschalen Informationen erschöpfen, sondern muß sich individuell auf den einzelnen Arbeitnehmer und seinen konkreten Arbeitsplatz beziehen.[671]

---

664 Richardi/*Thüsing*, BetrVG, Vor § 81 RdNr. 1, 6; GK-*Wiese/Franzen*, BetrVG, vor § 81 RdNr. 13, 17 f.; *ders.*, RdA 1973, S. 5; *Oetker*, Berufsbildungsmaßnahmen, S. 87.
665 ErfK/*Kania*, BetrVG, § 81 RdNr. 1.
666 GK-*Wiese/Franzen*, BetrVG, vor § 81 RdNr. 3; Däubler/Kittner/Klebe/Wedde-*Buschmann*, BetrVG, § 81 RdNr. 1; Fitting, BetrVG, § 81 RdNr. 1.
667 Die allgemeine Belehrungspflicht des § 81 Abs. 1 S. 2 BetrVG wird durch Regelungen des gesetzlichen Arbeitsschutzes, z.B. § 12 ArbSchG, § 29 JArbSchG, § 7 HAG, konkretisiert; HWK/*Schrader*, BetrVG, § 81 RdNr. 13.
668 GK-*Wiese/Franzen*, BetrVG, § 81 RdNr. 1; H/S/W/G/N/R-*Rose*, BetrVG, § 81 RdNr. 1.
669 H/S/W/G/N/R-*Rose*, BetrVG, § 81 RdNr. 3; HWK/*Schrader*, § 81 BetrVG RdNr. 5; Richardi/*Thüsing*, BetrVG, § 81 RdNr. 13.
670 Richardi/*Thüsing*, BetrVG, § 81 RdNr. 15.
671 H/S/W/G/N/R-*Rose*, BetrVG, § 81 RdNr. 4.

aa) Bedeutung für den Untersuchungsgegenstand

Die Bedeutung der Unterrichtungspflicht des § 81 Abs. 1, 2 BetrVG für den Gegenstand der Untersuchung, die berufliche Fortbildung der Arbeitnehmer, hängt maßgeblich von der genauen inhaltlichen Definition bzw. Interpretation des Begriffs der „Unterrichtung" ab. Auch wenn nicht ausdrücklich von „Weiter-„ oder „Fortbildung" die Rede ist, erscheint es nach dem Wortlaut nicht ausgeschlossen, daß eine Unterrichtung i.S.d. Vorschrift auch Elemente enthält, die von dem nach hier vertretenem Verständnis weiten Begriff der beruflichen Weiterbildung umfaßt sind. Auf diesen Zusammenhang hat zuerst *Fracke* hingewiesen.[672]

In Ermangelung einer ausdrücklichen gesetzlichen Definition wird der Begriff der Unterrichtung überwiegend im Wege einer Abgrenzung zur „Berufsbildung", die Gegenstand der §§ 96 ff. BetrVG ist, negativ bestimmt. Die dazu vertretenen Auffassungen lassen sich zwei Meinungslagern zuordnen. Während eine Gruppe davon ausgeht, die Unterrichtung i.S.d. § 81 BetrVG einerseits und die Berufsbildung i.S.d. §§ 96 BetrVG andererseits seien im Wege eines „Entweder/oder"[673] unbedingt voneinander abzugrenzen, hält das andere Lager eine trennscharfe Unterscheidung nicht in jedem Falle für durchführbar, so daß Überschneidungen denkbar seien.

bb) Die „Entweder/oder"-Ansicht

aaa) Rechtsprechung des BAG

Die Ansicht, die mitwirkungsfreie Unterrichtung sei von der mitwirkungspflichtigen Berufsbildung abzugrenzen, wird insbesondere vom BAG vertreten. Das Gericht stützt sich auf die Prämisse, nur ein weites Verständnis des Begriffs der Berufsbildung werde dem gesetzlichen Regelungszweck gerecht. Häufig entscheide die Teilnahme an Maßnahmen der Berufsbildung darüber, ob ein Arbeitnehmer seinen Arbeitsplatz behalten oder einen beruflichen Aufstieg erreichen könne. Der Berufsbildungsbegriff des BetrVG umfasse daher zumindest alle Maßnahmen der Berufsbildung i.S.d. BBiG, also Berufsausbildungsvorbereitung, Berufsausbildung, berufliche Fortbildung und berufliche Umschulung.[674] Um Berufsbildung i.S.d. §§ 96 ff. BetrVG handele es sich jedenfalls bei allen Maßnahmen, die dem Arbeitnehmer gezielt diejenigen Kenntnisse und Erfahrungen verschaffen sollen, die der

---

672 *Fracke*, Die betriebliche Weiterbildung, S.
673 Begriff von *Alexander*, NZA 1992, S. 1058.
674 Vgl. dazu bereits oben § 2 D.III.

Ausfüllung seines Arbeitsplatzes und seiner beruflichen Tätigkeit dienen, ihn mithin zur Ausübung einer bestimmten Tätigkeit erst befähigen. Eine Unterrichtung i.S.d. § 81 BetrVG erschöpfe sich demgegenüber in der Einweisung am konkreten Arbeitsplatz. Sie setzte voraus, daß der Arbeitnehmer die für die Ausübung seiner Tätigkeit erforderlichen beruflichen Kenntnisse und Erfahrungen schon besitze. Nur auf deren Grundlage könne ihm seine Tätigkeit im Betrieb zugewiesen werden, über deren konkrete Ausübung unter Einsatz seiner Kenntnisse und Erfahrungen er dann zu unterrichten sei. Folglich liege immer dann, wenn dem Arbeitnehmer solche Kenntnisse und Fertigkeiten vermittelt werden, die er zur Ausfüllung seines im Arbeitsvertrag festgelegten und durch das Direktionsrecht konkretisierten Arbeitsplatzes benötigt, eine Unterrichtung vor. Diese brauche jedoch nicht gegenüber jedem Arbeitgeber einzeln, sondern könne auch kollektiv durchgeführt werden. Die Abgrenzung richte sich danach, ob dem Arbeitnehmer lediglich arbeitsplatzspezifische oder aber allgemeine Berufskenntnisse vermittelt werden.[675]

Als Unterrichtung hat die Rechtsprechung nach dieser Abgrenzungsformel folgende Maßnahmen eingestuft:

- einen Lehrgang zur Vermittlung der notwendigen Kenntnisse für die Bedienung eines neu angeschafften Arbeitsgeräts, das gegenüber dem Vorgängergerät geringfügige Änderungen aufweist;[676]
- eine Schulung „Hitachi 704 Operator Training", durch die Außendienstmitarbeiter in die Lage versetzt werden sollten, Kunden Aufbau und Arbeitsweise eines vom Arbeitgeber vertriebenen Geräts zu erklären und zu demonstrieren und sie bei der Einrichtung, Bedienung und Wartung des Geräts zu betreuen;[677]
- freiwillige Seminare über Hygiene in der Pharmaproduktion für solche Arbeitnehmer, die unter hygienisch sterilen Bedingungen arbeiten müssen;[678]
- Schulungen, die bei Arbeitnehmern im Dienstleistungsbereich festgestellte Defizite hinsichtlich Freundlichkeit und Hilfsbereitschaft bei der Kundenbetreuung beheben sollen.[679]

---

675 So bereits BAG v. 31.01.1969 – 1 ABR 18/68 = AP Nr. 1 zu § 56 BetrVG 1952 Berufsausbildung; bestätigend BAG v. 05.11.1985 – 1 ABR 49/83 = AP Nr. 2 zu § 98 BetrVG 1972; v. 23.04.1991 – 1 ABR 49/90 = AP Nr. 7 zu § 98 BetrVG 1972; v. 28.01.1992 – 1 ABR 41/91 = AP Nr. 1 zu § 96 BetrVG 1972; LAG Hamm v. 08.11.2002 – 10 (13) TaBV 59/02 = NZA-RR 2003, 543.
676 LAG Hamm v. 08.11.2002 – 10 (13) TaBV 59/02 = NZA-RR 2003, 543.
677 BAG v. 23.04.1991 – 1 ABR 49/90 = AP Nr. 7 zu § 98 BetrVG 1972.
678 BAG v. 23.04.1991 – 1 ABR 49/90 = AP Nr. 7 zu § 98 BetrVG 1972.
679 BAG v. 28.01.1992 – 1 ABR 41/91 = AP Nr. 1 zu § 96 BetrVG 1972.

Demgegenüber soll es sich nach der Rechtsprechung in folgenden Fällen um Berufsbildung i.S.d. §§ 96 bis 98 BetrVG handeln:

- Seminare zur Vermittlung von Grundlagenwissen über Immunologie und Gerinnungsdiagnostik, die Arbeitnehmern ermöglichen soll, Wirkungsweise und Anwendung der vom Arbeitgeber auf diesem Gebiet entwickelten Diagnostika verstehen und im Falle des Verkaufs den Kunden Sinn und Vorteile des Produkts erklären und sie in die Handhabung der Diagnostika einweisen zu können;[680]
- die Vermittlung der für den Betrieb eines Kernkraftwerks erforderlichen Fachkunde an die verantwortlichen Arbeitnehmer;[681]
- freiwillige Schulungen über die Funktionen und die Bedienung von Personalcomputern bzw. von Computerprogrammen für solche Arbeitnehmer, die diese Kenntnisse für die Erfüllung der von ihnen geschuldeten Arbeitsleistung zumindest noch nicht benötigen und bei denen auch nicht feststeht, daß sie auf diese in Zukunft angewiesen sind.[682]

Innerhalb der Kommentarliteratur stimmt neben *Fitting*[683] auch *Preis* dem vom BAG gewählten Ansatz einer strengen Unterscheidung zu. Eine arbeitsplatzbezogene Unterrichtung liege dann vor, wenn eine Maßnahme durchgeführt werde, die sich auf die spezifischen Anforderungen eines konkreten Tätigkeitsbereichs beschränke. Bei der Einführung neuer Techniken sei entscheidend, ob diese lediglich eine Gewöhnung an einen neuen Arbeitsablauf erfordere (dann Unterrichtung) oder aber die Aneignung neuer Kenntnisse und Fertigkeiten bedinge (dann Berufsbildung).[684]

bbb) Die Ansicht *Eichs*

Eich folgt insofern dem BAG, als auch er eine klare Grenzziehung zwischen der „Unterrichtung" und der „Berufsbildung" für möglich hält. Allerdings widerspricht er der Ansicht des Gerichts, alle Bildungsmaßnahmen, die der Ausfüllung des Arbeitsplatzes des Arbeitnehmers und seiner beruflichen Tätigkeit dienen, seien als Berufsbildung einzuordnen. Ausgangspunkt des Ansatzes *Eichs* ist die Annahme,

---

680 BAG v. 23.04.1991 – 1 ABR 49/90 = AP Nr. 7 zu § 98 BetrVG 1972.
681 BAG v. 05.11.1985 – 1 ABR 49/83 = AP Nr. 2 zu § 98 BetrVG 1972.
682 BAG v. 23.04.1991 – 1 ABR 49/90 = AP Nr. 7 zu § 98 BetrVG 1972.
683 Fitting, BetrVG, § 96 RdNr. 20 f.
684 Wlotzke/Preis/Kreft/*Preis*, BetrVG, § 96 RdNr. 3 f.

daß der Begriff der Berufsbildung an die in § 1 BBiG getroffene Regelung anknüpfe und daher berufliche Erstausbildung, berufliche Fortbildung und berufliche Umschulung umfasse. Die Unterrichtung des Arbeitnehmers sei von der Fortbildung abzugrenzen. Die Trennlinie verlaufe dabei zwischen dem Vollzug des Arbeitsverhältnisses dienenden arbeitsplatz-, arbeitsbereichs- und funktionsbezogenen Informationen einerseits (Unterrichtung i.S.d. § 81 BetrVG) und berufsbezogenen Informationen andererseits (Berufsbildung i.S.d. §§ 96 ff.). Bei Maßnahmen, die inhaltlich sowohl einen Bezug zum Beruf aufwiesen als auch arbeitsplatz- und funktionsbezogene Informationen vermittelten, enscheide der thematische Schwerpunkt über die Zuordnung.[685]

ccc) Die Ansicht *Oetkers*

Oetker lehnt die von *Eich* vorgeschlagene Differenzierung zwischen arbeitsplatz- und berufsbezogener Information ab. Da die abstrakte Definition des Berufsbildungsbegriffes die Vermittlung aller zusätzlichen Kenntnisse umfasse, die der beruflichen Tätigkeit des Arbeitnehmers zugute kommen, erstrecke er sich inhaltlich auch auf die in § 81 BetrVG genannten Informationen. Die Abgrenzung müsse daher am Maßstab der im Einzelfall ausgeübten Tätigkeit erfolgen. Um eine Unterrichtung i.S.d. § 81 BetrVG handele es sich bei der Vermittlung solcher Kenntnisse, ohne die die Erbringung der arbeitsvertraglich geschuldeten Leistung nicht möglich sei oder die einen Bestandteil der Arbeitsleistung bildeten. Im Hinblick auf die konkrete Aufgabe stellten sie arbeitsnotwendige Informationen dar. Eine Zuordnung solcher Maßnahmen zur Berufsbildung zöge Mitbestimmungs- und Vorschlagsrechte des Betriebsrates gemäß § 98 Abs. 1, 3 BetrVG nach sich, so daß systematische Erwägungen eine klare Abgrenzung forderten, wenn der Arbeitnehmer schon einen Individualanspruch habe. Dieses Ergebnis werde durch eine Auslegung anhand des Zwecks der Mitbestimmungsrechte, der in der Abmilderung der Objektstellung des Arbeitnehmers bestehe, erhärtet. Besitze der Arbeitnehmer bereits einen individuellen Rechtanspruch, entstünde bei einer Beteiligung des Betriebsrates eine sachlich nicht zu rechtfertigende Verdoppelung seines Schutzes. Der Begriff der Berufsbildung umfasse daher nicht die lediglich funktionsbezogene Unterrichtung der Arbeitnehmer durch den Arbeitgeber.[686]

---

685 *Eich*, DB 1974, S. 2155 f.
686 *Oetker*, Berufsbildungsmaßnahmen, S. 87 f.

cc) Gegenansichten

Die inzwischen wohl vorherrschende Ansicht in der Literatur folgt dem BAG nicht, sondern geht vielmehr davon aus, daß zumindest an den Randbereichen Überschneidungen zwischen dem Anwendungsbereich des § 81 BetrVG und dem der §§ 96 ff. BetrVG möglich seien.[687] Unterschiedliche Ausprägungen erfährt dieser insoweit einheitliche Standpunkt aber in Einzelheiten der Begründung sowie teilweise bei der Beantwortung der Frage, wie solche Kollisionen der Anwendungsbereiche aufzulösen seien.

aaa) Die Ansicht *Alexanders*

Alexander lehnt das „Entweder/oder"-Prinzip des BAG ab und begründet dies mit dem Argument, im Hinblick auf die Rechtsfolgen der §§ 96 bis 98 BetrVG einerseits und des § 81 BetrVG andererseits bestehe schon keine Notwendigkeit für eine solche scharfe Grenzziehung. Die Annahme, die kollektiven Rechte des Betriebsrates würden dort beginnen, wo der entsprechende Regelungsgegenstand des Individualarbeitsrechts aufhöre, treffe nicht zu. Daher könne die Reichweite des Anwendungsbereiches der jeweiligen Norm auch ohne Rückgriff auf die Begrifflichkeiten der anderen Bestimmung aus sich selbst heraus bestimmt werden. Im Hinblick auf eine Definition des Berufsbildungsbegriffs der §§ 96 bis 98 BetrVG sei dem BAG insoweit zuzustimmen, als es einen feststehenden juristisch-technischen Begriff nicht anerkennt. Auf den Wortlaut gestützte Argumente und Zweckmäßigkeitserwägungen führten zu dem Schluß, daß auch ohne den Hinweis auf die Bedeutung der Berufsbildung für das soziale Schicksal der Arbeitnehmer von einem weiten Verständnis auszugehen sei. Als sachgerechten Maßstab für eine begriffliche Annäherung empfiehlt *Alexander* die im Beschluß des BAG vom 10.02.1988 herangezogenen Kriterien, wonach eine Berufsbildungsmaßnahme vorliege, wenn die Wissensvermittlung in nicht zwingend erheblichem, aber doch spürbarem Ausmaß die Qualifikation des Arbeitnehmers, seine berufliche Verwendungsbreite, seine Arbeitsplatzsicherheit oder seine Aufstiegschancen erhöhe.

Könne auf der Grundlage dieser Überlegungen eine Maßnahme sowohl als Unterrichtung i.S.d. § 81 BetrVG als auch als Berufsbildung i.S.d. §§ 96 bis 98 BetrVG eingeordnet werden, so folge daraus gleichwohl keine Kumulierung der kollektiven Rechte und des Individualrechtes und somit eine Verdoppelung des

---

687 Vgl. nur H/S/W/G/N/R-*Worzalla*, BetrVG, § 96 RdNr. 8; GK-*Kraft*, BetrVG, § 96 RdNr. 14; Richardi/*Thüsing*, BetrVG, § 96 RdNr. 14; Däubler/Kittner/Klebe/Wedde-*Buschmann*, BetrVG, § 96 RdNr. 10; *Hammer*, ZRP 1998, S. 26.

Schutzes des Arbeitnehmers. Vorzugswürdig sei es stattdessen, den Anspruch des Arbeitnehmers gegen den Arbeitgeber auf Unterrichtung durch die mitbestimmte Einarbeitung als nach § 362 Abs. 1 BGB erfüllt anzusehen oder aber ihn – ähnlich dem Urlaubsanspruch im Falle des § 87 Abs. 1 Nr. 5 (2. Fall) BetrVG – uneingeschränkt fortbestehen zu lassen. Sollte es in der letztgenannten Konstellation zu einer Klage des Arbeitnehmers kommen, so sei sie, wenn die Betriebsverfassungsorgane ihre ihnen nach § 98 BetrVG zugewiesenen Aufgaben ordnungsgemäß erfüllt haben, als unbegründet zurückzuweisen.[688]

bbb) Die Ansicht *Hamms*

Auch *Hamm* geht davon aus, daß es – vor allem im Bereich von EDV-Arbeitsplätzen – zahlreiche Überschneidungen gebe, die in vielen Fällen eine Einordnung einer Maßnahme sowohl als Unterrichtung als auch als mitbestimmungspflichtige Berufsbildung zuließe. Dem BAG, das selber davon ausgehe, daß jede Einweisung auch mit einer Wissensvermittlung verbunden sei, unterstellt er, seine eigenen Kriterien nur noch als „*Arabesken*" zu nennen, die Grenzziehung zwischen § 81 BetrVG und den §§ 96 ff. BetrVG letzten Endes aber „unter der Hand" mittels des zeitlichen Umfangs der jeweiligen Bildungsmaßnahme vorzunehmen. Daraus folge eine Verstärkung der bereits vorhandenen Rechtsunsicherheit. Als Lösung schlägt er vor, den Gesetzeszweck als entscheidenden Maßstab heranzuziehen. Der Schutzzweck der Mitbestimmungsrechte in den §§ 96 bis 98 BetrVG bestehe zum einen darin, betriebliche Belange der Personalplanung abzusichern, zum anderen aber auch in der Durchsetzung individueller Rechtsansprüche der Arbeitnehmer auf Teilhabe an beruflicher Entwicklung und Aufstieg. Als entscheidend erweise sich daher die bei jeder Schulungsmaßnahme zu stellende Frage, ob durch sie der Schutzzweck der §§ 96 ff. BetrVG berührt werde. Da jedoch die Berufsbildung und die Unterrichtung sich keineswegs gegenseitig ausschlössen, könne ein und dieselbe Maßnahme gegebenenfalls auch die Voraussetzungen beider Begrifflichkeiten gleichzeitig erfüllen. Eine Unterweisung, die zwar auf die Ausfüllung eines konkreten Arbeitsplatzes abziele, dafür aber abstrakte Zusammenhänge vermittle, sei daher sowohl als Unterrichtung als auch als Berufsbildung anzusehen. Allein aus den unterschiedlichen Regelungsgegenständen – § 81 BetrVG schaffe einen Individualanspruch des Arbeitnehmers gegen den Arbeitgeber, die §§ 96 bis 98 BetrVG regelten kollektives Recht – ergebe sich nicht zwingend eine Unvereinbarkeit.[689]

---

688 *Alexander*, NZA 1992, S. 1058 ff.; zustimmend *Hammer*, ZRP 1998, S. 26.
689 *Hamm*, ArbuR 1992, S. 332 ff.

ccc) Die Ansicht *Gilbergs*

Eine saubere Trennung zwischen arbeits- und funktionsbezogenen Informationen auf der einen und berufsbezogenen Informationen auf der anderen Seite hält auch *Gilberg* angesichts der zunehmenden Bedeutung moderner Formen der Berufsbildung für im Regelfall nicht durchführbar,[690] zumal auch das BAG sein „Entweder/oder"-Prinzip, wenn es die Vermittlung von Kenntnissen „zur Ausfüllung des Arbeitsplatzes" als Berufsbildung einordne, nicht konsequent durchhalte.[691] Gerade in nicht oder nicht vollständig durch Ausbildungsordnungen geregelten Berufsfeldern und solchen, die einem schnelleren technischen Wandel und daher einem erhöhten Anpassungsbedarf unterliegen, erweise sich die „Entweder/oder"-These als unpraktikabel, da eine eindeutige Bestimmung vieler Inhalte als beruflich oder lediglich funktionsbezogen oft nicht möglich sei. Gegen die Auffassung der Rechtsprechung sei auch einzuwenden, daß die Antwort auf die Frage, ob ein Arbeitnehmer die für die Ausübung seiner Tätigkeit erforderlichen Kenntnisse und Fertigkeiten bereits besitze, oft allein davon abhänge, wann er diese erworben habe. Dieselbe Maßnahme könne daher für einen Arbeitnehmer lediglich eine Unterrichtung, für einen anderen, dessen Ausbildung lange zurückliege, bereits eine Berufsbildung darstellen. Die strenge Abgrenzung, die das BAG vornimmt, müsse daher abgelehnt werden. Eine Unterrichtung könne demnach auch die Vermittlung berufsspezifischer, anderweitig verwertbarer Kenntnisse grundsätzlicher Art einschließen. Den Begriff der Berufsbildung i.S.d. §§ 96 bis 98 BetrVG bestimmt *Gilberg* in der Folge unabhängig von § 81 BetrVG anhand eigener Kriterien.[692]

ddd) Die Ansicht *Frackes*

Fracke beleuchtet die Problemstellung ausgehend von der Frage, ob sich aus § 81 Abs. 1, 2 BetrVG eine Verpflichtung des Arbeitgebers zur Weiterbildung des Arbeitnehmers herleiten läßt. Im Ergebnis sieht sie keinen Grund, der für die „Entweder/oder"-These stritte. Die Normen regelten die gleichen Materien auf unterschiedlichen Ebenen und überschnitten sich in Teilbereichen, so daß eine individuelle Maßnahme gemäß § 81 BetrVG eine Mitbestimmung nach §§ 96 ff. BetrVG auslösen könne. Weder die fehlende ausdrückliche gesetzliche Vorgabe von Beteiligungsrechten für Unterrichtungen nach § 81 Abs. 1, 2 BetrVG noch die Tatsache, daß § 81 Abs. 4 S. 2 BetrVG im Falle eines beruflichen Weiterbildungsbedarfs

---

690 *Gilberg*, Die Mitwirkung des Betriebsrats bei der Berufsbildung, S. 150 ff.
691 *Gilberg*, Die Mitwirkung des Betriebsrats bei der Berufsbildung, S. 163 f.
692 *Gilberg*, Die Mitwirkung des Betriebsrats bei der Berufsbildung, S. 160 ff.

lediglich einen Erörterungsanspruch vorsehe, erkennt *Fracke* als zwingende Argumente für die These an, eine Unterrichtung könne nur mitbestimmungsfrei erfolgen. Auch der Zweck der Mitbestimmungsrechte, der Schutz der Arbeitnehmer vor einer Fremdbestimmung durch den Arbeitgeber, erfordere dies nicht.[693]

Ausgehend von der Ablehnung der „Entweder/oder"-These nimmt *Fracke* dann eine eigenständige Bestimmung des Tatbestandes des § 81 BetrVG vor. Voraussetzung einer Unterrichtung sei danach zum einen, daß der Arbeitnehmer bereits vor der Maßnahme die spezifischen Anforderungen erfülle, die für eine durchschnittliche Stellenbeschreibung des konkreten Arbeitsplatzes genügten.[694] Im Hinblick auf den Inhalt der Maßnahme sei dann von einer Unterrichtung auszugehen, wenn sie für die Erfüllung der nach dem Arbeitsvertrag geschuldeten Arbeitsleistung erforderlich sei. Keine Bedeutung habe dagegen die Form der Maßnahme (Systematik, Didaktik) oder ihr Umfang. Demnach könnten durch eine Unterrichtung nach § 81 Abs. 1, 2 BetrVG auch solche Inhalte vermittelt werden, die zusätzlich den Tatbestand der §§ 96 ff. BetrVG berührten.[695] Im Falle einer solchen Kollision, die mit den kollektiven Rechten des § 97 Abs. 2 und des § 98 Abs. 3 BetrVG auftreten könnten, träten wegen des fehlenden Schutzbedürfnisses des Arbeitnehmers die Mitbestimmungsrechte des Betriebsrats hinter dem Individualanspruch aus § 81 Abs. 1, 2 BetrVG zurück.[696]

dd) Stellungnahme

Die von der Rechtsprechung und Teilen der Literatur vertretene sog. „Entweder/oder"-These überzeugt nicht und ist daher abzulehnen. Gegen die ihr zugrundeliegende Annahme, eine Unterrichtung i.S.d. § 81 BetrVG und Berufsbildung i.S.d. §§ 96 ff. BetrVG schlössen sich gegenseitig aus, sprechen mehrere Erwägungen.

aaa) Praktische Erwägungen

Zum einen kann eine trennscharfe Unterscheidung zwischen rein arbeitsplatzbezogenen auf der einen und berufsbezogenen Kenntnissen und Fertigkeiten auf der anderen Seite nicht immer durchgeführt werden.[697] Auch die Rechtsprechung ist sich der Tatsache bewußt, daß mit fast jeder Einweisung auch die Vermittlung irgendeines Wissens verbunden ist, auch wenn sie diese deswegen nicht zwingend

---

693 *Fracke*, Die betriebliche Weiterbildung, S. 123 ff.
694 *Fracke*, Die betriebliche Weiterbildung, S. 118.
695 *Fracke*, Die betriebliche Weiterbildung, S. 127 ff.
696 *Fracke*, Die betriebliche Weiterbildung, S. 140 f.
697 So auch *Däubler*, BB 2000, S. 1191.

als Fortbildung verstanden wissen will.[698] *Gilberg* weist zutreffend darauf hin, daß gerade in Berufen, die – beispielsweise aufgrund einer EDV-Lastigkeit – einer beschleunigten technischen Veränderung unterliegen und solchen, für die keine feststehenden Ausbildungsordnungen existieren, oftmals nicht klar bestimmt werden könne, ob die „Verwendungsbreite" eines vermittelten Inhalts sich auf den Arbeitsplatz beschränke oder aber für das ganze Berufsbild erforderlich oder zumindest von Nutzen sei.[699] Wenn das BAG, worauf *Gilberg* ebenfalls hinweist,[700] diejenige Arbeitnehmerbildung, die „der Ausfüllung des Arbeitsplatzes und der beruflichen Tätigkeit" dient, als Berufsbildung einstuft,[701] so deutet diese unscharfe Formulierung darauf hin, daß sich auch die Rechtsprechung der praktischen Probleme ihrer abstrakten Unterscheidungsformel bewußt zu sein und eine Lösung eher anhand einer Betrachtung des Einzelfalls zu suchen scheint.[702]

bbb) Systematische Erwägungen

Zur Untermauerung der „Entweder/oder"-These werden zum Teil auch systematische Argumente angeführt. Das BAG verweist auf die in § 81 Abs. 4 S. 2 BetrVG enthaltene Regelung, die für den Fall, daß *„sich die Tätigkeit des Arbeitnehmers ändern wird und seine beruflichen Kenntnisse und Fähigkeiten zur Erfüllung seiner Aufgaben nicht ausreichen"*, lediglich eine Erörterungspflicht des Arbeitgebers vorsieht. Dieser Befund belege, daß der Gesetzgeber selber davon ausgehe, eine Unterrichtung reiche nicht aus, wenn der Bedarf einer Anpassung der beruflichen Kenntnisse und Fertigkeiten, also einer beruflichen Fortbildung, auftrete.[703]

Zuzugeben ist, daß das Gesetz im Grundsatz zumindest eine begriffliche Unterscheidung zwischen einer Unterrichtung und einer Anpassung der beruflichen Kenntnisse und Fähigkeiten vornimmt. Allerdings zieht das nicht zwingend die Folgerung nach sich, es bestehe auch ein Ausschließlichkeitsverhältnis zwischen der Unterrichtung i.S.d. § 81 Abs. 1, 2 BetrVG und der Berufsbildung i.S.d. §§ 96 ff. BetrVG. So greift zum einen der Wortlaut des § 81 Abs. 4 S. 2 BetrVG schon nicht auf den Terminus der Berufsbildung nach §§ 96 ff. BetrVG zurück. Selbst

---

698 BAG v. 23.04.1991 – 1 ABR 49/90 = AP Nr. 7 zu § 98 BetrVG 1972; GK-*Raab*, BetrVG, § 96 RdNr. 13; ebenso MünchArbR/*Matthes*, 2. Aufl. 2000, § 351 RdNr. 16: *„In beiden Fällen werden dem Arbeitnehmer berufsbezogene Kenntnisse vermittelt."*
699 *Gilberg*, Die Mitwirkung des Betriebsrats bei der Berufsbildung, S. 153 ff.
700 *Gilberg*, Die Mitwirkung des Betriebsrats bei der Berufsbildung, S. 163 f.
701 Beispielhaft BAG v. 05.11.1985 – 1 ABR 49/83 = AP Nr. 2 zu § 98 BetrVG 1972; v. 23.04.1991 – 1 ABR 49/90 = AP Nr. 7 zu § 98 BetrVG 1972.
702 Vgl. auch die ähnlich lautende Vermutung von *Hamm*, ArbuR 1992, S. 333.
703 BAG v. 23.04.1991 – 1 ABR 49/90 = AP Nr. 7 zu § 98 BetrVG 1972.

wenn sich aber § 81 Abs. 4 S. 2 BetrVG ausschließlich auf diesen bezöge, so bedeutete das nicht automatisch, daß die Unterrichtung nicht auch Elemente beruflicher Fortbildung enthalten könnte. Denn der gegen den Arbeitgeber gerichtete Individualanspruch des Arbeitnehmers auf Erörterung der Möglichkeiten einer Anpassung der beruflichen Kenntnisse und Fähigkeiten muß nicht in jedem Fall darauf hinauslaufen, daß Bildungsmaßnahmen nach §§ 96 ff. BetrVG, die dann entsprechende Beteiligungsrechte des Betriebsrates begründeten, ergriffen werden.[704] Zudem kann auch dann, wenn bereits durch die Unterrichtung Inhalte vermittelt werden, die gleichzeitig eine berufliche Fortbildung darstellen, ein über die Unterrichtung hinausgehender Fortbildungsbedarf entstanden sein, der im Rahmen des § 81 Abs. 4 S. 2 BetrVG zu erörtern ist. Aus der Existenz des § 81 Abs. 4 S. 2 BetrVG kann daher nicht geschlossen werden, daß der Gesetzgeber wie das BAG von der Annahme ausgegangen ist, Berufsbildung i.S.d. §§ 96 ff. BetrVG und Unterrichtung nach § 81 Abs. 1, 2 BetrVG wiesen keinerlei mögliche Schnittmenge auf.[705]

Daß § 81 BetrVG und die §§ 96 ff. BetrVG unabhängig voneinander beurteilt werden können und sich nicht gegenseitig ausschließen, wird auch von der Tatsache verdeutlicht, daß § 81 Abs. 4 S. 2 BetrVG und § 97 Abs. 2 BetrVG an die gleichen Voraussetzungen unterschiedliche Rechtsfolgen anknüpfen (individueller Anspruch auf Erörterung einer Anpassung – Mitbestimmung des Betriebsrats über betriebliche Berufsbildung). Aus diesem Normenpaar ergibt sich gerade kein „Entweder/oder", sondern vielmehr ein „Sowohl/als auch".[706]

ccc) Teleologische Erwägungen

Einwände gegen die „Entweder/oder"-These der Rechtsprechung und eines Teils des Schrifttums ergeben sich schließlich aus teleologischen Überlegungen. § 81 Abs. 1, 2 BetrVG ist gesetzlicher Ausdruck eines bereits aus der Fürsorgepflicht des Arbeitgebers abzuleitenden Individualanspruches des Arbeitnehmers, mit dem nach der Begründung zum Regierungsentwurf der Zweck verfolgt wird, dem Arbeitgeber seine Stellung und Aufgabe im Betrieb deutlich zu machen, um seine faktische Objektstellung zu mildern und zur Entfaltung seiner Persönlichkeit im

---

[704] So zutreffend *Fracke*, Die betriebliche Weiterbildung, S. 127 f. mit Hinweis auf *Hammer*, ZRP 1998, S. 26.
[705] Für *Hamm*, ArbuR 1992, S. 333, spricht gegen die Argumentation des BAG, daß der Gesetzgeber seine angebliche Sichtweise in der Individualnorm des § 81 BetrVG und nicht in den die beruflichen Bildungsmaßnahmen betreffenden Vorschriften (§§ 96 ff. BetrVG) zum Ausdruck gebracht hat.
[706] Däubler/Kittner/Klebe/Wedde-*Buschmann*, BetrVG, § 96 RdNr. 10.

Betrieb beizutragen.[707] Darüber hinaus soll sie die ordnungsgemäße Erbringung der Arbeitsleistung durch den Arbeitnehmer ermöglichen.[708] Die Vorschrift dient also gerade nicht dem Ziel, eine Anpassung der beruflichen Kenntnisse und Fertigkeiten des Arbeitnehmers an gewandelte (technische) Anforderungen zu erreichen. Demgegenüber stehen die die Mitbestimmungs- und Mitwirkungsrechte des Betriebsrates bei der Berufsbildung regelnden Vorschriften der §§ 96 ff. BetrVG im Kontext der Erkenntnis, daß die Qualifikation der Arbeitnehmer durch ein Konzept des lebenslangen Lernens eine wesentliche Voraussetzung für die Wettbewerbsfähigkeit eines Unternehmens und – aus Arbeitnehmersicht – für den Erhalt des Arbeitsplatzes und einen beruflichen Aufstieg darstellt.[709] Sie verfolgen daher den Zweck, neben betrieblichen Belangen der Personalplanung auch die Interessen der Belegschaft im Rahmen der Berufsbildung zu sichern.[710] Unter Berücksichtigung des bereits angedeuteten Befundes des BAG, die Teilnahme an Maßnahmen der Berufsbildung bestimme häufig über das berufliche Schicksal der Arbeitnehmer,[711] sollen Persönlichkeit und Würde der Arbeitnehmer geschützt werden, indem eine ordnungsgemäße Durchführung der Bildungsmaßnahmen sowie eine gerechte Beteiligung der Arbeitnehmer an den Bildungsmöglichkeiten gewährleistet werden.[712]

Während also durch § 81 BetrVG ein Individualanspruch des Arbeitnehmers geschaffen wird, regeln die §§ 96 bis 98 BetrVG kollektives Recht. Vergegenwärtigt man sich die völlig verschiedenen teleologischen Stoßrichtungen, die mit § 81 BetrVG einerseits und den §§ 96 bis 98 BetrVG andererseits verfolgt werden, erweist es sich als schwer verständlich, warum zwischen den jeweils zentralen Begriffen der Unterrichtung und der Berufsbildung ein Ausschließlichkeitsverhältnis bestehen soll.[713] *Oetker* führt aus, es bedürfe keiner *„Abmilderung situationsbedingter Abhängigkeit"* des Arbeitnehmers vom Arbeitgeber durch die Einräumung betriebsverfassungsrechtlicher Beteiligungsrechte, soweit der Arbeitnehmer bereits

---

707 BT-Drucks. VI/1786, S. 47; vgl. auch MünchArbR/*von Hoyningen-Huene*, 2. Aufl. 2000, § 303 RdNr. 1; GK-*Wiese/Franzen*, BetrVG, § 81 RdNr. 1; ErfK/*Kania*, § 81 BetrVG RdNr. 1; *Galperin/Löwisch*, BetrVG, § 81 RdNr. 1; HWK/*Schrader*, § 81 BetrVG RdNr. 1.
708 MünchArbR/*von Hoyningen-Huene*, § 303 RdNr. 8, 13; *Galperin/Löwisch*, BetrVG, § 81 RdNr. 1; ähnlich GK-*Wiese/Franzen*, BetrVG, § 81 RdNr. 5.
709 HWK/*Ricken*, § 96 BetrVG RdNr. 1.
710 BAG v. 10.02.1988 – 1 ABR 39/86 = AP Nr. 5 zu § 98 BetrVG 1972; GK-*Raab*, BetrVG, § 96 RdNr. 1; Fitting, BetrVG, § 96 RdNr. 5; H/S/W/G/N/R-*Worzalla*, BetrVG, § 96 RdNr. 1.
711 BAG v. 31.01.1969 – 1 ABR 18/68 = AP Nr. 1 zu § 56 BetrVG Berufsausbildung; v. 05.11.1985 – 1 ABR 49/83 = AP Nr. 2 zu § 98 BetrVG 1972.
712 GK-*Raab*, BetrVG, § 96 RdNr. 1; H/S/W/G/N/R-*Worzalla*, BetrVG, § 96 RdNr. 1; *Hammer*, Berufsbildung und Betriebsverfassung, S. 33 f.; *Hamm*, ArbuR 1992, S. 334.
713 So auch *Hamm*, ArbuR 1992, S. 334; Däubler/Kittner/Klebe/Wedde-*Buschmann*, BetrVG, § 96 RdNr. 10; ähnlich Richardi/*Thüsing*, BetrVG, § 96 RdNr. 14.

eine hinreichend starke individuelle Rechtsposition besitze.[714] Dem könnte zwar insofern beigepflichtet werden, als eine Verdoppelung des Arbeitnehmerschutzes vielleicht nicht wünschenswert erscheint. Jedoch streitet diese ohnehin nur in Grenzfällen bestehende Möglichkeit nicht zwingend dafür, bereits auf Tatbestandsebene eine Abgrenzung zu erzwingen, die in vielen Fällen zu praktisch kaum überzeugend lösbaren Problemen führt. Die Tatsache, daß die teleologischen Grundlagen der verschiedenen Normen (-komplexe) in gänzlich verschiedene Richtungen zielen, spricht dafür, auch die jeweiligen Anwendungsbereiche unabhängig voneinander zu bestimmen. Der Hinweis *Hamms*, das Bestehen oder Nichtbestehen des Mitbestimmungsrechts könne nicht davon abhängig gemacht werden, inwieweit die vermittelten Inhalte sich auf einen konkreten Arbeitsplatz bezögen,[715] verdient daher Zustimmung. Es ist im Einzelfall lediglich die Frage zu stellen, ob eine Schulung oder eine andere Maßnahme den jeweiligen Schutzzweck der in Betracht kommenden Normen berührt. Soweit dann in Randbereichen Überschneidungen auftreten, indem durch eine Unterrichtung nach § 81 BetrVG quasi als „Nebenprodukt"[716] auch eine berufliche Fortbildung bewirkt wird, so ist dies hinzunehmen und ggf. auf der Rechtsfolgenseite aufzulösen.

ddd) Zwischenergebnis

Sowohl die praktischen als auch die systematischen und teleologischen Erwägungen haben erwiesen, daß die „Entweder/oder"-These des BAG und eines Teils der Literatur nicht haltbar ist. Eine einheitliche Maßnahme kann daher sowohl die Voraussetzungen einer Unterrichtung i.S.d. § 81 Abs. 1, 2 BetrVG als auch der Berufsbildung in Form der Fortbildung gemäß §§ 96 bis 98 BetrVG erfüllen.

ee) Präzisierung des Begriffs der „Unterrichtung" i.S.d. § 81 Abs.1, 2 BetrVG

Steht fest, daß Überschneidungen zwischen einer „Unterrichtung" und der „Berufsbildung" im Randbereich der beruflichen Fortbildung denkbar sind, so ist damit noch keine nähere Bestimmung des Begriffs der „Unterrichtung" verbunden. Eine solche begriffliche Annäherung ist aber notwendig, um ein Verständnis dafür zu entwickeln, wann und in welchem Umfang eine Unterrichtung, auf die der Arbeitnehmer ggf. einen individualrechtlichen Anspruch hat, auch Elemente einer beruflichen Weiterbildung enthalten kann. Als Instrumente für einen solchen Definiti-

---

714 *Oetker*, Berufsbildungsmaßnahmen, S. 88.
715 *Hamm*, ArbuR 1992, S. 334.
716 *Fracke*, Die betriebliche Weiterbildung, S. 117 f., spricht von einem „*Nebeneffekt*".

onsversuch können die Maßstäbe dienen, die von Rechtsprechung und Literatur bereits zur Klärung des Verhältnisses der Unterrichtung zur Berufsbildung herangezogen wurden. Ob diese Maßstäbe von Vertretern oder Gegnern der „Entweder/oder"-These entwickelt wurden, spielt dabei keine Rolle, soweit sie auch unabhängig von dieser Streitfrage zum Zwecke einer begrifflichen Eingrenzung fruchtbar gemacht werden können.

aaa) Vorüberlegungen

Im Zusammenhang mit der Untersuchung der „Entweder/oder"-These wurden die unterschiedlichen Normzwecke des § 81 BetrVG und der §§ 96 ff. BetrVG dargestellt. Auch wenn diese die Auffassung des BAG nicht zu stützen vermochten, so darf folgender Befund nicht außer acht gelassen werden: Die Unterrichtung zielt gerade nicht darauf ab, die beruflichen Kenntnisse und Fähigkeiten des Arbeitnehmers an veränderte Anforderungen anzupassen. *Preis* ist insofern zuzustimmen, als er betont, es gehe um die ganz spezifischen Anforderungen des konkreten Arbeitsplatzes.[717] Wie bereits angedeutet, kann eine berufliche Fortbildung im Rahmen des § 81 BetrVG daher immer nur als „Nebenprodukt" aus einer solchen Maßnahme folgen, die den eigentlichen Zweck verfolgt, dem Arbeitgeber durch ein Vertrautmachen mit den Besonderheiten seines bestimmten Tätigkeitsbereichs seine Stellung und Aufgabe im Betrieb zu verdeutlichen. Die berufliche Fortbildung darf also keinesfalls den beabsichtigten Kern oder den Hauptteil einer Maßnahme ausmachen. Für die Bestimmung des Begriffs der Unterrichtung bedeutet diese Erkenntnis, daß keine Definition gewählt werden darf, die eine zu großzügige Erstreckung in den Bereich der grundsätzlich den §§ 96 ff. BetrVG zugeordneten beruflichen Weiterbildung bewirkt.

Dieses Ergebnis wird durch systematische Gesichtspunkte gestützt. Es wurde bereits festgestellt, daß der Existenz des § 81 Abs. 4 S. 2 BetrVG eine im Grundsatz angelegte Differenzierung zwischen der Unterrichtung und der Fortbildung seitens des Gesetzes entnommen werden kann.[718] Zwar folgt auch aus diesem Befund kein zwingendes Argument für die erörterte Position des BAG, jedoch weist er darauf hin, daß von prinzipiell verschiedenen Anwendungsfeldern auszugehen ist. Auch wenn also § 81 BetrVG und §§ 96 ff. BetrVG in den Randbereichen ihres jeweiligen sachlichen Anwendungsbereiches Schnittmengen aufweisen können, ist bei der Bestimmung des Begriffs der Unterrichtung ein im Hinblick auf die Einbeziehung von Elementen der beruflichen Weiterbildung zurückhaltender Maßstab anzulegen.

---

717 Wlotzke/Preis/Kreft/*Preis*, BetrVG, § 96 RdNr. 4.
718 Vgl. oben § 3 D.I.2.c.dd.bbb.

bbb) Anforderungen an den Leistungsstand des Arbeitnehmers

Nach Auffassung des BAG und eines Teils der Literatur setzt eine Unterrichtung voraus, daß der Arbeitnehmer vor der Einweisung die für die Tätigkeit am vorgesehenen Arbeitsplatz notwendigen beruflichen Kenntnisse und Fähigkeiten bereits besitzt, so daß es nur noch um die konkrete Ausübung der Tätigkeit unter Einsatz dieser Kenntnisse gehe.[719] Dieser Grundforderung ist zuzustimmen. Wenn § 81 BetrVG dem Arbeitnehmer das notwendige Wissen über seine *„Aufgabe und Verantwortung sowie über die Art seiner Tätigkeit und ihre Einordnung in den Arbeitsablauf des Betriebs"* vermitteln soll, um zu verhindern, daß er im Betrieb eine bloße Objektstellung einnimmt, dann ist zu verlangen, daß er losgelöst von diesem konkreten Arbeitsplatz schon über die notwendigen beruflichen Kenntnisse und Fertigkeiten verfügt. Nur dann geht es tatsächlich lediglich noch um Informationen für den speziellen Arbeitsplatz und dessen Funktion und Einordnung im Betrieb.[720] Der eingangs genannte Ansatz wird teilweise noch modifiziert, indem verlangt wird, der Arbeitnehmer müsse bereits vor Arbeitsantritt die Anforderungen erfüllen, die in einer herkömmlichen Stellenbeschreibung des konkreten Arbeitsplatzes aufgestellt würden.[721] Es wird also auf diejenigen Voraussetzungen abgestellt, die üblicherweise für den in Rede stehenden konkreten Arbeitsplatz erfüllt sein müssen. Diese Sichtweise hat den Vorteil, daß zum einen eine Verobjektivierung erreicht wird, die eine höhere Rechtssicherheit gewährleistet, indem die Bestimmung des Anforderungsprofils dem Arbeitgeber entzogen wird. Zum anderen erlaubt sie auch bei solchen Berufen, für die kein durch eine Ausbildungsordnung gefestigtes Profil besteht und/oder die in besonderem Maße durch beschleunigten technischen und wissenschaftlichen Wandel Veränderungen unterworfen sind, eine einigermaßen präzise Bestimmung der vom Arbeitnehmer zu erfüllenden Voraussetzungen.

Im Ergebnis setzt eine Unterrichtung daher voraus, daß der Arbeitnehmer bei Antritt der Stelle bereits über diejenigen beruflichen Kenntnisse und Fähigkeiten verfügt, die dem üblichen Anforderungsprofil des konkreten Arbeitsplatzes entsprechen.

---

719 Vgl. nur BAG v. 23.04.1991 – 1 ABR 49/90 = AP Nr. 7 zu § 98 BetrVG 1972; v. 10.02.1988 – 1 ABR 39/86 = AP Nr. 5 zu § 98 BetrVG 1972; GK-*Raab*, BetrVG, § 96 RdNr. 16; HWK/*Schrader*, BetrVG, § 81 RdNr. 4; Wlotzke/Preis/Kreft/*Preis*, BetrVG, § 81 RdNr. 3; *Fracke*, Die betriebliche Weiterbildung, S. 112 ff.
720 So auch GK-*Raab*, BetrVG, § 96 RdNr. 16.
721 Vgl. GK-*Raab*, BetrVG, § 96 RdNr. 16; *Fracke*, Die betriebliche Weiterbildung, S. 113 ff.; H/S/W/G/N/R-*Worzalla*, BetrVG, § 96 RdNr. 9.

ccc) Form der Unterrichtung

In der Rechtsprechung und teilweise auch in der Literatur wird die Auffassung vertreten, eine Berufsbildungsmaßnahme zeichne sich dadurch aus, daß sie eine systematische Vermittlung von Kenntnissen und Fähigkeiten nach einem Lehrplan betreibe und sich an einem Lernziel orientiere, um die Arbeitnehmer zu ihrer beruflichen Tätigkeit im allgemeinen zu befähigen.[722] Zwischenzeitlich war das BAG selbst von dieser Position abgerückt, indem es betonte, auch eine Unterrichtung brauche nicht notwendig gegenüber jedem Arbeitnehmer einzeln, sondern könne auch in kollektiver Form, z.B. in Form eines Kurses oder von Schulungen erfolgen.[723] Diesen Kurswechsel hält es aber nicht konsequent durch.[724] Der Großteil der Literatur erachtet ein Abstellen auf die Form einer berufliche Kenntnisse und Fähigkeiten vermittelnden Maßnahme für nicht ergiebig. Begründet wird dies überwiegend mit dem Argument, das Gesetz regle die Modalitäten der Unterrichtungspflicht nicht, so daß diese auch mittels einer kollektiven Information, insbesondere in Form eines Kurses, erfüllt werden könne.[725] Es sei ohne weiteres denkbar, daß berufsbildende Inhalte auch ohne einen übergeordneten Plan durch kurze Erklärungen oder ähnliche unsystematische Maßnahmen weitergegeben würden. Ebenso könne eine Einweisung in ein Arbeitsgerät vom Arbeitgeber systematisiert durchgeführt werden und sich an einem Lernziel orientieren.[726]

Dieser Auffassung ist zuzustimmen. Machte man die Einstufung einer Maßnahme von der äußeren Form abhängig, könnte dies zu kaum nachvollziehbaren Ergebnissen führen. Die Vermittlung von ein und denselben Kenntnissen müßte dann, je nachdem, ob sie im Rahmen einer Schulung im Rahmen eines Lehrplans erfolgt oder nicht, eine unterschiedliche Beurteilung erfahren. Zudem deutet schon die kaum überschaubare Vielfalt von möglichen Bildungsveranstaltungen darauf hin, daß ein solches Kriterium nur schwer lösbare praktische Schwierigkeiten her-

---

722 BAG v. 05.11.1985 – 1 ABR 49/83 = AP Nr. 2 zu § 98 BetrVG 1972; LAG Berlin v. 21.02.1986 – 2 Ta BV 5/85 = NZA 1986. S. 758; ErfK/*Kania*, BetrVG, § 96 RdNr. 6; wohl auch Fitting, BetrVG, § 96 RdNr. 9, der jedoch in RdNr. 10 äußert, Formen der Wissensvermittlung spielten keine Rolle.
723 BAG v. 23.04.1991 – 1 ABR 49/90 = AP Nr. 7 zu § 98 BetrVG 1972; v. 28.01.1992 – 1 ABR 41/91 = AP Nr. 1 zu § 96 BetrVG 1972.
724 Vgl. BAG v. 24.08.2004 – 1 ABR 28/03 = AP Nr. 12 zu § 98 BetrVG 1972, wo wieder auf Systematik und Lehrpläne abgestellt wird.
725 GK-*Raab*, BetrVG, § 96 RdNr. 15; *Oetker*, Berufsbildungsmaßnahmen, S. 87; *Hammer*, Berufsbildung und Betriebsverfassung, S. 73; *Hamm*, ArbuR 1992, S. 333; *Fracke*, Die betriebliche Weiterbildung, S. 119 f., 128; in diese Richtung wohl auch Richardi/*Thüsing*, BetrVG, § 96 RdNr. 14.
726 *Gilberg*, Die Mitwirkung des Betriebsrats bei der Berufsbildung, S. 166 f; *Fracke*, Die betriebliche Weiterbildung, S. 128.

vorriefe. Die Form stellt daher kein geeignetes Kriterium für eine nähere Bestimmung des Begriffs der Unterrichtung i.S.d. § 81 BetrVG dar.[727]

Teilweise wird noch erwogen, Systematik und Lehrplan zumindest als Indizien für das Vorliegen einer Berufsbildungsmaßnahme i.S.d. §§ 96 ff. BetrVG heranzuziehen.[728] Gegen eine solche Nutzung als Hilfskriterium ist nichts einzuwenden, da aus praktischen Erwägungen davon auszugehen ist, daß eine Unterrichtung im Grundsatz erheblich seltener einem didaktischen Konzept und vorgegebenen Strukturen folgt als Maßnahmen der Berufsbildung. Sie entbindet aber nicht davon, im Einzelfall anhand qualitativer, inhaltlicher Determinanten den Rechtscharakter der Maßnahme festzustellen.

ddd) Inhalt der Unterrichtung

Als entscheidender Faktor für die Bestimmung des Begriffs der Unterrichtung bleibt, nachdem die diesbezügliche Untauglichkeit der Form festgestellt worden ist, nur der Inhalt, die Art des vermittelten Wissens.[729] Für die Präzisierung der inhaltlichen Anforderungen, die an eine Unterrichtung zu stellen sind, lassen sich mehrere Ansatzpunkte wählen.

(1) Verwendungsbreite

Begrenzte Aussagekraft kommt dem teilweise vorgeschlagenen Kriterium der Arbeitsmarktverwertbarkeit oder Verwendungsbreite zu. Danach stellt eine Kenntnisvermittlung immer dann eine Unterrichtung dar, wenn feststeht, daß sie über den konkreten Arbeitsplatz hinaus keinerlei Bedeutung gewinnt.[730] Dieser Maßstab klingt zwar einleuchtend, leidet aber darunter, daß eine solche Feststellung oft nicht mit letzter Eindeutigkeit getroffen werden kann. Da jede Unterrichtung mit einer Erweiterung des Wissens verbunden ist und viele Berufe einem beständigen Wandel ihrer Anforderungen unterliegen, kann nicht mit Sicherheit bestimmt werden, ob das neuerworbene Wissen sich jetzt oder in Zukunft für einen beruflichen Aufstieg verwenden läßt. Nur dort, wo dies zweifelsfrei möglich ist, kann die Arbeitsmarktverwertbarkeit als hinreichendes Kriterium herangezogen werden. Ansonsten

---

727 Vgl. HWK/*Schrader*, BetrVG, § 81 RdNr. 6; Wlotzke/Preis/Kreft/*Preis*, BetrVG, § 81 RdNr. 5; Fitting, BetrVG, § 81 RdNr. 8; H/S/W/G/N/R-*Rose*, BetrVG, § 81 RdNr. 21.
728 *Fracke*, Die betriebliche Weiterbildung, S. 119 f., 128; wohl auch MünchArbR/*Matthes*, 2. Aufl. 2000, § 351 RdNr. 16 („*regelmäßig*").
729 GK-*Kraft*, BetrVG, § 96 RdNr. 15; H/S/W/G/N/R-*Worzalla*, BetrVG, § 96 RdNr. 9; vgl. auch Richardi/*Thüsing*, BetrVG, § 96 RdNr. 14.
730 *Gilberg*, Die Mitwirkung des Betriebsrats bei der Berufsbildung, S. 160 ff.

kann ihr – wie schon der Systematik und Didaktik einer Wissensvermittlung – allenfalls eine Indizfunktion beigemessen werden.

(2) „Beschleunigungsfunktion"

Raab stellt zur Charakterisierung einer Maßnahme darauf ab, ob der durch sie vermittelte Inhalt in qualitativer Hinsicht zwingend eine Information durch Dritte voraussetze, oder aber ob der Arbeitnehmer sich das für seinen konkreten Arbeitsplatz erforderliche Wissen auf der Grundlage seiner bereits vorhandenen Kenntnisse und Fertigkeiten auch selbständig im Wege der praktischen Tätigkeit verschaffen könne. Im letzteren Fall komme einer Einweisung eine bloße Beschleunigungs- bzw. Fehlervermeidungsfunktion zu, ohne daß die Information notwendige Voraussetzung für die Verrichtung der Tätigkeit sei. Es handele sich dann um eine Unterrichtung i.S.d. § 81 Abs. 1, 2 BetrVG.[731] Einen ähnlichen Ansatz vertritt *Kraft*, der jedoch den erforderlichen Zeitaufwand stärker betont. Um eine Bildungsmaßnahme nach §§ 96 ff. BetrVG handele es sich dann, wenn solche Kenntnisse vermittelt werden, *„die den Wissensstand mindestens in demselben Maße erweitern wie dies im Verhältnis der ungelernten zur angelernten Tätigkeit der Fall ist, und denen im Berufsleben dieselbe Wertschätzung zukommt"*. Dies erfordere als Mindestaufwand eine betriebliche Anlernzeit von drei Monaten. Sei ein Erwerb der Kenntnisse und Fertigkeiten dagegen auch durch eine kurze Einarbeitungszeit möglich, liege eine Unterrichtung vor.[732]

Abgesehen davon, daß diese Auffassungen Ähnlichkeiten mit einer abzulehnenden Abgrenzung nach formalen Kriterien aufweisen,[733] können sie auch aus inhaltlichen Gründen nicht überzeugen. Je nach Auffassungsgabe und/oder Lernbereitschaft können sich bei Arbeitnehmern erhebliche Unterschiede bei der Vermittelbarkeit von gleichen Inhalten ergeben. Während der eine in der Lage ist, sich schnell und eigenständig, beispielsweise durch Lektüre von Fachliteratur, einen Überblick über Neuerungen und gewandelte Anforderungen zu verschaffen, benötigt der andere mitunter einen längeren Zeitraum sowie fremde Hilfe und Erklärungen. Eine Aussage über die Qualität des vermittelten Inhalts ist damit aber nicht zwingend verbunden. Die bereits genannten Beispiele aus der Rechtsprechung[734] veranschaulichen, daß ein Abstellen auf den zeitlichen Umfang bzw. die „Beschleunigungsfunktion" in vielen Fällen kaum weiterhelfen könnte. Die von *Kraft*

---

731 GK-*Raab*, BetrVG, § 96 RdNr. 15.
732 *Kraft*, NZA 1990, S. 459 f.
733 Vgl. oben § 3 D.I.2.c.ee.ccc.
734 Vgl. oben § 3 D.I.2.c.bb.aaa.

und *Raab* vorgeschlagenen Kriterien ermöglichen demnach keine trennscharfe Bestimmung des Charakters einer Maßnahme zur Vermittlung von Kenntnissen und Fertigkeiten.[735] Gleichwohl entbehrt ihr Vorschlag nicht einer gewissen Plausibilität. Da es bei einer Unterrichtung nach dem Wortlaut des § 81 Abs. 1 BetrVG um eine Erörterung der Aufgabe und Verantwortung des Arbeitnehmers sowie über die Art seiner Tätigkeit und ihre Einordnung in den Arbeitsablauf des Betriebs geht, wird, auch wenn Elemente der beruflichen Fortbildung enthalten sind, in der Regel davon auszugehen sein, daß sie einen geringeren zeitlichen Aufwand erfordert als eine Maßnahme, die allein der Berufsbildung bzw. der Weiterbildung dient. Auch wenn also eine Einzelfallbetrachtung zu anderen Ergebnissen führen kann, kommt einem geringen zeitlichen Umfang einer Maßnahme bzw. ihrer bloßen „Beschleunigungs-" oder „Fehlervermeidungsfunktion" jedenfalls eine Indizwirkung für das Vorliegen einer Unterrichtung i.S.v. § 81 Abs. 1, 2 BetrVG zu.

(3) Arbeitsnotwendige Informationen

Fracke[736] schlägt auf der Grundlage der Ansätze *Oetkers*[737] vor, die Vermittlung derjenigen Informationen, die unmittelbar die arbeitsvertraglich geschuldete Leistung betreffen, als Unterrichtung anzusehen, wenn der Arbeitnehmer, der grundsätzlich die Anforderungen des konkreten Arbeitsplatzes erfüllt, ohne sie die spezifische Arbeitsleistung nicht erbringen könne. Es handele sich dann um „*arbeitsnotwendige*"[738] Informationen, die einen unmittelbaren Zusammenhang zu der Arbeitsleistung aufwiesen oder deren Kenntnis Bestandteil der Arbeitsleistung sei. Dies entspreche der Funktionsbezogenheit der Unterrichtung.

Dieser Vorschlag verdient Zustimmung. Er steht im Einklang mit dem Gesetzeszweck, der nicht in einer Anpassung der beruflichen Kenntnisse und Fähigkeiten des Arbeitnehmers besteht, sondern darin, dem Arbeitnehmer seine Stellung

---

735 So im Ergebnis auch *Gilberg*, Die Mitwirkung des Betriebsrats bei der Berufsbildung, S. 162 f.; *Fracke*, Die betriebliche Weiterbildung, S. 130 f.
736 *Fracke*, Die betriebliche Weiterbildung, S. 130 ff.
737 *Oetker*, Berufsbildungsmaßnahmen, S. 87 f.
738 Den Terminus „arbeitsnotwendig" entlehnt *Oetker* der Rechtsprechung des BAG zu § 56 Abs. 1 lit. f BetrVG a.F. (jetzt: § 87 Abs. 1 Nr. 1 BetrVG), vgl. BAG v. 15.12.1961 – 1 ABR 3/60 = AP Nr. 3 zu § 56 BetrVG Ordnung des Betriebes. Nicht der Mitbestimmung des Betriebsrats unterfallen danach „*arbeitstechnische Maßnahme(n) von solcher Wichtigkeit, daß der einzelne Arbeitnehmer seine Arbeitspflicht ohne die Beachtung der Anordnung nicht ordnungsmäßig erbringen kann („arbeitsnotwendige Maßnahme")*". Der Arbeitgber sei dann mangels besonderer arbeitsvertraglicher Regelung kraft seines Weisungsrechts befugt, durch die erforderlichen Anordnungen die Arbeitspflicht zu konkretisieren. Der Mitbestimmung unterlägen Anordnungen über die Ordnung des Betriebes und über das Verhalten der Arbeitnehmer nur dann, wenn die geschuldete Arbeitsleistung auch ohne die bestimmte Maßnahme erbracht werden könne.

und Aufgabe im Betrieb deutlich zu machen, um zum einen seine faktische Objektstellung zu mildern und zur Entfaltung seiner Persönlichkeit im Betrieb beizutragen, zum anderen eine ordnungsgemäße Erbringung der Arbeitsleistung zu ermöglichen. Die Rückkoppelung an den Arbeitsvertrag und die auf dessen Grundlage geschuldete Leistung sowie die damit einhergehende Bindung an das Kriterium der Notwendigkeit verhindern eine ausufernde Lesart des § 81 Abs. 1, 2 BetrVG, die von diesem Zweck nicht mehr gedeckt würde. Dem Arbeitnehmer, der ja schon über die grundsätzlich erforderlichen Kenntnisse und Fähigkeiten verfügt, werden dadurch nur diejenigen Informationen vermittelt, die er tatsächlich benötigt, um seine vertraglich geschuldete Arbeitsleistung auf dem konkreten Arbeitsplatz erbringen zu können. Sofern diese in Randbereichen auch auf dem Arbeitsmarkt verwertbar sind oder aus anderen Gründen gleichzeitig unter den Begriff der Berufsbildung i.S.d. §§ 96 ff. BetrVG fallen, ist das unschädlich und hinzunehmen.

eee) Zusammenfassung

Eine Unterrichtung i.S.d. § 81 Abs. 1, 2 BetrVG liegt nach alledem dann vor, wenn Kenntnisse und/oder Fähigkeiten vermittelt werden, die zur Erbringung der vertraglich geschuldeten Arbeitsleistung am konkreten Arbeitsplatz notwendig sind. Voraussetzung ist, daß der Arbeitnehmer vor dieser Vermittlung bereits auf die beruflichen Fertigkeiten zurückgreifen kann, die üblicherweise dem Anforderungsprofil des konkreten Arbeitsplatzes entsprechen. Eine fehlende Verwertbarkeit der Informationen auf dem Arbeitsmarkt sowie ein geringer zeitlicher Umfang bzw. eine bloße Beschleunigungsfunktion der Maßnahme können als Indikatoren für das Vorliegen einer Unterrichtung nutzbar gemacht werden, entbinden aber nicht von einer Einzelfallprüfung. Keine Rolle spielt die Form der Maßnahme. Die Unterrichtung kann sowohl individuell als auch in kollektivem Rahmen, beispielsweise durch eine Schulung, durchgeführt werden.

ff) Anspruch auf Unterrichtung?

Steht fest, daß die Unterrichtung gemäß § 81 Abs. 1, 2 BetrVG auch Elemente der beruflichen Weiterbildung enthalten kann, so muß noch die weitergehende Frage beantwortet werden, ob diese Vorschrift dem Arbeitnehmer auch einen Anspruch auf die Unterrichtung und damit ggf. auch auf eine berufliche Weiterbildung gewährt. Es ist zu klären, ob es sich bei der Regelung des § 81 Abs. 1, 2 BetrVG um eine echte Rechtspflicht handelt, die vom Arbeitnehmer selbständig eingeklagt werden kann. Dies hätte zur Folge, daß der Arbeitnehmer die von ihm geschuldete

Arbeitsleistung gemäß § 273 Abs. 1 BGB verweigern kann, soweit der Arbeitgeber die Unterrichtung unterläßt. Sollte die Regelung stattdessen den Charakter einer bloßen Obliegenheit haben, könnte sie weder selbständig eingeklagt noch mittels eines Zurückbehaltungsrechts durchgesetzt werden.[739]

Die aus einem Schuldverhältnis entspringenden Pflichten werden herkömmlicherweise in Hauptleistungspflichten und diese ergänzende Nebenpflichten unterteilt.[740] Zu den Nebenpflichten zählen auch die (jetzt in § 241 Abs. 2 BGB kodifizierten) Schutz- bzw. Rücksichtnahmepflichten[741], die nicht auf eine Veränderung der Güterwelt abzielen, sondern die Rechtsgüter des anderen Teils vor Verschlechterung bewahren sollen.[742] Art und Umfang der Schutzpflichten lassen sich nicht pauschal bestimmen, sondern richten sich sachlich nach den verschiedenen Vertragsverhältnissen.[743] Ob eine Nebenpflicht als selbständig eingeordnet werden und damit unabhängig von der Hauptpflicht eingeklagt werden kann, hängt davon ab, ob sie einen eigenen Zweck verfolgt.[744]

Nach allgemeiner Ansicht stellen die in den §§ 81-84 BetrVG verankerten Individualrechte der Arbeitnehmer eine gesetzliche Konkretisierung dessen dar, was ohnehin schon aus der Fürsorgepflicht des Arbeitgebers folgt.[745] Folglich kann für sie auch keine andere rechtliche Bewertung gelten als für die allgemeine Fürsorgepflicht. Diese wird – unabhängig von Unterschieden im Detail – jedenfalls der Kategorie der Nebenpflichten zugeordnet.[746] Entscheidend ist daher, ob das in § 81 Abs. 1, 2 BetrVG verankerte Individualrecht gegenüber der aus dem Arbeitsvertrag entspringenden Hauptpflicht des Arbeitgebers einen eigenständigen Zweck verfolgt. Dies ist gleichbedeutend mit der Frage, ob die Normen der §§ § 81-84 BetrVG nur im Betriebsverfassungsrecht Wirkung entfalten oder aber zugleich auf den Inhalt des Arbeitsverhältnisses einwirken. Das wäre dann der Fall, wenn eine Vorschrift dem Arbeitnehmer nicht nur eine Funktion in der Betriebsverfassung zuweisen soll, sondern primär darauf abzielt, ihn zu begünstigen, so daß die betreffende Regelung auch Gegenstand einer vertraglichen Vereinbarung sein kann.[747] Bei

---

739 Vgl. zum Begriff der Obliegenheit Staudinger/*Huber*, Eckpfeiler, S. 126.
740 Vgl. nur Palandt/*Grüneberg*, § 242 BGB RdNr. 23.
741 Palandt/*Grüneberg*, § 242 BGB RdNr. 35 f; MüKo-BGB/*Bachmann*, § 241 RdNr. 48.
742 Staudinger/*Huber*, Eckpfeiler, S. 125 f.; MüKo-BGB/*Bachmann*, § 241 RdNr. 51.
743 Staudinger/*Löwisch*, § 311 BGB RdNr. 108.
744 Palandt/*Grüneberg*, § 242 BGB RdNr. 25.
745 Vgl. oben § 3 C.2.c.
746 MünchArbR/*Reichold*, § 83 RdNr. 7 f. (Schutzpflicht); MüKo-BGB/*Müller-Glöge*, § 611 RdNr. 986 f.; HWK/*Thüsing*, § 611 BGB RdNr. 241 (Oberbegriff); ErfK/*Preis*, § 611 BGB RdNr. 615 f. (zurückhaltende Handhabung als allgemeiner Rechtsgedanke geboten).
747 GK-*Wiese/Franzen*, BetrVG, vor § 81 RdNr. 19; ders., RdA 1973, S. 6.

dem Unterrichtungsrecht aus § 81 Abs. 1, 2 BetrVG folgt letzteres schon daraus, daß sie sich auch unabhängig von ihrer gesetzlichen Verankerung aus der Fürsorgepflicht des Arbeitgebers ergeben.[748] Auch wenn die Rechte aus den §§ 81-84 BetrVG zusätzlich dem Zweck dienen, die ordnungsgemäße Erbringung der Arbeitsleistung durch den Arbeitnehmer zu ermöglichen, und dadurch auch dem störungsfreien Ablauf der betrieblichen Zusammenarbeit zugute kommen,[749] verfolgen sie in der Hauptsache doch ein Ziel, das gegenüber den arbeitsvertraglichen Hauptpflichten eine eigenständige Bedeutung aufweist. Sie sind auf eine Begünstigung des Arbeitnehmers gerichtet, indem sie seine faktische Objektstellung mildern und zur Entfaltung seiner Persönlichkeit im Betrieb beitragen sollen. Bei der Unterrichtungspflicht des § 81 Abs. 1, 2 BetrVG handelt es sich somit um eine eigenständige Nebenpflicht. Als solche hat sie für den Arbeitnehmer Anspruchscharakter, kann also von ihm gegenüber dem Arbeitgeber selbständig eingefordert, mittels des Zurückbehaltungsrechtes aus § 273 Abs. 1 BGB durchgesetzt und nötigenfalls eingeklagt werden.[750] Dem Einwand, es sei nicht sachgerecht, dem Arbeitnehmer allein aufgrund der fehlenden Unterrichtung ein Zurückbehaltungsrecht zuzugestehen,[751] kann begegnet werden, indem man dieses auf nicht geringfügige (im Hinblick auf den Zeitpunkt und den inhaltlichen Umfang) Verstöße beschränkt.[752]

Eine andere Ansicht vertritt *von Hoyningen-Huene*, der in der Unterrichtung gemäß § 81 Abs. 1, 2 BetrVG lediglich eine Obliegenheit des Arbeitgebers erkennt, so daß dem Arbeitnehmer weder ein einklagbarer Erfüllungsanspruch noch ein Zurückbehaltungsrecht zustehe. Dies begründet er damit, daß die Vorschrift in erster Linie die ordnungsgemäße Erbringung der Arbeitsleistung ermöglichen und damit den Anspruch des Arbeitgebers auf die Leistung der versprochenen Dienste sicherstellen solle.[753] Diese Argumentation steht jedoch im Widerspruch zu dem, was die Begründung zum Regierungsentwurf und die überwiegende Auffassung in der Literatur als primären Zweck des § 81 Abs. 1, 2 BetrVG herausstellen.[754] Materielle

---

748 GK-*Wiese/Franzen*, BetrVG, vor § 81 RdNr. 20; *ders.*, RdA 1973, S. 7.
749 GK-*Wiese/Franzen*, BetrVG, vor § 81 RdNr. 20.
750 So i.E. auch H/S/W/G/N/R-*Rose*, BetrVG, vor §§ 81-86a RdNr. 13; Däubler/Kittner/Klebe /Wedde-*Buschmann*, BetrVG, § 81 RdNr. 24, § 96 RdNr. 28; GK-*Wiese/Franzen*, BetrVG, vor § 81 RdNr. 35 ff., § 81 RdNr. 26; *Fracke*, Die betriebliche Weiterbildung, S. 145 ff.; *Hammer*, ZRP 1998, S. 24 m.w.N.; Richardi/*Thüsing*, BetrVG, § 81 RdNr. 25; Fitting, BetrVG, § 81 RdNr. 28; *Galperin/Löwisch*, BetrVG, vor § 81 RdNr. 7 ff.; *Söllner*, ZfA 1973, S. 19 f.
751 *Sandmann/Schmitt-Rolfes*, ZfA 2002, S. 304.
752 Vgl. H/S/W/G/N/R-*Rose*, BetrVG, vor §§ 81-86a RdNr. 13; GK-*Wiese/Franzen*, BetrVG, vor § 81 RdNr. 37; *Galperin/Löwisch*, BetrVG, vor § 81 RdNr. 8.
753 MünchArbR/*von Hoyningen-Huene*, 2. Aufl. 2000, § 303 RdNr. 13.
754 Vgl. oben § 3 D.I.2.c.

Leitidee des gesamten Betriebsverfassungsrechtes ist die Abmilderung der Objektstellung des Arbeitnehmers im Produktionsprozeß.[755] Daß gerade bei den Vorschriften, die Individualrechte des Arbeitnehmers beinhalten, etwas anderes gelten soll, leuchtet nicht ein. Von *Hoyningen-Huene* vertritt an anderer Stelle auch selbst die Mehrheitsmeinung, indem er betont, die Individualrechte der §§ 81 ff. BetrVG sollten die Objektstellung des einzelnen Arbeitnehmers mildern und zu seiner Persönlichkeitsentfaltung im Betrieb beitragen. Ebendort bezeichnet er die Rechte der Arbeitnehmer auch als *„Ansprüche".*[756] Seiner Auffassung kann nicht gefolgt werden.

gg) Kollision von § 81 Abs. 1, 2 BetrVG mit §§ 96 ff. BetrVG

Ergibt sich im Einzelfall aus § 81 Abs.1, 2 BetrVG ein Anspruch auf Unterrichtung, der im Randbereich auch Elemente beruflicher Weiterbildung beinhaltet, kann dies zu einer Überschneidung mit dem Anwendungsbereich der §§ 96 ff. BetrVG führen. Eine Konkurrenz kommt gerade hinsichtlich der Mitbestimmungsrechte des Betriebsrates bei der Einführung betrieblicher Bildungsmaßnahmen nach § 97 Abs. 2 BetrVG sowie bei der Auswahl der Teilnehmer gemäß § 98 Abs. 3 BetrVG in Betracht.[757] Das wirft die bereits angesprochene Frage auf, ob in einem solchen Fall das Individualrecht des Arbeitnehmers neben den Mitwirkungs- und Mitbestimmungsrechten des Betriebsrates bestehen bleibt, oder aber ob zur Vermeidung einer Verdoppelung des Schutzes des Arbeitnehmers auf der Rechtsfolgenebene das Recht des Arbeitnehmers oder die Rechte des Betriebsrates zurücktreten müssen. Letzterer Ansatz wird von *Oetker* bereits auf Tatbestandsebene zur Begründung der – hier abgelehnten – „Entweder/oder"-These vertreten.[758]

Alexander schlägt vor, den Anspruch des Arbeitnehmers auf Unterrichtung gemäß § 81 Abs. 1, 2 BetrVG entweder als durch die mitbestimmte Einarbeitung i.S.v. § 362 Abs. 1 BGB erfüllt anzusehen, oder aber ihn – ähnlich dem Urlaubsanspruch im Falle des § 87 Abs. 1 Nr. 5 (2. Fall) BetrVG – uneingeschränkt fortbestehen zu lassen.[759] In die entgegengesetzte Richtung weisen die Überlegungen *Frackes*, die bei Kollisionen im Einzelfall jeweils die Rechte des Betriebsrates mangels Schutzbedürftigkeit des Arbeitnehmers zurücktreten lassen will.[760] Dieser Auffas-

---

755 *Oetker*, Berufsbildungsmaßnahmen, S. 88; *Wiese*, ZfA 1996, S. 473 f.; *B. Preis*, DB 1973, S. 477.
756 MünchArbR/*von Hoyningen-Huene*, 2. Aufl. 2000, § 303 RdNr. 1 f.
757 *Fracke*, Die betriebliche Weiterbildung, S. 140.
758 *Oetker*, Berufsbildungsmaßnahmen, S. 88.
759 *Alexander*, NZA 1992, S. 1059.
760 *Fracke*, Die betriebliche Weiterbildung, S. 140 f.

sung scheinen auch *Worzalla* und *Fitting* zuzuneigen, die – allerdings für den Fall, daß die Bildungsurlaubsgesetze der Länder bereits einen Individualanspruch auf Freistellung zur Teilnahme an beruflichen Bildungsmaßnahmen vorsehen – eine Anwendung des Mitbestimmungsrechts des Betriebsrats gemäß § 98 Abs. 3 ablehnen. Dieses diene der gerechten Teilnehmerauswahl bei vom Arbeitgeber durchgeführten Bildungsmaßnahmen, wohingegen die Teilnahme am Bildungsurlaub auf einem individualrechtlichen Anspruch beruhe.[761]

Stellen im Einzelfall die in Rede stehenden Kenntnisse und Fähigkeiten zugleich eine arbeitsnotwendige Information i.S.d. § 81 Abs.1, 2 BetrVG und eine Berufsbildung i.S.d. §§ 96 ff. BetrVG dar, so überzeugt es tatsächlich, in diesem Fall die Mitbestimmungs- und Mitwirkungsrechte des Betriebsrates zurücktreten zu lassen. Steht dem Arbeitnehmer bereits ein im Klagewege durchsetzbarer Anspruch auf eine auch berufliche Weiterbildung einschließende Unterrichtung zu, so bedarf er keines weiteren Schutzes durch die Mittel, die das BetrVG dem Betriebsrat zuweist. In diesem Fall ist der Zweck der Mitbestimmungsrechte, die Interessen der Belegschaft im Zusammenhang mit der beruflichen Weiterbildung zu sichern, bereits erreicht. Hat der Arbeitgeber umgekehrt bereits eine rechtlich nicht zu beanstandende, mitbestimmte Maßnahme der Berufsbildung durchgeführt, die auch die inhaltlichen Voraussetzungen einer Unterrichtung nach § 81 Abs. 1, 2 BetrVG erfüllt, bedarf es zum Schutz des Arbeitnehmers und seiner Persönlichkeit keines Individualanspruchs mehr. Mit *Alexander* ist in einem solchen Fall von einer Erfüllung i.S.v. § 362 Abs. 1 BGB auszugehen.

hh) Ergebnis zur Unterrichtungspflicht gemäß § 81 Abs. 1, 2 BetrVG

Die Pflicht des Arbeitgebers, den Arbeitnehmer über die in § 81 Abs. 1, 2 BetrVG benannten Inhalte zu unterrichten, richtet sich auf die Vermittlung der sog. arbeitsnotwendigen Informationen, d.h. auf diejenigen Kenntnisse und Fähigkeiten, die der Arbeitnehmer benötigt, um am konkreten Arbeitsplatz die vertraglich geschuldete Arbeitsleistung erbringen zu können. Auf seiten des Arbeitnehmers setzt eine Unterrichtung voraus, daß er bereits über diejenigen Kenntnisse und Fähigkeiten verfügt, die in einer Stellenanzeige für den konkreten Arbeitsplatz üblicherweise verlangt werden. Sie kann sowohl individuell als auch in kollektiver Form durchgeführt werden. Die Vermittlung der arbeitsnotwendigen Informationen kann gleichzeitig auch die Voraussetzungen einer Berufsbildung in Gestalt einer beruflichen Weiterbildung i.S.d. §§ 96-98 BetrVG erfüllen. Im Falle einer solchen Kollision

---

[761] H/S/W/G/N/R-*Worzalla*, BetrVG, § 98 RdNr. 69; Fitting, BetrVG, § 98 RdNr. 36.

treten entweder die in §§ 96 ff. BetrVG vorgesehenen Rechte des Betriebsrates wegen fehlender Schutzbedürftigkeit des Arbeitnehmers zurück, oder, falls der Arbeitgeber bereits eine Maßnahme der Berufsbildung gemäß § 96 ff. BetrVG durchgeführt hat, die zugleich die Voraussetzungen einer Unterrichtung erfüllt, der Anspruch aus § 81 Abs. 1, 2 BetrVG ist als erfüllt gemäß § 362 Abs. 1 BGB anzusehen.

Der Pflicht des Arbeitgebers entspricht ein individueller Anspruch des Arbeitnehmers. Letzterer kann diesen, falls kein lediglich geringfügiger Verstoß vorliegt, mittels eines Zurückbehaltungsrechtes gemäß § 273 Abs. 1 BGB oder aber im Klagewege durchsetzen.

d) Die Erörterungspflicht gemäß § 81 Abs. 4 S. 2 BetrVG

In § 81 Abs. 4 S. 2 BetrVG wird der Arbeitgeber verpflichtet, mit dem Arbeitnehmer eine Anpassung dessen beruflicher Fähigkeiten und Kenntnisse an die künftigen Anforderungen zu erörtern. Diese Verpflichtung ist Teil des in § 81 Abs. 4 BetrVG vorgesehenen zweistufigen[762] Aufgabenkatalogs des Arbeitgebers. Auf der ersten Stufe (S. 1) muß er den Arbeitnehmer über die aufgrund einer Planung von technischen Anlagen, von Arbeitsverfahren und Arbeitsabläufen oder der Arbeitsplätze vorgesehenen Maßnahmen und ihre Auswirkungen auf seinen Arbeitsplatz, die Arbeitsumgebung sowie auf Inhalt und Art seiner Tätigkeit unterrichten. Dies setzt voraus, daß die Planungen bereits ein Stadium erreicht haben, in dem sich konkrete, den Arbeitnehmer betreffende Maßnahmen abzeichnen.[763] Der Arbeitnehmer soll dadurch in den Informationsprozeß bei der Planung und Einführung neuer Techniken einbezogen werden.[764] Auf der zweiten Stufe (S. 2) folgt dann, sobald feststeht, daß die Tätigkeit des Arbeitnehmers Änderungen unterworfen sein wird und seine beruflichen Kenntnisse und Fähigkeiten zur Bewältigung seiner Aufgaben nicht ausreichen, die Erörterungspflicht des Arbeitgebers. Diese bezieht sich insbesondere auf Umschulungen sowie betriebsinterne oder überbetriebliche Weiterbildung.[765] Die Pflicht des Arbeitgebers beschränkt sich aber auf eine reine Erörterung. Ein darüber hinausgehender Anspruch des Arbeitnehmers auf konkrete Maßnahmen der Fortbildung wird durch § 81 Abs. 4 S. 2 BetrVG nicht begründet.[766]

---

762 Fitting, BetrVG, § 81 RdNr. 24 f.
763 BT-Drucks. 11/2503, S. 35; vgl. auch GK-*Wiese/Franzene*, BetrVG, § 81 RdNr. 20; Fitting, BetrVG, § 81 RdNr. 24; Richardi/*Thüsing*, BetrVG, § 81 RdNr. 21.
764 Vgl. den Ausschußbericht in BT-Drucks. 11/3618, S. 9.
765 Fitting, BetrVG, § 81 RdNr. 25; vgl. auch GK-*Wiese/Franzen*, BetrVG, § 81 RdNr. 21.
766 Einhellige Auffassung; vgl. nur BT-Drucks. 11/2503, S. 35; HWK/*Schrader*, BetrVG, § 81 RdNr. 19; Richardi/*Thüsing*, BetrVG, § 81 RdNr. 22; H/S/W/G/N/R-*Rose,* BetrVG, § 81 RdNr. 27; Wlotzke/Preis/Kreft/*Preis*, BetrVG, § 81 RdNr. 17.

Auch die in § 81 Abs. 4 S. 2 BetrVG verwendete Formulierung „*im Rahmen der betrieblichen Möglichkeiten*" kann nicht als Hinweis auf einen Weiterbildungsanspruch aus anderem Rechtsgrund verstanden werden.[767] Bereits aus der Fürsorgepflicht des Arbeitgebers folgt eine umfassende Erörterungspflicht, die sich u.a. auch auf außerbetriebliche Bildungsmaßnahmen erstreckt, so daß die Einschränkung für die Erörterungspflicht des § 81 Abs. 4 S. 2 BetrVG keinen Sinn ergibt und hinsichtlich weiterer Maßnahmen überflüssig ist.[768]

Versäumt der Arbeitgeber, seiner Pflicht aus § 81 Abs. 4 S. 2 BetrVG nachzukommen, so soll ihn dies nach teilweise vertretener Auffassung beim Ausspruch einer personenbedingten Kündigung nach § 1 Abs. 2 KSchG insoweit einschränken, als er dem Arbeitnehmer einen längeren Zeitraum für die Aneignung der für eine veränderte Arbeit notwendigen Kenntnisse und Fähigkeiten lassen müsse.[769] Diese Auffassung ist abzulehnen. Die Erörterungspflicht nach § 81 Abs. 4 S. 2 BetrVG stellt eine gesetzliche Konkretisierung dessen dar, wozu der Arbeitgeber arbeitsvertraglich ohnehin verpflichtet ist. Sie ist jedoch keine materiellrechtliche Voraussetzung der ordentlichen personenbedingten Kündigung.[770] Sie kann daher auch keinen mittelbaren Einfluß auf diese ausüben, indem im Falle einer unterbliebenen Erörterung zusätzliche Anforderungen an die Wirksamkeit der Kündigung gestellt werden. Das Versäumen der Erörterung hat daher keine Folgen für das Kündigungsrecht des Arbeitgebers.[771]

e) Die Pflicht zur Förderung der freien Entfaltung der Persönlichkeit gemäß § 75 Abs. 2 S. 1 BetrVG

Nach § 75 Abs. 2 S. 1 BetrVG sind Arbeitgeber und Betriebsrat verpflichtet, die freie Entfaltung der Persönlichkeit der im Betrieb beschäftigten Arbeitnehmer zu schützen und zu fördern. Die Vorschrift bezweckt, daß alle Betriebsangehörigen nach den Grundsätzen von Recht und Billigkeit behandelt werden, und dient insoweit der Konkretisierung der grundgesetzlichen Wertentscheidungen, die in Art. 2

---

767 *Sandmann/Schmitt-Rolfes*, ZfA 2002, S. 306.
768 GK-*Wiese/Franzen*, BetrVG, § 81 RdNr. 21.
769 *Löwisch*, BB 1988, S. 1954; Fitting, BetrVG, § 81 RdNr. 25; ErfK/*Kania*, § 81 BetrVG RdNr. 16; Däubler/Kittner/Klebe/Wedde-*Buschmann*, BetrVG, § 81 RdNr. 24. *Fracke*, Die betriebliche Weiterbildung, S. 149 f., knüpft insoweit an den unbestimmten Rechtsbegriff der „*Zumutbarkeit*" in § 1 Abs. 2 S. 3 KSchG an.
770 H/S/W/G/N/R-*Rose,* BetrVG, § 81 RdNr. 28.
771 Richardi/*Thüsing*, BetrVG, § 81 RdNr. 22.

Abs. 1, Art. 3 und Art. 9 Abs. 3 GG zum Ausdruck kommen.[772] Arbeitgeber und Betriebsrat sollen auf den Schutz der Persönlichkeit des einzelnen Arbeitnehmers und der freien Entfaltung seiner Persönlichkeit verpflichtet werden.[773] § 75 Abs. 2 BetrVG stellt zudem eine besondere Ausformung des in § 2 Abs. 1 BetrVG verankerten allgemeinen Gebots der vertrauensvollen Zusammenarbeit zwischen Arbeitgeber und Betriebsrat dar.[774] Die Förderungspflicht verlangt ein aktives Handeln zugunsten des Arbeitnehmers.[775] Da der weite Schutzbereich der in Art. 2 Abs. 1 GG verbürgten allgemeinen Handlungsfreiheit auch die berufliche Weiterbildung umfaßt, könnte sich aus § 75 Abs. 2 S. 1 BetrVG ggf. ein Anspruch der Arbeitnehmer auf entsprechende Maßnahmen der Fortbildung ergeben. Insbesondere *Fracke* versucht diesen Gedanken fruchtbar zu machen.[776] Ob sich aus § 75 Abs. 2 BetrVG aber überhaupt subjektive Rechte der Arbeitnehmer ableiten lassen, hängt von der rechtlichen Einordnung der Schutz- und Förderpflichten ab.

aa) Herrschende Auffassung: reine Amtspflichten

Nach herrschender Auffassung handelt es sich bei den in § 75 Abs. 2 BetrVG verankerten Pflichten um reine Amtspflichten, die nur die Normadressaten, also Arbeitgeber und Betriebsrat, bänden, jedoch keine individuellen Rechtsansprüche für den einzelnen Arbeitnehmer erzeugten. Der Arbeitnehmer könne daher vom Arbeitgeber auf der Grundlage dieser Vorschrift kein bestimmtes Handeln oder Unterlassen verlangen.[777] Dies folge schon aus dem Wortlaut der rein kollektivrechtlichen Norm, der neben dem an Arbeitgeber und Betriebsrat gerichteten Gebot nicht zugleich auch einen Berechtigten nenne.[778]

bb) Abweichende Auffassung: Individualanspruch des Arbeitnehmers

Nach einer anderen Ansicht begründet § 75 Abs. 2 BetrVG einen individualrechtlichen Anspruch des Arbeitnehmers, der ihn berechtigt, vom Arbeitgeber Schutz und

---

772 Wlotzke/Preis/Kreft/*Preis*, BetrVG, § 75 RdNr. 1.
773 BT-Drucks. VI 1786, S. 46.
774 *Gilberg*, Die Mitwirkung des Betriebsrats bei der Berufsbildung, S. 58.
775 *Wiese*, ZfA 1996, S. 477.
776 *Fracke*, Die betriebliche Weiterbildung, S. 150 ff.
777 BAG v. 03.12.1985 – 4 ABR 60/85 = AP Nr. 2 zu § 74 BAT; *Wiese*, NZA 2006, S. 5; HWK/*Reichold*, BetrVG, § 75 RdNr. 23; GK-*Kreutz*, BetrVG, § 75 RdNr. 105; H/S/W/G/N/R-*Worzalla*, BetrVG, § 75 RdNr. 31, 41; Fitting, BetrVG, § 75 RdNr. 141; Wlotzke/Preis/Kreft/*Preis*, BetrVG, § 75 RdNr. 2; *von Hoyningen-Huene*, Anm. zu AP Nr. 5 zu § 1 BetrAVG Gleichbehandlung.
778 *von Hoyningen-Huene*, Anm. zu AP Nr. 5 zu § 1 BetrAVG Gleichbehandlung; *Fracke*, Die betriebliche Weiterbildung, S. 153 f.

Förderung der freien Entfaltung seiner Persönlichkeit fordern zu können.[779] Dies wird teilweise mit dem Argument begründet, dem Zweck des § 75 Abs. 2 BetrVG, die Rechtsstellung des einzelnen Arbeitgebers zu stärken, werde am besten entsprochen, wenn nicht lediglich die Betriebspartner verpflichtet würden, sondern dem Arbeitnehmer ein durchsetzbares subjektives Recht eingeräumt werde. Zudem stelle § 75 Abs. 2 BetrVG eine Konkretisierung der Treuepflicht des Arbeitgebers dar, aus der unzweifelhaft ein Anspruch des Arbeitnehmers folge.[780]

cc) Stellungnahme

Der Wortlaut der Norm läßt nicht auf die Einräumung subjektiver Rechte der Arbeitnehmer schließen. Im Gegenteil benennt die eindeutige Formulierung lediglich den Arbeitgeber und den Betriebsrat als Verpflichtete der Schutz- und Förderpflicht. *Fracke* weist zudem zutreffend auf die Ähnlichkeit mit der auch in § 96 BetrVG gewählten Ausdrucksweise hin.[781] Aus dieser Vorschrift folgt aber ebenfalls kein subjektives Recht des Arbeitnehmers.[782] Demgegenüber wird in den §§ 81 ff. BetrVG, die Individualansprüche des Arbeitnehmers enthalten, dieser eindeutig als Anspruchsinhaber gekennzeichnet. Der Wortlaut der Vorschrift streitet daher für die Annahme, § 75 Abs. 2 BetrVG begründe lediglich Amtspflichten der Betriebspartner. Aus der Gesetzesbegründung lassen sich dagegen keine zwingenden Schlüsse ziehen, auch wenn die Formulierung, die Betriebspartner sollten auf den Schutz der Persönlichkeit des einzelnen Arbeitnehmers und der freien Entfaltung seiner Persönlichkeit verpflichtet werden, die Annahme einer bloßen Amtspflicht nahelegt.[783] In systematischer Hinsicht scheint der Befund, daß sich § 75 Abs. 2 BetrVG im „Allgemeinen Teil" des Vierten Teils des Gesetzes befindet, wohingegen die Individualrechte in einem eigenen Abschnitt aufgeführt sind, ebenfalls gegen die Auffassung zu sprechen, die Norm begründe ein subjektives Recht des einzelnen Arbeitnehmers. Der Zweck des Gesetzes, die Behandlung aller Betriebsangehörigen nach den Grundsätzen von Recht und Billigkeit sowie den Schutz der Persönlichkeit des Arbeitnehmers und ihrer freien Entfaltung zu gewährleisten,

---

779 *Isele*, FS Schwinge, S. 146; abweichend von seiner zuvor vertretenen Meinung *von Hoyningen-Huene*, BB 1991, S. 2216; *Hallenberger*, Förderung der freien Entfaltung der Persönlichkeit, S. 126 ff. (135 f.); *Galperin/Löwisch*, BetrVG, § 75 RdNr. 2, 47 f., die aber über die Regelungen der §§ 96-98 BetrVG hinausgehende Verpflichtungen des Arbeitgebers zur beruflichen Bildung seiner Arbeitnehmer ablehnen; ebenso *Löwisch*, ArbuR 1972, S. 364.
780 *Hallenberger*, Förderung der freien Entfaltung der Persönlichkeit, S. 132, 135.
781 *Fracke*, Die betriebliche Weiterbildung, S. 153, 155.
782 Vgl. oben § 3 D.I.2.b.bb.
783 Vgl. BT Drucks. VI/1786, S. 40.

kann zudem auch erreicht werden, ohne daß dem Arbeitnehmer ein subjektives Recht eingeräumt werden müßte. Auch *Hallenberger* hält den Gesetzeszweck nicht für ein zwingendes Argument, sondern sieht ihn durch ein subjektives Recht lediglich „*am besten*" verwirklicht.[784] Da im Mittelpunkt des Betriebsverfassungsgesetzes grundsätzlich nicht Rechte und Pflichten der Arbeitnehmer stehen, sondern diese der Belegschaft zugeordnet werden,[785] kann aufgrund des Wortlauts des § 75 Abs. 2 BetrVG, der insoweit keine ausdrückliche Regelung zugunsten des einzelnen Arbeitnehmers trifft, nicht von der Begründung subjektiver Rechte ausgegangen werden.

Der Arbeitnehmer hat im Ergebnis gegen den Arbeitgeber auch keinen Anspruch aus § 75 Abs. 2 BetrVG auf Schutz oder Förderung seiner Persönlichkeit durch Maßnahmen der beruflichen Weiterbildung. Darüber hinaus kann auch der Betriebsrat aus § 75 Abs. 2 BetrVG bei Persönlichkeitsrechtsverletzungen des Arbeitgebers keinen Unterlassungsanspruch geltend machen.[786] Bei groben Verstößen gegen die kollektiven Amtspflichten kommen lediglich die Sanktionen aus § 23 Abs. 1 und 3 BetrVG in Betracht.[787]

f) Zusammenfassung zu den Vorschriften des Betriebsverfassungsgesetzes

Aus den Vorschriften des Betriebsverfassungsgesetzes läßt sich, obwohl die Berufsbildung Gegenstand zahlreicher Normen ist, kein unmittelbarer Anspruch des Arbeitnehmers gegen den Arbeitgeber auf berufliche Weiterbildung ableiten. Aus § 97 Abs. 2 BetrVG folgt lediglich ein „mittelbarer" Anspruch des Arbeitnehmers insoweit, als der Betriebsrat, sofern der Arbeitgeber sich zu bestimmten Maßnahmen entschlossen hat, unter gewissen Voraussetzungen die Einführung von beruflichen Weiterbildungsmaßnahmen durch ein Mitbestimmungsrecht erzwingen kann. Daneben kann der Arbeitgeber über das Mitbestimmungsrecht des § 98 Abs. 3 BetrVG zwar nicht zur Einführung von Maßnahmen der Berufsbildung und damit der beruflichen Fortbildung verpflichtet werden, dem Arbeitnehmer kann aber für den Fall, daß der Arbeitgeber sich aus freien Stücken dazu entschließt, ein durchsetzbarer arbeitsvertraglicher Anspruch auf Teilnahme erwachsen. Dies setzt voraus, daß entweder die Betriebspartner eine Einigung über die Teilnehmer erzielt haben oder diese durch einen Spruch der Einigungsstelle ersetzt wurde. Zu guter

---

784 *Hallenberger*, Förderung der freien Entfaltung der Persönlichkeit, S. 132.
785 Richardi/*Richardi*, BetrVG, Einleitung RdNr. 85.
786 BAG v. 28.05.2002 – 1 ABR 32/01 = NZA 2003, S. 166; H/S/W/G/N/R-*Worzalla*, BetrVG, § 75 RdNr. 43; a.A. Fitting, BetrVG, § 75 RdNr. 178.
787 GK-*Kreutz*, BetrVG, § 75 RdNr. 149; HWK/*Reichold*, BetrVG, § 75 RdNr. 23; H/S/W/G/N/R-*Worzalla*, BetrVG, § 75 RdNr. 43.

Letzt hat der Arbeitnehmer gemäß § 81 Abs. 1, 2 BetrVG einen Anspruch auf Unterrichtung, der aufgrund der grundsätzlich denkbaren inhaltlichen Überschneidungen mit dem Regelungsbereich der §§ 96-98 BetrVG dazu führen kann, daß dem Arbeitnehmer Kenntnisse und Fähigkeiten vermittelt werden, die gleichzeitig als berufliche Weiterbildung eingeordnet werden müssen.

3. Vorschriften des Sozialversicherungsrechts

a) Das Recht auf Förderung der beruflichen Weiterbildung aus § 3 Abs. 2 Nr. 2 SGB I

Nach § 3 Abs. 2 Nr. 2 SGB I hat, wer am Arbeitsleben teilnimmt oder teilnehmen will, ein Recht auf individuelle Förderung seiner beruflichen Weiterbildung. In § 3 SGB I werden die sozialrechtlichen Grundpositionen und Leitlinien genannt, die für den Bereich der Bildungs- und Arbeitsförderung gelten.[788] Die Vorschrift konkretisiert den in § 1 Abs. 1 SGB I genannten Zweck, zur Verwirklichung sozialer Gerechtigkeit und sozialer Sicherheit Sozialleistungen zu gestalten, um u.a. den Erwerb des Lebensunterhalts durch eine frei gewählte Tätigkeit zu ermöglichen.[789]

Auf § 3 Abs. 2 Nr. 2 SGB I gründende Leistungsansprüche des Arbeitnehmers gegen den Arbeitgeber kommen aus zweierlei Gründen nicht im Betracht. So ist zum einen der Arbeitgeber schon nicht Adressat der Normen des SGB I. Als zuständige Träger der Leistungen der Arbeitsförderung, zu deren Sachbereich auch die Förderung der beruflichen Weiterbildung nach § 3 Abs. 2 Nr. 2 SGB I zählt,[790] werden in § 19 Abs. 2 SGB I die Agenturen für Arbeit und die sonstigen Dienststellen der Bundesagentur für Arbeit, also in einem allgemeinen Sinn der Staat, benannt. Zum anderen legen zwar sowohl der Wortlaut der Norm als auch der Befund, daß es sich bei der Regelung des § 3 Abs. 2 Nr. 2 SGB I nach § 2 SGB I um ein sogenanntes „soziales Recht" handelt, den Schluß nahe, den in der Vorschrift angesprochenen Personen stehe ein subjektives Recht zu. Gleichwohl stellt § 2 Abs. 1 S. 2 SGB I unmißverständlich klar, daß aus den „sozialen Rechten" kein unmittelbarer Anspruch folgt, sondern ein solcher nur besteht, soweit das sonstige Recht in Gestalt der besonderen Teile des SGB einen solchen vorsieht. Bei den „sozialen Rechten" handelt es sich weder um Anspruchsgrundlagen, die im Sinne des § 194 Abs. 1 BGB einem Inhaber das Recht verleihen, von einem anderen ein

---

788 GK-*Kretschmer*, SGB I, § 3 RdNr. 2.
789 Hauck/Noftz/*Rolfs*, SGB I, K § 3 RdNr. 1.
790 Hauck/Noftz/*Rolfs*, SGB I, K § 3 RdNr. 2.

Tun oder Unterlassen zu fordern, noch verleihen sie sonstige Berechtigungen.[791] Sie stellen vielmehr Aussagesätze rein deskriptiver Natur dar, aus denen keinerlei Bindungswirkung folgt.[792] Ihr Bezugsgegenstand sind diejenigen Gesetze, mit denen die sozialen Rechte in Ansprüche der Berechtigten umgeformt werden.[793] Eine normative Wirkung entfalten sie gemäß § 2 Abs. 2 SGB I lediglich als Maßstäbe bei der Auslegung der Vorschriften des SGB I und bei der Ausübung von Ermessen, wo ihre möglichst weitgehende Verwirklichung erreicht werden soll. Adressat dieser Rechtsanwendungsregel ist allein der Rechtsanwender.[794]

b) Der Regelungsgehalt des § 2 SGB III

Das der Arbeitsförderung dienende Sozialgesetzbuch (SGB) III verfolgt nach seinem § 1 das Ziel, Arbeitslosigkeit zu bekämpfen, indem u.a. *„die individuelle Beschäftigungsfähigkeit durch Erhalt und Ausbau von Fertigkeiten, Kenntnissen und Fähigkeiten"* gefördert wird (§ 1 Abs. 2 Nr. 2 SGB III). § 1 Abs. 2 Nr. 3 SGB III verdeutlicht, daß aktive Arbeitsmarktpolitik auch dem Ziel dient, durch Maßnahmen der beruflichen Weiterbildung Qualifikationsverluste möglichst zu vermeiden.[795] An diese Vorgaben knüpft der an Arbeitgeber und Arbeitnehmer adressierte § 2 SGB III an,[796] der nach seiner Überschrift das Zusammenwirken von Arbeitgebern und Arbeitnehmern mit den Agenturen für Arbeit behandelt. Abs. 2 S. 1 der Vorschrift enthält eine Generalklausel, die die bei seinen Entscheidungen zu berücksichtigende Verantwortung des Arbeitgebers für die Beschäftigung von Arbeitnehmern und von Arbeitslosen im Hinblick auf eine mögliche Inanspruchnahme der Leistungen der Arbeitsförderung normiert. Diese Generalklausel wird durch die Regelbeispiele des § 2 Abs. 2 S. 2 SGB III konkretisiert, nach denen die Arbeitgeber u.a. im Rahmen ihrer Mitverantwortung für die Entwicklung der beruflichen Leistungsfähigkeit der Arbeitnehmer zur Anpassung an sich ändernde Anforderungen sorgen *„sollen"* (Nr. 1). Inhaltlich entsprechende Vorschriften für den Arbeitnehmer finden sich in § 2 Abs. 4 SGB III. Dessen S. 1 weist auf die Verantwortung des Arbeitnehmers hin, bei seinen Entscheidungen die Auswirkungen auf seine beruflichen Möglichkeiten zu berücksichtigen. § 2 Abs. 4 S. 2 SGB III stellt schließlich klar, daß die Arbeitnehmer insbesondere ihre berufliche Leistungsfähigkeit den sich ändernden Anforderungen anpassen *„sollen"*.

---

791 *Rode*, SGb 1977, S. 269.
792 *Rode*, SGb 1977, S. 270; *von Maydell*, DVBl. 1976, S. 2.
793 HzA/*Bengelsdorf*, Gruppe 9 Teilbereich 1 RdNr. 133.
794 *Rode*, SGb 1977, S. 272.
795 Niesel/Brand/*Brandts*, SGB III, § 1 RdNr. 8.
796 Vgl. Mutschler/Schmidt-De Caluwe/Coseriu/*De Caluwe*, SGB III, § 2 RdNr. 1.

Die rechtliche Qualität der in § 2 SGB III enthaltenen Regelungen ist heftig umstritten. Der Streit betrifft in der Hauptsache die Frage, ob sich aus der Norm konkrete arbeitsvertragliche Verpflichtungen des Arbeitgebers oder des Arbeitnehmers ergeben können – und falls ja, welche –, oder aber ob die Norm lediglich Wirkungen im Sozialrecht entfaltet.

aa) Rechtliche Qualität der Pflicht des Arbeitgebers aus § 2 Abs. 2 SGB III

Im Zusammenhang mit der Pflicht des Arbeitgebers aus § 2 Abs. 2 SGB III konzentriert sich die Frage des Einflusses der Norm auf das Arbeitsrecht insbesondere auf das Problem der Wirkung des § 2 Abs. 2 S. 2 Nr. 2 SGB III und des in ihm enthaltene Stufenmodells im Kündigungsschutzrecht. Da es im Kern aber auch hier um das Problem der arbeitsrechtlichen bzw. -vertraglichen Wirkung der Vorschrift geht, erscheint eine Übertragung der hierzu vertretenen Ansätze auch auf die Bestimmung des § 2 Abs. 2 S. 2 Nr. 1 SGB III möglich. Die wohl überwiegende Auffassung vertritt insofern den Standpunkt, es werde keine zwingende Verpflichtung des Arbeitgebers zur Förderung der beruflichen Weiterbildung des Arbeitgebers begründet, so daß letzterer auch keinen diesbezüglichen Anspruch geltend machen könne.[797] Dies wird insbesondere mit dem Argument begründet, die Vorschrift beschreibe lediglich Verhaltenserwartungen im Verhältnis des Arbeitgebers zur Arbeitsverwaltung, beeinflusse hingegen nicht das Verhältnis des Arbeitgebers zum Arbeitnehmer.[798] Dem entspricht die vom ehemaligen Staatssekretär *Günther* auf eine Frage des Abgeordneten *Rupert Scholz* nach der Wirkung des § 2 SGB III auf das Kündigungsschutzrecht gegebene Einschätzung, nach der die Norm lediglich einen *„auf das Arbeitsförderungsrecht und die Vermeidung von Leistungen der Bundesanstalt für Arbeit zugeschnittene(n) Appell an die Arbeitgeber zu einem verantwortungsvollen Verhalten"* darstelle.[799] Soweit hingegen davon ausgegangen wird, aus § 2 SGB III folgten unmittelbare Rechtswirkungen, die auch auf das Arbeitsrecht einwirkten, sollen diese sich jedenfalls auf eine Bestätigung bereits gel-

---

797 Mutschler/Schmidt-De Caluwe/Coseriu/*De Caluwe*, SGB III, § 2 RdNr. 21 f., 77 ff.; HzA/*Bengelsdorf*, Gruppe 9 Teilbereich 1 RdNr. 20, 145; *Fracke*, Die betriebliche Weiterbildung, S. 163 f.; *Rüthers*, NJW 1998, S. 284 (*„gut gemeinte Sozialyrik"*); *Niesel*, NZA 1997, S. 584 (*„ohne unmittelbaren normativen Gehalt"*); *Gagel*, BB 2001, S. 358 (*„keine unmittelbaren Verpflichtungen"*); *Sandmann/Schmitt-Rolfes*, ZfA 2002, S. 308 f.; *Käufer*, Weiterbildung im Arbeitsverhältnis, S. 164 ff. Eine Beeinflussung des Kündigungsschutzrechts ablehnend Hauck/Noftz/*Timme*, SGB III, K § 2 RdNr. 49 ff.; *Rolfs*, NZA 1997, S. 18 f.; *Ettwig*, NZA 1997, S. 1152 f.; *Bauer/Haußmann*, NZA 1997, S. 1101 f.
798 HzA/*Bengelsdorf*, Gruppe 9 Teilbereich 1 RdNr. 20, 145; *Eichenhofer*, SGb 2000, S. 292; *Beckschulze*, BB 1998, S. 792.
799 BT-Drucks 13/10398, S. 17 f.

tender Rechtsgrundsätze – wie das *ultima-ratio*-Prinzip im Kündigungsschutzrecht – sowie eine Funktion der Norm als Auslegungskriterium beschränken. Ein Anspruch des Arbeitnehmers gegen den Arbeitgeber wird auch von den Vertretern dieser Auffassung nicht anerkannt.[800]

Es besteht somit zumindest eine Übereinstimmung in der Annahme, daß § 2 Abs. 2 S. 2 Nr. 1 SGB III keine unmittelbaren Ansprüche des Arbeitnehmers gegen den Arbeitgeber begründen kann. Dieser Auffassung ist beizupflichten. Zwar ist zunächst dem insbesondere von *Bepler* und *Gagel* entwickelten Gedanken zuzustimmen, daß die den Arbeitsvertragsparteien über § 2 SGB III zugewiesene Verantwortung für den Arbeitsmarkt nur dann sinnvoll sein könne, wenn sie auch dort wirke, wo die Möglichkeiten und Grenzen für die geforderten Verhaltensweisen vorgegeben werden: im Arbeitsvertragsrecht.[801] Gegen die Begründung selbständiger, unmittelbarer Ansprüche spricht jedoch zum einen, daß der Wortlaut der Norm („*haben*" in S. 1, „*sollen*" in S. 2) keine unmißverständliche, eine einklagbare arbeitsrechtliche Verpflichtung des Arbeitgebers nahelegende Formulierung verwendet. Zum anderen deutet auch die – nicht ganz klare – Gesetzesbegründung darauf hin, daß keine solchen Pflichten begründet werden sollten, wenn ausgeführt wird, die Soll-Verpflichtung gehe zwar über das geltende Recht hinaus, es werde jedoch darauf verzichtet, „*durch Gesetz oder Rechtsverordnung eine nicht praktikable und einem in der sozialen Marktwirtschaft freien Arbeitsmarkt nicht entsprechende Muß-Verpflichtung einzuführen*".[802] Zudem ist es auch aus systematischen Gründen wenig überzeugend, eine einklagbare, arbeitsvertragliche Pflicht in einem Gesetz zu verorten, das Leistungen der Arbeitsförderung durch die Agenturen für Arbeit zum Gegenstand hat – noch dazu in einer Norm, die ausweislich ihrer Überschrift das Zusammenwirken von Arbeitgebern und Arbeitnehmern mit den Agenturen für Arbeit behandelt.[803] Der Zweck der Regelung des § 2 Abs. 2 SGB III beschränkt sich daher tatsächlich auf eine Appellfunktion,[804] die durch die Formulie-

---

800 *Preis*, NZA 1998, S. 454 f.; Gagel/Bieback/*Bepler*, SGB II/SGB III, § 2 SGB III RdNr. 37 ff.; *ders.*, ArbuR 1999, S. 221 ff.; *Bieback*, ArbuR 1999, S. 211; *Gagel*, FS Arbeitsgerichtsbarkeit in Rheinland-Pfalz, 1999, S. 526; vgl. auch ArbG Gelsenkirchen v. 28.10.1997 – 2 Ca 3762/96 = NZA 1998, S. 944 (945): „*eine Ausführung des Sozialstaatsgebotes*". *Schaub* hingegen zieht eine Erweiterung der im Rahmen des Kündigungsschutzrechtes seitens des Arbeitgebers zu beachtenden Anforderungen in Betracht, NZA 1997, S. 810 f.
801 Gagel/Bieback/*Bepler*, SGB II/SGB III, § 2 SGB III RdNr. 37; *Gagel*, FS Arbeitsgerichtsbarkeit in Rheinland-Pfalz, 1999, S. 525.
802 BT-Drucks. 13/4941, S. 152.
803 Vgl. *Eichenhofer*, SGb 2000, S. 292.
804 *Gagel*, BB 2001, S. 358 f, vertritt zwar die Ansicht, es handele sich nicht um einen bloßen Appell, will aus der Norm jedoch auch höchstens Obliegenheiten, keinesfalls aber unmittelbare Verpflichtungen ableiten.

rung einer „*bare(n) Selbstverständlichkeit*"[805] erreicht werden soll: der Subsidiarität der Inanspruchnahme staatlicher Leistungen. Diese soll erst dann in Betracht kommen, wenn zuvor eigene Anstrengungen und Aufwendungen unternommen wurden, um die Beschäftigungsfähigkeit der Arbeitnehmer zu sichern und Arbeitslosigkeit zu bekämpfen.[806]

Auch wenn somit durch § 2 Abs. 2 SGB III keine einklagbaren Ansprüche des Arbeitnehmers gegen den Arbeitnehmer auf Maßnahmen der beruflichen Weiterbildung – und auch keine Handlungspflichten, die durch die Arbeitsverwaltung erzwungen werden könnten[807] – begründet werden, erscheint es gleichwohl angezeigt, den beschriebenen Aussagegehalt der Vorschrift bei der Auslegung anderer Normen zu berücksichtigen, ihr also zumindest eine „Hinweisfunktion" zuzugestehen.[808]

bb) Rechtliche Qualität der Plicht des Arbeitnehmers aus § 2 Abs. 4 SGB III

Die Frage der rechtlichen Qualität bzw. der Auswirkungen auf das Arbeitsrecht wird auch im Zusammenhang mit den der Vorschrift des § 2 Abs. 2 SGB III nach Inhalt und Formulierung sehr ähnlichen Regelungen des § 2 Abs. 4 SGB III diskutiert. Wollte man § 2 Abs. 4 S. 2 SGB III eine unmittelbare Wirkung für das Arbeitsverhältnis zuschreiben, folgte daraus eine Pflicht des Arbeitnehmers zur beruflichen Weiterbildung. Die hierzu vertretenen Ansichten decken sich jedoch weitgehend mit den zu § 2 Abs. 2 SGB III vorgetragenen Argumenten. Nach herrschender Auffassung werden auch in diesem Fall keine arbeitsrechtlichen Pflichten begründet, die über das hinausgehen, was bereits aus dem Arbeitsvertrag folgt.[809] Soweit ersichtlich, will nur *Schaub* der Vorschrift eine *„lebenslange Last/Verpflichtung zur Weiterbildung, um sich den veränderten gesellschaftlichen Verhältnissen anzupassen und ihnen zu folgen"*, entnehmen.[810] Allerdings wird nicht ganz deutlich, ob

---

805 Wannagat/*Eichenhofer*, SGB III, § 2 RdNr. 7, 12; *ders.*, SGb 2000, S. 292.
806 Dazu auch *Löwisch*, NZA 1998, S. 729.
807 Wannagat/*Eichenhofer*, SGB III, § 2 RdNr. 10.
808 Vgl. *Bepler*, ArbuR 1999, S. 222, der auf den Einfluß des § 2 SGB III auf die Regelung des § 81 Abs. 4 S. 2 BetrVG hinweist. Diesen Gedanken greift auch *Fracke* auf, der neben § 81 Abs. 4 S. 2 auch noch § 75 Abs. 2 BetrVG gestützt sieht; Die betriebliche Weiterbildung, S. 163 ff. Vgl. auch die dogmatische Herleitung von *Gagel*, FS Arbeitsgerichtsbarkeit in Rheinland-Pfalz, 1999, S. 524 ff., sowie *Niesel*, NZA 1997, S. 584 (*„allenfalls als Auslegungsregelungen"*). Zu den Auswirkungen auf die Beziehung zwischen Arbeitgeber und Arbeitsverwaltung siehe Wannagat/*Eichenhofer*, SGB III, § 2 RdNr. 14; *ders.*, SGb 2000, S. 292.
809 Wannagat/*Eichenhofer*, SGB III, § 2 RdNr. 1, 13; *Kittner*, NZA 1997, S. 975 (Fn. 59); *Niesel*, NZA 1997, S. 584; Hauck/Noftz/*Timme*, SGB III, K § 2 RdNr. 55 f.; *Käufer*, Weiterbildung im Arbeitsverhältnis, S. 164 ff; wohl auch *Sandmann/Schmitt-Rolfes*, ZfA 2002, S. 308 f.
810 *Schaub*, NZA 1997, S. 811.

er dies im Sinne einer einklagbaren, arbeitsrechtlichen Pflicht oder aber lediglich als Obliegenheit mit möglichen sozialrechtlichen Auswirkungen verstanden wissen will. Richtigerweise wird man aus § 2 Abs. 4 SGB III keine zwischen den Arbeitsvertragsparteien wirkenden unmittelbaren Rechtspflichten ableiten können. Dieser Schluß beruht auf den gleichen Erwägungen, die bereits zu § 2 Abs. 2 SGB III angestellt werden. Insbesondere verfängt auch hier der Hinweis darauf, daß die in Rede stehende Norm Grundsätze für die Rechtsbeziehungen zu den Agenturen für Arbeit aufstellen, nicht aber die arbeitsvertraglichen Beziehungen zwischen Arbeitgeber und Arbeitnehmer beeinflussen soll.[811] Unbeschadet der sozialrechtlichen Auswirkungen des § 2 Abs. 4 (und Abs. 5) SGB III[812] begründet die Vorschrift somit keine eigenständige arbeitsvertragliche Pflicht des Arbeitnehmers gegenüber dem Arbeitgeber, seine beruflichen Kenntnisse und Fertigkeiten sich ändernden Anforderungen anzupassen.

cc) Ergebnis zum Regelungsgehalt des § 2 SGB III

Auch wenn in § 2 Abs. 2 und Abs. 4 SGB III deutliche Verhaltenserwartungen an den Arbeitgeber und den Arbeitnehmer formuliert werden, für eine Anpassung der beruflichen Kenntnisse und Fertigkeiten des Arbeitnehmers zu sorgen, begründet die Vorschrift keine unmittelbaren arbeitsrechtlichen Pflichten, die über das hinausgehen, was bereits im Arbeitsvertrag vereinbart ist. Da keine selbständige Verpflichtung, sondern lediglich eine „Verantwortung" normiert wird, können weder Arbeitgeber noch Arbeitnehmer auf der Grundlage des § 2 SGB III einen Anspruch auf Durchführung bzw. Gewährung beruflicher Weiterbildung gegenüber der jeweils anderen Partei geltend machen. Die Vorschrift entfaltet jedoch insofern rechtliche Bedeutung – und kann daher nicht als bloße „Soziallyrik" bezeichnet werden –, als die in ihr enthaltene Wertung, vor der Inspruchnahme staatlicher Leistungen hätten zunächst die Arbeitsvertragsparteien durch eigene Anstrengungen im Hinblick auf die berufliche Weiterbildung drohende Arbeitslosigkeit zu bekämpfen, bei der Auslegung anderer Normen mit Weiterbildungsbezug zu berücksichtigen ist. Diese können im Wege der „sozialrechtskonformen Konkretisierung"[813] eine inhaltliche Bestätigung erfahren. Über ihren Gehalt hinausgehende Rechte entstehen durch den Einfluß des § 2 SGB III jedoch nicht.

---

811 Vgl. auch Hauck/Noftz/*Timme*, SGB III, K § 2 RdNr. 56 m.w.N. Direkte Auswirkungen auf das Kündigungsschutzrecht, insbesondere über die Heranziehung des § 121 SGB III, entnimmt dagegen *Löwisch*, NZA 1998, S. 730, der Vorschrift des § 2 Abs. 5 SGB III.
812 Dazu Hauck/Noftz/*Timme*, SGB III, K § 2 RdNr. 57.
813 *Bieback*, ArbuR 1999, S. 211.

4. Gleichbehandlungs-, Bevorzugungs-, Förderungsgebote

Verschiedene Gleichbehandlungs-, Bevorzugungs- bzw. Förderungsgebote enthalten Regelungen, die sich mit der beruflichen Weiterbildung bestimmter Gruppen von Arbeitnehmern befassen. Zu ihnen zählen insbesondere Vorschriften des TzBfG, des AGG und des SGB IX.

a) §§ 10, 19 TzBfG

§ 10 TzBfG verpflichtet den Arbeitgeber, teilzeitbeschäftigten Arbeitnehmern die Teilnahme an Aus- und Weiterbildungsmaßnahmen zur Förderung der beruflichen Entwicklung und Mobilität zu ermöglichen, soweit nicht dringende betriebliche Gründe oder Aus- und Weiterbildungswünsche anderer teilzeit- oder vollzeitbeschäftigter Arbeitnehmer entgegenstehen. Eine entsprechende Regelung enthält § 19 TzBfG für befristet beschäftigte Arbeitnehmer, beschränkt die Pflicht des Arbeitgebers aber auf angemessene Maßnahmen der Aus- und Weiterbildung. Die Begriffe der Aus- und Weiterbildung werden durch das TzBfG nicht näher umschrieben, sind aber nach einhelliger Auffassung weit zu verstehen und umfassen zumindest das, was § 1 BBiG als Berufsbildung definiert, also die Berufsausbildungsvorbereitung, die Berufsausbildung, die berufliche Fortbildung und die berufliche Umschulung.[814] Nicht nur Maßnahmen, die die aktuelle berufliche Tätigkeit betreffen, sondern auch solche zur Verbesserung der beruflichen Qualifikation, die die Mobilität fördern und Voraussetzung für die Übernahme einer höher zu bewertenden Tätigkeit sind, fallen nach der insoweit ausdrücklichen Gesetzesbegründung hierunter.[815] Aufgrund der weiten Auslegung des Begriffs werden sämtliche Formen der systematischen Vermittlung von Kenntnissen und Fähigkeiten erfaßt (Lehrgänge, Besuch von Messen etc.), unabhängig davon, ob es sich um inner- oder außerbetriebliche Veranstaltungen handelt.[816] Veranstaltungen ohne jeglichen Bezug zur beruflichen Tätigkeit des Arbeitnehmers fallen dagegen nicht unter §§ 10, 19 TzBfG.[817] Angemessen im Sinnes des § 19 TzBfG ist eine Bildungsmaßnahme, wenn ihre Erstreckung auf den befristet beschäftigten Arbeitnehmer dem Arbeitgeber unter Berücksichtigung der Art der Tätigkeit des Arbeitnehmers, der vorgese-

---

814 Laux/Schlachter/*Laux*, TzBfG, § 10 RdNr. 13 f.; Laux/Schlachter/*Schlachter*, TzBfG, § 19 RdNr. 4; Annuß/Thüsing/*Jacobs*, TzBfG, § 10 RdNr. 4; Annuß/Thüsing/*Annuß*, TzBfG, § 19 RdNr. 3; HWK/*Schmalenberg*, TzBfG, § 10 RdNr. 2.
815 BT-Drucks. 14/4374, S. 18, 21.
816 Laux/Schlachter/*Laux*, TzBfG, § 10 RdNr. 14 f.; Laux/Schlachter/*Schlachter*, TzBfG, § 19 RdNr. 4; Annuß/Thüsing/*Jacobs*, TzBfG, § 10 RdNr. 4 ff.; *Meinel/Heyn/Herms*, TzBfG, § 10 RdNr. 8 f.
817 *Meinel/Heyn/Herms*, TzBfG, § 10 RdNr. 10; Laux/Schlachter/*Laux*, TzBfG, § 10 RdNr. 16.

henen Dauer der befristeten Beschäftigung, der Dauer der Aus- und Weiterbildungsmaßnahme und des für den Arbeitgeber entstehenden Kostenaufwands zumutbar ist.[818]

Weder aus § 10 noch aus § 19 TzBfG folgt jedoch ein eigenständiger Anspruch des Arbeitnehmers auf Durchführung von Maßnahmen der beruflichen Weiterbildung oder auf Übernahme der Kosten solcher Veranstaltungen. Die Vorschriften stellen, weil die Verpflichtungen gegenüber den Teilzeit- oder befristet Beschäftigten nicht weitergehen als gegenüber vollzeitbeschäftigten Arbeitnehmern,[819] lediglich eine Konkretisierung des allgemeinen Gleichbehandlungsgebots aus § 4 Abs. 1 S. 2 TzBfG dar.[820] Ein Anspruch kann sich für die Arbeitnehmer lediglich dann ergeben, wenn und soweit der Arbeitgeber sich entschließt, Weiterbildungsmaßnahmen anzubieten, und bei der Auswahl der Teilnehmer gegen das Gebot der Gleichbehandlung von Vollzeit- und Teilzeit- bzw. befristet Beschäftigten verstößt.[821] Den Regelungen der §§ 10, 19 TzBfG wohnt aber insoweit eine größere Wirkmacht inne als dem allgemeinen Diskriminierungsverbot des § 4 TzBfG, als die in den Normen aufgezählten Gründe, die eine Ungleichbehandlung rechtfertigen können, beschränkt sind.[822] Es kommen nur dringende betriebliche Gründe sowie die Aus- und Weiterbildungswünsche anderer (befristet, teilzeit- oder vollzeitbeschäftigter) Arbeitnehmer in Betracht. §§ 10, 19 TzBfG begründen daher nur einen Anspruch auf gleiche, also diskriminierungsfreie, Teilnahme an vom Arbeitgeber freiwillig eingeführten Maßnahmen der beruflichen Weiterbildung.[823]

b) § 15 Abs. 1 AGG i.V.m. §§ 7 Abs. 1, 1. Hs., 2 Abs. 1 Nr. 3 AGG

Ein die berufliche Weiterbildung betreffendes Diskriminierungsverbot enthält auch das AGG. Nach § 7 Abs. 1, 1. Hs. AGG ist eine auf einem der in § 1 AGG genannten Merkmale gründende Benachteiligung von Arbeitnehmern[824] unzulässig. Dies gilt gemäß § 2 Abs. 1 Nr. 3 AGG in sachlicher Hinsicht u.a. auch in bezug auf den

---

818 BT-Drucks. 14/4374, S. 21; Annuß/Thüsing/*Annuß*, TzBfG, § 19 RdNr. 4; Laux/Schlachter/*Laux*, TzBfG, § 19 RdNr. 5; HWK/*Schmalenberg*, TzBfG, § 19 RdNr. 3.
819 BT-Drucks. 14/4374, S. 21 zu § 19 TzBfG.
820 Laux/Schlachter/*Laux*, TzBfG, § 10 RdNr. 2; Laux/Schlachter/*Schlachter*, TzBfG, § 19 RdNr. 3; Annuß/Thüsing/*Jacobs*, TzBfG, § 10 RdNr. 1, 13, 16; Annuß/Thüsing/*Annuß*, TzBfG, § 19 RdNr. 2; *Rolfs*, RdA 2001, S. 141.
821 Laux/Schlachter/*Laux*, TzBfG, § 10 RdNr. 22; Annuß/Thüsing/*Jacobs*, TzBfG, § 10 RdNr. 14; Annuß/Thüsing/*Annuß*, TzBfG, § 19 RdNr. 2; *Kliemt*, NZA 2001, S. 69; vgl. auch *Sandmann/Schmitt-Rolfes*, ZfA 2001, S. 307.
822 *Rolfs*, RdA 2001, S. 142.
823 Vgl. Annuß/Thüsing/*Annuß*, TzBfG, § 19 RdNr. 2.
824 Sie sind gemäß § 6 Abs. 1 S. 1 AGG Beschäftigte i.S.d. § 7 Abs. 1 AGG.

Zugang zu beruflicher Weiterbildung. Unter der Voraussetzung, daß die Maßnahme im Rahmen eines Beschäftigungsverhältnisses erfolgt und mit diesem in Zusammenhang steht, werden von der Regelung der Nr. 3 sämtliche Formen der berufsbezogenen Fort- und Weiterbildung erfaßt. Ob eine solche Maßnahme beim Arbeitgeber selbst oder aber bei/von einem privaten oder öffentlichen Anbieter durchgeführt wird, spielt dabei keine Rolle.[825] Auch die Ausrichtung auf den Erwerb einer höheren Qualifikation ist nicht erforderlich. Den Nr. 1 und 2 des § 2 Abs. 1 AGG, von denen die berufliche Weiterbildung während eines Beschäftigungsverhältnisses inhaltlich auch erfaßt wird, geht Nr. 3 als speziellere Regelung vor.[826]

Geschützt wird jedoch allein der diskriminierungsfreie Zugang zu Maßnahmen der beruflichen Weiterbildung. Ob der Arbeitgeber Bildungsveranstaltungen durchführt, liegt dagegen allein in seiner Entscheidungsgewalt.[827] Der Arbeitnehmer hat also aus den § 7 Abs. 1, 1. Hs., § 2 Abs. 1 Nr. 3 AGG keinen selbständigen Anspruch auf Durchführung von Maßnahmen der beruflichen Weiterbildung. Bietet der Arbeitgeber jedoch entsprechende Veranstaltungen an und verstößt im Hinblick auf den Zugang zu diesen gegen das Benachteiligungsverbot des § 7 AGG, ohne sich auf einen Rechtfertigungsgrund insbesondere i.S.d. § 8 Abs. 1 AGG berufen zu können, steht dem betroffenen Arbeitnehmer ein Anspruch auf Schadensersatz zu. Dieser richtet sich in Inhalt und Umfang nach § 15 AGG. Hat der Arbeitgeber die Benachteiligung zu vertreten (§ 15 Abs. 1 S. 2 AGG), kommt für den Arbeitnehmer ein Schadensersatzanspruch gemäß § 15 Abs. 1 S. 1 AGG in Betracht, der sich grundsätzlich nach den §§ 249 ff. BGB richtet[828] und somit – die in Abs. 6 genannten Fälle ausgenommen – primär in Form der Naturalrestitution zu leisten ist.[829] Der Arbeitnehmer ist also so zu stellen, wie er stünde, wenn er nicht benachteiligt worden wäre, so daß ihm ein diskriminierungsfreier Zugang gewährt werden muß. Dies kann – sofern keine weiteren, zulässigen Zugangskriterien entgegenstehen – im Einzelfall dazu führen, daß ihm die Teilnahme an Maßnahmen der beruflichen Weiterbildung zu ermöglichen ist.

c) § 81 Abs. 4 S. 1 Nr. 2, 3 SGB IX

§ 81 Abs. 4 S. 1 SGB IX enthält nicht lediglich Diskriminierungsverbote, sondern begründet Ansprüche schwerbehinderter Menschen gegenüber ihren Arbeitgebern

---

825 HWK/*Rupp*, AGG, § 2 RdNr. 7; *Adomeit/Mohr*, AGG, § 2 RdNr. 123.
826 Rolfs/Giesen/Kreikebohm/*Roloff*, § 2 AGG RdNr. 12 m.w.N.; vgl. auch *Adomeit/Mohr*, AGG, § 2 RdNr. 117.
827 *Adomeit/Mohr*, AGG, § 2 RdNr. 118.
828 *Bauer/Göpfert/Krieger*, AGG, § 15 RdNr. 23.
829 *Adomeit/Mohr*, AGG, § 15 RdNr. 32.

auf bevorzugte Berücksichtigung bei innerbetrieblichen Maßnahmen der beruflichen Bildung zur Förderung ihres beruflichen Fortkommens (Nr. 2) sowie auf Erleichterungen zur Teilnahme an außerbetrieblichen Maßnahmen der beruflichen Bildung (Nr. 3). Diese stehen nach § 81 Abs. 4 S. 3 SGB IX unter dem Vorbehalt der Zumutbarkeit und der Verhältnismäßigkeit und setzen des weiteren voraus, daß keine staatlichen oder berufsgenossenschaftlichen Arbeitsschutzvorschriften oder beamtenrechtliche Vorschriften entgegenstehen. Bereits aus dem Wortlaut ergibt sich, daß auch diese Vorschrift keinen selbständigen Anspruch auf die Durchführung von Fortbildungsveranstaltungen schafft.[830]

Der klagbare[831] Anspruch aus § 81 Abs. 4 S. 1 Nr. 2 SGB IX auf Bevorzugung vor anderen, nicht schwerbehinderten Menschen besteht nur bei in etwa gleichen Voraussetzungen im Hinblick auf Kenntnisse und Leistungen.[832] Die Förderung kann auch darin bestehen, daß der schwerbehinderte Mensch auf verschiedenen Arbeitsplätzen eingesetzt wird, um dadurch seine Kenntnisse und Fähigkeiten zu erweitern.[833] Belegt der schwerbehinderte Mensch, daß eine geschuldete bevorzugte Berücksichtigung unterblieben ist, kann ihm ein Anspruch auf berufliche Weiterbildung zustehen.[834]

Der ebenfalls einklagbare Anspruch aus § 81 Abs. 4 S. 1 Nr. 3 SGB IX ist nicht auf eine Bevorzugung, sondern nur auf zumutbare Erleichterungen gerichtet. Diese können in Beihilfen zu Aufwendungen und Fahrtkosten, aber auch in einer – ggf. bezahlten – Freistellung von der Arbeitspflicht bestehen. Der Rahmen des Zumutbaren ist anhand der Umstände des Einzelfalles zu bestimmen. Eine bezahlte Freistellung kann dem Arbeitgeber zumindest dann nicht zugemutet werden, wenn dem schwerbehinderten Arbeitnehmer während der Dauer der Fortbildung Leistungen vom Rehabilitationsträger erbracht werden.[835]

---

830 HzA/*Bengelsdorf*, Gruppe 9 Teilbereich 1 RdNr. 132.
831 Neumann/Pahlen/Majerski-Pahlen/*Neumann*, SGB IX, § 81 RdNr. 26.
832 BAG v. 28.05.1975 – 5 AZR 172/74 = AP Nr. 6 zu § 12 SchwBeschG; Neumann/Pahlen/Majerski-Pahlen/*Neumann*, SGB IX, § 81 RdNr. 27; Kossens/von der Heide/Maaß/*Kossens*, SGB IX, § 81 RdNr. 51.
833 Neumann/Pahlen/Majerski-Pahlen/*Neumann*, SGB IX, § 81 RdNr. 28; Kossens/von der Heide/Maaß/*Kossens*, SGB IX, § 81 RdNr. 51; Kossens/Maaß/Steck/Wollschläger/*Kossens*, RdNr. 455.
834 *Sandmann/Schmitt-Rolfes*, ZfA 2002, S. 307; HzA/*Bengelsdorf*, Gruppe 9 Teilbereich 1 RdNr. 132.
835 Neumann/Pahlen/Majerski-Pahlen/*Neumann*, SGB IX, § 81 RdNr. 35; Kossens/von der Heide/Maaß/*Kossens*, SGB IX, § 81 RdNr. 51; Kossens/Maaß/Steck/Wollschläger/*Kossens*, RdNr. 456.

5. § 1 Abs. 2 S. 3 KSchG

Die ordentliche Kündigung eines Arbeitnehmers ist nach § 1 Abs. 2 S. 3 KSchG sozial ungerechtfertigt, wenn dessen Weiterbeschäftigung nach zumutbaren Umschulungs- oder Fortbildungsmaßnahmen möglich ist und der Arbeitnehmer sein diesbezügliches Einverständnis erklärt hat. Dieser Bestimmung ist die weitgehend inhaltsgleiche Regelung des § 102 Abs. 3 Nr. 4 BetrVG vorgelagert, die dem Betriebsrat ein Widerspruchsrecht einräumt.[836] Den Arbeitgeber trifft demnach, bevor er eine rechtswirksame Kündigung aussprechen kann, die „Pflicht" einer Umschulung bzw. Fortbildung, an die sich eine Weiterbeschäftigungspflicht anschließt.[837] Der Rechtscharakter dieser „Pflicht" des Arbeitgebers soll zunächst geklärt werden, bevor auf ihre einzelnen Voraussetzungen näher eingegangen wird.

a) Rechtscharakter: gesetzliche Obliegenheit des Arbeitgebers

Bei der Pflicht des Arbeitgebers, vor Ausspruch einer ordentlichen Kündigung unter den Voraussetzungen des § 1 Abs. 2 S. 3 KSchG eine Fortbildung des Arbeitnehmers durchzuführen, handelt es sich nicht um eine echte Rechtspflicht, die vom Arbeitnehmer ggf. eingeklagt werden könnte, sondern um eine gesetzliche Obliegenheit des Arbeitgebers. Ihre Verletzung führt daher auch nicht zu Sekundäransprüchen des Arbeitnehmers, sondern hat allein zur Folge, daß die Beendigungskündigung, auch wenn „an sich" geeignete Kündigungsgründe vorliegen, sozial ungerechtfertigt ist.[838] Der in dieser Obliegenheit zum Ausdruck kommende Grundsatz „Fortbildung vor Kündigung"[839] stellt eine gesetzgeberische Konkretisierung des Verhältnismäßigkeits-[840] bzw. des *ultima-ratio*-Grundsatzes[841] sowie der Fürsorgepflicht des Arbeitgebers dar.[842]

Die Vorschrift begründet somit keine unmittelbaren und einklagbaren Ansprüche des Arbeitnehmers auf berufliche Weiterbildung. Da der Arbeitgeber jedoch durch § 1 Abs. 2 S. 3 KSchG in seiner Entscheidungsfreiheit insoweit eingeschränkt wird, als er nur dann wirksam kündigen kann, wenn er zuvor die Möglichkeit einer beruflichen Qualifizierung der Arbeitnehmer in Erwägung gezogen

---

836 *Birk*, FS Kissel, 1994, S. 52 f.; ErfK/*Oetker*, § 1 KSchG RdNr. 389.
837 Vgl. *Birk*, FS Kissel, 1994, S. 54.
838 APS/*Dörner*, KSchG, § 1 RdNr. 110; MünchArbR/*Berkowsky*, § 116 RdNr. 25, 45; vgl. auch *Hanau*, BB 1971, S. 489.
839 Angelehnt an die Formulierung *„Umschulung vor Kündigung"* bei *Birk*, FS Kissel, 1994, S. 55.
840 *Preis*, Prinzipien, S. 303 f.; vgl. auch *Gaul*, BB 1995, S. 2422, der die Fortbildungsobliegenheit der Erforderlichkeit zuordnet.
841 *Löwisch/Spinner*, KSchG, § 293.
842 *Birk*, FS Kissel, 1994, S. 55.

und ggf. verwirklicht hat, läßt sich (untechnisch) von einem an die Erfüllung der Voraussetzungen der Norm geknüpften mittelbaren Anspruch des Arbeitnehmers sprechen.

b) Die Voraussetzungen der Fortbildungsobliegenheit

Die Fortbildungsobliegenheit des Arbeitgebers setzt die Erfüllung bestimmter Kriterien voraus. Zunächst muß eine zumutbare Fortbildung in Betracht kommen. Nach dieser Fortbildung muß eine anderweitige Beschäftigungsmöglichkeit des Arbeitnehmers bestehen. Der Arbeitnehmer muß zudem sein Einverständnis erklärt haben. Zu klären ist darüber hinaus zum einen, ob die gesetzliche Obliegenheit den Arbeitgeber bei jeder Kündigungsart – also sowohl bei betriebs- als auch bei personen- und verhaltensbedingten Kündigungen – trifft, zum anderen die Frage, ob der Widerspruch des Betriebsrates gegen die Kündigung erforderlich ist. Schließlich stellen sich noch die Fragen, wer die Kosten der Fortbildung zu tragen hat, ob der Arbeitslohn fortzuzahlen ist und welche Kriterien zu berücksichtigen sind, falls (nach einer Fortbildung) mehrere Arbeitnehmer um einen freien Arbeitsplatz in Konkurrenz treten.

aa) Begriff der Fortbildung

Was unter den Begriffen Umschulung und Fortbildung zu verstehen ist, wird vom KSchG nicht näher definiert. Daher wird gemeinhin – teilweise unter ausdrücklicher Berücksichtigung der Vorgaben des § 1 Abs. 4, 5 BBiG – der allgemeine Sprachgebrauch zugrundegelegt, so daß der Begriff der Umschulung eine Qualifizierung beschreibt, die die Ausbildung eines Leistungsprofils in einem anderen Berufsbild zum Ziel hat. Demgegenüber soll eine Fortbildung nur zu einer Weiterbildung innerhalb des vorgegebenen Berufsbildes führen.[843] In beiden Fällen wird auf einem bereits vorhandenen Kenntnisstand aufgebaut. Bei einer Fortbildung sollen die durch eine formale Berufsausbildung oder durch Erfahrung angeeigneten beruflichen Kenntnisse und Fertigkeiten dem neuesten Stand von Technik und Wissen angepaßt werden, ohne daß jedoch die Grenze zu einem anderen Beruf überschritten wird. Überschneidungen zwischen Umschulung und Fortbildung sind jedoch durchaus denkbar. Eine trennscharfe Abgrenzung ist allerdings wegen der an die verschiedenen Begriffe gekoppelten identischen Rechtsfolgen nicht erforder-

---

843 MünchArbR/*Berkowsky*, § 140 RdNr. 26; ihm folgend APS/*Dörner*, KSchG, § 1 RdNr. 105; *Birk*, FS Kissel, 1994, S. 56 ff.

lich.⁸⁴⁴ Der Begriff der Fortbildung erfaßt jedenfalls sowohl interne als auch externe Schulungsmaßnahmen.⁸⁴⁵

Die Fortbildung (sowie die Umschulung) ist von der bloßen Einarbeitung bzw. der Unterrichtung (§ 81 Abs. 1, 2 BetrVG) des Arbeitnehmers zu unterscheiden, da letztere Maßnahmen nicht an das im Rahmen des § 1 Abs. 2 S. 3 KSchG zu berücksichtigende Kriterium der Zumutbarkeit gebunden sind.⁸⁴⁶ Gaul weist darauf hin, daß das Erfordernis einer Abgrenzung sich zusätzlich auch aus der Tatsache ergebe, daß die Frage der Weiterbeschäftigung nach einer zumutbaren Fortbildung der Sozialauswahl vorgelagert sei, in deren Rahmen wiederum auch solche Arbeitsplätze zu berücksichtigen seien, die der Arbeitnehmer nach einer kurzen Einarbeitung besetzen kann. Bei einer Einarbeitung handelt es sich seiner Auffassung nach um ein „Minus" gegenüber Umschulung und Fortbildung.⁸⁴⁷ Ohne eine Erweiterung seiner Qualifikation wird der Arbeitnehmer durch die Einarbeitung mit den Besonderheiten seines Arbeitsplatzes vertraut gemacht, um seine vertraglich geschuldete Arbeitsleistung sachgerecht und effizient erbringen zu können.⁸⁴⁸ Inhaltlich besteht daher auch kein grundsätzlicher Unterschied zu der Unterrichtung i.S.d. § 81 Abs. 1, 2 BetrVG, so daß die beiden Begriffe in diesem Zusammenhang synonym verwendet werden können.⁸⁴⁹ Daraus folgt zudem, daß es auch auf Grundlage der in der Formulierung eindeutigen Bestimmung der jeweiligen inhaltlichen Reichweite Schnittmengen zwischen einer beruflichen Fortbildung i.S.d. § 1 Abs. 2 S. 3 KSchG auf der einen und einer Einarbeitung/Unterrichtung auf der anderen Seite geben kann. Diesem Befund liegen die Erwägungen zugrunde, die schon im Rahmen der Abgrenzung der Unterrichtung i.S.d. § 81 Abs. 1, 2 BetrVG und der Berufsbildung in Form der beruflichen Fortbildung gemäß §§ 96 ff. BetrVG ange-

---

844 *Birk*, FS Kissel, 1994, S. 57.
845 Vgl. ErfK/*Oetker*, § 1 KSchG RdNr. 390.
846 *Birk*, FS Kissel, 1994, S. 57; *Gaul*, BB 1995, S. 2427; *Fracke*, die betriebliche Weiterbildung, S. 275 ff.
847 *Gaul*, BB 1995, S. 2427.
848 Vgl. auch von *Hoyningen-Huene/Linck*, KSchG, § 1 RdNr. 1066.
849 Anders sieht dies *Fracke*, Die betriebliche Weiterbildung, S. 275 ff. Die Einarbeitung unterscheide sich von der Unterrichtung dadurch, daß es sich bei ersterer „eher" um einen Selbstlernprozeß handele, bei der sich der Beitrag des Arbeitgebers auf die Gewährung eines ausreichenden Zeitraumes beschränke. Diese Differenzierung überzeugt nicht. Zum einen gibt selbst *Fracke* zu, daß die Übergänge fließend seien. Zum anderen begegnet dieser Ansatz dem gleichen Einwand wie die Auffassung, die bei der Bestimmung des Begriffs der Unterrichtung auf den Maßstab der „Beschleunigungsfunktion" abstellen will (vgl. oben § 3 D.I.2.c.ee.ddd.2.): Die Lernfähigkeiten einzelner Arbeitgeber sind zu unterschiedlich und stehen daher eine Generalisierung dieses Kriteriums im Wege. Auch scheint eine Abgrenzung im Hinblick auf die im Rahmen des § 1 Abs. 2 S. 3 KSchG vorzunehmende Untersuchung auch gar nicht notwendig, da es allein um die Reichweite des Begriffs der Fortbildung geht, die auch ohne den erstgenannten Schritt vorgenommen werden kann.

stellt wurden.[850] Die notwendige Abgrenzung kann daher nur im Einzelfall nach Maßgabe der dargestellten Unterscheidungsformeln erfolgen.

bb) Die Zumutbarkeit der Fortbildung

§ 1 Abs. 3 KSchG setzt des weiteren die Zumutbarkeit der denkbaren Fortbildungsmaßnahme voraus. Dieses die Reichweite einer etwaigen Fortbildungspflicht des Arbeitgebers einschränkende Erfordernis trägt dem Umstand Rechnung, daß die Durchführung und ggf. die Finanzierung von Fortbildungsmaßnahmen einen weitaus stärkeren Eingriff in die Rechtsposition des Arbeitgebers bewirken als dies bei anderen, milderen Mitteln, wie bspw. einer Versetzung, Umsetzung oder einer Änderungskündigung, der Fall ist.[851]

Bei der Bestimmung des Begriffs der Zumutbarkeit sind zwei Aspekte auseinanderzuhalten: zum einen die Frage, ob eine Fortbildung sowohl für den Arbeitgeber als auch für den Arbeitnehmer zumutbar sein muß, zum anderen die inhaltliche Präzisierung mittels Entwicklung brauchbarer Maßstäbe.

aaa) Bezugsperson der Zumutbarkeit

Während unbestritten ist, daß die Zumutbarkeit einer Fortbildung zunächst aus der Perspektive des Arbeitgebers beurteilt werden muß, besteht, was die Sicht des Arbeitnehmers betrifft, keine solche Einmütigkeit.[852] Gegen eine Berücksichtigung des Blickwinkels des Arbeitnehmers wird zum einen eingewandt, die Zumutbarkeit einer Fortbildung für den Arbeitnehmer sei für die Frage der Rechtmäßigkeit einer Kündigung unerheblich. Auch wenn der Arbeitnehmer nicht gezwungen sei, sich auf eine Änderung seiner Arbeitsbedingungen einzulassen, könne er jedenfalls die ordentliche Kündigung durch den Arbeitgeber nicht verhindern.[853] Zum anderen stehe es dem Arbeitnehmer frei, ihm angesonnene Fortbildungen abzulehnen, so daß es nicht auf Umstände ankommen könne, die allein aus seiner Sicht von Be-

---

850 Vgl. oben § 3 D.I.2.c Dies übersieht *Fracke*, a.a.O, die zwar auf die systematischen Unterschiede zwischen Fortbildung und Einarbeitung/ Unterrichtung eingeht und herausstellt, daß insofern keine Konkurrenz i.S.e. Ausschließlichkeit, sondern eine logische Beziehung zwischen den beiden Maßnahmen bestehe, letzten Endes aber keine Maßstäbe für eine inhaltliche Grenzziehung liefert.
851 *Preis*, Prinzipien, S. 304; ihm folgend *Gaul*, BB 1995, S. 2425.
852 Für eine Beurteilung auch aus der Perspektive des Arbeitnehmers, allerdings jeweils ohne nähere Begründung, *von Hoyningen-Huene/Linck*, KSchG, § 1 RdNr. 1067; *Fracke*, Die betriebliche Weiterbildung, S. 311 ff.; H/S/W/G/N/R-*Schlochauer*, BetrVG, § 102 RdNr. 142. Anders *Birk*, FS Kissel, 1994, S. 58; GK-*Raab*, BetrVG, § 102 RdNr. 133; *Richardi/Thüsing*, BetrVG, § 102 RdNr. 173; HWK/*Quecke*, KSchG, § 1 RdNr. 280; ErfK/*Oetker*, KSchG, § 1 RdNr. 392 f.
853 *Birk*, FS Kissel, 1994, S. 58.

deutung seien. Eine mit seinem Willen durchgeführte Maßnahme könne nicht unzumutbar sein.[854] Der in letzterem Argument enthaltene Hinweis auf die Systematik des Gesetzes spricht in der Tat dafür, die Zumutbarkeit einer Fortbildung allein aus dem Blickwinkel des Arbeitgebers zu beurteilen. Zwar wendet *Fracke* ein, daß die – subjektive – Zustimmung des Arbeitnehmers keinen zwingenden Schluß auf die objektiv zu bestimmende Zumutbarkeit zulasse.[855] Es ist jedoch kein überzeugender Grund dafür erkennbar, den Interessen des Arbeitnehmers doppelt Rechnung zu tragen, indem das ihm in jedem Fall zustehende Zustimmungsverweigerungsrecht durch eine Überprüfung der Zumutbarkeit einer Fortbildung aus seiner Sicht ergänzt wird, so daß eine Zustimmung oder ihre Verweigerung im Ergebnis ohnehin nur bei zumutbaren Maßnahmen in Betracht käme. Daneben finden arbeitnehmerbezogene Gesichtspunkte – wie sich noch zeigen wird[856] – auch im Rahmen der allein aus der Perspektive des Arbeitgebers zu beurteilenden Zumutbarkeit Berücksichtigung, so daß eine zusätzliche eigenständige Bewertung der Zumutbarkeit aus der Perspektive des Arbeitnehmers eine nicht überzeugende überproportionale Einbeziehung seiner schutzwürdigen Interessen nach sich zöge. Es kommt daher im Rahmen des § 1 Abs. 2 S. 3 KSchG allein auf die Zumutbarkeit einer Fortbildung für den Arbeitgeber an.

bbb) Inhaltliche Präzisierung des Begriffs der Zumutbarkeit

Nähere Anhaltspunkte für eine Präzisierung des Begriffs der Zumutbarkeit sind dem Gesetz nicht zu entnehmen. Auch Rechtsprechung und Lehre greifen zur Ausfüllung dieses unbestimmten Rechtsbegriffs nicht auf eine starre Definition zurück, sondern behelfen sich mittels einer Festlegung eher genereller Koordinaten. Dieses Vorgehen trägt der Grundannahme Rechnung, daß eine Bestimmung dessen, was dem Arbeitgeber an Fortbildungsmaßnahmen zugemutet werden könne, nur mit Rücksicht auf den konkreten Einzelfall zu entscheiden sei. Maßgeblich sei daher eine Abwägung der in dem zu entscheidenden Einzelfall betroffenen, widerstreitenden Interessen.[857]

---

854 GK-*Raab*, BetrVG, § 102 RdNr. 133; ErfK/*Oetker*, KSchG, § 1 RdNr. 392; APS/*Dörner*, KSchG, § 1 RdNr. 107a; a.A. H/S/W/G/N/R-*Schlochauer*, BetrVG, § 102 RdNr. 142.
855 *Fracke*, Die betriebliche Weiterbildung, S. 312 f.
856 Vgl. sogleich bbb.
857 BAG v. 29.07.1976 – 3 AZR 11/75 = AP Nr. 1 zu § 373 ZPO; APS/*Dörner*, KSchG, § 1 RdNr. 107; *Löwisch/Spinner*, KSchG, § 1 RdNr. 295; HWK/*Quecke*, KSchG, § 1 RdNr. 280; ErfK/*Oetker*, KSchG, § 1 RdNr. 393; *Birk*, FS Kissel, 1994, S. 59 ff.; *von Hoyningen-Huene/Linck*, KschG, § 1 RdNr. 1067; *Preis*, Prinzipien, S. 163 ff. (insbes. S. 166 ff.), 303 f.; *Gilberg*, Die Mitwirkung des Betriebsrats bei der Berufsbildung S. 104 f.; *Gaul*, BB 1995, S. 2425.

Diese Abwägung stelle die Praxis allerdings vor Probleme, da sie weder schematisiert noch vorbestimmt werden könne.[858] Als Richtschnur schlägt *Preis* eine allgemeine Formel vor: „*Je stärker in die betrieblichen und wirtschaftlichen Belange des Arbeitgebers durch eine mögliche und geeignete (...) Fortbildungsmaßnahme eingegriffen wird, um so nachhaltiger muß die Maßnahme auch die Weiterbeschäftigung des Arbeitnehmers im Unternehmen sichern können.*"[859] Die Zumutbarkeit wird so auf der Grundlage einer Kosten-Nutzen-Analyse bestimmt.[860] Für die konkrete, einzelfallbezogene Interessenabwägung werden überwiegend die gleichen Kriterien vorgeschlagen,[861] wobei neben der Restdauer des Arbeitsverhältnisses insbesondere die Erfolgsaussichten der Maßnahme eine bedeutende Rolle spielen sollen.[862] *Birk* gliedert die zu berücksichtigenden Maßstäbe systematisch in fünf Hauptpunkte, in deren Rahmen dann einzelne Aspekte näher zu erörtern seien: die Fortbildungsmaßnahme selbst (Art, Dauer), den Arbeitnehmer betreffende Kriterien (Dauer der Betriebszugehörigkeit, Lebensalter, Fähigkeiten, Erfahrung), arbeitgeberbezogene Kriterien (Anpassungs- und Modernisierungsdruck, finanzielle Leistungsfähigkeit des Arbeitgebers/des Beschäftigungsunternehmens), betriebsbezogene Kriterien (das Bestehen betriebseigener Fortbildungseinrichtungen, Betriebsgröße, organisatorische Zumutbarkeit der Fortbildung für den Betrieb) sowie arbeitsvertragsbezogene Kriterien (konkrete Regelung der Aufgabe und des Tätigkeitsbereichs, Teilzeit- oder Vollbeschäftigung).[863] Durch diese Systematisierung werden die zu berücksichtigenden widerstreitenden Interessen einheitlichen Bezugsbegriffen zugeordnet, wodurch eine strukturierte Beurteilung des Einzelfalles erleichtert wird.[864] Im Hinblick auf die Gewichtung der einzelnen Aspekte betont *Preis*, daß das KSchG nicht bezwecke, dem Arbeitnehmer innerhalb des finanziell Machbaren einen Anspruch gegen seinen Arbeitgeber auf Fortbildung zu geben. Daher dürfe die Frage der Finanzierbarkeit, für deren Ausfüllung kein rechtlicher Maßstab zur Verfügung stehe, nicht in den Vordergrund gerückt werden.[865] Was den dem Arbeitgeber zumutbaren zeitlichen Umfang einer Fortbildungsmaßnahme betrifft, so empfiehlt sich eine Orientierung an den gesetzlichen Kündigungsfristen,

---

858 *Gilberg*, Die Mitwirkung des Betriebsrats bei der Berufsbildung, S. 147 f.
859 *Preis*, Prinzipien, S. 304; zustimmend MünchArbR/*Berkowsky*, § 116 RdNr. 26.
860 MünchArbR/*Berkowsky*, § 116 RdNr. 26.
861 Eingehend dazu *Fracke*, Die betriebliche Weiterbildung, S. 316 ff.
862 APS/*Dörner*, KSchG, § 1 RdNr. 107; MünchArbR/*Berkowsky*, § 140 RdNr. 21; HWK/*Quecke*, KSchG, § 1 RdNr. 280; Stahlhacke/Preis/Vossen/*Preis*, RdNr. 1002.
863 *Birk*, FS Kissel, 1994, S. 59 ff.
864 Zustimmend auch *Gilberg*, Die Mitwirkung des Betriebsrats bei der Berufsbildung, S. 104.
865 *Preis*, Prinzipien, S. 168; ihm folgend APS/*Dörner*, KSchG, § 1 RdNr. 108; vgl. auch Däubler/Kittner/Klebe/Wedde-*Bachner*, BetrVG, § 102 RdNr. 235; a.A. KR-*Etzel*, BetrVG, § 102 RdNr. 169 b.

da diese auch die Dauer der Betriebszugehörigkeit der Arbeitnehmer berücksichtigen.[866] Eine Fortbildung für eine höherwertige Arbeit ist dem Arbeitgeber indes nicht zumutbar, da regelmäßig kein Rechtsanspruch des Arbeitnehmers auf eine Beförderung besteht.[867]

Das BAG hat sich bisher nur sehr zurückhaltend über die Zumutbarkeit einer Fortbildungs- bzw. Umschulungsmaßnahme geäußert. Die in diesem Zusammenhang wohl bekannteste Entscheidung des Gerichts stellt der „Pilotenfall" aus dem Jahr 1968 dar. In diesem Urteil hat das Bundesgericht die betriebsbedingte Kündigung eines Arbeitnehmers abgelehnt, der zwar während der gesamten Dauer des Arbeitsverhältnisses an einem bestimmten Arbeitsgerät (einem Flugzeug) eingesetzt worden ist, dessen Arbeitsvertrag aber keine Beschränkung auf dieses Gerät vorsah. Der Arbeitnehmer habe jedenfalls dann, wenn der Arbeitgeber vom Beginn des Arbeitsverhältnisses an mit der Ersetzung des von dem Arbeitnehmer bedienten Gerätes durch ein anderes rechnete, vor der Kündigung einen Anspruch auf Umschulung, soweit der Einsatz an dem neuen Gerät dies erfordere.[868] Die Entscheidung des BAG im „Pilotenfall" bestätigt die insbesondere von *Preis* vertretene Auffassung, daß zur Bestimmung der Zumutbarkeit neben betriebs- und unternehmensbezogenen Umständen insbesondere die im Arbeitsvertrag getroffenen Regelungen zu berücksichtigen seien.[869]

cc) Die Zustimmung des Arbeitnehmers

Nach § 1 Abs. 2 S. 3 KSchG setzt eine Fortbildung das Einverständnis des Arbeitnehmers voraus, das vor der Durchführung der Maßnahme erklärt werden muß.[870] Fehlt eine solche Erklärung, entfällt mangels Schutzbedarf und -würdigkeit des Arbeitnehmers der Kündigungsschutz des § 1 Abs. 2 S. 3 KSchG.[871]

dd) Bestehen einer Weiterbeschäftigungsmöglichkeit nach Fortbildung

Neben der Zustimmung des Arbeitnehmers ist gemäß § 1 Abs. 2 S. 3 KSchG erforderlich, daß nach der Fortbildung die Weiterbeschäftigung des Arbeitnehmers

---

866 *Gaul*, BB 1995, S. 2425; seinem Ansatz folgen *Fracke*, Die betriebliche Weiterbildung, S. 330 f.
867 LAG Köln v. 31.05.1989 – 2 Sa 1076/88 = DB 1989, S. 2234; vgl. auch BAG v. 07.02.1991 – 2 AZR 205/90 = AP Nr. 1 zu § 1 KSchG 1969 Umschulung = NZA 1991, S. 806; MünchArbR/*Berkowsky*, § 116 RdNr. 28.
868 BAG v. 07.05.1968 – 1 AZR 407/67 = AP Nr. 18 zu § 1 KSchG Betriebsbedingte Kündigung.
869 *Preis*, Prinzipien, S. 169.
870 APS/*Dörner*, KSchG, § 1 RdNr. 104.
871 *Birk*, FS Kissel, 1994, S. 68.

möglich ist. Ausdrückliche Hinweise für eine Konkretisierung des Begriffs der Weiterbeschäftigung liefert das Gesetz nicht. Zwei Fragen sind zu klären: zum einen die nach der Art und Qualität der Weiterbeschäftigungsmöglichkeit, zum anderen die nach dem für die Beurteilung des Vorliegens eines freien Arbeitsplatzes maßgeblichen Zeitpunkt.

aaa) Art/Qualität der Weiterbeschäftigungsmöglichkeit

Aus dem Zweck des § 1 Abs. 2 S. 3 KSchG ergibt sich, daß es sich bei der Weiterbeschäftigungsmöglichkeit um einen solchen Arbeitsplatz handeln muß, durch den die die sonst erwogene Beendigungskündigung tragenden Gründe ausgeräumt werden können.[872] Es muß also ein Arbeitsplatz zu besetzen sein, den der Arbeitnehmer nach einer durch eine Fortbildung erreichten Erweiterung seiner beruflichen Kenntnisse und Fertigkeiten innerhalb seines Berufsbildes ausfüllen kann.[873] Damit scheiden nach ganz überwiegender Auffassung Beförderungsstellen als Weiterbeschäftigungsmöglichkeiten i.S.d. § 1 Abs. 2 S. 3 KSchG aus, da das KSchG grundsätzlich nur auf den Schutz des *status quo* des Arbeitsverhältnisses zum Zeitpunkt der Kündigung, nicht aber auf eine Erweiterung des Besitzstandes des Arbeitnehmer abzielt. Freie Arbeitsplätze können demnach nur solche mit gleichen oder schlechteren Arbeitsbedingungen sein, die sich also hierarchisch auf der bisherigen Beschäftigungsebene befinden.[874] Der Arbeitgeber ist hingegen nicht verpflichtet, Arbeitsplätze erst neu zu schaffen oder die Weiterbeschäftigung durch Kündigung eines anderen Arbeitnehmers zu ermöglichen.[875]

In räumlicher Hinsicht sind nicht nur Arbeitsplätze des bisherigen Beschäftigungsbetriebes in Betracht zu ziehen, sondern all jene, die sich in einem Betrieb des Unternehmens befinden.[876] Die grundsätzliche Betriebsbezogenheit des Kündigungsschutzes[877] wird in diesem Fall durchbrochen und auf die Unternehmensebene

---

872 MünchArbR/*Berkowsky*, § 116 RdNr. 28.
873 HWK/*Quecke*, KSchG, § 1 RdNr. 276.
874 BAG v. 24.06.2004 – 2 AZR 326/03 = AP Nr. 76 zu § 1 KschG 1969; v. 29.03.1990 – 2 AZR 369/89 = AP Nr. 50 zu § 1 KSchG Betriebsbedingte Kündigung; HWK/*Quecke*, KSchG, § 1 RdNr. 276; *Gaul*, BB 1995, S. 2422 f.; GK-*Raab*, BetrVG, § 102 RdNr. 122; ErfK/*Oetker*, KSchG, § 1 RdNr. 252, 384.
875 BAG v. 03.02.1977 – 2 AZR 476/75 = AP Nr. 4 zu § 1 KSchG 1969 Betriebsbedingte Kündigung; v. 07.02.1991 – 2 AZR 205/90 = AP Nr. 1 zu § 1 KSchG Umschulung; GK-*Raab*, BetrVG, § 102 RdNr.129; *Birk*, FS Kissel, 1994, S. 63; *von Hoyningen-Huene/Linck*, KSchG, § 1 RdNr. 746.
876 H. M.; vgl. nur *Birk*, FS Kissel, 1994, S. 63; *Gaul*, BB 1995, S. 2422; Richardi/*Thüsing*, BetrVG, § 102 RdNr. 160; GK-*Raab*, BetrVG, § 102 RdNr. 130; *von Hoyningen-Huene*, NZA 1994, S. 1012; a.A. H/S/W/G/N/R-*Schlochauer*, BetrVG, § 102 RdNr. 139.
877 Dazu *Löwisch/Spinner*, KSchG, § 1 RdNr. 250.

erweitert.[878] Dieser Unternehmensbezug der Weiterbeschäftigungsmöglichkeit ergibt sich aus dem Wortlaut des § 1 Abs. 2 S. 2 Nr. 1 lit. b) KSchG, auf den S. 3 Bezug nimmt.[879] Demgegenüber findet prinzipiell keine Erstreckung auf den Konzern statt. Dagegen spricht die rechtliche Selbständigkeit der Konzernunternehmen. Ausnahmen können sich ergeben, falls in besonderen Fällen eine konzernbezogene Betrachtung geboten ist. Dies kommt insbesondere dann in Betracht, wenn sich eine entsprechende Verpflichtung aus kollektiv- oder einzelvertraglichen Abreden ergibt oder wenn ein anderes Konzernunternehmen ausdrücklich seine Bereitschaft zur Übernahme des Arbeitnehmers erklärt hat. Eine solche Erweiterung der Weiterbeschäftigungspflicht auf den Konzern setzt des weiteren voraus, daß der Beschäftigungsbetrieb einen bestimmenden Einfluß auf die Versetzung ausüben kann, die Entscheidung also nicht dem übernahmebereiten Unternehmen vorbehalten worden ist.[880]

bbb) Maßgeblicher Zeitpunkt

Die Frage, zu welchem Zeitpunkt ein freier Arbeitsplatz vorhanden sein muß, wird vom Gesetz ebenfalls nicht beantwortet oder näher konkretisiert. Im Hinblick darauf, daß es sich bei der Regelung des § 1 Abs. 2 S. 3 KSchG um eine gesetzliche Ausprägung der Fürsorgepflicht des Arbeitgebers handelt, sowie mit Rücksicht auf den Schutzzweck der Norm kann es nicht darauf ankommen, daß im Zeitpunkt der Kündigung bereits ein freier Arbeitsplatz vorliegt.[881] Abgesehen davon, daß dadurch der im Interesse des Arbeitnehmers bestehende Bestandsschutz erheblich beschnitten würde, wäre es auch nicht verhältnismäßig, den Arbeitgeber zur Freihaltung dieser Beschäftigungsmöglichkeit bis zum Abschluß ggf. zeitaufwendiger Fortbildungsmaßnahmen zu verpflichten. Entscheidend ist daher eine *ex ante* vorzunehmende Prognose: Im Zeitpunkt des Zugangs der Kündigung muß mindestens mit hinreichender Sicherheit voraussehbar sein, daß nach Abschluß der Fortbildungsmaßnahme eine Beschäftigungsmöglichkeit vorhanden sein wird, die vom Arbeit-

---

878 KR-*Griebeling*, KSchG, § 1 RdNr. 538.
879 KR-*Griebeling*, KSchG, § 1 RdNr. 722; HWK/*Quecke*, KSchG, § 1 RdNr. 277; *Löwisch/Spinner*, KSchG, § 1 RdNr. 283.
880 BAG v. 14.10.1982 – 2 AZR 568/80 = AP Nr. 1 zu § 1 KSchG 1969 Konzern m. (teilweise einschränkender) Anm. *Wiedemann*; v. 23.03.2006 – 2 AZR 162/05 = AP Nr. 13 zu § 1 KSchG 1969 Konzern; HWK/*Quecke*, KSchG, § 1 RdNr. 278; APS/*Dörner*, KSchG, § 1 RdNr. 102a; vgl. auch ErfK/*Oetker*, KSchG, § 1 RdNr. 380 f.; Stahlhacke/Preis/Vossen/*Preis*, RdNr. 998 f. Zur Durchsetzung der Weiterbeschäftigung gegenüber der anderen Konzerngesellschaft siehe *Bayreuther*, NZA 2006, S. 819 ff. Ausführlich zum Ganzen *Henssler*, Der Arbeitsvertrag im Konzern, S. 129 ff.; *Windbichler*, Arbeitsrecht im Konzern, S. 259 ff.; *Konzen*, RdA 1982, S. 85 f.
881 *Gaul*, BB 1995, S. 2423.

nehmer aufgrund seiner neuerworbenen Qualifikation wahrgenommen werden kann.[882] Diese Sicherheit ist aus zugunsten des Arbeitgebers zu berücksichtigenden Verhältnismäßigkeitsgesichtspunkten umso mehr erforderlich, je größer der für die Maßnahme in Aussicht genommene Zeitaufwand (bspw. zwei Jahre) ausfällt.[883] Erweist sich die Prognose *ex post* als unzutreffend, wird also kein Arbeitsplatz frei, so führt dies nicht zu einer nachträglichen Wirksamkeit der Kündigung. Der Arbeitgeber ist aber nicht gehindert, erneut eine Kündigung auszusprechen, der dann zumindest nicht mehr § 1 Abs. 2 S. 3 KSchG entgegensteht.[884]

ee) Differenzierung nach Kündigungsgrund?

Keine vollständige Klärung hat bislang die Frage erfahren, ob die Fortbildungsobliegenheit des Arbeitgebers unabhängig von der Art der Kündigung besteht, oder aber ob danach differenziert werden muß, ob es sich um eine betriebs-, verhaltens- oder personenbedingte Kündigung handelt. Der Wortlaut der Vorschrift unterscheidet hier nicht. In der Kommentarliteratur zum KSchG wird diese Problematik zumeist nicht erörtert, sondern überwiegend im Rahmen des § 102 BetrVG angesprochen. Einigkeit besteht jedenfalls insofern, als die betriebsbedingte Kündigung, bei der bspw. Rationalisierungen oder andere organisatorische Maßnahmen des Arbeitgebers zu einer Änderung des Anforderungsprofils führen, als der Hauptanwendungsfall der Fortbildungsobliegenheit angesehen wird. Auch eine Anwendung im Rahmen einer personenbedingten Kündigung wird zumindest dann befürwortet, wenn letztere gerade auf einer mangelnden Qualifikation des Arbeitnehmers beruht.[885] Demgegenüber wird das Bestehen einer Fortbildungsobliegenheit des Arbeitgebers bei einem verhaltensbedingtem Kündigungsgrund überwiegend gar nicht erst in Betracht gezogen. Lediglich *Raab* hält dies für denkbar, sofern dem Arbeitnehmer wegen einer unverschuldeten Leistungsschwäche gekündigt werden solle.[886]

---

882 BAG v. 07.02.1991 – 2 AZR 205/90 = AP Nr. 1 zu § 1 KSchG 1969 Umschulung; LAG Hamm v. 20.01.2000 – 8 Sa 1420/99 = NZA-RR 2000, S. 239; APS/*Dörner*, KSchG, § 1 RdNr. 109; Stahlhacke/Preis/Vossen/*Preis*, RdNr. 1001; *von Hoyningen-Huene/Linck*, KSchG, § 1 RdNr. 1068; *Löwisch/Spinner*, KSchG, § 1 RdNr. 294; Gaul, BB 1995, S. 2423; wohl einschränkend Birk, FS Kissel, 1994, S. 64 („*zwar nicht völlig sicher, aber mit großer Wahrscheinlichkeit zu erwarten*").
883 BAG v. 07.02.1991 – 2 AZR 205/90 = AP Nr. 1 zu § 1 KSchG 1969 Umschulung.
884 *Preis*, Prinzipien, S. 348; Birk, FS Kissel, 1994, S. 65, S. 73 f.; Gaul, BB 1995, S. 2423.
885 Birk, FS Kissel, 1994, S. 66 f.; Däubler/Kittner/Klebe/Wedde-*Bachner*, BetrVG, § 102 RdNr. 232; GK-*Raab*, BetrVG, § 102 RdNr. 127; HWK/*Ricken*, BetrVG, § 102 RdNr. 75; HWK/*Thies*, KSchG, § 1 RdNr. 92; H/S/W/G/N/R-*Schlochauer*, BetrVG, § 102 RdNr. 140.
886 GK-*Raab*, BetrVG, § 102 RdNr. 127.

Zutreffend wird es sein, mit *Birk* eine einheitliche Beurteilung aller Kündigungsgründe ausgehend vom Zweck der Fortbildungsobliegenheit vorzunehmen.⁸⁸⁷ Dieser besteht darin, eine Kündigung zu vermeiden, indem eine Weiterbeschäftigung des Arbeitnehmers dadurch ermöglicht wird, daß seine beruflichen Kenntnisse und Fähigkeiten durch eine Fortbildung an den erforderlichen Stand angepaßt werden. In den meisten Fällen wird es dabei um solche Kündigungen gehen, die ihren Grund gerade in einem Qualifikationsdefizit des Arbeitnehmers haben. Dagegen scheiden solche Kündigungen von vornherein aus, bei denen auch durch Fortbildungsmaßnahmen eine Weiterbeschäftigung des Arbeitgebers nicht erreicht werden kann. Die Möglichkeit, dem Arbeitnehmer aus verhaltensbedingten Gründen zu kündigen, soll dem Arbeitgeber eine Reaktion auf ein vorwerfbares vertragswidriges Verhalten des Arbeitnehmers ermöglichen.⁸⁸⁸ Die verhaltensbedingte Kündigung bezweckt aber nicht die Sanktion dieses Fehlverhaltens, sondern eine Vermeidung weiterer Vertragsverletzungen. Auch für sie gilt dementsprechend das Prognoseprinzip, so daß die eingetretene Pflichtverletzung sich auch zukünftig noch belastend auswirken muß.⁸⁸⁹ Im Ergebnis kommt es daher darauf an, ob durch eine Weiterbeschäftigung nach einer zumutbaren Fortbildung eine positive Prognose möglich ist, der verhaltensbedingte Kündigungsgrund also durch diese Maßnahme ausgeräumt werden kann. Für die überwiegende Zahl der verhaltensbedingten Kündigungen wird diese Möglichkeit nicht bestehen, da das Verletzungsverhalten in keinem inneren Zusammenhang mit einem Qualifikationsdefizit des Arbeitnehmers steht und die Weiterbeschäftigung nach Fortbildung somit kein zwecktaugliches milderes Mittel i.S.d. *ultima-ratio*-Grundsatzes darstellt.⁸⁹⁰ Das Vertrauensverhältnis wird häufig arbeitsplatzübergreifend gestört sein. Es sind aber auch Konstellationen denkbar, in denen es sich anders verhält, bspw. wenn das kündigungsrelevante Verhalten unmittelbar mit den spezifischen Bedingungen des bisherigen Arbeitsplatzes verbunden ist, die so an einem anderen, verfügbaren Arbeitsplatz aber nicht vorliegen.⁸⁹¹ Einen zustimmungswürdigen, weil präzisen Differenzierungsansatz für diese Problematik schlägt *Preis* vor, der (im Zusammenhang mit dem vergleichbaren Fall der Versetzung) zwischen arbeitsplatz- und arbeitnehmerbezogenen Kün-

---

887 Vgl. *Birk*, FS Kissel, 1994, S. 65 ff.
888 APS/*Dörner*, KSchG, § 1 RdNr. 265; *Löwisch/Spinner*, KSchG, § 1 RdNr. 93.
889 BAG v. 12.01.2006 – 2 AZR 21/05 = AP Nr. 53 zu § 1 KSchG 1969 Verhaltensbedingte Kündigung = NZA 2006, S. 917; v. 12.01.2006 – 2 AZR 179/05 = AP Nr. 54 zu § 1 KSchG 1969 Verhaltensbedingte Kündigung = NZA 2006, S. 980; *Preis*, Prinzipien, S. 328 ff.; APS/*Dörner*, KSchG, § 1 RdNr. 272a.
890 Vgl. *Preis*, NZA 1997, S. 1077.
891 APS/*Dörner*, KSchG, § 1 RdNr. 96.

digungsgründen unterscheiden will.[892] Nur in ersterem Fall (Bsp.: arbeitsplatzbezogene Schlechtleistungen) kann eine (anderweitige) Weiterbeschäftigung nach Fortbildung das Kündigungsinteresse des Arbeitgebers befriedigen. Die Gefahr einer erneuten Verletzung des Arbeitsvertrages vermag sie dagegen bei arbeitsplatzunabhängigen Pflichtverstößen (Bsp.: Verletzung eines Alkoholverbots, fortwährende Unpünktlichkeit) nicht zu beseitigen.[893]

Eine Fortbildungsobliegenheit des Arbeitgebers aus § 1 Abs. 2 S. 3 KSchG kann somit sowohl bei einer betriebs- als auch bei einer personenbedingten, in Einzelfällen sogar bei einer verhaltensbedingten Kündigung in Betracht kommen.

ff) Widerspruch des Betriebsrats erforderlich?

Das Entstehen der Fortbildungsobliegenheit des Arbeitgebers setzt nicht voraus, daß der Betriebsrat zuvor der Kündigung widersprochen hat. Da es sich bei dieser Obliegenheit um eine gesetzliche Konkretisierung des *ultima-ratio*-Grundsatzes sowie der Fürsorgepflicht des Arbeitgebers,[894] mithin um einen allgemeinen Grundsatz des Kündigungsrechts handelt, wäre eine derartige Einschränkung der Weiterbeschäftigungspflicht nicht überzeugend. Dagegen spricht auch, daß dann konsequenterweise in Betrieben ohne Betriebsrat eine solche Weiterbeschäftigungspflicht nicht bestehen könnte.[895] Der Betriebsrat nimmt jedoch lediglich eine Hilfsfunktion bei der Wahrnehmung des Kündigungsschutzes durch den Arbeitnehmer ein, so daß eine solche Differenzierung abzulehnen ist.[896] Dieses Ergebnis steht im Einklang mit der Rechtsprechung des BAG, nach der die nachträglich in das KSchG eingefügten Widerspruchstatbestände des § 1 Abs. 2 S. 2 KSchG eine Verbesserung des individuellen Kündigungsschutzes bewirkt hätten und daher auch ohne Widerspruch des Betriebsrats bzw. der Personalvertretung im Rahmen der Generalklausel des § 1 Abs. 2 S. 1 KSchG zu berücksichtigen seien.[897]

---

892 *Preis*, Prinzipien, S. 461 f.; ihm folgend KR-*Fischermeier*, BGB, § 626 RdNr. 291 f.; *Fracke*, Die betriebliche Weiterbildung, S. 293; vgl. auch APS/*Dörner*, KSchG, § 1 RdNr. 96.
893 Vgl. Stahlhacke/Preis/Vossen/*Preis*, RdNr. 1211.
894 Vgl. oben § 3 D.I.5.a.
895 *Birk*, FS Kissel, 1994, S. 55; i. E. auch *Gaul*, BB 1995, S. 2422.
896 *Weller*, ArbuR 1986, S. 228 f.
897 BAG v. 17.05.1984 – 2 AZR 109/83 = AP Nr. 21 zu § 1 KSchG 1969 Betriebsbedingte Kündigung; v. 15.12.1994 – 2 AZR 320/94 = AP Nr. 66 zu § 1 KSchG 1969 Betriebsbedingte Kündigung.

gg) Kostentragung, Entgeltfortzahlung

Wer die Kosten der Fortbildungsmaßnahme zu tragen hat, wird vom Gesetz nicht geregelt; der Wortlaut der Norm enthält diesbezüglich keine Aussage. Sinn und Zweck der Fortbildungsobliegenheit legen es jedoch nahe, die Kosten vollständig dem Arbeitgeber zuzuweisen.[898] Daher kann auch die teilweise vorgeschlagene Differenzierung danach, ob es sich um eine betriebliche oder eine außerbetriebliche Fortbildung handelt,[899] nicht überzeugen. Als alleiniges Korrektiv dient das Kriterium der Zumutbarkeit, bei deren Beurteilung neben der finanziellen Leistungsfähigkeit des Arbeitgebers auch die Frage zu berücksichtigen ist, ob eigene Bildungseinrichtungen bestehen.[900] Vom Einzelfall gelöste, generalisierende Maßstäbe lassen sich insoweit nicht aufstellen. Im Rahmen der Zumutbarkeitsprüfung kann bei den vom Arbeitgeber zu tragenden finanziellen Lasten zwischen den durch die Maßnahme selbst verursachten Kosten und solchen Belastungen unterschieden werden, die nicht unmittelbar mit der Fortbildungsmaßnahme verbunden sind, wie bspw. der ggf. fortzuzahlende Arbeitslohn.[901]

Ob dem Arbeitnehmer während der Dauer der Fortbildung der Arbeitslohn fortzuzahlen ist, hängt von Art und Umfang der Maßnahme ab.[902] Kann der Arbeitnehmer während der Fortbildung noch seiner Arbeitspflicht nachkommen, hat er auch einen Anspruch auf Entgeltzahlung. Nimmt die Weiterbildungsmaßnahme dagegen so viel Zeit in Anspruch, daß eine Erfüllung der Arbeitspflicht nicht mehr möglich ist, wandelt sich das Arbeitsverhältnis entweder in ein Fortbildungsverhältnis um, oder aber der Arbeitsvertrag bleibt neben dem Fortbildungsverhältnis bestehen, ruht aber für die Dauer der Fortbildung. Die Frage der an den Arbeitnehmer zu zahlenden Vergütung wird dann durch den Fortbildungsvertrag geregelt. In der Regel wird diese Vergütung unter dem Niveau des Arbeitsvertrages liegen.[903] Ist dem Arbeitnehmer während einer Fortbildung, die außerhalb der Arbeitszeit stattfindet, die Erbringung der geschuldeten Arbeitsleistung allein deshalb nicht möglich, weil sein Arbeitsplatz aufgrund betriebsbedingter Gründe entfallen ist, gerät der Arbeitgeber in Annahmeverzug, wenn er den Arbeitnehmer nicht beschäftigt. Nach § 615 S. 1 BGB bleibt der Arbeitgeber zur Zahlung des Arbeitsentgelts ver-

---

[898] *Gaul*, BB 1995, S. 2425; *Hanau*, BB 1971, S. 489.
[899] GK-*Raab*, BetrVG, § 102 RdNr. 134; H/S/W/G/N/R-*Schlochauer*, BetrVG, § 102 RdNr. 145.
[900] Vgl. oben § 3 D.I.5.b.bb.bbb.
[901] Vgl. GK-*Raab*, BetrVG, § 102 RdNr. 134 f.
[902] A.A. H/S/W/G/N/R-*Schlochauer*, BetrVG, § 102 RdNr. 145, der den Arbeitgeber grundsätzlich nicht verpflichtet sieht, dem Arbeitnehmer während dessen Fortbildung das Arbeitsentgelt fortzuzahlen.
[903] Vgl. GK-*Raab*, BetrVG, § 102 RdNr. 135; *Birk*, FS Kissel, 1994, S. 69 ff.; i.E. ähnlich *Gaul*, BB 1995, S. 2427.

pflichtet, da ihn das Risiko der Verwendung der weiterhin möglichen Arbeitsleistung trifft.[904]

hh) Auswahlentscheidung bei mehreren Arbeitnehmern

Kommen für einen freien oder frei werdenden Arbeitsplatz mehrere Arbeitnehmer, ggf. nach einer entsprechenden Fortbildung, in Betracht, stellt sich die Frage, nach welchen Kriterien der Arbeitgeber seine Auswahl bei der Besetzung dieser Stelle vorzunehmen hat. Bei der Lösung dieser Problematik müssen zwei Punkte auseinandergehalten werden. Unterschiedliche Bewertungen können sich zum einen je nachdem ergeben, ob der zu besetzende Arbeitsplatz sich im Verhältnis zu den auszuwählenden Arbeitnehmern innerhalb desselben Betriebes oder aber in einem anderen Betrieb des Unternehmens befindet. Zum anderen spielt auch der Kündigungsgrund – betriebs-, verhaltens- oder personenbedingt – eine Rolle.

Verhältnismäßig unproblematisch stellt sich die Lage dar, wenn betriebsbedingte Kündigungen ausgesprochen werden und alle betroffenen Arbeitnehmer demselben Betrieb angehören. Der Arbeitgeber hat dann bei der Entscheidung zwischen den für die Stelle in Frage kommenden Arbeitnehmern die Grundsätze der Sozialauswahl nach § 1 Abs. 3 KSchG zu berücksichtigen.[905] Schwieriger wird die Beurteilung dann, wenn in verschiedenen Betrieben eines Unternehmens Arbeitsplätze wegfallen, jedoch nur ein Arbeitnehmer auf einer freien Stelle weiterbeschäftigt werden kann. Eine direkte Anwendung des § 1 Abs. 3 KSchG scheidet in diesem Fall aus, da die soziale Auswahl betriebsbezogen ausgerichtet ist,[906] während die Weiterbeschäftigungspflicht einen unternehmensweiten Bezugsrahmen hat.[907] Das BAG hält das Fehlen einer Regelung dieser Konkurrenzsituation zwar für eine planwidrige Lücke des Gesetzes und zieht dementsprechend eine analoge Anwen-

---

904 Nach GK-*Raab*, BetrVG, § 102 RdNr. 135, ist in diesem Fall nicht das Wirtschafts-, sondern das Betriebsrisiko i.S.d. § 615 S. 3 BGB betroffen. Die besseren Gründe sprechen jedoch für eine Zuordnung zum Wirtschaftsrisiko. Denn es handelt sich nicht um eine der für das Betriebsrisiko typischen Konstellationen, in denen der Arbeitgeber ohne eigenes Verschulden aus rechtlichen oder tatsächlichen Gründen (v.a. wegen technischer Störungen) gehindert ist, die Belegschaft zu beschäftigen. Stattdessen geht es um die Frage der wirtschaftlichen Verwertbarkeit der weiterhin möglichen Arbeitsleistung.
905 APS/*Kiel*, KSchG, § 1 RdNr. 641; *Weller*, ArbuR 1986, S. 230.
906 BAG v. 25.04.1985 – AP Nr. 7 zu § 1 KSchG 1969 Soziale Auswahl; v. 02.06.2005 – 2 AZR 480/04 = AP Nr. 75 zu § 1 KSchG 1969 Soziale Auswahl; v. 02.06.2005 – 2 AZR 158/04 = AP Nr. 75 zu § 1 KSchG 1969 Soziale Auswahl; KR-*Griebeling*, KSchG, § 1 RdNr. 608; APS/*Kiel*, KSchG, § 1 RdNr. 665; *von Hoyningen-Huene/Linck*, KSchG, § 1 RdNr. 871 ff.; HWK/*Quecke*, KSchG, § 1 RdNr. 333.
907 Vgl. oben § 3 D.I.5.b.dd.aaa.

dung des § 1 Abs. 3 KSchG in Erwägung, für die nach seiner Auffassung „*gewichtige Gründe*" sprächen. Letzten Endes läßt das Bundesgericht aber die Entscheidung für oder gegen eine Analogie offen, indem es sich auf den Standpunkt stellt, die sozialen Belange der betroffenen Arbeitnehmer seien „*zumindest*" nach § 315 BGB mitzuberücksichtigen.[908] Demgegenüber sprechen sich einzelne Landesarbeitsgerichte sowie der überwiegende Teil der arbeitsrechtlichen Literatur für eine analoge Anwendung des § 1 Abs. 3 KSchG aus. Da das Gesetz keine Regelung für eine Konkurrenz von Arbeitnehmern um eine freie Stelle außerhalb des Betriebs enthalte, sei diese durch die nachträgliche Einführung der Widerspruchstatbestände des § 1 Abs. 2 S. 2 KSchG entstandene planwidrige Regelungslücke durch eine möglichst enge Orientierung am geltenden Recht zu schließen. Für die (in beiden Konstellationen zu berücksichtigende) Interessenlage bei einem kündigungsbedingten Auswahlverfahren habe der Gesetzgeber aber in § 1 Abs. 3 KSchG rechtliche Vorgaben aufgestellt. Die in dieser Norm enthaltenen Grundsätze der Sozialauswahl müßten daher auch entsprechende Anwendung finden.[909]

Auch wenn die beiden dargestellten Ansätze wohl nur in den seltensten Fällen zu unterschiedlichen Ergebnissen führen werden, ist der letztgenannten Auffassung insbesondere aus zwei Gründen zu folgen. So weist zum einen *Preis* darauf hin, daß das BAG zunächst in Übereinstimmung mit der herrschenden Literatur das Bestehen einer planwidrigen Regelungslücke darlege, dann aber – methodisch unrichtig – trotz vergleichbarer Interessenlage den bei einer Analogie nicht als Grenze wirkenden Wortlaut als Argument gegen eine entsprechende Anwendung anführe.[910] Letzten Endes scheint aber auch das Gericht selbst, das für eine Analogie „*gewichtige Gründe*" sieht, einer entsprechenden Anwendung des § 1 Abs. 3 KSchG (in deren Rahmen der § 315 BGB ohnehin Anwendung fände[911]) zuzuneigen, ohne jedoch den entscheidenden Schritt zu gehen. Zum zweiten liegt es im Interesse der Rechtssicherheit, anstelle der allgemeinen und sehr flexiblen Billigkeitsregel des § 315 BGB die konkreteren, „handfesteren" Maßstäbe des § 1 Abs. 3 KSchG heranziehen zu können.[912] Die Grundsätze der Sozialauswahl nach § 1 Abs. 3 KSchG

---

908 BAG v. 15.12.1994 – 2 AZR 320/94 = AP Nr. 66 zu § 1 KschG 1969 Betriebsbedingte Kündigung; v. 22.09.2005 – 2 AZR 544/05 = AP Nr. 59 zu § 15 KSchG 1969.
909 LAG Hamm v. 30.06.1989 – 18 (7) Sa 1639/88 = LAGE Nr. 5 zu § 1 KSchG 1969 Soziale Auswahl; LAG Düsseldorf v. 09.07.1993 – 9 (2) Sa 169/93 = LAGE Nr. 12 zu § 1 KSchG 1969 Soziale Auswahl; APS/*Kiel*, KSchG, § 1 RdNr. 642 f.; KR-*Griebeling*, KSchG, § 1 RdNr. 546, 613; *von Hoyningen-Huene/Linck*, KSchG, § 1 RdNr. 773 ff.; *Löwisch/Spinner*, BetrVG, § 1 RdNr. 285; *Preis*, NZA 1997, S. 1081. Für eine Anwendung des § 315 BGB dagegen *Kaiser*, ZfA 1996, S. 162; für eine direkte Anwendung des § 1 Abs. 3 KSchG *Berkowsky*, NJW 1996, S. 295.
910 *Preis*, NZA 1997, S. 1081; ähnlich auch *von Hoyningen-Huene/Linck*, KSchG, § 1 RdNr. 775.
911 *Preis*, NZA 1997, S. 1081.
912 Vgl. APS/*Kiel*, KSchG, § 1 RdNr. 643.

sind daher entsprechend anzuwenden, wenn im Fall betriebsbedingter Kündigungen in verschiedenen Betrieben desselben Unternehmens Arbeitsplätze entfallen, aber nur ein freier Arbeitsplatz zu besetzen ist.

Eine andere Beurteilung verdienen die seltenen Fälle, in denen einem Arbeitnehmer keine betriebs-, sondern eine personen- oder verhaltensbedingte Kündigung ausgesprochen wird, er aber nach zumutbaren Fortbildungsmaßnahmen mit anderen Arbeitnehmern in Konkurrenz um einen Arbeitsplatz in einem anderen Betrieb des Unternehmens treten kann. Eine entsprechende Anwendung des § 1 Abs. 3 KSchG scheidet dann aus, da im Ergebnis eine doppelte Analogie vonnöten wäre. So müßte zum einen die bereits diskutierte Hürde der Betriebsbezogenheit überwunden werden, zum anderen wäre das Hindernis auszuräumen, daß eine Sozialauswahl nur für betriebsbedingte Kündigungen vorgesehen ist. Letzterem steht jedoch der Gesetzeszweck entgegen, der in der personellen Konkretisierung der aus der Sphäre des Arbeitgebers stammenden dringenden betrieblichen Erfordernisse des § 1 Abs. 2 S. 1 KSchG liegt.[913] Bei der verhaltens- oder personenbedingten Kündigung liegt der Kündigungsgrund aber in der Sphäre der Arbeitnehmer, so daß hier keine personelle Konkretisierung vorgenommen werden muß. Es liegt insofern weder eine planwidrige Regelungslücke vor noch besteht eine vergleichbare Interessenlage. Die Auswahl der Arbeitnehmer kann daher bei mehreren personen- oder verhaltensbedingten Kündigungen nicht über die analoge Anwendung des § 1 Abs. 3 KSchG erfolgen, sondern nur über die allgemeine Billigkeitsklausel des § 315 BGB, in deren Rahmen dann auch soziale Aspekte Berücksichtigung finden können.

c) Ergebnis zu § 1 Abs. 2 S. 3 KSchG

§ 1 Abs. 2 S. 3 KSchG begründet eine gesetzliche Obliegenheit des Arbeitgebers, die beruflichen Kenntnisse und Fertigkeiten der Arbeitnehmer im Rahmen des durch eine umfassende Interessenabwägung zu ermittelnden Zumutbaren dem neuesten Stand anzupassen, bevor er eine Kündigung ausspricht. Diese Obliegenheit gilt sowohl für betriebs- und personen-, in Ausnahmefällen auch für verhaltensbedingte Kündigungen und stellt eine Konkretisierung des *ultima-ratio*-Grundsatzes dar. Sie setzt insbesondere voraus, daß der Arbeitnehmer nach der Fortbildung auf einem Arbeitsplatz im Unternehmen weiterbeschäftigt werden kann. Bei mehreren

---

913 Vgl. zum Gesetzeszweck BAG v. 07.02.1985 – 2 AZR 91/84 = AP Nr. 9 zu § 1 KSchG 1969 Soziale Auswahl; v. 05.05.1994 – AP Nr. 23 zu § 1 KSchG 1969 Soziale Auswahl; *von Hoyningen-Huene/Linck*, KSchG, § 1 RdNr. 867; ErfK/*Oetker*, KSchG, § 1 RdNr. 300.

in Betracht kommenden Bewerbern für einen freien Arbeitsplatz hat der Arbeitgeber die Auswahl entweder nach den Grundsätzen der Sozialauswahl (§ 1 Abs. 3 KSchG direkt oder analog), bei verhaltens- oder personenbedingten Gründen nach Maßgabe des § 315 BGB zu treffen.

Liegen die Voraussetzungen des § 1 Abs. 2 S. 3 KSchG vor, kann man untechnisch zumindest von einem mittelbaren Anspruch des Arbeitnehmers auf Fortbildung sprechen, auch wenn der Arbeitgeber nicht zu Qualifizierungsmaßnahmen gezwungen werden, sondern letzten Endes auch einfach die Sozialwidrigkeit der Kündigung hinnehmen kann. Führt der Arbeitgeber eine Fortbildung durch, so hat er die dadurch verursachten Kosten zu tragen. Ob dem Arbeitnehmer für die Dauer der Qualifizierung auch sein Arbeitslohn fortzuzahlen ist, hängt dagegen von Art und Umfang der Maßnahme ab.

II. Ergebnis zu den einfachgesetzlichen Vorschriften auf Bundesebene

Zahlreiche einfachgesetzliche Vorschriften auf Ebene des Bundesrechts befassen sich mit der beruflichen Weiterbildung des Arbeitnehmers. Ein unmittelbarer und selbständiger Anspruch auf Weiterbildung wird aber nur durch einige, lediglich einen kleinen Kreis von Arbeitnehmern betreffende Vorschriften zu den Betriebsbeauftragten gewährt. Daneben kann sich ein solcher Anspruch aus dem Unterrichtungsanspruch gemäß § 81 Abs. 1, 2 BetrVG ergeben, soweit die jeweilige Unterrichtung auch Inhalte einschließt, die der beruflichen Fortbildung zuzurechnen sind. Unter bestimmten Voraussetzungen kann zudem der Betriebsrat im Rahmen des § 97 Abs. 2 BetrVG Maßnahmen der beruflichen Weiterbildung erzwingen. In allen anderen Fällen unterliegt es der alleinigen und freien Entscheidungsgewalt der Arbeitgeber, ob Maßnahmen der beruflichen Weiterbildung durchgeführt werden.

E. Landesrechtliche Bestimmungen

I. Verfassungen der Länder

Neben dem Grundgesetz enthalten auch die meisten Verfassungen der einzelnen deutschen Bundesländer Vorschriften zur (beruflichen) Weiterbildung.[914] Den ein-

---

914 Ausnahmen bilden insoweit nur die Verfassungen Niedersachsens, Hamburgs, Hessens, des Saarlandes und von Rheinland Pfalz.

zelnen Landesgesetzgebern werden verschiedene Ausgestaltungsmöglichkeiten für die Verwirklichung ihrer sozialen Vorstellungen in den Verfassungen eröffnet, die im Hinblick auf ihre Verbindlichkeit und (damit) ihre Durchsetzbarkeit Unterschiede aufweisen können.[915] Bei den landesverfassungsrechtlichen Vorschriften handelt es sich überwiegend um Regelungen, die eine Verpflichtung zur Förderung der Erwachsenenbildung bzw. der Weiterbildung enthalten. Daneben statuieren die Verfassungen auch ein „Recht auf Bildung". In eine andere Richtung geht die Verfassung des Landes Brandenburg, die sowohl ein Recht auf Freistellung zum Zwecke der beruflichen Weiterbildung (Art. 33 Abs. 2 S. 1) als auch im Zusammenhang mit dem Recht auf Arbeit einen Anspruch u.a. auf berufliche Weiterbildung für den Fall enthält, daß eine angemessene Arbeitsgelegenheit nicht nachgewiesen werden kann (Art. 48 Abs. 2 S. 2).

1. Verpflichtungen zur Förderung der Erwachsenenbildung bzw. der Weiterbildung

In den Landesverfassungen von Bayern (Art. 139), Baden-Württemberg (Art. 22), Brandenburg (Art. 33 Abs. 1 S. 1), Sachsen-Anhalt (Art. 30 Abs. 2 S. 2), Nordrhein-Westfalen (Art. 17 Abs. 1 S. 1), Sachsen (Art. 108 Abs. 1), Schleswig-Holstein (Art. 9 Abs. 3), Thüringen (Art. 29 Abs. 1 S. 1) und Mecklenburg-Vorpommern (Art. 16 Abs. 4) finden sich gleich- bis ähnlichlautende Vorschriften, in denen das jeweilige Land bzw. die einzelnen Gebietskörperschaften verpflichtet wird bzw. werden, die „Erwachsenenbildung" zu fördern. Nach der Bremischen Verfassung ist allen Erwachsenen durch öffentliche Einrichtungen die Möglichkeit zur „Weiterbildung" zu geben (Art. 35). Schließlich bestimmt Art. 33 Abs. 1 der Brandenburgerischen Verfassung, daß die „Weiterbildung von Erwachsenen" durch das Land, die Gemeinden und Gemeindeverbände zu fördern ist.

Aus der unterschiedlichen Terminologie – „Weiterbildung von Erwachsenen" bzw. „Erwachsenenbildung" – folgen keine inhaltlichen Unterschiede. Bei dem Begriff der „Erwachsenenbildung" handelt es sich um einen Oberbegriff, der auch die berufliche Weiterbildung umfaßt.[916] Subjektive Rechte des Einzelnen auf berufliche Weiterbildung werden aber durch die genannten landesverfassungsrechtlichen Bestimmungen nicht begründet.[917] Die allgemein gehaltenen Formulierungen, die weder einen Kreis von Anspruchsberechtigten noch Inhalt und Modalitäten eines möglichen Anspruchs festlegen, weisen eindeutig darauf hin, daß gerade kein

---

915 *Zielke*, RdA 1992, S. 189; HzA/*Bengelsdorf*, Gruppe 9 Teilbereich 1 RdNr. 148.
916 HzA/*Bengelsdorf*, Gruppe 9 Teilbereich 1 RdNr. 152; vgl. auch *Dästner*, LV NRW, Art. 17 RdNr. 1; BAG v. 15.03.2005 – 9 AZR 104/04 = NZA 2006, S. 496 zu § 1 Abs. 1 S. 1 NdsEBG).
917 HzA/*Bengelsdorf*, Gruppe 9 Teilbereich 1 RdNr. 152; *Grawert*, LV NRW, Art. 17 Nr. 1.

zwangsweise durchsetzbares Individualrecht geschaffen, sondern vielmehr das jeweilige Land bzw. die verschiedenen Gebietskörperschaften zur Verwirklichung bestimmter Vorgaben angehalten werden soll(en). Umstritten ist lediglich, ob die Förderpflichten als Programmsätze oder aber als Staatszielbestimmungen zu verstehen sind.[918] Im Unterschied zu den unverbindlichen Programmsätzen handelt es sich bei Staatszielbestimmungen um *„Verfassungsnormen mit rechtlich bindender Wirkung, die der Staatstätigkeit die fortdauernde Beachtung oder Erfüllung bestimmter sachlich umschriebener Aufgaben vorschreiben."*[919] Staatszielbestimmungen wenden sich in aller Regel an den Gesetzgeber, ohne daß damit ausgeschlossen sein muß, daß die Norm Wirkung als Auslegungsrichtlinie für die beiden anderen Gewalten entfaltet. In welcher Weise und zu welchem Zeitpunkt der Gesetzgeber die Staatsaufgabe erfüllt, ist seiner politischen Gestaltungsfreiheit überlassen.[920] Der Wortlaut der Rechtssätze streitet für die Annahme, daß es sich bei ihnen um Staatszielbestimmungen handelt. Die in den meisten Fällen gebrauchte Formulierung *„ist (...) zu"* läßt wenig Spielraum für den Schluß, es liege lediglich ein Programmsatz vor, dessen Bindungswirkung allerhöchstens politischer Natur sei. Daher ist vom Vorliegen einer Staatszielbestimmung ohne Individualrechtsbegründung auszugehen.

Da die Staatszielbestimmungen sich im Regelfall an den Gesetzgeber, jedenfalls aber an den Staat richten, ergeben sich aus ihnen keine unmittelbaren Auswirkungen auf die Rechtsbeziehungen zwischen Arbeitgeber und Arbeitnehmer.

2. Recht auf Bildung

Die Verfassungen von Brandenburg (Art. 29 Abs. 1), Sachsen (Art. 7 Abs. 1), Thüringen (Art. 20 S. 1), Niedersachsen (Art. 4 Abs. 1) und Bremen (Art. 27 Abs. 1) enthalten jeweils ein „Recht auf Bildung". Der Wortlaut ließe es zu, diese Vorschriften nicht nur als bloße Abwehrrechte zu verstehen, sondern darüber hinausgehend als Verbürgung einklagbarer subjektiver Rechte. Gleichwohl besteht Einigkeit darüber, daß sie als Staatszielbestimmungen bzw. als soziale Grundrechte zu klassifizieren sind.[921] Rechtliche Unterschiede ergeben sich aus der jeweiligen Ein-

---

918 Vgl. *Grawert*, LV NRW, Art. 17 Nr. 1 (*„Staatsaufgabe"*); *Lieber/Iwers/Ernst*, LV Bbg, Art. 33 Nr. 1.1.
919 Sachverständigenkommission Staatszielbestimmungen/ Gesetzgebungsaufträge, S. 13.
920 *Nebendahl*, ZRP 1991, S. 261.
921 Ausdrücklich: Art. 7 Abs. 1 Sächsische Verfassung; *Menzel*, Landesverfassungsrecht, S. 499 m.w.N.; HzA/*Bengelsdorf*, Gruppe 9 Teilbereich 1 RdNr. 151; *Kutscha*, ZRP 1993, S. 342; Böckenförde/Jekewitz/Ramm/*Lange*, Soziale Grundrechte, S. 49 (54 f.); Sachverständigenkommission Staatszielbestimmungen/ Gesetzgebungsaufträge, RdNr. 194.

ordnung nicht, da die sozialen Grundrechte einen Unterfall der Staatszielbestimmungen darstellen, von denen sie sich lediglich durch die subjektiv-rechtliche Formulierung unterscheiden.[922] Wie die Staatszielbestimmungen beinhalten auch sie keine einklagbaren subjektiv-rechtlichen Rechtspositionen.[923] Stattdessen wird der Staat verpflichtet, die in der Vorschrift verankerte soziale Staatsaufgabe – durch eine nähere gesetzliche Ausgestaltung – zu verwirklichen.[924] Der Unterschied zu den Abwehrgrundrechten besteht darin, daß die sozialen Grundrechte nicht lediglich etwas bereits Vorhandenes vor staatlichen Eingriffen schützen sollen, sondern auf die Schaffung oder Zuteilung eines noch nicht verfügbaren Rechtsguts gerichtet sind, um ggf. bestehende soziale Nachteile beim Gebrauch der Freiheitsrechte abzubauen.[925]

3. Sonderfall: Verfassung des Landes Brandenburg

Unter den landesverfassungsrechtlichen Regelungen, die Aussagen zur Bildung bzw. zur Weiterbildung enthalten, nimmt die Verfassung des Landes Brandenburg (LV Bbg) eine Sonderstellung ein. Zwar enthält sie wie viele andere Landesverfassungen ein „Recht auf Bildung" sowie eine Verpflichtung des Landes, die Weiterbildung von Erwachsenen zu fördern. Daneben bestimmt Art. 33 Abs. 2 S. 1 jedoch, daß jeder das *„Recht auf Freistellung zur beruflichen, kulturellen oder politischen Weiterbildung"* habe. Des weiteren enthält Art. 48 Abs. 2 S. 2 LV Bbg im Zusammenhang mit dem „Recht auf Arbeit" (Art. 48 Abs. 1) die Formulierung, es bestehe ein Anspruch auf Umschulung und berufliche Weiterbildung, *„so weit eine angemessene Arbeitsgelegenheit nicht nachgewiesen werden"* könne.

a) Recht auf Freistellung zur beruflichen Weiterbildung

Das in Art. 33 Abs. 2 S. 1 LV Bbg angesprochene Recht auf Freistellung zur beruflichen Weiterbildung, das unter dem 6. Abschnitt „Bildung, Wissenschaft, Kunst und Sport" dem „2. Hauptteil: Grundrechte und Staatsziele" zugeordnet ist, steht nach S. 2 des gleichen Absatzes unter dem Vorbehalt einer gesetzlichen Regelung.

---

922 *Nebendahl*, ZRP 1991, S. 261.
923 *Kutscha*, ZRP 1993, S. 341; *Vitzthum*, ZfA 1991, S. 699; Böckenförde/Jekewitz/Ramm /*Böckenförde*, Soziale Grundrechte, S. 12; vgl. auch *Dietlein*, Die Grundrechte in den Verfassungen der neuen Bundesländer, S. 154 zu § 29 Abs. 1 LV Bbg.
924 *Vitzthum*, ZfA 1991, S. 699; Böckenförde/Jekewitz/Ramm/*Richter*, Soziale Grundrechte, S. 120, 122, 126; HzA/*Bengelsdorf*, Gruppe 9 Teilbereich 1 RdNr. 151.
925 *Kutscha*, ZRP 1993, S. 341; Böckenförde/Jekewitz/Ramm/*Ramm*, S. 24, 27 f.; HzA/*Bengelsdorf*, Gruppe 9 Teilbereich 1 RdNr. 151.

Da das Recht als Grundrecht formuliert ist, legt die Wortlautauslegung die Annahme nahe, daß ein subjektives Recht gewährt wird. Der Vorbehalt der näheren gesetzlichen Regelung führt über die systematische Auslegung jedoch zu dem Schluß, daß kein unmittelbar einklagbares Recht gewährt wird, sondern daß die Vorschrift lediglich eine an den Staat gerichtete objektive Verpflichtung enthält, durch Schaffung einfachgesetzlicher Regelungen das Recht auf Freistellung zu gewährleisten.[926] Wie bei dem „Recht auf Bildung" handelt es sich bei dem „Recht auf Freistellung" um ein soziales Grundrecht.[927] Der einzelne Arbeitnehmer kann sich daher nicht auf Art. 33 Abs. 1 S. 1 LV Bbg berufen, wenn er Freistellung zum Zwecke der beruflichen Weiterbildung begehrt. Auf die Frage, ob und ggf. inwiefern die Bestimmung Wirkungen gegenüber dem Arbeitgeber entfaltet, braucht daher nicht eingegangen zu werden.

b) Recht auf berufliche Weiterbildung

Die Auslegung des Wortlautes des Art. 48 Abs. 2 S. 2 LV Bbg läßt ebenfalls das Ergebnis zu, es werde ein Anspruch des Bürgers gegen den Staat eingeräumt, unter den genannten Voraussetzungen Maßnahmen der beruflichen Weiterbildung verlangen zu können. Gegen die Annahme, es handele sich tatsächlich um eine derartige Anspruchsgrundlage, sprechen aber die gleichen verfassungspolitischen Argumente, die auch gegen eine Ableitung individueller Leistungsansprüche aus sozialen Grundrechten ins Feld geführt werden.[928] So würde die Gewährleistung solcher Rechte die demokratisch-rechtsstaatliche Konstitution verwässern. Soziale Leistungsansprüche knüpfen nicht an etwas der Gewährleistung Vorausliegendes, bereits Vorhandenes an, sondern sind erst auf die Verschaffung bestimmter Güter gerichtet. Ihr Umfang ergäbe sich daher anders als bei den Freiheitsrechten nicht aus der Verfassungsbestimmung selbst. Vielmehr führte erst eine Ausgestaltung durch den Gesetzgeber zu einer Festlegung von Inhalt und Reichweite.[929] Des weiteren wäre ein gegen den Staat gerichteter Anspruch auf Weiterbildung wegen Fehlens der institutionellen, finanziellen und personellen Voraussetzungen faktisch gar nicht erfüllbar. Die landesverfassungsrechtliche Bestimmung liefe bei diesem Verständnis weitgehend ins Leere, denn: „Impossibilium nulla est obligatio". Zu guter Letzt fehlte auch die staatliche Verfügungsmacht über den Gegenstand des Leistungsanspruchs. Berufliche Weiterbildung wird zum größten Teil von den Arbeit-

---

926 *Lieber/Iwers/Ernst*, LV Bbg, Art. 33 Nr. 2.
927 HzA/*Bengelsdorf*, Gruppe 9 Teilbereich 1 RdNr. 154; *Diercks*, LKV 1996, S. 234.
928 Dazu näher *Vitzthum*, VBlBW 1991, S. 405 f.
929 Vgl. Böckenförde/Jekewitz/Ramm/*Böckenförde*, Soziale Grundrechte, S. 10, 14.

gebern selbst oder von privaten Weiterbildungseinrichtungen angeboten und durchgeführt, so daß auch in dieser Hinsicht der Anspruch in erheblichem Umfang unerfüllbar bliebe.[930] Ungeachtet der subjektiv-rechtlichen Formulierung des Art. 48 Abs. 2 S. 2 LV Bbg ist diese Vorschrift daher objektiv-rechtlich, im Ergebnis also wie eine Staatszielbestimmung zu verstehen.

Soweit eine Auslegung als soziales Grundrecht in Betracht gezogen wird, führt auch diese rechtliche Einstufung zu keiner Erweiterung der Rechte des Einzelnen. Da Art. 48 Abs. 2 LV Bbg Regelungen zu Tatbeständen enthält, die bereits eine bundesrechtliche Normierung erfahren haben, ist diese Vorschrift wegen Verstoßes gegen Art. 31 GG grundgesetzwidrig und wird derogiert.[931]

Aus der Vorschrift des Art. 48 Abs. 2 S. 2 LV Bbg, die nach ihrem Wortlaut die Einräumung individueller Leistungsansprüche vermuten läßt, können im Ergebnis keine unmittelbaren, auf die Gewährung von Maßnahmen der beruflichen Weiterbildung durch die öffentliche Hand gerichteten Rechte des Bürgers abgeleitet werden. Aufgrund des objektiv-rechtlichen Charakters der Norm geht von ihr auch keine Drittwirkung aus, die zu Rechtsansprüchen im Verhältnis Arbeitgeber – Arbeitnehmer führte.

4. Zusammenfassende Betrachtung der landesverfassungsrechtlichen Regelungen

Die zahlreichen Bestimmungen in den Verfassungen der deutschen Bundesländer, die sich thematisch mit der Bildung bzw. der Weiterbildung (von Erwachsenen) befassen, sind ausnahmslos in einem objektiv-rechtlichen Sinne – als Staatszielbestimmungen oder soziale Grundrechte – zu verstehen. Mit den Worten *Dietleins* erschöpfen sich die in die äußere Form echter subjektiver Rechte gekleideten Bildungsverbürgungen der Länder in einer objektiv-rechtlichen Einrichtungsgarantie. Eine Ausgestaltung erfolgt durch Regelungen des einfachen Rechts.[932] Da Adressat der objektiv-rechtlichen Verpflichtungen jeweils die staatlichen Organe sind, ergeben sich aus ihnen keine unmittelbar einklagbaren Rechte Einzelner. Aus dem gleichen Grund entfalten sie auch keine Drittwirkung im Sinne einer Ausstrahlung auf die Rechtsbeziehungen zwischen Arbeitgebern und Arbeitnehmern.

Auch wenn der Regelungsgehalt der landesverfassungsrechtlichen Bestimmungen damit hinter dem zurückbleibt, was ihr Wortlaut in vielen Fällen vermuten läßt, darf ihre tatsächliche Wirkung nicht unterschätzt werden. Viele Bundesländer ha-

---

930 In diese Richtung auch HzA/*Bengelsdorf*, Gruppe 9 Teilbereich 1 RdNr. 155.
931 *Scholz*, RdA 1993, S. 254; vgl. auch *Lieber/Iwers/Ernst*, LV Bbg, Art. A8 Nr. 3.
932 *Dietlein*, Die Grundrechte in den Verfassungen der neuen Bundesländer, S. 154.

ben die Verfassungsaufträge zum Anlaß genommen, Gesetzeswerke zu erlassen, die die Weiterbildung im allgemeinen oder die der Arbeitnehmer im besonderen zum Gegenstand haben.

II. Einfaches Landesrecht

Angesichts der Tatsache, daß der Bund bisher von seiner aus Art. 70, Art. 72 Abs. 1, Art. 74 Nr. 12 GG folgenden konkurrierenden Gesetzgebungskompetenz im Bereich der Arbeitnehmerweiterbildung keinen Gebrauch gemacht hat[933] und dies teilweise auch ausdrücklich abgelehnt wurde,[934] haben mittlerweile zwölf Bundesländer Gesetze erlassen, die Arbeitnehmern einen Anspruch auf bezahlte Freistellung zum Zwecke der Bildung einräumen. Ganz abgesehen davon, daß mit Baden-Württemberg, Bayern, Sachsen und Thüringen bezeichnenderweise gerade die Länder, die vergleichsweise geringere Arbeitslosenquoten aufweisen, auf entsprechende Regelwerke verzichtet haben, kann allerdings nicht ernsthaft behauptet werden, von den landesrechtlichen Bildungsfreistellungs- bzw. Bildungsurlaubsgesetzen sei ein „Impuls" für eine kontinuierliche Weiterbildung ausgegangen. Trotz der teilweise sehr großzügigen Ausgestaltung der den Arbeitnehmern zustehenden Ansprüche nutzen schätzungsweise lediglich 1,5 % der Berechtigten die Möglichkeit eines Bildungsurlaubs.[935]

Bevor mögliche Gründe für diesen geringen Erfolg der Gesetzeswerke der Länder analysiert werden, soll ein Überblick über die wesentlichen Strukturen der Regelungen zur Bildungsfreistellung gegeben werden. Obwohl im Detail zwar durchaus Unterschiede bestehen, weisen die einzelnen Landesgesetze in grundsätzlichen Punkten erhebliche Gemeinsamkeiten auf.[936]

---

933 Ausdrücklich BVerfG v. 15.12.1987 – 1 BvR 563, 582/85, 974/861 und 1 BvL 3/86 = AP Nr. 62 zu Art. 12 GG = BVerfGE 77, S. 308.
934 Auf eine große Anfrage von Abgeordneten der SPD-Fraktion hat die damalige Bundesregierung am 30.09.1986 entgegnet, *„daß einem bundeseinheitlichen Gesetz flexiblere und praxisgerechtere Regelungen „auf Länderebene" oder im Rahmen von Tarifverträgen vorzuziehen seien"*; vgl. BT-Drucks. 10/6085, S. 17.
935 *Böhm*, ArbRB 2008, S. 341.
936 Vgl. dazu die Übersicht bei *Schiefer*, Schulung und Weiterbildung im Arbeits- und Dienstverhältnis, RdNr. 252a.

1. Voraussetzungen der landesgesetzlichen Ansprüche

Diese weitgehenden Übereinstimmungen zeigen sich bereits bei den Voraussetzungen, die für das Entstehen eines Anspruchs auf Freistellung erfüllt sein müssen.

a) Begriff der Weiterbildung

Weiterbildungsurlaub wird überwiegend zum Zwecke der beruflichen und politischen, teilweise aber auch zur allgemeinen (Bremen, Niedersachsen, Schleswig-Holstein, Brandenburg) sowie zur kulturellen (Niedersachsen, Brandenburg) Weiterbildung gewährt. Vereinzelt erfaßt der Freistellungsanspruch zusätzlich auch solche Veranstaltungen, die zur Wahrnehmung von Ehrenämtern qualifizieren (Mecklenburg-Vorpommern, Hamburg).

Eine einheitliche Definition dessen, was unter den verschiedenen inhaltlichen Aspekten der Weiterbildung im Einzelnen zu verstehen ist, gibt es nicht. Einige Landesgesetze enthalten jedoch nähere Begriffsbestimmungen, aus denen sich Anhaltspunkte auch für die übrigen Regelungswerke entnehmen lassen. Daneben hat auch die Rechtsprechung zur inhaltlichen Konkretisierung beigetragen. Die Grundzüge der beruflichen, politischen, allgemeinen und kulturellen Weiterbildung werden im folgenden kurz dargestellt.

aa) berufliche Weiterbildung

Der Begriff der beruflichen Weiterbildung im Sinne der Landesgesetze wurde bereits erörtert.[937] Auf eine Wiederholung wird verzichtet.

bb) politische Weiterbildung

Die politische Weiterbildung soll nach § 1 Abs. 4 AWbG NRW das Verständnis der Beschäftigten für gesellschaftliche, soziale und politische Zusammenhänge verbessern und damit die in einem demokratischen Gemeinwesen anzustrebende Mitsprache in Staat, Gesellschaft und Beruf fördern. Diese gesetzliche Konkretisierung steht in wortgetreuem Einklang mit der vom BVerfG[938] entwickelten Definition. Ähnliche Formulierungen finden sich zudem in § 1 Abs. 3 BildUrlG Berlin, § 1 Abs. 2 BildUrlG HH, § 1 Abs. 3 SBFG, § 3 Abs. 3 Bildungsfreistellungsgesetz Rheinland Pfalz (RhPf BFG; *„gesellschaftspolitische Bildung"*) und in § 3 Abs. 4

---

937 Vgl. oben § 2 D.IV.
938 BVerfG v. 15.12.1987 – 1 BvR 563/85 u. a. = BVerfGE 77, S. 308 (333); ihm folgend das BAG v. 24.08.1993 – 9 AZR 240/90 = NZA 1994, S. 456 (457).

SchlH BFQG. Das letztgenannte Gesetz normiert als zusätzliche Ziele der politischen Weiterbildung neben der Förderung der „Orientierung der Einzelnen in Staat und Gesellschaft" auch noch die Sicherung der Demokratie und die Fortentwicklung des Rechtsstaats (§ 3 Abs. 4 S. 2 SchlH BFQG).

Nach dem BAG muß eine Veranstaltung, die der politischen Weiterbildung in diesem Sinne dient, nach ihrem didaktischen Konzept sowie ihrer zeitlichen und sachlichen Ausrichtung der einzelnen Lerneinheiten das Erreichen der genannten Ziele uneingeschränkt ermöglichen.[939] Nicht erforderlich sei hingegen, daß sie auf die spezifischen Bedürfnisse und Interessen von Arbeitnehmern ausgerichtet sei, soweit das Landesgesetz keinen in dieser Hinsicht einschränkenden Bezug auf die Arbeitnehmereigenschaft enthalte.[940]

Der stetige Wandel politischer Verhältnisse und Anschauungen lasse es nach Auffassung des BAG nicht zu, einen allgemeinen Katalog geeigneter oder nicht geeigneter Themen zur politischen Weiterbildung aufzustellen. Nicht nur Themen zur Staats- oder Bürgerrechtskunde könnten daher zum Gegenstand politischer Weiterbildung gemacht werden, sondern auch andere Fragen, die Aufgabe oder Ziel von Politik sind oder zur politischen Diskussion gestellt werden sollen. Allerdings beziehe sich das Ziel der politischen Arbeitnehmerweiterbildung auf das Gemeinwesen, in dem der betreffende Arbeitnehmer lebe und an dessen Gestaltung er demzufolge mitwirken könne. Der politischen Weiterbildung dienten daher grundsätzlich nur solche Bildungsveranstaltungen, die sich mit den politischen und sozialen Verhältnissen in der Bundesrepublik Deutschland und der Europäischen Union befassen.[941] Diese Voraussetzungen könnten zwar auch durch einen Vergleich mit in anderen Ländern bestehenden, unterschiedlichen Verhältnissen erfüllt werden. Dafür sei aber erforderlich, daß der Arbeitnehmer durch die vergleichende Betrachtung Kenntnisse und Erfahrungen für eine bessere Mitsprache und mehr Mitverantwortung in dem eigenen Gemeinwesen gewinnen könne. Die entgegenstehende Auffassung des LAG Hamm, angesichts der Vernetztheit der politischen Verhältnisse und angesichts der Globalisierung von Politik und Wirtschaft sei jede Grenzziehung zwischen Veranstaltungen mit einem Bezug zum Gemeinwesen Bundesrepublik Deutschland und solchen, denen ein solcher Bezug fehle, willkürlich,[942] weist das BAG ausdrücklich zurück.[943]

---

939 BAG v. 24.10.2000 – 9 AZR 645/99 = NZA 2001, S. 1073 (1074).
940 BAG v. 24.08.1993 – 9 AZR 240/90 = AP Nr. 9 zu § 1 BildungsurlaubsG NRW; v. 17.11.1998 – 9 AZR 503/97 = NZA 1999, S. 872 (874).
941 BAG v. 16.03.1999 – 9 AZR 166/98 = AP Nr. 27 zu § 1 BildungsurlaubsG NRW = SAE 2000, S. 354 mit zust. Anm. *Dauner-Lieb*.
942 LAG Hamm v. 04.12.1998 – 15 Sa 1528/98, n.v. (unter RdNr. 53 f. der Gründe).
943 BAG v. 16.05.2000 – 9 AZR 241/99 = NZA 2001, S. 148 (149).

cc) allgemeine Weiterbildung

Die Bildungsfreistellungsgesetze Niedersachsens,[944] Bremens und Schleswig-Holsteins gewähren einen Urlaubsanspruch auch zum Zwecke der allgemeinen Weiterbildung. Nach § 3 Abs. 3 S. 1 SchlH BFQG soll die allgemeine Weiterbildung *„die Selbstentfaltung der Einzelnen fördern, indem sie zur Auseinandersetzung insbesondere mit kulturellen, sozialen, wirtschaftlichen und ökologischen Fragen befähigt und zum Handeln in diesen Bereichen anregt"*. Daneben ist ihr die Aufgabe zugewiesen, zur Mitgestaltung sozialer Entwicklungen zu befähigen (S. 2). Das Weiterbildungsgesetz (WBG) Bremen, auf das § 1 Abs. 1 des Bremischen Bildungsurlaubsgesetzes (BildUrlG Bremen) verweist, enthält in seinem § 2 einen Katalog an Inhalten, die die mit der Weiterbildung verfolgten Aufgaben aufzählt. Insoweit der Begriffsbestimmung in § 3 Abs. 3 S. 1 SchlH BFQG ähnelnd, nennt § 2 Abs. 1 Nr. 1 WBG Bremen als Ziel der Weiterbildung die Befähigung des Einzelnen, *„soziale und kulturelle Erfahrungen, Kenntnisse und Vorstellungen kritisch zu verarbeiten, um die gesellschaftliche Wirklichkeit und Stellung in ihr zu begreifen und verändern zu können"*.

dd) kulturelle Weiterbildung

In Niedersachsen verfügen die Arbeitnehmer über einen Anspruch auf Freistellung auch zum Zwecke der kulturellen Weiterbildung (§ 1 NBildUrlG i.V.m. § 1 Abs. 1 S. 2 Erwachsenenbildungsgesetz Niedersachsen (NEBG)). Eine genauere Definition des Begriffs der kulturellen Weiterbildung enthält das NEBG aber nicht, sondern faßt sie unter die weite und nicht auf bestimmte Arten der Weiterbildung beschränkte Formulierung, die Erwachsenenbildung solle *„die Chance bieten, sich die für die freie Entfaltung der Persönlichkeit und die Mitgestaltung der Gesellschaft erforderlichen Kenntnisse, Fähigkeiten und Fertigkeiten anzueignen"* (§ 1 Abs. 2 S. 2 NEBG). Die kulturelle Weiterbildung wird daneben noch vom Freistellungsanspruch des Brandenburgischen Weiterbildungsgesetzes (BbgWBG) umfaßt. Die in § 2 Abs. 2 S. 1 BbgWBG enthaltene, allgemeine Formulierung, die Weiterbildung solle *„zu selbständigem, eigenverantwortlichem und kritischem Handeln im persönlichen, sozialen, politischen, kulturellen und beruflichen Leben befähigen"*, fällt jedoch ebenfalls unscharf aus. In Schleswig-Holstein erstreckt sich der Begriff der allgemeinen Weiterbildung auch auf die *„Auseinandersetzung (...) mit kulturellen (...) Fragen"* (§ 3 Abs. 3 S. 1 SchlH BFQG), so daß zumindest von einem mittelbaren Anspruch auf kulturelle Weiterbildung gesprochen werden kann.

---

944 § 1 NBildUrlG i.V.m. § 1 Abs. 1 S. 2 NEBG.

b) Anspruchsberechtigte

Der Anspruch auf Freistellung zum Zwecke der Weiterbildung setzt nach den Bildungsfreistellungsgesetzen der Länder grundsätzlich die Arbeitnehmer- bzw. Angestellteneigenschaft voraus. Zumeist wird der persönliche Anwendungsbereich auch auf die zu ihrer Berufsausbildung Beschäftigten, vereinzelt aber auch auf Beamte und Richter ausgedehnt (§ 6 Abs. 2 S. 1 SchlH BFQG, § 2 Abs. 2 S. 1 SBFG, § 1 Abs. 3 RhPf BFG, § 2 Abs. 4 S. 1 Bildungsfreistellungsgesetz Mecklenburg-Vorpommern (BfG M-V; nur zum Zwecke der gesellschaftspolitischen Weiterbildung und für solche Weiterbildungsveranstaltungen, die der Qualifikation für ein Ehrenamt dienen)). Nahezu alle Bildungsurlaubsgesetze (bis auf das BildUrlG HH) beziehen zusätzlich auch die in Heimarbeit Beschäftigten und die ihnen Gleichgestellten sowie sonstige Personen, die aufgrund ihrer Unselbständigkeit als arbeitnehmerähnliche Personen anzusehen sind, mit ein.

In einigen Landesgesetzen wird verlangt, daß die jeweiligen Beschäftigungsverhältnisse ihren Schwerpunkt in dem betreffenden Bundesland haben (§ 2 S. 1 AWbG NRW, § 2 Abs. 1 BfG M-V, § 1 Abs. 1 S. 1 BildUrlG Hessen, § 6 Abs. 2 S. 1 SchlH BFQG, § 2 S. 1 BildUrlG HH, § 1 Abs. 2 S. 1 Bildungsfreistellungsgesetz Sachsen-Anhalt (LSABifreistG)). Daneben wird durchgehend ein sechs- bzw. zwölfmonatiges (Saarland, § 25 SWBG) Bestehen des Arbeitsverhältnisses vorausgesetzt.

c) Anforderungen an die Weiterbildungsveranstaltung

Neben den aufgezeigten inhaltlichen Anforderungen muß eine Weiterbildungsveranstaltung nach Maßgabe aller landesgesetzlichen Regelungen bestimmte Voraussetzungen erfüllen, um den Anspruch auf Freistellung entstehen zu lassen. Zu den Voraussetzungen zählt neben der Anerkennung der Veranstaltung bzw. ihres Trägers unter anderem ihre Allgemeinzugänglichkeit. Der Freistellungsanspruch setzt daneben auch eine bestimmte Dauer der Weiterbildungsveranstaltung voraus.

aa) Anerkennung

Bildungsurlaub kann nach allen landesrechtlichen Regelungen grundsätzlich nur für solche Veranstaltungen gewährt werden, die entweder selbst als Weiterbildungsmaßnahme anerkannt worden sind oder die von anerkannten Trägern der

Weiterbildung durchgeführt werden.[945] Die Anerkennung erfolgt durch eine dafür zuständige Behörde und unterliegt in den jeweiligen Ländern unterschiedlichen Anforderungen.[946] Die Verwaltungsakte der Anerkennung einer Bildungsstätte bzw. der Genehmigung einer Veranstaltung entfalten allerdings nach der Rechtsprechung des BAG keine bindende Wirkung und begründen auch keine Vermutung, daß eine Veranstaltung der Weiterbildung i.S.d. Landesgesetze dient. Die Tatbestandswirkung der Anerkennung zwingt die Gerichte für Arbeitssachen lediglich dazu, die Tatsache des Erlasses des Verwaltungsaktes und seinen Inhalt als gegeben hinzunehmen und in diesem Sinne den Verwaltungsakt zu beachten, selbst wenn er rechtswidrig sein sollte. Etwas anderes gilt nur für den Fall der Nichtigkeit.[947] Demnach obliegt den zuständigen Gerichten für Arbeitssachen die Prüfung, ob eine thematisch umstrittene Bildungsveranstaltung den jeweiligen landesgesetzlichen Vorgaben entspricht.[948]

Damit eine Veranstaltung als von einem anerkannten Träger der Weiterbildung „durchgeführt" gilt, muß die betreffende Einrichtung der Weiterbildung bestimmenden Einfluß darauf ausüben, ob die Veranstaltung stattfindet, wie sie inhaltlich gestaltet wird, wer unterrichtet und wer teilnimmt.[949] § 10 Abs. 1 AWbG NRW bindet die Anerkennung einer Weiterbildungseinrichtung an drei konkret benannte Voraussetzungen wie bspw. den Nachweis eines vom Ministerium anerkannten und veröffentlichten Gütesiegels (Nr. 3).[950] § 9 Abs. 2 AWbG NRW schließt bestimmte Veranstaltungen kategorisch von der Anerkennung aus, darunter solche, die lediglich Erholung oder Unterhaltung bezwecken (Nr. 1). Auch Veranstaltungen, deren Durchführungsort sich mehr als fünfhundert Kilometer entfernt von der Grenze des Landes Nordrhein-Westfalen befindet, sind, sofern es sich nicht um solche am Ort von Gedenkstätten oder an Gedächtnisorten handelt, die der Auseinandersetzung mit dem Nationalsozialismus dienen (§ 9 Abs. 2 S. 2 AWbG NRW), nicht anerkennungsfähig, § 9 Abs. 2 S. 1 Nr. 5 AWbG NRW. Der Regelung des § 9 Abs. 2 AWbG NRW ähnelnde Ausschlußkriterien sieht bspw. auch § 11 Abs. 2 BildUrlG Hessen vor.

---

945 MünchArbR/*Boewer*, 2. Aufl. 2000, § 93 RdNr. 17; vgl. dazu auch BAG v. 29.07.1982 – 6 AZR 432/80 = AP Nr. 1 zu § 8 BildungsurlaubsG Hessen.
946 *Böhm*, ArbRB 2008, S. 344.
947 BAG v. 03.08.1989 – 8 AZR 335/87 = AP Nr. 4 zu § 7 BildungsurlaubsG NRW; v. 03.08.1989 – 8 AZR 249/87 = AP Nr. 4 zu § 9 Bildungsurlaubsgesetz NRW; v. 18.05.1999 – 9 AZR 381/98 = AP Nr. 2 zu § 1 BildungsurlaubsG Hamburg.
948 MünchArbR/*Boewer*, 2. Aufl. 2000, § 93 RdNr. 17.
949 BAG v. 16.08.1990 – 8 AZR 220/88 = AP Nr. 6 zu § 9 BildungsurlaubsG NRW.
950 Vgl. zu der Voraussetzung des Nachweises eines Gütesiegels *Schiefer*, DB 2010, S. 338 f.

bb) Allgemeinzugänglichkeit

Die Anerkennungsfähigkeit setzt nach dem überwiegenden Teil der Freistellungsgesetze die Allgemeinzugänglichkeit der Bildungsveranstaltung voraus (vgl. nur § 11 Abs. 1 Nr. 2 NBildUrlG, § 7 S. 1 Nr. 2 BbgWBG, § 9 Abs. 1 S. 1 Nr. 3 AWbG NRW). Allgemeinzugänglichkeit bedeutet nach der Rechtsprechung des BAG, daß die Veranstaltung zumindest den in den Landesgesetzen als Anspruchsberechtigte ausgewiesenen Personen offensteht und sich nicht nur an einen enger eingegrenzten Personenkreis, z.B. Gewerkschaftsmitglieder, richtet.[951] Verwendet eine (mit einer Gewerkschaft zusammenarbeitende) Weiterbildungseinrichtung Programmhefte zur Bekanntmachung ihrer Seminare, so muß allen interessierten Arbeitnehmern und nicht nur Gewerkschaftsmitgliedern die Möglichkeit der Kenntnisnahme eingeräumt werden. Des weiteren muß sich aus den Broschüren ergeben, daß und unter welchen Voraussetzungen auch gewerkschaftlich nicht gebundenen Arbeitnehmern der Zugang zu der Veranstaltung offensteht.[952] Für ausreichend wird erachtet, daß das Programmheft eines Bildungswerks in mindestens 20 Exemplaren in einem Aufenthaltsraum des Betriebes, den jedermann betreten konnte, auf einer Programmbank zeitlich vor der Schulung ausgelegt und daß durch ein Plakat an einer in dem Aufenthaltsraum befindlichen Pinnwand geworben worden ist.[953]

Stellt eine Bildungsveranstaltung wie ein Aufbaukurs einen Teil einer mehrstufigen Veranstaltungsreihe dar und macht der Träger den Besuch des Aufbaukursus' von der erfolgreichen Teilnahme an den vorangehenden Kursen abhängig, so ist die Allgemeinzugänglichkeit nur gewährleistet, wenn auch die vorangehenden Kurse für jedermann zugänglich waren.[954]

Die Erhebung einer Teilnahmegebühr (im Fall: 558 DM für Unterkunft und Verpflegung) steht der Allgemeinzugänglichkeit nach dem BAG selbst dann nicht entgegen, wenn Gewerkschaftsmitgliedern eine Erstattung des Teilnahmebeitrags zugesichert wird. Zum einen habe nach der Konzeption der Bildungsfreistellungsgesetze der Arbeitnehmer die Kosten der Bildungsveranstaltungen selbst zu tragen; die Bildungseinrichtungen seien nicht verpflichtet, die Kosten für Lehrveranstaltungen und Unterbringung sowie Verpflegung der Teilnehmer zu tragen, soweit es sich lediglich um einen Deckungsbeitrag handele. Zum anderen finde die Erstat-

---

951 BAG v. 03.08.1989 – 8 AZR 249/87 = AP Nr. 4 zu § 9 Bildungsurlaubsgesetz NRW.
952 BAG v. 03.08.1989 – 8 AZR 249/87 = AP Nr. 4 zu § 9 Bildungsurlaubsgesetz NRW; v. 16.08.1990 – 8 AZR 654/88 = AP Nr. 7 zu § 9 BildungsurlaubsG NRW = NZA 1991, S. 109 (110).
953 BAG v. 09.11.1993 – 9 AZR 9/92 = AP Nr. 8 zu § 9 BildungsurlaubsG NRW = NZA 1994, S. 448 (449).
954 BAG v. 09.11.1993 – 9 AZR 9/92 = AP Nr. 8 zu § 9 BildungsurlaubsG NRW = NZA 1994, S. 448 (449).

tung der Teilnahmegebühren für Mitglieder einer die Veranstaltung durchführenden Gewerkschaft eine Rechtfertigung darin, daß diese durch ihre Mitgliedschaft verpflichtet seien, einen bestimmten Prozentteil ihrer Einkünfte als Mitgliedsbeitrag zu zahlen, ihnen also im Verhältnis zu den Nichtmitgliedern ein geringerer Teil ihres Einkommens zur Verfügung stehe. Dies gelte auch im Verhältnis zu Mitgliedern anderer Gewerkschaften.[955] Dieser Rechtsprechung tritt *Boewer* mit dem überzeugenden Argument entgegen, daß damit je nach Höhe des Kostenbeitrags Zugangshindernisse aufgestellt würden, die Nichtgewerkschaftsmitglieder von der Teilnahme an der Bildungsveranstaltung faktisch ausschlössen.[956] Die damit von *Boewer* aufgeworfene Frage, ob im Einzelfall ein besonders hoher Beitrag interessierte, nichtorganisierte Arbeitnehmer von einer Teilnahme abschrecken könne und deshalb die offene Zugänglichkeit zu verneinen sei, hat das BAG in einem weiteren Urteil zum BFG Rheinland-Pfalz allerdings ausdrücklich unbeantwortet gelassen.[957] Das aus der angedeuteten Abschreckungswirkung folgende, faktische Zugangshindernis für nicht der ausrichtenden Gewerkschaft angehörige Arbeitnehmer spricht dafür, in Fällen besonders hoher Beiträge die Allgemeinzugänglichkeit einer Weiterbildungsveranstaltung zu verneinen. Wo dabei die Grenze des finanziell noch Zumutbaren zu ziehen ist, kann nicht pauschal beurteilt werden, sondern hängt von der Art und dem Umfang der jeweiligen Veranstaltung ab.

Nach § 9 Abs. 1 S. 3 AWbG NRW kann die Teilnahme an einer Weiterbildungsveranstaltung von fachlichen Vorkenntnissen abhängig gemacht werden. In dieser Beschränkung liegt kein Verstoß gegen das Gebot der Allgemeinzugänglichkeit, soweit sie der Förderung der Nachhaltigkeit der Bildungsveranstaltung dient.[958]

cc) Dauer

Die meisten Landesgesetze verlangen eine bestimmte Dauer der Bildungsveranstaltungen, die überwiegend auf fünf Tage angesetzt wird, sich in Ausnahmefällen aber auch auf drei aufeinanderfolgende Tage beschränken kann (vgl. § 5 Abs. 5 S. 1 AWbG NRW, § 9 Abs. 1 S. 1 BildUrlG HH). Am wenigsten streng sind die Regelungen in Bremen und in Sachsen-Anhalt: Ein Freistellungsanspruch besteht hier für Bildungsmaßnahmen *„von mindestens einem Tag Dauer"* (§ 8 Abs. 1 BildUrlG

---

955 BAG v. 21.10.1997 – 9 AZR 253/96 = AP Nr. 24 zu § 1 BildungsurlaubsG NRW.
956 MünchArbR/*Boewer*, 2. Aufl. 2000, § 93 RdNr. 28, mit Hinweis auf LAG Düsseldorf v. 10.05.1996 – 9 Sa 231/96, n.v.
957 BAG v. 09.06.1998 – 9 AZR 466/97 = AP Nr. 1 zu § 3 BildungsurlaubsG Rheinl.-Pfalz = NZA 1999, S. 218 (220).
958 *Schiefer*, DB 2010, S. 338.

Bremen) bzw. für solche Maßnahmen, die „*in der Regel*" mehrtägig oder als Tagesveranstaltungen im Rahmen einer Veranstaltungsreihe stattfinden (§ 2 Abs. 2 LSABifreistG). In Mecklenburg-Vorpommern muß die Veranstaltung nach § 12 Abs. 2 S. 2 Nr. 2 BfG M-V mindestens drei Tage in Block- oder Intervallform und in der Regel je Tag durchschnittlich mindestens acht Unterrichtsstunden umfassen. In Rheinland-Pfalz darf, in Hessen soll der Umfang des täglichen Arbeitsaufwandes sechs Stunden nicht unterschreiten (§ 7 Abs. 1 Nr. 3 RhPf BFG, § 11 Abs. 1 Nr. 3 BildUrlG Hessen). In NRW müssen Bildungsveranstaltungen nach § 9 Abs. 1 Nr. 4 AWbG NRW in der Regel täglich acht, mindestens aber sechs Unterrichtsstunden von jeweils 45 Minuten umfassen.[959] Ist eine feste Mindeststundenzahl gesetzlich nicht ausdrücklich vorgesehen, kann eine Bildungsveranstaltung nach dem BAG selbst dann als Arbeitnehmerweiterbildung (im zugrundeliegenden Fall nach dem AWbG NRW in seiner bis zum 27.12.2009 geltenden Fassung) angesehen werden, wenn an drei von fünf Tagen der Schulung viereinhalb Unterrichtsstunden nicht überschritten werden. Erforderlich sei, daß im Durchschnitt an jedem Tag der Weiterbildungsveranstaltung ein organisierter Lernprozeß von sechs Einheiten zu je 45 Minuten stattgefunden habe.[960] Unschädlich sei zudem, wenn am letzten Tag einer Schulung nur noch 3 Stunden und 15 Minuten für den Unterricht genutzt würden, sofern der für die Weiterbildung erbrachte Arbeitsaufwand an den übrigen Tagen sechs Stunden und mehr betrage.

Eine Flexibilisierung der Weiterbildungsdauer kommt in mehreren Landesgesetzen in Betracht. So läßt das BildUrlG Hessen unter der Voraussetzung eines inhaltlichen und organisatorischen Zusammenhangs auch solche Schulungen zu, die zu zwei jeweils aufeinanderfolgenden zeitlichen Blöcken zusammengefaßt sind, sofern einer der beiden Böcke mindestens zwei Tage umfaßt und beide Blöcke innerhalb von höchstens acht zusammenhängenden Wochen durchgeführt werden (§ 11 Abs. 1 Nr. 2 S. 2 BildUrlG Hessen). In Nordrhein-Westfalen kann, ebenfalls unter

---

[959] In der Gesetzesbegründung – vgl. dazu *Schiefer*, DB 2010, S. 337 f. m.w.N. – wird ausgeführt: „*Der Anspruch eines Arbeitnehmers, zur Teilnahme an einer Veranstaltung freigestellt zu werden, erstreckt sich auf den ganzen Arbeitstag. Der Arbeitgeber kann erwarten, dass diese Zeit weitgehend der Teilnahme an einer Bildungsveranstaltung dient. Der Anspruch auf Freistellung umfasst allein die Zeit des Unterrichts. Zeiten für Anreise und Abreise gehen zu Lasten der Teilnehmer. Sie werden nicht auf die Unterrichtszeit angerechnet. Bei einer mehrtägigen Bildungsveranstaltung ist die gesetzliche Vorgabe der Zahl der täglichen Unterrichtsstunden auch dann erfüllt, wenn die Mindestzahl an einzelnen Tagen unterschritten, diese aber durch mehr Stunden an anderen Tagen ausgeglichen wird. Damit kann eine Veranstaltung am Anreisetag später als an den übrigen Tagen beginnen und am Abreisetag früher enden.*".
[960] BAG v. 24.10.2000 – 9 AZR 645/99 = AP Nr. 29 zu § 1 BildungsurlaubsG NRW; a. A. LAG Düsseldorf v. 17.09.1999 – 9 (13) Sa 718/99, n. v.; MünchArbR/*Boewer*, 2. Aufl. 2000, § 93 RdNr. 14.

der Bedingung inhaltlicher und organisatorischer Kontinuität, Arbeitnehmerweiterbildung innerhalb zusammenhängender Wochen auch für jeweils einen Tag in der Woche in Anspruch genommen werden (§ 5 Abs. 5 S. 2 AWbG NRW).

Erfüllen die Weiterbildungsveranstaltungen die jeweiligen zeitlichen Vorgaben nicht, hat der Arbeitnehmer keinen Freistellungsanspruch.[961]

d) Mitteilung/Vorlage von Nachweisen durch den Arbeitnehmer

Der anspruchsberechtigte Arbeitnehmer, der an einer Maßnahme der Weiterbildung i.S.d. jeweiligen Landesgesetzes teilnehmen will, muß dem Arbeitgeber den Zeitpunkt der Teilnahme rechtzeitig mitteilen. Diese Mitteilung bedarf teilweise der Schriftform und muß so frühzeitig wie möglich, spätestens jedoch sechs Wochen vor Beginn der Veranstaltung erfolgen. Ihr sind die Unterlagen über die Bildungsveranstaltung beizufügen, wozu insbesondere ein Nachweis über ihre Anerkennung sowie das Programm, aus dem sich die Zielgruppe, Lernziele und Lerninhalte sowie der zeitliche Ablauf der Veranstaltung ergeben (vgl. § 5 Abs. 1 AWbG NRW, § 4 Abs. 1 LSABifreistG, § 5 Abs. 1 RhPf BFG, § 5 Abs. 1, 3 BildUrlG Hessen), zählen. Der Arbeitnehmer ist des weiteren verpflichtet, dem Arbeitgeber nach Besuch der Weiterbildungsveranstaltung die Teilnahme durch einen vom Träger auszustellenden Nachweis zu belegen (vgl. § 5 Abs. 6 AWbG NRW, § 4 Abs. 6 LSA-BifreistG, § 5 Abs. 5 RhPf BFG, § 5 Abs. 3 BildUrlG Hessen). In Hamburg, Bremen, Schleswig Holstein, dem Saarland, in Berlin und in Brandenburg trifft den Arbeitnehmer eine Pflicht zum Nachweis der Anmeldung und/oder der Teilnahme, wenn der Arbeitgeber ein entsprechendes Verlangen äußert (§ 9 Abs. 2 BildUrlG HH, § 8 Abs. 2 S. 1 BildUrlG Bremen, § 8 Abs. 4 SchlH BFQG, § 5 Abs. 2 S. 1 SBFG, § 4 Abs. 4 BildUrlG Berlin, § 17 Abs. 4 BbgWBG).

e) Freistellungserklärung durch den Arbeitgeber

aa) kein Recht zur Selbstbeurlaubung

Eine konstitutive Voraussetzung für das Entstehen des Entgeltfortzahlungsanspruchs bildet die vom Arbeitgeber abzugebende Freistellungserklärung. Dem Arbeitnehmer steht nach der Rechtsprechung des BAG kein Selbstbeurlaubungsrecht zu; vielmehr bedürfe der Anspruch des Arbeitnehmers auf bezahlte Freistellung von der Arbeit zum Zwecke der Weiterbildung zu seiner Erfüllung einer Mitwir-

---

961 *Böhm*, ArbRB 2008, S. 343.

kungshandlung des Arbeitgebers.[962] Dies folge in Nordrhein-Westfalen bereits aus § 5 Abs. 2 S. 1 AWbG NRW, wonach der Arbeitgeber die Möglichkeit habe, im Falle des Vorliegens der genannten Voraussetzungen die Erfüllung eines unstreitig bestehenden Anspruchs zu verweigern. Für die landesgesetzliche Regelung in NRW wird diese Auffassung seit dem 29.04.2000[963] durch den neu eingefügten § 5 Abs. 4 AWbG NRW bestätigt, der dem Arbeitnehmer unter bestimmten Voraussetzungen das Recht einräumt, trotz einer Verweigerung der Freistellung durch den Arbeitgeber an einer Bildungsveranstaltung teilzunehmen.[964]

Erklärt der Arbeitgeber die Freistellung des Arbeitnehmers, so kann er sich nach der Teilnahme des Arbeitnehmers an der Bildungsveranstaltung nicht darauf berufen, die Voraussetzungen des gesetzlichen Anspruchs auf Gewährung des Bildungsurlaubs seien nicht erfüllt gewesen. Im Falle des Vorliegens der Freistellungserklärung kommt es auf die Anerkennungsvoraussetzungen für die Bildungsmaßnahme i.S.d. jeweiligen Landesgesetzes nämlich nicht mehr an. Einwände können nur gegenüber dem Freistellungsbegehren geltend gemacht werden.[965] Unerheblich ist zudem, ob der Arbeitgeber bei der Abgabe der Freistellungserklärung den Verpflichtungswillen für die Entgeltfortzahlung hat. Entscheidend ist allein, daß der Arbeitnehmer die Erklärung des Arbeitgebers als Freistellungserklärung zum Besuch einer Veranstaltung i.S.d. Landesgesetzes verstehen mußte.[966] Auch die ausdrückliche Erklärung des Arbeitgebers, den Arbeitgeber zwar zur Weiterbildung freizustellen, zur Fortzahlung des Entgelts aber nicht bereit zu sein, bleibt nach Auffassung des BAG aufgrund der untrennbaren Verbindung zwischen Freistellungserklärung und der gesetzlichen Rechtsfolge der Entgeltfortzahlungsverpflichtung ohne Rechtswirkungen.[967] Eine zur Entgeltfortzahlung verpflichtende Freistellungserklärung liegt dagegen nicht vor, wenn Arbeitgeber und Arbeitnehmer vereinbaren, daß dem Arbeitnehmer zunächst unbezahlte Freizeit gewährt und die ausgefallene Freizeit ggf. später nach Klärung der Rechtslage durch die Gerichte

---

962 BAG v. 11.05.1993 – 9 AZR 231/89 = AP Nr. 2 zu § 1 BildungsurlaubsG NRW; v. 21.09.1993 – 9 AZR 335/91 = AP Nr. 6 zu § 1 BildungsurlaubsG NRW; v. 25.01.1994 – 9 AZR 902/92, n.v.; v. 02.12.1997 – 9 AZR 686/96 = AP Nr. 15 zu § 7 BildungsurlaubsG NRW; MünchArbR/*Boewer*, 2. Aufl. 2000, § 93 RdNr. 11; Küttner/*Reinecke*, Bildungsurlaub, RdNr. 12, 22; a.A. LAG Hamm v. 12.11.1987 – 4 (9) Sa 1169/86 = DB 1988, S. 711; *Vossen*, RdA 1988, S. 352.
963 Vgl. GV NRW S. 361.
964 Zur „Gleichwohl-Teilnahme" sogleich unter bb.
965 BAG v. 21.09.1993 – 9 AZR 335/91 = AP Nr. 6 zu § 1 BildungsurlaubsG NRW; *Böhm*, ArbRB 2008, S. 374; HzA/*Hauck*, Gruppe 4 Teilbereich 2 RdNr. 1129.
966 BAG v. 09.11.1993 – 9 AZR 306/89 = AP Nr. 6 zu § 7 BildungsurlaubsG NRW.
967 BAG v. 19.10.1993 – 9 AZR 476/91 = AP Nr. 10 zu § 1 BildungsurlaubsG NRW; v. 11.05.1993 – 9 AZR 231/89 = AP Nr. 2 zu § 1 BildungsurlaubsG NRW; v. 21.09.1993 – 9 AZR 335/91 = AP Nr. 6 zu § 1 BildungsurlaubsG NRW.

unter Verrechnung des gesetzlichen Freistellungsanspruchs vergütet werde.[968] Gleiches gilt regelmäßig für das bloße Schweigen des Arbeitgebers als Reaktion auf die Mitteilung des Arbeitnehmers, er werde an einer bestimmten Bildungsveranstaltung teilnehmen.[969]

Die Ablehnung des Bildungsurlaubs durch den Arbeitgeber ist zunächst im Falle der Nichterfüllung der gesetzlichen Voraussetzungen (z.b. bei einer fehlenden Anerkennung einer Bildungsveranstaltung) gerechtfertigt.[970] Daneben ist der Arbeitgeber grundsätzlich nur dann zur Ablehnung der Freistellung zu dem vom Arbeitnehmer beantragten Zeitpunkt berechtigt, wenn zwingende betriebliche oder dienstliche Belange oder Urlaubsanträge anderer Arbeitnehmer entgegenstehen (vgl. nur § 5 Abs. 2 S. 1 AWbG NRW, § 5 Abs. 4 S. 1 BildUrlG Hessen, § 5 Abs. 3 S. 1 RhPf BFG, § 7 Abs. 2 BildUrlG HH, § 8 Abs. 2 S. 1 SchlH BFQG). Eine Ablehnung kommt in manchen Bundesländern dann in Betracht, wenn im betreffenden Kalenderjahr bereits eine bestimmte Zahl von Arbeitnehmern an Bildungsveranstaltungen i.S.d. jeweiligen Landesgesetzes teilgenommen hat oder aber wenn im genannten Zeitraum eine bestimmte Gesamtzahl von Arbeitstagen für Weiterbildungszwecke in Anspruch genommen wurde (vgl. § 5 Abs. 2 RhPf BFG, § 5 Abs. 5 S. 1 BildUrlG Hessen, § 4 Abs. 3 S. 1 LSABifreistG, § 4 Abs. 3 BildUrlG Berlin). Die Ablehnung ist dem Arbeitnehmer in einigen Bundesländern so früh wie möglich, spätestens jedoch innerhalb von drei Wochen nach dem Ersuchen des Arbeitnehmers bzw. drei Wochen vor Beginn der Veranstaltung schriftlich und unter Angabe der Gründe mitzuteilen (vgl. § 5 Abs. 3 S. 1 AWbG NRW, § 5 Abs. 6 S. 1 BildUrlG Hessen, § 5 Abs. 3 S. 3 RhPf BFG, § 4 Abs. 2 S. 2 LSABifreistG, § 8 Abs. 2 S. 2 SchlH BFQG). Erfolgt die Ablehnung nicht formgerecht und innerhalb der Frist, so wird die Erteilung der Freistellung in einigen landesgesetzlichen Regelungen fingiert (§ 5 Abs. 3 S. 2 AWbG NRW, § 5 Abs. 6 S. 2 BildUrlG Hessen). Fehlt eine solche Fiktion, hat ein Verstoß gegen die Form- und Fristvorschriften nicht zur Folge, daß die Erklärung als erteilt gilt.[971]

---

968 BAG v. 24.08.1993 – 9 AZR 252/89, n.v.; v. 09.02.1993 – 9 AZR 648/90 = AP Nr 1 zu § 9 BildungsurlaubsG Hessen.
969 Küttner/*Reinecke*, Bildungsurlaub, RdNr. 12.
970 *Schiefer*, Schulung und Weiterbildung im Arbeits- und Dienstverhältnis, RdNr. 265.
971 BAG v. 08.02.1994 – 9 AZR 53/93, n.v. (noch zur Fassung des AWbG NRW vor der Gesetzesänderung zum 29.04.2000).

bb) „Gleichwohl-Teilnahme", § 5 Abs. 4 AWbG NRW

Das AWbG NRW enthält gegenüber den Weiterbildungsgesetzen der übrigen Bundesländer die Besonderheit, daß dem Arbeitnehmer unter bestimmten Umständen auch ohne Freistellung durch den Arbeitgeber die Teilnahme an einer Bildungsveranstaltung ermöglicht wird. Dies kommt nach § 5 Abs. 4 AWbG dann in Betracht, wenn der Arbeitgeber die Freistellung aus anderen (d.h. nicht gesetzlich anerkannten) Gründen als aus dringenden betrieblichen oder dienstlichen Belangen bzw. aufgrund entgegenstehender Urlaubsanträge anderer Arbeitnehmer verweigert. Der Arbeitnehmer muß dem Arbeitgeber in diesem Fall innerhalb einer Woche nach Mitteilung der Ablehnung schriftlich darüber in Kenntnis setzen, daß er gleichwohl an der Bildungsveranstaltung teilnehmen werde (§ 5 Abs. 4 S. 1 AWbG NRW). Der Arbeitgeber, der die Freistellung zu Unrecht verweigert hat, ist dann gegenüber dem Arbeitnehmer zur Fortzahlung des Arbeitsentgelts nach § 7 AWbG NRW verpflichtet (§ 5 Abs. 4 S. 1 AWbG NRW). Der Arbeitnehmer kann die Vergütung also nachträglich einfordern, indem er die Voraussetzungen für den Zahlungsanspruch nach dem AWbG nachweist.[972] Ein Anspruch auf Schadensersatz steht dem Arbeitgeber nach § 5 Abs. 4 S. 4 AWbG NRW nicht zu, wenn der Arbeitnehmer von seinem Recht zur „Gleichwohl-Teilnahme" Gebrauch macht. Letzteres besteht allerdings nicht, wenn der Arbeitgeber eine der Teilnahme an der Bildungsveranstaltung entgegenstehende gerichtliche Entscheidung erwirkt (§ 5 Abs. 4 S. 2 AWbG NRW).

Die im Rahmen einer Gesetzesänderung im Jahr 2000 eingeführte Regelung der „Gleichwohl-Teilnahme" in § 5 Abs. 4 AWbG NRW hat im Vergleich zur vorherigen Rechtslage zu einer deutlichen Verbesserung der Position des Arbeitnehmers geführt. Soweit dieser sicher sein kann, daß die Voraussetzungen des Anspruchs auf Bildungsfreistellung vorliegen, kann er unter den genannten Voraussetzungen auch gegen den Willen des Arbeitgebers an einer Bildungsmaßnahme teilnehmen. Der entscheidende Vorteil liegt für ihn dabei darin, daß er nicht befürchten muß, seinen Anspruch auf Fortzahlung des Arbeitsentgelts zu verlieren. In Nordrhein-Westfalen ist also eine – ansonsten grds. unzulässige – Selbstbeurlaubung des Arbeitnehmers in bestimmten Grenzen durchaus möglich.

f) kein Ausschluß

Einige landesgesetzliche Regelungen enthalten „Kleinbetriebsklauseln", die einen Bildungsfreistellungsanspruch nur für Arbeitnehmer solcher Betriebe vorsehen, die

---

972 *Mittag*, AiB 2001, S. 2.

eine bestimmte Größe erreichen. Während diese Mindestgröße des betreffenden Betriebes in Sachsen-Anhalt und Rheinland-Pfalz eine Zahl von wenigstens oder regelmäßig mehr als fünf Beschäftigten voraussetzt (§ 4 Abs. 3 S. 2 LSABifreistG (30. April als Stichtag), § 2 Abs. 4 S. 1 RhPf BFG), entsteht in Nordrhein-Westfalen ein Anspruch auf Freistellung zu Bildungszwecken erst in einem Betrieb oder einer Dienststelle mit mindestens 10 Beschäftigten (§ 3 Abs. 7 S. 2 AWbG NRW). Diese Klauseln schützen kleine Betriebe, die regelmäßig nicht auf den vollen Einsatz aller ihrer Mitarbeiter verzichten können, vor unzumutbaren Belastungen durch zusätzliche Freistellungspflichten. Sie stellen eine gesetzliche Konkretisierung der „zwingenden betrieblichen Belange" dar, die den Arbeitgeber in sonstigen Fällen zur Ablehnung des Freistellungsbegehrens des Arbeitnehmers berechtigen. Nach § 2 Abs. 6 BfG M-V ist der Anspruch auf Freistellung zudem dann ausgeschlossen, wenn die für die Arbeitsentgelterstattung bereitgestellten Haushaltsmittel des Landes verausgabt sind oder nicht mehr in beantragtem Umfang zur Verfügung stehen.

g) Mitbestimmung des Betriebsrats

Der Betriebsrat verfügt im Zusammenhang mit der Bildungsfreistellung grundsätzlich nicht über Mitbestimmungsrechte, da der Arbeitnehmer einen zwingenden individualrechtlichen Anspruch auf Bildungsurlaub hat.[973] Ein Mitbestimmungsrecht auf der Grundlage des § 87 Abs. Nr. 5 BetrVG kommt lediglich für den Fall in Betracht, daß der Arbeitgeber allgemeine Verfahrensgrundsätze über die Inanspruchnahme von Bildungsurlaub oder Kriterien bzw. Auswahlrichtlinien für die für eine Teilnahme an einer Bildungsveranstaltung in Frage kommenden Arbeitnehmer aufstellen will.[974] Mit einem Urlaubsplan abgestimmte Freistellungspläne sowie die Festsetzung der zeitlichen Lage der Bildungsfreistellung durch den Arbeitgeber im Falle eines fehlenden Einverständnisses des Arbeitnehmers unterliegen demnach der Mitbestimmung des Betriebsrats.[975] Beanspruchen mehrere Arbeitnehmer für den gleichen Zeitraum Bildungsurlaub und kann der Arbeitgeber aus dringenden oder sogar zwingenden betrieblichen Gründen nicht sämtlichen Begehren nachkommen, besteht ebenfalls ein Mitbestimmungsrecht.[976] § 5 Abs. 3 S. 2 BFG Rheinland-Pfalz weist insofern ausdrücklich darauf hin, daß der Arbeitgeber vor einer

---

973 Ausf. *Schiefer*, Schulung und Weiterbildung im Arbeits- und Dienstverhältnis, RdNr. 257 ff.
974 Küttner/*Reinecke*, Bildungsurlaub, RdNr. 26; MünchArbR/*Boewer*, 2. Aufl. 2000, § 93 RdNr. 22; HzA/*Hauck*, Gruppe 4 Teilbereich 2 RdNr. 1098.
975 BAG v. 28.05.2002 – 1 ABR 37/01 = AP Nr. 10 zu § 87 BetrVG 1972 Urlaub; *Zumbeck*, AiB 2008, S. 134.
976 MünchArbR/*Boewer*, 2. Aufl. 2000, § 93 RdNr. 22.

Ablehnung des Freistellungsbegehrens des Arbeitnehmers aus zwingenden betrieblichen oder dienstlichen Belangen den Betriebs- bzw. Personalrat *„nach den jeweils dafür maßgeblichen Bestimmungen"* zu beteiligen hat.

2. Inhalt des Anspruchs des Arbeitnehmers

a) Anspruch auf Freistellung von der Arbeitspflicht

Sind die aufgezählten gesetzlichen Voraussetzungen erfüllt, hat der Arbeitnehmer einen dem Urlaubsanspruch nach dem BUrlG entsprechenden Anspruch auf Freistellung von der Arbeitspflicht. Für die Zeit der Bildungsmaßnahme bleibt der Arbeitgeber zur Fortzahlung des Arbeitslohns verpflichtet, ohne daß dies jedoch die Frage der Erfüllung des Bildungsfreistellungsanspruchs beeinflußte.[977] Die tatsächliche Teilnahme an der Bildungsmaßnahme stellt eine Voraussetzung für den Anspruch auf Fortzahlung des Entgelts dar, so daß dieser bei vom Arbeitnehmer zu vertretendem Unterbleiben der Teilnahme entfällt.[978] Das fortzuzahlende Entgelt berechnet sich je nach Bundesland entweder nach § 11 (und teilweise auch §§ 9, 12) BUrlG (vgl. § 6 Abs. 1 RhPfBFG, § 13 Abs. 1 S. 2 SchlH BFQG, § 9 Abs. 1 S. 2 BildUrlG Bremen) oder nach § 2 EFZG (vgl. § 7 S. 1 AWbG NRW, § 5 S. 2 NBildUrlG). Zur Übernahme der Kosten, die dem Arbeitnehmer aus der Teilnahme an der Weiterbildungsveranstaltung entstehen (Unterkunft, Verpflegung, Teilnahmebeiträge), ist der Arbeitgeber dagegen nicht verpflichtet. Dieser Befund folgt in systematischer Hinsicht daraus, daß die Landesgesetze zwar eine Regelung der Entgeltfortzahlungspflicht, jedoch keine Vorschriften zu der Frage enthalten, wer die Kosten der Fortbildung zu tragen hat.[979]

Der (maximale) Umfang des Freistellungsanspruchs beläuft sich überwiegend auf fünf Arbeitstage im Jahr. Im Saarland ist die Dauer der Freistellung zu Bildungszwecken dagegen grundsätzlich auf höchstens drei Arbeitstage innerhalb eines Kalenderjahres begrenzt. Die Gewährung steht dort zudem unter der Voraussetzung, daß – außer bei Freistellungen für betriebliche Zwecke – im gleichen Umfang arbeitsfreie Zeit für die beantragte Weiterbildungsveranstaltung verwendet wird (§ 3 Abs. 1 SBFG). Manche Weiterbildungsgesetze ermöglichen (unter bestimmten Voraussetzungen) auch eine Zusammenfassung bzw. „Verblockung" der Ansprüche aus zwei Kalenderjahren (vgl. § 3 Abs. 1 S. 2 AWbG NRW, § 7 Abs. 3

---

977 Dazu MünchArbR/*Boewer*, 2. Aufl. 2000, § 91 RdNr. 9.
978 MünchArbR/*Boewer*, 2. Aufl. 2000, § 91 RdNr. 15.
979 *Gola/Hümmerich*, Bildungsurlaub, S. 67; *Schiefer*, Schulung und Weiterbildung im Arbeits- und Dienstverhältnis, RdNr. 262.

SchlH BFQG, § 3 Abs. 5 S. 2 SBFG („*Ansparen*")). Die weitestgehende Regelung findet sich insofern in Niedersachsen: Nach § 2 Abs. 6 S. 2 NBildUrlG können vorbehaltlich der Zustimmung des Arbeitgebers auch die nicht ausgeschöpften Bildungsurlaubsansprüche der beiden Kalenderjahre unmittelbar vor dem vorangegangenen Kalenderjahr geltend gemacht werden, sofern sie gemeinsam mit den Bildungsurlaubsansprüchen des laufenden und des vorangegangenen Kalenderjahres für eine zusammenhängende Bildungsveranstaltung genutzt werden sollen. Nach dieser Regelung ist also eine Zusammenfassung der (nicht bereits erfüllten) Bildungsfreistellungsansprüche von vier Jahren möglich.

Der Anspruch auf Freistellung von der Arbeit zu Bildungszwecken ist nach seiner Zweckbestimmung an die Person des jeweiligen Arbeitnehmers gebunden. Bereits aus dieser höchstpersönlichen Natur des Anspruchs folgt, daß er weder abtretbar noch pfändbar noch vererblich ist.[980] Der überwiegende Teil der Landesgesetze verbindet den Bildungsurlaubsanspruch zudem durch eine Unabdingbarkeitsklausel mit einem Verbot einer zuungunsten des Arbeitnehmers ausfallenden Abweichung von den Bestimmungen des jeweiligen Bildungsfreistellungsgesetzes durch die Arbeits- und Tarifvertragsparteien. In den Ländern, deren Gesetze keine entsprechende Klausel enthalten (Rheinland-Pfalz, Saarland, Mecklenburg-Vorpommern), ergibt sich die Unabdingbarkeit aus der gesetzlichen Zielsetzung der Weiterbildungsansprüche.[981] Die Freistellungsgesetze von Berlin (§ 10 Abs. 2 BildUrlG Berlin) und Brandenburg (§ 23 Abs. 2 BbgWBG) untersagen auch eine Abgeltung des Bildungsurlaubs. In den übrigen Ländern folgt dies ohne ausdrückliche Regelung wiederum aus der Zweckbestimmung des Freistellungsanspruchs.[982] Alle Landesgesetze enthalten schließlich ein Verbot der Benachteiligung des Arbeitnehmers aufgrund der Inanspruchnahme des Bildungsurlaubs (vgl. nur § 8 Abs. 2 AWbG NRW, § 4 BildUrlG Bremen). Nach § 8 BildUrlG Berlin darf der Arbeitgeber den Arbeitnehmer darüber hinaus auch nicht in der freien Auswahl unter den anerkannten Bildungsurlaubsveranstaltungen behindern.

b) Nebenpflichten des Arbeitnehmers

Der Arbeitnehmer ist zum einen verpflichtet, dem Arbeitgeber (teilweise nur auf dessen Verlangen) nach Besuch der Weiterbildungsveranstaltung die Teilnahme

---

980 MünchArbR/*Boewer*, 2. Aufl. 2000, § 93 RdNr. 9; *Böhm*, ArbRB 2008, S. 374.
981 MünchArbR/*Boewer*, 2. Aufl. 2000, § 93 RdNr. 9.
982 MünchArbR/*Boewer*, 2. Aufl. 2000, § 93 RdNr. 9.

durch einen vom Träger auszustellenden Nachweis zu belegen.[983] Den Arbeitnehmer trifft darüber hinaus nach der überwiegenden Zahl der Bildungsurlaubsgesetze die Pflicht, während der Freistellung keine dem Zweck der Arbeitnehmerweiterbildung zuwiderlaufende Erwerbstätigkeit auszuüben (vgl. nur § 6 AWbG NRW, § 20 BbgWBG; Ausnahme: Niedersachsen). In Hessen ist nach § 7 BildUrlG Hessen sogar jegliche Erwerbstätigkeit untersagt. Als „zuwiderlaufende" Erwerbstätigkeiten kommen vor allem solche in Betracht, die die Erreichung des mit dem Weiterbildungsurlaub verfolgten Ziels vereiteln. Dazu können erwerbswirtschaftliche Tätigkeiten sowohl während als auch außerhalb der Weiterbildungszeit gehören.[984] Verstößt der Arbeitnehmer gegen diese Pflicht, kann er dem Arbeitgeber zum Schadensersatz verpflichtet sein. Daneben riskiert er eine Kündigung des Arbeitsverhältnisses.[985] Trotz Ausübung der Erwerbstätigkeit hat er in diesem Fall zudem seinen Urlaubsanspruch verbraucht.[986] Dagegen führt ein Verstoß gegen das Verbot der Erwerbstätigkeit entgegen der Ansicht *Haucks*[987] nicht dazu, daß der Arbeitnehmer das fortgezahlte Arbeitsentgelt zurückerstatten muß. Die Position *Haucks* ist nicht mit der Rechtsprechung des Bundesarbeitsgerichts zu § 8 BUrlG,[988] an den die landesrechtlichen Regelungen erkennbar angelehnt sind, vereinbar. Eine andere Behandlung der landesrechtlichen Vorschriften ist nicht gerechtfertigt. Was das BAG zum BUrlG ausgeführt hat, gilt in gleichem Maße für die Bildungsurlaubsgesetze der Länder: Der Inhalt des Urlaubsanspruchs erschöpft sich in der Verpflichtung des Arbeitgebers, den Arbeitnehmer für die Urlaubsdauer von den an sich geschuldeten Arbeitspflichten zu befreien. Zwar wird man jedenfalls auf seiten des Arbeitgebers von einer „mit dem Urlaubsanspruch verbundenen besonderen Erfolgserwartung" ausgehen müssen. Es kann aber nicht ohne weiteres unterstellt werden, daß hierüber zwischen dem Arbeitgeber und dem Arbeitnehmer Einigkeit besteht. Denn der „Urlaubszweck" wird allein durch die Gesetzgebung zu den Bildungsurlaubsgesetzen bestimmt. Die Entgeltfortzahlung steht nach den gesetzlichen Regelungen aber nicht unter dem Vorbehalt der Einhaltung des Verbots der Erwerbstätigkeit.[989]

---

983 Dazu bereits oben § 3 E.II.1.d.
984 MünchArbR/*Boewer*, 2. Aufl. 2000, § 93 RdNr. 15.
985 HzA/*Hauck*, Gruppe 4 Teilbereich 2 RdNr. 1096; *Gola/Hümmerich*, Bildungsurlaub, S. 68.
986 *Gola/Hümmerich*, Bildungsurlaub, S. 68.
987 HzA/*Hauck*, Gruppe 4 Teilbereich 2 RdNr. 1096.
988 Siehe insbesondere BAG v. 25.02.1988 – 8 AZR 596/85 = AP Nr. 3 zu § 8 BUrlG.
989 Vgl. BAG v. 25.02.1988 – 8 AZR 596/85 = AP Nr. 3 zu § 8 BUrlG.

3. Durchsetzung des Anspruchs

Verweigert der Arbeitgeber die Freistellung des Arbeitnehmers zum Zwecke der Teilnahme an einer Weiterbildungsveranstaltung, bleibt dem Arbeitnehmer nur der Versuch der gerichtlichen Geltendmachung des Anspruchs. Dazu muß er eine Leistungsklage erheben, die auf Abgabe der Erklärung der Freistellung von der Arbeitspflicht für die Zeit der Bildungsmaßnahme gerichtet ist. Da die vom Arbeitnehmer ins Auge gefaßte Veranstaltung aber regelmäßig vor der gerichtlichen Entscheidung beendet sein wird, muß er zur Verwirklichung seines Rechts eine einstweilige Verfügung gemäß §§ 935, 940 ZPO beantragen.[990]

Stellt sich heraus, daß der Arbeitgeber die Freistellung des Arbeitnehmers zu Unrecht verweigert hat, so steht letzterem ein Anspruch auf Schadensersatz aus §§ 280, 286 BGB zu. Der Arbeitgeber schuldet danach Wiederherstellung in Gestalt einer (künftigen) Freistellung des Arbeitnehmers für eine Weiterbildungsveranstaltung i.S.d. jeweiligen Landesgesetzes. Dieser auf (zukünftige) Freistellung gerichtete Ersatzanspruch kann neben den mit Beginn eines neuen Jahres entstehenden Weiterbildungsanspruch treten. Eine Entschädigung in Geld ist dagegen nach Maßgabe des § 251 Abs. 1 BGB nur dann geschuldet, wenn die Freistellung, bspw. aufgrund einer Beendigung des Arbeitsverhältnisses, unmöglich geworden ist.[991] Zum Schadensersatz in Form von Geldzahlung ist der Arbeitgeber im Falle einer unberechtigten Ablehnung der Freistellung schließlich auch gegenüber einem solchen Arbeitnehmer verpflichtet, dem in dem sich anschließenden Arbeitsverhältnis kein Weiterbildungsanspruch zusteht, sei es, weil er die gesetzlich vorgesehene Wartezeit von sechs Monaten nicht erfüllt, sei es, weil er in ein Bundesland gewechselt ist, in dem kein entsprechender Anspruch vorgesehen ist. Nimmt der Arbeitnehmer in diesem Fall zur Verwirklichung des ihm vorenthaltenen Weiterbildungsanspruchs unbezahlten Urlaub, ist der ehemalige Arbeitgeber zum Ersatz des verlorengegangenen Arbeitsentgelts verpflichtet.[992]

4. Die Verfassungsmäßigkeit der Bildungsfreistellungsgesetze

Mit Beschluß vom 15.12.1987[993] hat das Bundesverfassungsgericht diejenigen Bestimmungen im Hessischen Gesetz über den Anspruch auf Bildungsurlaub und im

---

990 MünchArbR/*Boewer*, 2. Aufl. 2000, § 93 RdNr. 11; *Böhm*, ArbRB 2008, S. 374; HzA/*Hauck*, Gruppe 4 Teilbereich 2 RdNr. 1099.
991 MünchArbR/*Boewer*, 2. Aufl. 2000, § 93 RdNr. 12; *Böhm*, ArbRB 2008, S. 374.
992 MünchArbR/*Boewer*, 2. Aufl. 2000, § 93 RdNr. 13.
993 BVerfG v. 15.12.1987 – 1 BvR 563, 582/85, 974/86 und 1 BvL 3/86 = AP Nr. 62 zu Art. 12 GG = BVerfGE 77, S. 308.

nordrhein-westfälischen Arbeitnehmerweiterbildungsgesetz, die den Arbeitnehmern zum Zwecke der beruflichen und politischen Weiterbildung einen Anspruch auf Freistellung von der Arbeitspflicht unter Fortzahlung des Arbeitsentgelts einräumen, für verfassungsgemäß erklärt. Da diese Entscheidung sich einiger Kritik ausgesetzt sah und noch sieht, empfiehlt sich eine nähere Betrachtung sowohl der Erwägungen des Gerichts als auch der gegen sie vorgebrachten Einwände.

a) Die Entscheidung des BVerfG

Das BVerfG überprüft die Verfassungskonformität der genannten Regelungen sowohl unter formellen als auch unter materiellen Gesichtspunkten. In formeller Hinsicht wird allein untersucht, ob die Länder über die Kompetenz verfügten, die Arbeitnehmerweiterbildung gesetzlich zu regeln. In materieller Hinsicht wird der Schwerpunkt der gerichtlichen Untersuchung auf die Vereinbarkeit der Weiterbildungsgesetze mit Art. 12 Abs. 1 GG gelegt. Daneben geht das BVerfG noch auf eine mögliche Verletzung des Gleichheitssatzes gemäß Art. 3 Abs. 1 GG ein. Die Schutzbereiche der Grundrechte der Arbeitgeber aus Art. 2 Abs. 1 und Art. 14 Abs. 1 GG werden dagegen nach Ansicht des Gerichts durch die in den Landesgesetzen enthaltenen Freistellungs- und Entgeltfortzahlungspflichten des Arbeitgebers schon gar nicht berührt.[994]

aa) Zur Gesetzgebungskompetenz der Länder

Nach Auffassung des BVerfG ergibt sich die Kompetenz der Länder zum Erlaß der Weiterbildungsgesetze aus der konkurrierenden Gesetzgebungszuständigkeit für das Arbeitsrecht nach Art. 74 Abs. 1 Nr. 12 GG i.Vm. Art. 72 Abs. 1 GG.[995] Auch wenn die bezahlte Freistellung nicht nur zu Zwecken der beruflichen Weiterbildung gewährt werde, sondern auch der politischen Weiterbildung diene, gestalteten die angegriffenen Normen wechselseitige Rechte und Pflichten aus dem Arbeitsverhältnis. Dieser Sachzusammenhang mit dem Arbeitsrecht werde auch nicht dadurch aufgehoben, daß neben einem Interessenausgleich am Arbeitsplatz auch private Belange des Arbeitnehmers Berücksichtigung fänden.

Einer landesgesetzlichen Regelung der Weiterbildung der Arbeitnehmer stünden auch keine abschließenden Vorschriften auf Bundesebene entgegen. Weder das EFZG noch das BBiG oder § 616 Abs. 1 BGB entfalteten insofern eine Sperrwir-

---

[994] Dazu BVerfG v. 15.12.1987 – 1 BvR 563, 582/85, 974/86 und 1 BvL 3/86 = BVerfGE 77, S. 308 (339 f.).
[995] BVerfG v. 15.12.1987 – 1 BvR 563, 582/85, 974/86 und 1 BvL 3/86 = BVerfGE 77, S. 308 (329).

kung, da sie sich entweder an andere Adressaten richteten oder aber andere Regelungsgegenstände zum Inhalt hätten.[996] Im Hinblick auf das BBiG ergebe sich das schon daraus, daß die Arbeitnehmerweiterbildung im Sinne der Landesgesetze nicht primär beruflich orientiert sei, sondern in ihrer überbetrieblichen Ausrichtung auf eine Verklammerung von beruflicher und politischer Weiterbildung abziele. Sie diene in der Hauptsache weniger dem Erwerb konkret berufsbezogener Kenntnisse und Fertigkeiten als vielmehr der Persönlichkeitsentwicklung des Arbeitnehmers.[997] Das Fehlen einer abschließenden Regelung des Bundesgesetzgebers unterstreicht das BVerfG schließlich mit einem Hinweis auf die Staatspraxis, der für die Auslegung der Art. 70 ff. GG ein besonderes Gewicht zukomme.[998]

bb) Zur Vereinbarkeit mit Art. 12 Abs. 1 GG

Die Auferlegung zusätzlicher Freistellungs- und Kostenlasten berührt nach dem BVerfG mittelbar die von Art. 12 Abs. 1 GG geschützte Freiheit der Berufsausübung des Arbeitgebers.[999] Dieser mittelbare Eingriff führe aber nicht zu einer Grundrechtsverletzung, da die mit den Arbeitnehmerweiterbildungsgesetzen verbundenen Regelungen der Berufsausübung durch hinreichende Gründe des Allgemeinwohls gerechtfertigt und die gewählten Mittel geeignet, erforderlich und auch angemessen seien.

Die rechtfertigenden Gründe des Allgemeinwohls bestehen nach Ansicht des Gerichts in dem Interesse der Allgemeinheit, die Bildungsbereitschaft der Arbeitnehmer zu erhöhen. Aufgrund der beständigen und sich beschleunigenden Veränderungen in technischer und sozialer Hinsicht werde lebenslanges Lernen unerläßlich für die individuelle Selbstbehauptung und die gesellschaftliche Anpassung. Während die Weiterbildung vor diesem Hintergrund den einzelnen Arbeitnehmer dazu befähige, die Folgen des Wandels beruflich und sozial besser zu bewältigen, gewährleiste sie Wirtschaft und Gesellschaft die im Rahmen der permanenten Veränderungen erforderliche Flexibilität. Da sich die Auswirkungen des technischen und sozialen Wandels nicht auf Arbeit und Beruf beschränkten, entspreche es dem Gemeinwohl, neben dem erforderlichen Sachwissen für die Berufsausübung auch das Verständnis der Arbeitnehmer für gesellschaftliche, soziale und politische Zusammenhänge zu verbessern, um die in einem demokratischen Gemeinwesen anzu-

---

996 BVerfG v. 15.12.1987 – 1 BvR 563, 582/85, 974/86 und 1 BvL 3/86 = BVerfGE 77, S. 308 (329 f.).
997 BVerfG v. 15.12.1987 – 1 BvR 563, 582/85, 974/86 und 1 BvL 3/86 = BVerfGE 77, S. 308 (330).
998 BVerfG v. 15.12.1987 – 1 BvR 563, 582/85, 974/86 und 1 BvL 3/86 = BVerfGE 77, S. 308 (331).
999 BVerfG v. 15.12.1987 – 1 BvR 563, 582/85, 974/86 und 1 BvL 3/86 = BVerfGE 77, S. 308 (332).

strebende Mitsprache und Mitverantwortung in Staat, Gesellschaft und Beruf zu fördern.[1000]

Die Geeignetheit der Freistellungs- und Entgeltfortzahlungspflichten zur Erreichung des angestrebten Zwecks, der Verbesserung der Bildungsbereitschaft der Arbeitnehmer, ergebe sich daraus, daß die Regelungen eine Weiterbildung ohne größere Einbußen an Freizeit und Arbeitslohn gestatteten.[1001]

Die Erforderlichkeit der genannten Regelungen kann nach Auffassung des BVerfG nicht mit dem Argument bestritten werden, eine Verlegung der Bildungsveranstaltungen in die arbeitsfreien Zeiten würde das Grundrecht der Arbeitgeber aus Art. 12 Abs. 1 GG schonen. Denn auch wenn sie sich als milderes Mittel darstellten, so erzielten solchermaßen durchgeführte Schulungen nicht die gleiche Wirkung, da der Erfolg einer Qualifikation wesentlich von der Aufnahmefähigkeit der Teilnehmer und der zeitlichen Konzentration der Programme abhänge, die bei Wochenend- oder Feierabendveranstaltungen nicht in gleichem Maße gewährleistet wären. Zudem führte eine Freistellung ohne Entgeltfortzahlung zu einer erheblich geringeren Beteiligung.[1002]

Schließlich erweise sich der Eingriff in die Berufsausübungsfreiheit der Arbeitgeber auch als verhältnismäßig im engeren Sinne. Der Gesetzgeber habe bei der Auferlegung der Lasten den Umstand berücksichtigen dürfen, daß die Weiterbildung nicht nur den Arbeitnehmern selbst, sondern daneben auch der Innovationsfähigkeit der Wirtschaft zugutekomme. Darüber hinaus sei in Rechnung zu stellen, daß der Arbeitnehmer durch die Verpflichtung, dem Arbeitgeber seine volle Arbeitskraft zur Verfügung zu stellen, in seinen Weiterbildungsmöglichkeiten beschnitten werde. Zu guter Letzt würden die angegriffenen Regelungen auch den Belangen der Arbeitgeber und der Unternehmen Rechnung tragen, indem etwa die Dauer des Bildungsurlaubs begrenzt und dem Arbeitgeber unter bestimmten Voraussetzungen ein Ablehnungsrecht eingeräumt werde. Eine unverhältnismäßige Belastung des Arbeitgebers werde durch diese Einschränkungen verhindert.[1003]

1000 BVerfG v. 15.12.1987 – 1 BvR 563, 582/85, 974/86 und 1 BvL 3/86 = BVerfGE 77, S. 308 (333).
1001 BVerfG v. 15.12.1987 – 1 BvR 563, 582/85, 974/86 und 1 BvL 3/86 = BVerfGE 77, S. 308 (333).
1002 BVerfG v. 15.12.1987 – 1 BvR 563, 582/85, 974/86 und 1 BvL 3/86 = BVerfGE 77, S. 308 (333 f.).
1003 BVerfG v. 15.12.1987 – 1 BvR 563, 582/85, 974/86 und 1 BvL 3/86 = BVerfGE 77, S. 308 (334 ff.).

cc) Zur Vereinbarkeit mit dem Gleichheitssatz, Art. 3 Abs. 1 GG

Einen Verstoß gegen den Gleichheitssatz aus Art. 3 Abs. 1 GG erkennt das Gericht nicht. Die Entscheidung des Gesetzgebers, nur Arbeitnehmer mit einem Anspruch auf Bildungsurlaub auszustatten, beruhe auf sachgerechten Erwägungen. Da bei der Ordnung von Massensachverhalten typisierende Regelungen notwendig und verfassungsrechtlich unbedenklich seien, genügten die Bildungsfreistellungsregelungen auch dann den Anforderungen des Gleichheitssatzes, wenn Unternehmen je nach ihrer Art und Größe in unterschiedlichem Maße betroffen würden.[1004]

Daneben seien die Regelungen auch nicht an den Voraussetzungen zu messen, die in verfassungsrechtlicher Hinsicht bei der Auferlegung einer Sonderabgabe zu beachten seien. Da keine Geldleistungspflicht gegenüber dem Staat begründet, kein zweckgebundenes Sondervermögen gebildet werde und auch die für eine Sonderabgabe typischen Zwecke des Ausgleichs und der Verhaltenslenkung nicht erfüllt werden sollten, handele es sich bei der Entgeltfortzahlungspflicht der Arbeitgeber auch bei materieller Betrachtung nicht um eine mit einer Sonderabgabe vergleichbare Belastung.[1005]

b) Kritik

Die Entscheidung des BVerfG wurde zunächst insbesondere von *Depenheuer*[1006] und *Wank*[1007] angegriffen. In der Folge hat sich *Dönneweg*[1008] im Rahmen einer umfassenden Untersuchung mit ihr befaßt. Die ablehnende Haltung der Genannten wird in der Hauptsache von dem Vorwurf getragen, das Gericht verkenne die eigentliche verfassungsrechtliche Problematik. Diese laufe auf die Frage hinaus, ob der Gesetzgeber durch die Auferlegung einer Geldleistungspflicht eine im Interesse der Allgemeinheit liegende Aufgabe unter Verletzung des Vorrangs der Finanzverfassung und des Grundsatzes der Lastengleichheit durch eine eingegrenzte Gruppe finanzieren lasse.[1009] Die vom BVerfG erörterte Vereinbarkeit der Freistellungs- und Entgeltfortzahlungsregelungen mit Grundrechten des Arbeitgebers sei der Frage, ob es sich bei der Arbeitnehmerweiterbildung um eine öffentliche Aufgabe handele

---

1004 BVerfG v. 15.12.1987 – 1 BvR 563, 582/85, 974/86 und 1 BvL 3/86 = BVerfGE 77, S. 308 (338).
1005 BVerfG v. 15.12.1987 – 1 BvR 563, 582/85, 974/86 und 1 BvL 3/86 = BVerfGE 77, S. 308 (339).
1006 *Depenheuer*, SAE 1989, S. 40 ff.
1007 *Wank*, Gemeinsame Anmerkung zu BAG AP Nr. 1, 2, 3 zu § 9 BildungsurlaubsG NRW.
1008 *Dönneweg*, Der bezahlte Bildungsurlaub, S. 111 ff.
1009 *Dönneweg*, S. 141; *Wank*, Gemeinsame Anmerkung zu BAG AP Nr. 1, 2, 3 zu § 9 BildungsurlaubsG NRW (unter I.2.a)); *Depenheuer*, SAE 1989, S. 40.

und, falls ja, unter welchen Voraussetzungen der Arbeitgeber durch Gesetz zu deren Finanzierung verpflichtet werden dürfe, logisch nachgeordnet und damit erst in einem zweiten Schritt zu prüfen gewesen.[1010]

Den vorgetragen Einwänden soll insofern nachgegangen werden, als zum einen geprüft wird, ob der Gesetzgeber bei der Auferlegung der Entgeltfortzahlungspflicht möglicherweise die grundgesetzliche Kompetenzordnung mißachtet hat. Zum anderen wird untersucht, ob die von den Landesgesetzen vorgesehene Pflicht des Arbeitgebers, die Arbeitnehmer zum Zwecke der Weiterbildung unter Entgeltfortzahlung von der Arbeitspflicht freizustellen, mit der Berufsfreiheit des Arbeitgebers gemäß Art. 12 Abs. 1 GG vereinbar ist.

aa) Erfaßt die Sachkompetenz auch die Auferlegung der Entgeltfortzahlungspflicht?

Der Kritik ist zuzugeben, daß sich das BVerfG ohne nähere Begründung auf den Standpunkt zu stellen scheint, die auf Art. 74 Abs. 1 Nr. 12 GG gestützte Sachkompetenz der Länder zum Erlaß von Bildungsfreistellungsgesetzen umfasse ohne weiteres auch die Regelung der mit der Freistellung verbundenen Entgeltfortzahlungspflicht.[1011] Das Gericht gibt aber keine Antwort auf die Frage, warum gerade der Arbeitgeber durch Fortzahlung des Arbeitsentgelts (bei gleichzeitigem, freistellungsbedingtem Wegfall der ihm geschuldeten Gegenleistung) zur Finanzierung des gesetzgeberischen Vorhabens der Weiterbildung der Arbeitnehmer beizutragen verpflichtet wird, wenn es sich dabei doch, wie das Gericht selbst betont, um eine im Interesse der Allgemeinheit liegende Aufgabe handeln soll.

Damit ist eine Thematik angesprochen, die als ein *„Grundprinzip der egalitären Demokratie"*[1012] bezeichnet wird: Öffentliche Aufgaben sind grundsätzlich von der Gesamtheit der Bürger nach Maßgabe ihrer steuerlichen Leistungsfähigkeit, also mittels Steuern zu finanzieren.[1013] Sonderabgaben stehen somit zwangsläufig in einem Konkurrenzverhältnis zu dem verfassungsrechtlich umfassend geregelten Institut der Steuer, zumal beide Abgabearten dahingehend übereinstimmen, daß sie dem Betroffenen ohne Rücksicht auf eine Gegenleistung der öffentlichen Hand

---

1010 *Dönneweg*, Der bezahlte Bildungsurlaub, S. 158.
1011 *Dönneweg*, Der bezahlte Bildungsurlaub, S. 113.
1012 *Friauf*, FS Jahrreiß, 1974,, S. 54.
1013 BVerfG v. 09.11.1999 – 2 BvL 5/95 = BVerfGE 101, S. 141 (147); Sachs/*Siekmann*, GG, Vor Art. 104a GG RdNr. 71 f.

auferlegt werden.[1014] Die Steuer bildet aber den Regeltypus der Abgabe.[1015] Vor dem Hintergrund dieses vom Grundgesetz ungeschrieben vorausgesetzten und in den Art. 104a ff. GG zumindest angedeuteten verfassungsrechtlichen Steuervorbehalts bedarf die Zulässigkeit außersteuerlicher Abgaben der besonderen Rechtfertigung.[1016] Als zentrale Argumentationstopoi, auf die auch das BVerfG in anderen Fällen ausdrücklich zurückgreift,[1017] dienen in diesem Zusammenhang drei eng miteinander verflochtene[1018] verfassungsrechtliche Ansatzpunkte:[1019] Sonderabgaben sind vornehmlich deswegen problematisch, weil sie (erstens) der finanzverfassungsrechtlichen Kompetenz- und Einnahmenverteilung entzogen sind, weil sie (zweitens) abgrenzbaren Gruppen von Bürgern Sonderlasten auferlegen und weil sie (drittens) nicht im allgemeinen Haushalt berücksichtigt werden.[1020]

Jede Einführung einer Sonderabgabe muß zunächst gegenüber der Finanzverfassung des Grundgesetzes verantwortet werden, deren Normen einen der tragenden Eckpfeiler der bundesstaatlichen Ordnung bilden. Der strikten Beachtung der in den Art. 104a ff. GG abgesteckten finanzverfassungsrechtlichen Zuständigkeitsbereiche von Bund und Ländern kommt eine überragende Bedeutung für die Stabilität der bundesstaatlichen Ordnung des Grundgesetzes zu.[1021] Der vom Grundgesetz geschaffene Gleichgewichtszustand drohte aber zerstört zu werden, wenn Bund und Länder die Finanzverfassung durch die Einführung auf ihre Sachkompetenzen gestützter außersteuerlicher Abgaben beliebig umgehen könnten.[1022] Die objektive Ordnungsfunktion der bundesstaatlichen Finanzverfassung steht somit einem Recht

---

1014 BVerfG v. 06.11.1984 – 2 BvL 19, 20/83, 2 BvR 363, 491/83 = BVerfGE 67, S. 256 (274 f.); v. 08.06.1988 – 2 BvL 9/85 und 3/86 = BVerfGE 78, S. 249 (267); *Friauf*, FS Haubrichs, 1977, S. 106.
1015 *Isensee*, FS Hans Peter Ipsen, 1977, S. 430.
1016 BVerfG v. 10.12.1980 – 2 BvF 3/77 = BVerfGE 55, S. 274 (303 f.); v. 31.05.1990 – 2 BvL 12, 13/88, 2 BvR 1436/87 = BVerfGE 82, S. 159 (179 ff.); v. 22.02.1994 – 1 BvL 21/85 und 4/92 = BVerfGE 90, S. 46 (105); *Friauf*, FS Jahrreiß (1974), S. 53 f.; *Isensee*, FS Hans Peter Ipsen, 1977, S. 430; Dreier/*Heun*, GG, Art. 105 RdNr. 24; Sachs/*Siekmann*, GG, Vor Art. 104a RdNr. 71 ff; gegen ein Vorrangverhältnis *Brandt*, NJW 1981, S. 2104.
1017 BVerfG v. 06.07.2005 – 2 BvR 2335, 2391/95 = BVerfGE 113, S. 128 (147); vgl. auch BVerfG v. 10.12.1980 – 2 BvF 3/77 = BVerfGE 55, S. 274; BVerfG v. 31.05.1990 – 2 BvL 12, 13/88, 2 BvR 1436/87 = BVerfGE 82, S. 159 (179).
1018 *Kluth*, JA 2007, S. 262.
1019 Auch das BVerfG mißt seit der sog. „Kohlepfennig"-Entscheidung, BVerfGE 91, S. 186 (202), die Auferlegung von Sonderabgaben an den *„drei grundlegenden Prinzipien der Finanzverfassung"*.
1020 BVerfG v. 11.10.1994 – 2 BvR 633/86 = BVerfGE 91, S. 186 (201 f.); Dreier/*Heun*, GG, Art. 105 RdNr. 24; *Friauf*, FS Jahrreiß, 1974, S. 48 f.; vgl. auch Maunz/Dürig/*Maunz*, GG, Art. 105 RdNr. 13 (*„immer größere Parafisci"*).
1021 BVerfG v. 10.12.1980 – 2 BvF 3/77 = BVerfGE 55, S. 274 (300); vgl. auch *Friauf*, JA 1981, S. 262 f.
1022 *Friauf*, JA 1981, S. 263.

des Gesetzgebers entgegen, bei der Finanzierung einer öffentlichen Aufgabe zwischen der Einführung von Steuern oder Sonderabgaben frei zu wählen.[1023] Ein solches Wahlrecht überließe die Regelungen der Art. 105, 106 GG dem Belieben des Gesetzgebers und bräche – um mit den Worten *Friaufs* zu sprechen – *„einen der am sorgfältigsten behauenen und in einer Kette von Verfassungsänderungen mehrfach modifizierten Ecksteine aus dem Gefüge der bundesstaatlichen Verfassung".*[1024] Neben der Aufstellung einer objektiven Kompetenzordnung entfaltet die Finanzverfassung gleichzeitig auch eine individuelle Schutzfunktion zugunsten der Abgabepflichtigen, indem diesen mittels der Begrenzung der staatlichen Regelungsmacht durch verfassungsrechtliche Kompetenz- und Organisationsnormen ein Bereich staatsbürgerlicher Freiheit gesichert wird.[1025] Der Kompetenzordnung kommt eine grundrechtssichernde Funktion zu, da der Bürger nur eine dieser Ordnung entsprechende Auferlegung von Geldleistungspflichten hinzunehmen braucht.[1026]

Die zweite Schranke, der der Gesetzgeber bei der Auferlegung von nichtsteuerlichen Lasten Rechnung tragen muß, ist der vom BVerfG anerkannte[1027] Grundsatz der Lastengleichheit, der eine besondere Ausformung des allgemeinen Gleichheitssatzes i.S.d. Art. 3 Abs. 1 GG im Abgabenrecht darstellt.[1028] Der Grundsatz der Lastengleichheit prägt entscheidend die sachliche Rechtfertigungsbedürftigkeit der Sonderabgaben.[1029] Das BVerfG weist darauf hin, daß das Grundgesetz im Unterschied zur Weimarer Reichsverfassung (Art. 134[1030]) zwar keine ausdrückliche Bestimmung darüber enthalte, nach welchem Grundsatz die Staatsbürger an den öffentlichen Lasten zu beteiligen seien. Gleichwohl bestehe kein Zweifel daran, daß der Gesetzgeber an den auf Art. 3 Abs.1 GG beruhenden Grundsatz der Steuergerechtigkeit gebunden sei.[1031] Dem verfassungsrechtlichen Prinzip der Lastengleichheit liegt zum einen die demokratische Forderung zugrunde, alle Bürger gleichmäßig an den Aufgaben des Gemeinwesens zu beteiligen. Zum anderen untersagt es

---

1023 BVerfG v. v. 10.12.1980 – 2 BvF 3/77 = BVerfGE 55, S. 274 (301 f.).
1024 *Friauf*, FS Haubrichs, 1977, S. 107; vgl. auch BVerfG v. 08.11.1972 – 1 BvL 15/68 und 26/69 = BVerfGE 34, S. 139 (146): *„Hierbei ist zu berücksichtigen, daß die Zuständigkeitsnormen nicht nur bestimmen, welcher Gesetzgeber (Bund oder Land) zum Erlaß einer Regelung zuständig ist, sondern auch den Umfang der Regelungsbefugnis festlegen."*
1025 *Friauf*, JA 1981, S. 263.
1026 BVerfG v. v. 10.12.1980 – 2 BvF 3/77 = BVerfGE 55, S. 274 (302).
1027 BVerfG v. 10.05.1960 – 2 BvQ 1/60 = BVerfGE 11, S. 102 (119).
1028 *Friauf*, FS Jahrreiß, 1974, S. 45; *Forsthoff*, BB 1965, S. 388; *Dönneweg*, Der bezahlte Bildungsurlaub, S. 131, 133.
1029 *Kluth*, JA 2007, S. 262.
1030 *„Alle Staatsbürger ohne Unterschied tragen im Verhältnis ihrer Mittel zu allen öffentlichen Lasten nach Maßgabe der Gesetze bei."*
1031 BVerfG v. 17.01.1957 – 1 BvL 4/54 = BVerfGE 6, S. 56 (70); vgl. auch BVerfG v. 24.06.1958 – 2 BvF 1/57 = BVerfGE 8, S. 51 (68 f.).

als Individualgrundrecht eine sachwidrige Verteilung der öffentlichen Lasten.[1032] Die Lastengleichheit erweist sich nach ihrem Wesen insofern als eine verhältnismäßige Gleichheit, als die Bürger nur nach dem Maß ihrer individuell verschiedenen Leistungsfähigkeit zu Beiträgen zu den öffentlichen Lasten verpflichtet werden dürfen.[1033] Mit der Erfüllung seiner Steuerpflicht hat der Bürger aber grundsätzlich seine gegenüber der staatlichen Gemeinschaft bestehenden Pflichten erfüllt und ist daher nicht zu weiteren Leistungen verpflichtet.[1034] Das Problem, das vor diesem Hintergrund durch die Auferlegung einer außersteuerlichen Abgabepflicht für einen begrenzten Personenkreis hervorgerufen wird, beschreibt wiederum *Friauf* folgendermaßen:

> *„Die relativ gleiche Teilnahme aller Staatsbürger an den die Gemeinschaft treffenden Lasten nach Maßgabe der vom Steuergesetz getroffenen Belastungsentscheidungen würde nun aber zu einem bloßen Formalprinzip entwertet, wenn nicht zugleich gewährleistet wäre, daß diese Lasten auch tatsächlich aus den von allen gemeinsam aufgebrachten Steuermitteln getragen werden. In dem Maße, in dem der Staat bestimmte öffentliche Aufgaben nicht aus Steuergeldern finanziert, sondern sie einzelnen Bürgern oder Gruppen neben ihrer Steuerlast und ohne Berücksichtigung bei dieser aufbürdet, hebt er der Sache nach die Lastengleichheit wieder auf."*[1035]

Das BVerfG hat sich dieser Argumentation in seiner Entscheidung zur Berufsausbildungsabgabe vorbehaltlos angeschlossen.[1036]

Als drittes vom Gesetzgeber zu beachtendes Prinzip der Finanzverfassung fungiert der in Art. 110 Abs. 1 GG verankerte Grundsatz der Einheit und Vollständigkeit des Haushaltsplans.[1037] Diesem Grundsatz kommt zunächst eine finanzwirtschaftliche Funktion zu. Daneben sichert er das Bewilligungsrecht des Parlaments und damit die demokratische Legitimation des staatlichen Finanzhandelns.[1038] Zusätzlich gewährleistet er auch die angemessene Verteilung der öffentlichen Lasten.[1039] Die Konzentrationswirkung des Haushaltsplans aktualisiert den fundamenta-

---

1032 *Isensee*, FS Hans Peter Ipsen, 1977, S. 430; *Friauf*, FS Jahrreiß, 1974, S. 47 f.
1033 *Friauf*, FS Jahrreiß, 1974, S. 47.
1034 *Depenheuer*, SAE 1989, S. 40.
1035 *Friauf*, FS Jahrreiß, 1974, S. 48.
1036 BVerfG v. 10.12.1980 – 2 BvF 3/77 = BVerfGE 55, S. 274 (303).
1037 Vgl. dazu Maunz/Dürig/*Maunz*, GG, Art. 110 RdNr. 28 ff.
1038 *Kluth*, JA 2007, S. 262.
1039 *Friauf*, FS Jahrreiß, 1974, S. 49.

len Grundsatz der Gleichheit der Bürger bei der Auferlegung öffentlicher Lasten und ist damit eine wesentliche Ausprägung rechtsstaatlicher Demokratie.[1040] Sobald der Staat aber durch Gesetz öffentliche Lasten begründet, die – wie die Sonderabgaben – nicht im Haushalt erscheinen und außerhalb des Haushaltsplans verteilt werden, werden diese Zwecke des Haushaltsrechts durch Umgehung des Art. 110 GG vereitelt.[1041]

bb) Entgeltfortzahlungspflicht als Sonderabgabe?

Nach Auffassung des BVerfG bedarf es keiner näheren Erörterung dieser aus dem Konkurrenzverhältnis von Steuern und außersteuerlichen Abgaben erwachsenden Problemstellung, da die den Arbeitgebern nach den Bildungsfreistellungsgesetzen Hessens und Nordrhein-Westfalens auferlegten Entgeltfortzahlungspflichten keine Sonderabgaben darstellten und mit diesen auch bei materieller Betrachtung nicht vergleichbar seien.[1042] Legt man die in Rechtsprechung und Literatur gebräuchlichen Muster der begrifflichen Eingrenzung der Sonderabgabe zugrunde, trifft dieses Urteil auch zu. Allerdings erweist sich eine exakte Bestimmung des Begriffs der Sonderabgabe, die eine trennscharfe Abgrenzung von anderen Abgabeformen, insbesondere der Steuer, ermöglichte, von vornherein als schwierig. Eine einheitliche, feststehende Definition der Sonderabgabe konnte sich nämlich aufgrund der heterogenen Vielfalt, die sich hinter diesem Begriff verbirgt, bisher nicht durchsetzen.[1043] Es ist aber gerade die begriffliche Unschärfe der Sonderabgabe, die zu ihrer ständigen Ausweitung auf neue Gebiete führte und somit die Strukturen des Steuerstaates gefährdet.[1044] Der Rechtsprechung wird insofern vermehrt vorgeworfen, daß sie keine klare Trennung zwischen der begrifflichen Abgrenzung und den Zulässigkeitskriterien vornehme.[1045]

Nach den von der Rechtsprechung herangezogenen Kriterien sind Sonderabgaben solche Abgaben, die den Abgabenschuldner über die allgemeine Steuerpflicht hinaus belasten, ihre Kompetenzgrundlage in einer Sachgesetzgebungszuständigkeit suchen, nicht der Erzielung von Einnahmen für den öffentlichen Haushalt,

---

1040 BVerfG v. 10.12.1980 – 2 BvF 3/77 = BVerfGE 55, S. 274 (303).
1041 *Forsthoff*, BB 1965, S. 388 f.
1042 BVerfG v. 15.12.1987 – 1 BvR 563, 582/85, 974/86 und 1 BvL 3/86 = BVerfGE 77, S. 308 (339); vgl. dazu bereits oben § 3 E.II.4.a.cc.
1043 Vgl. dazu Dreier/Heun, GG, Art. 105 RdNr. 25 ff.; *Jarass*, DÖV 1989, S. 1017 ff.
1044 *F. Kirchhof*, Die Verwaltung 21 (1988), S. 143; Sachs/Siekmann, GG, Vor Art. 104a GG RdNr. 149.
1045 Sachs/Siekmann, GG, Vor Art. 104a GG RdNr. 152; Dreier/Heun, GG, Art. 105 RdNr. 24; ders., DVBl. 1990, S. 666 f.; *Henseler*, Begriffsmerkmale und Legitimation von Sonderabgaben, S. 25; *Osterloh*, JuS 1982, S. 242 f.

sondern allein der Finanzierung eines besonderen Fonds' dienen und einer spezifischen Zweckbindung unterworfen werden.[1046] Als wesentliches – das Konkurrenzverhältnis zu den Steuern begründendes – Merkmal sieht das BVerfG die Begründung einer hoheitlich auferlegten Geldleistungspflicht, der keine unmittelbare Gegenleistung gegenübersteht.[1047] Nichtsteuerliche Geldleistungspflichten sind immer nur dann Sonderabgaben, wenn es zu einer Konkurrenzsituation zur Steuer kommt.[1048] Das entscheidende Kriterium für die finanzverfassungsrechtliche Einordnung stellt nicht die Bezeichnung, sondern der materielle Gehalt der Abgabe dar.[1049] Die Subsumtion der Entgeltfortzahlungspflichten unter diese Begriffsmerkmale scheitert, wie das BVerfG zutreffend ausführt, daran, daß keine Geldleistungspflicht gegenüber dem Staat begründet und kein zweckgebundenes Sondervermögen gebildet wird.

Mit dieser Feststellung ist aber das evidente Gleichheitsproblem nicht aus dem Wege geräumt, das mit der Frage gekennzeichnet werden kann, warum gerade der Arbeitgeber und nicht die Allgemeinheit Lasten für die vom Gericht ausdrücklich als im Interesse der Allgemeinheit liegend anerkannte (politische und berufliche) Weiterbildung der Arbeitnehmer tragen soll.[1050] Dieser Befund belegt, daß eine an Definitionsmerkmalen orientierte Abgrenzung durch den Gesetzgeber ohne weiteres umgangen werden kann. Ein solchermaßen durchgeführter, formaler Rückschluß von der begrifflichen Einordnung auf die Gesetzgebungskompetenz und damit auch die Zulässigkeitsvoraussetzungen ist nicht geeignet, wirksame Schranken bei der Auferlegung (nichtsteuerlicher) Geldleistungspflichten zu errichten.[1051] Bei diesem Vorgehen könnte zudem keine Antwort auf die Frage gegeben werden, ob eine Abgabe, die nicht unter den Steuerbegriff subsumiert werden kann, gleichwohl in Form einer Steuer hätte auferlegt werden müssen.[1052] Entscheidend für die Abgrenzung von Steuern und Sonderabgaben ist der Gesichtspunkt, daß Sonderabgaben nicht zu Zwecken auferlegt werden dürfen, deren Finanzierung den Steuern

---

1046 BVerfG v. 09.11.1999 – 2 BvL 5/95 = BVerfGE 101, S. 141 (148); Jarass/Pieroth/*Pieroth*, GG, Art. 105 RdNr. 9; *Dönneweg*, Der bezahlte Bildungsurlaub, S. 124; *Friauf*, JA 1981, S. 261; vgl. auch *Kluth*, JA 2007, S. 260 f.
1047 BVerfG v. 23.01.1990 – 1 BvL 44/86 und 48/87 = BVerfGE 81, S. 156 (186 f.); v. 08.06.1988 – 2 BvL 9/85 und 3/86 = BVerfGE 78, S. 249 (267); vgl. auch Jarass/Pieroth/*Pieroth*, GG, Art. 105 RdNr. 9.
1048 BVerfG v. 23.01.1990 – 1 BvL 44/86 und 48/87 = BVerfGE 81, S. 156 (187); *Jarass*, DÖV 1989, S. 1014.
1049 BVerfG v. v. 10.12.1980 – 2 BvF 3/77 = BVerfGE 55, S. 274 (304); v. 24.01.1995 – 1 BvL 18/93 und 5, 6, 7/94, 1 BvR 403, 569/94 = BVerfGE 92, S. 91 (114); v. 19.03.2003 – 2 BvL 9, 10, 11, 12/98 = BVerfGE 108, S. 1 (13).
1050 *Depenheuer*, SAE 1989, S. 41.
1051 *Dönneweg*, Der bezahlte Bildungsurlaub, S. 130.
1052 *Dönneweg*, Der bezahlte Bildungsurlaub, S. 139 f.

vorbehalten ist. Im Hinblick auf die Rechtmäßigkeit der Auferlegung einer Zahlungspflicht kann es aber nicht darauf ankommen, ob die gewonnenen Finanzmittel zunächst dem öffentlichen Haushalt bzw. einem Sonderfonds oder – ohne diese Umleitung – direkt einem privaten Empfänger zufließen. Anderenfalls hätte es der Gesetzgeber in der Hand, durch eine geschickte Ausgestaltung einer Norm grundgesetzliche Kompetenzzuweisungen oder gegebenenfalls zu beachtende besondere Anforderungen zu umgehen.[1053] Die entscheidende Fragestellung lautet daher, ob der Gesetzgeber eine eigentlich der Finanzierung durch Steuern vorbehaltene Aufgabe auf anderem Wege zu finanzieren versucht und ob dies mit dem Grundsatz des Vorrangs der Finanzverfassung und dem Grundsatz der Lastengleichheit zu vereinbaren ist.[1054] Gerade der Gleichheitssatz verlangt eine besondere Rechtfertigung, wenn einzelne gesellschaftliche Gruppen für Finanzierungsaufgaben, die im sozialstaatlich interpretierten Allgemeininteresse liegen, mit einer Sonderabgabe belastet werden.[1055] Daß öffentliche Aufgaben vorrangig durch Steuern zu finanzieren sind und die Wahl einer anderen Finanzierungsform einer besonderen Rechtfertigung bedarf, hat auch das BVerfG in der bereits erwähnten „Kohlepfennig"-Entscheidung anerkannt:

„Wählt der Gesetzgeber als Finanzierungsmittel für eine öffentliche Aufgabe die Sonderabgabe, weicht er von drei grundlegenden Prinzipien der Finanzverfassung ab. (...) Zwar führt die Abweichung von den genannten Prinzipien nicht ausnahmslos zur Verfassungswidrigkeit einer Abgabe. Doch muß, um die bundesstaatliche Finanzverfassung wie auch die Budgethoheit des Parlaments vor Störungen zu schützen und den Erfordernissen des Individualschutzes der Steuerpflichtigen im Blick auf die Belastungsgleichheit Rechnung zu tragen, die Sonderabgabe engen Grenzen unterliegen; sie muß deshalb eine seltene Ausnahme bleiben."[1056]

Die (politische und berufliche) Weiterbildung der Arbeitnehmer liegt – auch nach Auffassung des BVerfG und des BAG[1057] – im Interesse des Gemeinwohls, muß

1053 Vgl. auch *Stege/Färber*, DB-Beil. 2/1985, S. 5.
1054 *Dönneweg*, Der bezahlte Bildungsurlaub, S. 141 f.; vgl. zum Empfänger von Abgabenerträgen auch *Henseler*, Begriffsmerkmale und Legitimation von Sonderabgaben, S. 27.
1055 *Isensee*, FS Hans Peter Ipsen, 1977, S. 433.
1056 BVerfG v. 11.10.1994 – 2 BvR 633/86 = BVerfGE 91, S. 186 (202 f.).
1057 BVerfG v. 15.12.1987 – 1 BvR 563, 582/85, 974/86 und 1 BvL 3/86 = AP Nr. 62 zu Art. 12 GG = BVerfGE 77, S. 308 (332 f.); BAG v. 09.02.1993 – 9 AZR 648/90 = AP Nr. 1 zu § 9 BildungsurlaubsG Hessen = NZA 1993, S. 1032 (1035); v. 24.08.1993 – 9 AZR 473/90 = AP Nr. 11 zu

also der Allgemeinheit zugeordnet werden. Handelt es sich demnach bei der politischen und beruflichen Weiterbildung der Arbeitnehmer um eine öffentliche Aufgabe,[1058] ist diese vorrangig durch Steuern zu finanzieren. Die den Arbeitgebern nach den Landesgesetzen auferlegte Entgeltfortzahlungsverpflichtung ist daher nur dann rechtmäßig, wenn sie den Zulässigkeitsanforderungen einer Sonderabgabe genügt.[1059]

c) Anforderungen an die verfassungsrechtliche Zulässigkeit von Sonderabgaben

Unter ausdrücklicher Bezugnahme auf die insbesondere von *Friauf*[1060] und *Mußgnug*[1061] entwickelten Ansätze fordert das BVerfG seit dem Urteil zur Berufsausbildungsabgabe, daß für die Belastung einer abgrenzbaren Gruppe mit einer Sonderabgabe besondere Rechtfertigungsvoraussetzungen erfüllt sein müssen.[1062] Diese Zulässigkeitskriterien seien aber, da die Sonderabgabe ein spezielles gesetzgeberisches Instrument sei, das gegenüber der Steuer die seltene Ausnahme zu sein habe, streng auszulegen und einschränkend anzuwenden.[1063]

aa) Gruppenhomogenität der Abgabepflichtigen

Nach den Vorgaben des BVerfG kann eine gesellschaftliche Gruppe nur dann mit einer Sonderabgabe in Anspruch genommen werden, *„wenn sie durch eine gemeinsame, in der Rechtsordnung oder in der gesellschaftlichen Wirklichkeit vorgegebe-*

---

§ 1 BildungsurlaubsG NRW = NZA 1994, S. 451 (451); zustimmend auch *Depenheuer*, SAE 1989, S. 42; *Wank*, Gemeinsame Anmerkung zu BAG AP Nr. 1, 2, 3 zu § 9 BildungsurlaubsG NRW; *Dönneweg*, Der bezahlte Bildungsurlaub, S. 150 f.
1058 Öffentliche Aufgaben sind solche Aufgaben, an deren Erfüllung die Öffentlichkeit maßgeblich interessiert ist, weil sie dem Gemeinwohl dienen; Maunz/Dürig/*Korioth*, GG, Art. 30 RdNr. 14 m.w.N. Die im einzelnen unstrittige Abgrenzung von öffentlichen gegenüber staatlichen Aufgaben – vgl. dazu nur *Klein*, DÖV 1965, S. 755 ff.; *Peters*, FS Nipperdey II, 1965, S. 877 ff. – ist für die Zwecke dieser Untersuchung von nachrangiger Bedeutung und soll daher nicht erörtert werden. Entscheidend ist in dem hier behandelten Zusammenhang lediglich die Feststellung, daß die Arbeitnehmerweiterbildung als eine das Gemeinwohl betreffende Aufgabe in den Verantwortungsbereich der Allgemeinheit fällt.
1059 *Wank*, Gemeinsame Anmerkung zu BAG AP Nr. 1, 2, 3 zu § 9 BildungsurlaubsG NRW; *Depenheuer*, SAE 1989, S. 41 f.; *Stege/Färber*, DB-Beil. 2/1985, S. 5; vgl. auch *Dönneweg*, Der bezahlte Bildungsurlaub, S. 142 f.
1060 *Friauf*, FS Jahrreiß, 1974, S. 53 ff.; *ders.*, FS Haubrichs, 1977, S. 118 ff.
1061 *Mußgnug*, FS Forsthoff, 1972, S. 288 ff.
1062 BVerfG v. 10.12.1980 – 2 BvF 3/77 = BVerfGE 55, S. 274 (305 ff.); in der Nachfolge insbesondere auch BVerfG v. 06.11.1984 – 2 BvL 19, 20/83, 2 BvR 363, 491/83 = BVerfGE 67, S. 256 (275 ff.).
1063 BVerfG v. 10.12.1980 – 2 BvF 3/77 = BVerfGE 55, S. 274 (308); *Friauf*, FS Haubrichs, 1977, S. 118.

ne Interessenlage oder durch besondere gemeinsame Gegebenheiten von der Allgemeinheit und anderen Gruppen abgrenzbar ist, wenn es sich also um eine in diesem Sinne homogene Gruppe handelt."[1064] Dem Gesetzgeber steht es allerdings nicht frei, für eine beabsichtigte Abgabenerhebung nach eigenem Belieben Gruppen nach nicht in der Rechts- oder Sozialordnung materiell vorgegebenen Gesichtspunkten normativ zu bilden und so unterschiedliche Interessen zu einem Lastenverband zusammenzuschließen.[1065] Ein Zusammenschluß als solcher kann also nicht zur Rechtfertigung einer Sonderlast herangezogen werden, sondern unterliegt vielmehr selbst einem Rechtfertigungsbedürfnis.[1066] Die Gruppenhomogenität muß daher der Belastung zeitlich und sachlich vorausliegen, um eine Anknüpfung durch den Gesetzgeber erst zu ermöglichen. Als Anknüpfungspunkte kommen bspw. die Zugehörigkeit zu einer sozial oder rechtlich geprägten Berufsgruppe oder eine durch allgemeine Merkmale definierte soziale Rolle wie die Arbeitnehmer- oder Unternehmereigenschaft in Betracht.[1067] Der Zahl der Mitglieder kommt dagegen für die Beurteilung des Vorliegens einer homogenen Gruppe keine Bedeutung zu.[1068]

Die Gesamtheit der Arbeitgeber stellt ohne Zweifel eine homogene Gruppe im Sinne dieser Vorgaben dar. Das BVerfG vertritt insoweit die Auffassung, die Arbeitgeber seien zum einen durch eine in der sozialen Wirklichkeit bestehende gemeinsame Interessenlage verbunden und von anderen Gruppen zuverlässig abgrenzbar, zum anderen bildeten sie auch nach eigenem Selbstverständnis eine homogene Gruppe. Letzterer Gesichtspunkt werde dadurch belegt, daß sie sich zu Interessenverbänden wie der „Bundesvereinigung der Deutschen Arbeitgeberverbände" (BDA) zusammengeschlossen hätten, um – so § 1 Abs. 1 der Satzung der BDA – ihre *„gemeinschaftlichen sozialpolitischen Belange"* zu wahren.[1069] Dieser Einschätzung des BVerfG ist zuzustimmen.

1064 BVerfG v. 10.12.1980 – 2 BvF 3/77 = BVerfGE 55, S. 274 (305 f.); *Friauf*, FS Jahrreiß, 1974, S. 55.
1065 BVerfG v. 06.11.1984 – 2 BvL 19, 20/83, 2 BvR 363, 491/83 = BVerfGE 67, S. 256 (276); *Friauf*, FS Jahrreiß, 1974, S. 50.
1066 *Friauf*, FS Jahrreiß, 1974, S. 50 f.
1067 *Kluth*, JA 2007, S. 263.
1068 BVerfG v. 10.12.1980 – 2 BvF 3/77 = BVerfGE 55, S. 274 (312); zustimmend *Dönneweg*, Der bezahlte Bildungsurlaub, S. 166.
1069 BVerfG v. 10.12.1980 – 2 BvF 3/77 = BVerfGE 55, S. 274 (310).

bb) Spezifische Beziehung und besondere Gruppenverantwortung

Die Erhebung einer Sonderabgabe setzt des weiteren eine spezifische Beziehung zwischen dem Kreis der Abgabepflichtigen, d.h. der homogenen Gruppe, und dem mit der Abgabenerhebung verfolgten Zweck voraus. Eine solche Sonderbeziehung liegt vor, wenn die mit der Abgabe belastete Gruppe dem mit der Abgabe verfolgten Zweck in offenkundiger Weise nähersteht als jede andere Gruppe oder die Gesamtheit der Staatsbürger und Steuerzahler. Aus dieser Sachnähe der Abgabepflichtigen zum Abgabezweck muß auch eine besondere Gruppenverantwortung für die Erfüllung der mit der außersteuerlichen Abgabe zu finanzierenden Aufgabe entspringen. Das kann nur dann bejaht werden, wenn die Aufgabe, die mit Hilfe des Abgabeaufkommens erfüllt werden soll, ganz überwiegend in die Sachverantwortung der belasteten Gruppe, nicht dagegen in die staatliche Gesamtverantwortung fällt. Die jeweilige Leistungsfähigkeit der Abgabepflichtigen spielt dabei keine Rolle. Der Begriff der „Sachnähe" muß nach materiell-inhaltlichen Kriterien bestimmt werden, die sich einer gezielten Normierung des Gesetzgebers aus Anlaß der Einführung der Abgabe entziehen. Die „besondere Sachnähe" darf nicht lediglich durch irgendwelche sachgerechten Erwägungen im Sinne der Rechtsprechung zum allgemeinen Gleichheitssatz oder durch formal-organisatorische Zuordnungen künstlich hergestellt werden. Sie ist vielmehr mittels einer Anknüpfung an vorgegebene Strukturen der Lebenswirklichkeit bei Berücksichtigung der Rechts- und Sozialordnung zu ermitteln.[1070]

Die Sonderbeziehung bzw. die Sachnähe zum einen und die besondere Gruppenverantwortung zum anderen werden nicht immer streng voneinander getrennt. Da die besondere Verantwortung der homogenen Gruppe nach dem BVerfG gerade aus der ihr eigenen Sachnähe folgen soll, erscheint eine strenge Unterscheidung auch nicht sachgerecht. Teilweise wird vom BVerfG selbst verallgemeinernd auf das besondere „Interesse" einer Gruppe abgestellt.[1071]

Legt man als Zweck der Bildungsfreistellungsgesetze der Länder (Hessen und Nordrhein-Westfalen) und damit auch der den Arbeitgebern auferlegten Entgeltfortzahlungspflicht die Verbesserung der Bildungsbereitschaft der Arbeitnehmer zugrunde,[1072] so müßten die Arbeitgeber diesem Zweck zum einen evident näherste-

---

1070 BVerfG v. 10.12.1980 – 2 BvF 3/77 = BVerfGE 55, S. 274 (306 f.); v. 06.11.1984 – 2 BvL 19, 20/83, 2 BvR 363, 491/83 = BVerfGE 67, S. 256 (276); *Friauf*, FS Haubrichs, 1977, S. 117 f.
1071 Vgl. BVerfG v. 10.12.1980 – 2 BvF 3/77 = BVerfGE 55, S. 274 (312 ff.).
1072 Die Ausführungen des BVerfG, es liege im Interesse des Allgemeinwohls, die Bildungsbereitschaft der Gruppe der Arbeitnehmer zu erhöhen, legen dies nahe; BVerfG v. 15.12.1987 – 1 BvR 563, 582/85, 974/86 und 1 BvL 3/86 = BVerfGE 77, S. 308 (333).

hen als jede andere Gruppe oder die Allgemeinheit, zum anderen müßte nach den vorgenannten Kriterien eine besondere Verantwortung der Arbeitgeber für die Weiterbildungsbereitschaft der Arbeitnehmer bestehen. Das BVerfG geht auf diese Aspekte nicht näher ein, sondern spricht in einem anderen Zusammenhang eher beiläufig von der *„Verantwortungsbeziehung des Arbeitgebers, die seine Belastung mit dem allgemeinen Bildungsurlaubsanspruch des Arbeitnehmers rechtfertigt".*[1073] Diese pauschale Einlassung kann aber, zumal sie nicht im Kontext mit einem möglichen Verstoß gegen den Grundsatz der Lastengleichheit getätigt wurde, nicht als Begründung (auch) für die Auferlegung der Entgeltfortzahlungspflicht dienen. Es bedarf vielmehr einer näheren Untersuchung der Kriterien der Sachnähe und der besonderen Verantwortung.

aaa) Sachnähe und Gruppenverantwortung aufgrund des Gegenstands der Weiterbildung?

Eine besondere Nähe und daraus resultierende besondere Verantwortung der Arbeitgeber könnte möglicherweise mit dem Gegenstand der Weiterbildung begründet werden. So hat das BVerfG in der Entscheidung zur Berufsausbildungsabgabe ausgeführt, die Arbeitgeber treffe der Natur der Sache nach eine spezifische Verantwortung für ein ausreichendes Angebot an betrieblichen Ausbildungsplätzen, da nur sie über die Möglichkeit der Schaffung von Ausbildungsplätzen verfügten. Zudem hätten sie ein objektives, besonderes Interesse an der Förderung der Berufsausbildung, denn die Berufsausbildungsabgabe stelle sicher, daß den Arbeitgebern auch in Zukunft ein qualitativ und quantitativ ausreichendes Angebot an Arbeitskräften zur Verfügung stünde.[1074] Mit ähnlicher Argumentation könnte man auch begründen, daß den Arbeitgeber eine auf einer Sachnähe beruhende besondere Verantwortung für die Weiterbildung bereits ausgebildeter Arbeitnehmer treffe. Es liegt im Interesse eines jeden Arbeitgebers, daß seine Arbeitskräfte ihre Kenntnisse und Fertigkeiten den sich wandelnden Anforderungen anpassen, da diese durch ihre Arbeitsleistungen zum Unternehmenserfolg beitragen. Allerdings kann dies zum einen nur insoweit gelten, als es ausschließlich um die berufliche Weiterbildung geht,[1075] zum anderen auch nur dann, wenn die berufliche Weiterbildung einen unmittelbaren Bezug zu den im Rahmen des jeweiligen Arbeitsverhältnisses anfallen-

---

1073 BVerfG v. 15.12.1987 – 1 BvR 563, 582/85, 974/86 und 1 BvL 3/86 = BVerfGE 77, S. 308 (337).
1074 BVerfG v. 10.12.1980 – 2 BvF 3/77 = BVerfGE 55, S. 274 (312 ff.).
1075 *Depenheuer,* SAE 1989, S. 41.

den Aufgaben bzw. Tätigkeitsfeldern hat.[1076] Anderenfalls kann nicht davon gesprochen werden, die Gruppe der Arbeitgeber stehe der Weiterbildung der Arbeitnehmer (bzw. der Erhöhung ihrer Bildungsbereitschaft) erkennbar näher als andere homogene Gruppen oder die Allgemeinheit der Steuerzahler.

Die Weiterbildungsgesetze der Länder, insbesondere die vom BVerfG auf ihre Verfassungsmäßigkeit überprüften Gesetzeswerke Hessens und Nordrhein-Westfalens, enthalten aber gerade keine entsprechende Begrenzung des Gegenstands des Weiterbildungsanspruchs. Vielmehr wird neben der beruflichen auch die politische Weiterbildung einbezogen. Eine besondere Sachnähe der politischen Weiterbildung zu den Rechten und Pflichten aus dem Arbeitsverhältnis kann aber nicht nachvollziehbar behauptet werden. Des weiteren werden von § 9 Abs. 1 S. 2 AWbG NRW gerade denjenigen Weiterbildungsinhalten die Anerkennungsfähigkeit versagt, die *"überwiegend einzelbetrieblichen oder dienstlichen Zwecken dienen"*. Ein betrieblicher Bezug, der die Annahme einer besonderen Sachnähe zu rechtfertigen geeignet wäre, wird also ausdrücklich ausgeschlossen.[1077] Entsprechende Ausschlüsse für auf betriebliche bzw. arbeitsplatzbezogene Zwecke ausgerichtete Weiterbildungsinhalte sind auch in § 11 Abs. 2 Nr. 3 NBildUrlG, § 20 Abs. 3 S. 1 Nr. 3 SchlH BFQG und § 6 Abs. 2 S. 2 Nr. 5 SBFG vorgesehen. Das LAG Hamm betont insoweit, es komme auf einen greifbaren Bezug zur konkreten Situation des Arbeitnehmers nicht an, da dem Arbeitnehmer gerade die Möglichkeit der Veränderung seiner konkreten Situation eröffnet werden solle.[1078] Es sei auch unerheblich, ob der Arbeitnehmer für die konkrete bei dem Arbeitgeber bekleidete Stelle die durch die Weiterbildung erworbenen Kenntnisse benötige.[1079] Es werden von den Weiterbildungsgesetzen der Länder also gerade die Inhalte als Gegenstand der Weiterbildung des Arbeitnehmers ausgeschlossen, für die sich ein besonderes Interesse bzw. eine besondere Verantwortung der Gruppe der Arbeitgeber begründen ließe. Eine im Vergleich zu anderen Gruppen oder der Allgemeinheit bestehende Nähe der Arbeitgeber zum Gegenstand der Weiterbildung der Arbeitnehmer i.S.d. Landesgesetze und eine daraus folgende besondere Verantwortungsbeziehung besteht also nicht. Dieser Befund muß natürlich erst recht gelten, soweit sich der Entgeltfortzahlungsanspruch der Arbeitnehmer nach einzelnen Landesgesetzen neben der beruflichen und politischen Qualifizierung auch auf Veranstaltungen der allgemeinen

---

1076 *Wank*, Gemeinsame Anmerkung zu BAG AP Nr. 1, 2, 3 zu § 9 BildungsurlaubsG NRW.
1077 *Wank*, Gemeinsame Anmerkung zu BAG AP Nr. 1, 2, 3 zu § 9 BildungsurlaubsG NRW.
1078 LAG Hamm v. 13.02.1991 – 3 Sa 553/90 = DB 1991, S. 1178.
1079 LAG Hamm v. 13.02.1991 – 3 (4) Sa 376/90 = DB 1991, S. 1179; ausdrücklich auch BAG v. 24.08.1993 – 9 AZR 473/90 = NZA 1994, S. 451 (452).

und kulturellen Weiterbildung erstreckt.[1080] In der Entscheidung zum hessischen Gesetz über Sonderurlaub für Mitarbeiter in der Jugendarbeit hat das BVerfG später eine Belastung der Arbeitgeber mit der vollen Entgeltfortzahlung als unzumutbar bezeichnet, da die Vorteile, die dem Arbeitgeber durch die im Rahmen der ehrenamtlichen Jugendarbeit gewonnenen Fähigkeiten seiner Arbeitnehmer entstünden, zu wenig greifbar seien.[1081] Letztere Feststellung läßt sich aber ohne Einschränkungen auch auf die Weiterbildung i.S.d. Landesgesetze übertragen; sie stützt die Annahme des Nichtbestehens einer besonderen Sachnähe und Verantwortungsbeziehung.

bbb) Sachnähe und Gruppenverantwortung aus dem Gesichtspunkt der Ingerenz?

Eine besondere Nähe der Arbeitgeber zur Weiterbildung der Arbeitnehmer und eine darauf gründende Verantwortungsbeziehung lassen sich möglicherweise aus dem Gesichtspunkt der Ingerenz herleiten.[1082] Das BVerfG nennt in seiner Entscheidung selbst mögliche Anknüpfungspunkte für die Annahme einer solche Ingerenzverantwortung: Der Arbeitgeber bedürfe zur Wertschöpfung und zur Erreichung des Unternehmenszwecks regelmäßig der Mitwirkung seiner Arbeitnehmer. Diese wiederum müßten zur Existenzsicherung ihre volle Arbeitskraft einsetzen, so daß infolge der zeitlichen Bindung ihre persönlichen Fort- und Weiterbildungsmöglichkeiten im beruflichen und politischen Bereich als Bestandteil der Persönlichkeitsentfaltung beschnitten würden.[1083] In dieser Begründung klingt an, daß die Gruppe der Arbeitgeber deshalb eine besondere Verantwortung für die Weiterbildung der Arbeitnehmer trage, weil sie diese zur Verwirklichung der unternehmerischen Ziele zeitlich so sehr beanspruche, daß ohne eine bezahlte Freistellung von der Arbeitspflicht eine eigenständige Fortbildung der Arbeitnehmer kaum noch möglich sei.[1084] Diese Argumentation greift das BVerfG auch in der bereits genann-

---

1080 *Wank*, Gemeinsame Anmerkung zu BAG AP Nr. 1, 2, 3 zu § 9 BildungsurlaubsG NRW, weist auf den erstaunlichen Umstand hin, daß der Gesetzgeber, wenn er selbst in seiner Eigenschaft als Dienstherr betroffen ist, weniger großzügig verfährt. So gewähren die SonderurlaubsVO des Bundes (§ 7 S. 1 Nr. 1, § 10 S. 1) und die entsprechenden SonderurlaubsVO der Länder (z.B. § 9 Abs. 2 S. 1 SonderUrlVO Berlin) lediglich dann Urlaub unter Fortzahlung der Besoldung, *„wenn die Teilnahme für die dienstliche Tätigkeit von Nutzen ist"* oder *„wenn die Ausbildung im dienstlichen Interesse liegt"*.
1081 BVerfG v. 11.02.1992 – 1 BvR 890/84 und 74/87 = BVerfGE 85, S. 226 (236 f.).
1082 *Depenheuer*, SAE 1989, S. 42, zieht diesen Punkt ausdrücklich in Erwägung.
1083 BVerfG v. 15.12.1987 – 1 BvR 563, 582/85, 974/86 und 1 BvL 3/86 = BVerfGE 77, S. 308 (334 f.).
1084 In die gleiche inhaltliche Richtung weist der Satz *Henselers*, das Sozialversicherungsrecht beruhe auf dem Gedanken, daß jeder, der die Produkte der persönlichen Arbeitsleistung sozial schwacher, in seinem Auftrag und für seine Rechnung tätiger Personen planmäßig vermarkte, für

ten Entscheidung zum hessischen Gesetz über Sonderurlaub für Mitarbeiter in der Jugendarbeit auf, das ebenso wie die Weiterbildungsgesetze einen Anspruch auf bezahlte Freistellung gewährt. Dabei stellt es zusätzlich auch darauf ab, daß den Arbeitgebern die im Rahmen der ehrenamtlichen Jugendarbeit gewonnenen Fähigkeiten in positivem Sinne zugute kämen.[1085] Das BAG legt die genannten Erwägungen der Entscheidung zur Verfassungsmäßigkeit von § 14 Abs. 1 S. 1 MuSchG zugrunde.[1086]

Eine Verantwortung der Arbeitgeber für die Weiterbildung der Arbeitnehmer aus den vorgenannten Gesichtspunkten ist abzulehnen. Die (berufliche und politische) Weiterbildung der Arbeitnehmer liegt primär in deren eigenem Interesse und daher auch in ihrem Verantwortungsbereich.[1087] In diesem Sinn fordert § 2 Abs. 4 S. 2 SGB III die Arbeitnehmer ausdrücklich auf, ihre berufliche Leistungsfähigkeit den sich ändernden Anforderungen anzupassen, und weist den Arbeitgebern in § 2 Abs. 2 S. 2 Nr. 1 SGB III lediglich eine Mitverantwortung zu.[1088] Es kann zunächst keinem Zweifel unterliegen, daß der Arbeitgeber nicht für solche Bildungsdefizite verantwortlich zeichnet (und daher auch nicht zu deren Behebung herangezogen werden kann), die zeitlich vor dem Eintritt in das Arbeitsverhältnis begründet wurden.[1089] Aber auch der Bildungsrückstand, der innerhalb des zeitlichen Rahmens des Bestehens des Arbeitsverhältnisses entstanden ist, kann nicht allein deshalb dem Verantwortungsbereich des Arbeitgebers zugeschrieben werden, weil der Arbeitnehmer dem Arbeitgeber grundsätzlich seine volle Arbeitskraft und damit auch die ihm zur Verfügung stehende Zeit schuldet. Denn zum einen darf nicht außer acht gelassen werden, daß der Arbeitnehmer für den Einsatz von Arbeitskraft und Zeit bereits eine Gegenleistung in Gestalt des Arbeitslohns erhält.[1090] Zum anderen wird der zeitliche Umfang der Arbeitspflicht maßgeblich durch tarifliche und gesetzliche Regelungen begrenzt. So hatten Vollzeitbeschäftigte in Deutschland im Jahr 2008 eine tatsächliche Wochenarbeitszeit von durchschnittlich 41,2 Stunden; die Summe von Urlaubs- und Feiertagen pro Jahr beträgt demgegenüber 40,5 Tage.[1091] Daß eine solche Arbeitsbelastung eine eigenständige Weiterbildung der Arbeitnehmer au-

---

die Versorgung dieser Personen mitverantwortlich sei; *Henseler*, Begriffsmerkmale und Legitimation von Sonderabgaben, S. 170 f.
1085 BVerfG v. 11.02.1992 – 1 BvR 890/84 und 74/87 = BVerfGE 85, S. 226 (236).
1086 BAG v. 01.11.1995 – 5 AZR 273/94 = AP Nr. 13 zu § 14 MuSchG 1968 (m. Anm. *Kreßel*).
1087 Darauf weist zutreffend *Depenheuer*, SAE 1989, S. 42, hin.
1088 Vgl. dazu oben § 3 D.I.3.b.
1089 *Dönneweg*, Der bezahlte Bildungsurlaub, S. 172 f.
1090 *Dönneweg*, Der bezahlte Bildungsurlaub, S. 172.
1091 FAZ v. 30.07.2009, S. 10.

ßerhalb der Arbeitszeiten derart erschwert, daß daraus eine als Anknüpfungspunkt für erhebliche Pflichten (bzw. finanzielle Sonderlasten) dienende Ingerenz des Arbeitgebers für die Qualifikation seiner Arbeitnehmer erwächst, leuchtet nicht ein.[1092] Dies gilt natürlich erst recht für Teilzeitbeschäftigte.

Aber selbst wenn man eine Weiterbildung außerhalb der Arbeitszeiten, d.h. in der Regel abends oder am Wochenende, für unmöglich hielte, könnte dies zwar unter Umständen noch als Argument dafür herangezogen werden, dem Arbeitnehmer einen Freistellungsanspruch gegenüber dem Arbeitgeber zum Zwecke des Besuchs von Weiterbildungsveranstaltungen einzuräumen. Warum diese allerdings durch den Arbeitgeber mittels Entgeltfortzahlung und nicht von den Arbeitnehmern selbst oder der Allgemeinheit (also aus Steuermitteln) finanziert werden soll, warum also der Arbeitgeber neben der Last der Freistellung auch noch eine finanzielle Bürde für Weiterbildungsinhalte tragen soll, die ihm bzw. dem Unternehmenserfolg allerhöchstens in sehr mittelbarer Form Nutzen bringen, kann damit nicht nachvollziehbar begründet werden. Anders als im Urteil zum hessischen Gesetz über Sonderurlaub für Mitarbeiter in der Jugendarbeit verzichtet das BVerfG aber darauf, diesen Aspekt näher auszuleuchten. In Anlehnung an entsprechende Überlegungen bei *Wank*[1093] ließe sich überspitzt auch argumentieren, daß die zeitliche Inanspruchnahme des Arbeitnehmers auch dazu führen kann, daß diesem sportliche Betätigungen oder Theater- und Museumsbesuche erschwert werden. Daß der Arbeitgeber dafür durch eine Freistellung des Arbeitnehmers von der Arbeitspflicht oder sogar durch eine Finanzierung entsprechender Betätigungen einzustehen habe, wird aber wohl kaum ernsthaft vertreten werden können.

Die finanzielle Belastung der Arbeitgeber stellt demnach, wie *Depenheuer* treffend darlegt, keine notwendige Bedingung für die Weiterbildung der Arbeitnehmer dar, sondern dient allein dem Zweck, ihr optimale Rahmenbedingungen zu bieten, indem den primär verantwortlichen Arbeitnehmern eigene Lasten und Mühen erspart werden.[1094] Eine auf dem Gesichtspunkt der Ingerenz gründende Sachnähe und daraus folgende besondere Verantwortungsbeziehung kann aber aus Verhältnismäßigkeitserwägungen[1095] nur dann angenommen werden, soweit keine andere, dem mit der Sonderlast verfolgten Zweck näherstehende Gruppe oder die Allgemeinheit in die Verantwortung genommen werden kann. Diese Voraussetzungen sind, wie

---

1092 Zweifelnd auch *Friauf*, DB-Beil. 2/1989, S. 6, Fn. 71; *Dönneweg*, Der bezahlte Bildungsurlaub, S. 171.
1093 *Wank*, Gemeinsame Anmerkung zu BAG AP Nr. 1, 2, 3 zu § 9 BildungsurlaubsG NRW.
1094 *Depenheuer*, SAE 1989, S. 42.
1095 Verhältnismäßigkeits- bzw. Erforderlichkeitserwägungen führt auch *Friauf* ins Feld, wenn auch im Zusammenhang mit der Frage der Vereinbarkeit der Gewährung von bezahltem Bildungsurlaub mit Art. 12 Abs. 1 GG; DB-Beil. 2/1989, S. 6, Fn. 71.

aufgezeigt wurde, nicht erfüllt. Eine besondere Sachnähe und eine besondere Verantwortung der Arbeitgeber hinsichtlich der beruflichen Weiterbildung der Arbeitgeber folgen somit auch nicht aus dem Gesichtspunkt der Ingerenz.

ccc) Sachnähe und Gruppenverantwortung aufgrund der Fürsorgepflicht des Arbeitgebers?

Als weiterer möglicher Ansatzpunkt für eine besondere Nähe und eine daraus resultierende besondere Verantwortung der Arbeitgeber für die Weiterbildung der Arbeitnehmer kommt die arbeitsrechtliche Fürsorgepflicht in Betracht.[1096] *Stege/ Schiefer* interpretieren sogar die Entscheidung des BVerfG zu den Weiterbildungsgesetzen Nordrhein-Westfalens und Hessens dahingehend, daß es die Verantwortungsbeziehung des Arbeitgebers für die berufliche und politische Weiterbildung der bei ihm beschäftigten Arbeitnehmer aus dessen Fürsorgepflicht abgeleitet habe.[1097] Ausdrücklich hat das BVerfG in einer anderen Entscheidung die Fürsorgepflicht des Arbeitgebers jedenfalls als Anknüpfungspunkt dafür herangezogen, daß allein den Arbeitgebern die Beiträge an die Familienausgleichskassen nach dem Kindergeldgesetz auferlegt wurden.[1098] Sie stelle die notwendige „*sachliche Beziehung*" zwischen den Leistungen an die Arbeitnehmer und der Beschränkung der Beitragspflicht auf die Arbeitgeber dar.[1099] Das ArbG Kiel leitet aus der Fürsorgepflicht des Arbeitgebers zwar keinen Anspruch auf Entgeltfortzahlung, unter der Voraussetzung der Erforderlichkeit jedenfalls aber einen Anspruch auf Urlaub her.[1100] Eine Sonderbelastung des Arbeitgebers auf der Grundlage seiner allgemeinen Fürsorgepflicht ist somit nicht von vorneherein ausgeschlossen.

Die (allgemeine) „Fürsorgepflicht" dient im allgemeinen als Oberbegriff für sämtliche Nebenpflichten des Arbeitgebers.[1101] In rechtssystematischer Hinsicht ist sie (zumindest teilweise) dem in § 242 BGB verankerten Grundsatz von Treu und Glauben[1102] sowie der gemäß § 241 Abs. 2 BGB alle Schuldverhältnisse treffenden Verpflichtung zuzuordnen, Rücksicht auf die Rechte, Rechtsgüter und Interessen

---

1096 Dieser Aspekt wird von *Depenheuer*, SAE 1989, S. 42, *Friauf*, DB-Beil. 2/1989, S. 6, und *Dönneweg*, Der bezahlte Bildungsurlaub, S. 189 ff., in Erwägung gezogen.
1097 *Stege/Schiefer*, DB-Beil. 12/1990, S. 3.
1098 BVerfG v. 10.05.1960 – 1 BvR 190, 363, 401, 409, 471/58 = BVerfGE 11, S. 105 (113, 116).
1099 BVerfG v. 10.05.1960 – 1 BvR 190, 363, 401, 409, 471/58 = BVerfGE 11, S. 105 (116); vgl. dazu auch *Friauf*, FS Haubrichs, 1977, S. 116.
1100 ArbG Kiel v. 16.06.1965 – 1b Ca 65/65 = BB 1965, S. 1272.
1101 HWK/*Thüsing*, § 611 BGB RdNr. 241. Siehe zu Detailabweichungen in der genauen Einordnung bereits oben Fn. 746.
1102 MüKo-BGB/*Müller-Glöge*, § 611 RdNr. 986; *Wiese*, ZfA 1996, S. 460, 465 f.: *Kort*, NZA 1996, S. 854.

der jeweils anderen Vertragspartei zu nehmen.[1103] Sie stellt das Gegenstück zur persönlichen Abhängigkeit des Arbeitnehmers dar und dient dem Schutz seiner Interessen, die durch die Unterordnung unter fremde Organisationsgewalt besonderen Gefährdungen ausgesetzt sind. Dieser Schutz erstreckt sich auf die körperliche Integrität des Arbeitnehmers, seine Persönlichkeit sowie vermögensrechtliche Belange, insbesondere soweit der Arbeitnehmer materielle und immaterielle Güter in die betriebliche Organisation des Arbeitgebers einbringt.[1104] Da diese Schutzpflichten des Arbeitgebers ihre Grundlage aber in der vertraglichen Sonderbeziehung der Vertragspartner finden, sie also funktional auf das Arbeitsverhältnis bezogen sind, stecken die vertraglich eingegangenen Bindungen zugleich auch die inneren Grenzen ihrer Reichweite ab.[1105] Eine äußere Grenze wird zudem vom allgemeinen Verhältnismäßigkeitsgrundsatz gezogen. Vom Arbeitgeber kann nicht verlangt werden, bei der Erfüllung der Fürsorgepflicht eigene überwiegende und schützenswerte Interessen hintanzustellen. Im Hinblick auf die Konkretisierung der allgemeinen Fürsorgepflicht ist daher eine Abwägung der einander gegenüberstehenden Interessen des Arbeitgebers auf der einen und des Arbeitnehmers auf der anderen Seite erforderlich.[1106] Dies schließt es insbesondere aus, dem Arbeitgeber unverhältnismäßig hohe, betriebstechnisch oder wirtschaftlich nicht zumutbare Aufwendungen abzuverlangen.[1107]

Unter Zugrundelegung dieser Vorgaben überzeugt es im Ergebnis nicht, mit der Fürsorgepflicht des Arbeitgebers dessen besondere Nähe und eine daraus resultierende besondere Verantwortung für die Weiterbildung der Arbeitnehmer zu begründen, die die Auferlegung der Sonderabgabe rechtfertigen könnte. Dies ergibt sich schon aus den Erwägungen, die bei der Erörterung einer möglichen Verantwortungsbeziehung aufgrund des Gegenstands der Weiterbildung sowie aus dem Gesichtspunkt der Ingerenz angestellt wurden. So dient die Weiterbildung nach den Landesgesetzen nach Auffassung des BVerfG weniger dem Erlernen konkret berufsbezogener Fertigkeiten und Kenntnisse als vielmehr der Persönlichkeitsent-

---

1103 MüKo-BGB/*Müller-Glöge*, § 611 RdNr. 986; *Hromadka/Maschmann*, Arbeitsrecht 1, § 7 RdNr. 81.
1104 Staudinger/*Richardi*, § 611 RdNr. 900; MüKo-BGB/*Müller-Glöge*, § 611 RdNr. 987; MünchArbR/*Reichold*, § 83 RdNr. 8;*Wiese*, ZfA 1996, S. 461 ff.
1105 MünchArbR/*Reichold*, § 83 RdNr. 12; *Wiese*, ZfA 1996, S. 460. Vgl. auch Friauf, DB 1991, S. 1779: *„Die Fürsorgepflicht ist kein beliebig auszufüllendes Blankett, das der Gesetzgeber je nach seinen wechselnden sozialpolitischen Vorstellungen als Grundlage immer neuer Belastungen der Arbeitgeber heranziehen dürfte."*
1106 *Kort*, NZA 1996, S. 854; *Wiese*, ZfA 1996, S. 461; MünchArbR/*Reichold*, § 83 RdNr. 13; ErfK/*Preis*, § 611 BGB RdNr. 616.
1107 *Kort*, NZA 1996, S. 854; vgl. ErfK/*Preis*, § 611 BGB RdNr. 616 m.w.N.

wicklung des Arbeitnehmers.[1108] Es werden folgerichtig auch gerade die Weiterbildungsinhalte ausgeklammert, die *„überwiegend einzelbetrieblichen oder dienstlichen Zwecken dienen"*,[1109] so daß die inhaltliche, „funktionale" Verknüpfung mit dem Arbeitsverhältnis, das Grundlage für etwaige Schutzplichten ist, gelöst wird. Eine aus der Fürsorgepflicht entspringende Verantwortungsbeziehung, die eine Auferlegung von Sonderlasten rechtfertigen könnte, wäre allenfalls für den Fall anzunehmen, daß die Weiterbildungsgesetze der Länder sich auf eine berufliche Weiterbildung des Arbeitgebers beschränkten, deren Umfang sich aus einer auch zukünftige Entwicklungen einbeziehenden Auslegung der im Arbeitsverhältnis zugrundegelegten Pflichten ergäbe. Jeder inhaltlich darüber hinausgehende Erwerb von Kenntnissen und Fertigkeiten liegt zwar im Interesse des Arbeitnehmers, dient aber nicht der Verwirklichung gerade solcher Interessen, die durch Unterordnung unter fremde Organisationsgewalt besonderen Gefährdungen ausgesetzt sind und daher besonderen – der Fürsorgepflicht des Arbeitgebers zuzuordnenden – Schutz verdienen.[1110] In allgemeiner Hinsicht kommt eine Verlagerung berufsunabhängiger, persönlicher Risiken des Arbeitnehmers auf den Arbeitgeber aber nur dann in Betracht, wenn zum einen Gründe in der Person des Arbeitnehmers gefunden werden, die die Unfähigkeit zur Eigenvorsorge erklären, und zum anderen Anknüpfungspunkte im Arbeitsverhältnis oder auf seiten des Arbeitgebers bestehen, die gerade seine Inanspruchnahme gegenüber einer möglichen Belastung der Allgemeinheit oder anderer Adressaten rechtfertigt.[1111] Inhaltlich kann auch dann, wenn man eine Inanspruchnahme des Arbeitgebers mit seiner Fürsorgepflicht begründen will, nichts anderes gelten als bei der Herleitung einer Sachnähe und besonderen Verantwortung mittels anderer Anknüpfungspunkte.[1112] Bei einer Überschreitung der inhaltlichen Grenzen, die der Arbeitsvertrag gezogen hat, entfällt aber gerade das Merkmal, das den Arbeitgeber gegenüber anderen Gruppen bzw. der Allgemeinheit hervorhebt.[1113] Daneben kann auch nicht – wie bereits angedeutet wurde –[1114] überzeugend dargelegt werden, daß der Arbeitnehmer zur Eigenvorsorge in Sachen beruflicher und politischer Weiterbildung i.S.d. Landesgesetze außerstande wäre. Selbst wenn man dies annehmen sollte, wäre eine Inanspruchnahme des Arbeitge-

---

1108 BVerfG v. 15.12.1987 – 1 BvR 563, 582/85, 974/86 und 1 BvL 3/86 = BVerfGE 77, S. 308 (330).
1109 Dazu bereits unter § 3 E.II.4.c.bb.aaa.
1110 Vgl. auch *Dönneweg*, Der bezahlte Bildungsurlaub, S. 191 f.: *„Allein ein berechtigtes Interesse des Arbeitgebers rechtfertigt noch nicht eine Verpflichtung des Arbeitgebers zum Tätigwerden."*
1111 *Wank*, Arbeitnehmer und Selbständige, S. 86 f.
1112 *Dönneweg*, Der bezahlte Bildungsurlaub, S. 194 m.w.N.; vgl. auch *Picot*, RdA 1979, S. 21.
1113 Vgl. *Picot*, RdA 1979, S. 21; *Dönneweg*, Der bezahlte Bildungsurlaub, S. 191 f.
1114 Vgl. oben § 3 E.II.4.c.bb.bbb.

bers aus Gründen der Verhältnismäßigkeit zunächst auf eine Freistellung des Arbeitnehmers zu beschränken.[1115] Keinesfalls beinhaltet diese Annahme aber den zwingenden Schluß, der Arbeitgeber habe durch Entgeltfortzahlung auch die (mittelbare) Finanzierung der Fortbildung zu tragen.[1116] Unter Berücksichtigung der Tatsache, daß die Weiterbildung i.S.d. Landesgesetze überwiegend im Eigeninteresse des Arbeitnehmers bzw. im Allgemeininteresse liegt, stellte dies eine zu weitgehende Rückstellung der schützenswerten Interessen des Arbeitgebers dar.[1117] Daß im Hinblick auf die Beschäftigungsfähigkeit des Arbeitnehmers beide Parteien des Arbeitsvertrages Verantwortung tragen, bei einer Abwägung also nicht von einer vorrangigen Inpflichtnahme des Arbeitgebers auszugehen ist, verdeutlicht wiederum ein Blick auf § 2 Abs. 2 S. 2 Nr. 1 SGB III, der lediglich von einer „Mitverantwortung" des Arbeitgebers spricht.[1118]

Die Abwägung der einander gegenüberstehenden Interessen des Arbeitnehmers auf der einen und des Arbeitgebers auf der anderen Seite führte demnach, legt man die aufgezählten Aspekte zugrunde, nicht zu dem Ergebnis, den Arbeitgeber treffe aufgrund seiner Fürsorgepflicht eine besondere, aus einer Sachnähe zur Weiterbildung der Arbeitnehmer resultierende Verantwortung, die eine Auferlegung von Entgeltfortzahlungslasten rechtfertigte.

ddd) Zwischenergebnis

Weder aus dem Gegenstand der Weiterbildung i.S.d. Landesgesetze noch aus dem Gesichtspunkt der Ingerenz oder der Fürsorgepflicht des Arbeitgebers ergibt sich eine besondere Sachnähe und eine daraus folgende besondere Verantwortungsbeziehung des Arbeitgebers im Hinblick auf die Weiterbildung der bei ihm beschäftigten Arbeitnehmer. Dieses Ergebnis beruht auch darauf, daß die Weiterbildungsgesetze zumeist diejenigen Inhalte aus ihrem Anwendungsbereich ausschließen, die überwiegend einzelbetrieblichen Zwecken dienen, die also gerade eine gesteigerte

---

1115 Vgl. dazu *Höhne*, BB 1954, S. 1065.
1116 In diese Richtung wohl auch *Steinwedel*, DB 1964, 1481.
1117 Nach Meinung *Marienhagens*, BB 1965, S. 1273, entspreche bereits hinsichtlich der Gewährung unbezahlten Urlaubs die Ansicht, jeder Arbeitgeber sei verpflichtet, für die fachliche Weiterbildung seiner Arbeitnehmer zu sorgen, nicht der das Arbeitsleben beherrschenden Auffassung. A.A. aber ArbG Kiel, BB 1965, S. 1272 (Anspruch auf unbezahlten Urlaub zur fachlichen Weiterbildung unter der Voraussetzung der Erforderlichkeit). Was aber für die fachliche Weiterbildung nicht gilt, kann erst recht nicht für diejenigen Weiterbildungsinhalte gelten, die keinen unmittelbaren Bezug zum Arbeitsverhältnis aufweisen.
1118 *Rieble*, NZA-Sonderheft 2001, S. 55, schlägt für ein betriebliches „Bildungsmanagement" eine Lastenteilung vor, nach der der Arbeitgeber die Finanzierung sicherzustellen und der Arbeitnehmer seine Lernzeit einzubringen habe. Dieser Vorschlag zielt allerdings lediglich auf ein „vernünftiges Konzept" ab und beruht nicht auf insofern zwingenden gesetzlichen Vorgaben.

Relevanz für die Erfüllung der im Arbeitsvertrag niedergelegten Rechte und Pflichten des Arbeitnehmers begründen. Solange und soweit aber der Zweck der Landesgesetze darin besteht, durch berufliche und politische Qualifikation in der Hauptsache die Persönlichkeitsentwicklung des Arbeitnehmers zu fördern, sie dagegen aber nicht vorrangig auf die Erweiterung und Vertiefung derjenigen beruflichen Kenntnisse und Fertigkeiten abzielen, die der Arbeitnehmer zur Erfüllung seiner im Arbeitsverhältnis zugrundegelegten Pflichten (die im Wege einer auch zukünftige Entwicklungen einbeziehenden Auslegung zu ermitteln sind) benötigt, kann eine besondere Verantwortung des Arbeitgebers nicht nachvollziehbar belegt werden.

cc) Gruppennützige Verwendung des Aufkommens der Sonderabgabe

Nach der Rechtsprechung des BVerfG ist weitere Voraussetzung für die Zulässigkeit der Auferlegung einer Sonderabgabe, *„daß zwischen den Belastungen und den Begünstigungen, die die Sonderabgabe bewirkt, eine sachgerechte Verknüpfung besteht."* Das sei der Fall, wenn das mit der Abgabe erzielte Aufkommen im Interesse der Gruppe der Abgabepflichtigen, also „gruppennützig" verwendet werde. Gruppennützigkeit liege vor, wenn das Aufkommen überwiegend im Interesse der Gesamtgruppe – wenn auch nicht im Interesse jedes einzelnen Gruppenangehörigen – verwendet werde. Es reiche allerdings aus, daß das Aufkommen unmittelbar oder mittelbar überwiegend im Interesse der Gruppe der Abgabepflichtigen verwendet werde. Unschädlich sei, wenn daneben auch andere Gruppen oder die Allgemeinheit gewisse Vorteile aus der Abgabenverwendung hätten. Denn mit jeder Sonderabgabe würden immer zugleich auch öffentliche Interessen verfolgt. Im Falle der Nichterfüllung der genannten Voraussetzungen sei die Abgabe unzulässig, falls nicht die Natur der Sache eine finanzielle Inanspruchnahme der Abgabepflichtigen zugunsten fremder Begünstigter („Fremdnützigkeit") aus triftigen Gründen eindeutig rechtfertige.[1119] Letzteres wird beispielsweise für die unmittelbaren Verursacher von Umweltabgaben angenommen, so daß die Voraussetzungen für eine Sonderabgabe auch dann erfüllt sind, wenn die mit ihr aufgebrachten Mittel im überwiegenden Interesse der Allgemeinheit verwendet werden.[1120] Einen ähnlichen Anknüpfungspunkt wählt in einer jüngeren Entscheidung auch das BVerfG, indem es von einem *„Verursachungsgedanken"* spricht: eine Sonderlast könne ihre

---

1119 Grundlegend BVerfG v. 10.12.1980 – 2 BvF 3/77 = BVerfGE 55, S. 274 (307 f., 317); BVerfG v. 06.11.1984 – 2 BvL 19, 20/83, 2 BvR 363, 491/83 = BVerfGE 67, S. 256 (276 f.); jüngst BVerfG v. 17.07.2003 – 2 BvL 1, 4, 6, 16, 18/99, 1/01 = BVerfGE 108, S. 186 (229); dazu auch *Friauf*, FS Haubrichs, 1977, S. 118.
1120 Vgl. OVG Münster v. 20.09.1983 – 2 A 1398/82 = NVwZ 1984, S. 390, 392.

Rechtfertigung in einer Verantwortlichkeit für die Folgen gruppenspezifischer Zustände oder Verhaltensweisen finden.[1121]

Die den Arbeitgebern auferlegte Entgeltfortzahlungsverpflichtung müßte also hauptsächlich den Interessen der homogenen Gruppe der Abgabepflichtigen dienen. Da Arbeitgeber und Arbeitnehmer – dies zeigen insbesondere die Tarifauseinandersetzungen – keine Gruppe in diesem Sinne bilden,[1122] ist erforderlich, daß die Verwendung der mit der Entgeltfortzahlungsverpflichtung gewonnenen Mittel zumindest mittelbar im überwiegenden Interesse der Arbeitgeber liegt. Es wurde aber bereits mehrfach dargelegt, daß die Weiterbildung, die Gegenstand der Landesgesetze ist, in erster Linie der Entwicklung der Persönlichkeit der Arbeitnehmer dient und – um mit den Worten des BVerfG zu sprechen – *„weniger dem Erlernen konkret berufsbezogener Fertigkeiten und Kenntnisse".*[1123] Folgerichtig werden ja auch gerade diejenigen Inhalte ausgeklammert, die überwiegend einzelbetrieblichen Zwecken dienen – auch darauf wurde bereits hingewiesen. Zwar kann nicht bestritten werden, daß aufgrund der vom BVerfG angenommenen vielfältigen Verflechtungen zwischen Arbeits- und Berufssphäre auf der einen und Familie, Gesellschaft und Politik auf der anderen Seite auch die Arbeitgeber ein Interesse an Arbeitnehmern mit einem möglichst weiten Bildungshorizont haben, da ein gesteigertes Verständnis für gesellschaftliche, soziale und politische Zusammenhänge die in einem demokratischen Gemeinwesen anzustrebende Mitsprache und Mitverantwortung in Staat, Gesellschaft und Beruf und damit mittelbar auch die Innovationsfähigkeit der Wirtschaft zu fördern geeignet ist.[1124] Dieses Interesse der Arbeitgeber beruht jedoch auf deren Zugehörigkeit zur Allgemeinheit, zur Gesellschaft im Ganzen, und kann nicht dem überwiegenden Sonderinteresse der Arbeitgeber als einer abgrenzbaren Gruppe zugeordnet werden. Darin liegt auch der Unterschied zu der Berufsausbildungsabgabe[1125] oder zu den landesrechtlichen Abgaben zur Finanzierung von Ausbildungsvergütungen in der Altenpflege[1126]: Es kann gerade nicht auf das die Arbeitgeber aus der Allgemeinheit hervorhebende Interesse abgestellt werden, einen ausreichenden Bestand an gut ausgebildeten Fachkräften für die jeweiligen Berufsbilder zu sichern. Stattdessen überwiegen eindeutig die Vorteile, die den Arbeitnehmern selbst und der Gesellschaft durch die Weiterbildung i.S.d. Landesgesetze

---

1121 BVerfG v. 12.05.2009 – 2 BvR 743/01 = BVerfGE 123, S. 132.
1122 Dazu ausführlich *Dönneweg*, Der bezahlte Bildungsurlaub, S. 183 ff.
1123 BVerfG v. 15.12.1987 – 1 BvR 563, 582/85, 974/86 und 1 BvL 3/86 = BVerfGE 77, S. 308 (330).
1124 BVerfG v. 15.12.1987 – 1 BvR 563, 582/85, 974/86 und 1 BvL 3/86 = BVerfGE 77, S. 308 (333 f.).
1125 BVerfG v. 10.12.1980 – 2 BvF 3/77 = BVerfGE 55, S. 274 (314).
1126 BVerfG v. 17.07.2003 – 2 BvL 1, 4, 6, 16, 18/99, 1/01 = BVerfGE 108, S. 186 (229 f.).

entstehen. Auch das BVerfG stellt überwiegend auf das „*Allgemeinwohl*" ab.[1127] Das Interesse der Arbeitgeber wird nur als Reflex bedient. Die durch die Entgeltfortzahlungspflicht aufgebrachten Mittel werden daher nicht gruppennützig, sondern fremdnützig verwendet.

Eine ausnahmsweise Zulässigkeit der Fremdnützigkeit auf der Grundlage der von der Rechtsprechung entwickelten Kriterien kommt nicht in Betracht. Für etwaige Bildungsrückstände der Arbeitnehmer sind zunächst die Arbeitnehmer selbst und die Gesellschaft, nicht aber die Arbeitgeber verantwortlich,[1128] so daß der Verursachungsgedanke eine Inpflichtnahme der Arbeitgeber nicht rechtfertigen kann.[1129] Die Belastung der Arbeitgeber zugunsten der Arbeitnehmer bzw. zugunsten der Allgemeinheit liegt nicht gleichsam „in der Natur der Sache" begründet. Die durch die Entgeltfortzahlungspflicht des Arbeitgebers aufgebrachten Mittel werden im Ergebnis also auch nicht in zulässiger Weise fremdnützig eingesetzt.

dd) Zwischenergebnis

Die in den Weiterbildungsgesetzen der Länder enthaltene Verpflichtung der Arbeitgeber, den Arbeitnehmer zum Zwecke der beruflichen und politischen (und vereinzelt auch kulturellen) Weiterbildung von der Arbeitspflicht unter Fortzahlung der Vergütung freizustellen, genügt nicht den an die Auferlegung einer Sonderabgabe zu stellenden Anforderungen. Weder besteht eine besondere Sachnähe der Arbeitgeber zur Weiterbildung der Arbeitnehmer i.S.d. Landesgesetze, noch kann eine daraus folgende besondere Verantwortung der Arbeitgeber für dieselbe erkannt werden. Schließlich werden die mit der Entgeltfortzahlungsverpflichtung gewonnen Mittel auch nicht gruppennützig verwendet. Die Entgeltfortzahlungsverpflichtung der Arbeitgeber verstößt daher insbesondere gegen den in Art. 3 Abs. 1 GG verankerten Grundsatz der Lastengleichheit, daneben steht sie im Widerspruch zur Finanzverfassung des Grundgesetzes und zum Grundsatz der Einheit und Vollständigkeit des Haushaltsplans gemäß Art. 110 Abs. 1 GG. Dieser Verfassungsverstoß könnte allein durch eine Erstattung der den Arbeitgebern entstehenden finanziellen Ausfälle (ähnlich dem mittlerweile aufgehobenen § 11 Abs. 2 ArbPlSchG) ausgeglichen werden.[1130]

1127 Vgl. nur BVerfG v. 15.12.1987 – 1 BvR 563, 582/85, 974/86 und 1 BvL 3/86 = BVerfGE 77, S. 308 (333).
1128 Vgl. bereits oben § 3 E.II.4.c.bb.bbb.
1129 *Dönneweg*, Der bezahlte Bildungsurlaub, S. 186 f.
1130 *Depenheuer*, SAE 1989, S. 42; *Dönneweg*, Der bezahlte Bildungsurlaub, S. 179.

d) Vereinbarkeit mit Art. 12 Abs. 1 GG

Diejenigen Bestimmungen im Hessischen Gesetz über den Anspruch auf Bildungsurlaub und im nordrhein-westfälischen Arbeitnehmerweiterbildungsgesetz, die den Arbeitnehmern zum Zwecke der beruflichen und politischen Weiterbildung einen Anspruch auf Freistellung von der Arbeitspflicht unter Fortzahlung des Arbeitsentgelts einräumen, knüpfen an die Arbeitgebereigenschaft belastende Folgen. Sie geraten daher notwendigerweise in einen Konflikt mit der durch Art. 12 Abs. 1 GG verbürgten Berufsfreiheit der Arbeitgeber. Zwar wird die Freiheit der Berufswahl der Arbeitgeber nicht beeinträchtigt. Die Freistellungs- und Entgeltfortzahlungsregelungen könnten aber einen rechtswidrigen Eingriff in die Berufsausübungsfreiheit, die die gesamte berufliche Tätigkeit von der Berufsaufnahme bis zur Berufsbeendigung schützt, insbesondere Form, Mittel, Umfang und Inhalt der Betätigung,[1131] darstellen.

Die Berufsfreiheit kann zum einen durch Maßnahmen bzw. Regelungen beeinträchtigt werden, die final auf die berufliche Betätigung bezogen sind und diese unmittelbar zum Gegenstand haben.[1132] Daneben kommen aber auch faktische Beeinträchtigungen der Berufsfreiheit durch solche Maßnahmen in Betracht, die sich zwar nicht unmittelbar auf die berufliche Betätigung beziehen, aufgrund ihrer spürbaren tatsächlichen Auswirkungen aber geeignet sind, einen erheblichen Eingriff in den Schutzbereich des Art. 12 GG zu bewirken. Die Anerkennung solcher mittelbarer Beeinträchtigungen der Berufsfreiheit erfordert allerdings einen engen Zusammenhang der in Rede stehenden Maßnahme mit der beruflichen Tätigkeit, der nur dann vorliegt, wenn die Maßnahme durch Veränderung der Rahmenbedingungen der Berufsausübung Auswirkungen von einigem Gewicht nach sich zieht und – grundsätzlich – eine objektiv berufsregelnde Tendenz aufweist.[1133] Diese objektiv berufsregelnde Tendenz soll bei Steuern und Abgaben nur in Ausnahmefällen anzunehmen sein.[1134] Die Aufbürdung mit der Berufstätigkeit verbundener zusätzlicher Kostenlasten wie bspw. die Zahlung eines Zuschusses zum Mutterschaftsgeld nach § 14 Abs. 1 S. 1 MuSchG bezeichnet das BVerfG aber als *„das Arbeitsverhältnis*

1131 Vgl. bereits oben § 3 C.II.2.a.aa.
1132 BVerfG v. 30.10.1961 – 1 BvR 833/59 = BVerfGE 13, S. 181 (185); Sachs/*Mann*, GG, Art. 12 RdNr. 93.
1133 BVerfG v. 30.10.1961 – 1 BvR 833/59 = BVerfGE 13, S. 181 (185 f.); v. 26.05.1981 – 1 BvL 56, 57, 58/78 = BVerfGE 57, S. 139 (158); v. 13.07.2004 – 1 BvR 1298, 1299/94, 1332/95, 613/97 = BVerfGE 111, S. 191 (213).
1134 BVerfG v. 29.11.1989 – 1 BvR 1402, 1528/87 = BVerfGE 81, S. 108 (121 f.); dazu ErfK/*Dieterich*, Art. 12 GG RdNr. 18.

inhaltlich ausgestaltende Geldleistungspflichten", bei denen nach neuerer Rechtsprechung der Nachweis einer besonderen berufsregelnden Tendenz gerade nicht notwendig ist.[1135] Zu diesen – am Maßstab der Berufsfreiheit zu messenden – Geldleistungspflichten zählt das Gericht, wie ein Verweis auf das hierzu ergangene Urteil deutlich macht,[1136] auch die Entgeltfortzahlungsverpflichtung nach den Weiterbildungsgesetzen der Länder. Auch die Freistellungspflicht, die eine Aufbürdung zusätzlicher Lasten bedeutet und die Verfügung über die Arbeitskraft der Arbeitnehmer seitens der Arbeitgeber einschränkt,[1137] führt zu einer erheblichen Veränderung der Berufsausübung der Arbeitgeber und weist eine objektiv berufsregelnde Tendenz auf. Sowohl die Freistellungs- als auch die Entgeltfortzahlungspflicht stellen somit einen Eingriff in die Berufsausübungsfreiheit der Arbeitgeber dar.[1138]

Die Berufsfreiheit gemäß Art. 12 Abs. 1 GG (und damit auch die Freiheit der Berufsausübung als Unterfall) kann nach Art. 12 Abs. 1 S. 2 GG nur durch Gesetz oder aufgrund eines Gesetzes eingeschränkt werden.[1139] Dieses Gesetz muß zunächst in formeller Hinsicht mit dem Grundgesetz vereinbar sein, was insbesondere voraussetzt, daß es unter Beachtung der verfassungsrechtlichen Kompetenzordnung zustandegekommen ist.[1140] Letztere Voraussetzung ist bei Steuern und nichtsteuerlichen Abgaben nur erfüllt, wenn die Vorgaben des Finanzverfassungsrechts eingehalten werden.[1141] Nach hier vertretener Auffassung genügen die in Rede stehenden Regelungen des Hessischen Gesetzes über den Anspruch auf Bildungsurlaub und des nordrhein-westfälischen Arbeitnehmerweiterbildungsgesetzes bereits nicht diesen (formellen) Anforderungen[1142] und können demzufolge auch keinen verfassungsrechtlich zulässigen Eingriff in die Berufsfreiheit der Arbeitgeber darstellen.

Soweit dies anders beurteilt wird, stellt sich in einem nächsten Schritt die Frage, ob die landesgesetzlichen Bestimmungen über die Freistellungs- und Entgeltfort-

---

1135 BVerfG v. 18.11.2003 – 1 BvR 302/96 = BVerfGE 109, S. 64 (84 f.).
1136 BVerfG v. 18.11.2003 – 1 BvR 302/96 = BVerfGE 109, S. 64 (85).
1137 BVerfG v. 15.12.1987 – 1 BvR 563, 582/85, 974/86 und 1 BvL 3/86 = BVerfGE 77, S. 308 (332).
1138 *Dönneweg*, Der bezahlte Bildungsurlaub, S. 215 f.; *Stege/Färber*, DB-Beil. 2/1985, S. 3; für die Entgeltfortzahlungspflicht: ArbG Iserlohn v. 21.11.1985 – 4 Ca 1909/85 = NZA 1986, S. 363 (363 f.).
1139 Seit dem „Apotheken-Urteil" des BVerfG ist anerkannt, daß der Regelungsvorbehalt des Art. 12 Abs. 1 S. 2 GG, der von der Dogmatik wie ein normaler Gesetzesvorbehalt gehandhabt wird, über seinen Wortlaut hinaus auch die Berufs- und Arbeitsplatzwahl einschließt; BVerfG v. 11.06.1958 – 1 BvR 596/56 = BVerfGE 7, S. 379 (402 f.). Vgl. auch Maunz/Dürig/*Scholz*, GG, Art. 12 RdNr. 312.
1140 BVerfG v. 27.10.1998 – 1 BvR 2306, 2314/96, 1108, 1109, 1110/97 = BVerfGE 98, S. 265 (298); v. 19.07.2000 – 1 BvR 539/96 = BVerfGE 102, S. 197 (213).
1141 BVerfG v. 06.07.2005 – 2 BvR 2335, 2391/95 = BVerfGE 113, S. 128 (145 ff.).
1142 Vgl. oben § 3 E.II.4.c.

zahlungsverpflichtung des Arbeitgebers als in materieller Hinsicht rechtmäßiger Eingriff in Art. 12 Abs. 1 GG angesehen werden können. Gesetzliche Regelungen der Berufsausübungsfreiheit stehen nur dann im Einklang mit dem Grundgesetz, wenn sie durch sachgerechte und vernünftige Erwägungen des Gemeinwohls gerechtfertigt sind, wenn das gewählte Mittel zur Erreichung des verfolgten Zwecks geeignet und erforderlich ist und wenn bei einer Gesamtabwägung zwischen der Schwere des Eingriffs und dem Gewicht der ihn rechtfertigenden Gründe die Grenze des Zumutbaren nicht überschritten wird.[1143] Die Interessen des Gemeinwohls, denen die Regelung zu dienen bestimmt ist, müssen dabei umso stärker sein, je empfindlicher die Berufsausübenden in ihrer Berufsfreiheit beeinträchtigt werden.[1144] Bei der Festlegung arbeits-, sozial- und wirtschaftspolitischer Ziele wird dem Gesetzgeber allerdings ein weiter Spielraum zugestanden, der umso größer ausfällt, wenn die Regelung keinen unmittelbar berufsregelnden Charakter hat.[1145]

Bei der Untersuchung der Frage, ob die landesgesetzlichen Regelungen den dargestellten Anforderungen genügen, ist zwischen der Verpflichtung der Arbeitgeber zur Freistellung des Arbeitnehmers und der Pflicht zur Fortzahlung des Arbeitsentgelts zu unterscheiden.

aa) Die Freistellungsverpflichtung

aaa) Sachgerechte und vernünftige Erwägungen des Gemeinwohls

Es kann zunächst keinem Zweifel unterliegen, daß die von den Ländern Hessen und Nordrhein-Westfalen als Gesetzgeber mit den jeweiligen Weiterbildungsgesetzen verfolgte Zielsetzung, die berufliche und politische Weiterbildung von Arbeitnehmern durch Schaffung der bestmöglichen Rahmenbedingungen zu unterstützen, um zum einen deren Qualifikation sowie Arbeits- und Leistungsfähigkeit zu entwickeln und zu verbessern, zum anderen ihre Handlungskompetenz und soziale Entwicklung zu fördern,[1146] durch sachgerechte und vernünftige Erwägungen des Ge-

---

1143 BVerfG v. 13.12.2000 – 1 BvR 335/97 = BVerfGE 103, S. 1 (10); v. 11.02.1992 – 1 BvR 890/84 und 74/87 = BVerfGE 85, S. 226 (259); v. 16.03.1971 – 1 BvR 52, 665, 667, 754/66 = BVerfGE 30, S. 292 (316).
1144 BVerfG v. BVerfG v. 13.12.2000 – 1 BvR 335/97 = BVerfGE 103, S. 1 (10); v. 16.03.1971 – 1 BvR 52, 665, 667, 754/66 = BVerfGE 30, S. 292 (316 f.).
1145 BVerfG v. 18.11.2003 – 1 BvR 302/96 = BVerfGE 109, S. 64 (85); v. 23.01.1990 – 1 BvL 44/86 und 48/87 = BVerfGE 81, S. 156 (189).
1146 Vgl. zum AWbG NRW § 1 Abs. 3, 4 AWbG NRW; ArbG Iserlohn v. 21.11.1985 – 4 Ca 1909/85 = NZA 1986, S. 363 (364); *Stege/Färber*, DB-Beil. 2/1985, S. 3; zum BildUrlG Hessen § 1 Abs. 3-5 BildUrlG Hessen sowie ArbG Wetzlar v. 18.02.1986 – 1 Ca 15/86 = DB 1986, S. 1986.

meinwohls gerechtfertigt ist.[1147] Dies gilt umso mehr, als die Arbeitnehmerweiterbildung auch ein Beitrag zur Verhinderung von Arbeitslosigkeit sein kann.[1148] Eine Rechtfertigung durch Gemeinwohlerwägungen besteht aber auch dann, wenn neben dem für die Berufsausübung erforderlichen Sachwissen auch das Verständnis der Arbeitnehmer für gesellschaftliche, soziale und politische Zusammenhänge verbessert werden soll, damit *„die in einem demokratischen Gemeinwesen anzustrebende Mitsprache und Mitverantwortung in Staat, Gesellschaft und Beruf"* gefördert werde.[1149]

bbb) Geeignetheit

Die Regelungen in den Arbeitnehmerweiterbildungsgesetzen Hessens und Nordrhein-Westfalens, die den Arbeitnehmern zum Zwecke der Weiterbildung einen Anspruch auf Freistellung gegenüber dem jeweiligen Arbeitgeber einräumen, sind auch geeignet, den gesetzgeberischen Zweck zu erreichen. Den Arbeitnehmern wird ein zusätzlicher Zeitrahmen zur Verfügung gestellt, so daß sich ihre Möglichkeiten zur Nutzung von Bildungsangeboten verbessern. Zweifel könnten allerdings insoweit aufkommen, als auch Jahrzehnte nach Erlaß der Landesgesetze lediglich 1,5 % der anspruchsberechtigten Arbeitnehmer[1150] die gesetzlich eingeräumten Chancen auf Fortbildung nutzen.[1151] Die Ursachen dieser Abstinenz liegen vermutlich zumindest zum Teil in der mangelnden Bereitschaft und Motivation der Arbeitnehmer, sich geistigen und körperlichen Anstrengungen sowie ggf. Prüfungen auszusetzen,[1152] teilweise aber auch in der geringen Akzeptanz, die die Landesgesetze aufgrund der von ihnen erfaßten Bildungsinhalte bei den Arbeitgebern erfahren. Die Geeignetheit einer Maßnahme oder eines Mittels ist aber nur dann zu verneinen, wenn es zur Erreichung des angestrebten Zwecks *„schlechthin"*[1153] bzw.

1147 So auch ArbG Iserlohn v. 21.11.1985 – 4 Ca 1909/85 = NZA 1986, S. 363 (364); ArbG Mönchengladbach v. 20.02.1986 – 1 Ca 1677/85 = DB 1986, S. 972; *Wank*, Gemeinsame Anmerkung zu BAG AP Nr. 1, 2, 3 zu § 9 BildungsurlaubsG NRW; *Depenheuer*, SAE 1989, S. 42; *Dönneweg*, Der bezahlte Bildungsurlaub, S. 220; *Stege/Färber*, DB-Beil. 2/1985, S. 3.
1148 ArbG Iserlohn v. 21.11.1985 – 4 Ca 1909/85 = NZA 1986, S. 363 (364); ArbG Wetzlar v. 18.02.1986 – 1 Ca 15/86 = DB 1986, S. 1986.
1149 BVerfG v. 15.12.1987 – 1 BvR 563, 582/85, 974/86 und 1 BvL 3/86 = BVerfGE 77, S. 308 (333). In § 1 Abs. 4 AWbG NRW und § 1 Abs. 3 S. 2 BildUrlG Hessen wurde diese Formulierung des BVerfG aufgegriffen.
1150 Vgl. *Böhm*, ArbRB 2008, S. 341.
1151 Zweifelnd insofern auch *Dönneweg*, Der bezahlte Bildungsurlaub, S. 220.
1152 Vgl. zu diesem Erfordernis Schwarze/*Kreßel*, EU-Kommentar, Art. 125 EGV RdNr. 27.
1153 BVerfG v. 24.09.1965 – 1 BvR 228/65 = BVerfGE 19, S. 119 (127); v. 30.11.1988 – 1 BvR 1301/84 = BVerfGE 79, S. 174 (202).

„*grundsätzlich ungeeignet*"[1154] ist. Ob es sich um das optimale Mittel handelt,[1155] oder ob es in jedem Einzelfall Wirksamkeit entfaltet, ist dagegen unerheblich; die abstrakte Möglichkeit der Zweckerreichung genügt.[1156] Die Frage der Zwecktauglichkeit eines Gesetzes kann daher „*nicht nach der tatsächlichen späteren Entwicklung, sondern nur danach beurteilt werden, ob der Gesetzgeber aus seiner Sicht davon ausgehen durfte, daß die Maßnahmen zur Erreichung des gesetzten Ziels geeignet waren, ob also seine Prognose bei der Beurteilung wirtschaftspolitischer Zusammenhänge sachgerecht und vertretbar war*".[1157] Unter Berücksichtigung dieser Maßstäbe kann den Freistellungsregelungen der in Rede stehenden Landesgesetze die Geeignetheit nicht abgesprochen werden. Denn zum einen unterliegen die vermuteten psychologischen Ursachen des geringen Erfolgs der Gesetze naturgemäß nicht oder nur sehr schwer steuerbaren Schwankungen. Zum anderen schaffen die Freistellungsregelungen einen nicht unerheblichen Anreiz für tatsächlich bildungswillige Arbeitnehmer, so daß schon insofern von der Geeignetheit der gesetzgeberischen Maßnahmen ausgegangen werden kann.

ccc) Erforderlichkeit

Die Freistellungsregelungen müßten zur Erreichung des angestrebten Zwecks aber nicht nur geeignet, sondern auch erforderlich sein. Erforderlich ist eine staatliche Maßnahme dann, wenn ihr Ziel nicht auch durch ein unzweifelhaft zur Verfügung stehendes anderes Mittel erreicht werden kann, das eine weniger intensive Grundrechtsbeeinträchtigung bewirkte.[1158] Letzteres setzt aber voraus, daß das mildere Mittel zur Erreichung des Regelungszwecks ebenso geeignet ist, gleichzeitig aber nicht zu einer stärkeren Belastung Dritter und der Allgemeinheit führt.[1159] Ein milderes Mittel liegt nicht vor, wenn eine Belastung lediglich verschoben wird.[1160] Bei der Beurteilung des Bezuges von Eingriff und Eingriffszweck wird dem Gesetzgeber ein Einschätzungsspielraum hinsichtlich der Prognose der erwarteten Auswirkungen sowohl im Hinblick auf die Erreichung der mit der Maßnahme beabsichtig-

---

1154 BVerfG v. 14.05.1985 – 1 BvR 449, 523, 700, 728/82 = BVerfGE 70, S. 1 (26); v. 28.01.1992 – 1 BvR 1025/82, 1 BvL 16/83 und 10/91 = BVerfGE 85, S. 191 (212).
1155 *Jarass/Pieroth*, GG, Art. 20 RdNr. 84; *Stern*, Staatsrecht III/2, S. 776.
1156 BVerfG v. 20.06.1984 – 1 BvR 1494/78 = BVerfGE 67, S. 157 (175).
1157 BVerfG v. 09.03.1971 – 2 BvR 326, 327, 341, 342, 343, 344, 345/69 = BVerfGE 30, S. 250 (263); vgl. auch BVerfG v. 06.10.1987 – 1 BvR 1086, 1468, 1623/82 = BVerfGE 77, S. 84 (109).
1158 BVerfG v. 20.06.1984 – 1 BvR 1494/78 = BVerfGE 67, S. 157 (176); v. 26.04.1995 – 1 BvL 19/94 und 1 BvR 1454/94 = BVerfGE 92, S. 262 (273); *Stern*, Staatsrecht III/2, S. 779 ff.
1159 BVerfG v. 18.07.2005 – 2 BvF 2/01 = BVerfGE 113, S. 167 (259); *Jarass/Pieroth*, GG, Art. 20 RdNr. 85.
1160 Vgl. BVerfG v. 18.11.2003 – 1 BvR 302/96 = BVerfGE 109, S. 64 (86).

ten Ziele als auch hinsichtlich des Ausmaßes der zu erwartenden Grundrechtsbeeinträchtigung zugestanden.[1161] Diese Prognose wird verfassungsgerichtlich lediglich auf ihre Vertretbarkeit hin überprüft.[1162]

Gegen die Erforderlichkeit der Freistellungsverpflichtung läßt sich einwenden, daß eine Weiterbildung der Arbeitnehmer sich auch außerhalb der Arbeitszeit durchführen ließe, so daß die Befreiung von der Arbeitspflicht nicht das die Arbeitgeber am wenigsten belastende Mittel darstellte. Angesichts der bereits dargestellten tatsächlichen wöchentlichen Arbeitsbelastung der Arbeitnehmer[1163] begegnet das vom BVerfGE vorgebrachte Argument, bei Wochenend- und Feierabendveranstaltungen sei im Hinblick auf die Aufnahmefähigkeit der Teilnehmer und die zeitliche Konzentration der Programme der angestrebte Bildungserfolg nicht in gleicher Weise gewährleistet wie bei Schulungen während der Arbeitszeit,[1164] nachvollziehbaren Zweifeln.[1165] Ein vergleichender Blick auf die häufig außerhalb der Arbeitszeiten stattfindenden Fortbildungsveranstaltungen für Freiberufler, bspw. Fachanwaltslehrgänge, läßt eher vermuten, daß es für den Erfolg einer Bildungsveranstaltung entscheidend auf die Motivation und Aufnahme*bereitschaft* der Teilnehmer ankommt, die Aufnahme*fähigkeit* also in vielen Fällen nicht das entscheidende Hindernis darstellt. Allerdings ist zuzugeben, daß diese Einschätzung je nach Berufsbild anders ausfallen wird. Ein körperlich stark geforderter Arbeitnehmer wird den „Feierabend" stärker zu Erholungszwecken benötigen und daher weniger zu weiteren körperlichen oder geistigen Anstrengungen in der Lage sein als jemand, der einer vergleichsweise weniger fordernden abhängigen Tätigkeit nachgeht. In Anbetracht des dem Gesetzgeber eingeräumten Beurteilungsspielraums erscheint daher die Auffassung vertretbar, Schulungen während der Arbeitszeiten erhöhten bei einer generalisierenden Betrachtungsweise die Erfolgswahrscheinlichkeit von Fortbildungsveranstaltungen. Die Freistellung der Arbeitnehmer von der Arbeitspflicht zum Zwecke der Weiterbildung ist somit zur Erreichung des legislativen Zwecks nicht nur geeignet, sondern auch erforderlich.

1161 *Pieroth/Schlink*, Staatsrecht II, RdNr. 292.
1162 von Mangoldt/Klein/Starck/*Manssen*, GG I, Art. 12 RdNr. 137.
1163 Vgl. oben § 3 E.II.4.c.bb.bbb.
1164 BVerfG v. 15.12.1987 – 1 BvR 563, 582/85, 974/86 und 1 BvL 3/86 = BVerfGE 77, S. 308 (334).
1165 Vgl. *Stege/Färber*, DB-Beil. 2/1985, S. 3, die darauf hingewiesen haben, daß den Arbeitnehmern im Jahr 1985 150 arbeitsfreie Tage zur Verfügung standen.

ddd) Angemessenheit/Zumutbarkeit

Die gesetzliche Verpflichtung des Arbeitgebers zur Freistellung seiner Arbeitnehmer zu Weiterbildungszwecken müßte schließlich auch angemessen bzw. zumutbar sein. Ein Eingriff ist angemessen, wenn bei einer Gesamtabwägung zwischen der Schwere des Eingriffs und dem Gewicht und der Dringlichkeit der ihn rechtfertigenden Gründe die Grenze des dem Betroffenen noch Zumutbaren gewahrt bleibt.[1166] Diese Grenze ist überschritten, wenn das Maß der den Einzelnen treffenden Einbuße an grundrechtlich geschützter Freiheit in keinem vernünftigen Verhältnis mehr zu den der Allgemeinheit erwachsenden Vorteilen, den Gemeinwohlzwecken, steht.[1167] Dabei kommt auch der Frage Bedeutung zu, unter welchen Voraussetzungen welche und wieviele Grundrechtsträger betroffen sind.[1168] In die Abwägung sind auf der einen Seite der Rang des zu schützenden Rechtsguts und die Intensität seiner Gefährdung einzustellen, auf der anderen Seite aber auch die Art und Schwere der Beeinträchtigung des Freiheitsrechts des Belasteten.[1169] Bei der Gewichtung des verfolgten Regelungsziels und der Abwägung mit dem beeinträchtigten Grundrecht wird dem Gesetzgeber wiederum ein Einschätzungsvorrecht eingeräumt,[1170] so daß der Grundsatz der Angemessenheit nur dann verletzt ist, wenn die dem Eingriff entgegenstehenden Interessen *„ersichtlich wesentlich schwerer wiegen"* als diejenigen Belange, deren Förderung oder Wahrung die staatliche Maßnahme bezweckt.[1171] *Depenheuer* weist zu Recht darauf hin, daß diese bereits auf den ersten Blick sehr *„dehnbaren Grenzen der Verhältnismäßigkeit"* nur in besonderen Ausnahmefällen geeignet sind, der Beeinträchtigung der grundgesetzlichen Freiheitsgarantien durch staatliche Regelungen wirksame Schranken entgegenzustellen.[1172]

Die Einschränkung, die die Berufsausübungsfreiheit der Arbeitgeber durch die Freistellungsverpflichtung erfährt, liegt vor allem im – befristeten – Verlust seiner Dispositionsmöglichkeit über die Arbeitskraft der bei ihm beschäftigten Arbeitnehmer. Als mittelbare Konsequenzen zieht die gesetzliche Pflicht aber auch Folgekosten nach sich, die durch den erhöhten organisatorischen Aufwand im Falle der bildungsurlaubsbedingten Abwesenheit der Arbeitnehmer und das Erfordernis des Ausgleichs des Wegfalls der Arbeitskraft verursacht werden. Dieser Belastung

---

1166 BVerfG v. 18.07.2005 – 2 BvF 2/01 = BVerfGE 113, S. 167 (260).
1167 BVerfG v. 14.07.1999 – 1 BvR 2226/94, 2420, 2437/95 = BVerfGE 100, S. 313 (375 f.); v. 12.05.1987 – 2 BvR 1226/83, 101, 313/84 = BVerfGE 76, S. 1 (51).
1168 BVerfG v. 14.07.1999 – 1 BvR 2226/94, 2420, 2437/95 = BVerfGE 100, S. 313 (376).
1169 BVerfG v. 24.05.2005 – 1 BvR 1072/01 = BVerfGE 113, S. 63 (80).
1170 *Scherzberg*, Jura 2004, S. 669.
1171 BVerfG v. 24.05.1977 – 2 BvR 988/75 = BVerfGE 44, S. 353 (373).
1172 *Depenheuer*, SAE 1989, S. 42; ähnlich *Dönneweg*, Der bezahlte Bildungsurlaub, S. 221.

der Arbeitgeber, die im Verhältnis zum gesamten Volk oder zu den Arbeitnehmern eine überschaubare Gruppe bilden, steht die Schaffung eines nicht unerheblichen Anreizes zur Wahrnehmung von Bildungsangeboten politischen und berufsrelevanten Inhalts seitens der Arbeitnehmer gegenüber. Die Landesgesetze enthalten zudem – darauf stützt sich ausdrücklich das BVerfG[1173] – Einschränkungen, die eine zu weitgehende Belastung der Arbeitgeber ausschließen sollen. Neben der den Arbeitnehmer treffenden Pflicht, dem Arbeitgeber rechtzeitig u.a. den Zeitpunkt der Weiterbildungsmaßnahme mitzuteilen, dient insbesondere das dem Arbeitgeber unter bestimmten Umständen zustehende Ablehnungsrecht dessen Interessen. Die den Arbeitgebern zugemutete Einschränkung ihrer Berufsfreiheit steht damit nicht außerhalb jedes vernünftigen Verhältnisses zu den der Allgemeinheit erwachsenden Vorteilen. Die in den Landesgesetzen Hessens und Nordrhein-Westfalens enthaltene Freistellungsverpflichtung ist demnach angemessen und daher insgesamt verfassungsgemäß.[1174]

bb) Die Entgeltfortzahlungspflicht

aaa) Sachgerechte und vernünftige Erwägungen des Gemeinwohls

Aus den gleichen Gründen wie die Freistellungspflicht beruht auch die in den Weiterbildungsgesetzen Hessens und Nordrhein-Westfalen enthaltene Pflicht des Arbeitgebers, den Arbeitnehmern für die Zeit der Weiterbildung das Arbeitsentgelt fortzuzahlen (§ 7 Abs. 1 S. 1 AWbG NRW, § 1 Abs. 1 S. 1 BildUrlG Hessen), auf sachgerechten und vernünftigen Erwägungen des Gemeinwohls.[1175]

bbb) Geeignetheit

Die Entgeltfortzahlungspflicht eignet sich zweifelsohne zur Erreichung des vom Gesetzgeber verfolgten Ziels, der Verbesserung der Rahmenbedingungen zur Förderung der politischen und beruflichen Weiterbildung der Arbeitnehmer. Auch insofern gelten entsprechend die Gesichtspunkte, die bereits im Zusammenhang mit der Freistellungsverpflichtung erörtert wurden. Ergänzend kann mit *Leisner* von einer *„Banalität"* gesprochen werden: *„wer immer etwas zahlen muß, dessen Leis-*

1173 BVerfG v. 15.12.1987 – 1 BvR 563, 582/85, 974/86 und 1 BvL 3/86 = BVerfGE 77, S. 308 (335).
1174 Zweifelnd *Stege/Färber*, DB-Beil. 2/1985, S. 4.
1175 So auch ArbG Iserlohn v. 21.11.1985 – 4 Ca 1909/85 = NZA 1986, S. 363 (364).

tung ist zur Erreichung des Zahlungsziels „geeignet", und sei die Belastung noch so ungerecht".[1176]

ccc) Erforderlichkeit

Fraglich ist aber, ob die Pflicht, den Arbeitnehmern während der Dauer der Freistellung das Arbeitsentgelt fortzuzahlen, auch das zur Zweckerreichung mildeste Mittel darstellt. Ein die Arbeitgeber weniger belastendes, aber ebenso wirksames Mittel könnte darin bestehen, den Arbeitnehmern für die Zeit der Teilnahme an Weiterbildungsveranstaltungen einen dem Arbeitslohn entsprechenden Betrag aus öffentlichen, d.h. Landesmitteln zuzuweisen.[1177] Das ArbG Mönchengladbach weist insoweit unter Berufung auf *Papier* darauf hin, daß aus der Sicht des Arbeitnehmers allein der Umstand entscheidend sei, daß er durch die Teilnahme an der Fortbildungsmaßnahme keine Nachteile in Form eines Lohnausfalls erleide. Ob ihm aber das Arbeitsentgelt von seinem Arbeitgeber fortgezahlt werde, oder aber ob er ein vom Staat oder einem sonstigen öffentlichen Träger zu zahlendes Ersatzeinkommen beziehe, spiele keine Rolle. Die vom Gesetzgeber beabsichtigte, gemeinwohlorientierte Schaffung eines Anreizes zur Nutzung von Weiterbildungsangeboten könne durch beide Arten der Finanzierung unterschiedslos erreicht werden.[1178] Dieser Argumentation ist ohne Einschränkung zuzustimmen. Das BVerfG umgeht diese Einwände, indem es die Frage der Kostentragung nicht unter dem Aspekt der Erforderlichkeit, sondern unter dem Gesichtspunkt der Zumutbarkeit erörtert, in deren Rahmen sich angesichts des dem Gesetzgeber zugestandenen weiten Gestaltungsspielraums *„so gut wie alles rechtfertigen läßt".*[1179] In späteren Entscheidungen hat es dann unter Berufung auf den weiten Gestaltungsspielraum des Gesetzgebers bei der Verfolgung wirtschafts- und sozialpolitischer Vorhaben sowie bei der Beurteilung der Erforderlichkeit[1180] ausgeführt, die Erforderlichkeit einer Maßnahme entfalle nicht schon deshalb, weil eine Finanzierung durch Steuermittel möglich sei. Ein milderes Mittel liege nämlich nicht vor, wenn eine Kostenlast le-

---

1176 *Leisner*, DB 2004, S. 601. Bedenken könnte man nur insofern haben, als das psychologische Motiv der Arbeitnehmer als einer abgrenzbaren Gruppe von Bürgern, Weiterbildungsangebote nur dann in Anspruch zu nehmen, wenn damit keine finanziellen Einbußen in Form eines Lohnausfalls verbunden sind, als Anknüpfungspunkt für die Belastung einer anderen Gruppe, hier der Arbeitgeber, herangezogen wird. Diesem Gedanken soll aber nicht vertiefend nachgegangen werden.
1177 *Stege/Färber*, DB-Beil. 2/1985, S. 4; *Dönneweg*, Der bezahlte Bildungsurlaub, S. 221. Ähnlich *Wank*, Gemeinsame Anmerkung zu BAG AP Nr. 1, 2, 3 zu § 9 BildungsurlaubsG NRW.
1178 ArbG Mönchengladbach v. 20.02.1986 – 1 Ca 1677/85 = DB 1986, S. 972. Entsprechend argumentiert auch das ArbG Iserlohn v. 21.11.1985 – 4 Ca 1909/85 = NZA 1986, S. 363 (364).
1179 *Dönneweg*, Der bezahlte Bildungsurlaub, S. 221.
1180 BVerfG v. 23.01.1990 – 1 BvL 44/86 und 48/87 = BVerfGE 81, S. 156 (193 f.).

diglich verschoben werde. Grundsätzlich falle es in den Ermessensspielraum des Gesetzgebers, die nach seiner Überzeugung gebotene und dem Gemeinwohl dienende Maßnahme zu bestimmen.[1181]

Diese Rechtsprechung des BVerfG ist abzulehnen. Eine „Verschiebung" einer Kostenlast kann im Rahmen der Prüfung der Erforderlichkeit nur dann kein milderes Mittel darstellen, wenn sie dazu führte, daß lediglich eine andere, abgrenzbare Gruppe von Grundrechtsträgern in gleicher Weise beeinträchtigt würde. Besteht aber die Möglichkeit, für die Aufbringung von Geldmitteln zur Erreichung eines gesetzgeberischen Zwecks statt auf einzelne Bürger auf Steuermittel zurückzugreifen, so begründet dies keine für die Frage der Erforderlichkeit unbeachtliche „Verschiebung", sondern weist auf den wesentlichen Zweck der Steuererhebung hin: die Finanzierung von Gemeinwohlbelangen. Dies gilt desto mehr, je weniger der in Anspruch Genommene in einer Verantwortungsbeziehung zu dem gesetzgeberischen Anliegen steht, soweit also die Maßnahme vorrangig den Interessen anderer Grundrechtsträger oder der Allgemeinheit dient.[1182] *Leisner* sieht die Gefahr, daß sich der Staat durch die Legitimierung jeder Entlastung des Steuerstaates durch die Belastung einzelner Gruppen mit dem Argument, eine „Verschiebung" in Richtung des Haushalts stelle kein milderes Mittel dar, die Möglichkeit eröffne, sich *„aus allem"* zurückzuziehen. Bei konsequenter Befolgung dieses Ansatzes gebe es dann keine Staatsaufgaben des Steuerstaates mehr, der Steuerbegriff werde denaturiert, die Besteuerung willkürlichem Belieben überlassen.[1183]

Der Argumentation *Leisners* ist beizupflichten. Sie kann als Beleg für die grundrechtssichernde Funktion herangezogen werden, die der verfassungsrechtlichen Kompetenzordnung zukommt. Der Einsatz staatlicher Mittel scheidet lediglich dann als Alternative aus, wenn er über das vernünftigerweise zu erwartende Maß hinausginge.[1184] Davon kann aber, soweit es um die Entgeltfortzahlung während der Dauer einer Weiterbildungsmaßnahme bzw. eine entsprechende Ersatzzahlung geht, nicht die Rede sein. Eine Finanzierung aus öffentlichen Mitteln stellt nach alledem grundsätzlich ein gegenüber der Inanspruchnahme einzelner Bürger milderes Mittel dar. Selbstverständlich würde der gesetzlich zur Zahlung verpflichtete Grundrechtsträger durch einen Rückgriff auf Haushaltsmittel, der im Ergebnis eine

---

1181 BVerfG v. 18.11.2003 – 1 BvR 302/96 = BVerfGE 109, S. 64 (86).
1182 Auf die Bedeutung der Verantwortungsbeziehung im Rahmen der Verhältnismäßigkeitsprüfung (i.w.S.) weisen auch *Stege/Färber*, DB-Beil. 2/1985, S. 4 f., sowie *Wank*, Gemeinsame Anmerkung zu BAG AP Nr. 1, 2, 3 zu § 9 BildungsurlaubsG NRW, hin. Das BVerfG läßt ebenfalls entsprechende Erwägungen anklingen; BVerfG v. 15.12.1987 – 1 BvR 563, 582/85, 974/86 und 1 BvL 3/86 = BVerfGE 77, S. 308 (334).
1183 *Leisner*, DB 2004, S. 601.
1184 Vgl. BVerfG v. 06.10.1987 – 1 BvR 1086, 1468, 1623/82 = BVerfGE 77, S. 84 (110).

gleichmäßige Inanspruchnahme aller Steuerpflichtigen bedeutete, weniger belastet. Die den Arbeitgebern durch die Landesgesetze auferlegte Pflicht, den Arbeitnehmern während der Dauer der Freistellung das Arbeitsentgelt fortzuzahlen, ist demnach nicht erforderlich und daher verfassungswidrig.

cc) Zwischenergebnis

Die den Arbeitgebern durch die Landesgesetze auferlegte Verpflichtung, die Arbeitnehmer für die Teilnahme an anerkannten Weiterbildungsveranstaltungen von der Arbeitspflicht freizustellen, ist (sieht man von der Verfassungswidrigkeit der Gesetze wegen fehlender Vereinbarkeit mit den an Sonderabgaben zu stellenden Anforderungen ab) mit der in Art. 12 Abs. 1 GG verankerten Berufsausübungsfreiheit der Arbeitgeber vereinbar. Dagegen bewirkt die landesgesetzliche Pflicht, den Arbeitnehmern für die Zeit der Weiterbildung den Arbeitslohn fortzuzahlen, eine rechtswidrige Verletzung ebendieses Grundrechts. Da den Arbeitnehmern der Lohn bzw. ein entsprechendes Ersatzgeld auch aus öffentlichen Mitteln gezahlt werden könnte, stellt die Belastung der Arbeitgeber – auch in Anbetracht der fehlenden Verantwortungsbeziehung für die Weiterbildung i.S.d. Landesgesetze – nicht das mildeste zur Verfügung stehende Mittel dar und ist somit nicht erforderlich.

e) Ergebnis zur Prüfung der Verfassungsmäßigkeit der Bildungsfreistellungsgesetze

Diejenigen Bestimmungen im Hessischen Gesetz über den Anspruch auf Bildungsurlaub und im nordrhein-westfälischen Arbeitnehmerweiterbildungsgesetz, die den Arbeitnehmern zum Zwecke der beruflichen und politischen Weiterbildung einen Anspruch auf Freistellung von der Arbeitspflicht unter Fortzahlung des Arbeitsentgelts einräumen, halten einer verfassungsrechtlichen Überprüfung nicht stand. Sie verstoßen, da sie nicht den an die Auferlegung von Sonderabgaben zu stellenden Anforderungen genügen, gegen den Grundsatz der Lastengleichheit (Art. 3 Abs. 1 GG) und stehen im Widerspruch zur Finanzverfassung des Grundgesetzes und zum Grundsatz der Einheit und Vollständigkeit des Haushaltsplans (Art. 110 Abs. 1 GG). Die Fortzahlungsverpflichtung des Arbeitgebers stellt darüber hinaus eine nicht gerechtfertigte Verletzung der durch Art. 12 Abs. 1 GG geschützten Berufsausübungsfreiheit der Arbeitgeber dar.

Gleiches gilt naturgemäß für die entsprechenden Regelungen in den Arbeitnehmerweiterbildungsgesetzen der anderen Bundesländer.

Die Unvereinbarkeit der landesgesetzlichen Regelungen mit den genannten verfassungsrechtlichen Grundsätzen beruht in der Hauptsache darauf, daß es an einer besonderen Beziehung der Arbeitgeber zum Gegenstand der Gesetze, einer Verantwortlichkeit für die Arbeitnehmerweiterbildung i.S.d. Landesgesetze fehlt. Die Verfassungsverstöße ließen sich daher vermeiden, wenn man die Freistellungs- und Entgeltfortzahlungspflichten auf solche Weiterbildungsmaßnahmen beschränkte, die auf die Förderung und Weiterentwicklung der Kenntnisse und Fertigkeiten abzielen, die für die sachgerechte Ausübung des vom einzelnen Arbeitgeber konkret auszufüllenden, im Arbeitsvertrag zugrundegelegten Berufsbildes erforderlich sind.[1185] Insofern könnte man sich an den erwähnten[1186] Sonderurlaubsverordnungen des Bundes und der Länder orientieren, die entsprechende Einschränkungen bereits vorsehen.

1185 Vgl. bereits oben § 3 E.II.4.c.bb.ddd..
1186 Vgl. oben Fn. 1080.

§ 4 Berufliche Fortbildung und Arbeitsvertrag

Der in Begründung und Ausgestaltung auf dem Prinzip der (durch das objektive Recht begrenzten) Privatautonomie beruhende[1187] Arbeitsvertrag bildet die wichtigste Quelle für Rechte und Pflichten des Arbeitgebers auf der einen und des Arbeitnehmers auf der anderen Seite. In der überwiegenden Zahl der Fälle wird aber eine zwischen den Vertragsparteien ausgehandelte, ausdrückliche Vereinbarung eines Rechts auf oder einer Pflicht zur beruflichen Fortbildung fehlen. Da zudem – von der kündigungsrechtlichen Vorschrift des § 1 Abs. 2 S. 3 KSchG einmal abgesehen – auf bundesgesetzlicher Ebene in dieser Hinsicht keine ausdrückliche Regelung besteht, können sich mögliche Fortbildungspflichten nur aus ungeschriebenen arbeitsvertraglichen Pflichten ergeben.

Die Untersuchung befaßt sich dabei zunächst mit der Frage, was der Arbeitnehmer selbst zur Anpassung und Weiterentwicklung seiner Kenntnisse und Fertigkeiten leisten muß, bevor der Blick auf mögliche Pflichten des Arbeitgebers im Zusammenhang mit der beruflichen Weiterbildung seiner Arbeitnehmer gerichtet wird. Die Analyse beschränkt sich auf das „Normalarbeitsverhältnis", d.h. zum einen auf solche Fälle, in denen der Arbeitnehmer weder besondere Funktionen innehat noch sonstige Besonderheiten aufweist, beispielsweise durch einen tarif- oder individualvertraglich begründeten Ausschluß der ordentlichen Kündigung. Zum anderen soll das Arbeitsverhältnis lediglich auf solche fortbildungsrelevanten Pflichten hin untersucht werden, die unabhängig von der Regelung des § 1 Abs. 2 S. 3 KSchG bestehen.

A. Lernpflicht des Arbeitnehmers?

Sowohl in der Literatur als auch in der Rechtsprechung wird, sofern eine Befassung mit dieser Frage stattfindet, von dem Bestehen einer aus dem Arbeitsvertrag entspringenden Pflicht des Arbeitnehmers zur beruflichen Fortbildung ausgegangen. Die dazu vorgetragenen Begründungsansätze unterscheiden sich lediglich in Einzelheiten.

1187 ErfK/*Preis*, § 611 BGB RdNr. 213; MüKo-BGB/*Müller-Glöge*, § 611 BGB RdNr. 391.

I. Ansätze in der Rechtsprechung

1. Arbeitsgericht Bonn

Das Arbeitsgericht Bonn hat sich in einem Urteil vom 04.07.1990 eingehend mit der Thematik möglicher beruflicher Fortbildungspflichten des Arbeitnehmers auseinandergesetzt.[1188] Gegenstand der Entscheidung war die Frage, ob ein Arbeitgeber von einer Arbeitnehmerin (Sekretärin) verlangen kann, daß sie an einer Schulung bzw. Einweisung in ein neuartiges Bürokommunikationsmittel („Btx-System") teilnimmt und mit diesem arbeitet. Das Gericht weist darauf hin, daß es für die Bestimmung dessen, was der Arbeitnehmer zu leisten verpflichtet sei, maßgeblich auf den Inhalt des Arbeitsvertrages ankomme. Letzterer sei unter Berücksichtigung kollektivvertraglicher Normen nach Treu und Glauben und der Verkehrssitte sowie einer etwa bestehenden Betriebsübung auszulegen. Im Rahmen des Vertrages könne der Arbeitgeber dem Arbeitnehmer aufgrund seines Direktionsrechtes, das wiederum durch den Grundsatz von Treu und Glauben sowie die Fürsorgepflicht des Arbeitgebers ergänzt werde, die zu verrichtenden Arbeiten zuweisen. Gehörten danach Arbeiten, die dem Arbeitnehmer übertragen werden sollen, zu dessen Berufsbild, verfüge er aber wegen der Entwicklung neuer Techniken nicht über die erforderlichen Kenntnisse und Fähigkeiten, könne der Arbeitgeber zur Vorbereitung auf die Arbeit auch die Teilnahme des Arbeitnehmers an einer entsprechenden Schulung fordern.

Die Begründung des Gerichts liefert mehrere Anhaltspunkte für eine Konkretisierung des Inhalts und der Grenzen des Weisungsrechts im Hinblick auf eine Maßnahme der beruflichen Weiterbildung und die mit ihr verbundene Ausweitung des Tätigkeitsfeldes. So sollen das Alter, der bisherige berufliche Weg und die noch zu erwartende Betriebszugehörigkeit der Arbeitnehmerin eine Rolle spielen. Die Sekretärin habe bereits mehrfach neue Arbeitsgebiete übernommen und sich jeweils eingearbeitet. Da sie zudem noch mehrere Berufsjahre vor sich habe, sei es nicht unbillig, im betrieblichen Interesse durch die Schulung für eine möglichst breite Einsatzmöglichkeit zu sorgen. Als Maßstab für die Beurteilung der Zuweisung der Weiterbildungsmaßnahme kraft Direktionsrechts zieht das ArbG Bonn das Kriterium der Zumutbarkeit heran. Unzumutbar könne im Einzelfall zum einen ein ständig wechselnder Einsatz innerhalb eines Betriebes sein. Sei die Entwicklung einer beruflichen Tätigkeit aber eine für das Berufsbild typische Erweiterung des Aufgabenkreises, so spreche dies gegen die Unzumutbarkeit einer Weiterbildung und der mit ihr verbundenen Ausweitung des Tätigkeitsfeldes. Eine Unzumutbar-

---

1188 ArbG Bonn v. 04.07.1990 – 4 Ca 751/90 = NZA 1991, S. 512.

keit könne zum anderen aber auch durch mangelhafte konstitutionelle und intellektuelle Kapazitäten des Arbeitnehmers, z.B. in Form einer Schwerbehinderung, begründet werden.

2. Weitere Entscheidungen

Weitere Gerichtsentscheidungen, die sich unmittelbar mit der Frage einer arbeitsvertraglichen Lernpflicht des Arbeitnehmers befassen, existieren – soweit ersichtlich – nicht. In einigen Urteilen zu kündigungsrechtlichen Sachverhalten lassen sich jedoch mehr oder weniger direkte Stellungnahmen zu etwaigen Pflichten des Arbeitnehmers zur Anpassung seiner beruflichen Kenntnisse und Fertigkeiten finden.

Am deutlichsten äußert sich das LAG Schleswig-Holstein,[1189] das über die Wirksamkeit der Kündigung eines langjährig beschäftigten Arbeitnehmers zu befinden hatte. Die Kündigung war vom Arbeitgeber vor dem Hintergrund einer geplanten Personalkostenreduzierung u.a. damit begründet worden, daß der Arbeitnehmer aufgrund einer zunehmenden Technisierung der Arbeitsabläufe im Betrieb nicht mehr in der Lage sei, den Anforderungen an seine Arbeitsleistung zu genügen. Der Arbeitnehmer hatte dazu vorgetragen, der Arbeitgeber hätte ihn im Rahmen seiner Fürsorgepflicht auf die zunehmende Technisierung vorbereiten und entsprechend aus- und fortbilden müssen. Jedenfalls hätte er ihn rechtzeitig auffordern müssen, sich selbst zu qualifizieren. Das Gericht hält die Kündigung für wirksam. Da der Arbeitnehmer selbst für sich Verantwortung trage, sei es nicht Aufgabe des Arbeitgebers, ihn im Laufe der 40jährigen Betriebszugehörigkeit auf die zunehmende Technisierung vorzubereiten und entsprechend aus- und fortzubilden. Die (Weiter-) Qualifikation sei ureigene Aufgabe des Arbeitnehmers, zumal dieser habe erkennen können, daß der Einsatz komplizierter technischer Geräte zunehmend auch bei seinem Arbeitgeber erforderlich geworden sei. Jedenfalls hätte er von seinem Arbeitgeber Weiterqualifizierungsmaßnahmen erbitten müssen. Ob das LAG Schleswig-Holstein von einer echten Fortbildungspflicht des Arbeitnehmers ausgeht, ist den Urteilsgründen nicht zweifelsfrei zu entnehmen. Die Entscheidung macht aber deutlich, daß nach Ansicht des Gerichts zumindest eine Obliegenheit des Arbeitnehmers besteht, seine beruflichen Kenntnisse und Fertigkeiten an solche technische Neuerungen anzupassen, die bei seinem Arbeitgeber zum Einsatz kommen.

Das Hessische LAG vertritt die Auffassung, daß eine Kündigung, die mit mangelnden Sprachkenntnissen begründet werde, unwirksam sei, wenn diese Kenntnis-

---

1189 LAG Schleswig-Holstein v. 09.09.2009 – 3 Sa 153/09 = BeckRS 2010, 67148.

se erst nachträglich durch Einführung eines Qualitätsmanagement-Systems erforderlich würden.[1190] Das Gericht stellt dabei entscheidend auf den Umstand ab, daß der Arbeitgeber, nachdem er *„seine Einstellungsentscheidung bereits getroffen"* hatte, durch eine aus seiner Sphäre stammende *„Störquelle"* bewirkt habe, daß der Arbeitnehmer nicht mehr zur Durchführung der arbeitsvertraglich geschuldeten Tätigkeiten in der Lage war. Unabhängig davon, wie man diese Ansicht zur Wirksamkeit der Kündigung rechtlich bewertet, läßt sich den Entscheidungsgründen jedenfalls entnehmen, daß das LAG die Durchführung der Arbeit auch nach Maßgabe der neuen Anforderungen als arbeitsvertragliche Pflicht des Arbeitnehmers ansieht.[1191] Es erkennt somit die Notwendigkeit einer dynamischen Anpassung des Inhalts des Arbeitsvertrages an neue Entwicklungen in Wissenschaft und Technik im Grundsatz an.

In eine ähnliche Richtung weist auch ein jüngeres Urteil des BAG, in dem wiederum über die Kündigung eines ausländischen Arbeitnehmers zu befinden war.[1192] Der langjährig beschäftigte Arbeitnehmer war nicht in der Lage, sich die deutsche Sprache in einem Umfang anzueignen, der ihm das Lesen von Arbeitsanweisungen ermöglicht hätte. Der Unternehmer hatte aber das Anforderungsprofil an die entsprechende Stelle dergestalt geändert, daß fortan die Beherrschung der deutschen Sprache in Schrift und Bild gefordert wurde. Das BAG beurteilt die Kündigung des Arbeitnehmers als gerechtfertigt und begründet dies damit, daß dem Arbeitnehmer eine persönliche Fähigkeit zur Erfüllung jedenfalls eines wesentlichen Teils seiner vertraglichen Pflichten fehle, da er nicht in der Lage sei, in deutscher Sprache abgefaßte Anweisungen zu lesen und zu verstehen. Insofern könne dahinstehen, ob die vom Arbeitgeber gestellten – geänderten – Anforderungen auf einer vertraglichen Vereinbarung beruhten oder auf der Ausübung des Direktionsrechts. Wie das LAG Hessen geht somit auch das BAG davon aus, daß der Inhalt des Arbeitsvertrages einer dynamischen, von gewandelten Anforderungen bestimmten Fortentwicklung unterliegt.

1190 Hessisches LAG v. 19.07.1999 – 16 Sa 1898/98 = BB 2000, S. 416.
1191 Diesen Schluß ziehen auch *Wisskirchen/Bissels/Schmidt*, NZA 2008, S. 1387.
1192 BAG v. 28.01.2010 – 2 AZR 764/08 = DB 2010, S. 1071.

II. Ansätze in der Literatur

1. Übereinstimmung in der Annahme einer Lernpflicht

In der (arbeitsrechtlichen) Literatur finden sich auffallend wenige Äußerungen zu der Frage einer Lernpflicht des Arbeitgebers. *Hunold* hat schon im Jahr 2000 die Vermutung geäußert, dieser Befund lasse sich weniger auf ein eindeutiges Nichtbestehen einer solchen Pflicht als vielmehr darauf zurückführen, daß sie vielen einfach als selbstverständlich erscheine.[1193]

Für diese Annahme spricht, daß, soweit überhaupt eine Erörterung dieser Thematik stattfindet, überwiegend der Auffassung des ArbG Bonn gefolgt und „*innerhalb einer gewissen Schwankungsbreite*"[1194] eine arbeitsvertragliche Pflicht des Arbeitnehmers zur Anpassung seiner beruflichen Kenntnisse und Fertigkeiten bejaht wird.[1195] In Anlehnung an die vom Gericht gefundenen Argumente wird diese Pflicht mit dem Inhalt des Arbeitsvertrags bzw. dem diesem zugrundegelegten Berufsbild auf der einen und der Art der konkreten Weiterbildungsmaßnahme auf der anderen Seite begründet. Da das bei der Einstellung bestehende Anforderungsprofil angesichts der Entwicklungen von Technik und Wissenschaft nicht bis zum Vertragsende maßgeblich sein könne, geböten es Vertragszweck, Interessenlage, Verkehrssitte sowie der Grundsatz von Treu und Glauben, den Inhalt des Arbeitsverhältnisses im Sinne der gewandelten tatsächlichen Gegebenheiten auszulegen.[1196] Im Rahmen dieser Auslegung müsse auch berücksichtigt werden, ob eine bestimmte Tätigkeit oder Qualifikation branchenüblich sei. Dabei genüge es, daß die betreffende Tätigkeit bereits am Arbeitsmarkt nachgefragt werde; der Arbeitgeber müsse nicht so lange warten, bis die Mehrzahl der allgemein im jeweiligen Berufsbild beschäftigten Arbeitnehmer sich die erforderliche Fähigkeit oder Qualifikation angeeignet habe.[1197] Für die Frage nach dem Bestehen einer Lernpflicht sei entscheidend, ob auf dieser Grundlage die vom Arbeitgeber zu erbringende Tätigkeit nach der beruflichen Fortbildung und einer ggf. damit verbundenen Änderung des Ar-

---

1193 *Hunold*, NZA 2000, S. 804.
1194 *Hunold*, NZA 2000, S. 805.
1195 *Käufer*, Weiterbildung im Arbeitsverhältnis, S. 249; *Wisskirchen/Bissels/Schmidt*, NZA 2008, S. 1387 ff.; *Grobys/Panzer/Wisskirchen*, Stichwortkommentar Arbeitsrecht, Low Performance Rn. 27; *Natzel*, BB 2010, S. 688 f.; *Hunold*, DB 2009, S. 848 f.; *Sandmann/Schmitt-Rolfes*, ZfA 2002, S. 309 ff.; *Herschel*, BB 1978, S. 570; *Kocher*, NZA 2010, S. 844; HzA/*Bengelsdorf*, Gruppe 9 Teilbereich 1 RdNr. 216. *Weber/Weber*, RdA 2007, S. 347 Fn. 42, halten eine solche Pflicht jedenfalls für „*denkbar*".
1196 *Sandmann/Schmitt-Rolfes*, ZfA 2002, S. 312; *Wisskirchen/Bissels/Schmidt*, NZA 2008, S. 1387.
1197 *Sandmann/Schmitt-Rolfes*, ZfA 2002, S. 312; *Wisskirchen/Bissels/Schmidt*, NZA 2008, S. 1387; ähnlich HzA/*Bengelsdorf*, Gruppe 9 Teilbereich 1 RdNr. 216.

beitsplatzes, seiner Organisation und/oder der Arbeitsumgebung noch in den Bereich dessen falle, was der Arbeitnehmer dem Arbeitgeber nach dem Arbeitsvertrag schulde.[1198] Wo dies der Fall sei, könne der Arbeitgeber mittels seines Direktionsrechts die Teilnahme an entsprechenden Schulungen anordnen.[1199]

Käufer argumentiert bei der Herleitung der Lernpflicht des Arbeitnehmers parallel zu den von ihr zur Begründung einer Pflicht des Arbeitgebers zur Schulung seiner Arbeitnehmer vorgetragenen Argumenten.[1200] Für den Arbeitnehmer stelle sich Weiterbildung ebenso wie für den Arbeitgeber als eine Arbeitsvoraussetzung dar. Er könne seine Arbeitsleistung daher nur dann ordnungsgemäß erfüllen, wenn er die vom Arbeitgeber bereitgestellte Arbeitsvoraussetzung „Weiterbildung" auch nutze.[1201] Tätigkeiten, die die Arbeitsleistung vorbereiten oder zu ihrer ordnungsgemäßen Durchführung beitragen, gehörten aber, sofern sie sich im Rahmen des Berufsbildes hielten, zur vertraglich festgelegten Arbeitsleistung. Sei die Teilnahme an einer Weiterbildungsveranstaltung zur Erfüllung der Arbeitsaufgabe erforderlich, bedinge es das Berufsbild, seine Kenntnisse und Fertigkeiten den veränderten Anforderungen anzupassen und demnach an einer solchen Maßnahme teilzunehmen.[1202] Die Nichtbeachtung der Lernpflicht bedeute dann konsequenterweise auch eine Verletzung der Arbeitspflicht.[1203]

2. Teilweise unterschiedliche rechtliche Einordnung der Lernpflicht

Innerhalb der eine Lernpflicht des Arbeitnehmers bejahenden Ansichten wird die dogmatische Einordnung dieser Pflicht zum Teil unterschiedlich beurteilt.

Sandmann/Schmitt-Rolfes, Bengelsdorf und *Wisskirchen/Bissels/Schmidt* schlagen die Pflicht des Arbeitnehmers zur Fortentwicklung seiner beruflichen Kenntnisse und Fähigkeiten der Hauptleistungspflicht zu. Die Erbringung der Arbeitsleistung und die Fortbildung zur Erhaltung und Anpassung der Arbeitskraft könnten kaum voneinander getrennt werden, da praktisch ständig Fortbildungen notwendig seien. Das Erlernen neuer Fertigkeiten zähle daher ebenso zur Arbeitszeit wie die

---

1198 *Sandmann/Schmitt-Rolfes*, ZfA 2002, S. 310.
1199 *Hunold*, DB 2009, S. 848; *ders.*, NZA 2000, S. 805; *Sandmann/Schmitt-Rolfes*, ZfA 2002, S. 309; *Wisskirchen/Bissels/Schmidt*, NZA 2008, S. 1388; *Käufer*, Weiterbildung im Arbeitsverhältnis, S. 250 ff. Nicht ganz eindeutig ist die Position *Natzels*, BB 2010, der zwar davon ausgeht, der Arbeitgeber dürfe mittels seines Direktionsrechts anordnen, daß der Arbeitnehmer sich neues Wissen aneignet (S. 699), an anderer Stelle aber lediglich von einer Qualifizierungsobliegenheit des Arbeitnehmers spricht (S. 701).
1200 Vgl. unten § 4 B.II.2.c.
1201 *Käufer*, Weiterbildung im Arbeitsverhältnis, S. 247.
1202 *Käufer*, Weiterbildung im Arbeitsverhältnis, S. 253 f.
1203 *Käufer*, Weiterbildung im Arbeitsverhältnis, S. 247.

Verrichtung der bisherigen Tätigkeit.[1204] Die berufliche Weiterbildung könne dabei auch dann noch zur geschuldeten Arbeitsleistung gerechnet werden, wenn sie für eine begrenzte Zeit den Schwerpunkt der Tätigkeit bilde.[1205]

Den Zusammenhang der beruflichen Weiterbildung mit der Hauptleistungspflicht betont auch *Käufer*,[1206] die die Lernpflicht des Arbeitnehmers jedoch als (unselbständige) Nebenleistungspflicht ansieht. Eine Einordnung als selbständige Nebenpflicht sei deshalb abzulehnen, weil anderenfalls der Arbeitgeber über einen Anspruch gegen den Arbeitnehmer verfüge, den er selbständig geltend machen und ggf. einklagen könne. Dagegen spreche aber, daß die Weiterbildung auch der Persönlichkeitsentwicklung des Arbeitnehmers diene, die dann vom Arbeitgeber auf prozessualem Wege durchgesetzt werden könne.[1207] Darüber hinaus füge sich die Lernpflicht auch nicht in das System der (selbständigen) Nebenpflichten ein, die im Kern die arbeitgeberischen Interessen schützen sollten. Demgegenüber zielten die akzessorisch mit der Hauptleistungspflicht verknüpften Nebenleistungspflichten darauf ab, die Erbringung der Hauptleistung vorzubereiten und zu fördern, die Leistungsmöglichkeit zu erhalten und den Leistungserfolg zu sichern. Diese Zweckbestimmung wohne auch der Weiterbildung inne.[1208]

Eine Einstufung der Fortbildungspflicht nicht als Hauptpflicht, sondern als Nebenpflicht im Sinne einer Schutzpflicht nimmt *Herschel* vor.[1209] Die Verletzung einer solchen Nebenpflicht könne zu einem Schadensersatzanspruch des Arbeitgebers führen.

III. Eigene Stellungnahme

Der Ansicht, die vom ArbG Bonn und dem wohl überwiegenden Teil des Schrifttums vertreten wird, ist zuzustimmen. Es liegt auf der Hand, daß die Vorstellungen der Arbeitsvertragsparteien, die diese im Zeitpunkt des Abschlusses des Arbeitsvertrages vom Inhalt der durch den Arbeitnehmer zu erbringenden Arbeitsleistung hatten, nicht unverändert und endgültig für den weiteren – mitunter jahrzehntelangen – Verlauf des Arbeitsverhältnisses bestimmend sein können. Ohne ein beständ-

---

1204 *Sandmann/Schmitt-Rolfes*, ZfA 2002, S. 309 f.; *Wisskirchen/Bissels/Schmidt*, NZA 2008, S. 1388; in diese Richtung auch HzA/*Bengelsdorf*, Gruppe 9 Teilbereich 1 RdNr. 216, und *Kocher*, NZA 2010, S. 844.
1205 *Wisskirchen/Bissels/Schmidt*, NZA 2008, S. 1388.
1206 *Käufer*, Weiterbildung im Arbeitsverhältnis, S. 242 ff.
1207 *Käufer*, Weiterbildung im Arbeitsverhältnis, S. 245.
1208 *Käufer*, Weiterbildung im Arbeitsverhältnis, S. 246 f.
1209 *Herschel*, BB 1978, S. 570.

diges Schritthalten des Inhalts des Arbeitsvertrages mit den Entwicklungen des dem Vertrag zugrundeliegenden Berufsbildes, die durch technischen und wissenschaftlichen Wandel sowie veränderte Arbeitsmethoden verursacht werden, drohte dem Arbeitsverhältnis eine Erstarrung und damit letzten Endes auch eine Sinnentleerung.

1. Grundlage der Lernpflicht

„Einfallstor" für diese Anpassung der Vertragspflichten ist die Auslegung, die gemäß § 157 BGB nach *„Treu und Glauben mit Rücksicht auf die Verkehrssitte"* zu erfolgen hat. Gerade der Arbeitsvertrag bedarf als ein *„unvollständiger Vertrag"*[1210] während seiner Dauer einer ständigen Konkretisierung der bei Vertragsschluß zumeist nur in Umrissen bestimmten Leistungspflichten. Nach der im Rahmen der Auslegung erforderlichen umfassenden Abwägung der Parteiinteressen[1211] ist es aber gerechtfertigt, den Inhalt des Arbeitsverhältnisses nach Maßgabe eines dynamischen Verständnisses an den Anforderungen auszurichten, die am Markt üblicherweise an das jeweilige Berufsbild gestellt werden,[1212] d.h. die in einer herkömmlichen Stellenbeschreibung des konkreten Arbeitsplatzes aufgestellt würden. Im Anschluß an die im Schrifttum vertretene Ansicht[1213] kann für die „Üblichkeit" bestimmter Anforderungen auf den Zeitpunkt abgestellt werden, in dem bestimmte Kenntnisse bzw. Fertigkeiten am Arbeitsmarkt nachgefragt werden. Entscheidend für die Bestimmung des nach dem Arbeitsvertrag Geschuldeten ist also, welche Leistungen nach der Verkehrsanschauung bzw. den innerhalb einer bestimmten Berufsbranche vorherrschenden Ansichten von einem dem jeweiligen Berufsbild unterfallenden Arbeitnehmer erwartet werden.[1214] Daraus folgt beispielsweise, daß der Arbeitgeber bei einer Bürokraft, die er noch zu Schreibmaschinenzeiten eingestellt hat, heute ohne weiteres Kenntnisse in elektronischer Datenverarbeitung voraussetzen und einfordern kann. Diese Kopplung des Inhalts der Leistungspflicht an die branchenüblichen Anforderungen bewirkt aber keineswegs eine einseitige Belastung des Arbeitnehmers. Zutreffend weisen *Sandmann/Schmitt-Rolfes*[1215] darauf

---

1210 HWK/*Thüsing*, § 611 BGB RdNr. 283.
1211 Vgl. MüKo-BGB/*Busche*, § 157 RdNr. 7.
1212 Dieser Gedanke scheint im Ansatz auch bei HWK/*Thüsing*, § 611 BGB RdNr. 301, anzuklingen, der den individuell-objektiven Leistungsstandard im Hinblick auf die zu erwartende Qualität der Arbeit auch von der in der Branche geltenden Üblichkeit mitbestimmt sieht. Ähnlich auch MüKo-BGB/*Müller-Glöge*, § 611 RdNr. 1011; Staudinger/*Looschelders/Olzen*, § 242 RdNr. 777.
1213 Vgl. oben Fn. 1197.
1214 *Natzel*, BB 2010, 700, schlägt als objektiven Beurteilungsfaktor die Entwicklung der einschlägigen Ausbildungsordnungen vor.
1215 *Sandmann/Schmitt-Rolfes*, ZfA 2002, S. 313.

hin, daß der Arbeitnehmer im Gegenzug dadurch geschützt werde, daß dem Arbeitgeber die Obliegenheit aufgebürdet werde, im Rahmen des betrieblich und wirtschaftlich Zumutbaren für eine Weiterbildung des Arbeitnehmers zu sorgen.[1216]

Bestimmen die branchenüblichen Kenntnisse und Fertigkeiten den Inhalt der vom Arbeitnehmer geschuldeten Arbeitsleistung, folgt daraus notwendigerweise auch eine Pflicht zu deren Erwerb. So gehört es zum Berufsbild und damit zu den arbeitsvertraglichen Pflichten eines angestellten Anwalts, daß er sich durch ständige Lektüre von Fachliteratur einen Überblick über die wichtigsten, sein Arbeitsgebiet betreffenden Entwicklungen innerhalb von Rechtsprechung und Rechtswissenschaft verschafft. Die Einordnung als arbeitsvertragliche Pflicht bedingt es, daß er diese Lektüre während der Arbeitszeit vornehmen darf. Auf der anderen Seite kann der Arbeitgeber nötigenfalls mittels seines Weisungsrechts und innerhalb der dafür geltenden Grenzen[1217] bestimmen, daß der Arbeitnehmer sich die geschuldeten Fähigkeiten durch Teilnahme an einer Schulung aneignet.

2. Rechtliche Einordnung der Lernpflicht

Sandmann/Schmitt-Rolfes sowie *Wisskirchen/Bissels/Schmidt* ist insoweit zuzustimmen, als sie die enge Verknüpfung der Erbringung der Arbeitsleistung mit den für die Erhaltung und Anpassung der Arbeitskraft notwendigen Fortbildungen betonen.[1218] Eine Einordnung der Pflicht zur ständigen Anpassung der beruflichen Fertigkeiten bzw. der Pflicht zur Teilnahme an entsprechenden Schulungen als Teil der Arbeitsleistung, also als Bestandteil der mit der Lohnzahlungspflicht des Arbeitgebers im Gegenseitigkeitsverhältnis stehenden Hauptleistungspflicht des Arbeitnehmers, ist gleichwohl nicht sachgerecht. Als „Arbeitsleistung" geschuldet ist nämlich allein die Tätigkeit, die sich aus dem durch berufsbildorientierte Auslegung zu ermittelnden Inhalt des Arbeitsvertrages ergibt, d.h. eine Tätigkeit, die denjenigen Anforderungen entspricht, die branchentypisch an das jeweilige Berufsbild gestellt werden. So kann der Arbeitgeber beispielsweise von einem angestellten Arzt die Beherrschung von Heilmethoden- bzw. -behandlungen verlangen, die dem aktuellen Stand der medizinischen Forschung entsprechen. Die Fortbildung bzw. Schulung soll den Arbeitnehmer aber erst in die Lage versetzen, eine solchermaßen definierte Arbeitsleistung erbringen zu können. Sie dient also der

---

1216 Vgl. dazu noch unten § 4 B.IV.2.b.
1217 Vgl. dazu Staudinger/*Richardi*, § 611 RdNr. 387 f.; HzA/*Bengelsdorf*, Gruppe 9 Teilbereich 1 RdNr. 219.
1218 *Wisskirchen/Bissels/Schmidt*, NZA 2008, S. 1388.

Sicherstellung der ordnungsgemäßen Erfüllung der Arbeitspflicht, der „*Absicherung des vertraglichen Leistungszwecks*"[1219]. Diese ergänzende Funktion ist aber gerade Charaktermerkmal der zur Hauptleistungspflicht akzessorischen sog. Nebenleistungspflichten.[1220] Anders als die auch als (selbständige) Nebenpflichten bezeichneten, auf dem „*neminem-laedere*"-Prinzip des allgemeinen Rechtsgüterschutzes beruhenden Schutz- und Rücksichtnahmepflichten[1221] zielen sie nicht auf die Wahrung der Integritätsinteressen des Vertragspartners ab. Stattdessen bezwecken sie die Verwirklichung des Leistungsinteresses, indem sie der Vorbereitung, der ordnungsgemäßen Durchführung sowie der Sicherung der geschuldeten Hauptpflicht dienen.[1222] Die Pflicht des Arbeitnehmers zur Anpassung seiner beruflichen Fertigkeiten weist in diesem Sinne einen eindeutigen „Leistungsbezug" auf. Sie zählt daher zur Kategorie der Nebenleistungspflichten. In der Konsequenz kann die Lernpflicht des Arbeitgebers zwar mittels des Direktionsrechts durchgesetzt, nicht aber neben der Hauptleistungspflicht selbständig eingeklagt werden. Eine Verletzung der Nebenleistungspflicht kann zu einer Schlechterfüllung der Hauptleistungspflicht und zu einer Verletzung des Äquivalenzinteresses führen. Die Verletzung der Hauptleistungspflicht kann wiederum Schadensersatzansprüche des Arbeitgebers oder aber eine Abmahnung und ggf. eine Kündigung nach sich ziehen.[1223]

3. Grenzen der Lernpflicht

Da die Erfüllung der Nebenleistungspflicht des Arbeitnehmers, seine beruflichen Kenntnisse und Fertigkeiten an Entwicklungen in Technik und Wissenschaft anzupassen, für die Ermöglichung eines sinnvollen Austausches der Hauptleistungen unumgänglich ist, unterliegt sie wie die Pflicht zur Arbeitsleistung dem Weisungsrecht des Arbeitgebers.[1224] Ihrer Konkretisierung bzw. Einforderung sind daher die

---

1219 MünchArbR/*Reichold*, § 47 RdNr. 13. Das ArbG Bonn (v. 04.07.1990 – 4 Ca 751/90 = NZA 1991, S. 512) spricht in diesem Sinne auch von einer Schulung „*zur Vorbereitung auf die Arbeit*".
1220 Vgl. zu diesem Begriff MünchArbR/*Reichold*, § 47 RdNr. 12; Staudinger/*Olzen*, § 241 RdNr. 151 m.w.N.
1221 MünchArbR/*Reichold*, § 47 RdNr. 14. Nach BAG v. 17.10.1969 – 3 AZR 442/68f = AP Nr. 7 zu § 611 BGB Treuepflicht (m. Anm. *Canaris*) folge aus der „Treupflicht" des Arbeitnehmers, daß dieser sich aufgrund seines Arbeitsvertrages für die Interessen des Arbeitgebers und das Gedeihen des Betriebes einsetzen und alles unterlassen müsse, was dem Arbeitgeber oder dem Betrieb abträglich sei. Vgl. auch BAG v. 02.03.2006 – 2 AZR 53/05 = NZA-RR 2006, S. 636.
1222 Staudinger/*Olzen*, § 241 RdNr. 151; MünchArbR/*Reichold*, § 47 RdNr. 11; MüKo-BGB/*Bachmann*, § 241 RdNr. 83.
1223 MünchArbR/*Reichold*, § 47 RdNr. 12.
1224 Vgl. zur Erstreckung des Weisungsrechts auf sog. „*leistungssichernde Verhaltenspflichten*" BAG v. 23.06.2009 – 2 AZR 606/08 = NZA 2009, S. 1011 (1012); HWK/*Lembke*, § 106 GewO RdNr. 5.

gleichen Grenzen gesetzt wie der Konkretisierung der Hauptleistungspflicht. Erster Maßstab für die Reichweite des Direktionsrechts ist der Arbeitsvertrag.[1225] Daneben ergeben sich Beschränkungen unter anderem aber auch – § 106 S. 1 GewO stellt dies ausdrücklich klar – aus dem Gesichtspunkt des billigen Ermessens.

Für die Lernpflicht des Arbeitgebers folgt daraus, daß zunächst nur diejenigen Fortbildungen bzw. die Teilnahme lediglich an solchen Schulungen gefordert werden kann, die für die Erbringung der vertraglich umschriebenen Arbeitsleistung erforderlich sind.[1226] Der Begriff der Erforderlichkeit ist in diesem Zusammenhang so zu verstehen, daß die Lernpflicht eine Branchenüblichkeit der in Rede stehenden Schulungsinhalte voraussetzt. Eine Aneignung von Kenntnissen und Fertigkeiten, die keinen erkennbaren Nutzen für die Erfüllung der Arbeitspflicht aufweisen bzw. die für das jeweilige Berufsbild (noch) nicht branchenüblich nachgefragt werden, kann daher nicht verlangt werden.

Besonderheiten können sich im Hinblick auf den Ort der Arbeitsleistung ergeben. Da ein Arbeitgeber im Regelfall nicht über eigene Weiterbildungseinrichtungen verfügt, ist er häufig auf externe Anbieter angewiesen, deren Standort sich möglicherweise in größerer Entfernung von den Betriebsstätten befindet. Berufliche Schulungen füllen aber üblicherweise nur einen begrenzten Zeitraum aus, bezwecken also keine dauerhafte Verlegung des Arbeitsortes. Deswegen ist es nach Abwägung der Interessen der Vertragsparteien[1227] gerechtfertigt, dem Arbeitnehmer für die zu Fortbildungszwecken notwendige Zeitspanne auch den Weg zu einem weiter entfernten Schulungsort zuzumuten, sofern sich die Bewältigung der Distanz nicht als unzumutbar erweist.[1228]

Als in der Person des Arbeitnehmers liegende Gründe, die unter dem Gesichtspunkt der Billigkeit das Weisungsrecht des Arbeitgebers im Hinblick auf die Lernpflicht einschränken können, kommen neben den handwerklichen oder geistigen Möglichkeiten insbesondere die bereits vom ArbG Bonn angesprochenen Faktoren[1229] wie das Alter, der bisherige berufliche Weg und die noch zu erwartende Betriebszugehörigkeit des betroffenen Arbeitnehmers in Betracht. Ob und inwieweit diese Punkte zu einer Begrenzung der Lernpflicht des Arbeitnehmers bzw. der daraus entspringenden Pflicht zur Teilnahme an Schulungen führen können, ist eine Frage des Einzelfalls.

1225 Vgl. HWK/*Lembke*, § 106 GewO RdNr. 55 ff.; ErfK/*Preis*, § 106 GewO RdNr. 4 f.
1226 So zutreffend *Käufer*, Weiterbildung im Arbeitsverhältnis, S. 260.
1227 Vgl. zur Interessenabwägung bei Ausübung des Direktionsrechts HWK/*Lembke*, § 106 GewO RdNr. 119 ff.
1228 So auch *Käufer*, Weiterbildung im Arbeitsverhältnis, S. 261.
1229 Vgl. oben § 4 A.I.1.

IV. Ergebnis zu den arbeitsvertraglichen Pflichten des Arbeitnehmers

Den Arbeitnehmer trifft die arbeitsvertragliche Pflicht, seine beruflichen Kenntnisse und Fertigkeiten den Anforderungen anzupassen, die branchentypisch an das dem jeweiligen Vertrag zugrundeliegende Berufsbild gestellt werden. Das folgt aus der Auslegung des zwischen den Parteien abgeschlossenen Arbeitsvertrags, der im Hinblick auf die zumeist nur rahmenmäßig umschriebenen Leistungspflichten nicht im Zeitpunkt des Vertragsschlusses erstarrt, sondern einer dynamischen Interpretation nach Maßgabe der geltenden Standards unterworfen ist. Die Lernpflicht des Arbeitnehmers, bei der es sich um eine zur Arbeitspflicht akzessorische Nebenleistungspflicht handelt, schließt auch die Verpflichtung zum Besuch entsprechender Schulungen ein. Sie kann vom Arbeitgeber zwar nicht selbständig neben der Hauptpflicht eingeklagt, jedoch mittels des Weisungsrechts angeordnet werden. Das Weisungsrecht des Arbeitgebers ist bei der Durchsetzung der Lernpflicht den gleichen Schranken unterworfen wie bei der Konkretisierung der Hauptleistungspflicht. Insbesondere können nur solche Fortbildungsinhalte gefordert werden, die für die Erfüllung der Arbeitspflicht einen konkreten Nutzen aufweisen und die branchentypisch für das jeweilige Berufsbild nachgefragt werden. Im Hinblick auf den Ort der beruflichen Weiterbildung ist dem die Reichweite des Direktionsrechts begrenzenden Begriff der Billigkeit ein weites Verständnis zugrundezulegen, da die Teilnahme an Schulungen externer Anbieter in aller Regel nur einen begrenzten Zeitraum einnimmt.

B. Pflicht des Arbeitgebers zur beruflichen Fortbildung der Arbeitnehmer?

Die Frage, ob und ggf. in welchem Umfang der Arbeitgeber eine Anpassung der beruflichen Kenntnisse und Fertigkeiten der bei ihm beschäftigten Arbeitnehmer sicherstellen muß, wird in der Literatur, sofern sie überhaupt Beachtung findet, zumeist in aller Kürze beantwortet: Eine solche Pflicht sei nicht anzuerkennen.[1230] Dem kann insoweit uneingeschränkt zugestimmt werden, als eine Herleitung aus den Hauptpflichten[1231] des Arbeitgebers jedenfalls nicht in Betracht kommt.[1232] In

---

1230 Vgl. nur Staudinger/*Richardi*, § 611 BGB RdNr. 923: *„(...) ein derartiger Anspruch besteht nur bei einer entsprechenden Regelung im Tarifvertrag, einer durch das Mitbestimmungsrecht nach § 97 Abs 2 BetrVG erzwingbaren Betriebsvereinbarung oder auf Grund einer einzelvertraglichen Vereinbarung mit dem Arbeitnehmer."*; i.E. ebenso *Preis*, Individualarbeitsrecht, S. 490; HzA/*Bengelsdorf*, Gruppe 9 Teilbereich 1 RdNr. 215; wohl auch *Weber/Weber*, RdA 2007, S. 347.
1231 Diese Einschätzung setzt die (für diese Untersuchung nicht klärungsbedürftige) Annahme voraus, daß die Beschäftigungspflicht des Arbeitgebers nicht, wie es z. B. HWK/*Thüsing*, § 611

jüngerer Zeit mehren sich aber Stimmen, die eine Fortbildungspflicht des Arbeitgebers in dessen Nebenpflichten, und hierbei insbesondere im Umfeld seiner Beschäftigungspflicht, verorten wollen.[1233] Vor diesem Hintergrund empfiehlt sich zunächst eine allgemeine Betrachtung der den Arbeitgeber treffenden Nebenpflichten, bevor in einem zweiten Schritt auf die zugunsten einer Fortbildungspflicht des Arbeitgebers vorgetragenen Argumente eingegangen wird.

I. Nebenpflichten des Arbeitgebers

Neben der Hauptleistungspflicht des Arbeitgebers, der Gewährung der vereinbarten Vergütung, bestehen umfassende Pflichten zur Wahrung der Arbeitnehmerinteressen.[1234] Diese Nebenpflichten des Arbeitgebers werden teilweise noch immer unter dem Sammelbegriff der „Fürsorgepflicht"[1235] zusammengefaßt, auch wenn dieser Begriff keinen Gehalt vermittelt, der über die Struktur der jedem Austauschverhältnis innewohnenden allgemeinen Nebenpflichten hinausginge.[1236] Die den Arbeitgeber treffenden Nebenpflichten lassen sich in Nebenleistungspflichten auf der einen und Schutz- und Rücksichtnahmepflichten auf der anderen Seite aufteilen.[1237] Für den Untersuchungsgegenstand sind die auf der Grundlage des § 242 BGB eng mit der Hauptleistungspflicht des Arbeitgebers, der Lohnzahlungspflicht, verknüpften sog. Nebenleistungspflichten nicht von Interesse. Anknüpfungspunkte für eine mögliche Fortbildungspflicht bieten aber die zum Teil aus § 241 Abs. 2 BGB folgenden, zum Teil spezialgesetzlich geregelten[1238] Schutz- und Rücksichtnahmepflichten.

Die „Fürsorgepflichten" des Arbeitgebers beruhen in besonderem Maße auf dem Gedanken, daß der Arbeitnehmer durch die Eingliederung in die fremde, vom Ar-

---

BGB RdNr. 170, und ErfK/*Preis*, § 611 BGB RdNr. 564, tun, den Hauptpflichten des Arbeitgebers zuzurechnen ist. Vgl. zur Beschäftigungspflicht unten § 4 B.II.1.
1232 Vgl. *Sandmann/Schmitt-Rolfes*, ZfA 2002, S. 319 in bezug auf die synallagmatischen Hauptleistungspflichten.
1233 *Käufer*, Weiterbildung im Arbeitsverhältnis, S. 197 ff.; *Wisskirchen/Bissels/Schmidt*, NZA 2008, 1389; *Hunold*, DB 2009, S. 847 f.; *Sandmann/Schmitt-Rolfes*, ZfA 2002, S. 319 f. (im Hinblick auf die allerdings als Hauptpflicht eingeordnete Beschäftigungspflicht), 321 f.; in diese Richtung auch MünchArbR/*Reichold*, § 83 RdNr. 11.
1234 Staudinger/*Richardi*, § 611 BGB RdNr. 896.
1235 Vgl. zum geschichtlichen Hintergrund Staudinger/*Richardi*, § 611 BGB RdNr. 897 ff.; MünchArbR/*Reichold*, § 83 RdNr. 2 f. Vgl. zur Fürsorgepflicht bereits oben unter § 3 E.II.4.c.bb.ccc.
1236 Vgl. HWK/*Thüsing*, § 611 BGB RdNr. 241.
1237 MüKo-BGB/*Müller-Glöge*, § 611 BGB Rdnr. 986.
1238 MünchArbR/*Reichold*, § 83 RdNr. 9.

beitgeber bestimmte Betriebsorganisation erhöhten Gefährdungen seines Körpers und seiner Gesundheit, der von ihm eingebrachten Gegenstände, vor allem aber auch seiner Persönlichkeit ausgesetzt ist.[1239] Sie stellen ein Korrelat zur persönlichen Abhängigkeit des Arbeitnehmers dar.[1240]

Ausgehend von dieser dogmatischen Prämisse haben die Schutz- und Rücksichtnahmepflichten des Arbeitgebers durch Rechtsprechung und Lehre zahlreiche Konkretisierungen erfahren, beispielsweise in Gestalt der Obhuts- und Verwahrungspflicht für vom Arbeitnehmer berechtigterweise in den Betrieb eingebrachtes Eigentum, durch die Begrenzung des Fragerechts des Arbeitgebers oder durch die Anerkennung eines allgemeinen Schikaneverbots.[1241] Die dabei festzustellende Ausdehnung der Schutz- und Rücksichtnahmepflichten auf die Persönlichkeit des Arbeitnehmers wird teilweise als Tendenz in Richtung der Entwicklung einer positiven Förderungspflicht des Arbeitgebers gewertet.[1242] Diese Förderungspflicht geht als Handlungspflicht über die den defensiven Schutz vor Eingriffen seitens des Arbeitgebers, der Mitarbeiter oder Dritter bezweckenden Schutzpflichten hinaus und ist insgesamt auf die freie Entfaltung der Persönlichkeit des Arbeitnehmers ausgerichtet.[1243] Besonders augenfällig tritt sie in der Anerkennung einer allgemeinen Beschäftigungspflicht zutage. Diese seit dem Grundsatzurteil des Bundesarbeitsgerichts vom 10.11.1955[1244] allgemein anerkannte[1245] Pflicht des Arbeitgebers, den Arbeitnehmer während des Arbeitsverhältnisses auch tatsächlich zu beschäftigen, wird schwerpunktmäßig auf die Wirkungen des grundgesetzlich gewährleisteten Persönlichkeitsrechts gemäß Art. 2 Abs. 1 i.V.m. Art. 1 Abs. 1 GG gestützt.[1246] Der Arbeitgeber habe, so das BAG[1247], aufgrund seiner Treupflicht und der aus Art. 1 und 2 GG jedermann obliegenden Verpflichtung alles zu unterlassen, was die Würde des Arbeitnehmers und die freie Entfaltung seiner Persönlichkeit beein-

---

1239 MünchArbR/*Reichold*, § 83 RdNr. 8; Staudinger/*Richardi*, § 611 BGB RdNr. 900.
1240 MüKo-BGB/*Müller-Glöge*, § 611 BGB Rdnr. 987.
1241 Vgl. den Überblick bei HWK/*Thüsing*, § 611 BGB RdNr. 252 ff. sowie ausführlich MünchArbR/*Reichold*, § 85.
1242 So MünchArbR/*Reichold*, § 83 RdNr. 11; vgl. zu den Förderungspflichten auch *Preis*, Individualarbeitsrecht, S. 494
1243 MünchArbR/*Reichold*, § 86 RdNr. 26.
1244 BAG v. 10.11.1955 – 2 AZR 591/54 = AP Nr. 2 zu § 611 BGB Beschäftigungsanspruch. Vgl. dazu bereits oben § 3 C.II.2.e.
1245 Vgl. nur HWK/*Thüsing*, § 611 BGB RdNr. 168; ErfK/*Preis*, § 611 BGB RdNr. 563 f.; MüKo-BGB/*Müller-Glöge*, § 611 BGB RdNr. 973; i.E. auch Staudinger/*Richardi*, § 611 BGB RdNr. 903 ff.; ablehnend *Weber/Weber*, RdA 2007, S. 352.
1246 BAG, v. 10.11.1955 – 2 AZR 591/54 = AP Nr. 2 zu § 611 BGB Beschäftigungsanspruch; v. 19.08.1976 – 3 AZR 173/75 = AP Nr. 4 zu § 611 BGB Beschäftigungspflicht (m. Anm. *Birk*); v. 26.05.1977 – 2 AZR 135/76 = AP Nr. 13 zu § 102 BetrVG 1972.
1247 BAG v. 10.11.1955 – 2 AZR 591/54 = AP Nr. 2 zu § 611 BGB Beschäftigungsanspruch.

trächtigen könne. Werde einem Arbeitnehmer aber zugemutet, nicht nur vorübergehend sein Gehalt in Empfang zu nehmen, ohne sich in seinem bisherigen Beruf betätigen zu können, ließe ihn dieser Zwang zum Nichtstun nicht mehr als vollwertiges Mitglied der Gemeinschaft erscheinen. Zum einen werde es allgemein für verächtlich erachtet, nicht durch entsprechende Leistungen verdienten Lohn in Empfang zu nehmen. Zum anderen würde der Arbeitnehmer daran gehindert, durch weitere berufliche Tätigkeit seine beruflichen Fähigkeiten zu erhalten und fortzubilden und dadurch seine Persönlichkeit zu entfalten. Auf der Grundlage dieser Gesichtspunkte sieht das BAG den Arbeitgeber dann nicht nur zu einem Unterlassen, sondern – vorbehaltlich überwiegender eigener, schützenswerter Interessen – zu einem aktiven Tun verpflichtet: Er habe seinen Betrieb gegebenenfalls so einzurichten, daß der Arbeitnehmer seine Tätigkeit weiter ausüben könne. Dieser Ansatz wird auch in der Literatur aufgegriffen. Der Arbeitgeber sei aufgrund der Beschäftigungspflicht gehalten, sämtliche Mitwirkungshandlungen vorzunehmen, die für die Erbringung der vertraglich vereinbarten Arbeitsleistung durch den Arbeitnehmer erforderlich seien. Dies schließe auch die Bereitstellung der notwendigen sächlichen und personellen Mittel ein.[1248]

II. Ansätze in der Literatur

Soweit in der Literatur eine Pflicht des Arbeitgebers zur beruflichen Fortbildung seiner Arbeitnehmer in Erwägung gezogen wird, stützen sich die dazu vorgetragenen Begründungsansätze verstärkt auf die vom BAG und der Literatur entwickelten Grundsätze zur Beschäftigungspflicht. Aus ihnen wird der Schluß gezogen, die Pflicht des Arbeitgebers zur Ermöglichung der tatsächlichen Beschäftigung des Arbeitnehmers könne auch eine positive Förderungspflicht des Arbeitgebers hinsichtlich der beruflichen Weiterbildung seiner Arbeitnehmer umfassen. Teilweise werden aber auch andere Argumente ins Feld geführt.

Übereinstimmend wird jedenfalls davon ausgegangen, daß keine allgemeine Pflicht des Arbeitgebers zur beruflichen Fortbildung des Arbeitnehmers bestehe. Im Gegenteil wird überwiegend die Auffassung vertreten, eine solche generelle Pflicht bestehe genauso wenig wie eine Pflicht zur Übernahme der Kosten jedweder beruflicher Fortbildungen des Arbeitnehmers.[1249]

1248 MünchArbR/*Reichold*, § 84 RdNr. 2.
1249 *Wisskirchen/Bissels/Schmidt*, NZA 2008, S. 1389; wohl auch *Hunold*, DB 2009, S. 847 f.; *Sandmann/Schmitt-Rolfes*, ZfA 2001, S. 323 f.; i.E. auch *Fracke*, Die betriebliche Weiterbildung,

1. Allgemeine Beschäftigungspflicht als Ansatz

Nach denjenigen Literaturstimmen, die auf die allgemeine Beschäftigungspflicht als Anknüpfungspunkt abstellen, besteht eine Pflicht des Arbeitgebers zur beruflichen Fortbildung des Arbeitnehmers ausnahmsweise dann, wenn letzterer infolge veränderter Anforderungen an den Arbeitsplatz seine Tätigkeit ohne Qualifikationsmaßnahmen nicht mehr ausführen kann. Habe der Arbeitgeber im Rahmen seines Direktionsrechts dauerhaft keine Verwendung für den Arbeitnehmer, könne er seiner allgemeinen Pflicht zur tatsächlichen Beschäftigung des Arbeitnehmers nur nachkommen, wenn er ihn entsprechend weiterbilde.[1250]

Die Fortbildungspflicht soll ihre Grenzen aber wie die Beschäftigungspflicht dort finden, wo überwiegende und schützenswerte Interessen des Arbeitgebers entgegenstehen. Während *Sandmann/Schmitt-Rolfes* insofern auf die von der Rechtsprechung zur Beschäftigungspflicht entwickelten Kriterien verweisen,[1251] sprechen sich *Wisskirchen/Bissels/Schmidt* dafür aus, in Anlehnung an § 1 Abs. 2 KSchG auf das Korrektiv der Zumutbarkeit zurückzugreifen und eine echte Interessenabwägung vorzunehmen.[1252]

2. Fürsorgepflicht als Ansatz

a) *Sandmann/Schmitt-Rolfes* und *Reichold*

Neben der Beschäftigungspflicht wird von *Sandmann/Schmitt-Rolfes* und *Reichold* auch die (allgemeine) Fürsorgepflicht als mögliche Grundlage einer Weiterbildungspflicht des Arbeitgebers in Betracht gezogen.[1253] Beide Ansätze sind aber weniger als echte Bestandsaufnahme denn als Prognosen für mögliche Entwicklungen in Rechtsprechung und Lehre zu verstehen.

So beschränken sich die Ausführungen *Reicholds* auf die Äußerung, aus den landesrechtlichen Weiterbildungsgesetzen und tariflichen Regelungen wie z.B. § 5 TVöD/TV-L ließen sich vor dem Hintergrund der Erstreckung der Schutz- und Rücksichtnahmepflichten auf die Persönlichkeit des Arbeitnehmers *„weitere Konsequenzen der Entwicklung etwa in Richtung einer Förderungspflicht zur Weiter-*

S. 217 ff., die eine Pflicht zur Weiterbildung nur in Ausnahmefällen wie bspw. im Falle des Ausschlusses der ordentlichen Kündbarkeit in Betracht ziehen will.
1250 *Wisskirchen/Bissels/Schmidt*, NZA 2008, S. 1389; i.E. folgend *Hunold*, DB 2009, S. 848; ebenso *Sandmann/Schmitt-Rolfes*, ZfA 2002, S. 319 f.
1251 *Sandmann/Schmitt-Rolfes*, ZfA 2002, S. 320.
1252 *Wisskirchen/Bissels/Schmidt*, NZA 2008, S. 1389.
1253 *Sandmann/Schmitt-Rolfes*, ZfA 2002, S. 320 ff.; MünchArbR/*Reichold*, § 83 RdNr. 11.

bildung und Qualifizierung des Arbeitnehmers" ableiten.[1254] Eine eindeutige Festlegung erfolgt nicht.

Sandmann/Schmitt-Rolfes, die die Beschäftigungspflicht als nichtsynallgmatische Hauptpflicht des Arbeitgebers einstufen, lehnen zunächst eine Pflicht zur Förderung der Persönlichkeit des Arbeitnehmers als Anknüpfungspunkt für eine Fortbildungsverpflichtung des Arbeitgebers ab. Eine solche Ausdehnung sei mit dem ursprünglichen Grund der Herausbildung der Fürsorgepflicht, der Schaffung eines Ausgleichs für die Eingliederung des Arbeitnehmers in den Betrieb, nicht mehr zu vereinbaren.[1255] Stattdessen sei darauf abzustellen, daß der Arbeitnehmer durch die Verpflichtung zum Einsatz seiner gesamten Arbeitskraft im Regelfall nur unter großen Mühen in der Lage sei, sich neben seinem Beruf eigenverantwortlich weiterzubilden. Je stärker daher die zeitliche Inanspruchnahme durch den Beruf ausfalle und je mehr die Gestaltung des Arbeitsplatzes zu einer Spezialisierung zwinge, desto weiter reichten die Verpflichtungen des Arbeitgebers zur späteren beruflichen Bildung des Arbeitnehmers.[1256] Es sei daher, so *Sandmann/Schmitt-Rolfes*, nicht auszuschließen, daß Rechtsprechung und Lehre *„eines Tages"* zu einer einklagbaren Verpflichtung des Arbeitgebers zur Durchführung beruflicher Fortbildungsmaßnahmen gelangten. Diese Möglichkeit beschränke sich aber auf den Fall, daß der Arbeitnehmer auf seinem Arbeitsplatz weitergebildet werde, ohne daß es durch oder aufgrund der Weiterbildung zu einer Änderung des Arbeitsvertrages komme. Anders sei es dagegen, wenn über die Anforderungen des Arbeitsplatzes hinausgehende berufliche Kenntnisse und Fertigkeiten vermittelt würden, so daß eine Umschulung vorläge. Denn diese diene einer Änderung des Inhalts des Arbeitsvertrages. Bereits im Kündigungsrecht bestehe eine Obliegenheit des Arbeitgebers zur Anpassung des Arbeitsvertrages und zur entsprechenden Schulung des Arbeitnehmers aber nur unter eingeschränkten Voraussetzungen – nämlich dann, wenn dem Arbeitgeber zum einen nach der Umschulung ein entsprechender freier Arbeitsplatz angeboten werden könne und zum anderen die Arbeitsbedingungen des Arbeitnehmers nach Umschulung und Versetzung im wesentlichen gleich blieben. Der Arbeitnehmer könne lediglich einen Bestandsschutz, keinesfalls aber eine Verbesserung seiner Arbeitsbedingungen beanspruchen.[1257]

1254 MünchArbR/*Reichold*, § 83 RdNr. 11.
1255 *Sandmann/Schmitt-Rolfes*, ZfA 2002, S. 321.
1256 *Sandmann/Schmitt-Rolfes*, ZfA 2002, S. 321 f.
1257 *Sandmann/Schmitt-Rolfes*, ZfA 2002, S. 322 f.

b) *Fracke*

Fracke geht der Fragestellung, ob aus der Fürsorgepflicht des Arbeitgebers eine Pflicht zur Weiterbildung hergeleitet werden könne, unter zwei Gesichtspunkten nach: zum einen im Hinblick auf die Berufsfreiheit, zum anderen im Hinblick auf den Persönlichkeitsschutz des Arbeitnehmers.[1258] Sie kommt zu dem Ergebnis, im normalen, kündbaren Arbeitsverhältnis sei der Arbeitgeber ohne spezialgesetzliche Grundlage nicht zur Weiterbildung der Arbeitnehmer verpflichtet. Nur in Ausnahmefällen könne die Fürsorgepflicht zur Begründung einer solchen Weiterbildungspflicht führen.[1259]

Aus § 242 BGB i.V.m. der Berufsfreiheit des Arbeitnehmers könne aber in bestimmten Konstellationen eine Freistellungsverpflichtung des Arbeitgebers hergeleitet werden. Dies setze voraus, daß 1. eine Weiterbildungsmaßnahme in Rede stehe, die der Arbeitszeit im Sinne des § 3 ArbZG zuzuordnen sei und 2. die Inanspruchnahme dieser Maßnahme wegen der Arbeitsauslastung ohne Überschreitung der gesetzlichen Arbeitszeitgrenzen nicht möglich sei. In diesen Fällen sei der Arbeitgeber aber allein zu einer Ermöglichung der Weiterbildung im Sinne einer Freistellung, nicht aber zur Entgeltfortzahlung verpflichtet.[1260]

Der Schutz der Persönlichkeit des Arbeitnehmers kann nach *Fracke* lediglich unter dem Aspekt der Schutzpflicht zur Förderung der Entfaltung der Persönlichkeit zu einer Weiterbildungspflicht des Arbeitgebers führen. Im normalen Arbeitsverhältnis gewähre insoweit aber schon § 1 Abs. 2 S. 3 KSchG Schutz vor einer Kündigung wegen fehlender Beschäftigungsmöglichkeit. Eine Weiterbildungspflicht des Arbeitgebers komme nur bei solchen Arbeitnehmern in Betracht, deren Arbeitsvertrag einen Ausschluß der ordentlichen Kündbarkeit enthalte. Die Vereinbarung der Unkündbarkeit müsse eine gegenüber dem Normalarbeitsverhältnis erweiterte Fürsorgepflicht zur Folge haben, die eine Weiterbildungspflicht während des Arbeitsverhältnisses dergestalt beinhalte, daß eine Beschäftigung möglich bleibe.[1261] Dies gelte aber nur dann, wenn die Beschäftigungspflicht allein durch die Weiterbildung aufrechterhalten werden könne. Dem Arbeitgeber sei es dabei zuzumuten, für die Weiterbildung mindestens die finanziellen Mittel aufzubringen, die er für die Weiterbeschäftigung des Arbeitnehmers bis zum Ablauf der Auslauffrist bei einer möglichen außerordentlichen Kündigung aufwenden müßte.[1262]

1258 *Fracke*, Die betriebliche Weiterbildung, S. 217-251.
1259 *Fracke*, Die betriebliche Weiterbildung, S. 251.
1260 *Fracke*, Die betriebliche Weiterbildung, S. 234.
1261 *Fracke*, Die betriebliche Weiterbildung, S. 244.
1262 *Fracke*, Die betriebliche Weiterbildung, S. 246.

Bei gesetzlichen Unkündbarkeitsklauseln bestehe dagegen keine Weiterbildungspflicht des Arbeitgebers, da sie auf einem anderen Schutzgrund als die vertraglichen Unkündbarkeitsvereinbarungen beruhten. Dieser könne eine Besserstellung gegenüber dem Normalarbeitsverhältnis nicht rechtfertigen.[1263]

c) Differenzierter Ansatz: *Käufer*

Einen sehr differenzierten Ansatz verfolgt *Käufer*, die in einer Gesamtschau die Nebenpflichten des Arbeitgebers auf Anknüpfungspunkte für eine Pflicht zur Weiterbildung der Arbeitnehmer untersucht.[1264] Als Ausgangspunkt ihrer Analyse dient die Annahme, die Nebenpflichten des Arbeitgebers in Gestalt der Schutz- und der Förderungspflichten trügen, indem sie auf den Schutz der Interessen des Arbeitnehmers bei Erbringung der Arbeitsleistung ausgerichtet seien, zur Schaffung von Arbeitsvoraussetzungen bei. Letzteres gelte aber auch für die Weiterbildung.[1265]

Durch die zunächst in den Blick genommenen Schutzpflichten, insbesondere aber ihrer Konkretisierung im Arbeitsschutzrecht, sieht *Käufer* die Prämisse bestätigt, die Schaffung von Arbeitsvoraussetzungen liege im Verantwortungsbereich des Arbeitgebers.[1266] Ähnliches gelte auch für die Betriebsrisikolehre. Sie beruhe auf dem Grundsatz, daß der Arbeitgeber als derjenige, der durch Gewinnabschöpfung von den Arbeitsleistungen profitiere, auch Verantwortung für diejenigen Faktoren trage, die zum Arbeitserfolg führen.[1267] Als weitere Kategorie der Nebenpflichten wird die Pflicht zur Förderung des Arbeitnehmers einer Analyse unterzogen. Besonderes Augenmerk richtet *Käufer* insoweit auf die Beschäftigungspflicht des Arbeitgebers. Hier stehe die Berechtigung des Arbeitnehmers zum Tätigwerden im Vordergrund.[1268] Auch die tatsächliche Zuweisung einer Beschäftigung stelle eine Voraussetzung dafür dar, daß der Arbeitnehmer überhaupt arbeiten könne. Daneben belegten die zur Begründung der Beschäftigungspflicht angeführten Argumente ein besonderes Bewußtsein im Hinblick auf die Weiterbildung des Arbeitnehmers.[1269] Ausschlaggebend sei, so *Käufer*, das Persönlichkeitsrecht des Arbeitnehmers. Die für die Beschäftigungspflicht konstitutive Anerkennung der Persönlichkeitsinteres-

---
1263 *Fracke*, Die betriebliche Weiterbildung, S. 248 f.
1264 *Käufer*, Weiterbildung im Arbeitsverhältnis, S. 197 ff.
1265 *Käufer*, Weiterbildung im Arbeitsverhältnis, S. 198.
1266 *Käufer*, Weiterbildung im Arbeitsverhältnis, S. 198 ff.
1267 *Käufer*, Weiterbildung im Arbeitsverhältnis, S. 203 ff. Käufer räumt ein, daß die Betriebsrisikolehre üblicherweise keine dogmatische Einordnung in die Nebenpflichten des Arbeitgebers erfahre. Jedoch könne die in ihr festgelegte Pflichtenstruktur einen weiteren Begründungsansatz für die Gewährleistung der Weiterbildung als Nebenpflicht des Arbeitgebers liefern.
1268 *Käufer*, Weiterbildung im Arbeitsverhältnis, S. 205 f.
1269 *Käufer*, Weiterbildung im Arbeitsverhältnis, S. 207 f.

sen des Arbeitnehmers nicht nur in bezug auf die engere Persönlichkeitssphäre, sondern auch auf die weitere Freiheitssphäre und damit die Entfaltungsfreiheit des Arbeitnehmers, bilde die Grundlage für positive Handlungspflichten des Arbeitgebers. Nach der Rechtsprechung des BVerfG zu den Arbeitnehmerweiterbildungsgesetzen diene aber auch die Weiterbildung der Persönlichkeitsentwicklung. Da der Arbeitgeber folglich die Möglichkeit der Persönlichkeitsentwicklung durch Weiterbildung eröffnen könne, sei auch an dieser Stelle über einen defensiven Schutz des Persönlichkeitsrechts hinaus ein positives Handeln des Arbeitgebers erforderlich.[1270]

Diesen Befund sieht *Käufer* durch bestimmte normative Wertentscheidungen (§ 2 SGB III, § 81 BetrVG, § 1 Abs. 2 S. 3 KSchG), Bestimmungen des Internationalen und Europäischen Arbeitsrechts sowie die zu einer Konkretisierung der Nebenpflichten führende Horizontalwirkung der Grundrechte gestützt.[1271] Den Arbeitgeber treffe im Hinblick auf die Weiterbildung der Arbeitnehmer eine ähnliche Verantwortung wie im Ausbildungsbereich, so daß im Hinblick auf Art. 12 Abs. 1 GG eine aus der Verfassung ableitbare Verantwortung des Arbeitgebers bestehe, dem Arbeitnehmer ein Schritthalten mit der technischen Entwicklung zu ermöglichen. Im Ergebnis habe der Arbeitgeber eine arbeitsvertragliche Nebenpflicht zur Weiterbildung des Arbeitnehmers als Pflicht zur Schaffung von Arbeitsvoraussetzungen.[1272]

Inhalt und Grenzen dieser Pflicht konkretisiert *Käufer* unter Berücksichtigung der sich gegenüberstehenden Grundrechte beider Vertragsparteien durch fünf Kriterien. Neben arbeitsvertragsbezogenen, auf die Weiterbildungsmaßnahme selbst bezogenen und betriebsbezogenen Faktoren finden bei dieser Ausgestaltung auch mit dem Arbeitgeber auf der einen (zentral: dessen wirtschaftliche Leistungsfähigkeit) und dem Arbeitnehmer auf der anderen Seite in Zusammenhang stehende Kriterien Niederschlag.[1273] Die Weiterbildungspflicht soll danach auch die Pflicht des Arbeitgebers umfassen, die Kosten der Maßnahme zu tragen und während ihrer Dauer den Arbeitslohn fortzuzahlen. In dieser Hinsicht komme es weniger auf die zeitliche Lage als vielmehr auf den Charakter der Bildungsmaßnahme an.[1274]

1270 *Käufer*, Weiterbildung im Arbeitsverhältnis, S. 208 f.
1271 *Käufer*, Weiterbildung im Arbeitsverhältnis, S. 211-222.
1272 *Käufer*, Weiterbildung im Arbeitsverhältnis, S. 222.
1273 *Käufer*, Weiterbildung im Arbeitsverhältnis, S. 222-241.
1274 *Käufer*, Weiterbildung im Arbeitsverhältnis, S. 238.

III. Ansätze in der Rechtsprechung

Die Anzahl der – unabhängig von § 1 Abs. 2 S. 3 KSchG ergangenen – gerichtlichen Entscheidungen zur Frage einer aus dem Arbeitsvertrag folgenden Fortbildungspflicht des Arbeitgebers hält sich, soweit ersichtlich, in überschaubaren Grenzen. Eine klare Linie läßt sich schon allein aus diesem Grund kaum bestimmen.

Das BAG hat die Thematik im Rahmen eines Urteils zur Weiterbildung von angestellten Ärzten[1275] zumindest andeutungsweise berührt. Der zu beurteilende Fall wies aber gegenüber dem „Normalarbeitsverhältnis" insofern Besonderheiten auf, als für die Auslegung des Arbeitsvertrages eines Klinikarztes, dessen Tätigkeit auch dem Zweck der Erreichung einer Anerkennung als Facharzt bzw. Arzt mit Gebietsbezeichnung diente, bestehende öffentlich-rechtliche Regelungen über die ärztliche Weiterbildung herangezogen werden konnten und mußten. Aus den öffentlich-rechtlichen Regelungen[1276] ergebe sich zwar, daß der Arbeitgeber aufgrund des Arbeitsvertrages weder berechtigt noch verpflichtet sei, die Weiterbildung eigenständig durchzuführen. Ihn treffe insbesondere nicht die Pflicht, dem Arzt die für die Anerkennung erforderlichen Operationen selbst zuzuweisen.[1277] Enthalte der Arbeitsvertrag keine ausdrücklichen Bestimmungen über die den Arbeitgeber in bezug auf die Weiterbildung des Arbeitnehmers treffenden Pflichten, diene er aber auch dem Zweck, eine Anerkennung als Arzt mit Gebietsbezeichnung zu erreichen, müsse der Arbeitgeber dem Arbeitnehmer jedenfalls Gelegenheit geben, sich mit diesem Ziel weiterzubilden.[1278] Daraus folge, daß organisatorische Maßnahmen, die sich auf die Rahmenbedingungen der Weiterbildung auswirken, nur in einer die Belange einer geordneten Weiterbildung nicht unzumutbar beeinträchtigenden Form getroffen werden dürfen. Ausdrücklich offen gelassen wurde vom BAG, welche konkreten Handlungs- und Unterlassungspflichten der Arbeitgeber insoweit erfüllen müsse.[1279]

Mehr *en passant* äußert sich auch das ArbG Bonn zur Fortbildungspflicht des Arbeitgebers. Dieser habe, so das Gericht, schon aufgrund seiner Fürsorgepflicht dafür zu sorgen, daß auch ältere Arbeitnehmer geschult werden, um nicht den

---

1275 BAG v. 22.02.1990 – 8 AZR 584/88 = NJW 1990, S. 2955.
1276 Die gesetzlichen Vorschriften (Kammergesetz für Heilberufe) sahen eine Weiterbildung unter der Leitung eigens dazu ermächtigter Kammerangehöriger vor. Diese war an Weiterbildungsstätten durchzuführen, zu denen auch die Universitätseinrichtung zählte, an der der Arbeitnehmer beschäftigt war.
1277 BAG v. 22.02.1990 – 8 AZR 584/88 = NJW 1990, S. 2956.
1278 BAG v. 22.02.1990 – 8 AZR 584/88 = NJW 1990, S. 2955.
1279 BAG v. 22.02.1990 – 8 AZR 584/88 = NJW 1990, S. 2956.

Anschluß an die technische Entwicklung zu verlieren und möglicherweise sogar ihren Arbeitsplatz zu riskieren, weil sie mit einem neu eingeführten Arbeitssystem nicht umgehen könnten.[1280] Eine ausführlichere Begründung für diese Annahme liefert das Gericht nicht.

Deutlichere Worte finden sich in dem bereits erwähnten Urteil des LAG Schleswig-Holstein: Es sei nicht Aufgabe des Arbeitgebers, den Arbeitnehmer auf eine zunehmende Technisierung vorzubereiten und entsprechend aus- und fortzubilden. Es handele sich um eine ureigene Aufgabe des Arbeitnehmers, der für sich selbst verantwortlich sei.[1281] Die Entscheidung des LAG Schleswig-Holstein wird man so verstehen müssen, daß jedenfalls keine Pflicht des Arbeitgebers besteht, initiativ auf die berufliche Weiterbildung seiner Arbeitnehmer hinzuwirken. Der in den Entscheidungsgründen enthaltene Satz, zumindest hätte der Arbeitnehmer vom Arbeitgeber Weiterqualifizierungsmaßnahmen erbitten müssen, läßt aber offen, ob bzw. in welchem Umfang den Arbeitgeber in diesem Fall Pflichten treffen können.

IV. Eigene Stellungnahme

Bei der Konkretisierung bzw. Ausgestaltung der dem Arbeitsvertrag wie jedem Vertragsverhältnis innewohnenden Nebenpflichten des Arbeitgebers sind unter Berücksichtigung des Verhältnismäßigkeitsgebots die Belange des Arbeitgebers auf der einen und die Interessen des Arbeitnehmers auf der anderen Seite in einen angemessenen Ausgleich zu bringen. Der Arbeitgeber ist daher nur insoweit zu Fürsorgemaßnahmen verpflichtet, wie diese nach Treu und Glauben und unter Berücksichtigung der Umstände des Einzelfalls von ihm erwartet werden können.[1282] Zudem ist bei einem über die anerkannten Schutz- und Förderungspflichten hinausgehenden Rückgriff auf die allgemeine Fürsorgepflicht Zurückhaltung geboten, um eine Überstrapazierung dieser aus sich heraus kaum begrenzten Rechtsfigur zu vermeiden.[1283]

Bei der Interessenabwägung, die für die Beantwortung der Frage nach Bestehen und ggf. Umfang einer möglichen Nebenpflicht des Arbeitgebers zur beruflichen Fortbildung des Arbeitnehmers vorzunehmen ist, muß auf seiten des Arbeitgebers insbesondere dessen Berufsfreiheit aus Art. 12 Abs. 1 GG Rechnung getragen werden. Dem steht auf seiten des Arbeitnehmers in der Hauptsache ebenfalls dessen

---

1280 ArbG Bonn v. 04.07.1990 – 4 Ca 751/90 = NZA 1991, S. 512.
1281 LAG Schleswig-Holstein v. 09.09.2009 – 3 Sa 153/09 = BeckRS 67148.
1282 BAG v. 13.11.1984 – 3 AZR 255/84 = AP Nr. 5 zu § 1 BetrAVG Zusatzversorgungskassen.
1283 *Preis*, Individualarbeitsrecht, S. 494.

Berufsfreiheit entgegen, deren Schutzbereich die berufliche Weiterbildung unterfällt. Ein Rückgriff auf das Allgemeine Persönlichkeitsrecht des Arbeitnehmers gemäß Art. 2 Abs. 1 i.V.m. Art. 1 Abs. 1 GG ist dagegen aufgrund des fehlenden besonderen Bezugs der beruflichen Weiterbildung zur Menschenwürde abzulehnen.[1284] Neben den widerstreitenden Interessen der Arbeitsvertragsparteien sind aber auch bestehende gesetzliche Wertungen zu berücksichtigen.

1. Fortbildungspflicht i.S. einer einklagbaren, positiven Handlungspflicht

Gegen die Annahme einer einklagbaren, aktive Bildungsmaßnahmen[1285] fordernden arbeitgeberischen Nebenpflicht zur beruflichen Fortbildung spricht schon die Existenz der Vorschrift des § 1 Abs. 2 S. 3 KSchG. Diese begründet eine (schon vor Erlaß der Norm anerkannte[1286]) entsprechende Obliegenheit des Arbeitgebers – und gerade keine echte Rechtspflicht – lediglich als Konkretisierung des im Zusammenhang mit einer Kündigung zu beachtenden Verhältnismäßigkeitsgrundsatzes, bindet sie also an eine besondere Situation. Eine davon losgelöste Nebenpflicht des Arbeitgebers zur aktiven beruflichen Weiterbildung seiner Arbeitnehmer ist somit bereits aus systematischen Gesichtspunkten nicht anzuerkennen. Der Gesetzgeber hat, wie sich auch aus einem Umkehrschluß aus § 81 Abs. 4 BetrVG ergibt, offenbar keine allgemeine Verpflichtung des Arbeitgebers zur Durchführung von Maßnahmen der beruflichen Fortbildung gewollt.[1287]

Daneben kann auch die Herleitung einer Weiterbildungspflicht des Arbeitgebers aus der Fürsorgepflicht in ihrem klassischen Verständnis nicht überzeugen. Insofern ist dem von *Sandmann/Schmitt-Rolfes* vorgetragenen Argument beizupflichten, eine solche Ausdehnung der Fürsorgepflicht sei mit dem ursprünglichen Grund für die Herausbildung der Fürsorgepflicht, der Schaffung eines Ausgleichs für die Unterordnung des Arbeitnehmers unter fremde Organisationsgewalt, nicht mehr zu vereinbaren.[1288] Denn – auch darauf weisen *Sandmann/Schmitt-Rolfes* hin[1289] – die Ursache für das Entstehen eines beruflichen Fortbildungsbedarfs wird regelmäßig nicht unmittelbar in der Eingliederung in den Betrieb und den damit verbundenen Gefahren, denen die Interessen des Arbeitnehmers ausgesetzt werden, zu suchen sein. Ein fortschreitendes Zurückbleiben der beruflichen Kenntnisse und Fertigkei-

---

1284 Vgl. dazu bereits oben § 3 C.II.2.b.bb.
1285 Sei es in Gestalt eigener, interner Schulungen, sei es durch Inanspruchnahme externer Weiterbildungseinrichtungen.
1286 Hessisches LAG v. 19.07.1999 – 16 Sa 1898/98 = MDR 200, S. 403 m. w. N.
1287 *Sandmann/Schmitt-Rolfes*, ZfA 2002, S. 323 f.
1288 *Sandmann/Schmitt-Rolfes*, ZfA 2002, S. 321.
1289 *Sandmann/Schmitt-Rolfes*, ZfA 2002, S. 321 f.

ten hinter den technischen Entwicklungen läßt sich stattdessen in den meisten Fällen auf den Umstand zurückführen, daß der Arbeitnehmer dem Arbeitgeber seine gesamte Arbeitskraft schuldet und somit in seinen Möglichkeiten zur eigenständigen Fortbildung neben dem Beruf zumindest eingeschränkt wird. Es handelt sich also weniger um ein Problem der Unterordnung als um ein solches der zeitlichen Belastung bzw. Inanspruchnahme. Des weiteren kann auch eine den Anforderungen des konkreten Arbeitsplatzes geschuldete Spezialisierung zu einem Verfall der beruflichen Fertigkeiten führen.

2. Pflicht zur Ermöglichung von Fortbildungsmaßnahmen

Lehnt man eine positive Pflicht des Arbeitgebers zur Durchführung von Weiterbildungsmaßnahmen ab, so bedeutet dies aber nicht, daß der Arbeitgeber hinsichtlich der Weiterbildung seiner Arbeitnehmer frei von jeglichen Verpflichtungen wäre. Der Gedanke, der Erhalt der beruflichen Kenntnisse und Fertigkeiten liege allein im Risikobereich des mit seiner Arbeitskraft wie ein Unternehmer am Markt auftretenden Arbeitnehmers,[1290] vernachlässigt den bereits erwähnten Befund, daß die Auseinanderentwicklung von Kenntnisstand des Arbeitnehmers auf der einen und neuesten technischen Anforderungen auf der anderen Seite jedenfalls zum Teil dadurch bedingt wird, daß der Arbeitgeber aufgrund der zeitlichen Inanspruchnahme durch den Arbeitgeber gewisse Einschränkungen der Möglichkeiten zur eigenständigen Fortbildung hinnehmen muß.[1291] Daneben darf nicht verkannt werden, daß der Arbeitgeber von solchen Fortbildungsinhalten, die in einem unmittelbaren Zusammenhang mit der arbeitsvertraglich geschuldeten Arbeitsleistung stehen, erheblich profitiert.

Wägt man unter diesen Voraussetzungen die einander entgegenstehenden Interessen sowie die in Betracht kommenden, in Zusammenhang mit einer beruflichen Fortbildung der Arbeitnehmer stehenden Vor- und Nachteile der Arbeitsvertragsparteien gegeneinander ab, so erscheint es angemessen, dem Arbeitgeber in bestimmten Fällen auch Pflichten aufzuerlegen. Welche Situationen geeignet sind, Pflichten des Arbeitgebers zu begründen, und welche konkreten Pflichten jeweils in Betracht kommen, hängt prinzipiell von den Umständen des Einzelfalles ab. Einzelfallunabhängige Grundsätze ergeben sich aber aus der geschilderten Interessenlage.

1290 Vgl. *Sandmann/Schmitt-Rolfes*, ZfA 2002, S. 323.
1291 Diesem Befund steht die oben, § 3 E.II.4.c.bb.bbb., vorgetragene Auffassung, angesichts der tatsächlichen, durchschnittlichen Wochenarbeitszeit der Arbeitnehmer bleibe eine Weiterbildung neben der Arbeitszeit grundsätzlich möglich, nicht entgegen. Daß die zeitliche Belastung durch die Arbeitspflicht aber eine – von den Umständen des einzelnen Arbeitsverhältnisses abhängige – Erschwerung einer solchen Fortbildung bedeutet, bleibt unbestritten.

a) Pflicht dem Grunde nach

Pflichten des Arbeitgebers kommen vor allem dann in Betracht, wenn er eine gesteigerte Verantwortung für eine Fortbildung des Arbeitgebers trägt oder ihm ein besonderes Interesse an derselben[1292] nachgewiesen werden kann. Bei der Frage einer möglichen Pflichtenbegründung ist aber auch der Eigenverantwortung und den Interessen des Arbeitnehmers Rechnung zu tragen.

Verantwortung für bzw. Interesse an eine(r) berufliche(n) Weiterbildung des Arbeitnehmers können sich für den Arbeitgeber zum einen aus dem Inhalt einer bestimmten Weiterbildungsmaßnahme oder aber aus dem Umstand ergeben, von welcher Seite der Anstoß für die Durchführung einer Weiterbildungsmaßnahme erfolgt. Daneben kommt aber auch dem Inhalt des Arbeitsvertrages Bedeutung zu.

In Anlehnung an den entsprechenden Ansatz im Rahmen des § 2 Abs. 3 S. 1 ASiG[1293] wird man im Hinblick auf den Inhalt einer Weiterbildungsmaßnahme jedenfalls dann ein greifbares Interesse des Arbeitgebers an der Durchführung einer solchen Maßnahme annehmen müssen, wenn durch eine Schulung neue Kenntnisse und Fertigkeiten vermittelt werden, die in einem unmittelbaren Zusammenhang mit der vertraglich geschuldeten Leistung stehen und für die (zukünftige) sachgerechte Erfüllung der Arbeitspflicht wenn nicht erforderlich, so doch zumindest konkret nützlich, also zweckmäßig sind. In diesen Fällen ist es gerechtfertigt, dem Arbeitgeber dem Grunde nach Pflichten aufzuerlegen. Dies gilt erst recht für den Fall, daß eine berufliche Fortbildung eine arbeitsvertragliche Pflicht des Arbeitnehmers darstellt.[1294] Allerdings muß auch dem Umstand Rechnung getragen werden, daß die Erbringung der Arbeitsleistung vom Arbeitnehmer vertraglich zugesagt wurde, dieser also vorrangig für die sachgerechte Leistung verantwortlich zeichnet. Daraus folgt notwendigerweise ein gesteigertes Interesse des Arbeitnehmers an der Fortentwicklung seiner beruflichen Fähigkeiten. Dieser Befund muß bei der Beantwortung der Frage, welche konkreten Pflichten dem Arbeitgeber in einem solchen Fall erwachsen, berücksichtigt werden.

Die Auferlegung von Pflichten dem Grunde nach erscheint neben der genannten Konstellation auch dann angemessen, wenn der Anstoß zur Durchführung einer Maßnahme der beruflichen Weiterbildung vom Arbeitgeber selbst ausgeht, indem

---

1292 Das Kriterium des „Interesses" des Arbeitgebers an der Bildungsmaßnahme zieht *Fracke* bereits bei der Bestimmung des Begriffs der Weiterbildung heran. Vgl. dazu oben § 2 C.
1293 Vgl. oben § 3 D.I.1.a.aa.bbb.
1294 Vgl. dazu oben § 4 A.III.1. Die Regelung des § 615 BGB steht dem nicht entgegen, da sie nur die Annahme der Leistung betrifft. Zu Pflichten im Hinblick auf die Durchführung der Leistung des Vertragspartners schweigt diese Vorschrift.

er die Teilnahme des Arbeitgebers an einer Schulung verlangt. Insoweit ist es auch unerheblich, ob die Aufforderung zur Teilnahme vom Direktionsrecht des Arbeitgebers gedeckt ist oder nicht.[1295] Anders muß die Bewertung dagegen ausfallen, wenn der Arbeitnehmer sich aus eigener Initiative entschließt, an einer Fortbildung teilzunehmen, ohne vom Arbeitgeber aufgefordert worden zu sein oder dessen Einverständnis erhalten zu haben. Hier kommt es entscheidend darauf an, ob sich bereits aus dem Inhalt der Maßnahme ein pflichtenbegründendes Interesse des Arbeitgebers ergibt. Wo das nicht der Fall ist, besteht auch keine Rechtfertigung für die Auferlegung von Pflichten. Erklärt sich der Arbeitgeber in einem solchen Fall dennoch mit der Schulung des Arbeitnehmers einverstanden, entscheidet die zwischen Arbeitgeber und Arbeitnehmer getroffene Absprache über etwaige Pflichten des Arbeitgebers.

Pflichten des Arbeitgebers hinsichtlich der beruflichen Weiterbildung der Arbeitnehmer können sich schließlich auch aus dem Inhalt des Arbeitsvertrages ergeben. Die bereits erwähnte Entscheidung des BAG zur Weiterbildung von angestellten Ärzten[1296] verdeutlicht, daß den Arbeitgeber auch ohne ausdrückliche Vereinbarung gesteigerte Pflichten treffen, wenn der Arbeitsvertrag zumindest auch dem Zweck der Erzielung eines Weiterbildungserfolgs dient.

b) Inhalt und Grenzen der Pflichten des Arbeitgebers

aa) Pflichten aufgrund des Inhalts einer Schulung bzw. des Inhalts des Arbeitsvertrags

Ergibt sich aus dem Inhalt der Maßnahme der beruflichen Weiterbildung oder dem Inhalt des Arbeitsvertrages, daß den Arbeitgeber eine auf die Fortbildung eines Arbeitnehmers bezogene arbeitsvertragliche Nebenpflicht trifft, so beinhaltet dies in Anlehnung an die Rechtsprechung des BAG zur Weiterbildung von angestellten Ärzten zumindest die Pflicht, die Durchführung einer solchen Weiterbildung nicht in unzumutbarer Weise zu erschweren. Soweit entgegenstehende betriebliche Belange nicht in unzumutbarer Weise beeinträchtigt werden, sind daher alle organisatorischen Maßnahmen zu unterlassen, die die Erreichung des Fortbildungserfolgs gefährden. Daraus folgt, daß der Arbeitgeber dem Arbeitnehmer innerhalb der genannten Grenzen die Wahrnehmung solcher innerhalb des Betriebes bestehender Aufgaben ermöglichen muß, die die berufliche Fortbildung zu fördern geeignet

---

1295 Vgl. zu den Grenzen der Lernpflicht oben § 4 A.III.3.
1296 BAG v. 22.02.1990 – 8 AZR 584/88 = NJW 1990, S. 2956.

sind.[1297] Eine weitergehende Pflicht kann regelmäßig schon allein deshalb nicht angenommen werden, weil es die Regelung des § 1 Abs. 2 S. 3 KSchG der Entscheidung des Arbeitgebers überläßt, entweder Fortbildungen durchzuführen oder aber im Falle einer ordentlichen Kündigung die Möglichkeit einer fehlenden sozialen Rechtfertigung in Kauf zu nehmen.

Eine andere Beurteilung ist dann gerechtfertigt, wenn die Teilnahme an einer Weiterbildungsmaßnahme zu den arbeitsvertraglichen Pflichten des Arbeitnehmers zählt. Eine Pflicht zur Fortzahlung des Arbeitslohns ergibt sich dann bereits aus diesem Gesichtspunkt. Daneben hat der Arbeitgeber als derjenige, der die notwendigen Arbeitsmittel bereitstellen muß,[1298] auch die durch die Weiterbildungsmaßnahme unmittelbar verursachten Kosten (bspw. Teilnahmegebühr und Materialkosten) zu tragen.[1299]

bb) Pflichten bei vom Arbeitgeber geforderter Weiterbildung

Fordert der Arbeitgeber den Arbeitnehmer zur Teilnahme an einer berufsbezogenen Schulung auf, so kann er unabhängig von der Reichweite seines Direktionsrechts jedenfalls nicht verlangen, daß der Arbeitnehmer dafür über die vertraglich geschuldete Arbeitszeit hinausgehende Zeit aufwendet. Die unmittelbar durch die Weiterbildungsmaßnahme entstehenden Kosten sind bei Fehlen anderslautender Abreden vom Arbeitgeber zu tragen. Dem Arbeitnehmer dürfen insofern keine finanziellen Nachteile entstehen, so daß während einer innerhalb der Arbeitszeit stattfindenden Fortbildung auch der Arbeitslohn fortzuzahlen ist.

cc) Freistellungspflicht

Eine Pflicht zur Freistellung des Arbeitgebers kommt nur in dem von *Fracke* angeführten Beispielsfall[1300] in Betracht, setzt also voraus, daß die Fortbildungszeit als Arbeitszeit anzusehen ist und im Hinblick auf die gesetzliche Höchstarbeitszeit nicht vollständig während der Arbeitszeit durchgeführt werden kann.

1297 Ähnlich HzA/*Bengelsdorf*, Gruppe 9 Teilbereich 1 RdNr. 220: „(...) *ist der Arbeitgeber verpflichtet, dem Arbeitnehmer zum Erhalt seines Arbeitsplatzes Gelegenheit zum Erwerb zusätzlicher Kenntnisse zu geben.*" Das Urteil des LAG Schleswig-Holstein v. 09.09.2009 – 3 Sa 153/09 = BeckRS 67148, läßt die Annahme einer solchen Unterstützungspflicht ebenfalls zu; vgl. oben § 4 B.III.
1298 Vgl. mittelbar MüKo-BGB/*Müller-Glöge*, § 611 BGB RdNr. 896.
1299 So auch *Kocher*, NZA 2010, 844.
1300 *Fracke*, Die betriebliche Weiterbildung, S. 227 ff.

Nach der Legaldefinition des § 2 Abs. 1 S. 1, 1. HS ArbZG ist Arbeitszeit im Sinne des Gesetzes die Zeit vom Beginn bis zum Ende der Arbeit ohne die Ruhepausen. Entscheidend ist also, ob bzw. wann es sich bei beruflicher Weiterbildung inhaltlich um „Arbeit" i.S.d. Norm handelt. *Fracke* schlägt vor, für Weiterbildung verwendete Zeit dann als Arbeitszeit im Sinne des ArbZG zu behandeln, wenn der Arbeitnehmer vom Arbeitgeber ausdrücklich zu einer Schulung verpflichtet werde, wenn der Arbeitgeber auf Nachfrage des Arbeitnehmers die Notwendigkeit der Maßnahme bejahe oder wenn bei fehlender Vereinbarung die Auslegung der Umstände ergebe, daß das Arbeitgeberinteresse an der Weiterbildung überwiege.[1301] Dieser Ansicht kann nicht ohne weiteres zugestimmt werden. Ob bestimmte Tätigkeiten als „Arbeit" zu werten sind, richtet sich allein nach dem gegebenenfalls durch Auslegung zu ermittelnden Inhalt des Arbeitsvertrages. Nicht schon jede im Interesse des Arbeitgebers liegende Beschäftigung des Arbeitnehmers unterfällt dem gesetzlichen Arbeitszeitschutz.[1302] Vielmehr kann nur das, was der Arbeitnehmer aufgrund des Vertragsinhalts und gegebenenfalls nach Konkretisierung der Leistungspflicht durch das Weisungsrecht des Arbeitgebers[1303] leisten muß, „Arbeit" im Sinne des ArbZG sein. Dort, wo das Weisungsrecht des Arbeitgebers seine Grenzen findet, endet auch die „Arbeit". Arbeitszeit liegt nach diesem Verständnis also nur vor, wenn der Arbeitnehmer entweder arbeitet oder seine vertraglich geschuldete Arbeitsleistung anbietet.[1304] Der Ansatz *Frackes*, immer dann von zur vertraglich geschuldeten Arbeitszeit hinzuzurechnender, arbeitsschutzrelevanter gesetzlicher Arbeitszeit auszugehen, wenn der Arbeitnehmer sich nach der Arbeit nicht mit betriebs- und arbeitsplatzfremden Materien beschäftigen kann,[1305] ist somit abzulehnen. Sinn und Zweck des ArbZG – insbesondere der Schutz der Gesundheit des Arbeitnehmers – fordern eine derartige Auslegung nicht.[1306] Die unterschiedliche Behandlung von Arbeitszeit i.S.d. des Arbeitsschutzrechts und solcher i.S.d. Arbeitsvertrags[1307] überzeugt nicht, soweit diese auf die inhaltliche Bewertung der Fortbildung gestützt wird. Denn der Unterschied zwischen arbeitsschutzrechtlicher und arbeitsvertraglicher Arbeitszeit besteht darin, daß das ArbZG die Arbeitszeit allein unter arbeitsschutzrechtlichen Gesichtspunkten regelt, während sich Lage und Dauer aus dem Arbeitsvertrag ergeben.[1308] Daraus folgt aber nicht notwendi-

---

1301 *Fracke*, Die betriebliche Weiterbildung, S. 232.
1302 Rolfs/Giesen/Kreikebohm/Udsching/*Kock*, § 2 ArbZG RdNr. 1.
1303 Vgl. MüKo-BGB/*Müller-Glöge*, § 611 RdNr. 1016 f.
1304 *Baeck/Loesler*, NZA 2005, S. 247.
1305 *Fracke*, Die betriebliche Weiterbildung, S. 230 f.
1306 *Baeck/Loesler*, NZA 2005, S. 247.
1307 *Fracke*, Die betriebliche Weiterbildung, Fn. 861.
1308 Vgl. ErfK/*Wank*, § 2 ArbZG RdNr. 10 f.

gerweise eine unterschiedliche Bewertung dessen, was inhaltlich als Arbeit zu verstehen ist. Für berufliche Weiterbildung aufgewendete Zeit ist demnach nur dann als Arbeitszeit gemäß §§ 2, 3 ArbZG anzusehen, wenn der Arbeitnehmer zu der in Rede stehenden Schulung verpflichtet ist.[1309]

Ist eine Maßnahme der beruflichen Weiterbildung unter den genannten Voraussetzungen als Teil der Arbeitspflicht des Arbeitnehmers und somit als „Arbeit" i.S.d. §§ 2, 3 ArbZG anzusehen, trifft den Arbeitgeber aus § 242 BGB i.V.m. Art. 12 Abs. 1 GG die (einklagbare) vertragliche Nebenpflicht, den Arbeitnehmer für diejenige für die Weiterbildung aufzuwendende Zeitspanne, die die gesetzlich zulässige Höchstarbeitszeit von insgesamt 48 Stunden je Woche überschreitet, von der Arbeitspflicht freizustellen. Denn anderenfalls bestünde für die Arbeitnehmer keine Möglichkeit, eine Weiterbildung ohne Überschreitung des gesetzlichen Zeitrahmens durchzuführen. Bei der Auferlegung einer Freistellungspflicht handelt es sich auch um eine verhältnismäßige Maßnahme. Sie beschränkt sich auf solche Schulungen, die in inhaltlicher Hinsicht dem Spektrum des arbeitsvertraglichen Pflichtenkatalogs unterfallen, an deren Erfüllung der Arbeitgeber also ein Interesse hat. Darüber hinaus wird die Freistellungspflicht sich in rein tatsächlicher Hinsicht – wie *Fracke* betont[1310] – kaum nennenswert auswirken, weil die wenigsten Arbeitnehmer arbeitsvertraglich zu mehr als 40 Stunden Wochenarbeit verpflichtet sind.

Aus dem Umstand, daß es sich bei den in Rede stehenden beruflichen Fortbildungen um vertragliche Pflichten des Arbeitnehmers handelt, folgt neben der gegebenenfalls bestehenden Freistellungspflicht, daß der Arbeitgeber während der Dauer der Schulung auch zur Zahlung des Arbeitslohns verpflichtet bleibt und die unmittelbar durch die Weiterbildungsmaßnahme verursachten Kosten zu tragen hat.[1311]

V. Ergebnis zu den arbeitsvertraglichen Pflichten des Arbeitgebers

Aus dem Arbeitsvertrag folgt für den Arbeitgeber grundsätzlich weder eine Pflicht zur Durchführung von Maßnahmen der Fortbildung der Arbeitnehmer noch eine Pflicht zur Freistellung des Arbeitnehmers von der Arbeitspflicht während der Dauer einer beruflichen Schulung. Daneben ist der Arbeitgeber bei Fehlen entsprechender Abreden grundsätzlich auch nicht zur Entgeltfortzahlung oder zur Übernahme der durch eine Weiterbildungsmaßnahme verursachten Kosten verpflichtet. Der Annahme entsprechender vertraglicher Pflichten steht insbesondere die in § 1

1309 Vgl. dazu oben § 4 A.III.1.
1310 *Fracke*, Die betriebliche Weiterbildung, S. 238.
1311 Vgl. oben § 4 B.IV.b.aa.

Abs. 2 S. 3 KSchG zum Ausdruck gebrachte und durch einen Umkehrschluß aus § 81 Abs. 4 BetrVG gestützte gesetzliche Wertentscheidung entgegen, dem Arbeitgeber keine allgemeine Verpflichtung zur Durchführung von Maßnahmen der beruflichen Fortbildung aufzuerlegen.

In bestimmten Fallkonstellationen ist es nach Abwägung der Interessen der Arbeitsvertragsparteien gerechtfertigt, Ausnahmen von dem genannten Grundsatz und somit Pflichten des Arbeitgebers im Hinblick auf die Weiterbildung der Arbeitnehmer anzuerkennen. Der Inhalt dieser Pflichten richtet sich dabei nach der zugrundeliegenden Fallkonstellation.

Ergibt sich aus dem Inhalt einer Weiterbildungsmaßnahme, daß diese für die Erfüllung der Arbeitspflicht durch den Arbeitnehmer erforderlich oder zumindest von konkretem Nutzen ist, so trifft den Arbeitgeber, soweit betriebliche Belange nicht entgegenstehen, die arbeitsvertragliche Nebenpflicht, die Durchführung einer solchen Weiterbildung nicht in unzumutbarer Weise zu erschweren sowie dem Arbeitnehmer die Wahrnehmung solcher innerhalb des Betriebes bestehender Aufgaben zu ermöglichen, die die berufliche Fortbildung zu fördern geeignet sind.

Handelt es sich bei der Teilnahme an der beruflichen Fortbildung um eine arbeitsvertragliche Pflicht des Arbeitnehmers, so ist der Arbeitgeber zur Entgeltfortzahlung und auch zur Übernahme der unmittelbar durch die Weiterbildung verursachten Kosten verpflichtet. Zusätzlich kommt eine Pflicht zur Freistellung in Betracht. Diese steht unter der Voraussetzung, daß der Arbeitnehmer aufgrund der Arbeitsbelastung eine Weiterbildung ohne die Freistellung nur unter Verstoß gegen die nach dem ArbZG zulässige Höchstarbeitszeit von 48 Stunden je Woche betreiben könnte.

Unabhängig von der Frage, ob eine Maßnahme der beruflichen Weiterbildung dem arbeitsvertraglichen Pflichtenkatalog des Arbeitnehmers zuzurechnen ist, trifft den Arbeitgeber schließlich dann eine Kostentragungspflicht, wenn er vom Arbeitnehmer die Teilnahme an einer Schulung verlangt. Während einer innerhalb der Arbeitszeit stattfindenden Fortbildung ist in diesem Fall auch der Arbeitslohn fortzuzahlen.

§ 5 Berufliche Weiterbildung im französischen Recht

A. Einleitung

I. Allgemeines

Bevor eine rechtspolitische Bewertung der Vorschriften zur beruflichen Weiterbildung der Arbeitnehmer in Deutschland vorgenommen und ggf. ein eigener Vorschlag für eine mögliche bundesgesetzliche Ausgestaltung eines Rechts auf berufliche Weiterbildung des Arbeitnehmers (und ggf. einer entsprechenden Pflicht desselben) erarbeitet wird, empfiehlt sich ein Blick auf bereits bestehende, vergleichbare Regelungen einer anderen europäischen Rechtsordnung. In der französischen Republik existiert ein umfassendes Regelwerk zur lebenslangen beruflichen Bildung der Arbeitnehmer, das ein sehr differenziertes System von Rechten und Ansprüchen enthält und insbesondere im Hinblick auf sein Zustandekommen, die Verteilung der Verantwortung für die Weiterbildung sowie die Finanzierung der Qualifikationsmaßnahmen Beachtung verdient. Die Beschäftigung mit den Normen des französischen Rechts soll jedoch nicht im Sinne einer klassischen Rechtsvergleichung erfolgen. Vielmehr beschränkt sie sich auf eine überblickartige Darstellung und Erläuterung derjenigen Normen (-komplexe), die die berufliche Weiterbildung der Arbeitnehmer zum Gegenstand haben und dadurch Anregungen für eine gesetzliche Regelung eines „Rechts auf Weiterbildung" im deutschen Arbeitsrecht liefern könnten.

II. Begriffliches

Körner[1312] hat darauf hingewiesen, daß es bei jeder Befassung mit einer ausländischen Rechtsordnung unerläßlich sei, bei der Übersetzung streng darauf zu achten, was in der untersuchten Rechtsordnung mit bestimmten Begriffen gemeint sei. Eine schlichte Übersetzung von Fachtermini, verbunden mit einer Ausfüllung mit dem eigenen, bekannten Begriffshintergrund, verbiete sich. Dieser Grundsatz gelte gerade im Arbeitsrecht, da es hier keine grenzüberschreitenden, parallelen Regelungsfiguren gebe. Einen Vorschlag *Colnerics* aufgreifend, spricht *Körner* sich daher

---

1312 *Körner*, Formen der Arbeitnehmermitwirkung, S. 26 ff.

dafür aus, weitgehend die Originalbegriffe zu benutzen und diese mit *„angenäherten Übersetzungen"* zu verbinden.[1313] Es wird versucht, nach diesem Muster auch in der folgenden Untersuchung vorzugehen. Übersetzungen werden daher nach Möglichkeit stets im Zusammenhang mit dem Ursprungsbegriff genannt, um Fehlinterpretationen und andere Mißverständnisse zu vermeiden.

B. Überblick

In der Präambel der Verfassung von 1946, die die Präambel der Verfassung der Fünften französischen Republik von 1958 in Bezug nimmt, wird die Gewährleistung des gleichen Zugangs aller zur Bildung, zur Berufsausbildung und zur Kultur als für unsere Zeit besonders wichtiger Grundsatz verkündet. Daneben wird die Organisation des unentgeltlichen und laizistischen staatlichen Bildungswesens in allen Stufen zur Staatspflicht erhoben. Die Wirkdimension der in der Präambel aufgezählten, überwiegend als soziale Grundrechte einzuordnenden[1314] Prinzipien beschränkt sich aber zunächst auf die Funktion eines Kontrollmaßstabs für staatliches Handeln. Daneben vermitteln sie dem Gesetzgeber ein verfassungsrechtliches Ziel (*„objectif de valeur constitutionnelle"*), das als Eingriffsrechtfertigung bei der Begrenzung kollidierender Grundrechte dienen kann. Direkt aus der Verfassung einklagbare, subjektive Leistungsrechte werden dagegen nicht gewährt, auch nicht im Falle einer unzureichenden einfachgesetzlichen Umsetzung der Zielgehalte der sozialen Grundrechte der Präambel. Der Grundrechtsträger kann daher weder eine (verbesserte) einfachgesetzliche Umsetzung verlangen, noch über bestehende einfachgesetzliche Regelungen hinaus Leistungsansprüche unmittelbar aus der Verfassung geltend machen.[1315] Im Ergebnis entfaltet sich die leistungsrechtliche Wirkung der sogenannten *„droits-créances"* bzw. *„droit-exigences"* gegenüber den Grundrechtsberechtigten erst dann, wenn der Gesetzgeber sich zur einfachgesetzlichen Ausgestaltung (verbunden mit der Einräumung von Leistungsansprüchen) entschlossen hat.[1316]

Hinsichtlich der (beruflichen) Weiterbildung der Arbeitnehmer ist dies geschehen; der Code du travail enthält insofern detaillierte Regelungen. In Übereinstimmung mit dem hohen Rang, den die Verfassung der Bildung der Arbeitnehmer verleiht, betont der diesen arbeitsrechtlichen Bestimmungen vorangestellte Art. L.

1313 *Körner*, Formen der Arbeitnehmermitwirkung, S. 27.
1314 *Geesmann*, Soziale Grundrechte, S. 64 ff.
1315 *Geesmann*, Soziale Grundrechte, S. 61 ff. (zusammenfassend: S. 163 ff.).
1316 *Geesmann*, Soziale Grundrechte, S. 139 f.

6111-1 Code du travail, daß es sich bei der lebenslangen beruflichen Bildung um eine nationale Verpflichtung (*„une obligation nationale"*) handele. Die Prinzipien dieser nationalen Verpflichtung finden sich in den einschlägigen Normenkomplexen des Code du travail.[1317]

Die Implementierung des Rechts der beruflichen Weiterbildung in das französische Arbeitsrecht (auf einfachgesetzlicher Ebene) vollzog sich in mehreren Etappen. Der zunächst wichtigste, einleitende Schritt bestand in der Verabschiedung des Gesetzes Nr. 71-575 vom 16. Juli 1971 (*„Loi Delors"*), das in der Hauptsache der Umsetzung des *„accord national interprofessionnel"* (ANI) vom 9. Juli 1970, dem ersten einer größeren Zahl von den Sozialpartnern ausgearbeiteter Abkommen zur Weiterbildung der Arbeitnehmer, diente. Als bedeutendste Regelungsaspekte führte es zum einen ein Recht des Arbeitnehmers auf Bildungsurlaub (*„congé individuel de formation"*, CIF) ein, zum anderen verpflichtete es die Arbeitgeber (solche, die zehn und mehr Arbeitnehmer beschäftigen) zur (anteiligen) Finanzierung der Weiterbildung und enthielt Vorschriften zur Vergütung des Arbeitnehmers während einer Qualifizierungsmaßnahme. Das neu eingeführte Weiterbildungsrecht hat in der Folgezeit vielfache Ergänzungen und Änderungen erfahren. So hat das Gesetz Nr. 84-130 vom 24. Februar 1984 (*„Loi Rigoult"*) den Rahmen des Rechts auf Bildungsurlaub ausgedehnt und daneben eine innerhalb der Berufszweige und der Unternehmen geltende Verpflichtung zur Beratung über die berufliche Bildung mit den Arbeitnehmervertretern aufgestellt. Zusätzlich enthielt es Vorschriften zur Finanzierung des CIF. Eine größere Reform erfolgte durch das Gesetz Nr. 2004-391 vom 4. Mai 2004, dem wiederum ein *„accord national interprofessionnel"* (ANI) voranging (vom 20. September 2003). Dieses Gesetz verfolgt an erster Stelle das Ziel der Beseitigung des häufig beklagten Mißstandes, die gesetzlich verankerten Weiterbildungsangebote kämen faktisch gerade den bereits Qualifizierten zugute und verfestigten somit eine Chancenungleichheit beim Zugang zur Weiterbildung (*„Matthäus-Effekt"/„effet Matthieu"*).[1318] Daneben soll es den weiteren Vorwurf ausräumen, die berufliche Bildung vollziehe sich nur fallweise und nicht als ein kontinuierlicher Prozeß.[1319] Bedeutendster Regelungsgegenstand der Novelle ist die Einführung eines individuellen Rechts auf Weiterbildung (*„droit individuel à la*

1317 *Gomez-Mustel*, Droit social 2004, S. 499; siehe dazu unten § 5 C.VII.
1318 *Fillon*, Droit social 2004, S. 453; *Pélissier/Supiot/Jeammaud*, Droit du travail, RdNr. 218. Vgl. auch *Santelmann*, Droit social 1998, S. 463 f., der dem System der beruflichen Weiterbildung im Jahr 1998 den Eindruck einer allgemeinen Funktionsstörung und der Unverständlichkeit vorwirft.
1319 *Favennec-Héry*, Droit Social 2004, S. 866.

formation", DIF). Zuletzt wurde am 14. Oktober 2009 ein Gesetzentwurf[1320] verabschiedet, der die Regelungen des französischen Arbeitsrechts zur lebenslangen beruflichen Weiterbildung wiederum größeren Veränderungen unterwirft.[1321] Das Reformvorhaben dient im wesentlichen der Umsetzung eines Übereinkommens der Sozialpartner vom 07. Januar desselben Jahres, des *„accord national interprofessionnel sur le développement de la formation tout au long de la vie professionnelle, la professionnalisation et la sécurisation des parcours professionnels".*[1322] Aufgrund einer Anrufung des *„Conseil Constitutionnel"* durch Abgeordnete der Opposition konnte das Reformwerk aber erst in Kraft treten, nachdem das Gericht durch Urteil vom 19.11.2009 dessen Verfassungsmäßigkeit festgestellt hatte.[1323]

Besonderes Augenmerk verdient der Umstand, daß den meisten Gesetzen zur (beruflichen) Weiterbildung der Arbeitnehmer Abkommen vorausgingen, die zwischen den Sozialpartnern ausgehandelt und dann von der Legislative als „Trittbretter" genutzt wurden.[1324] Die branchenübergreifenden, in der Regel grundsätzliche Einzelfragen behandelnden *„accords nationaux"* sind gesetzlich in ihrer Wirkung den branchenbezogenen Tarifverträgen, die sich überwiegend arbeitsvertraglichen Fragen widmen, gleichgestellt.[1325] Sie spielen (unter anderem) im Gesetzgebungsprozeß eine immer bedeutendere Rolle.[1326] Auch wenn diese von den Sozialpartnern übernommene Rolle als „Anstoßgeber" für Gesetzesvorhaben ein beachtliches Beispiel für die Einbindung gesellschaftlich relevanter Gruppierungen in politische Entscheidungsprozesse darstellt, kann sie auf der anderen Seite auch den Vorwurf bekräftigen, die eigentlichen politischen Entscheidungsträger könnten ohne die Mitwirkung der Gewerkschaften und der Arbeitgeber ihre Vorhaben nicht mehr mit vollem Erfolg verwirklichen.[1327] Dieser Vorwurf zielt auf eine Eigenheit der französischen Sozialpolitik. Gleichwohl läßt sich auch in der Bundesrepublik Deutschland feststellen, daß wichtige legislative Projekte im arbeits- und sozial-

---

1320 *„Projet de loi relatif à l'orientation et la formation professionnelle tout au long de la vie".*
1321 Einen Überblick über die wichtigsten Punkte des Reformvorhabens verschaffen *Dougados/Pélicier-Loevenbruck,* Semaine Sociale Lamy 2009, n° 1387, sowie die Darstellung *„Le nouveau visage de la formation professionnelle",* Semaine Sociale Lamy 2009, n° 1419.
1322 Abrufbar unter http://www.centre-inffo.fr/IMG/pdf_ANI_7_janvier.pdf – zuletzt abgerufen am 19.08.2010. Dieser *„accord"* greift wiederum die Regelungen des *„ANI"* vom 11.01.2008 auf.
1323 Das Urteil ist auf der Netzseite des Gerichts abrufbar unter http://www.conseil-constitutionnel.fr/decision//decisions-2009/2009-592-dc/decision-n-2009-592-dc-du-19-novembre-2009.46330.html – zuletzt abgerufen am 19.08.2010.
1324 *Pélissier/Supiot/Jeammaud,* Droit du travail, RdNr. 218.
1325 Vgl. Art. L. 2232-1 ff. Code du travail.
1326 *Pélissier/Supiot/Jeammaud,* Droit du travail, RdNr. 860, 863.
1327 So *Pélissier/Supiot/Jeammaud,* Droit du travail, 22. Aufl. 2004, RdNr. 211.

rechtlichen Bereich häufig auf erbitterten Widerstand der Gewerkschaften und Arbeitgeberverbände treffen und oft genug auch an dieser Gegenwehr scheitern.

C. Das Recht der beruflichen Weiterbildung im Code du travail[1328]

I. Regelungsort

Der Weiterbildung der Arbeitnehmer widmet sich ein in sich geschlossener Normenkomplex des Code du travail. Der sechste Abschnitt der *„Partie législative nouvelle"* trägt den Titel „Die lebenslange berufliche Bildung" (*„la formation professionnelle tout au long de la vie"*) und ist in drei „Bücher" („livres") untergliedert. Deren erstes enthält allgemeine Prinzipien und Vorschriften zur institutionellen Organisation der Weiterbildung. Dort wird klargestellt, daß der Begriff der lebenslangen beruflichen Bildung zunächst die Erstausbildung (*„formation initiale"*), daneben aber auch darüber hinausgehende Bildungsgänge einschließt.[1329] Das zweite Buch befaßt sich dementsprechend ausschließlich mit der Ausbildung bzw. dem Lehrverhältnis (*„apprentissage"*), während das – wesentlich umfangreichere – dritte Buch die (hier allein interessierende) berufliche Weiterbildung (*„formation professionnelle continue"*) behandelt.

II. Regelungsgegenstand

Das Ziel der gesetzlichen Regelung der beruflichen Weiterbildung wird in Art. L. 6311-1 Code du travail definiert. Nach dessen Abs. 1 bezweckt sie zum einen eine Begünstigung der beruflichen (Wieder-) Eingliederung der Arbeitnehmer. Zum anderen soll sie den Verbleib der Arbeitnehmer auf einer Arbeitsstelle[1330] sicherstel-

---

1328 Die Anwendungsbereiche des Rechts der beruflichen Weiterbildung des Code du travail auf der einen und der Kollektivvereinbarungen auf der anderen Seite stimmen nicht immer vollständig überein, sondern können im Detail voneinander abweichen. Diese Darstellung beschränkt sich auf eine Wiedergabe der einschlägigen Regelungen des Code du travail.
1329 Art. L. 6111-1 Abs. 2 Code du travail.
1330 Im Code du travail und in der französischen arbeitsrechtlichen Literatur wird zwischen *„emploi"* und *„poste du travail"* unterschieden; vgl. z. B. auch Art. L. 6321-1. Während der Begriff *„poste du travail"* den konkreten Arbeitsplatz eines einzelnen Arbeitnehmers in seinem Betrieb bezeichnet, umschreibt der Begriff *„emploi"* das Arbeitsverhältnis in einer allgemeineren Betrachtungsweise. *Gomez-Mustel*, Droit social 2004, S. 504, definiert den *„poste de travail"* als *„l'emploi occupé à un moment donné par le salarié"*. Vgl. dazu auch *Lardy-Pélissier*, Droit ouvrier 2008, S. 297.

len, die Entwicklung ihrer Fertigkeiten sowie den Zugang zu anderen Ebenen der beruflichen Bildung fördern und schließlich zur wirtschaftlichen und kulturellen Entwicklung und zum sozialen Aufstieg der Arbeitnehmer beitragen. Nach Art. L. 6311-1 Abs. 2 Code du travail dient die berufliche Weiterbildung des weiteren der Ermöglichung der Rückkehr bestimmter Personen in ein Beschäftigungsverhältnis. Dies sind diejenigen Arbeitnehmer, die ihre berufliche Tätigkeit unterbrochen haben, um sich um ihre Kinder oder um pflegebedürftige Ehegatten bzw. Verwandte zu kümmern. Der Begriff der beruflichen Weiterbildung, der sich aus der Zusammenschau der genannten Gesetzeszwecke ergibt, weist in inhaltlicher und personeller Hinsicht eine sehr große Bandbreite auf. Der französische Gesetzgeber hat sich bei der Regelung des Rechts der Weiterbildung für einen weiten Ansatz entschieden.

III. Allgemeines zu Rechten und Pflichten

1. Unmittelbare Individualrechte des Arbeitnehmers

Auf dem Gebiet der lebenslangen beruflichen Bildung werden dem Arbeitnehmer durch das französische Arbeitsrecht zwei unmittelbare Individualrechte vermittelt. Art. L. 6314-1 Code du travail räumt zunächst jedem berufstätigen Arbeitnehmer u.a. ein Recht auf eine berufliche Qualifikation[1331] ein, das zusätzlich aber auch jeder anderen berufstätigen Person zusteht. Nach dieser Vorschrift muß für die genannten Personen die Möglichkeit bestehen, unabhängig von ihrem Status auf eigene Initiative hin eine Fortbildung durchführen zu können, die ihnen den Erwerb einer anerkannten Qualifikation ermöglicht. Neben dieses Recht auf Erwerb einer Qualifikation tritt das noch näher zu behandelnde individuelle Recht auf Bildung (*„droit individuel à la formation"*). Nach Art. L. 6323-1 Abs. 1 Code du travail verfügt derjenige, der sich in einem unbefristeten Beschäftigungsverhältnis befindet, unter bestimmten Voraussetzungen über ein zu Bildungszwecken einzusetzendes „Guthaben" von 20 Stunden jährlich.[1332]

2. Ergänzung durch Pflichten des Arbeitgebers nach Art. L. 6321-1 Code du travail

Diese unmittelbaren Individualrechte des Arbeitnehmers erfahren eine (mittelbare) Ergänzung durch eine Reihe von Pflichten, die den Arbeitgeber hinsichtlich der Kenntnisse und Fertigkeiten der bei ihm beschäftigten Arbeitnehmer treffen.

1331 Vgl. die Begriffsbestimmung bei *Maggi-Germain*, Droit social 2009, S. 1240.
1332 Siehe dazu unten § 5 C.VII.3.

Art. L. 6321-1 Code du travail enthält insofern einen stufenförmig aufgebauten Katalog. Der Arbeitgeber ist zunächst – auf einer ersten Stufe – verpflichtet, die Anpassung der Fertigkeiten der Arbeitnehmer an deren konkreten Arbeitsplatz („*poste du travail*") sicherzustellen (Abs. 1). Ihn trifft somit die Pflicht, auf ein bestimmtes Ergebnis hinzuwirken. Auf der zweiten Ebene ist der Arbeitgeber lediglich zu einer (ergebnisunabhängigen) Tätigkeit angehalten: Er muß über die Fähigkeit[1333] der Arbeitnehmer zur Besetzung einer Arbeitsstelle („*emploi*")[1334] wachen, insbesondere im Hinblick auf die – grundsätzlich von Entscheidungen des Arbeitgebers verursachte oder zumindest beeinflußte[1335] – Entwicklung der Arbeitsstellen (i.S.d. Anforderungen für deren Ausfüllung) und der Technologien (Abs. 2). Diese Pflicht zur Überwachung der Beschäftigungsfähigkeit des Arbeitnehmers geht über die (punktuelle) Pflicht zur Anpassung der Fertigkeiten des Arbeitnehmer an die Entwicklung seines konkreten Arbeitsplatzes hinaus, indem sie auf eine Anpassung der Kenntnisse und Fertigkeiten des Arbeitnehmers an die Entwicklung des Marktes abzielt.[1336] Die „*capacité à occuper un emploi*" bezieht sich gerade nicht auf die Arbeit des Arbeitnehmers im Unternehmen, sondern auf die von ihm verrichtete Tätigkeit im allgemeinen. Der Erwerb bestimmter Qualifikationen und Kompetenzen kann daher eine erhöhte berufliche „Mobilität" nach sich ziehen.[1337] Gleichwohl zieht der Arbeitsvertrag die äußere Grenze der den Arbeitgeber treffenden Pflichten, so daß die denkbaren Fortbildungen den im Unternehmen (aktuell und zukünftig) verrichteten Tätigkeiten entsprechen müssen.[1338] Dem Arbeitgeber wird schließlich in Art. L. 6321-1 Abs. 4 Code du travail die nicht verpflichtende Möglichkeit eingeräumt, bestimmte Bildungsmaßnahmen vorzuschlagen, die zur

---

[1333] Der Begriff der „*capacité*" wird von *Maggi-Germain*, Droit social 2004, S. 491 f., und Droit social 2009, S. 1234 ff., einer näheren Untersuchung unterzogen. So unterscheidet sie insbesondere e „*qualification*" und „*compétence*" als zwei – juristisch auseinanderzuhaltende – Komponenten der „*capacité*" (Droit social 2009, S. 1239 ff.).
[1334] *Dockès*, Droit du travail, RdNr. 537, spricht von „*employabilité*" als einem „*néologisme à la mode*". *Maggi-Germain*, Droit social 2009, S. 1235 ff., wendet sich gegen die Ineinssetzung von „*capacité à occuper un emploi*" und „*employabilité*" des Arbeitnehmers und weist auf die Unterschiede zwischen dem rechtlich verankerten Begriff der „*capacité*" auf der einen und dem „*concept managérial*" auf der anderen Seite hin.
[1335] *Maggi-Germain*, Droit social 2009, S. 1240.
[1336] *Dockès*, Droit du travail, RdNr. 537. Nach *Lardy-Pélissier* (Droit ouvrier 2008, S. 297) besteht das Verdienst des Urteils des Cour de cassation v. 23.10.2007, Droit social 2008, S. 126, vor allem auch darin, eine klare Unterscheidung zwischen der Pflicht des Arbeitgebers zur Überwachung der Anpassung des Arbeitnehmers an seinen konkreten Arbeitsplatz („*poste de travail*") und der Pflicht zur Überwachung der „*capacité des salariés à occuper un emploi*" eingeführt zu haben. Vgl. zu dieser Unterscheidung auch *Maggi-Germain*, Droit social 2009, S. 1235.
[1337] *Maggi-Germain*, Droit social 2009, S. 1237. Ihrer Auffassung nach könne man daher auch das Bestehen eines „*droit à la carrière*" in Betracht ziehen (S. 1243 ff.).
[1338] *Maggi-Germain*, Droit social 2009, S. 1238.

Weiterentwicklung der Fertigkeiten der Arbeitnehmer[1339] bzw. zum Kampf gegen den Analphabetismus beitragen (dritte Stufe).[1340]
Eine Abgrenzung der drei in Art. L. 6321-1 Code du travail aufgezählten Typen der Weiterbildung kann nach *Maggi-Germain* anhand von zwei Kriterien erfolgen: nach der (inhaltlichen) Nähe zur Arbeit zum einen und nach einem zeitlichen Faktor zum anderen.[1341] Ist der Arbeitgeber danach Urheber einer Änderung der Bedingungen der Durchführung der Arbeit (nicht der Arbeit selbst), die nach Maßgabe einer vernünftigen Unternehmensführung erforderlich wurde, muß er eine Anpassung an die Entwicklung des Arbeitsplatzes durchführen. Sind die Veränderungen zwar vorhersehbar, erweisen sie sich jedoch nicht als augenblicklich notwendig, handelt es sich dagegen um Weiterbildungsmaßnahmen i.S.d. Art. L. 6321-1 Abs. 2 Code du travail. Steht schließlich lediglich die nicht von unmittelbaren Bedürfnissen des Unternehmens getragene Absicht des Arbeitnehmers in Rede, einen neuen Beruf zu erlernen, kommt nur eine Einordnung als Weiterentwicklung der Fertigkeiten der Arbeitnehmer in Betracht.

Aus der Stufenfolge der drei Typen beruflicher Weiterbildung läßt sich im Ergebnis folgender Schluß ziehen: Je stärker diejenigen Fähigkeiten des Arbeitnehmers betroffen sind, die er zur (arbeitsvertraglich geschuldeten) Ausfüllung des konkreten, im Betrieb des Arbeitgebers befindlichen Arbeitsplatzes zwingend benötigt, desto intensiver fallen auch die in Art. Art. L. 6321-1 Code du travail aufgezählten, an den Arbeitgeber gerichteten Verhaltenserwartungen aus. Die Qualifikationsmaßnahmen, die zur Verwirklichung der in Art. L. 6321-1 Code du travail genannten Ziele angestrengt werden, unterfallen dem Direktionsrecht des Arbeitgebers und können nach Art. L. 6321-1 Abs. 5 Code du travail nötigenfalls über einen betrieblichen Bildungsplan i.S.d. Art. L. 6312-1 Code du travail ins Werk gesetzt werden.[1342]

Die Pflicht zur *„adaptation au poste de travail"* sowie zur Überwachung der *„capacité à occuper un emploi"* des Arbeitnehmers wurde vom Cour de cassation bereits vor Einführung des Art. L. 6321-1 Code du travail in Gestalt eines *„devoir d'assurer l'adaptation des salariés à l'évolution de leurs emplois"* aus der Pflicht

---

1339 Eine nähere Bestimmung dessen, was unter *„adaptation"* auf der einen und *„développement"* auf der anderen Seite zu verstehen ist, enthält weder das Gesetz noch der diesem zugrundeliegende ANI vom 20.09.2003; vgl. dazu *Merle*, Droit social 2004, S. 459.
1340 *Pélissier/Supiot/Jeammaud*, Droit du travail, RdNr. 227.
1341 *Maggi-Germain*, Droit social 2004, S. 488.
1342 *Maggi-Germain*, Droit social 2009, S. 1237. Vgl. Zum betrieblichen Bildungsplan unten § 5 C.VII.1.

„*d'exécuter le contrat de bonne foi*" abgeleitet.[1343] Die Verletzung dieser Pflicht konnte zu einem Anspruch auf Schadensersatz führen, der neben den Schadensersatzanspruch trat, der aus einer ungerechtfertigten betriebsbedingten Kündigung folgte.[1344] Sanktioniert wird insofern das pflichtwidrige Verhalten des Arbeitgebers bei der Durchführung des Arbeitsvertrages, das aufgrund des Unterlassens von Bildungsmaßnahmen dazu führt, Arbeitnehmer mit unzureichender Qualifikation und unzureichenden Kompetenzen auf den Arbeitsmarkt zu entlassen.[1345] In einer Anmerkung zu dem in dieser Hinsicht maßgeblichen Urteil des Cour de cassation setzt sich *Savatier*[1346] mit der Frage auseinander, ob für einen Schadensersatzanspruch, der auf einer Verletzung der Pflicht zur Sicherung der Beschäftigungsfähigkeit der Arbeitnehmer durch den Arbeitgeber beruht, nach Einführung insbesondere der Vorschriften zum CIF und zum DIF, die dem Arbeitnehmer selbst die Möglichkeit einer entsprechenden Initiative an die Hand geben, noch Raum ist. Seiner Auffassung nach kann dies nur dann bejaht werde, wenn man an einer Ableitung dieser speziellen Pflicht aus der allgemeinen Pflicht zur Durchführung des Vertrages nach Treu und Glauben festhält.

3. Ergänzung durch Obliegenheit des Arbeitgebers aus Art. L. 1233-4 Code du travail

Neben die Pflichten des Art. L. 6321-1 Code du travail tritt die in Art. L. 1233-4 Code du travail verankerte, der deutschen Regelung des § 1 Abs. 2 S. 3 KSchG[1347] vergleichbare Obliegenheit des Arbeitgebers, vor einer Kündigung aus wirtschaftlichen Gründen (*„licenciement pour motif économique"*) alle Möglichkeiten der Bildung und Anpassung des Arbeitnehmers auszuschöpfen.[1348] Die Obliegenheit der Anpassung bezieht sich dabei auf die vorhersehbaren Entwicklungen der Beschäftigungen innerhalb des Unternehmens. Nur unter diesem Blickwinkel führt eine Verletzung der Obliegenheit zu einer Rechtswidrigkeit der Kündigung.[1349]

1343 Cour de cassation, Chambre sociale, 25.02.1992 (*„Expovit"*), Bull. Civ. V, n° 122.
1344 Cour de cassation, Chambre sociale, Droit social 2008, S. 126.
1345 *Maggi-Germain*, Droit social 2009, S. 1235.
1346 *Savatier*, Droit Social 2008, S. 126 f.
1347 Vgl. dazu oben § 3 D.II.5.
1348 Dazu *Gomez-Mustel*, Droit social 2004, S. 501 f.; *Maggi-Germain*, Droit social 2009, S. 1237, weist auf die Unterschiede zwischen Fortbildungen im Rahmen dieser Norm und solche im Zusammenhang mit Art. L. 6321-1 Code du travail hin.
1349 *Dockès*, Droit du travail, RdNr. 537.

4. Zwischenbetrachtung

Die aus Art. L. 6321-1 und Art. L. 1233-4 Code du travail folgenden mittelbaren Rechte ergeben in der Summe ein Recht des Arbeitnehmers auf Weiterentwicklung seiner Fähigkeiten, das in engem Zusammenhang mit dem technologischen Fortschritt und den sich wandelnden Anforderungen der Beschäftigungsbilder steht. Gleichwohl handelt es sich bei der den Arbeitgeber treffenden Pflicht zur Weiterbildung der Arbeitnehmer, die insbesondere aus seiner Pflicht zur Anpassung der Fertigkeiten des Arbeitnehmers an den konkreten Arbeitsplatz folgt, im Ergebnis lediglich um eine Pflicht zur Schaffung der sächlichen Voraussetzungen (*„obligation de moyens renforcée"*). Der Arbeitgeber muß den Arbeitnehmern die für ihre Entwicklung erforderlichen Mittel zur Verfügung stellen, ist aber nicht für ein Scheitern der Weiterbildung verantwortlich, deren Erfolg zu einem großen Teil vom Einsatz und den Fähigkeiten des Arbeitnehmers selbst[1350] abhängt.[1351] Der Arbeitgeber hat somit keine allgemeine Pflicht zur Bildung seiner Arbeitnehmer im engeren Sinne.[1352] Die Frage, ob der Arbeitgeber seiner *„obligation de moyens renforcée"* nachgekommen ist, kann aber im Kontext einer Kündigung (aus wirtschaftlichen Gründen) eine entscheidende Rolle spielen. Erbringt der Arbeitgeber im Falle einer Anfechtung der Kündigung durch den Arbeitnehmer nicht den Nachweis, daß er alle geeigneten Bildungsmaßnahmen zur Vermeidung der Kündigung getroffen hat, ist diese unwirksam.[1353] Die Kündigungsentscheidung erweist sich somit als „Generator" der Anpassungspflicht des Arbeitgebers.[1354]

5. Pflicht des Arbeitnehmers

Pflichten und Obliegenheiten zur Bildung und Anpassung bestehen nicht nur für eine Arbeitsvertragspartei. Der Pflicht des Arbeitgebers zur Anpassung der Fähigkeiten des Arbeitnehmers entspricht eine spiegelbildliche Bildungspflicht des Arbeitnehmers.[1355] Bietet der Arbeitgeber dem Arbeitnehmer die Durchführung einer

---

1350 Vgl. dazu Cour de cassation, Chambre sociale, 11.01.2000, n° 97-41.255 und Cour de cassation, Chambre sociale, 31.10.2000, n° 98-42.721.
1351 *Dockès*, Droit du travail, RdNr. 537; *Gomez-Mustel*, Droit social 2004, S. 507; *Maggi-Germain*, Droit social 2009, S. 1237.
1352 *Gomez-Mustel*, Droit social 2004, S. 500, 505.
1353 *Gomez-Mustel*, Droit social 2004, S. 507.
1354 *Gomez-Mustel*, Droit social 2004, S. 503 f.
1355 Dazu *Gomez-Mustel*, Droit social 2004, S. 502 f.

im Interesse des Unternehmens liegenden Bildungsmaßnahme an, so ist der Arbeitnehmer im Grundsatz verpflichtet, sich dieser auch zu unterziehen.[1356]

IV. Gesetzlich vorgesehene Weiterbildungsmaßnahmen

Die Verwirklichung der genannten Rechte und Pflichten hängt von dem juristischen Kontext ab, innerhalb dessen die berufliche Weiterbildung des Arbeitnehmers betrieben wird.[1357] Der Code du travail eröffnet den Arbeitnehmern fünf verschiedene Zugänge zur beruflichen Weiterbildung; die insofern vorgesehenen rechtlichen „Rahmen" sind in Art. L. 6312-1 Code du travail aufgezählt. Zunächst kommt eine berufliche Weiterbildung auf der Grundlage eines Bildungsplans des Arbeitgebers („*plan de formation*"), also ausgehend von dessen Initiative, in Betracht (Nr. 1). Dem Arbeitnehmer ist aber auch die Möglichkeit an die Hand gegeben, selbst die Initiative zu ergreifen, indem er einen individuellen Bildungsurlaub („*congé individuel de formation*", CIF) in Anspruch nimmt (Nr. 2). Ein Tätigwerden des Arbeitnehmers selbst setzt auch das individuelle Recht auf Bildung („*droit individuel à la formation*", DIF) voraus; es kann jedoch nur mit einem Einverständnis des Arbeitgebers verwirklicht werden (Nr. 3). Schließlich kann der Arbeitnehmer auch noch mittels einer Berufsbildungsphase („*période de professionnalisation*"; Nr. 4) oder eines Berufsbildungsvertrags („*contrat de professionnalisation*"; Nr. 5) berufliche Weiterbildung betreiben.

Diejenigen Maßnahmen, die in inhaltlicher Hinsicht geeignet sind, innerhalb eines der genannten Rahmen der beruflichen Weiterbildung des Arbeitnehmers zu dienen, die also in den Anwendungsbereich der gesetzlichen Regelungen zur beruflichen Weiterbildung der Arbeitnehmer fallen, werden in dem Katalog des Art. L. 6313-1 Code du travail eingegrenzt. Die dort vorgesehenen Fortbildungsmaßnahmen erfahren in den Art. L. 6313-2 ff. Code du travail jeweils eine nähere Erläuterung. Von besonderem Interesse für den Gegenstand dieser Arbeit sind insbesondere die in den Nr. 2, 3, 4, 8 und 10 angesprochenen Maßnahmen.

– Art. L. 6313-1 Nr. 2 Code du travail nennt Maßnahmen der Anpassung und der Fortentwicklung der Fähigkeiten („*compétences*") der Arbeitnehmer. Weiterbildung in diesem Sinne soll nach Art. L. 6313-3 Code du travail die Anpassung des

---

1356 Cour de cassation, Chambre sociale, 03.12.2008, n° 07-42196; Cour de cassation, Chambre sociale, 05.12.2007, n° 06-42905; vgl. dazu auch *Maggi-Germain*, Droit social 2009, S. 1239.
1357 Vgl. dazu unten § 5 C.VII.

Arbeitnehmers an seinen konkreten Arbeitsplatz („*poste du travail*")[1358] sowie an die Entwicklung der auf den Arbeitsstellen („*emplois*") zu erfüllenden Anforderungen begünstigen. Sie ist auf den Verbleib des Arbeitnehmers auf einem Arbeitsplatz gerichtet und soll zur Fortentwicklung seiner Fertigkeiten beitragen.
– Nach Art. L. 6313-1 Nr. 3 Code du travail zählen auch Maßnahmen des beruflichen Aufstiegs („*promotion professionnelle*") zu den anerkannten Fortbildungsaktionen. Sie sind darauf gerichtet, dem Arbeitnehmer die Möglichkeit einzuräumen, eine höherwertige Qualifikation zu erwerben (Art. L. 6313-4 Code du travail). Im Gegensatz zu einer Umschulung („*conversion*"), die von Art. L. 6313-1 Nr. 5 Code du travail erfaßt wird und sich nach Art. L. 6313-6 Code du travail an solche Arbeitnehmer, deren Arbeitsvertrag beendet wurde, sowie an nicht abhängig Beschäftigte richtet, handelt es sich bei der „*promotion professionnelle*" um eine Ergänzung bzw. „Aufstockung" der bereits vorhandenen Kenntnisse und Fertigkeiten, die innerhalb des bisherigen Berufsbildes verbleibt.
– Gemäß Art. L. 6313-1 Nr. 4 Code du travail erstreckt sich der Anwendungsbereich der Vorschriften zur beruflichen Weiterbildung der Arbeitnehmer auch auf Maßnahmen der Prävention („*actions de prévention*")[1359] Deren Zielsetzung besteht gemäß Art. L. 6313-5 Code du travail darin, für diejenigen Arbeitnehmer, deren Verbleib auf einer Arbeitsstelle („*emploi*") Gefährdungen ausgesetzt ist, die diesbezüglichen Risiken zu senken, die auf einer fehlenden Übereinstimmung ihrer Qualifikation mit dem Entwicklungsstand der Technologien und den Strukturen des Unternehmens beruhen. Dieses Ziel soll dadurch erreicht werden, daß auf eine Änderung der Tätigkeit des Arbeitnehmers vorbereitet wird. Dabei spielt es keine Rolle, ob es sich um eine Tätigkeit innerhalb oder außerhalb des beschäftigenden Unternehmens handelt. Durch die Vorbereitung auf eine Tätigkeitsänderung bzw. auf einen Wechsel des konkreten Arbeitsplatzes unterscheiden sich die Maßnahmen der Prävention von der schlichten „Anpassung" („*adaptation*") i.S.d. Art. L. 6313-3 Code du travail.[1360] Die gesonderte Behandlung der „*promotion professionnelle*" in Art. L. 6313-1 Nr. 3 Code du travail und der Umschulung in Art. L. 6313-Nr. 5 Code du travail legt unter systematischen Gesichtspunkten zudem den Schluß nahe, daß die Änderung der Tätigkeit sich nur innerhalb der Grenzen des vorherigen Berufsbildes vollziehen kann.

1358 Nach Auffassung *Luttringers*, Droit social 1979, S. 6, ist die Anpassung des Arbeitnehmers an seine Arbeitsaufgabe genauso als Pflicht des Arbeitgebers anzusehen wie bspw. die Bereitstellung des arbeitsnotwendigen Werkzeugs.
1359 *Luttringer*, Droit social 1979, S. 7.
1360 Cour de cassation, Chambre sociale, 11.07.2007, 06-11.164 = Bulletin 2007, V, n° 123.

- Art. L. 6313-1 Nr. 8 Code du travail nennt des weiteren Bildungsgänge, die im Zusammenhang mit der Unternehmensökonomie und der Führung der Geschäfte des Unternehmens stehen. Sie dienen nach Art. L. 6313-9 Code du travail dem Verständnis der Funktionsweise und der Zielsetzung des Unternehmens. Ähnlich wie die Regelung des § 81 Abs. 1 S. 1 BetrVG, die den Arbeitgeber zur Unterrichtung des Arbeitnehmers über dessen Aufgabe und Verantwortung sowie über die Art seiner Tätigkeit und ihre Einordnung in den Arbeitsablauf des Betriebs verpflichtet, bezweckt die Fortbildung i.S.d. Art. L. 6313-1 Nr. 8 Code du travail, den Arbeitnehmern einen Überblick über und einen Einblick in die wirtschaftlichen Abläufe und die Gesamtausrichtung des Unternehmens zu vermitteln.
- Die Regelungen zur lebenslangen beruflichen Weiterbildung erfassen nach Art. L. 6313-1 Nr. 10 Code du travail schließlich auch solche Maßnahmen, die dem Arbeitnehmer ermöglichen, eine Aufstellung seiner beruflichen Fähigkeiten (*„bilan de compétences"*) zu erarbeiten. Diese Aufstellung soll gemäß Art. L. 6313-10 Abs. 1 Code du travail den Arbeitnehmern eine Analyse ihrer beruflichen und persönlichen Fähigkeiten sowie ihrer Eignung und ihres Leistungswillens erlauben, um in der Folge ein berufliches oder ggf. ein Fortbildungsprojekt festlegen zu können. Art. L. 6313-10 Abs. 2 Code du travail bestimmt, daß die Erarbeitung des *„bilan de compétences"* nicht ohne Zustimmung des Arbeitgebers erfolgen kann. Auf der anderen Seite stellt die Verweigerung der Mitwirkung seitens des Arbeitnehmers weder eine Pflichtverletzung noch einen Kündigungsgrund dar.

Neben die genannten Weiterbildungsaktionen treten noch zahlreiche weitere. Dazu gehören bspw. Maßnahmen der Vorschulung und der Vorbereitung, die solchen Personen, die weder über eine berufliche Qualifikation verfügen noch sich in einem Arbeitsverhältnis befinden, einen Bildungsstand verschaffen sollen, der ihnen erst die Teilnahme an berufsbildenden Lehrgängen oder den Einstieg in das Berufsleben ermöglicht (Art. L. 6313-1 Nr. 1, Art L. 6313-2 Code du travail). Schließlich sind auch Maßnahmen denkbar, die auf den Erwerb bzw. die Sicherung oder Verbesserung der Kenntnisse der Arbeitnehmer im kulturellen Bereich abzielen (Art. L. 6313-1 Nr. 6, Art L. 6313-7 Code du travail).

In Übereinstimmung mit dem weiten Begriff der Weiterbildung, der den Regelungen zum „lebenslangen Lernen" zugrundeliegt, ist auch bei den gesetzlich vorgegebenen, möglichen Weiterbildungsmaßnahmen der inhaltliche und personelle Bogen sehr weit gespannt.

V. Einrichtungen/Anbieter der Weiterbildung

Die Durchführung der lebenslangen beruflichen Weiterbildung der Arbeitnehmer fällt in Frankreich, anders als die schulische Ausbildung, nicht in die Zuständigkeit des Staates, sondern ist den Kräften des Marktes überantwortet.[1361] Sie wird daher überwiegend von privaten Unternehmen angeboten, zu denen staatliche Einrichtungen jedoch in Konkurrenz treten können. Im Jahre 1998 waren in Frankreich 37.800 Anbieter – überwiegend solche kleineren Zuschnitts – auf dem Weiterbildungsmarkt tätig.[1362]

Die Durchführung einer Fortbildungsmaßnahme, die nicht im Unternehmen selbst vorhandenen Weiterbildungseinrichtungen überantwortet wird,[1363] setzt grundsätzlich den Abschluß einer den Vorschriften des Privatrechts unterliegenden Vereinbarung (*„convention de formation"*) zwischen einem Unternehmen als dem Nachfragenden und einer Weiterbildungseinrichtung (*„organisme de formation"*) als dem Anbieter entsprechender Schulungen voraus.[1364] Bei dieser *„convention"* handelt es sich um eine Vereinbarung zugunsten Dritter, nämlich der für die Fortbildungsmaßnahmen vorgesehenen Arbeitnehmer.[1365] Tritt als Nachfragender dagegen eine natürliche Person auf, die individuell und auf eigene Kosten eine Weiterbildung durchführen will, so wird zwischen dieser und der Weiterbildungseinrichtung ein ebenfalls zivilrechtlicher Vertrag (*„contrat de formation"*) abgeschlossen, der den in den Art. L. 6353-3 ff. Code du travail enthaltenen Vorgaben genügen muß.

1. Tätigkeitserklärung/Registrierung

Um als Anbieter von Fortbildungsprogrammen auftreten zu können, muß eine Einrichtung bestimmten Anforderungen genügen, die sich aus den Art. L. 6351-1 ff. Code du travail ergeben. Dies bedeutet zunächst für jede natürliche oder juristische Person, die auf dem Weiterbildungsmarkt tätig werden will, daß sie mit dem Zeitpunkt des Abschlusses der ersten Weiterbildungsvereinbarung bzw. des ersten Weiterbildungsvertrags verpflichtet ist, bei der zuständigen Behörde (das ist gemäß Art. R. 6351-1 Code du travail die jeweilige Regionalpräfektur) eine Tätigkeitser-

---

1361 *Pélissier/Supiot/Jeammaud*, Droit du travail, RdNr. 221, 226.
1362 *Santelmann*, Droit social 1998, S. 469.
1363 Nach *Bellenger*, Droit social 1978, S. 240, gibt es nur zwei Arten der Durchführung einer Weiterbildungsmaßnahme: die *„formation interne"* und die *„formation externe"*.
1364 Art. L. 6353-1 f. Code du travail.
1365 *Pélissier/Supiot/Jeammaud*, Droit du travail, RdNr. 226.

klärung abzugeben („*déclaration d'activité*").[1366] Nach Art. R. 6351-4 Code du travail müssen sich der Tätigkeitserklärung die Bezeichnung, die Anschrift, der Tätigkeitsgegenstand sowie die Rechtsform der Einrichtung entnehmen lassen. Darüber hinaus sind ihr gemäß Art. R. 6351-5 Code du travail weitere Unterlagen beizufügen. Dazu gehören insbesondere die erste Weiterbildungsvereinbarung bzw. der erste Weiterbildungsvertrag sowie Belege, die Aufschluß über den Anbieter und seine Tätigkeit geben. Ändert sich einer der Gegenstände der ursprünglichen Tätigkeitserklärung oder wird die Tätigkeit als Anbieter von Weiterbildung vollständig eingestellt, erfordert dies ebenfalls eine entsprechende, innerhalb von 30 Tagen einzureichende Anzeige bei der Regionalpräfektur.[1367]

Im Falle der gesetzeskonformen Abgabe der ersten Tätigkeitserklärung wird diese durch die Behörde amtlich registriert.[1368] Innerhalb von 15 Tagen nach Erklärungseingang wird der Weiterbildungseinrichtung dann vom Präfekten der Region eine Registrierungsnummer übermittelt, die fortan auf allen Weiterbildungsvereinbarungen und -verträgen oder auf den Auftragsformularen bzw. Rechnungen anzugeben ist.[1369] Stellt sich in der Folge heraus, daß die durchgeführten Weiterbildungsleistungen nicht den Vorgaben des Artikel L. 6313-1 entsprechen oder die im Hinblick auf die Weiterbildungsvereinbarungen und -verträge zu berücksichtigenden Vorschriften der Art. L. 6353-2 und L. 6353-3 Code du travail nicht eingehalten werden, erfolgt eine Löschung der Registrierung der Tätigkeitserklärung durch die zuständige Behörde.[1370] Gegen diese Löschung kann der Betroffene gemäß Art. R. 6351-11 i.V.m. Art. R. 6362-6 Code du travail vorgehen.

2. „*Le bilan pédagogique et financier*"

Art. L. 6352-11 Abs. 1 Code du travail verpflichtet jede (natürliche oder juristische) Person, die Weiterbildungsmaßnahmen i.S.d. Art. L. 6313-1 Code du travail durchführt, der zuständigen Behörde (Regionalpräfektur) einmal jährlich ein Dokument zu übermitteln, aus dem zum einen die Verwendung der erhaltenen Geldmittel[1371] ersichtlich wird und das zum anderen eine Schlußaufstellung der pädagogischen Tätigkeit und der Finanzvorgänge („*bilan pédagogique et financier*") enthält. Diesem bis zum 30. April des Jahres einzureichenden[1372] Dokument sind nach

---

1366 Art. L. 6351-1 Abs. 1 Code du travail.
1367 Art. L. 6351-5 Code du travail i.V.m. Art. R 6351-8 Code du travail.
1368 Art. L. 6351-1 Abs. 2 Code du travail.
1369 Art. R. 6351-6 Code du travail.
1370 Art. L. 6351-4 Code du travail i.V.m Art. R. 6351-9 f. Code du travail.
1371 Dazu unten § 5 C.VI.
1372 Art. R. 6352-23 Code du travail.

Art. L. 6352-11 Abs. 2 Code du travail Bilanz, Gewinn- und Verlustrechnung sowie „*annexe*" (Anlage) des letzten abgeschlossenen Geschäftsjahres hinzuzufügen. Dem „*bilan pédagogique et financier*" müssen sich die im Katalog des Art. R. 6352-22 Code du travail aufgezählten Informationen entnehmen lassen. So muß bspw. aufgezeigt werden, welche Weiterbildungsaktivitäten im betreffenden Geschäftsjahr durchgeführt und wie viele Teilnehmer betreut wurden. Die Schlußaufstellung der pädagogischen Tätigkeit und der Finanzvorgänge muß schließlich auch eine Aufschlüsselung der erhaltenen Gelder beinhalten und die Gesamtsumme angeben, die sich aus den von dem Weiterbildungsunternehmen erstellten Rechnungen ergibt. Wird der „*bilan*" in zwei aufeinanderfolgenden Jahren nicht eingereicht, zieht das die Ungültigkeit der Tätigkeitserklärung nach sich. Das Unternehmen kann in diesem Fall nicht länger als Anbieter auf dem Weiterbildungsmarkt auftreten.

Auch wenn die Durchführung der Weiterbildung der Arbeitnehmer – wie aufgezeigt – überwiegend privaten Anbietern überlassen wird, ermöglichen die den Bildungseinrichtungen auferlegten, umfangreichen Erklärungs- und Nachweispflichten dem Staat eine umfassende Kontrolle der inhaltlichen Arbeit und Qualität sowie der finanziellen Verhältnisse dieser privaten Anbieter. Neben der Beteiligung an der Finanzierung der Weiterbildung[1373] stellt dies eine der wesentlichen Aufgaben des Staates auf dem Gebiet des lebenslangen Lernens der Arbeitnehmer dar.[1374]

VI. Kosten der beruflichen Weiterbildung

1. Leistungen der Regionen und des Staates, Finanzierungspflicht der Arbeitgeber

Die Finanzierung der beruflichen Fortbildung der Arbeitnehmer speist sich in Frankreich aus zwei Quellen. Zum einen kommen Leistungen der Regionen und des Staates auf der Grundlage von zu diesem Zwecke geschlossenen Abkommen mit den sog. „*organismes paritaires collecteurs agréés*"[1375] in Betracht,[1376] zum anderen sind die Arbeitgeber zu Zahlungen verpflichtet. Gemäß Artikel L. 6331-1 Abs. 1 Code du travail leistet jeder Arbeitgeber[1377] einen Beitrag zur Entwicklung der beruflichen Weiterbildung, indem er sich in jedem Jahr durch Zahlung be-

---

1373 Dazu sogleich § 5 C.VI.
1374 *Pélissier/Supiot/Jeammaud*, Droit du travail, RdNr. 222.
1375 Vgl. dazu unten § 5 C.VI.2.
1376 Art. L. 6121-3, 6122-1 ff. Code du travail.
1377 Art. L. 6331-1 Abs. 2 Code du travail bestimmt, daß die die Finanzierungspflichten begründenden und ausgestaltenden Vorschriften auf den Staat, die Gebietskörperschaften und deren öffentliche Verwaltungseinrichtungen keine Anwendung finden.

stimmter Geldbeträge an die *„organismes paritaires collecteurs agréés"* an der Finanzierung der in Art. L. 6313-1 und Art. L. 6314-1 Code du travail genannten Maßnahmen beteiligt.[1378] Das Gesetz sieht insofern abgestufte finanzielle Verpflichtungen vor, die an der Zahl der beim jeweiligen Arbeitgeber beschäftigten Arbeitnehmer anknüpfen.[1379]

Ein Arbeitgeber, der weniger als zehn Arbeitnehmer beschäftigt, ist gemäß Art. L. 6331-2 Code du travail zur jährlichen Abführung von mindestens 0,55 % der Gesamtsumme der Bruttolohnzahlungen des jeweiligen Jahres verpflichtet. 0,15 % sind zur Finanzierung der Berufsbildungsverträge und -phasen (*„contrats/périodes de professionnalisation"*) sowie des individuellen Rechts auf Bildung (DIF) bestimmt, die übrige Summe steht für die verbleibenden Weiterbildungsgänge zur Verfügung.[1380] Werden zwanzig Arbeitnehmer und mehr beschäftigt, so erhöht sich der vom Arbeitgeber mindestens zu entrichtende Geldbetrag auf 1,60 % der Gesamtsumme der Bruttolohnzahlungen des jeweiligen Jahres.[1381] 0,20 % dienen der Finanzierung von individuellem Bildungsurlaub (CIF), 0,50 % der Finanzierung der Berufsbildungsverträge und -phasen sowie des individuellen Rechts auf Bildung (DIF).[1382] Beschäftigt ein Arbeitgeber zehn bis 19 Arbeitnehmer, so beläuft sich der abzuführende Mindestbetrag nach Art. L. 6331-14 Code du travail auf 1,05 % der Gesamtsumme der Bruttolohnzahlungen. Die für den individuellen Weiterbildungsurlaub aufzubringenden Beiträge verringern sich dabei im Vergleich zu den Leistungen, die ein Arbeitgeber mit mehr als zwanzig Arbeitnehmern leisten muß, um eine 0,2 % der Jahreslohnzahlungen entsprechende Summe (Nr. 1), während die den Berufsbildungsverträgen und -phasen und dem DIF vorbehaltenen Beiträge um eine 0,35 % entsprechende Summe gesenkt werden (Nr. 2). In jedem der genannten Fälle muß die Zahlung bis zum 1. März des Folgejahres geleistet werden.[1383]

Der Arbeitgeber ist verpflichtet, der zuständigen Behörde eine Erklärung abzugeben, in der die Höhe der nach Art. L. 6331-9, L. 6331-14 und L. 6322-37 Code du travail geleisteten Beiträge dargestellt wird.[1384] Mit der Gesamtsumme der von den Arbeitgebern abgeführten Geldbeträge werden die durch die Weiterbildungs-

---

1378 Die Arbeitgeber können sich von der in Art. L. 6331-1 Cod du travail begründeten Zahlungspflicht befreien, indem sie bestimmte Ersatzleistungen erbringen; Art. L. 6331-19 Code du travail.
1379 Vgl. zur Methode der Ermittlung der Zahl der Arbeitnehmer Art. R. 6331-1 Code du travail.
1380 Art. R. 6331-2 Code du travail.
1381 Art. L. 6331-9 Code du travail.
1382 Art. R. 6331-9 Code du travail.
1383 Art. R. 6331-2 und Art. R. 6331-9 Code du travail.
1384 Art. L. 6331-32 Code du travail. Einzelheiten zu dieser Erklärung enthalten die Art. R. 6331-29 ff. Code du travail.

maßnahme selbst verursachten Kosten, die Vergütung der Arbeitnehmer sowie Transport, Unterkunft und Verpflegung der Fortbildungsteilnehmer finanziert. Auch wenn, wie festgestellt wurde, keine allgemeine Pflicht (i.e.S.) des Arbeitgebers zur Weiterbildung seiner Arbeitnehmer besteht, wird jedenfalls durch die Zahlungspflichten[1385] ein starker Anreiz geschaffen, sich der gesetzlich vorgesehenen Möglichkeiten zur Schulung der Arbeitnehmer auch tatsächlich zu bedienen.[1386]

2. Paritätische Sammlung und Verwaltung der Mittel

Die von den Arbeitgebern aufzubringenden Beiträge werden von speziell zu diesem Zweck errichteten, paritätischen Organisationen (*„organismes collecteurs agréés"*) gesammelt und verwaltet. Diesen Organisationen, deren Rechtsnatur nicht abschließend geklärt ist,[1387] ist die gleichzeitige Ausübung einer Tätigkeit als Anbieter von Weiterbildung untersagt.[1388] Die wichtigsten dieser *„organismes"* sind zum einen die *„organismes paritaires collecteurs agréés"* (OPCA),[1389] zuständig u.a. für die Finanzierung der betrieblichen Bildungspläne und des individuellen Rechts auf Bildung (DIF), zum anderen die in der Hauptsache mit der Verwaltung der für den individuellen Bildungsurlaub (CIF) bereitgestellten Mittel betrauten *„organismes paritaires collecteurs agréés au titre du CIF"* (OPACIF). Neben ihrer Funktion als Sammler und Verwalter der Bildungsfonds leisten die *„organismes collecteurs agréés"* den Unternehmen oder den Arbeitnehmern noch vielfältige weitere Dienste in Sachen Bildung, insbesondere durch Beratung, Information oder Unterstützung bei der Ausarbeitung von Bildungsprojekten.[1390]

Die Gründung der Organisationen beruht auf einer zwischen den Tarifpartnern abgeschlossenen, den Regeln des Tarifrechts unterliegenden Vereinbarung *sui generis*,[1391] in der u.a. ihr Anwendungsbereich, die paritätische Zusammensetzung ihres Verwaltungsrats und Vorschriften über die Funktionsweise festgelegt werden.[1392] Nach Art. L. 6332-1 Code du travail bedürfen die so gebildeten Organisationen, um ihre Tätigkeit aufnehmen zu können, der behördlichen Genehmigung, die unter

---

1385 Nach *Fillon*, Droit social 2004, S. 454, wendet eine große Zahl der Unternehmen eine größere als die gesetzlich geschuldete Mindestsumme für Weiterbildungszwecke auf.
1386 *Gomez-Mustel*, Droit social 2004, S. 505.
1387 Vgl. dazu *Luttringer*, Droit social 1995, S. 286; *Durand-Prinborgne*, Droit social 2004, S. 468 f.
1388 *Pélissier/Supiot/Jeammaud*, Droit du travail, RdNr. 223; vgl. auch *Luttringer*, Droit social 1995, S. 278, 284.
1389 Dazu ausf. *Luttringer*, Droit social 1995, S. 278 ff.
1390 Vgl. *Luttringer*, Droit social 1995, S. 284 f.
1391 *Pélissier/Supiot/Jeammaud*, Droit du travail, RdNr. 223.
1392 Vgl. *Luttringer*, Droit social 1995, S. 285 f.

bestimmten Umständen auch wieder entzogen werden kann.[1393] Zulässig sind gemäß Art. L. 6332-1 Abs. 2 Code du travail allein solche *„organismes"*, die einen regionalen, interregionalen oder nationalen Zuständigkeitsbereich haben. Zudem unterliegen die paritätischen Organisationen hinsichtlich der Weiterbildungsmaßnahmen, zu deren Finanzierung sie beitragen, Informationspflichten gegenüber dem Staat.[1394] Denjenigen Unternehmen, die nicht dem Anwendungsbereich der Vereinbarung unterfallen, steht – nach Konsultation des *„comité d'entreprise"* (vergleichbar dem deutschen Betriebsrat) – die Möglichkeit des nachträglichen Beitritts offen.[1395]

VII. Die gesetzlich vorgegebenen Rahmen der Weiterbildungsmaßnahmen

Der Code du travail enthält verschiedene rechtliche Modelle, mit denen die gesetzlich vorgesehenen Weiterbildungsmaßnahmen verwirklicht werden können.[1396] Diese Modelle unterscheiden sich unter anderem dadurch, daß ihre Durchführung jeweils entweder nur vom Arbeitgeber, nur vom Arbeitnehmer oder aber nur von beiden gemeinsam initiiert werden kann. Sie weichen aber auch im Detail voneinander ab. Von besonderem Interesse für die vorliegende Untersuchung sind neben dem *„plan de formation"* der einzelnen Unternehmen bzw. Betriebe die gesetzliche Ausgestaltung des Rechts auf individuellen Bildungsurlaub (CIF) und des individuellen Rechts auf Bildung (DIF) sowie die *„périodes de professionnalisation"* (vgl. die Aufzählung in Art. L. 6312-1 Code du travail).

1. Der *„plan de formation"*

Zur Erreichung der in Art. L. 6321-1 Code du travail aufgezählten Pflichten bzw. Handlungsvorschläge steht es dem Arbeitgeber frei, einen betrieblichen. Bildungsplan (*„plan de formation"*) zu entwerfen und umzusetzen. Das Gesetz enthält keine Definition des Begriffs des Bildungsplans. Eine Annäherung erfolgt aber über eine Eingrenzung seines Gegenstands. Der Bildungsplan stellt eine Zusammenfassung der im Rahmen der Führung des Unternehmenspersonals vorgesehenen Bildungsmaßnahmen dar.[1397] Der Code du travail verpflichtet den Arbeitgeber nicht, einen

---

1393 Vgl. Art. R. 6332-13 ff. Code du travail.
1394 Art. L. 6332-23 f. Code du travail. Die näheren Voraussetzungen der Informationspflicht bedürfen einer Regelung durch eine Verordnung des *„Conseil d'État"*.
1395 *Pélissier/Supiot/Jeammaud*, Droit du travail, RdNr. 223.
1396 Vgl. bereits oben § 5 C.IV.
1397 *Luttringer*, Droit social 1979, S. 10; *Gomez-Mustel*, Droit social 2004, S. 505.

„*plan de formation*" zu erstellen und durchzuführen. Das Fehlen eines Bildungsplans dient jedoch als Indiz, wenn ein Gericht über die Frage zu befinden hat, ob der Arbeitgeber seinen (aus Art. L. 6321-1 Code du travail folgenden) Pflichten nachgekommen ist.[1398]

a) Inhalt des betrieblichen Bildungsplans

Inhaltlich kann der Bildungsplan nach Art. 2323-36 Code du travail vor allem zwei Hauptbereiche abdecken. Dies sind zum einen (Nr. 1) Maßnahmen der Anpassung des Arbeitnehmers an seinen konkreten Arbeitsplatz („*actions d'adaptation au poste de travail*" sowie Maßnahmen im Zusammenhang mit der Entwicklung der Arbeitsplätze bzw. solche zur Sicherstellung der Beschäftigung („*actions liées à l'évolution des emplois ou participant au maintien dans l'emploi*"; jeweils Art. L. 6321-2 Code du travail), zum anderen (Nr. 2) Maßnahmen zur Fortentwicklung der beruflichen Fähigkeiten („*actions de développement des compétences*"; Art. L. 6321-6 Code du travail). Da sich die im Rahmen des Bildungsplans durchgeführte Weiterbildung zum Zwecke der Anpassung an den konkreten Arbeitsplatz oder im Zusammenhang mit der Entwicklung der Arbeitsplätze bzw. zur Sicherstellung der Beschäftigung („*adaptation au poste de travail ou liée à l'évolution ou au maintien dans l'emploi*") nach neuem Recht inhaltlich auf das Unternehmen bezieht („*dans l'entreprise*"), liegt die Vermutung nahe, daß die Sicherung des beruflichen Werdegangs der Arbeitnehmer wieder stärker auf das Unternehmen und nicht länger auf den Arbeitsmarkt ausgerichtet wird.[1399]

b) Ausarbeitung des Bildungsplans/Rolle des „*comité d'entreprise*"[1400]

Die Erstellung des Bildungsplans liegt im alleinigen Verantwortungsbereich des Arbeitgebers, der jedoch gewisse Beteiligungsrechte des (mit dem deutschen Betriebsrat vergleichbaren) „*comité d'entreprise*"[1401] bzw. der Personalvertreter („*délé-*

1398 *Maggi-Germain*, Droit social 2009, S. 1239.
1399 *Dougados/Pélicier-Loevenbruck*, Semaine Sociale Lamy 2009, n° 1387.
1400 *Körner*, S. 28 ff., weist darauf hin, daß in Frankreich die Begriffe „Unternehmen" und „Betrieb" nicht ähnlich scharf voneinander abgegrenzt werden wie bspw.in der deutschen Rechtswissenschaft. So werde beispielsweise der Begriff des „*comité d'entreprise*" als Oberbegriff für die nahezu synonym verwendeten Bezeichnungen „*comité d'entreprise*" und „*comité d'établissement*" gebraucht. Diese Großzügigkeit im Umgang mit den definitorischen Unterscheidungen dürfte nach Auffassung *Körners* damit zusammenhängen, daß beide Organe identische Befugnisse haben.
1401 Vgl. zum „*comité d'entreprise*" Henssler/Braun/*Welter/Caron*, Arbeitsrecht in Frankreich, RdNr. 216 ff.

gués du personnel")[1402] zu beachten hat. Es handelt sich beim „*plan de formation"* im Ergebnis um einen lediglich durch Kontrollrechte des „*comité d'entreprise"* eingeschränkten, einseitigen Akt des Arbeitgebers.[1403]

Die Beteiligungsrechte sollen den Belegschaftsrepräsentanten die Möglichkeit einräumen, Vorschläge zur Änderung oder Verbesserung des vom Arbeitgeber entworfenen Bildungsplans zu äußern, dienen also der Verstärkung ihres Einflusses. Zunächst trifft dazu aber den „*comité d'entreprise"* (bzw. den Personalvertreter) selbst die Pflicht, in jedem Jahr im Verlaufe von zwei eigens dafür anberaumten Versammlungen eine Stellungnahme zur Durchführung des betrieblichen Bildungsplans des vorangegangenen Jahres und zu dem Entwurf des „*plan de formation"* für das folgende Jahr abzugeben.[1404] Zur Unterstützung der Teilhabe an der Ausarbeitung des Bildungsplans und der Vorbereitung der diesbezüglichen Verhandlungen muß der Arbeitgeber nach Art. L. 2323-36 Code du travail den Mitgliedern des Betriebsausschusses (bzw. den Personalvertretern), den Gewerkschaftsvertretern (*„délégués syndicaux"*)[1405] und, sofern vorhanden, den Mitgliedern der Bildungskommission (*„commission de formation"*)[1406] spätestens drei Wochen vor den Versammlungen der genannten Gremien/Personen die in Art. D. 2323-5 Code du travail aufgeführten Dokumente zukommen lassen. Die Beteiligung des „*comité d'entreprise"* an Ausarbeitung und Durchführung des betrieblichen Bildungsplans wird nach Art. D. 2323-6 Code du travail mittels zweier Versammlungen vollzogen, die jeweils vor dem 1. Oktober bzw. dem 31. Dezember des laufenden Jahres stattfinden müssen. In deren erster werden die in Art. D. 2323-5 Nr. 1-7 Code du travail genannten Dokumente vorgestellt und erörtert. Die zweite Sitzung ist der Beratung zum einen des „*plan de formation"*, zum anderen der Umstände der Ausführung der Berufsbildungsverträge und -phasen sowie des individuellen Rechts auf Bildung, jeweils erwähnt in Art. D. 2323-5 Nr. 8 Code du travail, gewidmet.[1407]

1402 Nach Art. L. 2313-8 Code du travail nehmen in Unternehmen mit weniger als 50 Beschäftigten die Personalvertreter die Aufgaben des „*comité d'entreprise"* wahr. Vgl. dazu Henssler/Braun/*Welter*/*Caron*, Arbeitsrecht in Frankreich, RdNr. 237 ff.
1403 *Gomez-Mustel*, Droit social 2004, S. 506.
1404 Art. L. 2323-34 Code du travail
1405 Vgl. Henssler/Braun/*Welter*/*Caron*, Arbeitsrecht in Frankreich, RdNr. 262 f.
1406 Nach Art. L. 2325-26 Code du travail muß der „*comité d'entreprise"* in Unternehmen mit mehr als 200 Beschäftigten eine Bildungskommission bilden, die unter anderem für die Vorbereitung der Beratungen des „*comité d'entreprise"* nach Art. L. 2323-33 ff. Code du travail zuständig ist.
1407 Die Rolle der Belegschaftsrepräsentanten beschränkt sich somit auf eine bloße Beratungsfunktion. Nach *Maggi-Germain*, Droit social 2004, S. 490, wäre ein Veto-, also ein Mitbestimmungsrecht i.e.S., wünschenswert.

Kommt der Arbeitgeber seiner Pflicht zur Konsultation des „*comité d'entreprise*" nicht nach, erhöht sich (sofern er mehr als 50 Arbeitnehmer beschäftigt) der von dem Unternehmen nach Art. L. 6331-19 Code du travail zu leistende Beitrag zur Finanzierung der beruflichen Bildung um 50 %.[1408] Daneben kann die fehlende oder nicht gesetzeskonform durchgeführte Konsultation des „*comité d'entreprise*" eine Straftat darstellen, die nach Art. L. 2328-1 Code du travail mit Freiheitsstrafe von einem Jahr oder einer Geldstrafe von 3.750 € geahndet wird. Für die Strafbarkeit einer Zuleitung der geschuldeten Dokumente außerhalb der gesetzlichen Frist spielt es keine Rolle, daß der Empfänger die verspäteten Dokumente gleichwohl annimmt.[1409] Die Konsultation der Bildungskommission kann die des „*comité d'entreprise*" auch nicht strafausschließend ersetzen.[1410]

c) Durchführung des betrieblichen Bildungsplans

Die Durchführung von Maßnahmen der Anpassung an seinen konkreten Arbeitsplatz sowie von Maßnahmen im Zusammenhang mit der Entwicklung der Arbeitsplätze bzw. zur Sicherstellung der Beschäftigung zählt zu den arbeitsvertraglichen Pflichten des Arbeitnehmers. Der Arbeitgeber kann sie daher mittels seines Weisungsrechts einseitig durchsetzen.[1411] Demgegenüber unterfallen die Maßnahmen zur Fortentwicklung der beruflichen Fähigkeiten der gemeinsamen Verantwortung der Arbeitsvertragsparteien. Da sie nach Art. 8-2-2 des ANI vom 20.09.2003 einen Beitrag zur Entwicklung der Qualifikation des Arbeitnehmers leisten und einer Anerkennung eines neuen Entwicklungsstandes durch das Unternehmen offenstehen sollen, können sie unter Umständen eine Änderung der vertraglich festgelegten Qualifikation erforderlich machen. Eine solche Vertragsänderung setzt aber ein Einverständnis des Arbeitnehmers voraus.[1412]

Allen der Aufnahme in den betrieblichen Bildungsplan zugänglichen Maßnahmen ist gemein, daß sie grundsätzlich während der Arbeitszeit stattfinden. Ihre Durchführung ist dem normalen Vollzug des Arbeitsverhältnisses gleichgestellt. Weiterbildungsmaßnahmen i.S.d. Art. 2323-36 Abs. 3 Nr. 1 Code du travail („*adaptation au poste de travail ou liée à l'évolution ou au maintien dans l'emploi dans l'entreprise*") stellen nach dem neuen Art. 6321-2 Code du travail effektive Ar-

---

1408 Art. L. 6331-31 und Art. L. 6331-12 Code du travail.
1409 Cour de cassation, Chambre criminelle, 09.01.2006, n° 05-80.443.
1410 Cour de cassation, Chambre criminelle, 19.06.2001, n° 00-80.489.
1411 *Gomez-Mustel*, Droit social 2004, S. 505, 507.
1412 *Gomez-Mustel*, Droit social 2004, S. 506 f.

beitszeit dar.[1413] In Verbindung mit der Abschaffung des bisherigen Art. L. 6321-4 Code du travail führt dies dazu, daß die über die Arbeitszeit hinausgehenden, der Weiterbildung i.S.d. Art. 2323-36 Abs. 3 Nr. 1 Code du travail dienenden Stunden fortan wie Überstunden zu behandeln sind. Während der Dauer der Maßnahme unterliegen die sich fortbildenden Arbeitnehmer weiterhin dem Weisungsrecht des Arbeitgebers, behalten auf der anderen Seite aber auch ihren Anspruch auf Zahlung des Arbeitslohns (Art. 6321-2 Code du travail) und genießen unveränderten sozialen Schutz.

Dem Arbeitnehmer steht es frei, vom Arbeitgeber die Bewilligung seiner (im „*plan*" nicht vorgesehenen) Teilnahme an einer im betrieblichen Bildungsplan enthaltenen Maßnahme zu verlangen. Kommt der Arbeitgeber diesem Begehren nach, kann die Teilnahme an der Fortbildung nicht als (auf der Initiative des Arbeitnehmers beruhender) „*congé individuel de formation*"[1414] gewertet werden, sondern folgt den Regeln des „*plan de formation*". Weigert sich der Arbeitnehmer dagegen, an einer im betrieblichen Bildungsplan vorgesehenen Fortbildung teilzunehmen, stellt dies, da die diesbezügliche Zuweisung vom Direktionsrecht des Arbeitgebers erfaßt wird, grundsätzlich eine Verletzung seiner vertraglichen Pflichten dar. Von diesem Grundsatz gibt es allerdings einige Ausnahmen. So kann der Arbeitnehmer nicht gezwungen werden, an der Erstellung eines „*bilan de compétences*" mitzuwirken.[1415] Eine weitere Ausnahme betrifft solche Fortbildungen, die ganz oder teilweise außerhalb der Arbeitszeit stattfinden.[1416] Kommen die Umstände der Zuweisung eines Arbeitnehmers zu einer Fortbildungsmaßnahme einer Änderung des Arbeitsvertrages gleich (denkbar bspw. dann, wenn die Maßnahme außergewöhnlich lange dauert oder an einem weit entfernten Ort stattfindet), oder liegt der Zuweisung die offenkundige Absicht zugrunde, die Ausübung des Mandats eines Personalvertreters zu behindern, kann die Verweigerung der Teilnahme durch einen Arbeitnehmer ebenfalls rechtmäßig sein. Eine Vertragspflichtverletzung liegt schließlich auch dann nicht vor, wenn der Arbeitnehmer einer Maßnahme zum Zwecke der Bestätigung des Erwerbs einschlägiger Berufserfahrung („*validation des acquis de l'expérience*", vgl. Art. L. 6411-1 ff. Code du travail) die Zustimmung verweigert, da diese nur mit seinem Einverständnis durchgeführt werden kann.[1417]

1413 Dazu auch Cour de cassation, Chambre sociale, 16.01.2008, n° 07-10.095 = Bulletin 2008, V, N° 10.
1414 Dazu unten § 5 C.VII..
1415 Art. L. 6313-10 Abs. 2 Code du travail. Vgl. dazu bereits oben § 5 C.IV.
1416 Dazu noch sogleich unter § 5 C.VII.1.d.
1417 Art. L. 6421-1 f. Code du travail.

Das Gesetz eröffnet die Möglichkeit, von dem grundsätzlichen Gleichlauf von Arbeitszeit und denjenigen Zeitspannen, die der Verwirklichung des betrieblichen Bildungsplans dienen, abzuweichen. Während bis in die jüngste Vergangenheit auch Fortbildungen i.S.d. Art. L. 6321-3 Code du travail unter bestimmten Voraussetzungen die gesetzlich vorgesehene oder vertraglich vereinbarte Arbeitszeit überschreiten konnten,[1418] besteht eine Ausnahme nunmehr lediglich für Maßnahmen zur Fortentwicklung der beruflichen Fähigkeiten. Nach Art. L. 6321-6 Code du travail können sie außerhalb der Arbeitszeit stattfinden. Dies setzt den Abschluß einer entsprechenden schriftlichen Abrede zwischen Arbeitgeber und Arbeitnehmer voraus, die jedoch innerhalb von acht Tagen widerrufen werden kann.[1419] Der Widerruf der Abrede oder die Weigerung des Arbeitnehmers, an den genannten Bildungsveranstaltungen teilzunehmen, stellen weder eine Pflichtverletzung noch einen Kündigungsgrund dar.[1420] Nach Art. L. 6321-6 Abs. 1 Nr. 1 Code du travail darf bei einer Verlagerung in die arbeitsfreie Zeit die Obergrenze von 80 Stunden pro Jahr und Arbeitnehmer nicht überschritten werden.

Werden Maßnahmen zur Fortentwicklung der beruflichen Fähigkeiten ganz oder teilweise außerhalb der Arbeitszeit durchgeführt, muß der Arbeitgeber nach Art. L. 6321-8 Abs. 1 Code du travail vor Beginn der Maßnahmen mit dem Arbeitnehmer die Verpflichtungen festlegen, die er eingeht, wenn der Arbeitnehmer an der Fortbildungsmaßnahme mit Gewissenhaftigkeit (*„assiduité"*) teilgenommen und vorbestimmte Bildungserfolge erreicht hat. Nach Art. L. 6321-8 Abs. 2 Code du travail betreffen diese Verpflichtungen zwei Punkte. So müssen zum einen die Bedingungen bestimmt werden, unter denen dem Arbeitnehmer innerhalb eines Jahres nach Beendigung der Weiterbildungsmaßnahme ein vorrangiger Zugang zu einer verfügbaren, den neu erworbenen Kenntnissen entsprechenden Verwendung verschafft wird. Zusätzlich muß die Zuweisung der mit dem besetzten Arbeitsplatz übereinstimmenden Klassifikation festgelegt werden (Nr. 1). Zum anderen ist vor der Bildungsmaßnahme zu bestimmen, auf welche Art und Weise die vom Arbeitgeber vollbrachten Anstrengungen Berücksichtigung finden (Nr. 2). Daneben ist das Unternehmen im Falle einer Verlegung von Maßnahmen zur Fortentwicklung der beruflichen Fähigkeiten in die arbeitsfreie Zeit des Arbeitnehmers verpflichtet, diesem ein „Bildungsgeld" (*„allocation de formation"*) in Höhe von 50 % des Netto-Referenzeinkommens zu zahlen.[1421] Für dieses „Bildungsgeld" sind keine Sozialabgaben zu leisten; es ist zudem von der Besteuerung i.S.d. *„contribution sociale*

1418 Die Art. L. 6321-1 – L. 6321-5, L. 6321-9 Code du travail sind zum 26.11.2009 entfallen.
1419 *Pélissier/Supiot/Jeammaud*, Droit du travail, RdNr. 234.
1420 Art. L. 6321-7 Code du travail.
1421 Art. L. 6321-10 Code du travail i.V.m. Art. D. 6321-5 ff. Code du travail.

généralisée" (CSG) und der *„contribution pour le remboursement de la dette sociale"* (CRDS) ausgenommen. Während der außerhalb der Arbeitszeit stattfindenden Fortbildungen unterfällt der teilnehmende Arbeitnehmer weiterhin dem Schutz der Sozialversicherungsgesetze in bezug auf Arbeitsunfälle und Berufskrankheiten.[1422]

d) Folgen der Durchführung des Bildungsplans

Nach Beendigung einer im Rahmen des betrieblichen Bildungsplans durchgeführten Maßnahme kehrt der Arbeitnehmer an seinen ursprünglichen oder aber an einen gleichwertigen und gleichbezahlten Arbeitsplatz zurück. Den Arbeitgeber trifft, von Fällen einer ausdrücklichen Abrede bzw. entsprechenden arbeits- oder tarifvertraglichen Klauseln abgesehen, keine Verpflichtung, die vom Arbeitnehmer mittels der Bildungsmaßnahme erworbenen Fähigkeiten in irgendeiner Weise anzuerkennen. Etwas anderes gilt nach Art. L. 6321-8 Abs. 1 Code du travail nur dann, wenn Maßnahmen zur Fortentwicklung der beruflichen Fähigkeiten ganz oder teilweise außerhalb der Arbeitszeit durchgeführt werden.

Der Arbeitnehmer ist auch nach der Fortbildung nicht in seiner Kündigungsfreiheit eingeschränkt. Wie im deutschen Recht kann sein Arbeitsvertrag allerdings Rückzahlungsklauseln enthalten, die eine tatsächliche, mittelbare Bindungswirkung entfalten können.

2. Der *„congé individuel de formation"* (CIF)

Das mittels des Gesetzes Nr. 71-575 vom 16. Juli 1971 (*„Loi Delors"*) in den Code du travail eingeführte[1423] Recht auf individuellen Bildungsurlaub (*„congé individuel de formation"*, CIF) macht die Einleitung von Weiterbildungsmaßnahmen im Unterschied zum *„plan de formation"* von der Initiative des Arbeitnehmers selbst abhängig.[1424] Von diesem Recht machen pro Jahr 30.000-35.000 Erwachsene Gebrauch.[1425] Dies sind lediglich 0,2 % der Nutznießer der im Rahmen der betrieblichen Bildungspläne durchgeführten Schulungen.[1426] Allerdings nehmen die über das CIF verwirklichten Bildungsmaßnahmen mit durchschnittlich 880 Stunden deutlich

---

1422 Art. L. 6321-11 Code du travail.
1423 Vgl. dazu *Caillaud/Maggi-Germain* in: *Ghaffari/Podevin*, Le Congé Individuel de Formation, S. 21 (31 ff.), sowie *Giffard/Guégnard* in: *Ghaffari/Podevin*, Le Congé Individuel de Formation, S. 37 (38 ff.).
1424 Dies verdeutlicht bereits der Titel des Livre Troisième, Titre Deuxième, Chapitre II, in dessen erstem Abschnitt der individuelle Bildungsurlaub behandelt wird.
1425 *Dubar* in: *Ghaffari/Podevin*, Le Congé Individuel de Formation, S. 9; *Giffard/Guégnard* in: *Ghaffari/Podevin*, Le Congé Individuel de Formation, S. 37 (42).
1426 *Giffard/Guégnard* in: *Ghaffari/Podevin*, Le Congé Individuel de Formation, S. 37 (42).

mehr Zeit in Anspruch als die der „*plans de formation*" (im Schnitt 30 Stunden je Bildungsmaßnahme).[1427]

a) Zweck des CIF

Die Zielsetzung des Rechts auf individuellen Bildungsurlaub wird in Art. L. 6322-1 Abs. 1 Code du travail legaldefiniert. Danach soll jedem Arbeitnehmer die Möglichkeit eingeräumt werden, sich im Verlaufe seines Berufslebens auf eigene Initiative und persönlich Bildungsmaßnahmen zu unterziehen, die nicht einem ggf. in seinem Anstellungsbetrieb umgesetzten Bildungsplan entspringen. Diese Bildungsmaßnahmen müssen dem Arbeitnehmer gemäß Art. L. 6322-1 Abs. 2 Code du travail ermöglichen, ein höheres Qualifikationsniveau zu erreichen (Nr. 1), seine Tätigkeit oder seinen Beruf zu ändern (Nr. 2) oder sich in größerem Umfang der Kultur, dem sozialen Leben und der Übernahme ehrenamtlicher Verantwortung in Vereinen zuzuwenden (Nr. 3). Daneben kann ein individueller Bildungsurlaub nach Art. L. 6322-3 Code du travail aber auch dann gewährt werden, wenn ein Arbeitnehmer sich auf eine Prüfung vorbereiten oder sich einer solchen unterziehen will, um einen Abschlußtitel oder ein Diplom i.S.d. Nr. II des Art. L. 335-6 Code de l'éducation zu erwerben.

Innerhalb dieser Zielvorgaben ist der Arbeitnehmer frei in der Auswahl derjenigen Bildungsmaßnahme, an der er teilnehmen möchte. Diese Wahlfreiheit stellt einen wichtigen Unterschied zur Weiterbildung auf der Grundlage eines „*plan de formation*" dar, die regelmäßig nur solche Lehrgänge vorsehen wird, die einen unmittelbaren Nutzen für das Unternehmen vermitteln.[1428]

b) Voraussetzungen der Inanspruchnahme

In sachlicher Hinsicht beschränkt sich der Anwendungsbereich des Rechts auf individuellen Bildungsurlaub auf die in Art. L. 6313-1 Code du travail genannten Weiterbildungsaktionen.[1429] In persönlicher Hinsicht haben nur solche Arbeitnehmer[1430] Anspruch auf individuellen Bildungsurlaub, die ein Dienstalter von 24 (nicht zwingend zusammenhängenden) Monaten nachweisen können, davon zwölf in demjenigen Betrieb, in dem sie im Zeitpunkt der Inanspruchnahme beschäftigt

---

1427 *Maggi-Germain*, Droit social 2009, S. 1237. Die Zahlen beziehen sich auf das Jahr 2006.
1428 Vgl. *Luttringer*, Droit social 1979, S. 10.
1429 Art. L. 6322-4 Abs. 2 Code du travail.
1430 Nach alter Rechtslage stand der CIF gemäß Art. L. 930-1 Code du travail nicht nur Arbeitnehmern („*salariés*"), sondern allen Erwerbstätigen („*travailleuers*") offen. Vgl. dazu *Luttringer*, Droit social 1979, S. 9.

sind.[1431] Zudem müssen Arbeitnehmer, die zum wiederholten Male einen individuellen Bildungsurlaub beanspruchen, eine gewisse Karenzzeit beachten.[1432]

c) Durchführung des individuellen Bildungsurlaubs

aa) Gesuch des Arbeitnehmers

Nach Art. L. 6322-2 Code du travail finden die im Rahmen des CIF durchgeführten Bildungsmaßnahmen ganz oder teilweise während der Arbeitszeit statt. Die Inanspruchnahme des individuellen Rechts auf Bildungsurlaub setzt voraus, daß der Arbeitnehmer ein auf Gestattung der urlaubsbedingten Abwesenheit gerichtetes, schriftlich formuliertes Gesuch an den Arbeitgeber richtet. Beträgt die Abwesenheit von der Arbeit sechs oder mehr Monate, so muß der Arbeitnehmer dieses Gesuch spätestens 120 Tage vor Beginn des Bildungsurlaubs einreichen.[1433] In drei Fällen verringert sich diese Frist auf 60 Tage: Dies ist zunächst dann der Fall, wenn die Teilnahme an einer Schulung, eine Lehrtätigkeit oder eine der Forschung und Innovation gewidmete Tätigkeit weniger als sechs Monate beansprucht[1434] oder aber in Teilzeit durchgeführt wird.[1435] Die Wahrung einer Frist von 60 Tagen genügt daneben auch dann, wenn der individuelle Bildungsurlaub der Teilnahme an einer Prüfung oder deren Vorbereitung dient.[1436] Dem vom Arbeitnehmer einzureichenden, schriftlichen Gesuch müssen sich nach Art. R. 6322-4 Code du travail bestimmte Informationen entnehmen lassen. So müssen grundsätzlich der Zeitpunkt des Beginns, die Bezeichnung und die Dauer des Lehrgangs bzw. der verfolgten Tätigkeit sowie der Name des jeweils verantwortlichen *„organisme"* genannt werden (Nr. 1). Handelt es sich dagegen um einen Urlaub zur Vorbereitung oder Teilnahme an einer Prüfung, ist der Arbeitnehmer zur Angabe des Titels und des Datums derselben sowie zur Beifügung einer Anmeldebescheinigung verpflichtet (Nr. 2).

Derjenige Arbeitnehmer, der bereits einen von einem *„organisme collecteur agréé"* nach Art. L. 6322-17 Code du travail finanzierten[1437] individuellen Bil-

---

1431 Art. L. 6322-4 Abs. 2 i.V.m. Art. R. 6322-1 Code du travail. Für Arbeitnehmer eines handwerklichen Betriebs mit weniger als zehn Beschäftigten erhöht sich diese Schwelle nach Art. L. 6322-5 i.V.m. Art. R. 6322-2 Code du travail auf 36 (12) Monate.
1432 Dazu sogleich unter § 5 C.VII.2c.aa.
1433 Art. R. 6322-3 Abs. 1 Code du travail.
1434 Art. R. 6322-3 Abs. 2 Nr. 1 Code du travail.
1435 Art. R. 6322-3 Abs. 2 Nr. 2 Code du travail.
1436 Art. R. 6322-3 Abs. 2 Nr. 3 Code du travail.
1437 Dazu unten § 5 C.VII.2.e.

dungsurlaub in Anspruch genommen hat, muß vor einem erneuten Antrag auf Gestattung eines CIF in demselben Unternehmen eine Karenzzeit (*„délai de franchise"*) beachten, deren in Monaten zu berechnende Dauer einem Zwölftel der für den vorangegangenen Bildungsurlaub aufgewendeten Stunden entspricht. Diese Karenzzeit darf jedenfalls sechs Monate nicht unter- und sechs Jahre nicht überschreiten.[1438] Die Möglichkeit einer mehrfachen Inspruchnahme von Bildungsurlaub innerhalb eines Kalenderjahres besteht nach Art. R. 6322-11 Code du travail dann, wenn die Gesuche auf die Teilnahme an einer Prüfung gerichtet sind, die den Erwerb eines Abschlußtitels oder eines Diploms i.S.d. Art. L. 6322-3 Code du travail gestattet. Auch in diesem Fall darf aber die Gesamtdauer, die im übrigen in die Berechnung der Karenzzeit nach Art. R. 6322-10 Code du travail nicht einfließt, nicht mehr als 24 Stunden der Arbeitszeit beanspruchen.

bb) Erklärung des Arbeitgebers

Erhält der Arbeitgeber das schriftliche, auf Gewährung von individuellem Bildungsurlaub gerichtete Gesuch, ist er gemäß Art. R. 6322-5 Code du travail verpflichtet, dem Arbeitnehmer innerhalb von 30 Tagen zu antworten und ihm ggf. die Gründe für eine Ablehnung des Antrags oder eine Verschiebung des beantragten Urlaubs mitzuteilen. Im Falle einer fehlenden oder verspäteten Antwort ist der Arbeitnehmer kraft Gesetzes berechtigt, individuellen Bildungsurlaub in Anspruch zu nehmen.[1439]

Die Möglichkeit der Ablehnung des Gesuchs des Arbeitnehmers steht dem Arbeitgeber nur unter den Voraussetzungen des Art. L. 6322-6 Abs. 1 Code du travail offen. Danach ist die Inspruchnahme des individuellen Bildungsurlaubs unzulässig, wenn der Arbeitgeber nach Konsultation des *„comité d'entreprise"* bzw. der Personalvertreter die Auffassung vertritt, die Abwesenheit des Arbeitnehmers könne nachteilige Auswirkungen auf die Produktion und auf den Geschäftsgang des Unternehmens haben. Verweigert der Arbeitgeber die Gewährung des Bildungsurlaubs, ohne zuvor den *„comité d'entreprise"* (bzw. die Personalvertreter) zu Rate gezogen zu haben, macht er sich strafbar.[1440] Verläßt auf der anderen Seite der Arbeitnehmer zur Wahrnehmung von individuellem Bildungsurlaub das Unternehmen, obwohl der Arbeitgeber eine Weigerung ausgesprochen hat, stellt dies nur dann einen Kündigungsgrund dar, wenn die Abwesenheit objektiv geeignet war, nachteilige Auswirkungen auf die Produktion und auf den Geschäftsgang des Un-

---

1438 Art. R. 6322-10 Code du travail.
1439 Cour de cassation, Chambre sociale, Droit social 1992, S. 266.
1440 Cour de cassation, Chambre criminelle, Droit ouvrier 1984, S. 182 (m. Anm. *Petit*).

ternehmens zu verursachen.[1441] Im Falle von Meinungsverschiedenheiten zwischen dem Arbeitgeber und dem Arbeitnehmer über die Rechtmäßigkeit des Bildungsurlaubs steht jeder Partei gemäß Art. L. 6322-6 Abs. 2 Code du travail das Recht zu, den Arbeitsinspektor (*„inspecteur de travail"*)[1442] einzuschalten, dem dann die Rolle des Schiedsrichters übertragen werden kann. Seine Funktion beschränkt sich allerdings auf den Versuch einer Schlichtung, ohne daß er mit einer amtlichen Entscheidung abschließend über den Streit befinden könnte.[1443]

Unter den Voraussetzungen des Art. L. 6322-6 Abs. 1 Code du travail kann der Arbeitgeber den angemeldeten Bildungsurlaub auch, statt ihn abzulehnen, lediglich zeitlich verschieben. Diese Zurückstellung des Urlaubsgesuchs darf jedoch nach Art. R. 6322-7 Code du travail einen Zeitraum von neun Monaten nicht überschreiten.

Neben einer Ablehnung oder Zurückstellung des Bildungsurlaubsgesuchs aus den genannten wirtschaftlichen Motiven kommt noch eine zeitliche Verschiebung im Falle einer gleichzeitigen Inanspruchnahme des CIF durch eine Vielzahl von Arbeitnehmern, d.h. aus Gründen der Überlastung, in Betracht. Die das Verzögerungsrecht begründenden Schwellen richten sich nach der Zahl der in den jeweiligen Betrieben beschäftigten Arbeitnehmer. In Betrieben mit 200 oder mehr Arbeitnehmern kann die Bewilligung bestimmter Gesuche auf Gewährung von Bildungsurlaub verschoben werden, um damit eine gleichzeitige, auf die Inanspruchnahme des CIF zurückzuführende Abwesenheit von mehr als 2 % des Gesamtpersonalbestandes eines Betriebes zu verhindern (Art. L. 6322-7 Code du travail). In Betrieben mit weniger als 200 Arbeitnehmern kann die Bewilligung eines Gesuchs um Gewährung individuellen Bildungsurlaubs verschoben werden, wenn die Summe der erbetenen Urlaubsstunden 2 % der im betreffenden Jahr insgesamt geleisteten Arbeitsstunden überschreitet.[1444] Die Anzahl der Stunden individuellen Bildungsurlaubs, auf die ein Arbeitnehmer Anspruch hat, kann in den genannten Betrieben auch auf Antrag des Arbeitnehmers von einem Jahr auf ein anderes verschoben werden. Der Gesamtbetrag der so verschobenen Stunden darf aber die Summe der auf vier Jahre entfallenden Stunden nicht überschreiten.[1445] In Unternehmen mit weniger als zehn Arbeitnehmern kommt eine Verschiebung eines Gesuchs schließlich dann in Betracht, wenn die Erlaubnis zur Inanspruchnahme von individuellem Bil-

---

1441 Cour de cassation, Chambre sociale, 07.11.1989, Bulletin civ., V, n° 649.
1442 Die Arbeitsinspektoren haben nach Art. L. 8112-1 Code du travail u.a. die Aufgabe, über die Einhaltung der Vorschriften des Code du travail und anderer den Bereich der Arbeit betreffender Normen zu wachen.
1443 Conseil d'État v. 20.10.1985 = Droit social 1986, S. 471 (m. Anm. *Lasserre*).
1444 Art. L. 6322-8 Abs. 1 Code du travail.
1445 Art. L. 6322-8 Abs. 2 Code du travail.

dungsurlaub zur gleichzeitigen bildungsurlaubsbedingten Abwesenheit von wenigstens zwei Arbeitnehmern führte.[1446]

Die auf der Grundlage der Art. L. 6322-7 bis L. 6322-9 Code du travail zurückgestellten Gesuche erfahren nach Art. R. 6322-6 Code du travail eine Gewichtung, die die Reihenfolge der späteren Berücksichtigung bestimmt. So ist vorrangig den Anträgen stattzugeben, die auf einen individuellen Bildungsurlaub zum Zwecke der Teilnahme an einer Prüfung gerichtet sind (Nr. 1). An zweiter Stelle folgen diejenigen Gesuche, die zuvor bereits einmal gestellt und verschoben worden sind (Nr. 2). An dritter Position sind die Gesuche derjenigen Arbeitnehmer zu berücksichtigen, deren Teilnahme an einer Schulung, deren Lehrtätigkeit oder deren der Forschung und Innovation gewidmete Tätigkeit nach Konsultation des *„comité d'entreprise"* bzw. der Personalvertreter aus anzuerkennenden Gründen unterbrochen werden mußte (Nr. 3). Zu guter Letzt ist auf die Anträge derjenigen Arbeitnehmer einzugehen, die auf die längste Dienstzeit im Unternehmen verweisen können (Nr. 4).

cc) Pflichten des Arbeitnehmers bei Inanspruchnahme des CIF

Wird ein Gesuch auf Gestattung der Inanspruchnahme eines individuellen Bildungsurlaubs bewilligt, treffen den an der Bildungsmaßnahme teilnehmenden Arbeitnehmer bestimmte Pflichten. So hat er nach Art. R. 6322-8 Abs. 1 Code du travail am Ende eines jeden Monats sowie bei Wiederaufnahme der Arbeit dem Arbeitgeber eine Teilnahmebescheinigung auszuhändigen. Dient der individuelle Bildungsurlaub dazu, sich einer Prüfung zu unterziehen, ist der Arbeitnehmer zur Übergabe einer Anwesenheitsbestätigung verpflichtet. Kann er diese aus nicht anzuerkennenden Gründen nicht erbringen, verliert er den in Art. 6322-19 Code du travail normierten Anspruch auf Entgeltfortzahlung.[1447] Beendet der Arbeitnehmer ungerechtfertigt die Teilnahme an einem Lehrgang im Rahmen des CIF, ist die weitere Inanspruchnahme des Bildungsurlaubs unzulässig.[1448]

d) Dauer des Bildungsurlaubs

Die Dauer des individuellen Bildungsurlaubs richtet sich gemäß Art. L. 6322-12 Abs. 1 Code du travail grundsätzlich nach dem zeitlichen Umfang der Bildungsmaßnahme, für die der Urlaub genutzt wird. Handelt es sich dabei um einen Voll-

---

1446 Art. L. 6322-9 Code du travail.
1447 Art. R. 6322-9 Code du travail.
1448 Art. R. 6322-8 Abs. 2 Code du travail.

zeitlehrgang, darf jedoch der zeitliche Rahmen von einem Jahr nicht überschritten werden (Nr. 1). Die Grenze beträgt 1.200 Stunden, wenn die Lehrgänge in Gestalt eines Zyklus durchgeführt werden und nur unregelmäßig oder in Teilzeit stattfinden (Nr. 2). Art. L. 6322-12 Abs. 2 Code du travail bestimmt, daß diese zeitlichen Obergrenzen nicht durch eine entsprechende (Kollektiv-) Vereinbarung (*„accords"*) erweitert werden können.

e) Finanzierung des CIF und Zahlung des Arbeitslohns

Die Bewilligung der Abwesenheit des Arbeitnehmers zum Zwecke eines individuellen Bildungsurlaubs ist nicht gleichbedeutend mit einer Verpflichtung zur Fortzahlung des Arbeitsentgelts oder gar einer Übernahme der durch die Weiterbildungsmaßnahme entstehenden Kosten. Vielmehr treffen den Arbeitgeber dahingehend grds. keine unmittelbaren Pflichten. Die Finanzierung des CIF erfolgt stattdessen über eigens hierfür gebildete paritätische Organisationen, in der Hauptsache den *„organisme paritaire collecteur agréé au titre du CIF"* (OPACIF)[1449] und die *„fonds de gestion du congé individuel de formation"* (FONGECIF)[1450]. Diese Organisationen sammeln und verwalten zum einen die Beiträge, die die Arbeitgeber, die mehr als zehn Arbeitnehmer beschäftigen, zum Zwecke der Verwendung zugunsten des CIF abzuführen verpflichtet sind.[1451] Daneben fließen ihnen unter den Voraussetzungen der Art. L. 6121-3 und L. 6122-2 Code du travail auch der Vergütung der Arbeitnehmer während eines individuellen Bildungsurlaubs dienende Mittel der Regionen oder des Staates zu.[1452] Die *„organismes"* sind zur jährlichen Abgabe eines Tätigkeitsberichts beim für die berufliche Weiterbildung zuständigen Minister verpflichtet.[1453] Die Einzelheiten einer Übernahme der Kosten der CIF werden mittels einer Kollektivvereinbarung festgelegt.[1454]

Ein Arbeitnehmer, der einen individuellen Bildungsurlaub in Anspruch nimmt, muß nach Art. L. 6322-21 Abs. 1 Code du travail einen um Kostenübernahme ersuchenden Antrag bei derjenigen paritätischen Organisation stellen, an die sein

---

[1449] Art. D. 6332-93 ff. Code du travail.
[1450] Art. D. 6332-96 ff. Code du travail. Vgl. zur inneren Organisation der FONGECIF *Giffard/Guégnard* in: *Ghaffari/Podevin*, Le Congé Individuel de Formation, S. 37 (49 ff.).
[1451] Vgl. dazu oben § 5 C.VI.1.
[1452] Einzelheiten zur finanziellen Beteiligung der Regionen und des Staates enthält Art. L. 6322-23 Code du travail.
[1453] Art. R. 6322-18 Code du travail.
[1454] Art. L. 6322-14 Code du travail; vgl. auch *Pélissier/Supiot/Jeammaud*, Droit du travail, RdNr. 236.

Arbeitgeber die entsprechenden Beiträge entrichtet.[1455] Die paritätische Organisation kann die Kostenübernahme gemäß Art. L. 6322-18 Code du travail nur dann verweigern, wenn die vom Arbeitnehmer in Aussicht genommene Weiterbildungsmaßnahme sich keiner der im Katalog des Art. 6313-1 Code du travail enthaltenen Bildungsmaßnahmen zuordnen läßt oder wenn mehrere entsprechende Gesuche gestellt wurden und eine gleichzeitige Befriedigung nicht möglich ist.[1456] Im Falle einer teilweisen oder vollständigen Ablehnung der Kostenübernahme ist die Organisation verpflichtet, den Arbeitnehmer über die Gründe der Ablehnung sowie darüber zu informieren, daß die Möglichkeit der Einlegung eines Einspruchs besteht.[1457] Bewilligt der *„organisme collecteur paritaire agréé"* dagegen die Kostenübernahme, hat der Arbeitnehmer gemäß Art. L. 6322-17 Abs. 1 Code du travail während des individuellen Bildungsurlaubs Anspruch auf Entgeltfortzahlung. Die Höhe der Entgeltzahlung beläuft sich auf 80 bzw. 100 % des Gehalts,[1458] das der Arbeitnehmer bezöge, bliebe er an seinem Arbeitsplatz. Das Arbeitsentgelt wird dem Arbeitnehmer vom Arbeitgeber ausgezahlt, dem dieses dann von der paritätischen Organisation erstattet wird.[1459] Diese Organisation trägt auch – nach den dafür gemäß Art. L. 6322-14 Code du travail festgelegten Regeln – Teile oder die Gesamtheit der im Rahmen des individuellen Bildungsurlaubs anfallenden Kosten (z.B. Kosten für Transport und Unterkunft, Kosten der Bildungsmaßnahme selbst).[1460]

f) Auswirkungen auf den Arbeitsvertrag

Während der Abwesenheit des Arbeitnehmers im Rahmen eines individuellen Bildungsurlaubs bleibt der Arbeitsvertrag unverändert bestehen, sein Vollzug wird allerdings ausgesetzt. Der Arbeitnehmer ist nicht zur Arbeitsleistung, der Arbeitgeber (außer im Falle einer Kostenübernahme durch den *„organisme collecteur"*) nicht zur Zahlung des Arbeitsentgelts verpflichtet.[1461] Der Arbeitnehmer bleibt aber insofern weiterhin dem Arbeitgeber unterstellt, als er diesem gegenüber verpflich-

---

1455 Ist ein Unternehmen nicht von der Finanzierungspflicht nach Art. L. 6331-9 Code du travail betroffen (, da es weniger als zehn Arbeitnehmer beschäftigt), bestimmt sich die zuständige Einrichtung nach Art. L. 6322-21 Abs. 2 Code du travail.
1456 Vgl. dazu *Déjean*, Droit social 1986, S. 532 ff.
1457 Art. R. 6322-15 Code du travail. Vgl. zum *„recours gracieux"* Art. R. 6322-16 f. Code du travail.
1458 100 % des vorher bezogenen Lohns werden nur für solche Bildungsmaßnahmen gewährt, die als „prioritär" i.S.d. Art. R. 6322-12 f. Code du travail einzustufen sind; *Pélissier/Supiot/Jeammaud*, Droit du travail, RdNr. 236 m.w.N.
1459 Art. L. 6322-20 Abs. 1 Code du travail.
1460 Art. L. 6322-20 Abs. 2 Code du travail.
1461 *Luttringer*, Droit social 1979, S. 11.

tet ist, den Bildungsmaßnahmen auch tatsächlich und mit Gewissenhaftigkeit (*„assiduité"*) beizuwohnen.[1462] Diese Pflichten werden durch eine Loyalitätspflicht ergänzt.[1463] Die für den individuellen Bildungsurlaub aufgebrachte Zeit wird nicht auf die Dauer des jährlichen bezahlten Erholungsurlaubs angerechnet.[1464] Stattdessen wird sie der normalen Arbeitszeit zum einen für die Bestimmung der Rechte des Arbeitnehmers im Zusammenhang mit dem jährlichen bezahlten Erholungsurlaub, zum anderen im Hinblick auf die auf das Dienstalter abstellenden Rechte des Arbeitnehmers gleichgestellt.[1465]

Auf die kollektiven Rechte des Arbeitnehmers hat die Inanspruchnahme des Rechts auf individuellen Bildungsurlaub keinen Einfluß. Der Arbeitnehmer kann unverändert etwaige Mandate als Belegschafts- oder Gewerkschaftsvertreter ausüben. Daneben bleiben sowohl sein aktives als auch sein passives Wahlrecht im Hinblick auf Arbeitnehmervertretungen unberührt.[1466]

Nach der Beendigung des individuellen Bildungsurlaubs ist der Arbeitgeber verpflichtet, dem Arbeitnehmer wieder seine ursprüngliche Beschäftigung zuzuweisen. Der Code du travail sieht dagegen keinerlei Verpflichtung des Arbeitgebers vor, den im Rahmen des CIF erworbenen Kenntnissen und Fertigkeiten des Arbeitnehmers in irgendeiner Weise Rechnung zu tragen. Will der Arbeitnehmer daher erreichen, daß er nach Fortbildungsmaßnahmen auf der Grundlage des individuellen Bildungsurlaubs einen höherwertigen Arbeitsplatz, eine höhere Vergütung oder Ähnliches erhält, ist er auf eine dahingehende Vereinbarung mit dem Arbeitgeber angewiesen.

g) Ergänzung: Weiterbildung außerhalb der Arbeitszeit

Den Vorschriften über die Weiterbildung auf Initiative des Arbeitnehmers (*„Chapitre II – Formations à l'initiative du salarié"*), die sich inhaltlich in drei Abschnitten („sections") mit verschiedenen Arten des Bildungsurlaubs befassen, wurde durch das Reformgesetz vom 14.10.2009 ein vierter Abschnitt hinzugefügt, der sich den außerhalb der Arbeitszeit stattfindenden Bildungsmaßnahmen (*„Section 4 – Formations se déroulant en dehors du temps de travail"*) widmet. Nach dem neu eingefügten Art. L. 6322-64 Code du travail kann fortan ein Arbeitnehmer, der über eine Betriebszugehörigkeit von wenigstens einem Jahr verfügt, im Rahmen

---

1462 *Pélissier/Supiot/Jeammaud*, Droit du travail, RdNr. 236.
1463 Cour de cassation, Chambre sociale, Droit social 2001, S. 888 (m. Anm. *Mazeaud*).
1464 Art. L. 6322-13 Abs. 1 Code du travail.
1465 Art. L. 6322-13 Abs. 2 Code du travail.
1466 *Pélissier/Supiot/Jeammaud*, Droit du travail, RdNr. 236, weisen darauf hin, daß die Wählbarkeit eines Arbeitnehmers, der sich im CIF befindet, teilweise angezweifelt wird.

des CIF außerhalb der Arbeitszeit Bildungsmaßnahmen durchführen, deren Kosten unter den Voraussetzungen des Art. L. 6322-20 Abs. 1 Code du travail vom zuständigen OPACIF übernommen werden können. Während dieser Zeit unterfällt der Arbeitnehmer dem Schutz der Sozialversicherungsgesetze in bezug auf Arbeitsunfälle und Berufskrankheiten.[1467] Eine Verordnung bestimmt eine Mindestdauer, die ein Urlaub betragen muß, damit die Kosten der Bildungsmaßnahme von der paritätischen Organisation übernommen werden können.[1468]

3. „Droit individuel à la formation" (DIF)

Beim individuellen Recht auf Bildung (*„droit individuel à la formation"*, DIF) handelt es sich um ein sehr junges Rechtsinstitut; es wurde erst mit dem Gesetz vom 04. Mai 2004[1469] in den Code du travail eingeführt und gilt als Vorzeigemaßnahme dieser Novelle.[1470] Die Entwicklung des DIF[1471] ging von drei Grundideen aus. Zum einen sollte zwischen der von der Initiative des Arbeitgebers abhängigen Weiterbildung auf der Grundlage eines *„plan de formation"* und dem ein Tätigwerden des Arbeitnehmers voraussetzenden *„congé individuel de formation"* ein dritter Weg der beruflichen Weiterbildung eröffnet werden, der auf einer Ko-Initiative, also auf einem Zusammenwirken der Parteien des Arbeitsvertrags, gründet. Zum zweiten wurde das Anliegen verfolgt, den Arbeitnehmer selbst zum „Akteur" seiner eigenen Weiterbildung zu machen.[1472] Das letztlich verabschiedete Gesetz sieht insofern einen Kompromiß vor, als zwar ein individuelles Recht eingeräumt wird, dieses aber kollektivrechtlichen Ausgestaltungen offensteht. Zum dritten sollte sich das neue Institut in den Gesamtkomplex der anderen „Mechanismen" der beruflichen Weiterbildung einfügen, indem bspw. die im Rahmen des DIF erworbenen Kenntnisse und Fertigkeiten anerkannt werden und sich so auf den beruflichen Werdegang auswirken.[1473]

Nach Einschätzung *Merles*[1474] stellt die Gesetzesnovelle von 2004 – und damit auch die Einführung des DIF – keine radikale Änderung des Systems der beruflichen Weiterbildung im französischen Recht dar. Die Einräumung eines mit der Person des Arbeitnehmers verknüpften Rechts auf Bildung habe aber jedenfalls

---

1467 Art. L. 6322-64 Abs. 1 S. 2 Code du travail.
1468 Art. L. 6322-64 Abs. 2 Code du travail.
1469 Vgl. dazu oben § 5 B.
1470 *Favennec-Héry*, Droit Social 2004, S. 866.
1471 Vgl. zur Vorgeschichte der gesetzlichen Implementierung *Merle*, Droit social 2004, S. 456 ff.
1472 Vgl. dazu *Maggi-Germain*, Droit social 2004, S. 484 f.
1473 *Favennec-Héry*, Droit Social 2004, S. 867.
1474 *Merle*, Droit social 2004, 456.

dazu geführt, daß die berufliche Weiterbildung nun verstärkt aus dessen Perspektive wahrgenommen werde.

a) Anwendungsbereich und Umfang des DIF

Nach Art. L. 6323-1 Abs. 1 i.V.m. Art. D. 6323-1 Code du travail verfügt jeder Arbeitnehmer, der sich in einem unbefristeten[1475] Arbeitsvertragsverhältnis befindet und in seinem Unternehmen auf ein Dienstalter von mindestens einem Jahr verweisen kann, in jedem Jahr über ein individuelles Recht auf Weiterbildung mit einem Umfang von 20 Stunden. Dieser gesetzliche Mindestumfang kann durch eine „convention" oder einen berufsgruppenüberschreitenden „accord collectif" (branchen- oder unternehmensbezogen)[1476] erweitert werden.[1477] Bei der Berechnung der dem Arbeitnehmer über das DIF eröffneten Rechte werden solche Abwesenheitszeiten, die auf Mutterschaftsurlaub, einen Adoptionsurlaub, einen Urlaub zum Zwecke der elterlichen Anwesenheit („congé de présence parentale"), einen Urlaub zur familiären Unterstützung („soutien familial") oder einen elterlichen Erziehungsurlaub („congé parental d'éducation") zurückzuführen sind, vollständig berücksichtigt.[1478] Auf Ausbildungsverträge und „contrats de professionnalisation" finden die Vorschriften zum DIF keine Anwendung.[1479]

Der Arbeitnehmer verfügt über die Möglichkeit, über einen Zeitraum von maximal sechs Jahren sein jährliches DIF-Stundenkontingent „anzusparen". Das so erreichte Guthaben darf aber grds. den Umfang von 120 Stunden nicht überschreiten, auch wenn der Arbeitnehmer von seinem Bildungsrecht keinen Gebrauch macht.[1480] Nach Art. L. 6323-6 Abs. 1 Code du travail können wiederum in einer „convention" oder einem „accord collectif" (branchen- oder unternehmensbezogen) besondere Voraussetzungen für die Wahrnehmung des individuellen Bildungsrechts vorgesehen werden. Diese Regelungsgewalt steht jedoch unter dem Vorbehalt, daß im Rahmen dieses Kollektivvertrages die Möglichkeit des Erwerbs eines Stundenguthabens von mindestens 120 Stunden, wiederum bezogen auf einen

---

1475 Für Arbeitnehmer mit einem befristeten Arbeitsverhältnis sieht Art. 6323-3 Code du travail Sonderregelungen vor.
1476 Eine ausführliche Darstellung der verschiedenen Arten von Kollektivverträgen in Frankreich findet sich bei *Krieger*, Das französische Tarifvertragsrecht, S. 116 ff.
1477 Art. L. 6323-1 Abs. 2 Code du travail.
1478 Art. L. 6323-2 Abs. 1 Code du travail.
1479 Art. L. 6323-1 Abs. 3 Code du travail.
1480 Art. L. 6323-5 Abs. 1 Code du travail.

Zeitraum von sechs Jahren, eingeräumt wird. Die Sozialpartner können die gesetzlich vorgesehene Obergrenze somit ohne Einschränkung erhöhen.[1481]

Den Arbeitgeber trifft nach Art. L. 6323-7 Code du travail die Pflicht, jeden Arbeitnehmer jährlich in schriftlicher Form über die Gesamtheit seiner im Rahmen des DIF erworbenen Rechte in Kenntnis zu setzen.

b) Wahrnehmung und Inhalt des DIF

aa) Initiative des Arbeitnehmers, Einverständniserklärung des Arbeitgebers

Liegen keine kollektivvertraglichen Vorgaben für die Wahrnehmung des DIF i.S.d. Art. L. 6323-6 Code du travail vor, hängt diese nach Art. L. 6323-9 Abs. 1 Code du travail von der Initiative des Arbeitnehmers ab. Die Durchführung einer Maßnahme im Rahmen des individuellen Bildungsrechts setzt aber eine Einigung mit dem Arbeitgeber voraus.

Erforderlich ist also zunächst ein Tätigwerden des Arbeitnehmers selbst. Der Code du travail enthält keine weiteren Konkretisierungen, so daß grundsätzlich keine formellen, inhaltlichen oder zeitlichen Vorgaben zu beachten sind. Allerdings ist der Arbeitgeber nach Art. L. 6323-10 i.V.m. D. 6323-2 Code du travail verpflichtet, dem Arbeitnehmer innerhalb einer Frist von einem Monat seine Antwort mitzuteilen. Es wird daher davon auszugehen sein, daß der Arbeitnehmer dem Arbeitgeber diejenigen Informationen zur Verfügung zu stellen hat (bzw. stellen sollte), die dieser für seine Entscheidung benötigt (ins Auge gefaßte Weiterbildungsmaßnahme, Zeitpunkt, Dauer, Ort). Bereits aus eigenem Interesse sollte der Arbeitnehmer zudem das Initiativschreiben mit einem zeitlichen Vorlauf übermitteln, der die dem Arbeitgeber eingeräumte Frist berücksichtigt. Antwortet der Arbeitgeber nicht innerhalb der Monatsfrist, ist dieses Schweigen nach Art. L. 6323-10 Abs. 2 Code du travail als Einverständnis mit der vom Arbeitnehmer getroffenen Wahl der Weiterbildungsmaßnahme zu werten.

bb) Gegenstand der Weiterbildungsmaßnahme

Nach Art. L. 6323-9 Abs. 2 Code du travail setzt die Bestimmung der Weiterbildungsmaßnahme, der sich der Arbeitnehmer auf der Grundlage seines *„droit individuel à la formation"* unterziehen möchte, eine schriftliche Übereinkunft zwi-

---

1481 Vgl. dazu *Favennec-Héry*, Droit Social 2004, S. 868, die auch die Frage aufwirft, ob die Möglichkeit des „Ansparens" zwingend einen *„accord collectif"* voraussetze. Dem Gesetzeswortlaut sei in diesem Zusammenhang mangelnde Klarheit vorzuwerfen.

schen den Arbeitsvertragsparteien voraus. Dabei kann auf die gewichteten Vorgaben zurückgegriffen werden, die ggf. nach Maßgabe des Art. L. 6323-8 Abs. 1 Code du travail mittels „*convention*" oder „*accord collectif*" (branchen- oder unternehmensbezogen) bestimmt wurden. Bestehen keine der genannten kollektiven Vereinbarungen, kann diese Festlegung von Prioritäten auch mittels eines solchen „*accord collectif*" erfolgen, der zwischen bestimmten repräsentativen Arbeitnehmer- und Arbeitgeberverbänden abgeschlossen wurde.[1482] Der Rückgriff auf die in der beschriebenen Weise gewichteten Weiterbildungsmaßnahmen ist nicht obligatorisch, sondern steht zur freien Wahl des Arbeitnehmers und des Arbeitgebers.[1483] Im Falle des gänzlichen Fehlens einer von den Sozialpartnern ausgearbeiteten Gewichtung beschränken sich die im Rahmen des DIF wählbaren Weiterbildungsmaßnahmen auf solche des beruflichen Aufstiegs („*promotion professionnelle*") i.S.d. Art. L. 6313-1 Nr. 3 Code du travail,[1484] auf solche des Erwerbs, der Aufrechterhaltung und der Perfektionierung der Kenntnisse i.S.d. Art. L. 6313-1 Nr. 6 Code du travail sowie auf die in Art. L. 6314-1 Code du travail erwähnten Maßnahmen der Qualifikation.

Die inhaltliche Einschränkung der mittels des DIF durchführbaren Weiterbildungsmaßnahmen führt *Merle* zu dem Schluß, daß der CIF für die Verwirklichung individueller Bildungsprojekte des Arbeitnehmers seinen „ersten Rang" beibehält.[1485] Darüber hinaus verdeutlicht das Erfordernis eines mit dem Arbeitgeber über den Gegenstand der Weiterbildung herbeizuführenden Einvernehmens, daß die Bezeichnung als „*droit individuel*" nicht hält, was sie verspricht. Zwar steht jedem Arbeitnehmer, der die gesetzlichen Voraussetzungen erfüllt, das DIF ohne Einschränkung zu. Dessen Verwirklichung hängt jedoch von der Mitwirkung des Arbeitgebers ab. Es handelt sich daher eher um ein bloßes Stundenguthaben („*crédit d'heures*") als um ein echtes, weil einschränkungslos durchsetzbares Recht.[1486]

cc) Folgen eines fehlenden Einvernehmens

Verweigert der Arbeitgeber den vom Arbeitnehmer ausgewählten Weiterbildungsmaßnahmen seine Zustimmung, sieht der Code du travail für den Arbeitnehmer

---

1482 Das sind solche, die zugleich Unterzeichner des Gründungsübereinkommens eines mit berufsgruppenübergreifender Kompetenz ausgestatteten „*organisme collecteur paritaire des fonds de la formation professionnelle continue*" sind.
1483 Cour de cassation, Chambre sociale, 16.01.2008, n° 07-10095.
1484 Vgl. dazu oben § 5 C.IV.
1485 *Merle*, Droit social 2004, S. 458.
1486 *Favennec-Héry*, Droit Social 2004, S. 868.

keine Möglichkeit vor, in irgendeiner Form gegen die Entscheidung des Arbeitgebers vorzugehen. Ihm bleibt lediglich der Versuch, seinen Antrag zu einem späteren Zeitpunkt zu erneuern. Kommt in zwei aufeinanderfolgenden Jahren keine Einigung über den Gegenstand der Weiterbildung im Rahmen des DIF zustande, eröffnet Art. L. 6323-12 Abs. 1 Code du travail dem Arbeitnehmer die Möglichkeit, eine vorrangige Finanzierung der von ihm gewählten Maßnahme durch denjenigen *„organisme collecteur paritaire agréé au titre du congé individuel à la formation"* zu erreichen, dem das Unternehmen zugehört. Diese Übernahme der Finanzierung durch den *„organisme"* spielt sich jedoch zum einen im rechtlichen Rahmen des *„congé individuel de formation"* ab, so daß das DIF zum CIF wird. Zum anderen steht sie unter dem Vorbehalt, daß die von dem Arbeitnehmer ausgesuchte Fortbildung den durch die paritätisch besetzte Organisation aufgestellten Bedingungen und Prioritäten entspricht. Die Typologie der mittels des CIF wählbaren Maßnahmen bestimmt somit in diesen Fällen die Ausübung des DIF.[1487]

Genügt die vom Arbeitnehmer vorgeschlagene Weiterbildung diesen Voraussetzungen und wird durch den *„organisme"* finanziert, trifft den Arbeitgeber nach Art. 6323-12 Abs. 2 Code du travail die Pflicht, an den *„organisme"* den Betrag der „Bildungsbeihilfe", der den im Rahmen des DIF erworbenen Rechten des Arbeitnehmers entspricht, sowie die Summe der durch die Weiterbildungsmaßnahme entstandenen Kosten zu entrichten.[1488]

dd) Zeitpunkt der Durchführung

Die auf der Grundlage des DIF wahrgenommenen Fortbildungen finden nach Art. L. 6323-11 Code du travail grundsätzlich außerhalb der Arbeitszeit statt. Eine Kollektivvereinbarung (*„une convention ou un accord collectif de branche ou d'entreprise"*) kann aber eine Verlagerung eines Teils der Fortbildung in die Arbeitszeit vorsehen.

c) Unterstützung/Vergütung des Arbeitnehmers, Finanzierung des DIF, sozialer Schutz

Zu welchen Zahlungen der Arbeitgeber gegenüber dem Arbeitnehmer während der Wahrnehmung des DIF verpflichtet ist, richtet sich danach, in welchen Zeitraum die Weiterbildungsmaßnahmen fallen. Werden die Weiterbildungsmaßnahmen im Rahmen des DIF aufgrund einer entsprechenden Kollektivvereinbarung i.S.d. Art.

1487 *Favennec-Héry*, Droit Social 2004, S. 868.
1488 Zu den Zahlungspflichten des Arbeitgebers sogleich unter § 5 C.VII.3.c.

L. 6323-11 Abs. 2 Code du travail während der Arbeitszeit durchgeführt, so behält der Arbeitnehmer seinen Anspruch auf Vergütung, sofern es sich um Maßnahmen der Anpassung an den Arbeitsplatz i.S.d. Art. L. 6321-2 Code du travail handelt.[1489] In diesem Fall stellt die Fortbildung effektive Arbeitszeit dar.[1490] Finden die Schulungen dagegen außerhalb der Arbeitszeit statt, muß der Arbeitgeber dem Arbeitnehmer, sofern Maßnahmen der Entwicklung der Fähigkeiten des Arbeitnehmers i.S.d. Art. L. 6321-10 Code du travail betroffen sind, eine „Bildungsbeihilfe" („*allocation de formation*") i.H.v. 50 % der Netto-Bezugsvergütung zahlen.[1491]

Die durch die Weiterbildungsmaßnahme verursachten Kosten trägt, unabhängig vom Zeitpunkt der Durchführung der Schulung, der Arbeitgeber.[1492]

Während der Dauer der Bildungsmaßnahme genießt der Arbeitnehmer weiterhin den Schutz der Gesetze zur Sozialversicherung im Hinblick auf Arbeitsunfälle und Berufskrankheiten.[1493]

d) Die „Übertragung" des individuellen Bildungsrechts

Der Code du travail spricht zwar von einer „Übertragung"[1494] bzw. einer Übertragbarkeit des individuellen Bildungsrechts, gleichwohl ist ein „Mitnehmen" des bei einem Arbeitgeber erworbenen DIF-Stundenguthabens in das Unternehmen eines anderen Arbeitgebers nicht ohne weiteres möglich. Ausgehend vom Grund der Beendigung des Arbeitsverhältnisses mit dem bisherigen Arbeitgeber sind in diesem Zusammenhang drei verschiedene Konstellationen zu unterscheiden.

Endet das Arbeitsverhältnis erstens aufgrund einer Kündigung des Arbeitgebers, die nicht auf einer besonders schweren („*lourde*") Pflichtverletzung des Arbeitnehmers beruht, räumt Art. L. 6323-17 Code du travail dem Arbeitnehmer das Recht ein, sein noch verbliebenes Stundenguthaben für eine Maßnahme zur Erarbeitung einer Aufstellung seiner beruflichen Fähigkeiten („*bilan de compétences*"), eine Maßnahme der Bestätigung des Erwerbs einschlägiger Berufserfahrung („*validation des acquis de l'expérience*") oder eine Maßnahme der Bildung einzusetzen. Werden die in Art. L. 6323-17 Abs. 1 Code du travail genannten Maßnahmen vor Ablauf der Kündigungsfrist durchgeführt, finden sie während der Arbeitszeit statt.[1495] Die Finanzierung dieser Maßnahmen erfolgt über eine vom Arbeitgeber zu

---

1489 Art. L. 6323-13 Code du travail.
1490 Vgl. *Pélissier/Supiot/Jeammaud*, Droit du travail, RdNr. 231 f.
1491 Art. L. 6323-14 i.V.m. Art. L. 6321-10 i.V.m. Art. D. 6321-5 Abs. 1 Code du travail.
1492 Art. L. 6323-16 Code du travail.
1493 Art. L. 6323-15 Code du travail.
1494 Livre troisième, Titre deuxième, Chapitre III, Section V.
1495 Art. L. 6323-17 Abs. 2 Code du travail.

zahlende, dem Stundenguthaben entsprechende „Bildungsbeihilfe", die sich auf der Grundlage des vom Arbeitnehmer vor seinem Ausscheiden aus dem Unternehmen bezogenen Nettogehalts berechnet. Diese „Übertragung" des *„droit individuel de formation"* setzt ein bis zum Ende der Kündigungsfrist vorzubringendes Gesuch des Arbeitnehmers voraus. Unterbleibt ein solches Gesuch, ist der Arbeitgeber nicht zur Zahlung der dem Stundenguthaben entsprechenden Beihilfe verpflichtet (Art. L. 6323-17 Abs. 1 S. 1 u. 2 Code du travail). Nach Art. L. 6323-19 Code du travail muß der Arbeitgeber den Arbeitnehmer im Kündigungsschreiben über dessen Rechte in bezug auf das individuelle Bildungsrecht in Kenntnis setzen.[1496]

Endet das Arbeitsverhältnis zweitens aufgrund einer Eigenkündigung des Arbeitnehmers, kann der Arbeitnehmer sein *„droit individuel de formation"* nach Art. L. 6323-17 Abs. 3 Code du travail nur dann wahrnehmen, wenn die Durchführung einer Maßnahme zur Erarbeitung einer Aufstellung seiner beruflichen Fähigkeiten (*„bilan de compétences"*), einer Maßnahme der Bestätigung des Erwerbs einschlägiger Berufserfahrung (*„validation des acquis de l'expérience"*) oder einer Maßnahme der Bildung vor Ende der Kündigungsfrist begonnen wird.

Scheidet der Arbeitnehmer schließlich aus dem Unternehmen aus, weil er in den Ruhestand versetzt wird, ist gemäß Art. L. 6323-20 Code du travail eine Abwicklung des DIF nicht möglich.

Bis zur Gesetzesreform vom 14.10.2009 war das DIF fest mit dem Arbeitsvertrag und dadurch mittelbar mit dem Unternehmen, nicht aber mit der Person des Arbeitnehmers verknüpft. Endete der Arbeitsvertrag, erfolgte demgemäß auch eine Liquidation des auf der Grundlage des DIF erworbenen Stundenguthabens.[1497] Ein wirklicher *„transfert"* von einem Arbeitgeber zum nächsten fand dagegen nicht statt. Diese Rechtslage hat durch die Gesetzesnovelle eine wesentliche Änderung erfahren. Fortan wird dem Arbeitnehmer die Möglichkeit eröffnet, sein DIF-Stundenguthaben zu einem möglichen neuen Arbeitgeber „mitzunehmen". Diese Möglichkeit steht allerdings unter dem Vorbehalt, daß zum einen der Arbeitsvertrag nicht aufgrund eines besonders schweren Pflichtverstoßes des Arbeitnehmers beendet wurde und zum anderen der Arbeitnehmer Anspruchsberechtigter der Arbeitslosenversicherung ist.[1498] Sind diese Voraussetzungen erfüllt und stellt der Ar-

---

1496 Der Code du travail (ebenso der das DIF begründende ANI) enthält sich einer Aussage zu den Folgen einer Verletzung dieser Informationspflicht. Nach Ansicht des Cour d'appel von Rouen (04.05.2004, n° 0739-17) verursacht die Unterlassung der Nennung der im Rahmen des DIF erworbenen Rechte einen zu ersetzenden Schaden des Arbeitnehmers.
1497 *Favennec-Héry*, Droit Social 2004, S. 869.
1498 Art. L. 6323-18 Code du travail.

beitnehmer innerhalb von zwei Jahren nach seiner Einstellung einen entsprechenden Antrag, kann der Geldbetrag, der dem beim vorgehenden Arbeitgeber erworbenen DIF-Stundenguthaben entspricht, der vollständigen oder teilweisen Finanzierung einer der folgenden Maßnahmen dienen: einer Maßnahme zur Erarbeitung einer Aufstellung der beruflichen Fähigkeiten („*bilan de compétences*"), einer Maßnahme der Bestätigung des Erwerbs einschlägiger Berufserfahrung („*validation des acquis de l'expérience*") oder einer Maßnahme der Bildung. Voraussetzung ist jeweils das Einverständnis des neuen Arbeitgebers. Verweigert der neue Arbeitgeber seine Zustimmung, kann der Geldbetrag nur für solche der genannten Maßnahmen eingesetzt werden, die den i.S.d. Art. L. 6323-8 Code du travail festgelegten Prioritäten entsprechen. Im letztgenannten Fall finden die Maßnahmen zwingend außerhalb der Arbeitszeit statt. Zudem ist der neue Arbeitgeber nicht zur Zahlung der Bildungsbeihilfe nach Art. L. 6321-10 Code du travail verpflichtet. Die Finanzierung wird stattdessen von der OPCA, der der neue Arbeitgeber angehört, übernommen.[1499]

e) Folgen der Weiterbildung im Rahmen des DIF

Der Code du travail sieht keine Verpflichtung des Arbeitgebers vor, den Kenntnissen und Fähigkeiten, die der Arbeitnehmer durch eine mittels seines DIF betriebene Weiterbildung erworben hat, in irgendeiner Weise Rechnung zu tragen. Solange also keine ausdrückliche Vereinbarung getroffen wurde, hat der Arbeitnehmer keinen Anspruch auf eine höhere Vergütung oder die Zuweisung eines höherwertigen Arbeitsplatzes. Der Anerkennung der Bildungserfolge wird aber eine entscheidende Bedeutung für die Bereitschaft der Arbeitnehmer, eine Anpassung ihrer beruflichen Fertigkeiten vorzunehmen, zukommen.[1500] Aus ihrer Sicht muß daher die Unsicherheit darüber, ob und inwiefern sich die von ihnen erzielten Bildungserfolge an ihrem Arbeitsplatz überhaupt auszahlen – sei es in Form einer Gehaltserhöhung, sei es durch eine Beförderung oder Ähnliches – einen entscheidenden Schwachpunkt der Ausgestaltung des DIF darstellen.

4. Die „*périodes de professionnalisation*"

Die Rechtsfigur der „*périodes de professionnalisation*" wurde, wie das individuelle Recht auf Bildung (DIF), mit dem Gesetz vom 04. Mai 2004[1501] geschaffen und

---

1499 Art. L. 6323-18 Abs. 1 Nr. 1 Code du travail.
1500 *Merle*, Droit social 2004, S. 459.
1501 Vgl. dazu oben § 5 B.

im Code du travail normativ verankert. Die „périodes de professionnalisation" verfolgen nach Art. L. 6324-1 Code du travail den Zweck, durch Weiterbildungsmaßnahmen den Verbleib bestimmter Gruppen von unbefristet oder befristet beschäftigten Arbeitnehmern auf ihrem Arbeitsplatz zu begünstigen.[1502] Ihnen liegt der Gedanke zugrunde, daß zugunsten derjenigen, deren Qualifikation und deren Fähigkeiten nutzlos zu werden drohen, präventive Tätigkeiten erforderlich sind. Da die genannte Gefahr zumeist ältere Arbeitnehmer, deren Erstausbildung bereits längere Zeit zurückliegt, betreffen wird, trägt das Institut der „périodes de professionnalisation" zugleich auch der Alterung der (französischen) Gesellschaft Rechnung.[1503]

a) Persönlicher Anwendungsbereich

„Périodes de professionnalisation" stehen nach Art. L. 6324-2 Code du travail nur einem gesetzlich festgelegten Kreis von Arbeitnehmern offen. Dies sind zum einen jene Arbeitnehmer, deren Qualifikation im Hinblick auf die Entwicklung der Technologien und die Gestaltung der Arbeit unzureichend ist (Nr. 1). Die für die Beurteilung des Qualifikationsstandes heranzuziehenden Maßstäbe werden dabei durch bestimmte Kollektivvereinbarungen definiert. Neben diesen unzureichend qualifizierten Arbeitnehmern können auch solche abhängig Beschäftigten eine „période de professionnalisation" nutzen, die entweder auf eine Berufstätigkeit von 20 Jahren verweisen können (Art. L. 6324-2 Nr. 2 i.V.m. Art. D. 6324-1 Nr. 1 Code du travail) oder aber mindestens 45 Jahre alt sind und seit wenigstens einem Jahr dem Unternehmen angehören, das sie zuletzt beschäftigt hat (Art. L. 6324-2 Nr. 2 i.V.m. Art. D. 6324-1 Nr. 2 Code du travail). Dazu kommen Arbeitnehmer, die die Gründung oder die Wiederaufnahme eines Unternehmens beabsichtigen (Art. L. 6324-2 Nr. 3 Code du travail) sowie zum einen Frauen, die nach einem Mutterschaftsurlaub in die Berufstätigkeit zurückkehren, zum anderen Frauen und Männer, die sich in einem Elternurlaub befunden haben (Nr. 4). Zu guter Letzt stehen die „périodes de professionnalisation" auch solchen Arbeitnehmern zur Verfügung, die Nutznie-

---

1502 *Maggi-Germain*, Droit social 2004, S. 492, zweifelt an den Erfolgsaussichten dieses Rechtsinstruments und befürchtet, daß der zwischen Arbeit und Arbeitslosigkeit anzusiedelnde Status der „Professionalisierung" ein juristisches Ghettodasein führen werde, da die Durchführung einer „*période de professionnalisation*" auf lediglich fakultativer Basis erfolgt.
1503 *Merle*, Droit social 2004, S. 462.

ßer der den Arbeitgeber treffenden Beschäftigungspflicht i.S.d. Art. L. 5212-13 Code du travail sind.[1504]

b) Gegenstand der „*périodes de professionnalisation*"

In den „*périodes de professionnalisation*" werden verschiedene Arten der Unterweisung der Arbeitnehmer gebündelt: Neben allgemeine Unterrichtungen treten solche zur Vermittlung beruflicher und technologischer Inhalte. Dazu kommen Maßnahmen, die durch die Ausübung (mindestens) einer in Zusammenhang mit einer erstrebten Qualifikation stehenden beruflichen Tätigkeit im Unternehmen auf die Aneignung entsprechender Fertigkeiten („*savoir-faire*") abzielen.[1505] Dabei können zwei unterschiedliche Zielsetzungen verfolgt werden. Es kann erstens der Erwerb einer formalen Qualifikation i.S.d. Art. L. 6314-1 Code du travail bezweckt sein.[1506] Durch eine branchenbezogene Kollektivvereinbarung („*convention ou (...) accord de branche*") wird eine Liste derjenigen Abschlüsse bzw. Qualifikationen erstellt, die im Rahmen einer „*période de professionnalisation*" erlangt werden können. Fehlt eine solche Kollektivvereinbarung, so wird diese Liste durch eine Kollektivvereinbarung bestimmt, die zwischen bestimmten Arbeitnehmer- oder Arbeitgeberverbänden abgeschlossen wurde. Dabei handelt es sich um diejenigen repräsentativen Vereinigungen, die zugleich Unterzeichner des Gründungsübereinkommens eines berufsgruppenübergreifenden „*organisme collecteur paritaire des fonds de la formation professionnelle continue*" sind.[1507] Es kommt zweitens aber auch die Teilnahme an einer Bildungsmaßnahme in Betracht, deren Gegenstand von der paritätischen nationalen Beschäftigungskommission („*commission paritaire nationale de l'emploi*") derjenigen Berufsbranche, der das Unternehmen angehört, bestimmt wird.[1508] Die Bedingungen, unter denen die zuständige nationale Beschäftigungskommission ihre Bestimmungen trifft, werden wiederum durch eine branchenbezogene Kollektivvereinbarung („*convention ou (...) accord de branche*") festgelegt,[1509] so daß die Sozialpartner ihren bestimmenden Einfluß auf den Inhalt der „*période de professionnalisation*" wahren.

1504 Nach Art. L. 5212-1 f. i.V.m. Art. L. 5212-13 Code du travail ist jeder Arbeitnehmer, der zwanzig oder mehr Arbeitnehmer beschäftigt, verpflichtet, 6 % seiner Arbeitsplätze mit behinderten, kriegsversehrten oder diesen gleichgestellten Arbeitern zu besetzen.
1505 Art. L. 6324-5 Code du travail.
1506 Art. L. 6324-3 Code du travail.
1507 Art. L. 6324-4 Code du travail.
1508 Art. L. 6324-3 Code du travail.
1509 Art. L. 6324-4 Abs. 3 Code du travail.

Die den Sozialpartnern eröffneten Möglichkeiten, über Kollektivvereinbarungen Einfluß auf den Gegenstand der „périodes de professionnalisation" zu nehmen, erlaubt ihnen, die Weiterbildungsinhalte möglichst nahe an den Bedürfnissen der jeweils betroffenen Branche auszurichten.

c) Durchführung der „périodes de professionnalisation"

aa) Allgemeines

Der Code du travail äußert sich nicht ausdrücklich zu der Frage, auf wessen Initiative die Durchführung einer „période de professionnalisation" beruht. Der Anstoß kann daher, wie auch die Vorschrift des Art. L. 6324-7 Code du travail nahelegt, sowohl vom Arbeitgeber als auch vom Arbeitnehmer ausgehen.[1510]

In örtlicher Hinsicht finden die im Rahmen der „périodes de professionnalisation" vollzogenen Bildungsmaßnahmen entweder in privaten oder staatlichen Bildungseinrichtungen oder aber, falls dort ein Bildungsdienst eingerichtet ist, in den Unternehmen selbst statt.[1511]

Weiterbildungsmaßnahmen, die im Rahmen der „périodes de professionnalisation" durchgeführt werden, fallen grundsätzlich in die Arbeitszeit. Sie können aber auch, wie Art. L. 6324-7 Code du travail klarstellt, ganz oder teilweise außerhalb der Arbeitszeit stattfinden. Dies kann zum einen auf Initiative des Arbeitnehmers geschehen. Die Durchführung der Maßnahmen erfolgt dann im Rahmen des „droit individuel à la formation" i.S.d. Art. L. 6323-1 Code du travail. Geht die Verlagerung in die arbeitsfreie Zeit dagegen auf einen Anstoß des Arbeitgebers zurück, ist, da Art. L. 6321-6 Code du travail Anwendung findet, eine schriftliche Übereinkunft mit dem Arbeitnehmer erforderlich. In beiden Fällen muß der Arbeitgeber vor der bildungsbedingten Abwesenheit des Arbeitnehmers mit diesem die Verpflichtungen bestimmen, die das Unternehmen eingeht, wenn der Arbeitnehmer an den Bildungsmaßnahmen mit Gewissenhaftigkeit („assiduité") teilgenommen und vorbestimmte Leistungsnachweise erbracht hat.

Arbeitgeber und Arbeitnehmer können schriftlich vereinbaren, daß die Summe der Stunden, die außerhalb der Arbeitszeit der Weiterbildung im Rahmen einer „période de professionnalisation" gewidmet werden, das durch das „droit individuel à la formation" eröffnete Stundenguthaben um bis zu 80 Stunden je Kalenderjahr übersteigen darf.[1512] Auch in diesem Fall muß der Arbeitgeber – nun in entspre-

---

1510 Vgl. dazu auch § 5 C.VII.4.d.
1511 Art. L. 6324-5 Code du travail.
1512 Art. L. 6324-9 Code du travail.

chender Anwendung des Art. L. 6321-8 Code du travail – vor Beginn der Maßnahmen mit dem Arbeitnehmer die Verpflichtungen festlegen, die er eingeht, wenn der Arbeitnehmer an der Fortbildungsmaßnahme mit Gewissenhaftigkeit teilgenommen und vorbestimmte Leistungsnachweise erbracht hat.

Der Anzahl der Arbeitnehmer, die auf der Grundlage einer *„période de professionnalisation"* gleichzeitig abwesend sein können, ist zugunsten des Arbeitgebers durch Art. L. 6324-6 Code du travail eine Grenze gezogen. Danach darf, vorbehaltlich eines anderslautenden Einverständnisses des Arbeitgebers, der Anteil der eine *„période de professionnalisation"* nutzenden Arbeitnehmer 2 % der Gesamtzahl der in dem jeweiligen Unternehmen oder Betrieb beschäftigten Arbeitgeber nicht übersteigen. Beschäftigt ein Unternehmen oder Betrieb weniger als 50 Arbeitnehmer, so ist dem Arbeitgeber die Möglichkeit eröffnet, die Wahrnehmung einer *„période de professionnalisation"* durch einen Arbeitnehmer zu verschieben, wenn anderenfalls mindestens zwei Arbeitnehmer zeitgleich dem Unternehmen oder Betrieb aufgrund einer beruflichen Bildungsphase fehlten.

bb) Tutorat

Die praktische und unternehmensorientierte Ausrichtung der *„périodes de professionnalisation"* wird durch die dem Arbeitgeber eröffnete Möglichkeit verstärkt, dem Arbeitnehmer für die Dauer der Qualifikations- bzw. Weiterbildungsmaßnahmen einen „Tutor" an die Seite zu stellen. Dazu kann er unter den Arbeitnehmern des Unternehmens eine sich zur Übernahme des Tutorats bereit erklärende Person auswählen, die im Bereich einer Qualifikation, die mit dem Ziel der jeweiligen „Professionalisierung" in Zusammenhang steht, über eine Berufserfahrung von mindestens zwei Jahren verfügt.[1513] Der Arbeitgeber kann diese Funktion aber, sofern er die genannten Bedingungen erfüllt, auch selbst übernehmen. Die Aufgaben des Tutors werden in Art. D. 6324-3 Code du travail aufgeführt. So muß er zunächst die eine Weiterbildungsperiode nutzenden Arbeitnehmer in Empfang nehmen, ihnen helfen sowie ihre Information und Anleitung übernehmen (Nr. 1). Daneben muß er die Tätigkeit der betroffenen Arbeitnehmer innerhalb des Unternehmens organisieren und zum Erwerb der erstrebten Fertigkeiten (*„savoir-faire"*) beitragen (Nr. 2). Der Tutor hat des weiteren über den Zeitplan des Arbeitnehmers zu wachen (Nr. 3). Ihn trifft zusätzlich die Aufgabe, die Verbindung mit der Einrichtung oder Dienststelle, die außerhalb des Unternehmens für die Bewertung, die Bildung und die Begleitung des Arbeitnehmers zuständig ist, sicherzustellen (Nr. 4).

1513 Art. D. 6324-2 Code du travail.

Zu guter Letzt beteiligt sich der Tutor an der Bewertung des Verlaufs der Bildungsmaßnahmen (Nr. 5).

Der Arbeitgeber ist verpflichtet, dem Tutor die Zeit zur Verfügung zu stellen, die dieser für die Ausübung seiner Funktionen benötigt.[1514] Handelt es sich bei dem Tutor selbst um einen Arbeitnehmer, so kann er die Rolle des Tutors nicht für mehr als drei Arbeitnehmer gleichzeitig ausüben. Übernimmt dagegen der Arbeitgeber die Rolle des Tutors, verringert sich diese Zahl auf zwei Arbeitnehmer.[1515]

d) Vergütung/Unterstützung, sozialer Schutz

Die Zahlungspflichten des Arbeitgebers gegenüber einem Arbeitnehmer, der sich in einer „*période de professionnalisation*" befindet, richten sich danach, in welchem Zeitraum letztere durchgeführt wird. Fällt sie vollständig in die Arbeitszeit, hat der Arbeitnehmer unverändert Anspruch auf Zahlung des Arbeitslohns.[1516] Finden die Bildungsmaßnahmen dagegen außerhalb der Arbeitszeit des Arbeitnehmers statt, so ist der Arbeitgeber, da die Schulungen in diesem Fall abhängig davon, von wem die entsprechende Initiative ausging, den Vorschriften zum DIF bzw. den Regelungen zu den „*actions de développement des compétences*"[1517] unterstellt sind,[1518] zur Zahlung einer „Bildungsbeihilfe" verpflichtet. Deren Höhe beträgt 50 % der Netto-Bezugsvergütung des Arbeitnehmers.[1519]

Unabhängig vom Zeitpunkt ihrer Durchführung genießt der Arbeitnehmer während der Dauer der im Rahmen der „*périodes de professionnalisation*" vollzogenen Weiterbildungsmaßnahmen unverändert den Schutz der Sozialversicherungsgesetze in bezug auf Arbeitsunfälle und Berufskrankheiten.[1520]

e) Folgen der Weiterbildung im Rahmen einer „*période de professionnalisation*"

Es wurde bereits dargestellt, daß der Arbeitgeber unter bestimmten Umständen – wenn die Weiterbildungsmaßnahmen außerhalb der Arbeitszeit stattfinden – mit dem Arbeitnehmer eine Einigung über diejenigen Verpflichtungen herbeiführen muß, die das Unternehmen im Falle einer erfolgreichen Fortbildung eingeht.[1521] Aus

---

1514 Art. D. 6324-4 Code du travail.
1515 Art. D. 6324-5 Code du travail.
1516 Art. L. 6324-8 Code du travail.
1517 Art. L. 6321-6 ff. Code du travail.
1518 Vgl. Art. Art. L. 6324-7 Code du travail.
1519 (Art. L. 6323-14 i.V.m.) Art. L. 6321-10 i.V.m. Art. D. 6321-5 Code du travail.
1520 Art. L. 6324-10 Code du travail.
1521 Dazu oben § 5 C.VII.4.c.aa.

diesen ausdrücklichen Bestimmungen kann der Umkehrschluß gezogen werden, daß der Arbeitgeber in allen anderen Fällen nicht dazu verpflichtet ist, neuerworbenen Kenntnissen und Fertigkeiten des Arbeitnehmers in irgendeiner Weise Rechnung zu tragen. Die Zuweisung einer höherwertigen Tätigkeit oder eine Erhöhung der Vergütung setzen deshalb eine dahingehende Abrede zwischen den Parteien des Arbeitsvertrages voraus.

5. „Bilan d'étape professionnel" und „passeport orientation et formation"

Mit Gesetz vom 14.10.2009 wurden zwei neue Rechtsfiguren eingeführt, die der Wettbewerbsfähigkeit des Unternehmens sowie der Sicherung des „parcours professionnel", des beruflichen Werdegangs der Arbeitnehmer, dienen sollen. Dies sind der „bilan d'étape professionnel" sowie der „passeport orientation et formation".

Im Zeitpunkt seiner Einstellung ist der Arbeitnehmer darüber aufzuklären, daß er, sobald er auf eine zweijährige Zugehörigkeit zu dem einstellenden Unternehmen zurückblicken kann, einen „bilan d'étape professionnel" (übersetzbar in etwa mit „Bilanz/Aufstellung des beruflichen Entwicklungsstandes") beantragen kann.[1522] Diese Aufstellung kann auf Antrag des Arbeitnehmers alle fünf Jahre erneuert werden. Ausgehend vom Zeitpunkt der von Arbeitnehmer und Arbeitgeber gemeinsamen bewirkten Erstellung einer Untersuchung verfolgt sie zum einen den Zweck, dem Arbeitnehmer eine Entwicklung seiner beruflichen Fertigkeiten und seiner Kompetenzen zu ermöglichen, zum anderen dient sie der Unterstützung des Arbeitgebers bei der Bestimmung der mit der Bildung des Arbeitnehmers verfolgten Zielsetzung. Die Bestimmung der einzelnen Anwendungsvoraussetzungen des „bilan d'étape professionnel" hat der Gesetzgeber der Regelungsgewalt der Sozialpartner übertragen. Das tatsächliche Inkrafttreten der Regelung des Art. L. 6315-1 Code du travail setzt einen entsprechenden „accord national interprofessionnel étendu" voraus.

Nach Art. L. 6315-2 Code du travail steht es jeder Person offen, sich bei der zuständigen Behörde einen „Bildungspaß" („passeport orientation et formation") ausstellen zu lassen.[1523] Dieser Ausweis ermöglicht insbesondere einen Überblick über die Erstausbildung, erworbene Abschlüsse und vollzogene Weiterbildungsmaßnahmen. Dem Arbeitgeber ist es untersagt, die Einstellung eines Arbeitneh-

---

1522 Art. L. 6315-1 Code du travail.
1523 Schon der ANI vom 20.09.2003 sah die Einführung eines Bildungspasses vor. Der Gesetzgeber hat diesen Anstoß aber 2004 nicht aufgegriffen. Vgl. dazu *Maggi-Germain*, Droit social 2004, S. 486.

mers von der Vorlage des Bildungspasses abhängig zu machen. Die Bestimmung der genaueren Voraussetzungen der Anwendung des Art. L. 6315-2 Code du travail erfolgt im Wege einer Verordnung des *„Conseil d'État"*. Wie die Regelung des Art. L. 6315-1 Code du travail fordert somit auch Art. L. 6315-2 Code du travail noch einen gesonderten „Umsetzungsakt".

D. Ergebnis

I. Zusammenfassende Betrachtung

Auf dem Gebiet der lebenslangen beruflichen Bildung hält das französische Arbeitsrecht, wie eingangs erwähnt, ein sehr differenziertes System von Rechten, Ansprüchen und Pflichten vor. Innerhalb eines Unternehmens können bis zu sieben verschiedene Weiterbildungsregimes parallel existieren.[1524] Dem Arbeitnehmer sind dabei fünf verschiedene Zugänge zur Anpassung oder Erweiterung seiner beruflichen Kenntnisse und Fertigkeiten eröffnet, die zum größten Teil von seinem Willen zur Fortbildung abhängen und sich insbesondere im Hinblick auf die Frage unterscheiden, wem das Initiativrecht für die Durchführung entsprechender Bildungsmaßnahmen zusteht. Neben den tragenden Säulen des Rechts der Weiterbildung, dem auf der Initiative des Arbeitgebers beruhenden Bildungsplan des Unternehmens (*„plan de formation"*) und dem von einem Tätigwerden des Arbeitnehmers abhängigen *„congé individuel de formation"*(CIF),[1525] nimmt aus der Perspektive des Arbeitnehmers insbesondere das *„droit individuel à la formation"* einen wichtigen Rang ein. Dieses als „dritter Weg" konzipierte, erst im Jahr 2004 eingeführte Rechtsinstitut erweitert die Möglichkeiten des Arbeitnehmers, im Hinblick auf seine berufliche Fortbildung selbständige Anstrengungen zu unternehmen. Seine Verwirklichung hängt aber im Grundsatz wiederum von der Zustimmung des Arbeitgebers ab, so daß letztlich der CIF den einzigen dem Arbeitnehmer verbleibenden Weg darstellt, ein eigenständiges Bildungsvorhaben durchzuführen. Es bleibt somit für diesen die wichtigste Rechtsfigur in Sachen beruflicher Weiterbildung.

Ein wesentliches Merkmal der rechtlichen Ausgestaltung der *„formation professionnelle continue"* ist die Tatsache, daß der Staat und die Unternehmen, die zur Abführung bestimmter, zweckgebundener Beträge verpflichtet sind, die Kosten der

---

1524 *Merle*, Droit social 2004, S. 463.
1525 *Merle*, Droit social 2004, S. 455.

Fortbildung der Arbeitnehmer tragen. Der Arbeitnehmer erfährt so eine weitreichende finanzielle Absicherung seiner Fortbildungsaktivitäten. Im System der beruflichen Weiterbildung des französischen Rechts gewinnt aber der Gedanke des „*co-investissement*" fortlaufend an Bedeutung.[1526] Die nicht nur in Frankreich selbstverständliche Erkenntnis, daß sowohl der (vernünftige) Arbeitnehmer als auch der (vernünftige) Arbeitgeber ein großes Interesse an einer sachgerechten beruflichen Fortbildung haben müßten, hat jedenfalls in unserem Nachbarland auch Niederschlag in den entsprechenden arbeitsrechtlichen Normen gefunden. Während der Arbeitgeber verpflichtet ist, den erwähnten finanziellen Beitrag zur beruflichen Weiterbildung des Arbeitnehmers zu leisten, muß letzterer unter bestimmten Umständen einen Teil seiner Freizeit für Bildungszwecke zur Verfügung stellen. Nach Auffassung *Maggi-Germains* lässt sich sogar eine Tendenz hin zu einer Erweiterung derjenigen Weiterbildungsmaßnahmen feststellen, die außerhalb der Arbeitszeit stattfinden.[1527] Diese Inpflichtnahme auch der Arbeitnehmer führt zur Herausbildung der sog. „*tiers temps formation*", einer individuellen Bildungszeit, die sich in ihrer rechtlichen Einordnung in einer Grauzone zwischen regulärer Arbeitszeit und Zeit der Arbeitsruhe bewegt[1528] und nach teilweise vertretener Ansicht die Herausbildung eines juristischen Zeitbegriffs *sui generis* bewirkt hat.[1529] Im Ergebnis wird durch die Verlagerung eines Teils der Weiterbildung in die arbeitsfreie Zeit eine Individualisierung derselben i.S. einer Lösung vom Einfluß des Arbeitgebers bewirkt.[1530]

Ein zweites, augenfälliges Charakteristikum der Regelungen zur beruflichen Weiterbildung der Arbeitnehmer im französischen Arbeitsrecht liegt im Einfluß, der den Sozialpartnern auf diesem Feld zukommt. Die berufliche Weiterbildung wird teilweise als eine Materie betrachtet, für die die Sozialpartner eine primäre Kompe-

---

[1526] *Favennec-Héry*, Droit social 2004, S. 494 f.; *Fillon*, Droit social 2004, S. 453; *Gomez-Mustel*, Droit social 2004, S. 500, spricht mit ähnlicher Stoßrichtung vom Prinzip der geteilten Verantwortung („*principe de responsabilité partagée de la formation*").
[1527] *Maggi-Germain*, Droit social 2004, S. 487.
[1528] Dazu und zu den rechtlichen Folgefragen ausf. *Favennec-Héry*, Droit social 2004, S. 494 ff.; *Maggi-Germain*, Droit social 2004, S. 482 ff.
[1529] *Maggi-Germain*, Droit social 2004, S. 487.
[1530] *Favennec-Héry*, Droit social 2004, S. 494, weist darauf hin, daß diese Verlagerung sowohl beim Arbeitgeber als auch beim Arbeitnehmer sowie schließlich den Sozialpartnern nicht nur auf Zustimmung stoßen kann. Während der Arbeitgeber bei Maßnahmen außerhalb der Arbeitszeit seinen durch das Weisungsrecht vermittelten Einfluß auf Inhalt und Vollzug derselben verliert, muß der Arbeitnehmer Einbußen an arbeitsfreier Zeit hinnehmen. Vorbehalte seitens der Sozialpartner gegenüber einer Individualisierung der Weiterbildung können deshalb bestehen, weil die berufliche Fortbildung traditionellerweise einen großen Anwendungsbereich der Kollektivverhandlungen darstellt.

tenz besitzen.¹⁵³¹ Diese maßgebende Funktion der Arbeitnehmer- und Arbeitgebervertretungen beschränkt sich aber nicht allein auf ihre Rolle beim Zustandekommen der entsprechenden arbeitsrechtlichen Regelungen, sondern setzt sich bei der Durchführung konkreter Weiterbildungsprojekte, also bei der Anwendung der Vorschriften, fort. Neben den „*périodes de professionnalisation*" betrifft dies in der Hauptsache das „*droit individuel à la formation*". Im Hinblick auf die Durchführung und Ausgestaltung dieses Rechts räumt der Code du travail den Sozialpartnern insbesondere die Möglichkeit ein, den gesetzlichen Mindestumfang von 20 Stunden pro Jahr zu erweitern, die gesetzlich vorgesehene Höchstgrenze für das „Ansparen" eines Bildungsguthabens auszudehnen sowie gewichtete Vorgaben für den Gegenstand der Weiterbildungsmaßnahmen festzulegen. Zusätzlich können die Sozialpartner mittels einer entsprechenden Kollektivvereinbarung eine zeitliche Verlagerung eines Teils der im Rahmen des DIF durchgeführten Schulungen in die Arbeitszeit vorsehen.

Die geschilderte Vielfalt der innerhalb eines Unternehmens denkbaren Fortbildungstypen scheint zwar auf den ersten Blick ein Vorteil zu sein, sie stellt aber auch eine entscheidende Schwäche des Rechts der beruflichen Weiterbildung im französischen Arbeitsrecht dar. Es ist gerade diese Vielschichtigkeit, die mit dem Vorwurf angegriffen wird, die Regelungen seien überkompliziert und daher nur schwer verständlich. So wird beständig beklagt, daß es den einschlägigen Normen an Klarheit fehle und daß die Strukturen und die Finanzierung¹⁵³² der Bildung undurchsichtig seien.¹⁵³³ Die teilweise festzustellende Blumigkeit der Vorschriften, die in ihrem pathetischen Ton an die Texte mancher internationaler Abkommen erinnern, erschwert oftmals eine trennscharfe Angrenzung der einzelnen Rechtsfiguren.¹⁵³⁴ Die Komplexität des Rechts der beruflichen Weiterbildung ist also ein Grund für die mangelnde Akzeptanz, die dem französischen Modell entgegengebracht wird und die sich in den geringen Weiterbildungsquoten äußert.

Daneben wird bemängelt, daß trotz zahlreicher Reformen das Problem des ungleichen Zugangs zur Weiterbildung bzw. der ungleichen Wahrnehmung derselben, der sog. „Matthäus-Effekt" („*effet Matthieu*"), fortbestehe. Dies führe dazu, daß bevorzugt solche Arbeitnehmer in den Genuß weiterer Fortbildungsmaßnahmen

---

1531 *Fillon*, Droit social 2004, S. 453.
1532 Die genannten sieben denkbaren Weiterbildungsregimes weisen jeweils auch unterschiedliche Arten der Finanzierung auf; *Merle*, Droit social 2004, S. 463.
1533 Vgl. nur *Gomez-Mustel*, Droit social 2004, S. 499; *Fillon*, Droit social 2004, S. 452; *Santelmann*, Droit social 1998, S. 463.
1534 Ähnlich bereits *Bellenger*, Droit social 1978, S. 241.

kämen, die bereits über eine Erstausbildung oder eine andere Art umfassenderer Vorbildung verfügten.[1535] Demgegenüber profitierten die gering qualifizierten Arbeitnehmer am wenigsten von den gesetzlichen Vorschriften.[1536] Der ehemalige Minister für Arbeit, Soziales und Solidarität, *Francois Fillon*, unterstreicht aus diesem Grund die Bedeutung einer Politik, die eine „Bildung der zweiten Chance" begünstigt.[1537]

Der geringe Erfolg des umfangreichen rechtlichen Angebots auf dem Gebiet der beruflichen Weiterbildung schlägt sich auch in den Statistiken nieder. Zwar wurde im Jahr 2002 eine Summe von insgesamt 21,8 Milliarden € zu Weiterbildungszwecken aufgebracht (davon 9,6 Milliarden durch die Unternehmen) – eine Zahl, die sich zunächst beeindruckend liest. Allerdings hat dieser Betrag lediglich dazu geführt, daß in den Unternehmen mit mehr als 10 Arbeitnehmern auf jeden Arbeitnehmer im Schnitt 15 Weiterbildungsstunden jährlich entfielen, in den kleineren Unternehmen sogar nur 3,5 Stunden (jeweils im Jahr 2001). Zu diesen ernüchternden Zahlen tritt der Befund, daß in den Unternehmen mit weniger als zehn Arbeitnehmern nur 9 % der Mitarbeiter in den Genuß von Bildungsmaßnahmen gekommen sind, wohingegen dies in größeren Unternehmen bei 37 % der Arbeitnehmer der Fall war. Auch aus dem Blickwinkel der Ausgangsqualifikation ergibt sich ein schiefes Bild: In den Unternehmen mit mehr als 2.000 Arbeitnehmern haben 67 % der höher Qualifizierten Bildungsangebote genutzt. Demgegenüber beläuft sich die Quote bei Nichtqualifizierten in Unternehmen mit 10 bis 19 Arbeitnehmer auf lediglich 3,1 %.[1538] Schließlich ist auch die durchschnittliche Dauer der durchgeführten Fortbildungsmaßnahmen von 62 Stunden je Bildungsnehmer im Jahr 1974 auf ca. 30 Stunden im Bemessungsjahr 2006 herabgesunken.[1539]

Wiederum *Fillon* spricht die Hoffnung aus, daß eine durch Vereinfachung bewirkte bessere Verständlichkeit der Vorschriften zur beruflichen Weiterbildung auch eine Erhöhung ihrer Wirksamkeit zur Folge haben werde.[1540] Diesen Gedanken greift der der Gesetzesreform vom 14.10.2009 zugrundeliegende ANI vom 07.01.2009 auf, indem er das Ziel formuliert, u.a. die Verständlichkeit bzw. Transparenz der beste-

---

1535 *Maggi-Germain*, Droit social 2004, S. 482: „*constats d'inégalité qui perdurent depuis trente ans*"; *Gomez-Mustel*, Droit social 2004, S. 499; *Fillon*, Droit social 2004, S. 452.
1536 *Santelmann*, Droit social 1998, S. 466 f.
1537 *Fillon*, Droit social 2004, S. 454.
1538 Alle Zahlen bei *Dennery*, Réforme de la formation professionnelle, S. 17.
1539 *Maggi-Germain*, Droit social 2009, S. 1236.
1540 *Fillon*, Droit social 2004, S. 454.

henden Vorschriften zur Weiterbildung zu verbessern und die Bedingungen ihrer Durchführung zu vereinfachen.

II. Folgerungen für das deutsche Recht

Der Blick auf die vielfältigen Regelungen des französischen Arbeitsrechts zeigt, daß auch ein stark ausdifferenziertes System von Pflichten, Rechten und Ansprüchen mit Problemen zu kämpfen hat, die zum einen im rechtlichen, zum anderen im praktischen Bereich anzusiedeln sind. Im Ergebnis kann das französische Modell nicht auf Weiterbildungsquoten verweisen, die sich deutlich von den deutschen Zahlen abheben. Die nur geringe Inanspruchnahme der vorhandenen gesetzlichen Rahmen dürfte zum einen darauf beruhen, daß in den meisten Fällen eine Übereinkunft zwischen den Arbeitsvertragsparteien erreicht werden muß. Ein weiterer Grund dürfte in dem aus Arbeitnehmersicht unbefriedigenden Befund liegen, daß in vielen Fällen nicht sicher ist, ob bzw. in welcher Form sich die erreichten Bildungserfolge auch konkret auf die eigene Stellung im Unternehmen auswirken. Denn den Arbeitgeber trifft, von besonderen tarif- oder arbeitsvertraglichen Vereinbarungen abgesehen, keine gesetzliche Pflicht zur Anerkennung einer vom Arbeitnehmer im Wege der Fortbildung neu erworbenen Qualifikation.[1541] Daß auch die fehlende Klarheit der Normen und – aus Arbeitgebersicht – das im Katalog des Art. L. 6313-1 Code du travail vorgesehene, über die dynamisch verstandenen arbeitsvertraglichen Anforderungen weit hinausweisende Spektrum der möglichen Weiterbildungsinhalte die Akzeptanz der gesetzlichen Vorschriften verringern, liegt nahe und wurde bereits angesprochen.

Legt man die Annahme zugrunde, daß sich sowohl Arbeitgeber als auch Arbeitnehmer der Bedeutung der Weiterbildung nicht nur für die Erhaltung bzw. Anpassung des Qualifikationsstandes und der Wettbewerbsfähigkeit, sondern auch für die Vermeidung von Kündigungen[1542] bewußt sind, läßt sich der geringe Erfolg des französischen Modells m.E. nur als Erhärtung der Schlußfolgerungen deuten, die bereits bei der Betrachtung des deutschen Rechts gezogen wurden. So wird zum einen erneut deutlich, daß eine kontinuierliche Arbeit an den eigenen beruflichen Kenntnissen und Fertigkeiten neben einem entsprechenden gesetzlichen Rahmen und der Mitarbeit des Arbeitgebers nicht zuletzt eine entsprechende Bereitschaft des Arbeitnehmers voraussetzt.[1543] Da eine ernsthaft betriebene Weiterbildung –

1541 *Maggi-Germain*, Droit social 2009, S. 1243.
1542 Vgl. *Gomez-Mustel*, Droit social 2004, S. 508.
1543 Vgl. Schwarze/*Kreßel*, EU-Kommentar, Art. 125 RdNr. 27.

unabhängig von der zeitlichen Lage – immer auch einen zusätzlichen Aufwand und zusätzliche Anstrengungen bedeutet, fällt in Anbetracht der menschlichen Natur die Zahl derer, die eine solche Sonderbelastung aus freien Stücken auf sich nehmen, von vornherein gering aus. Will man also die beständige berufliche Fortbildung einer möglichst großen Zahl von Arbeitnehmern sicherstellen, kann dies nur über die Schaffung einer entsprechenden gesetzlichen Pflicht erfolgen (der dann notwendigerweise entsprechende Pflichten des Arbeitgebers gegenüberstehen). Um zum einen den Umfang dieser gesetzlichen Pflichten auf das Erforderliche zu beschränken und zum anderen die Akzeptanz einer gesetzlichen Verankerung eines Anspruchs auf bzw. einer Pflicht zur beruflichen Weiterbildung zu gewährleisten, empfiehlt sich eine Begrenzung auf einen klar umrissenen und an einem dynamischen Verständnis der arbeitsvertraglichen Rechte und Pflichten ausgerichteten Begriff der Weiterbildung. Auch dieser Befund wird durch den Ausflug in das französische Recht bestätigt. Denn der Vorwurf, die Regelungen des französischen Weiterbildungsrechts seien unklar und schwer einzugrenzen, muß vor allem die Figur des *„congé individuel de formation"*, das aus Sicht des Arbeitnehmers wichtigste Instrument zur Verwirklichung eigener Bildungsvorhaben, treffen: Das Spektrum der Weiterbildungsmaßnahmen, die im Rahmen des CIF verwirklicht werden können, ist denkbar weit und erfaßt auch Inhalte, die weniger der beruflichen, sondern mehr der politischen und kulturellen Weiterbildung der Arbeitnehmer dienen. Neben dieser inhaltlichen Weite muß auch die Zeit, die den Arbeitnehmern für Weiterbildungsmaßnahmen im Rahmen des CIF zugestanden wird, ein Hindernis jedenfalls für die Akzeptanz seitens der Arbeitgeber darstellen. Mehrwöchige oder gar mehrmonatige Abwesenheitszeiten können gerade in kleineren Einheiten eine erhebliche Beeinträchtigung der Arbeitsabläufe verursachen. Eine annähernd deckungsgleiche Übertragung der Figur des CIF auf das deutsche Recht wird daher zum einen schon an der politischen Durchsetzbarkeit scheitern. Angesichts der geschilderten Einwände ist sie zum anderen aber auch nicht erstrebenswert.

Trotz aller Kritik und ungeachtet der geringen Erfolgsquoten enthalten die Regelungen des französischen Rechts zur beruflichen Weiterbildung aber Ansätze, die vor dem Hintergrund der oben geschilderten Befunde in die richtige Richtung weisen. So werden weder dem Arbeitgeber noch dem Arbeitnehmer einseitig Rechte oder Pflichten zugewiesen. Stattdessen beruht das französische Modell zum einen auf einer weitreichenden Einbindung bzw. Inpflichtnahme beider Parteien des Arbeitsvertrags, zum anderen werden aber auch die Sozialpartner sowie der Staat selbst in die Durchführung der beruflichen Weiterbildung mit einbezogen. Die Einbindung all jener Personen bzw. Institutionen ist sachgerecht, weil sie der vielschichtigen Interessenlage gerecht wird, die die berufliche Weiterbildung der Arbeitnehmer tatsächlich prägt. Beachtenswert ist insbesondere der Umstand, daß dem Arbeitgeber nicht lediglich die Finanzierung der Fortbildung oder Freistellungspflichten aufgebürdet werden, sondern er auch selbst – mittels eines *„plan de formation"* – die Initiative zur Qualifizierung seiner Arbeitnehmer ergreifen kann. Die positive Anreizfunktion, die das Angebot eines solchen rechtlichen Rahmens für diejenigen Arbeitgeber darstellt, die aktiv die Weiterbildung ihrer Arbeitnehmer fördern wollen, wird dabei ergänzt bzw. abgesichert durch einen negativen Anreiz: Verzichtet der Arbeitgeber auf Erstellung und Durchführung eines *„plan de formation"*, indiziert dies für die Rechtsprechung im Kontext einer Kündigung einen Verstoß des Arbeitgebers gegen seine Pflicht zur *„adaptation au poste de travail"* bzw. zur Überwachung der *„capacité à occuper un emploi"* des Arbeitnehmers (Art. L. 6321-1 Code du travail). Eine derartige Schaffung von Anreizen könnte auch im deutschen Recht einen denkbaren Weg zur Mobilisierung der Arbeitgeber auf dem Gebiet der beruflichen Weiterbildung der Arbeitnehmer darstellen.

Bemerkenswert ist darüber hinaus die Normierung einer Pflicht des Arbeitgebers, jeden Arbeitnehmer jährlich in schriftlicher Form über die Gesamtheit seiner im Rahmen des DIF erworbenen Rechte in Kenntnis zu setzen (Art. L. 6323-7 Code du travail). Eine solche Informationspflicht stellt keine starke Belastung des Arbeitgebers in zeitlicher oder materieller Hinsicht dar; sie erscheint daher verhältnismäßig. Sie belegt aber anschaulich, wie im französischen Recht versucht wird, auf eine Zusammenarbeit der Arbeitsvertragsparteien hinzuwirken. Dies ist vor allem deshalb beachtlich, weil das LAG Schleswig-Holstein davon auszugehen scheint, daß im deutschen Recht noch nicht einmal eine Pflicht des Arbeitgebers besteht, einen Arbeitnehmer .auf einen Fortbildungsbedarf hinzuweisen. Nach Ansicht des Gerichts ist es nämlich jedenfalls dann nicht Aufgabe des Arbeitgebers, einen Arbeitnehmer *„auf die zunehmende Technisierung vorzubereiten"*, wenn der Arbeitnehmer diese auch selbst erkennen konnte.[1544] Demgegenüber ist in § 72 Abs. 2 des Diskussionsentwurfs eines Arbeitsvertragsgesetzes (ArbVG-E) von *Henssler/ Preis* eine entsprechende Hinweispflicht des Arbeitgebers vorgesehen. Schon angesichts der Tatsache, daß der Arbeitgeber ein eigenes Interesse an der Weiterbildung seiner Arbeitnehmer hat, aber auch zur Förderung der Zusammenarbeit von Arbeitgeber und Arbeitnehmer auf dem Feld der beruflichen Weiterbildung verdient dieser Regelungsvorschlag Zustimmung.

1544 LAG Schleswig-Holstein v. 09.09.2009 – 3 Sa 153/09 = BeckRS 2010, 67148.

§ 6 Schlußbetrachtung

A. Zusammenfassung der bisherigen Ergebnisse in zehn Thesen

1. Unter beruflicher Weiterbildung im Sinne dieser Untersuchung versteht man jede Maßnahme, die – unabhängig von ihrer Form – der Erhaltung, Erweiterung und Weiterentwicklung der durch eine vorhergehende Ausbildung und/oder durch eine längere Berufserfahrung erworbenen berufsbezogenen Kenntnisse und Fertigkeiten des Arbeitnehmers dient. Denn äußeren Rahmen des Weiterbildungsbegriffs bildet das Berufsbild, dem sich die von dem Arbeitnehmer nach dem jeweiligen Arbeitsvertrag geschuldete Tätigkeit zuordnen läßt.

2. Der Europäischen Union ist eine Harmonisierung des Rechts der beruflichen Weiterbildung ihrer Mitgliedstaaten untersagt. Der Erlaß einer unionsrechtlichen Regelung zur Freistellung von Arbeitnehmern zum Zwecke der beruflichen Weiterbildung kommt aus diesem Grund nicht in Betracht.

3. Für den Bereich der beruflichen Weiterbildung im Rahmen eines bestehenden Arbeitsverhältnisses hat der Bund auf der Grundlage des Art. 74 Nr. 12 GG die konkurrierende Gesetzgebungszuständigkeit. Eine Bindung an die Erforderlichkeitsklausel des Art. 72 Abs. 2 GG besteht nicht. Auch wenn inzwischen auf Landesebene zahlreiche Arbeitnehmerweiterbildungsgesetze erlassen wurden, ist der Bundesgesetzgeber nicht gehindert, selbst legislativ tätig zu werden.

4. Die berufliche Weiterbildung der Arbeitnehmer wird vom Schutzbereich der Berufsfreiheit im engeren Sinne, Art. 12 Abs. 1 GG, sowie vom Schutzbereich der allgemeinen Handlungsfreiheit, Art. 2 Abs. 1 GG, erfaßt. Neben der klassischen Abwehrfunktion verwirklicht sich die Grundrechtsgewährleistung im Rahmen des Art. 12 Abs. 1 GG über eine aus der Schutzfunktion abgeleitete Pflicht zur grundrechtskonformen Auslegung des einfachen Rechts sowie über Teilhabe- und Zugangsrechte an bzw. zu staatlichen Weiterbildungsangeboten und -einrichtungen. Darüber hinaus begründet die staatliche Schutzpflicht eine Verpflichtung des Gesetzgebers, im Bereich der beruflichen Weiterbildung durch den Erlaß von Organi-

sations- und Verfahrensvorschriften tätig zu werden. Diese Pflicht kann als erfüllt angesehen werden, da BBiG und SGB III entsprechende Regelungen enthalten.

5. Auch wenn sich zahlreiche einfachgesetzliche Vorschriften auf Ebene des Bundesrechts inhaltlich mit der beruflichen Weiterbildung von Arbeitnehmern befassen, existiert keine Vorschrift, die einen selbständigen und allgemeinen, d.h. für alle Arbeitnehmer geltenden, Anspruch auf berufliche Fortbildung oder auf Freistellung zum Zwecke der Weiterbildung normiert. In Einzelfällen kann sich ein (mittelbarer) Anspruch des Arbeitnehmers auf Weiterbildung aus dem Unterrichtungsanspruch nach § 81 Abs. 1, 2 BetrVG ergeben. Dies setzt voraus, daß die Unterrichtung i.S.d. § 81 Abs. 1, 2 BetrVG auch Elemente der beruflichen Weiterbildung enthält. Unter bestimmten Voraussetzungen (Einführung einer tätigkeitsändernden Maßnahme durch den Arbeitgeber; dadurch bedingtes Qualifikationsdefizit beim Arbeitnehmer) kann zudem der Betriebsrat im Rahmen des Mitbestimmungsrechts nach § 97 Abs. 2 BetrVG Maßnahmen der beruflichen Weiterbildung erzwingen.

6. Auf Ebene des einfachen Bundesrechts besteht keine Vorschrift, die eine Pflicht aller Arbeitnehmer zur Anpassung ihrer beruflichen Kenntnisse und Fertigkeiten an neue Entwicklungen in Technik und/oder Wissenschaft normiert.

7. Die in den Arbeitnehmerweiterbildungsgesetzen der Länder enthaltenen Bestimmungen, die den Arbeitnehmern zum Zwecke der beruflichen und politischen Weiterbildung einen Anspruch auf Freistellung von der Arbeitspflicht unter Fortzahlung des Arbeitsentgelts einräumen, halten einer verfassungsrechtlichen Überprüfung nicht stand. Sie verstoßen, da sie nicht den Anforderungen genügen, die an die Auferlegung von Sonderabgaben zu stellen sind, gegen den Grundsatz der Lastengleichheit (Art. 3 Abs. 1 GG) und stehen im Widerspruch zur Finanzverfassung des Grundgesetzes und zum Grundsatz der Einheit und Vollständigkeit des Haushaltsplans (Art. 110 Abs. 1 GG). Die Entgeltfortzahlungsverpflichtung stellt darüber hinaus eine nicht gerechtfertigte Verletzung der durch Art. 12 Abs. 1 GG geschützten Berufsausübungsfreiheit der Arbeitgeber dar.

Die Verfassungswidrigkeit der landesgesetzlichen Regelungen beruht in der Hauptsache darauf, daß es an einer besonderen Beziehung der Arbeitgeber zum Gegenstand der Gesetze fehlt. Ursache dafür ist das in den Landesgesetzen angelegte Verständnis der Arbeitnehmerweiterbildung, das *„überwiegend einzelbetrieblichen oder dienstlichen Zwecken"* dienende Inhalte von vornherein ausklammert. Demgegenüber werden politische oder gar kulturelle Inhalte erfaßt. Die Verfassungsverstöße ließen sich daher vermeiden, wenn man die Freistellungs- und Entgeltfortzahlungspflichten auf solche Weiterbildungsmaßnahmen beschränkte, die auf die Förderung und Weiterentwicklung der Kenntnisse und Fertigkeiten abzielen, die für die sachgerechte Ausübung des vom einzelnen Arbeitgeber konkret auszufüllenden, im Arbeitsvertrag zugrundegelegten Berufsbildes erforderlich sind.

8. Aus dem Arbeitsvertrag folgt eine Pflicht des Arbeitnehmers, seine beruflichen Kenntnisse und Fertigkeiten den Anforderungen anzupassen, die branchentypisch an das Berufsbild gestellt werden, das dem jeweiligen Vertrag zugrundeliegt. Es handelt sich dabei um eine im Verhältnis zur Arbeitspflicht akzessorische Nebenleistungspflicht, die vom Arbeitgeber zwar nicht selbständig neben der Hauptpflicht eingeklagt, jedoch mittels des Weisungsrechts angeordnet werden kann.

9. Für den Arbeitgeber folgt aus dem Arbeitsvertrag dagegen grundsätzlich weder eine Pflicht zur Durchführung von Maßnahmen der Weiterbildung der bei ihm beschäftigten Arbeitnehmer noch eine Pflicht zur Freistellung der Arbeitnehmer von der Arbeitspflicht während der Dauer einer beruflichen Schulung. Daneben ist der Arbeitgeber bei Fehlen entsprechender Abreden grundsätzlich auch nicht zur Entgeltfortzahlung oder zur Übernahme der durch eine Weiterbildungsmaßnahme verursachten Kosten verpflichtet.

Lediglich in bestimmten Konstellationen können den Arbeitgeber Pflichten in bezug auf die Weiterbildung der Arbeitnehmer treffen. So ist er zur Entgeltfortzahlung und auch zur Übernahme der unmittelbar durch eine Weiterbildungsmaßnahme entstehenden Kosten verpflichtet, wenn die Teilnahme an einer beruflichen Fortbildung eine arbeitsvertragliche Pflicht des Arbeitnehmers darstellt. Eine Pflicht zur Freistellung steht unter der Voraussetzung, daß die Weiterbildungsmaßnahme anderenfalls nur unter Verstoß gegen das ArbZG durchgeführt werden könnte. Des weiteren hat der Arbeitgeber die arbeitsvertragliche Nebenpflicht, die Durchführung einer Fortbildung, die für die Erfüllung der Arbeitspflicht erforderlich oder zumindest nützlich ist, nicht zu erschweren bzw. durch Zuweisung entsprechender Aufgaben innerhalb des Betriebs zu fördern. Den Arbeitgeber trifft schließlich dann eine Kostentragungs- sowie (bei Schulungen während der Arbeitszeit) eine Entgeltfortzahlungspflicht, wenn er von dem Arbeitnehmer die Teilnahme an Fortbildungslehrgängen verlangt.

10. Im französischen Arbeitsrecht besteht auf dem Gebiet der lebenslangen beruflichen Bildung von Arbeitnehmern seit Jahrzehnten ein sehr differenziertes System von Rechten und Pflichten, das noch immer einem fortlaufenden Reformprozeß

unterliegt. Gleichwohl weist das französische Modell keine Weiterbildungsquoten auf, die die deutschen wesentlich übersteigen. Die französischen Regelungen sehen sich zudem dem Vorwurf mangelnder Klarheit ausgesetzt. Daneben wird eingewandt, sie ermöglichten bevorzugt denjenigen den Erwerb weiterer Qualifikationen, die bereits über eine umfassendere Vorbildung verfügen.

Eine annähernd deckungsgleiche Übertragung der Regelungen des französischen Weiterbildungsrechts ist nicht denkbar und auch nicht empfehlenswert. Das französische Modell liefert aber vor allem deshalb Denkanstöße für eine Neuregelung im deutschen Arbeitsrecht, weil mehreren Normen erkennbar der Wille des Gesetzgebers zugrundeliegt, auf eine Zusammenarbeit von Arbeitgebern und Arbeitnehmern hinzuwirken.

B. Zusammenfassende Bewertung der Regelungen mit Weiterbildungsbezug

Die Untersuchung der Regelungen mit Bezug zur beruflichen Weiterbildung der Arbeitnehmer hat gezeigt, daß das Bundesrecht einen für alle Arbeitnehmer geltenden, ausdrücklichen und unmittelbaren Anspruch gegen den Arbeitgeber auf Durchführung von oder Freistellung für Fortbildungsmaßnahmen nicht vorsieht. Auch der Arbeitsvertrag begründet eine solche Pflicht nicht. Von Ausnahmefällen abgesehen, trifft den Arbeitgeber lediglich die Pflicht, eigenen Bemühungen des Arbeitgebers um eine berufliche Fortbildung keine Hindernisse in den Weg zu stellen. Dagegen beinhaltet der Arbeitsvertrag auch ohne ausdrückliche Regelung eine Pflicht des Arbeitnehmers zur kontinuierlichen Anpassung seiner beruflichen Kenntnisse und Fertigkeiten.

Auf der Ebene des Landesrechts bestehen dagegen in zwölf Bundesländern aufgrund einer konkurrierenden Gesetzgebungszuständigkeit – zum Teil verfassungswidrige – Arbeitnehmerweiterbildungsgesetze, die Freistellungsansprüche nicht nur für die berufliche, sondern auch für allgemeine, politische oder gar kulturelle Fortbildungsmaßnahmen vorsehen. Auf Bundesebene wurde der Erlaß eines allgemeinen Arbeitnehmerweiterbildungsgesetzes bisher mit Verweis auf eine größere Wirksamkeit landesrechtlicher Vorschriften abgelehnt.[1545]

Der augenblickliche Zustand des Rechts der beruflichen Weiterbildung von Arbeitnehmern ist vor allem aus zwei Gründen unbefriedigend:

1545 Vgl. oben Fn. 934.

Erstens offenbart der Blick auf die rechtliche Ausgangslage, die auf der Ebene des einfachen Bundesrechts in Ermangelung einer allgemeinen Vorschrift vor allem durch den Arbeitsvertrag bestimmt wird, ein schiefes Bild: Der Arbeitnehmer ist zur ständigen Weiterbildung verpflichtet. Dagegen ist der Arbeitgeber, von der durch § 1 Abs. 2 S. 3 KSchG begründeten Obliegenheit einmal abgesehen, weitgehend frei von Pflichten. Dies ist deswegen nicht sachgerecht, weil der Arbeitgeber ein natürliches, nicht zuletzt wirtschaftliches, Interesse an gut aus- und fortgebildeten Arbeitnehmern hat. Die Analyse der Regelungen des französischen Weiterbildungsrechts hat aber gezeigt, daß eine sinnvolle Einbindung der Arbeitgeber in den Prozeß des lebenslangen Lernens der Arbeitnehmer erreicht werden kann, ohne daß damit automatisch eine übermäßige Belastung einherginge. Es besteht also Bedarf an einer Regelung, die eine schonende Inpflichtnahme des Arbeitgebers, bspw. in Gestalt von Informations- oder Förderungspflichten, vorschreibt.

Zweitens kann die aktuelle Situation der beruflichen Weiterbildung der Arbeitnehmer in Deutschland auch in rein faktischer Hinsicht nur als mangelhaft bezeichnet werden. Die durch die landesrechtlichen Weiterbildungsgesetze eröffnete Möglichkeit eines Bildungsurlaubs nutzen schätzungsweise lediglich 1,5 % der Berechtigten, so daß von einer Wirksamkeit oder einem bildungspolitischen Impuls nicht die Rede sein kann. Faßt man alle privaten und betrieblichen Weiterbildungsanstrengungen (unabhängig von rechtlichen Grundlagen ihrer Inanspruchnahme) zusammen, so haben sich im Jahr 2006 43 % der 25 bis 64 Jahre alten Deutschen weitergebildet – in Europa belegt Deutschland damit einen Platz weit hinter den skandinavischen Ländern oder Österreich, die auf Quoten von 70 bis 90 % kommen.[1546] Das vergleichend in den Blick genommene französische Arbeitsrecht, das ein äußerst differenziertes System der beruflichen Weiterbildung der Arbeitnehmer vorhält, kann im Hinblick auf die Weiterbildungsquoten ebenfalls nicht als Erfolg bezeichnet werden. Diese Bilanzen stehen in schroffem Gegensatz zu den zahlreichen politischen Stellungnahmen zur Bedeutung der beruflichen Weiterbildung. Sie kontrastieren auch mit dem Stellenwert, der dem „lebenslangen Lernen" insbesondere auf der Ebene des Völker- und Europarechts beigemessen wird.

Der geringe Erfolg der vorhandenen Weiterbildungsangebote läßt sich nach hier vertretener Ansicht, insbesondere was die Fortbildungsmaßnahmen auf Grundlage der Arbeitnehmerweiterbildungsgesetze der Länder betrifft, in der Hauptsache auf zwei Ursachen zurückführen, die bereits bei der Bewertung der Vorschriften des französischen Rechts angesprochen wurden. So ist zum einen zu vermuten, daß es in Anbetracht des Erfordernisses eines erheblichen, nicht nur zeitlichen Aufwands

---

1546 Vgl. *Gillmann*, Handelsblatt v. 25.03.2008, S. 4.

zum Teil bereits an der Bereitschaft fehlt, sich Maßnahmen für oft nicht unmittelbar greifbare Weiterbildungserfolge zu unterziehen. Zum zweiten muß davon ausgegangen werden, daß die landesrechtlichen Vorschriften auf seiten der Arbeitgeber insbesondere deshalb eine geringe Akzeptanz erfahren, weil sie auch arbeitsvertragsfremde Inhalte einschließen, die in vielen Fällen keinen Nutzen für die Erbringung der vom Arbeitnehmer geschuldeten Arbeitsleistung aufweisen. Diese geringe Akzeptanz führt wiederum dazu, daß viele weiterbildungswillige Arbeitnehmer von solchen Maßnahmen der beruflichen Fortbildung Abstand nehmen, die nicht ausdrücklich vom Arbeitgeber gewünscht oder begrüßt werden. Neben diese beiden Hauptursachen mag noch der Umstand treten, daß die Existenz eines Freistellungsanspruchs nicht allen Arbeitnehmern bekannt ist.

C. Rechtspolitischer Lösungsvorschlag

Das Postulat lebenslangen Lernens und damit einer regelmäßigen beruflichen Weiterbildung in einem Industriestaat wie der Bundesrepublik Deutschland ist allgemein anerkannt und bedarf keiner weiteren Erläuterung. In Anbetracht der geringen rechtlichen und tatsächlichen Wirkungen, die die vorgestellten Vorschriften mit Bezug zur beruflichen Fortbildung entfalten, empfiehlt sich der Erlaß einer Regelung der beruflichen Weiterbildung der Arbeitnehmer auf Bundesebene. Eine Normierung durch den Bundesgesetzgeber hätte den Vorteil einer Einebnung der z.T. erheblichen Unterschiede zwischen den einzelnen landesrechtlichen Weiterbildungsgesetzen. Sie eröffnet zudem die Chance, mit der Autorität, die der Bund als Gesetzgeber ausstrahlt, einen politischen und auch psychologischen Anstoß für die Verstärkung der Weiterbildungsbemühungen zu geben.

I. Ausgangsüberlegungen

Eine wirkungsvolle bundesgesetzliche Neuregelung muß mehrere Voraussetzungen erfüllen, die sich aus der zugrundeliegenden Interessenlage, daneben insbesondere aus den bei der Darstellung und Bewertung der Arbeitnehmerweiterbildungsgesetze der Länder und der Vorschriften zur beruflichen Bildung im französischen Arbeitsrecht angestellten Erwägungen ergeben. Daraus folgt insbesondere die bereits angesprochene Notwendigkeit einer schlanken und transparenten Norm, die sich auf eine Regelung der nach hier vertretener Auffassung wesentlichen Fragen beschränkt.

Ausgangspunkt für alle Überlegungen ist folgende Grundentscheidung: Da sowohl der Arbeitgeber als auch der Arbeitnehmer ein Interesse an einer regelmäßigen Aufrechterhaltung, Anpassung und Weiterentwicklung der beruflichen Fertigkeiten des Arbeitnehmers haben, sollten beiden Gruppen zur Förderung dieses Ziels auch Anstrengungen bzw. Leistungen abverlangt werden. Ziel des Gesetzentwurfs ist daher eine angemessene Verteilung der Lasten und Pflichten.

Für den Arbeitnehmer ergibt sich aus dem Arbeitsvertrag ohnehin die Nebenpflicht zur Anpassung seines Leistungsvermögens an diejenigen Anforderungen, die branchentypisch für die sachgerechte Ausfüllung des im jeweiligen Arbeitsvertrag zugrundegelegten Berufsbildes gestellt werden. Darüber hinaus ist er, wie bspw. das besprochene Urteil des ArbG Bonn[1547] zeigt, zum Besuch entsprechender Schulungen verpflichtet.[1548] Diese Pflichten sollten mittels einer deklaratorischen Norm klargestellt werden.

Für die Gewährleistung des Erfolgs beruflicher Fortbildungsmaßnahmen in diesem Sinne erscheint es angemessen, dem Arbeitnehmer einen Anspruch auf Freistellung für die (selbstinitiierte) Teilnahme an einschlägigen Schulungen in Höhe von maximal 5 Tagen einzuräumen. Da das Betreiben von Weiterbildungsanstrengungen, die die genannten inhaltlichen Anforderungen erfüllen, eine Erfüllung einer arbeitsvertraglichen Pflicht darstellt, ist dem Arbeitnehmer für diese Zeit der Arbeitslohn fortzuzahlen. Entsprechendes gilt für die durch die Weiterbildungsmaßnahme unmittelbar verursachten Kosten wie Teilnahmegebühren oder Materialkosten.[1549] Verfassungsrechtliche Bedenken gegen die Auferlegung der Entgeltfortzahlungs- und Kostentragungspflicht scheiden bereits aus diesem Grund aus. Abgesehen davon besteht durch die Beschränkung auf eine Weiterbildung, die der Fortentwicklung des sich aus dem arbeitsvertraglich festgelegten Berufsbild ergebenden Leistungsprofils ergibt, zum einen auch eine Sachnähe und Gruppenverantwortung i.S.d. der Rechtsprechung zu den Sonderabgaben. Zum anderen werden die aufgebrachten Geldmittel im Interesse der Arbeitgeber und damit gruppennützig verwendet, so daß auch aus diesem Grund von einer Verfassungskonformität ausgegangen werden kann.

Neben den Zahlungspflichten sollte auch, wie in § 72 Abs. 2 des Diskussionsentwurfs eines Arbeitsvertragsgesetzes (ArbVG-E) von *Henssler/Preis* vorgesehen, eine (die Fürsorgepflicht konkretisierende) Pflicht des Arbeitgebers normiert wer-

---

1547 ArbG Bonn v. 4.7.1990 – 4 Ca 751/90 = NJW 1991, S. 2168.
1548 Vgl. oben § 4 A.III.1.
1549 Vgl. oben § 4 B.IV.2.b.aa.

den, den Arbeitnehmer insoweit zu unterstützen, als er ihn auf einen etwaigen Fortbildungsbedarf hinweisen und ihn über geeignete Weiterbildungsmöglichkeiten informieren muß.

Um die Akzeptanz der Auferlegung einer Freistellungspflicht auf seiten der Arbeitgeber zu erhöhen, sollte der Arbeitnehmer verpflichtet werden, dem Arbeitgeber die Geltendmachung des Anspruchs mit einer zeitlichen Vorlauffrist von sechs Wochen vor Beginn der in Aussicht genommenen Maßnahme mitzuteilen. § 5 Abs. 1 AWbG kann insofern als Maßstab dienen, auch im Hinblick auf die Beifügung von Unterlagen über die Weiterbildungsveranstaltung durch den Arbeitnehmer. Zweckmäßig ist des weiteren eine Anordnung der entsprechenden Geltung der §§ 7 Abs. 3, 8 BUrlG, um zum einen die zeitnahe Abwicklung der für das jeweilige Jahr bestehenden Weiterbildungsurlaubsansprüche zu gewährleisten und zum anderen sicherzustellen, daß der Arbeitnehmer sich während der Freistellungsphase allein der Fortbildungsmaßnahme widmet.

Um gerade in kleineren Betrieben zu verhindern, daß Arbeitsabläufe durch die bildungsbedingte Abwesenheit von Arbeitnehmern unzumutbar beeinträchtigt werden, erscheint die Aufnahme einer (an § 5 Abs. 2 und Abs. 3 AWbG NRW orientierten) Kleinbetriebsklausel ratsam, die unterhalb eines Schwellenwerts von 11 Arbeitnehmern dem Arbeitgeber das Recht einräumt, das Freistellungsverlangen eines Arbeitnehmers aus zwingenden betrieblichen Gründen oder bei kollidierenden Urlaubsanträgen anderer Arbeitnehmer abzulehnen. Um einen Mißbrauch dieses Rechts durch den Arbeitgeber zu verhindern, sollte auch die Regelung der „Gleichwohl-Teilnahme" aus § 5 Abs. 4 AWbG übernommen werden.

Der Arbeitnehmer sollte schließlich wie in § 5 Abs. 6 AWbG verpflichtet werden, dem Arbeitgeber durch Vorlage einer Teilnahmebestätigung den ordnungsgemäßen Besuch der Bildungsveranstaltung nachzuweisen.

II. Gesetzentwurf

In Anlehnung an § 72 ArbVG-E und die genannten Regelungen des ArbWG NRW wird der folgende Entwurf einer gesetzlichen Regelung der beruflichen Weiterbildung der Arbeitnehmer vorgeschlagen.

(1) Innerhalb des im Arbeitsvertrag bestimmten Aufgabenbereichs ist der Arbeitnehmer verpflichtet, seine berufliche Leistungsfähigkeit durch eigenverantwortliche Weiterbildung dem Kenntnis- und Leistungsstand anzupassen, der branchenüb-

licherweise im Zusammenhang mit dem im Arbeitsvertrag zugrundegelegten Berufsbild gefordert wird.

(2) Der Arbeitgeber hat den Arbeitnehmer über den Weiterbildungsbedarf und geeignete Weiterbildungsmaßnahmen zu informieren.

(3) Dem Arbeitnehmer steht ein Anspruch auf Freistellung zur beruflichen Weiterbildung nach Absatz 1 in Höhe von 5 Tagen je Kalenderjahr zu. Der Arbeitnehmer hat dem Arbeitgeber die Inanspruchnahme des Freistellungsanspruchs und den Zeitraum der Weiterbildungsmaßnahme so frühzeitig wie möglich, mindestens sechs Wochen vor Beginn der Bildungsveranstaltung, schriftlich mitzuteilen. Der Mitteilung sind die Unterlagen über die Bildungsveranstaltung beizufügen; dazu gehört insbesondere das Programm, aus dem sich die Zielgruppe, Lernziele und Lerninhalte sowie der zeitliche Ablauf der Veranstaltung ergeben. § 7 Abs. 3 und § 8 BUrlG gelten entsprechend.

(4) Nimmt der Arbeitnehmer an einer Maßnahme teil, die der Weiterbildung nach Absatz 1 dient, hat er während der Dauer der Maßnahme Anspruch auf Entgeltfortzahlung. Der Arbeitgeber trägt die unmittelbar für die Weiterbildungsmaßnahme anfallenden Kosten.

(5) In Betrieben, in denen in der Regel zehn oder weniger Arbeitnehmer ausschließlich der zu ihrer Berufsausbildung Beschäftigten beschäftigt werden, darf der Arbeitgeber die Arbeitnehmerweiterbildung zu dem vom Arbeitnehmer mitgeteilten Zeitpunkt nur ablehnen, wenn zwingende betriebliche Belange oder Urlaubsanträge anderer Arbeitnehmer entgegenstehen. Die Mitbestimmungsrechte der Betriebs- und Personalräte bleiben unberührt.

(6) Verweigert der Arbeitgeber die Freistellung nach Absatz 5, so hat er dies unter Angabe der Gründe dem Arbeitnehmer innerhalb von drei Wochen nach dessen Mitteilung gemäß Absatz 3 S. 2 und S. 3 schriftlich mitzuteilen. Teilt der Arbeitgeber die Verweigerung der Freistellung nicht innerhalb dieser Frist unter Angabe der Gründe schriftlich mit, so gilt die Freistellung als erteilt.

(7) Verweigert der Arbeitgeber die Freistellung aus anderen Gründen als aus denen des Absatzes 5, so kann der Arbeitnehmer ihm binnen einer Woche seit Mitteilung der Verweigerung schriftlich mitteilen, er werde gleichwohl an der Bildungsveranstaltung teilnehmen; in diesem Fall darf er an der Veranstaltung auch ohne

Freistellung teilnehmen. Satz 1 gilt nicht, wenn der Arbeitgeber eine gerichtliche Entscheidung erwirkt, die der Teilnahme an der Veranstaltung entgegensteht. Ein Anspruch des Arbeitgebers auf Schadensersatz besteht nicht, wenn der Arbeitnehmer von seinem Recht nach Satz 1 Gebrauch macht.

(8) Der Arbeitnehmer hat dem Arbeitgeber die Teilnahme an der Arbeitnehmerweiterbildung nachzuweisen. Die für den Nachweis erforderliche Bescheinigung ist vom Träger der Bildungsveranstaltung kostenlos auszustellen.

Literaturverzeichnis

Adomeit, Klaus
Mohr, Jochen

Kommentar zum Allgemeinen Gleichbehandlungsgesetz
2. Auflage
Stuttgart u.a. 2011
(zitiert als: *Adomeit/Mohr*, AGG).

Alexander, Peter

Das weite Verständnis der betrieblichen Berufsbildung
in: Neue Zeitschrift für Arbeitsrecht (NZA) 1992, S. 1057
(zit.: *Alexander*, NZA 1992).

Annuß, Georg
Thüsing, Gregor
(Hrsg.)

Teilzeit- und Befristungsgesetz
Kommentar
2. Auflage
Frankfurt am Main 2006
(zit.: Annuß/Thüsing/*Bearbeiter*, TzBfG).

Anzinger, Rudolf
Bieneck, Hans-Jürgen

Kommentar zum Arbeitssicherheitsgesetz
Heidelberg 1998
(zit.: *Anzinger/Bieneck*, ASiG).

Ascheid, Reiner
Preis, Ulrich
Schmidt, Ingrid
(Hrsg.)

Kündigungsrecht
Großkommentar zum gesamten Recht der Beendigung von Arbeitsverhältnissen
4. Auflage
München 2012
(zit.: APS/*Bearbeiter*).

Aufhauser, Rudolf
Brunhöber, Hanna
Igl, Peter

Arbeitssicherheitsgesetz
Handkommentar
4. Auflage
Baden-Baden 2010
(zit.: *Aufhauser/Brunhöber/Igl*, ASiG).

Avenarius, Hermann

Zugangsrechte von EG-Ausländern im Bildungswesen der Bundesrepublik Deutschland
Zum Einfluß des europäischen Gemeinschaftsrechts auf das innerstaatliche Bildungsrecht
in: Neue Zeitschrift für Verwaltungsrecht (NVwZ) 1988, S. 385
(zit.: *Avenarius*, NVwZ 1988).

Badura, Peter

Persönlichkeitsrechtliche Schutzpflichten des Staates im Arbeitsrecht
in: *Gamillscheg*, Franz/*Rüthers*, Bernd/*Stahlhacke*, Eugen (Hrsg.), Sozialpartnerschaft in der Bewährung, Festschrift für Karl Molitor zum 60. Geburtstag, München 1988, S. 1-18
(zit.: *Badura*, FS Molitor, 1988).

Baeck, Ulrich *Lösler*, Annette	Neue Entwicklungen im Arbeitszeitrecht in: Neue Zeitschrift für Arbeitsrecht (NZA) 2005, S. 247 (zit.: *Baeck/Lösler*, NZA 2005).
Bahnmüller, Reinhard *Bispinck*, Reinhard *Schmidt*, Werner	Betriebliche Weiterbildung und Tarifvertrag Eine Studie über Probleme qualitativer Tarifpolitik in der Metallindustrie München und Mering 1993 (zit.: *Bahnmüller/Bispinck/Schmidt*, Betriebliche Weiterbildung und Tarifvertrag).
Bauer, Jobst-Hubertus	Neues Spiel bei der Betriebsänderung und der Beschäftigungssicherung? in: Neue Zeitschrift für Arbeitsrecht (NZA) 2001, S. 375 (zit.: *Bauer*, NZA 2001).
Bauer, Jobst-Hubertus *Haußmann*, Katrin	Die Verantwortung des Arbeitgebers für den Arbeitsmarkt in: Neue Zeitschrift für Arbeitsrecht (NZA) 1997, S. 1100 (zit.: *Bauer/Haußmann*, NZA 1997).
Bauer, Jobst-Hubertus *Göpfert*, Burkard *Krieger*, Steffen	Allgemeines Gleichbehandlungsgesetz Kommentar 3. Auflage München 2011 (zit.: *Bauer/Göpfert/Krieger*, AGG).
Bayreuther, Frank	Das Grünbuch der europäischen Kommission zum Arbeitsrecht in: Neue Zeitschrift für Arbeitsrecht (NZA) 2007, S. 371 (zit.: *Bayreuther*, NZA 2007).
Ders.	Die Durchsetzbarkeit des konzernweiten Kündigungsschutzes in: Neue Zeitschrift für Arbeitsrecht (NZA) 2006, S. 819. (zit.: *Bayreuther*, NZA 2006).
Becker, Jochen *Kniep*, Klaus	Die Beauftragten im betrieblichen Umweltschutz – arbeitsrechtliche Aspekte in: Neue Zeitschrift für Arbeitsrecht (NZA) 1999, S. 243. (zit.: *Becker/Kniep*, NZA 1997).
Beckschulze, Martin	Auswirkung des § 2 SGB III auf das Arbeitsrecht in: Betriebs-Berater (BB) 1998, S. 791 (zit.: *Beckschulze*, BB 1998).
Behmenburg, Ben	Kompetenzverteilung bei der Beraufsausbildung Dissertation Universität Münster 2002 Berlin 2003 (zit.: *Behmenburg*, Kompetenzverteilung bei der Berufsausbildung).

Bellenger, Philippe	Congé formation et participation des employeurs à la formation professionnelle continue in: Droit social 1978, S. 239 (zit.: *Bellenger*, Droit social 1978).
Bengelsdorf, Peter	Berufliche Bildung Gruppe 9 Berufliche Bildung Teil B Erläuterungen Teilbereich 1 Berufliche Weiterbildung in: *Eugen Stahlhacke* (Hrsg.), Handbuch zum Arbeitsrecht, Loseblattsammlung Neuwied Stand 10/2006 (zit.: HzA/*Bengelsdorf*, Gruppe 9 Teilbereich 1).
Bepler, Klaus	Sozialrechtliche Gestaltung des laufenden Arbeitsverhältnisses durch das neue SGB III – Kündigungsschutz, Sozialplanförderung, Eingliederungsvertrag in: Arbeit und Recht (ArbuR) 1999, S. 219 (zit.: *Bepler*, ArbuR 1999).
Bergmann, Lutz *Möhrle*, Roland *Herb*, Armin	Datenschutzrecht Kommentar zum Bundesdatenschutzgesetz, zu den Datenschutzgesetzen der Länder und Kirchen sowie zum bereichsspezifischer Datenschutz Kommentar Loseblattsammlung Stuttgart Stand: 43. Ergänzungslieferung September 2011 (zit.: *Bergmann/Möhrle/Herb*, Datenschutzrecht).
Berkowsky, Wilfried	Beschäftigung, Weiterbeschäftigung und Sozialauswahl Zur Systematik von Beschäftigungsmöglichkeit und Beschäftigungspflicht im Kündigungsrecht in: Neue Juristische Wochenschrift (NJW) 1996, S. 291 (zit.: *Berkowsky*, NJW 1996).
Bieback, Karl-Jürgen	Inhalt und Funktion des Sozialstaatsprinzips in: Juristische Ausbildung (Jura) 1987, S. 229 (zit.: *Bieback*, Jura 1987).
Ders.	Sozialrechtliche Gestaltung des laufenden Arbeitsverhältnisses durch das neue SGB III – Allgemeine Grundsätze und Pflichten, Kurzarbeitergeld und subventionierte Beschäftigung in: Arbeit und Recht (ArbuR) 1999, S. 209 (zit.: *Bieback*, ArbuR 1999).

Birk, Rolf	Berufsbildung und Arbeitsrecht Zu einigen arbeitsrechtlichen Fragen der beruflichen Ausbildung, Fortbildung und Umschulung in: *Däubler*, Wolfgang, Arbeit und Recht, Festschrift für Albert Gnade zum 65. Geburtstag, Köln 1992, S. 311 (zit.: *Birk*, FS Gnade, 1992).
Ders.	Umschulung statt Kündigung in: *Heinze*, Meinhard/*Söllner*/Alfred (Hrsg.), Arbeitsrecht in der Bewährung, Festschrift für Otto Rudolf Kissel zum 65. Geburtstag, München 1994, S. 51-75 (zit.: *Birk*, FS Kissel, 1994).
Blanke, Thomas	Dynamik und Konturen des europäischen Sozialmodells: Warum der Zug nach Europa nicht zu stoppen ist in: Neue Zeitschrift für Arbeitsrecht (NZA) 2006, S. 1304 (zit.: *Blanke*, NZA 2006).
Böckenförde, Ernst-Wolfgang *Jekewitz*, Jürgen *Ramm*, Thilo (Hrsg.)	Soziale Grundrechte 5. Rechtspolitischer Kongreß der SPD vom 29. Februar bis 2. März 1980 in Saarbrücken Dokumentation: Teil 2 Karlsruhe 1981 (zit.: Böckenförde/Jekewitz/Ramm/*Bearbeiter*, Soziale Grundrechte).
Böhm, Annett	Bildungsurlaub – bezahlter Freistellungsanspruch in: Der Arbeits-Rechts-Berater (ArbRB) 2008, S. 341 (Teil 1), S. 373 (Teil 2) (zit.: *Böhm*, ArbRB 2008).
Brandt. Edmund	Bundesverfassungsgericht und Sonderabgaben in: Neue Juristische Wochenschrift (NJW) 1981, S. 2103 (zit.: *Brandt*, NJW 1981).
Braun, Matthias *Mühlhausen*, Peter *Munk*, Jörg Udo *Stück*, Volker	Berufsbildungsgesetz Kommentar Köln 2004 (zit.: Braun/Mühlhausen/Munk/Stuck/*Bearbeiter*, BBiG).
Breisig, Thomas	Personalentwicklung und Qualifizierung als Handlungsfeld des Betriebsrats: Grundlagen – Maßnahmen – Betriebs- und Tarifvereinbarungen Baden-Baden 1997 (zit.: *Breisig*, Personalentwicklung).

Brors, Christiane	Die Abschaffung der Fürsorgepflicht Versuch einer vertragstheoretischen Neubegründung der Nebenpflichten des Arbeitgebers Tübingen 2002 (zit.: *Brors*, Die Abschaffung der Fürsorgepflicht).
Brox, Hans *Rüthers*, Bernd *Henssler*, Martin	Arbeitsrecht 18. Auflage Stuttgart u.a. 2011 (zit.: *Brox/Rüthers/Henssler*, Arbeitsrecht).
Buchner, Herbert	Die sozialpolitische Entwicklung der Europäischen Gemeinschaft im Spannungsfeld von hoheitlicher Regelung und tarifautonomer Gestaltung in: Recht der Arbeit (RdA) 1993, S. 193 (zit.: *Buchner*, RdA 1993).
Bull, Hans Peter	Zweifelsfragen um die informationelle Selbstbestimmung – Datenschutz als Datenaskese) in: Neue Juristische Wochenschrift (NJW) 2006, S. 1617 (zit.: *Bull*, NJW 2006).
Bundesminister des Innern *Bundesminister der Justiz* (Hrsg.)	Staatszielbestimmungen, Gesetzgebungsaufträge Bericht der Sachverständigenkommission Bonn 1983 (zit.: Sachverständigenkommission Staatszielbestimmungen/ Gesetzgebungsaufträge).
Bundesministerium für Bildung und Forschung (Hrsg.)	Berichtssystem Weiterbildung IX Integrierter Gesamtbericht zur Weiterbildungssituation in Deutschland Bonn/Berlin 2006 (zit.: *Bundesministerium für Bildung und Forschung*, Berichtssystem Weiterbildung IX).
Bundesregierung	Denkschrift zum Internationalen Pakt über wirtschaftliche, soziale und kulturelle Rechte vom 19. Dezember 1966, BR-Drucks. 305/73, S. 16 (zit.: Denkschrift der Bundesregierung zum Internationalen Pakt über wirtschaftliche, soziale und kulturelle Rechte vom 19. Dezember 1966, BT-Drucks. 7/658).
Bund-Länder-Kommission für Bildungsplanung und Forschungsförderung (Hrsg.)	Strategie für lebenslanges Lernen in der Bundesrepublik Deutschland Bonn 2004 (zit.: *Bund-Länder-Kommission für Bildungsplanung und Forschungsförderung*, Strategie für Lebenslanges Lernen in der Bundesrepublik Deutschland).

Calliess, Christian *Ruffert*, Matthias	EUV/EGV Das Verfassungsrecht der Europäischen Union mit Europäischer Grundrechtecharta Kommentar 4. Auflage München 2011 (zit.: Calliess/Ruffert/*Bearbeiter*, EUV/AEUV).
Calliess, Christian	Die Charta der Grundrechte der Europäischen Union – Fragen der Konzeption, Kompetenz und Verbindlichkeit in: Europäische Zeitschrift für Wirtschaftsrecht (EuZW) 2001, S. 261 (zit.: *Calliess*, EuZW 2001).
Canaris, Claus-Wilhelm	Grundrechte und Privatrecht in: Archiv für die civilistische Praxis (AcP) 184 (1984), S. 201 (zit.: *Canaris*, AcP 184 (1984)).
Dästner, Christian	Die Verfassung des Landes Nordrhein-Westfalen Kommentar 2. Auflage Stuttgart 2002 (zit.: *Dästner*, LV NRW).
Däubler, Wolfgang	Gläserne Belegschaften? Das Handbuch zum Arbeitnehmerdatenschutz 5. Auflage Frankfurt am Main 2010 (zit.: *Däubler*, Gläserne Belegschaften).
Ders.	Betriebliche Weiterbildung als Mitbestimmungsproblem – Status quo und rechtspolitische Perspektiven – in: Betriebs-Berater (BB) 2000, S. 1190 (zit.: *Däubler*, BB 2000).
Däubler, Wolfgang *Kittner*, Michael *Klebe*, Thomas *Wedde*, Peter (Hrsg.)	BetrVG – Betriebsverfassungsgesetz mit Wahlordnung und EBR-Gesetz Kommentar 13. Auflage Frankfurt am Main 2012 (zit.: Däubler/Kittner/Klebe/Wedde-*Bearbeiter*, BetrVG).
Degenhart, Christoph	Das allgemeine Persönlichkeitsrecht, Art. 2 I i.V. mit Art. 1 I GG in: Juristische Schulung (JuS) 1992, S. 361 (zit.: *Degenhart*, JuS 1992).

Déjean, Pierre	Problèmes juridiques posés par le nouveau système de gestion du congé individuel de formation in: Droit social 1986, S. 524 (zit.: *Déjean*, Droit social 1986).
Dennery, Marc	Réforme de la formation professionnelle 2. Auflage Issy-les-Moulineaux 2005 (zit.: *Dennery*, Réforme de la formation professionnelle).
Depenheuer, Otto	Anmerkung zum Beschluß des BVerfG v. 15.12.1987 – 1 BvR 563, 582/85, 974/86 und 1 BvL 3/86 in: Sammlung Arbeitsrechtlicher Entscheidungen (SAE) 1989, S. 40 (zit.: *Depenheuer*, SAE 1989).
Deutscher Bildungsrat (Hrsg.)	Strukturplan für das Bildungswesen 4. Auflage Stuttgart 1972 (zit.: *Deutscher Bildungsrat*, Strukturplan für das Bildungswesen).
Diercks, Kerstin	Soziale Grundrechte der neuen Landesverfassungen – Ein Fortschritt in der deutschen Verfassungsentwicklung? in: Landes- und Kommunalverwaltung (LKV) 1996, S. 231 (zit.: *Diercks*, LKV 1996).
Dieterich, Thomas	Grundgesetz und Privatautonomie im Arbeitsrecht in: Recht der Arbeit (RdA) 1995, S. 129 (zit.: *Dieterich*, RdA 1995).
Dietlein, Johannes	Die Grundrechte in den Verfassungen der neuen Bundesländer Zugleich ein Beitrag zur Auslegung der Art. 31 und 142 GG München 1993 (zit.: *Dietlein*, Die Grundrechte in den Verfassungen der neuen Bundesländer).
Dittmann, Armin *Fehrenbacher*, Claus	Die bildungsrechtlichen Harmonisierungsverbote (Art. 126 Abs. 4, 127 Abs. 4 EGV) und ihre Bedeutung für die „nationale Bildungshoheit" in: Recht der Jugend und des Bildungswesens (RdJB) 1992, S. 478 (zit.: *Dittmann/Fehrenbacher*, RdJB 1992).
Dockès, Emmanuel	Droit du travail 3. Auflage Paris 2008 (zit.: *Dockès*, Droit du travail).

Dönneweg, Markus	Der bezahlte Bildungsurlaub, Schnittstelle zwischen Arbeits- und Abgabenrecht Dissertation Universität des Saarlandes 1997 Baden-Baden 1997 (zit.: *Dönneweg*, Der bezahlte Bildungsurlaub).
Dougados, Sabrina *Pélicier-Loevenbruck*, Sophie	L'Ani du 7 janvier 2009 – L'intégration de la formation professionnelle dans le droit de l'emploi? in: Semaine Sociale Lamy 2009, n° 1387 (zit.: *Dougados/Pélicier-Loevenbruck*, Semaine Sociale Lamy).
Dreier, Horst (Hrsg.)	Grundgesetz Kommentar Band I: Präambel, Artikel 1 bis 19 2. Auflage Tübingen 2004 Band II: Artikel 20 bis 82, 2. Auflage Supplementum 2007 Tübingen 2007. Band III: Artikel 83 bis 146 2. Auflage Tübingen 2008 (zit.: Dreier/*Bearbeiter*, GG).
Durand-Prinborgne, Claude	La formation tout au long de la vie entre droit de l'éducation et droit de la formation in: Droit social 2004, S. 464 (zit.: *Durand-Prinborgne*, Droit social 2004).
Dürig, Günter	Grundrechte und Zivilrechtsprechung in: *Maunz*, Theodor (Hrsg.), Vom Bonner Grundgesetz zur gesamtdeutschen Verfassung, Festschrift zum 75. Geburtstag von Hans Nawiasky, München 1956, S. 157-190 (zit.: *Dürig*, FS Nawiasky, 1956).
Echterhölter, Rudolf	Der Internationale Pakt über wirtschaftliche, soziale und kulturelle Rechte in: Betriebs-Berater (BB) 1973, S. 1595 (zit.: *Echterhölter*, BB 1973).
Ders.	Die Bedeutung der Menschenrechte für das Arbeitsverhältnis in: Recht der Arbeit (RdA) 1980, S. 241 (zit.: *Echterhölter*, RdA 1980).

Ders.   Der Internationale Pakt der Vereinten Nationen über wirtschaftliche, soziale und kulturelle Rechte
in: Bundesarbeitsblatt (BArbBl.) 1973, S. 496
(zit.: *Echterhölter*, BArbBl.).

Ehrich, Christian   Die neue Verordnung über Immissionsschutz- und Störfallbeauftragte
in: Der Betrieb (DB) 1993, S. 1772
(zit.: *Ehrich*, DB 1993).

Ders.   Amt, Anstellung und Mitbestimmung bei betrieblich Beauftragten – Unter besonderer Berücksichtigung des Betriebsarztes
Dissertation Universität Saarbrücken 1992
Heidelberg 1993
(zit.: *Ehrich*, Amt, Anstellung und Mitbestimmung bei betrieblich Beauftragten).

Ders.   Betriebsbeauftragte
Nr. 675 in: *Dieterich*, Thomas/*Neef*, Klaus/*Schwab*, Brent (Hrsg.), Arbeitsrecht-Blattei Systematische Darstellungen
Loseblattsammlung
Heidelberg
Stand: 38. Lieferung Februar 1997
(zit.: *Ehrich*, AR-Blattei SD 675).

Eich, Rolf-Achim   Die Beteiligungsrechte des Betriebsrates im Ausbildungswesen
in: Der Betrieb (DB) 1974, S. 2154
(zit.: *Eich*, DB 1974).

Eichenhofer, Eberhard   Neue Grundsätze der Arbeitsförderung
in: Die Sozialgerichtsbarkeit (SGb) 2000, S. 289
(zit.: *Eichenhofer*, SGb 2000).

Enneccerus, Ludwig
Nipperdey, Hans Carl   Allgemeiner Teil des Bürgerlichen Rechts
Ein Lehrbuch
Erster Halbband: Allgemeine Lehren, Personen, Rechtsobjekte
15. Auflage
Tübingen 1959
(zit.: *Enneccerus/Nipperdey*, Allgemeiner Teil des Bürgerlichen Rechts, Erster Halbband).

Erichsen, Hans-Uwe   Die Verteilung der Gesetzgebungszuständigkeiten nach dem Grundgesetz
in: Juristische Ausbildung (Jura) 1993, S. 385
(zit.: *Erichsen*, Jura 1993).

Ders.	Die Drittwirkung der Grundrechte in: Juristische Ausbildung (Jura) 1996, S. 527 (zit.: *Erichsen*, Jura 1996).
Ettwig, Klaus	Keine Änderung im Kündigungsschutz durch das neue SGB III – Zum Beitrag von Schaub in NZA 1997, 810 ff. in: Neue Zeitschrift für Arbeitsrecht (NZA) 1997, S. 1152 (zit.: *Ettwig*, NZA 1997).
Favennec-Héry, Francoise	Le droit individuel à la formation in: Droit Social 2004, S. 866 (zit.: *Favennec-Héry*, Droit social 2004).
Dies.	Temps de formation, temps de travail: quelques observations in: Droit social 2004, S. 494 (zit.: *Favennec-Héry*, Droit social 2004).
Fechner, Frank	Auswirkungen des europarechtlichen Diskriminierungsverbots auf die Bildung in: Recht der Jugend und des Bildungswesens (RdJB) 2002, S. 339 (zit.: *Fechner*, RdJB 2002).
Feuchthofen, Jörg *Brackmann*, Hans-Jürgen	Berufliche Bildung im Maastrichter Unionsvertrag – Eine rechtspolitische Betrachtung zur Auslegung des Artikel 127 in: Recht der Jugend und des Bildungswesens (RdJB) 1992, S. 468 (zit.: *Feuchthofen/Brackmann*, RdJB 1992).
Fillon, Francois	L'esprit d'une réforme in: Droit social 2004, S. 452 (zit.: *Fillon*, Droit social 2004).
Fitting, Karl (Begr.) *Engels*, Gerd *Schmidt*, Ingrid *Trebinger*, Yvonne *Linsenmaier*, Wolfgang	Betriebsverfassungsgesetz Handkommentar 26. Auflage München 2012 (zit.: Fitting, BetrVG).
Forsthoff, Ernst	Der Entwurf eines zweiten Vermögensbildungsgesetzes in: Betriebs-Berater (BB) 1965, S. 381 (zit.: *Forsthoff*, BB 1965).
Fracke, Susanne	Die betriebliche Weiterbildung Verantwortung des Arbeitgebers im intakten und bestandsgefährdeten Arbeitsverhältnis Dissertation Universität Göttingen 2002 Berlin 2003 (zit.: *Fracke*, Die betriebliche Weiterbildung).

Franzen, Martin	Das Mitbestimmungsrecht des Betriebsrats bei der Einführung von Maßnahmen der betrieblichen Berufsbildung nach § 97 II BetrVG in: Neue Zeitschrift für Arbeitsrecht (NZA) 2001, S. 865 (zit.: *Franzen*, NZA 2001).
Friauf, Karl Heinrich	Öffentliche Sonderlasten und Gleichheit der Steuerbürger in: *Institut für Völkerrecht und ausländisches öffentliches Recht der Universität zu Köln* (Hrsg.), Festschrift für Hermann Jahrreiß zum 80. Geburtstag – 19. August 1974 –, Köln u.a. 1974, S. 45-66 (zit.: *Friauf*, FS Jahrreiß, 1974).
Ders.	Zur Zulässigkeit von Sonderabgaben in: Juristische Arbeitsblätter (JA) 1981, S. 261 (zit.: *Friauf*, JA 1981).
Ders.	Zur Zulässigkeit von außersteuerlichen Sonderabgaben in: *Schmölders*, Günter/*Wöhe*, Günther/*Buchholz*, Edwin (Hrsg.), Der Bürger als Objekt der staatlichen Finanzpolitik, Festschrift für Willy Haubrichs zum 65. Geburtstag, 2. Auflage, Bad Wörishofen 1977, S. 103-125 (zit.: *Friauf*, FS Haubrichs, 1977).
Ders.	Arbeitnehmerweiterbildung und gewerkschaftliche Schulung – Zur Anwendung des nordrhein-westfälischen Weiterbildungsgesetzes aus verfassungsrechtlicher Sicht in: DB-Beilage Nr. 2/1989, S. 1 (zit.: *Friauf*, DB-Beil. 2/1989).
Ders.	Arbeitgeberbeiträge zu einer sozialen Pflegeversicherung? in: Der Betrieb (DB) 1991, S. 1773 (zit.: *Friauf*, DB 1991).
Fried, Egbert	Rechtsvereinheitlichung im Internationalen Arbeitsrecht Eine Untersuchung zur Methode der Rechtsvereinheitlichung am Beispiel der Internationalen Arbeitsorganisation Dissertation Universität Mainz 1963 Frankfurt am Main/Berlin 1965 (zit.: *Fried*, Rechtsvereinheitlichung im Internationalen Arbeitsrecht).
Gagel, Alexander	§ 2 SGB III: Schlüssel zum eingliederungsorientierten Kündigungsrecht und zu Transfer-Sozialplänen in: Betriebs-Berater (BB) 2001, S. 358 (zit.: *Gagel*, BB 2001).

Ders.	Die Veränderung der Kündigungssituation durch das SGB III in: *Schmidt*, Klaus (Hrsg.), Arbeitsrecht und Arbeitsgerichtsbarkeit, Bilanz und Perspektiven an der Schwelle zum Jahr 2000, Festschrift zum 50-jährigen Bestehen der Arbeitsgerichtsbarkeit in Rheinland-Pfalz, Neuwied u. Kriftel 1999, S. 521-532 (zit.: *Gagel*, FS Arbeitsgerichtsbarkeit in Rheinland-Pfalz).
Ders. (Hrsg.)	Arbeitsförderungsgesetz Kommentar Loseblattsammlung Band I: Text des AFG, Kommentar §§ 1-133 München Stand: 13. Ergänzungslieferung Januar 1998 (zit.: *Gagel*/Bearbeiter, AFG).
Gagel, Alexander *Bieback*, Karl-Jürgen *(Hrsg.)*	SGB II/SGB III, Grundsicherung und Arbeitsförderung Kommentar Loseblattsammlung München Stand: 44. Ergänzungslieferung 2012 (zit.: Gagel/Bieback/*Bearbeiter*, SGB II/SGB III).
Galperin, Hans (Begr.) *Löwisch*, Manfred	Kommentar zum Betriebsverfassungsgesetz Band II: Regelung der Mitbestimmung (§§ 74-132) 6. Auflage Heidelberg 1982 (zit.: *Galperin/Löwisch*, BetrVG).
Gaul, Björn	Die Weiterbeschäftigung nach zumutbaren Umschulungs- und Fortbildungsmaßnahmen in: Betriebs-Berater (BB) 1995, S. 2422 (zit.: *Gaul*, BB 1995).
Geesmann, Rainer	Soziale Grundrechte im deutschen und französischen Verfassungsrecht und in der Charta der Grundrechte der Europäischen Union Eine rechtsvergleichende Untersuchung zu den Wirkdimensionen sozialer Grundrechte Dissertation Universität Münster 2004 Frankfurt a.M. 2005 (zit.: *Geesmann*, Soziale Grundrechte).
Geiger, Rudolf *Khan*, Daniel-Erasmus *Kotzur*, Markus	EUV/AEUV Vertrag über die Europäische Union und Vertrag über die Arbeitsweise der Europäischen Union Kommentar 5. Auflage München 2010 (zit.: Geiger/Khan/Kotzur/*Bearbeiter*, EUV/AEUV).

Ghaffari, Sarah *Podevin*, Gérard (Hrsg.)	Le Congé Individuel de Formation – Un droit national, des réalités territoriales Rennes 2008 (zit.: *Bearbeiter* in: *Ghaffari/Podevin*, Le Congé Individuel de Formation).
Giese, Herbert *Ibels*, Hans *Rehkopf*, Helmut	Kommentar zum Arbeitssicherheitsgesetz Gesetz über Betriebsärzte, Sicherheitsingenieure und andere Fachkräfte für Arbeitssicherheit 3. Auflage Heidelberg 1977 (zit.: *Giese/Ibels/Rehkopf*, ASiG).
Gilberg, Dirk	Die Mitwirkung des Betriebsrats bei der Berufsbildung Dissertation Universität zu Köln 1998 Heidelberg 1999 (zit.: *Gilberg*, Die Mitwirkung des Betriebsrats bei der Berufsbildung).
Glotz, Peter *Faber*, Klaus	Richtlinien und Grenzen des Grundgesetzes für das Bildungswesen in: *Benda*, Ernst/*Maihofer*, Werner /*Vogel*, Hans Jochen (Hrsg.), Handbuch des Verfassungsrechts der Bundesrepublik Deutschland, 2. Auflage, Berlin u.a. 1995, § 28 (zit.: *Glotz/Faber*, HdbVerfR).
Gola, Peter *Klug*, Christoph *Körffer*, Barbara *Schumerus*, Rudolf	BDSG – Bundesdatenschutzgesetz Kommentar 10. Auflage München 2010 (zit.: *Gola/Schumerus*, BDSG).
Gola, Peter *Klug*, Christoph	Neuregelungen zur Bestellung betrieblicher Datenschutzbeauftragter in: Neue Juristische Wochenschrift (NJW) 2007, S. 118 (zit.: *Gola/Klug*, NJW 2007).
Gola, Peter *Hümmerich*, Klaus	Bildungsurlaub im Arbeitsverhältnis, Einführung – Gesetzestexte – Kommentierung Baden-Baden und Bad Homburg vor der Höhe 1977 (zit.: *Gola/Hümmerich*, Bildungsurlaub).
Gomez-Mustel, Marie-José	Les enjeux de l'obligation d'adaptation in: Droit social 2004, S. 499 (zit.: *Gomez-Mustel*, Droit social 2004).
Goos, Wolfgang	Betriebsvereinbarungen über Weiterbildung in: Zeitschrift für Arbeitsrecht (ZfA) 1991, S. 61 (zit.: *Goos*, ZfA 1991).

Grabitz, Eberhard (Begr.) *Hilf*, Meinhard *Nettesheim*, Martin (Hrsg.)	Das Recht der Europäischen Union Kommentar Loseblattsammlung München Stand: 46. Ergänzungslieferung Oktober 2011 (zit.: Grabitz/Hilf/*Bearbeiter*, EUV/AEUV).
Grawert, Rolf	Verfassung für das Land Nordrhein-Westfalen Kommentar 2. Auflage Wiesbaden 2008 (zit.: *Grawert*, LV NRW).
Grobys, Marcel *Panzer*, Andrea (Hrsg.)	Arbeitsrecht Alphabetische Gesamtdarstellung Individualarbeitsrecht, Kollektives Arbeitsrecht, Prozeßrecht Baden-Baden 2012 (zit.: Grobys/Panzer/*Bearbeiter*, Stichwortkommentar Arbeitsrecht).
Groeben, Hans von der *Schwarze*, Jürgen	Kommentar zum Vertrag über die Europäische Union und zur Gründung der Europäischen Gemeinschaft 6. Auflage Baden-Baden 2003 (zit.: von der Groeben/Schwarze/*Bearbeiter*, EUV/EGV).
Gudelius, Jochen	Wissen fördert Wettbewerbsfähigkeit in: Arbeit und Arbeitsrecht (AuA) 2001, S. 340 (zit.: *Gudelius*, AuA 2001).
Hallenberger, Achim	Die Pflicht des Arbeitgebers zur Förderung der freien Entfaltung der Persönlichkeit nach § 75 Abs. 2 Betriebsverfassungsgesetz Dissertation Universität Mannheim 1988 Frankfurt am Main u.a. 1988 (zit.: *Hallenberger*, Förderung der freien Entfaltung der Persönlichkeit).
Hamm, Ingo	Mitbestimmung und Berufsbildung in: Arbeit und Recht (ArbuR) 1992, S. 326 (zit.: *Hamm*, ArbuR 1992).
Hammer, Ulrich	Der betriebsverfassungsrechtliche Begriff der Berufsbildung in Rechtsprechung und Literatur in: Zeitschrift für Tarifrecht (ZTR) 1996, S. 245 (zit.: *Hammer*, ZTR 1996).

Ders.	Berufsbildung und Betriebsverfassung, Begriff und Grenzen der Beteiligungsrechte des Betriebsrats bei betrieblichen Berufsbildungsmaßnahmen Baden-Baden 1990 (zit.: *Hammer*, Berufsbildung und Betriebsverfassung).
Ders.	Unternehmensbezogene Informationen als Grenze des Mitbestimmungsrechts bei betrieblichen Fort- und Weiterbildungsmaßnahmen? in: Arbeit und Recht (ArbuR) 1984, S. 210 (zit.: *Hammer*, ArbuR 1984).
Ders.	Neuregelung der Berufsbildung im Betriebsverfassungsgesetz? in: Zeitschrift für Rechtspolitik (ZRP) 1998, S. 23 (zit.: *Hammer*, ZRP 1998).
Hanau, Peter *Steinmeyer*, Heinz-Dietrich *Wank*, Rolf	Handbuch des Europäischen Arbeits- und Sozialrechts München 2002 (zit.: Hanau/Steinmeyer/Wank/*Bearbeiter*).
Hanau, Peter	Denkschrift zu dem Regierungsentwurf eines Gesetzes zur Reform des Betriebsverfassungsgesetzes in: Recht der Arbeit (RdA) 2001, S. 65 (zit.: *Hanau*, RdA 2001).
Ders.	Unklarheiten in dem Regierungsentwurf des Betriebsverfassungsgesetzes in: Betriebs-Berater (BB) 1971, S. 485 (zit.: *Hanau*, BB 1971).
Hatje, Armin *Kindt*, Anne	Der Vertrag von Lissabon – Europa endlich in guter Verfassung? in: Neue Juristische Wochenschrift (NJW) 2008, S. 1761 (zit.: *Hatje/Kindt*, NJW 2008).
Hauck, Friedrich	Urlaub Gruppe 4 Urlaub Teil B Erläuterungen Teilbereich 2 Besondere Urlaubsbestimmungen in: *Eugen Stahlhacke (Hrsg.)*, Handbuch zum Arbeitsrecht, Loseblattsammlung Neuwied 1976 Stand 01/1998 (zit.: HzA/*Hauck*, Gruppe 4 Teilbereich 2).

Hauck, Karl *Noftz*, Wolfgang (Begr.)	Sozialgesetzbuch Gesamtkommentar Loseblattsammlung Berlin SGB I, Allgemeiner Teil Stand: 33. Lieferung XII/2010. SGB III, Arbeitsförderung 1. Band Stand: Lieferung 4/10, XII/10 (zit.: Hauck/Noftz/*Bearbeiter*).
Heidemann, Robert	Weiterbildung, Von den Beschäftigten akzeptiert und den Arbeitgebern gemieden in: Arbeitsrecht im Betrieb (AiB) 2008, S. 123 (zit.: *R. Heidemann*, AiB 2008).
Heidemann, Winfried	Lebenslanges Lernen und Beschäftigungsfähigeit in: Arbeitsrecht im Betrieb (AiB) 2008, S. 121 (zit.: *W. Heidemann*, AiB 2008).
Heinze, Meinhard	Europarecht im Spannungsverhältnis zum nationalen Arbeitsrecht – Von formaler Verdichtung zur offenen Arbeitsrechtsordnung in: Zeitschrift für Arbeitsrecht (ZfA) 1992, S. 331 (zit.: *Heine*, ZfA 1992).
Henseler, Paul	Begriffsmerkmale und Legitimation von Sonderabgaben Baden-Baden 1984 (zit.: *Henseler*, Begriffsmerkmale und Legitimation von Sonderabgaben).
Henssler, Martin	Der Arbeitsvertrag im Konzern Dissertation Universität Konstanz 1983 Berlin 1983 (zit.: *Henssler*, Der Arbeitsvertrag im Konzern).
Henssler, Martin *Willemsen*, Heinz Josef *Kalb*, Heinz-Jürgen	Arbeitsrecht Kommentar 5. Auflage Köln 2012 (zit.: HWK/*Bearbeiter*).
Henssler, Martin *Braun*, Axel (Hrsg.)	Arbeitsrecht in Europa 3. Auflage Köln 2011 (zit.: Henssler/Braun/*Bearbeiter*).

Herdegen, Matthias	Europarecht 13. Auflage München 2011 (zit.: *Herdegen*, Europarecht).
Herschel, Wilhelm	Haupt- und Nebenpflichten im Arbeitsverhältnis in: Betriebs-Berater (BB) 1978, S. 569 (zit.: *Herschel*, BB 1978).
Hess, Harald *Schlochauer*, Ursula *Worzalla*, Michael *Glock*, Dirk *Nicolai*, Andrea *Rose*, Franz-Josef	Kommentar zum Betriebsverfassungsgesetz 8. Auflage Köln 2011 (zit.: H/S/W/G/N/R-*Bearbeiter*, BetrVG).
Heun, Werner	Die Sonderabgaben als verfassungsrechtlicher Abgabetypus – Zur Sonderabgabenrechtsprechung des BVerfG – in: Deutsches Verwaltungsblatt (DVBl.). 1990, S. 666 (zit.: *Heun*, DVBl. 1990).
Heyde, Peter	Die Europäische Sozialcharta in: Arbeit und Recht (ArbuR) 1962, S. 70 (zit.: *Heyde*, ArbuR 1962).
Höhne, Gerhard	Das allgemeine Recht auf Sonderurlaub in: Betriebs-Berater (BB) 1954, S. 1064 (zit.: *Höhne*, BB 1954).
Hopfner, Sebastian	30 Jahre Bildungsurlaub in Deutschland – Eine Bilanz in: Neue Zeitschrift für Arbeitsrecht (NZA) 2001, S. 6 (zit.: *Hopfner*, NZA 2001).
Hopfner, Sebastian *Auktor*, Christian	Die Rechtsprechung zum Bildungsurlaub seit 1996 – Keine Besserung in Sicht in: NZA-Rechtsprechungs-Report Arbeitsrecht (NZA-RR) 2002, S. 113 (zit.: *Hopfner/Auktor*, NZA-RR 2002).
Horn, Hans-Detlef	Schutz der Privatsphäre in: *Isensee*, Josef/*Kirchhof*, Paul (Hrsg.), Handbuch des Staatsrechts der Bundesrepublik Deutschland, Band VII: Freiheitsrechte, § 149 3. Auflage Heidelberg 2009 (zit.: *Horn*, HStR VII).

Hoyningen-Huene, Gerrick von *Linck*, Rüdiger	Kündigungsschutzgesetz Kommentar 14. Auflage München 2007 (zit.: *von Honingen-Huene/Linck*, KSchG).
Hoyningen-Huene, Gerrick von	Betriebsbedingte Kündigungen in der Wirtschaftskrise in: Neue Zeitschrift für Arbeitsrecht (NZA) 1994, S. 1009 (zit.: *von Hoyningen-Huene*, NZA 1994).
Ders.	Belästigungen und Beleidigungen von Arbeitnehmern durch Vorgesetzte in: Betriebs-Berater (BB) 1991, S. 2215 (zit: *von Hoyningen-Huene*, BB 1991).
Ders.	Anmerkung zum Urteil des BAG v. 14.01.1986 – 3 AZR 456/84 = AP Nr. 5 zu § 1 BetrAVG Gleichbehandlung (zit.: *von Hoyningen-Huene*, Anm. zu AP Nr. 5 zu § 1 BetrAVG Gleichbehandlung).
Hromadka, Wolfgang *Maschmann*, Frank	Arbeitsrecht Band 1: Individualarbeitsrecht 5. Auflage Berlin/Heidelberg 2012 (zit.: *Hromadka/Maschmann*, Arbeitsrecht 1).
Hummel, Hans-Peter	Soziales Fundament für den europäischen Binnenmarkt in: Arbeit und Recht (ArbuR) 1997, S. 157 (zit.: *Hummel*, ArbuR 1997).
Hunold, Wolf	Arbeitsrechtliche Probleme bei verändertem Anforderungsprofil einer Stelle in: Der Betrieb (DB) 2009, S. 846 (zit.: *Hunold*, DB 2009).
Ders.	Die Kündigung wegen mangelnder Kenntnisse des Mitarbeiters in: Neue Zeitschrift für Arbeitsrecht (NZA) 2000, S. 802 (zit.: *Hunold*, NZA 2000).
Isele, Hellmut Georg	Der Stellenwert des Persönlichkeitsrechts in der Inhaltsbestimmung des Arbeitsverhältnisses in: *Evers*, Hans Ulrich/*Friauf*, Karl Heinrich/*Hanack*, Ernst Walter/*Reinhardt*, Rudolf (Hrsg.), Persönlichkeit in der Demokratie, Festschrift für Erich Schwinge zum 70. Geburtstag, Köln/Bonn 1973, S. 143-152 (zit.: *Isele*, FS Schwinge, 1973).

Isensee, Josef	Das Grundrecht als Abwehrrecht und als staatliche Schutzpflicht in: *ders./Kirchhof,* Paul (Hrsg.), Handbuch des Staatsrechts der Bundesrepublik Deutschland, Band V: Allgemeine Grundrechtslehren, § 111 2. Auflage Heidelberg 2000 (zit.: *Isensee*, HStR V, 2. Aufl. 2000).
Ders.	Steuerstaat als Staatsform in: *Stödter*, Rolf/*Thieme*, Werner (Hrsg.), Hamburg – Deutschland – Europa, Beiträge zum deutschen und europäischen Verfassungs-, Verwaltungs- und Wirtschaftsrecht, Festschrift für Hans Peter Ipsen zum siebzigsten Geburtstag, Tübingen 1977, S. 409-436. (zit.: *Isensee*, FS Hans Peter Ipsen, 1977).
Jarass, Hans Dieter *Pieroth*, Bodo	Grundgesetz für die Bundesrepublik Deutschland, Kommentar 11. Auflage München 2011 (zit.: Jarass/Pieroth/*Bearbeiter*, GG).
Jarass, Hans Dieter	Regelungsspielräume des Landesgesetzgebers im Bereich der konkurrierenden Gesetzgebung und in anderen Bereichen in: Neue Zeitschrift für Verwaltungsrecht (NVwZ) 1996, S. 1041 (zit.: *Jarass*, NVwZ 1996).
Ders.	Bausteine einer umfassenden Grundrechtsdogmatik in: Archiv des öffentlichen Rechts (AöR) 120 (1995), S. 345 (zit.: *Jarass*, AöR 120 (1995)).
Ders.	Das allgemeine Persönlichkeitsrecht im Grundgesetz in: Neue Juristische Wochenschrift (NJW) 1989, S. 857 (zit.: *Jarass*, NJW 1989).
Ders.	Bundes-Immissionsschutzgesetz Unter Berücksichtigung der Bundes-Immissionsschutzverordnungen, der TA Luft sowie der TA Lärm Kommentar 9. Auflage München 2012 (zit.: *Jarass*, BImSchG).
Ders.	Verfassungsrechtliche Grenzen für die Erhebung nichtsteuerlicher Abgaben in: Die Öffentliche Verwaltung (DÖV) 1989, S. 1013 (zit.: *Jarass*, DÖV 1989).

Jellinek, Georg	System der subjektiven öffentlichen Rechte 2. Auflage Neudruck Tübingen 1919 (zit.: *Jellinek*, System der subjektiven öffentlichen Rechte).
Kaiser, Dagmar	Die Rechtsprechung des Bundesarbeitsgerichts im Jahre 1994 in: Zeitschrift für Arbeitsrecht (ZfA) 1996, S. 115 (zit.: *Kaiser*, ZfA 1996).
Karpen, Ulrich	Rechtsfragen des lebenslangen Lernens: eine vergleichende Untersuchung zum deutsche, französischen, englischen und amerikanischen Verfassungsrecht Tübingen 1979 (zit.: *Karpen*, Rechtsfragen des lebenslangen Lernens).
Kaster, Georg	Die Rechtsstellung des Betriebsbeauftragten für Umweltschutz in: Gewerbearchiv (GewArch) 1998, S. 129 (zit.: *Kaster*, GewArch 1998).
Kater, Horst *Leube*, Konrad	Gesetzliche Unfallversicherung SGB VII Kommentar München 1997 (zit.: Kater/Leube/*Bearbeiter*, SGB VII).
Käufer, Katja	Weiterbildung im Arbeitsverhältnis Dissertation Universität Bremen Baden-Baden 2002 (zit.: *Käufer*, Weiterbildung im Arbeitsverhältnis).
Kemp, Tomas	Weiterbildung (Begriff) in: *Bundesinstitut für Berufsbildungsforschung* (Hrsg.), Schlüsselwörter zur Berufsbildung, Weinheim und Basel 1977, S. 391 (zit.: *Kemp*, Weiterbildung (Begriff)).
Kempfler, Klaus Friedrich	Die Allgemeine Erklärung der Menschenrechte: Grundlage des modernen Menschenrechtsschutzes – Eine Einführung, in: Juristische Arbeitsblätter (JA) 2004, S. 577 (zit.: *Kempfler*, JA 2004).
Kirchhof, Ferdinand	Vom Steuerstaat zum Abgabenstaat? In: Die Verwaltung 21 (1988), S. 137 (zit.: *F. Kirchhof*, Die Verwaltung 21 (1988).

Kirchhof, Paul	Gleichheit in der Funktionenordnung in: *Isensee*, Josef/*Kirchhof*, Paul (Hrsg.), Handbuch des Staatsrechts der Bundesrepublik Deutschland, Band V: Allgemeine Grundrechtslehren, § 125 2. Auflage Heidelberg 2000 (zit.: *Kirchhof*, HStR V, 2. Aufl. 2000).
Kittner, Michael	Leichter kündigen als änderungskündigen? in: Neue Zeitschrift für Arbeitsrecht (NZA) 1997, S. 968 (zit.: *Kittner*, NZA 1997).
Klein, Hans	Die grundrechtliche Schutzpflicht in: Deutsches Verwaltungsblatt (DVBl.) 1994, S. 491 (zit.: *Klein*, DVBl. 1994).
Ders.	Zum Begriff der öffentlichen Aufgabe in: Die Öffentliche Verwaltung (DÖV) 1965, S. 755 (zit.: *Klein*, DÖV 1965).
Kliemt, Michael	Der neue Teilzeitanspruch – Die gesetzliche Neuregelung der Teilzeitarbeit ab dem 1.1.2001 in: Neue Zeitschrift für Arbeitsrecht (NZA) 2001, S. 63 (zit.: *Kliemt*, NZA 2001).
Kliesch, Georg *Nöthlichs*, Matthias *Wagner*, Rolff	Arbeitssicherheitsgesetz Gesetz über Betriebsärzte, Sicherheitsingenieure und andere Fachkräfte für Arbeitssicherheit; mit Ausführungsbestimmungen (Unfallverhütungsvorschriften, Richtlinien) Kommentar Berlin 1978 (zit.: *Kliesch/Nöthlichs/Wagner*, ASiG).
Kluth, Winfried	Die verfassungsrechtlichen Anforderungen an die Erhebung von Sonderabgaben in: Juristische Arbeitsblätter (JA) 2007, S. 260 (zit.: *Kluth*, JA 2007).
Knopp, Anton	Die Europäische Sozialcharta in: Recht der Arbeit (RdA) 1965, S. 4 (zit.: *Knopp*, RdA 1965).
Koch, Hans-Joachim *Scheuing*, Dieter *Pache*, Eckhard (Hrsg.)	Gemeinschaftskommentar zum Bundes-Immissionsschutzgesetz Loseblattsammlung Düsseldorf Stand: Aktualisierungslieferung Nr. 28 Oktober 2010 (zit.: Koch/Scheuing/Pache/*Bearbeiter*, GK-BImSchG).

Kocher, Eva	Diskontinuität von Erwerbsbiografien und das Normalarbeitsrecht – Der Umgang mit Unsicherheiten in: Neue Zeitschrift für Arbeitsrecht (NZA) 2010, S. 841 (zit.: *Kocher*, NZA 2010, S.).
Koller, Arnold	Die unmittelbare Anwendbarkeit völkerrechtlicher Verträge und des EWG-Vertrages im innerstaatlichen Bereich Bern 1971 (zit.: *Koller*, Die unmittelbare Anwendbarkeit völkerrechtlicher Verträge).
Konzen, Horst	Europäische Sozialcharta und ultima ratio-Prinzip in: Juristenzeitung (JZ) 1986, S. 157 (zit.: *Konzen*, JZ 1986).
Ders.	Arbeitsrechtliche Drittbeziehungen – Gedanken über Grundlagen und Wirkungen der „gespaltenen Arbeitgeberstellung" – in: Zeitschrift für Arbeitsrecht (ZfA) 1982, S. 259 (zit.: *Konzen*, ZfA 1982).
Körner, Marita	Formen der Arbeitnehmermitwirkung Das französische Comité d'entreprise Eine Länderstudie Baden-Baden 1999 (zit.: *Körner*, Formen der Arbeitnehmermitwirkung).
Kort, Michael	Inhalt und Grenzen der arbeitsrechtlichen Personenfürsorgepflicht in: Neue Zeitschrift für Arbeitsrecht (NZA) 1996, S. 854 (zit.: *Kort*, NZA 1996).
Kossens, Michael *Heide*, Dirk von der *Maaß*, Michael (Hrsg.)	SGB IX Rehabilitation und Teilhabe behinderter Menschen, mit Behindertengleichstellungsgesetz Kommentar 3. Auflage München 2009 (zit.: Kossens/von der Heide/Maaß/*Bearbeiter*, SGB IX).
Kossens, Michael *Maaß*, Michael *Steck*, Brigitte *Wollschläger*, Frank	Grundzüge des neuen Behindertenrechts SGB IX und Gleichstellungsgesetz München 2003 (zit.: Kossens/Maaß/Steck/Wollschläger/*Bearbeiter*).
Kotulla, Michael	Die neue 5. BImSchV und ihre Auswirkungen hinsichtlich der Bestellung für Immissionsschutz- und Störfallbeauftragte in: Gewerbearchiv (GewArch) 1994, S. 177 (zit.: *Kotulla*, GewArch 1994).

Kraft, Alfons	Mitbestimmungsrechte des Betriebsrates bei betrieblichen Berufsbildungs- und sonstigen Bildungsmaßnahmen nach § 98 BetrVG in: Neue Zeitschrift für Arbeitsrecht (NZA) 1990, S. 457 (zit.: *Kraft*, NZA 1990).
Kretschmer, Hans-Jürgen *Maydell*, Bernd Baron von *Schellhorn*, Walter	Gemeinschaftskommentar zum Sozialgesetzbuch Allgemeiner Teil (GK-SGB I) 3. Auflage Neuwied u.a. 1996 (zit.: GK-*Bearbeiter*, SGB I).
Krieger, Gabriel	Das französische Tarifvertragsrecht Dissertation Universität zu Köln 1989 Heidelberg 1991 (zit.: *Krieger*, Das französische Tarifvertragsrecht).
Kriele, Martin	Grundrechte und demokratischer Gestaltungsspielraum in: *Isensee*, Josef/*Kirchhof*, Paul (Hrsg.), Handbuch des Staatsrechts der Bundesrepublik Deutschland, Band V: Allgemeine Grundrechtslehren, § 110 2. Auflage Heidelberg 2000 (zit.: *Kriele*, HStR V, 2. Aufl. 2000).
Krimphove, Dieter	Europäisches Arbeitsrecht 2. Auflage München 2001 (zit.: *Krimphove*, Europäisches Arbeitsrecht).
Kutscha, Martin	Soziale Grundrechte und Staatszielbestimmungen in den neuen Landesverfassungen – Nostalgische Wunschformeln oder justitiables Orientierungsprogramm? in: Zeitschrift für Rechtspolitik (ZRP) 1993, S. 339 (zit.: *Kutscha*, ZRP 1993).
Küttner, Wolfdieter (Begr.) *Röller*, Jürgen (Hrsg.)	Personalbuch 2010 Arbeitsrecht, Lohnsteuerrecht, Sozialversicherungsrecht 18. Auflage München 2011 (zit.: *Küttner*/Bearbeiter).
Landmann, Robert von *Rohmer*, Gustav (Begründer) *Beckmann*, Martin (Hrsg.)	Umweltrecht Kommentar Band I: Bundes-Immissionsschutzgesetz Band II: Durchführungsvorschriften zum Bundes-Immissionsschutzgesetz Loseblattsammlung München Stand: 62. Ergänzungslieferung Juli 2011 (zit.: Landmann/Rohmer/*Bearbeiter*, Umweltrecht).

Lardy-Pélissier, Bernadette	Anmerkung zu Cour de Cassation (Chambre sociale) v. 23.10.2007, n° 2190 P+B in: Droit ouvrier 2008, S. 296 (zit.: *Lardy-Pélissier*, Droit ouvrier 2008).
Lauterbach, Herbert (Begr.)	Unfallversicherung – Sozialgesetzbuch VII Kommentar zum Siebenten Buche des Sozialgesetzbuchs und zu weiteren die Unfallversicherung betreffenden Vorschriften Loseblattsammlung Band 2 4. Auflage Stuttgart Stand: 42. Lieferung März 2010 (zit.: Lauterbach/*Bearbeiter*, SGB VII).
Laux, Helga *Schlachter*, Monika	Teilzeit- und Befristungsgesetz Kommentar 2. Auflage München 2011 (zit.: *Laux/Schlachter*, TzBfG).
Leinemann, Wolfgang *Taubert*, Thomas	Berufsbildungsgesetz Kommentar 2. Auflage München 2008 (zit.: *Leinemann/Taubert*, BBiG).
Leinemann, Wolfgang *Schütz*, Friedrich	Wirkung der IAO-Abkommen auf das Recht der Bundesrepublik Deutschland – Das IAO-Abkommen Nr. 132 über den bezahlten Jahresurlaub und die Rechtsprechung des Bundesarbeitsgerichts zum Urlaubsrecht in: Zeitschrift für Arbeitsrecht (ZfA) 1994, S. 1 (zit.: *Leinemann/Schütz*, ZfA 1994).
Leisner, Walter	Verpflichtung zur Neuordnung des Mutterschaftsgelds nach dem BVerfG-Beschluss vom 18.11.2003 in: Der Betrieb (DB) 2004, S. 598 (zit.: *Leisner*, DB 2004).
Leitherer, Stephan (Hrsg.)	Kasseler Kommentar Sozialversicherungsrecht Loseblattsammlung Band 2 München Stand der 72. Ergänzungslieferung: 1. Dezember 2011 (zit.: KassKomm-*Bearbeiter*).
Lepke, Achim	Das Problem einer allgemeinen Beschäftigungspflicht in: Der Betrieb (DB) 1971, S. 478 (zit.: *Lepke*, DB 1971).

Lichtenberg, Hagen	Weiterbildung und Sozialpolitik in der Europäischen Gemeinschaft in: Zeitschrift für Sozialreform (ZSR) 1986, S. 701 (zit.: *Lichtenberg*, ZSR 1986).
Lieber, Hasso *Iwers*, Steffen Johann *Ernst*, Martina	Verfassung des Landes Brandenburg Kommentar Loseblattsammlung Wiesbaden Stand: Ergänzungslieferung 2008 (zit.: *Lieber/Iwers/Ernst*, LV Bbg).
Lohre, Werner *Mayer*, Udo *Stevens-Bartol*, Eckart	Arbeitsförderungsrecht/Sozialgesetzbuch III Kommentar 3. Auflage Frankfurt a.M. 2000 (zit.: *Lohre/Mayer/Stevens-Bartol/Bearbeiter*, Arbeitsförderungsrecht).
Lörcher, Klaus	Die Normen der Internationalen Arbeitsorganisation und des Europarats – Ihre Bedeutung für das Arbeitsrecht der Bundesrepublik in: Arbeit und Recht (ArbuR) 1991, S. 97 (zit.: *Lörcher*, ArbuR 1991).
Löwisch, Manfred	Novellierung des Mitbestimmungsrechts Der Koalitionsentwurf zur Änderung des Betriebsverfassungsgesetzes, zur Einführung von Sprecherausschüssen und zur Sicherung der Montanmitbestimmung in: Betriebs-Berater (BB) 1988, S. 1953 (zit.: *Löwisch*, BB 1988).
Ders.	Änderung der Betriebsverfassung durch das Betriebsverfassungsreformgesetz Teil II: Die neuen Regelungen zur Mitwirkung und Mitbestimmung in: Betriebs-Berater (BB) 2001, S. 1790 (zit.: *Löwisch*, BB 2001).
Ders.	Schutz und Förderung der freien Entfaltung der Persönlichkeit der im Betrieb beschäftigten Arbeitnehmer in: Arbeit und Recht (ArbuR) 1972, S. 359 (zit.: *Löwisch*, ArbuR 1972).
Ders.	Die besondere Verantwortung der „Arbeitnehmer" für die Vermeidung von Arbeitslosigkeit in: Neue Zeitschrift für Arbeitsrecht (NZA) 1998, S. 729 (zit.: *Löwisch*, NZA 1998).

Löwisch, Manfred *Kaiser*, Dagmar	Betriebsverfassungsgesetz Kommentar 6. Auflage 2010 Frankfurt am Main 2010 (zit.: *Löwisch/Kaiser*, BetrVG).
Löwisch, Manfred *Spinner*, Günter	Kommentar zum Kündigungsschutzgesetz 9. Auflage Heidelberg 2004 (zit.: *Löwisch/Spinner*, KSchG).
Luttringer, Jean-Marie	Formation professionnelle: la réforme des organismes paritaires collecteurs agréés (OPCA) in: Droit social 1995, S. 278 (zit.: *Luttringer*, Droit social 1995).
Ders.	La loi du 17 juillet relative à la promotion individuelle au congé de formation et la rémuneration des stagiaires de formation professionnelle in: Droit social 1979, S. 4 (zit.: *Luttringer*, Droit social 1979).
Mächtle, Cathrin	Bildungsspezifische Implikationen des allgemeinen Diskriminierungsverbots und der Freizügigkeit Dissertation Universität Passau 2009 Frankfurt am Main 2010 (zit.: *Mächtle*, Bildungsspezifische Implikationen).
Maggi-Germain, Nicole	La formation professionnelle continue entre individualisation et personnalisation des droits des salariés in: Droit social 2004, S. 482 (zit.: *Maggi-Germain*, Sroit social 2004).
Dies.	La capacité du salarié à occuper un emploi in: Droit social 2009, S. 1234 (zit.: *Maggi-Germain*, Droit social 2009).
Mangoldt, Hermann von *Klein*, Friedrich *Starck*, Christian (Hrsg.)	Kommentar zum Grundgesetz Band 1: Präambel, Art. 1 bis 19 6. Auflage München 2010. Band 2: Artikel 20 bis 82 6. Auflage München 2010 (zit.: von Mangoldt/Klein/Starck/*Bearbeiter*, GG).

Marienhagen, Rolf	Anspruch auf unbezahlten Urlaub zwecks fachlicher Weiterbildung? Anmerkung zu ArbG Kiel vom 16.06.1965 – 1b Ca 65/65 in: Betriebs-Berater (BB) 1965, S. 1272 (zit.: *Marienhagen*, BB 1965).
Mauer, Jutta	Rechtliche Aspekte der Bildungsfreistellung Dissertation Universität Frankfurt am Main 1992 Baden-Baden 1992 (zit.: *Mauer*, Rechtliche Aspekte der Bildungsfreistellung).
Maunz, Theodor *Dürig*, Günter (Begründer)	Grundgesetz Kommentar Loseblattsammlung München Stand: 63. Ergänzungslieferung Oktober 2011 (zit.: Maunz/Dürig/*Bearbeiter*, GG).
Maurer, Hartmut	Staatsrecht I Grundlagen, Verfassungsorgane, Staatsfunktionen 6. Auflage München 2009 (zit.: *Maurer*, Staatsrecht I).
Maydell, Bernd Baron von	Die „sozialen Rechte" im allgemeinen Teil des Sozialgesetzbuchs in: Deutsches Verwaltungsblatt (DVBl.) 1976, S. 1 (zit.: *von Maydell*, DVBl. 1976).
Meinel, Gernod *Heyn*, Judith *Herms*, Sascha	Teilzeit- und Befristungsgesetz Kommentar 4. Auflage München 2012 (zit.: *Meinel/Heyn/Herms*, TzBfG).
Menzel, Jörg	Landesverfassungsrecht Verfassungshoheit und Homogenität im grundgesetzlichen Bundesstaat Dissertation Universität Bonn 1995 Stuttgart u.a. 2002 (zit.: *Menzel*, Landesverfassungsrecht).
Merle, Vincent	Un accord historique? in: Droit social 2004, S. 455 (zit.: *Merle*, Droit social 2004).

Michaelis, Lars Oliver	Unmittelbare Drittwirkung der Grundfreiheiten – Zum Fall Angonese – in: Neue Juristische Wochenschrift (NJW) 2001, S. 1841 (zit.: *Michaelis*, NJW 2001).
Mittag, Reinold	Neue Regelung des Bildungsurlaubs in NRW – Auswirkungen auf die Betriebsratsarbeit in: Arbeitsrecht im Betrieb (AiB) 2001, S. 1 (zit.: *Mittag*, AiB 2001).
Müller-Glöge, Rudi *Preis*, Ulrich *Schmidt*, Ingrid (Hrsg.)	Erfurter Kommentar zum Arbeitsrecht 12. Auflage München 2012 (zit.: ErfK/*Bearbeiter*).
Murswiek, Dietrich	Grundrechte als Teilhaberechte, soziale Grundrechte in: *Isensee*, Josef/*Kirchhof*, Paul (Hrsg.), Handbuch des Staatsrechts der Bundesrepublik Deutschland, Band V: Allgemeine Grundrechtslehren, § 112 2. Auflage Heidelberg 2000 (zit.: *Murswiek*, HStR V, 2. Aufl. 2000)
Mußgnug, Reinhard	Die zweckgebundene öffentliche Abgabe in: *Schnur*, Roman (Hrsg.), Festschrift für Ernst Forsthoff zum 70. Geburtstag, München 1972, S. 259-301 (zit.: *Mußgnug*, FS Forsthoff, 1972).
Mutschler, Bernd *Schmidt-De Caluwe*, Reimund *Coseriu*, Pablo (Hrsg.)	Sozialgesetzbuch III – Arbeitsförderung Großkommentar 4. Auflage Baden-Baden 2012 (zit.: Mutschler/Schmidt-De Caluwe/Coseriu/*Bearbeiter*, SGB III).
Natzel, Ivo	Unwissenheit ist freiwilliges Unglück – Qualifizierung als Herausforderung beider Arbeitsvertragsparteien in: Betriebs-Berater (BB) 2010, S. 697 (zit.: *Natzel*, BB 2010).
Nebendahl, Mathias	Grundrecht auf Arbeit im marktwirtschaftlichen System? in: Zeitschrift für Rechtspolitik (ZRP) 1991, S. 257 (zit.: *Nebendahl*, ZRP 1991).

Neumann, Dirk
Pahlen, Ronald
Majerski-Pahlen, Monika

Sozialgesetzbuch IX – Rehabilitation und Teilhabe behinderter Menschen
Kommentar
12. Auflage
München 2010
(zit.: Neumann/Pahlen/Majerski-Pahlen/*Bearbeiter*, SGB IX).

Neyses, Wilhelm

Mitwirkung und Mitbestimmung des Betriebsrats bei der Berufsbildung
in: Blätter für Steuerrecht, Arbeitsrecht und Sozialversicherung (BlStSozArbR) 1977, S. 321
(zit.: *Neyses*, BlStSozArbR).

Niesel, Klaus

Die wichtigsten Änderungen des Arbeitsförderungsrechts durch das Arbeitsförderungs-Reformgesetz (AFRG)
in: Neue Zeitschrift für Arbeitsrecht (NZA) 1997, S. 580
(zit.: *Niesel*, NZA 1997).

Niesel, Klaus (Begr.)
Brand, Jürgen (Hrsg.)

Sozialgesetzbuch, Arbeitsförderung – SGB III
Kommentar
5. Auflage
München 2010
(zit.: Niesel/Brand/*Bearbeiter*, SGB III).

Nipperdey, Hans Carl

Grundrechte und Privatrecht
Krefeld 1961
(zit.: *Nipperdey*, Grundrechte und Privatrecht).

Oetker, Hartmut

Die Mitbestimmung der Betriebs- und Personalräte bei der Durchführung von Berufsbildungsmaßnahmen
Zugleich ein Beitrag zu den Schranken der Mitbestimmung
Dissertation Universität Kiel
Neuwied u. Darmstadt 1986
(zit.: *Oetker*, Berufsbildungsmaßnahmen).

Oppermann, Thomas
Classen, Claus Dieter
Nettesheim, Martin

Europarecht
Ein Studienbuch
5. Auflage
München 2011
(zit.: *Oppermann/Classen/Nettesheim*, Europarecht).

Osterloh, Lerke

Zur Zulässigkeit von Sonderabgaben – BVerfGE 55, 274
in: Juristische Schulung (JuS) 1982, S. 421
(zit.: *Osterloh*, JuS 1982).

Pache, Eckhard
Rösch, Franziska

Der Vertrag von Lissabon
in: Neue Zeitschrift für Verwaltungsrecht (NVwZ) 2008, S. 473
(zit.: *Pache/Rösch*, NVwZ 2008).

Palandt, Otto (Begr.)	Bürgerliches Gesetzbuch mit Nebengesetzen Kommentar 71. Auflage München 2012 (zit.: Palandt/*Bearbeiter*).
Pallasch, Ulrich	Der Beschäftigungsanspruch des Arbeitnehmers Dissertation Universität Regensburg 1992 Heidelberg 1993 (zit.: *Pallasch*, Der Beschäftigungsanspruch des Arbeitnehmers).
Papier, Hans-Jürgen	Arbeitsmarkt und Verfassung in: Recht der Arbeit (RdA) 2000, S. 1 (zit.: *Papier*, RdA 2000).
Pélissier, Jean *Supiot*, Alain *Jeammaud*, Antoine	Droit du travail 22. Auflage Paris 2004 23. Auflage Paris 2006 (zit.: *Pélissier/Supiot/Jeammaud*, Droit du travail).
Peters, Hans	Öffentliche und staatliche Aufgaben in: *Dietz*, Rolf/*Hübner*, Heinz (Hrsg.), Festschrift für Hans Carl Nipperdey zum 70. Geburtstag, 21. Januar 1965, Band II, München und Berlin 1965, S. 877-865 (zit.: *Peters*, FS Nipperdey II, 1965).
Picot, Gerhard	Das soziale Schutzbedürfnis des Arbeitnehmers – Verantwortlichkeit des Arbeitgebers oder des sozialen Steuerstaats? in: Recht der Arbeit (RdA) 1979, S. 16 (zit.: *Picot*, RdA 1979).
Pieper, Ralf	ArbSchR – Arbeitsschutzrecht Arbeitsschutzgesetz, Arbeitssicherheitsgesetz und andere Arbeitsschutzvorschriften Kommentar 4. Auflage Frankfurt am Main 2009 (zit.: *Pieper*, Arbeitsschutzrecht).
Pieroth, Bodo *Schlink*, Bernhard	Grundrechte Staatsrecht II 27. Auflage Heidelberg 2011 (zit.: *Pieroth/Schlink*, Staatsrecht II).

Preis, Bernd | Einseitige tarifliche Bestimmungsrechte des Arbeitgebers und das Mitbestimmungsrecht des Betriebsrats nach § 87 Abs. 1 BetrVG
in: Der Betrieb (DB) 1973, S. 474
(zit.: *B. Preis*, DB 1973).

Preis, Ulrich | Verbot der Altersdiskriminierung als Gemeinschaftsgrundrecht
Der Fall „Mangold" und die Folgen
in: Neue Zeitschrift für Arbeitsrecht (NZA) 2006, S. 401
(zit.: *Preis*, NZA 2006).

Ders. | Arbeitsrecht
Individualarbeitsrecht, Lehrbuch für Studium und Praxis
3. Auflage
Köln 2009
(zit.: *Preis*, Individualarbeitsrecht).

Ders. | Die Verantwortung des Arbeitgebers und der Vorrang betrieblicher Maßnahmen vor Entlassungen (§ 2 I Nr. 2 SGB III) Programmsatz oder unverbindlicher Rechtssatz?
in: Neue Zeitschrift für Arbeitsrecht (NZA) 1998, S. 449
(zit.: *Preis*, NZA 1998).

Ders. | Aktuelle Tendenzen im Kündigungsschutzrecht
in: Neue Zeitschrift für Arbeitsrecht (NZA) 1997, S. 1073
(zit.: *Preis*, NZA 1997).

Ders. | Prinzipien des Kündigungsrechts bei Arbeitsverhältnissen
Eine Untersuchung zum Recht des materiellen Kündigungsschutzes, insbesondere zur Theorie der Kündigungsgründe
Dissertation Universität Köln 1986
München 1987
(zit.: *Preis*, Prinzipien).

Rebmann, Kurt
Säcker, Franz
Rixecker, Roland
(Hrsg.) | Münchener Kommentar zum Bürgerlichen Gesetzbuch

Band 1: Allgemeiner Teil, 1. Halbband: §§ 1-240, ProstG
6. Auflage
München 2012.

Band 2: Schuldrecht Allgemeiner Teil, §§ 241-432
6. Auflage
München 2012.

Band 4: Schuldrecht Besonderer Teil, §§ 611-704, EFZG; TzBfG, KSchG
5. Auflage
München 2009
(zit.: MüKo-BGB/*Bearbeiter*).

Reichold, Hermann	Die reformierte Betriebsverfassung 2001 Ein Überblick über die neuen Regelungen des Betriebsverfassungs-Reformgesetzes in: Neue Zeitschrift für Arbeitsrecht (NZA) 2001, S. 857 (zit.: *Reichold*, NZA 2001).
Reuchlein, Horst	Erste-Hilfe-Aus- und Fortbildungen im Betrieb Öffnung des Marktes für neue Anbieter in: Die Berufsgenossenschaft (BG) 2003, S. 604 (zit.: *Reuchlein*, BG 2003).
Richardi, Reinhard *Wlotzke*, Otfried *Wißmann*, Hellmut *Oetker*, Hartmut (Hrsg.)	Münchener Handbuch zum Arbeitsrecht Band 1: Individualarbeitsrecht 2. Auflage München 2000 3. Auflage München 2009. Band 2: Kollektivarbeitsrecht/Sonderformen 3. Auflage München 2009. Band 3: Kollektives Arbeitsrecht 2. Auflage München 2000 (zit.: MünchArbR/*Bearbeiter*).
Richardi, Reinhard (Hrsg.)	Betriebsverfassungsgesetz mit Wahlordnung Kommentar 13. Auflage München 2012 (zit.: Richardi/*Bearbeiter*, BetrVG).
Richter, Ingo	Recht der Weiterbildung (5. Kapitel zusammen mit *Jeand'Heur*, Bernd) Baden-Baden 1993 (zit.: *Richter*, Recht der Weiterbildung).
Rieble, Volker	Erweiterte Mitbestimmung in personellen Angelegenheiten in: NZA Sonderheft 2001, S. 48 (zit.: *Rieble*, NZA Sonderheft 2001).
Rode, Karlheinz	Zum Wesen der sogenannten „sozialen Rechte" im Sozialgesetzbuch – Allgemeiner Teil in: Die Sozialgerichtsbarkeit (SGb) 1977, S. 268 (zit.: *Rode*, SGb 1977).

Rolfs, Christian	Arbeitsrechtliche Aspekte des neuen Arbeitsförderungsrechts in: Neue Zeitschrift für Arbeitsrecht (NZA) 1997, S. 17 (zit.: *Rolfs*, NZA 1997).
Ders.	Das neue Recht der Teilzeitarbeit in: Recht der Arbeit (RdA) 2001, S. 129 (zit.: *Rolfs*, RdA 2001).
Rolfs, Christian *Giesen*, Richard *Kreikebohm*, Ralf *Udsching*, Peter (Hrsg.)	Schwerpunktkommentar Arbeitsrecht München 2008 (zit.: Rolfs/Giesen/Kreikebohm/Udsching/*Bearbeiter*).
Rüthers, Bernd	Reform der Reform des Kündigungsschutzes? in: Neue Juristische Wochenschrift (NJW) 1998, S. 283 (zit.: *Rüthers*, NJW 1998).
Sachs, Michael (Hrsg.)	Grundgesetz Kommentar 6. Auflage München 2011 (zit.: Sachs/*Bearbeiter*, GG).
Sandmann, Bernd *Schmitt-Rolfes*, Günter	Arbeitsrechtliche Probleme der Arbeitnehmerweiterbildung in: Zeitschrift für Arbeitsrecht (ZfA) 2002, S. 295 (zit.: *Sandmann/Schmitt-Rolfes*, ZfA 2002).
Santelmann, Paul	Formation professionnelle continue: la fin des illusions, in: Droit social 1998, S. 463 (zit.: *Santelmann*, Droit Social 1998).
Savatier, Jean	Anmerkung zu Cour de Cassation (Chambre sociale) v. 23.10.2007, n° 2190 P+B in: Droit social 2008, S. 126 (zit.: *Savatier*, Droit social 2008).
Schaffland, Hans-Jürgen *Wiltfang*, Noeme	Bundesdatenschutzgesetz (BDSG) Ergänzbarer Kommentar nebst einschlägigen Rechtsvorschriften Loseblattsammlung Berlin Stand: Ergänzungslieferung 5/2010 (Dezember 2010) (zit.: *Schaffland/Wiltfang*, BDSG).

Schaub, Günther	Die besondere Verantwortung von Arbeitgeber und Arbeitnehmer für den Arbeitsmarkt – Wege aus der Krise oder rechtlicher Sprengstoff in: Neue Zeitschrift für Arbeitsrecht (NZA) 1997, S. 810 (zit.: *Schaub*, NZA 1997).
Scherzberg, Arno (unter Mitarbeit von *Mayer*, Matthias)	Die Begründetheit der Verfassungsbeschwerde bei der Rüge von Freiheitsverletzungen in: Juristische Ausbildung (Jura) 2004, S. 663 (zit.: *Scherzberg*, Jura 2004).
Schiefer, Bernd	Schulung und Weiterbildung im Arbeits- und Dienstverhältnis Gesetzeskommentar und Gesamtdarstellung für die Praxis Stuttgart 1993 (zit.: *Schiefer*, Schulung und Weiterbildung im Arbeits- und Dienstverhältnis).
Ders.	Bildungsurlaub in NRW (AWbG): Geänderte Spielregeln in: Der Betrieb (DB) 2010, S. 336 (zit.: *Schiefer*, DB 2010).
Schlemann, Berndt	Recht des betrieblichen Datenschutzbeauftragten Stellung im Kontrollsystem des BDSG, Bestellung, Aufgaben, Rechte, Anforderungen, Beschäftigungsverhältnis Dissertation Universität Saarbrücken 1995 Köln 1996 (zit.: *Schlemann*, Recht des betrieblichen Datenbeauftragten).
Schmidt-Bleibtreu, Bruno *Hofmann*, Hans *Hopfauf*, Axel (Hrsg.)	GG – Kommentar zum Grundgesetz 12. Auflage Köln/München 2011 (zit.: Schmidt-Bleibtreu/Hofmann/Hopfauf/*Bearbeiter*, GG).
Schmitt Glaeser, Walter	Schutz der Privatsphäre in: *Isensee*, Josef/*Kirchhof*, Paul (Hrsg.), Handbuch des Staatsrechts der Bundesrepublik Deutschland, Band VI: Freiheitsrechte, § 129 2. Auflage Heidelberg 2001 (zit.: *Schmitt Glaeser*, HStR VI, 2. Aufl. 2001).
Schmitt, Jochem	SGB VII – Gesetzliche Unfallversicherung Kommentar 4. Aufl. München 2009 (zit.: *Schmitt*, SGB VII).

Scholz, Rupert	Arbeitsverfassung, Grundgesetzreform und Landesverfassung in: Recht der Arbeit (RdA) 1993, S. 249 (zit.: *Scholz*, RdA 1993).
Schregle, Johannes	Die rechtliche Funktion der Übereinkommen der Internationalen Arbeitsorganisation (2. Teil) in: Recht der Arbeit (RdA) 1956, S. 95 (zit.: *Schregle*, RdA 1956).
Schwarze, Jürgen (Hrsg.) *Becker*, Ulrich *Hatje*, Armin *Schoo*, Johann (Mithrsg.)	EU-Kommentar 2. Auflage Baden-Baden 2009 (zit.: Schwarze/*Bearbeiter*, EU-Kommentar).
Schweitzer, Michael *Hummer*, Waldemar	Europarecht Das Recht der Europäischen Union; das Recht der Europäischen Gemeinschaften (EGKS, EG, EAG) – mit Schwerpunkt EG 6. Auflage Neuwied u.a. 2005 (zit.: *Schweitzer/Hummer*, Europarecht).
Seidel, Gerd *Beck*, Alexander	Rechtliche Aspekte der Bildungspolitik der EG in: Juristische Ausbildung (Jura) 1997, S. 393 (zit.: *Seidel/Beck*, Jura 1997).
Simitis, Spiros	Auf dem Weg zu einem neuen Datenschutzkonzept – Die zweite Novellierungsstufe des BDSG in: Datenschutz und Datensicherheit (DuD) 2000, S. 714 (zit.: *Simitis*, DuD 2000).
Ders.	Die betrieblichen Datenschutzbeauftragten – Zur notwendigen Korrektur einer notwendigen Kontrollinstanz in: Neue Juristische Wochenschrift (NJW) 1998, S. 2395 (zit.: *Simitis*, NJW 1998).
Söllner, Alfred	Das Zurückbehaltungsrecht des Arbeitnehmers in: Zeitschrift für Arbeitsrecht (ZfA) 1973, S. 1 (zit.: *Söllner*, ZfA 1973).
Speiser, Hilger	Der Schutzbeauftragte nach dem Bundes-Immissionsschutzgesetz in: Betriebs-Berater (BB) 1975, S. 1325 (zit.: *Speiser*, BB 1975).

Spellbrink, Wolfgang *Eicher*, Wolfgang (Hrsg.)	Kasseler Handbuch des Arbeitsförderungsrechts Das SGB III in Recht und Praxis München 2003 (zit.: Spellbrink/Eicher/*Bearbeiter*, Kasseler Handbuch des Arbeitsförderungsrechts).
Spielbüchler, Karl	Das Grundrecht auf Bildung in Österreich in: Europäische Grundrechte-Zeitschrift (EuGRZ) 1985, S. 437 (zit.: *Spielbüchler*, EuGRZ 1985).
Spinnarke, Jürgen *Schork*, Gerhard	Arbeitssicherheitsrecht (ASiR) Kommentar zum Arbeitssicherheitsgesetz (ASiG) und zum Arbeitsschutzgesetz (ArbSchG) mit allen wichtigen Sicherheits- und Gesundheitsschutzbestimmungen Loseblattsammlung 2. Auflage Heidelberg Stand: 50. Ergänzungslieferung August 2008 (zit.: *Spinnarke/Schork*, Arbeitssicherheitsrecht).
Sponeck, Henning von	Mitbestimmung des Betriebsrats bei der Bestellung des Datenschutzbeauftragten in: *Ehmann*, Eugen (Hrsg.), Der Datenschutzbeauftragte im Unternehmen – Funktion, Stellung, Berufsbild, Köln 1993, S. 35-50 (zit.: Ehmann/*von Sponeck*, Der Datenschutzbeauftragte im Unternehmen).
Stahlhacke, Eugen *Preis*, Ulrich *Vossen*, Reinhard	Kündigung und Kündigungsschutz im Arbeitsverhältnis 10. Auflage München 2010 (zit.: Stahlhacke/Preis/Vossen/*Bearbeiter*).
Staudenmayer, Dirk	Mittelbare Auswirkungen des Gemeinschaftsrechts auf das Bildungswesen in: Wissenschaftsrecht, Wissenschaftsverwaltung, Wissenschaftsförderung (WissR) 27 (1994), S. 249 (zit.: *Staudenmayer*, WissR 27 (1994)).
Ders.	Europäische Bildungspolitik – vor und nach Maastricht – in: Bayerische Verwaltungsblätter (BayVBl.) 1995, S. 321 (zit.: *Staudenmayer*, BayVBl. 1995).
Staudinger, Julius von (Begr.)	Kommentar zum Bürgerlichen Gesetzbuch mit Einführungsgesetz und Nebengesetzen 13. Auflage und Neubearbeitungen Berlin 1998 ff. (zit.: Staudinger/*Bearbeiter*, BGB).

Stege, Dieter *Färber*, Peter	Das nordrhein-westfälische Arbeitnehmerweiterbildungsgesetz (AWbG NRW) Verfassungsrechtliche Bedenken – Rechtliche und praktische Fragen in: DB-Beilage Nr. 2/1985, S. 1 (zit.: *Stege/Färber*, DB-Beil. 2/1985).
Stege, Dieter *Schiefer*, Bernd	Die Anwendung des nordrhein-westfälischen Arbeitnehmerweiterbildungsgesetzes (AWbG) Rechtliche und praktische Fragen unter besonderer Berücksichtigung der Entscheidungen des BAG vom 23.2.1989 und 3.8.1989 sowie der Vereinbarung der Sozialpartner vom 20.9.1990 über die Handhabung des nordrhein-westfälischen Arbeitnehmerweiterbildungsgesetzes in: DB-Beilage Nr. 12/1990, S. 1 (zit.: *Stege/Schiefer*, DB-Beil. 12/1990).
Stein, Peter	Grundrechte im Arbeitsverhältnis Nr. 830 in: *Dieterich*, Thomas/*Neef*, Klaus/*Schwab*, Brent (Hrsg.), Arbeitsrecht-Blattei Systematische Darstellungen Loseblattsammlung Heidelberg Stand: 90. Lieferung Juli 2001 (zit.: *Stein*, AR-Blattei SD 830).
Steinmeyer, Heinz-Dietrich	Der Vertrag von Amsterdam und seine Bedeutung für das Arbeits- und Sozialrecht in: Recht der Arbeit (RdA) 2001, S. 10 (zit.: *Steinmeyer*, RdA 2001).
Steinwedel, Wilfried	Der Anspruch des Arbeitnehmers auf Sonderurlaub in: Der Betrieb (DB) 1964, S. 1481 (zit.: *Steinwedel*, DB 1964).
Stern, Klaus	Das Staatsrecht der Bundesrepublik Deutschland Band 3: Allgemeine Lehren der Grundrechte 1. Halbband: Grundlagen und Geschichte, nationaler und internationaler Grundrechtskonstitutionalismus, juristische Bedeutung der Grundrechte, Grundrechtsberechtigte, Grundrechtsverpflichtete München 1988. 2. Halbband: Grundrechtstatbestand, Grundrechtsbeeinträchtigungen und Grundrechtsbegrenzungen, Grundrechtsverluste und Grundpflichten, Schutz der Grundrechte, Grundrechtskonkurrenzen, Grundrechtssystem München 1994 (zit.: *Stern*, Staatsrecht).

Stern, Klaus	Die Bedeutung der Unantastbarkeitsgarantie des Art. 79 III GG für die Grundrechte in: Juristische Schulung (JuS) 1985, S. 329 (zit.: *Stern*, JuS 1985).
Stich, Rudolf	Die Betriebsbeauftragten für Immissionsschutz, Gewässerschutz und Abfall Verwaltungs-, zivil- und strafrechtliche Probleme eines neuen Rechtsinstituts in: Gewerbearchiv (GewArch) 1976, S. 145 (zit.: *Stich*, GewArch 1976).
Streinz, Rudolf	Europarecht 9. Auflage Heidelberg 2012 (zit.: *Streinz*, Europarecht).
Ders. (Hrsg.)	EUV/AEUV Vertrag über die Europäische Union und Vertrag über die Arbeitsweise der Europäischen Union Kommentar München 2003 (zit.: Streinz/*Bearbeiter*, EUV/EGV).
Streinz, Rudolf *Leible*, Stefan	Die unmittelbare Drittwirkung der Grundfreiheiten in: Europäische Zeitschrift für Wirtschaftsrecht (EuZW) 2000, S. 459 (zit.: *Streinz/Leible*, EuZW 2000).
Szelinski, Bert Axel	Der Umweltschutzbeauftragte in: Wirtschaft und Verwaltung (WiVerw) 1980, S. 266 (zit.: *Szelinski*, WiVerw 1980).
Tettinger, Peter J.	Der Immissionsschutzbeauftragte – ein Beliehener? in: Deutsches Verwaltungsblatt (DVBl.) 1976, S. 752 (zit.: *Tettinger*, DVBl. 1976).
Thees, Thomas	Das Arbeitnehmer-Persönlichkeitsrecht als Leitidee des Arbeitsrechts Persönlichkeitsschutz und Persönlichkeitsentfaltung im Arbeitsverhältnis Dissertation Universität Trier 1994 Berlin 1995 (zit.: *Thees*, Arbeitnehmer-Persönlichkeitsrecht).
Thüsing, Gregor	„Florida-Rolf" – Von der Macht der Medien und dem Sinn der Sozialhilfe in: Neue Juristische Wochenschrift (NJW) 2003, S. 3246 (zit.: *Thüsing*, NJW 2003).

Tinnefeld, Marie-Theres	Datenschutzbeauftragter im Unternehmen – Qualifikation und Stellung in: Computer und Recht (CR) 1991, S. 29 (zit.: *Tinnefeld*, CR 1991).
Verdross, Alfred	Völkerrecht 5. Auflage Wien 1964 (zit.: *Verdross*, Völkerrecht).
Vitzthum, Wolfgang Graf	Soziale Grundrechte und Staatszielbestimmungen morgen – Landesverfassungsgebung und Grundgesetzreform in: Zeitschrift für Arbeitsrecht (ZfA) 1991, S. 695 (zit.: *Vitzthum*, ZfA 1991).
Ders.	Auf der Suche nach einer sozio-ökonomischen Identität? Staatszielbestimmungen und soziale Grundrechte in Verfassungsentwürfen der neuen Bundesländer in: Verwaltungsblätter für Baden-Württemberg (VBlBW) 1991, S. 404 (zit.: *Vitzthum*, VBlBW. 1991).
Vossen, Reinhard	Arbeitsrechtliche Probleme des nordrhein-westfälischen Arbeitnehmerweiterbildungsgesetzes in: Recht der Arbeit (RdA) 1988, S. 346 (zit.: *Vossen*, RdA 1988).
Wächter, Michael	Fachkunde und Zuverlässigkeit als offene gesetzliche Maßstäbe in: *Ehmann*, Eugen (Hrsg.), Der Datenschutzbeauftragte im Unternehmen – Funktion, Stellung, Berufsbild, Köln 1993, S. 91-105 (zit.: Ehmann/*Wächter*, Der Datenschutzbeauftragte im Unternehmen).
Wank, Rolf	Gemeinsame Anmerkung zu den Urteilen des BAG v. 23.02.1989 – 8 AZR 185/86, 8 AZR 133/87, 8 AZR 185/88 = AP Nr. 1, 2, 3 zu § 9 Bildungsurlaubsgesetz NRW *(Anm. nach Nr. 3)* (zit.: *Wank*, Gemeinsame Anmerkung zu BAG AP Nr. 1, 2, 3 zu § 9 Bildungsurlaubsgesetz).
Ders.	Arbeitnehmer und Selbständige München 1988 (zit.: *Wank*, Arbeitnehmer und Selbständige).

Wannagat, Georg (Begr.) *Eichenhofer*, Eberhard *Wenner*, Ulrich (Hrsg.)	Kommentar zum Recht des Sozialgesetzbuchs Loseblattsammlung Köln u.a. Stand: 114. Lieferung = 20. Lieferung SGB VII/Januar 2010 (zit.: Wannagat/*Bearbeiter*, SGB III).
Weber, Albrecht	Vom Verfassungsvertrag zum Vertrag von Lissabon in: Europäische Zeitschrift für Wirtschaftsrecht (EuZW) 2008, S. 7 (zit.: *Weber*, EuZW 2008).
Weber, Hansjörg *Weber*, Jörg-Andreas	Zur Dogmatik des allgemeinen Beschäftigungsanspruchs im Arbeitsrecht in: Recht der Arbeit (RdA) 2007, S. 344 (zit.: *Weber/Weber*, RdA 2007).
Weiß, Reinhold	Die 26-Mrd.-Investition Kosten und Strukturen betrieblicher Weiterbildung Berichte zur Bildungspolitik 1990 des Instituts der deutschen Wirtschaft Köln 1990 (zit.: *Weiß*, Kosten und Strukturen betrieblicher Weiterbildung).
Weller, Bernhard	Kündigungsschutz in Betrieb und Unternehmen (Unter besonderer Berücksichtigung von Fragen der sozialen Auswahl) in: Arbeit und Recht (ArbuR) 1986, S. 225 (zit.: *Weller*, ArbuR 1986).
Werner, Dirk	Trends und Kosten der betrieblichen Weiterbildung Ergebnisse der IW-Weiterbildungserhebung 2005 in: IW-Trends – Vierteljahresschrift zur empirischen Wirtschaftsforschung aus dem Institut der deutschen Wirtschaft 1/2006, S. 1 (zit.: *Werner*, IW-Trends 1/2006).
Wiese, Günther	Individualrechte in der Betriebsverfassung in: Recht der Arbeit (RdA) 1973, S. 1 (zit.: *Wiese*, RdA 1973).
Ders.	Der personale Gehalt des Arbeitsverhältnisses in: Zeitschrift für Arbeitsrecht (ZfA) 1996, S. 439 (zit.: *Wiese*, ZfA 1996).
Ders.	Individuum und Kollektiv im Betriebsverfassungsrecht in: Neue Zeitschrift für Arbeitsrecht (NZA) 2006, S. 1 (zit.: *Wiese*, NZA 2006).

Wiese, Günther *Kreutz*, Peter *Oetker*, Hartmut *Raab*, Thomas *Weber*, Christoph *Franzen*, Martin (Hrsg.)	Betriebsverfassungsgesetz Gemeinschaftskommentar Band II: §§ 74-132 mit Wahlordnungen 9. Auflage Köln 2010 (zit.: GK-*Bearbeiter*, BetrVG).
Windbichler, Christine	Arbeitsrecht im Konzern München 1989 (zit.: *Windbichler*, Arbeitsrecht im Konzern).
Wisskirchen, Gerlind *Bissels*, Alexander *Schmidt*, Till	„Der unzeitgemäße Arbeitnehmer": Die Änderung von Anforderungen an Mitarbeiter als Kündigungsgrund in: Neue Zeitschrift für Arbeitsrecht (NZA) 2008, S. 1386 (zit.: *Wisskirchen/Bissels/Schmidt*, NZA 2008).
Wlotzke, Otfried *Preis*, Ulrich *Kreft*, Burghard (Hrsg.)	Betriebsverfassungsgesetz Kommentar 4. Auflage München 2009 (zit.: Wlotzke/Preis/Kreft/*Bearbeiter*, BetrVG).
Wohlgemuth, Hans Hermann (Hrsg.)	Berufsbildungsgesetz Handkommentar Baden-Baden 2011 (zit.: Wohlgemuth/*Bearbeiter*, BBiG).
Wollenschläger, Ferdinand	Die Föderalismusreform: Genese, Grundlinien und Auswirkungen auf die Bereiche Bildung und Wissenschaft, in: Recht der Jugend und des Bildungswesens (RdJB) 2007, S. 8 (zit.: *Wollenschläger*, RdJB 2007).
Zielke, Oliver	Das Recht auf Arbeit in der Verfassung in: Recht der Arbeit (RdA) 1992, S. 185 (zit.: *Zielke*, RdA 1992).
Zöllner, Wolfgang	Arbeitsrecht und menschengerechte Arbeitsgestaltung in: Recht der Arbeit (RdA) 1973, S. 212 (zit.: *Zöllner*, RdA 1973).
Zuleeg, Manfred	Der Internationale Pakt über wirtschaftliche, soziale und kulturelle Rechte in: Recht der Arbeit (RdA) 1974, S. 321 (zit.: *Zuleeg*, RdA 1974).

Zumbeck, Christine „Exkursion ins Wattenmeer" – Bildungsurlaub unter Generalverdacht
in: Arbeitsrecht im Betrieb (AiB) 2008, S. 131
(zit.: Zumbeck, AiB 2008).

Die Zitierweise der Entscheidungen französischer Gerichte ist an diejenige in der rechtswissenschaftlichen Literatur Frankreichs angelehnt.

Die benutzten Abkürzungen folgen dem Abkürzungsverzeichnis der Rechtssprache von *Kirchner*, Hildebert und *Butz*, Cornelie, Abkürzungsverzeichnis der Rechtssprache, 5. Auflage, Berlin 2003.

Forum Arbeits- und Sozialrecht

Bastian Kiehn
Konzernbetriebsrat und Konzernbetriebsvereinbarung in der Betriebs- und Unternehmensumstrukturierung
Band 36, 2012, 264 S.,
ISBN 978-3-86226-153-6, **€ 25,80**

Moritz Koch
Dreigliedrige Standortsicherungsvereinbarungen
Band 35, 2012, 270 S.,
ISBN 978-3-86226-145-1, **€ 26,80**

Jacob Glajcar
Altersdiskriminierung durch tarifliche Vergütung
Band 34, 2011, 350 S.,
ISBN 978-3-86226-035-5, **€ 27,80**

Antje Hoops
Die Mitbestimmungsvereinbarung in der europäischen Aktiengesellschaft (SE)
Band 33, 2009, 300 S.,
ISBN 978-3-8255-0737-4, **€ 22,80**

Alexander Willemsen
Einführung und Inhaltskontrollen von Ethikrichtlinien
Band 32, 2009, 302 S.,
ISBN 978-3-8255-0732-9, **€ 25,-**

Jörg Gawlick
Die stufenweise Wiedereingliederung arbeitsunfähiger Arbeitnehmer in das Erwerbsleben nach § 28 StGB/§74 StGB 5
Eine arbeitsrechtliche Betrachtung
Band 31, 2009, 314 S.,
ISBN 978-3-8255-0725-1, **€ 28,-**

Sebastian Naber
Der massenhafte Abschluss arbeitsrechtlicher Aufhebungsverträge
Band 30, 2009, 312 S.,
ISBN 978-3-8255-0720-6, **€ 29,90**

Henriette Norda
Der Anspruch auf Elternteilzeit – de lege lata und de lege ferenda
Band 29, 2008, 286 S.,
ISBN 978-3-8255-0699-5, **€ 27,90**

Sonja Boller
Die Zuständigkeiten der gewerblichen Berufsgenossenschaften
Band 28, 2006, 308 S.,
ISBN 978-3-8255-0662-9, **€ 29,50**

www.centaurus-verlag.de

Centaurus Buchtipps

Felix Walther
Bestechlichkeit und Bestechung im geschäftlichen Verkehr
Internationale Vorgaben und deutsches Strafrecht
Studien zum Wirtschaftsstrafrecht, Bd. 36, 2011, 338 S.,
ISBN 978-3-86226-089-7, € **26,80**

Karl Huber
Strafrechtlicher Verfall und Rückgewinnungshilfe bei der Insolvenz des Täters
Studien zum Wirtschaftsstrafrecht, Bd. 35, 2011, 262 S.,
ISBN 978-3-86226-053-9, € **26,80**

Patrick Alf Hinderer
Insolvenzstrafrecht und EU-Niederlassungsfreiheit am Beispiel der englischen private company limited by shares
Studien zum Wirtschaftsstrafrecht, Bd. 34, 2011, 196 S.,
ISBN 978-3-86226-033-1, € **25,80**

Carsten Labinski
Zur strafrechtlichen Verantwortlichkeit des directors einer englischen limited
Studien zum Wirtschaftsstrafrecht, Bd. 33, 2011, 410 S.,
ISBN 978-3-86226-025-6, € **29,-**

Dorith Deibel
Die Reichweite des § 153 Abs. 1 S. 1 AO
Steuerverfahrensrechtliche und steuerstrafrechtliche Aspekte der Verpflichtung zur „Berichtigung von Erklärungen"
Reihe Rechtswissenschaft, Bd. 216, 2011, 432 S.,
ISBN 978-3-86226-107-9, € **29,80**

Jochen Stockburger
Unternehmenskrise und Organstrafbarkeit wegen Insolvenzstraftaten
Eine Untersuchung zu aktuellen Problemen der Bestimmung der strafrechtlichen Krisenmerkmale und der Strafhaftung von AG-Vorständen und GmbH- und UG-Geschäftsführern wegen Insolvenzstraftaten
Reihe Rechtswissenschaft, Bd. 215, 2011, 364 S.,
ISBN 978-3-86226-093-5, € **25,80**

Bianca Schöpper
Die Systeme der progressiven ‚Kundenwerbung unter besonderer Berücksichtigung des Multi-Level-Marketing-Systems
Reihe Rechtswissenschaft, Bd. 214, 2011, 240 S.,
ISBN 978-3-86226-063-8, € **24,80**

Martin Seuffert
Die Flurbereinigung vor dem Hintergrund des Art. 14 GG
Aktuelle Beiträge zum öffentlichen Recht, Bd. 13, 2011, 225 S.,
ISBN 978-3-86226-034-8, € **24,80**

Informationen und weitere Titel unter www.centaurus-verlag.de

MIX
Papier aus verantwortungsvollen Quellen
Paper from responsible sources
FSC® C105338

If you have any concerns about our products, you can contact us on
ProductSafety@springernature.com

In case Publisher is established outside the EU, the EU authorized representative is:
Springer Nature Customer Service Center GmbH
Europaplatz 3, 69115 Heidelberg, Germany

Printed by Libri Plureos GmbH
in Hamburg, Germany